최신투자론

NEW INVESTMENTS:
Theory and Applications

오세경 · 김대호 | 공저

한 경 사

최신투자론

저자 오세경·김대호
발행일 2018년 8월 31일
발행처 **한경사**
발행인 이계남
등록사항 제10-1951호 2000년 4월 14일
주소 서울시 마포구 신수로 59-1 (3층)
전화번호 02_717_7264~5
팩스번호 02_717_7226
홈페이지 hankyungsa.co.kr
전자우편 hankyungsa@hanmail.net
ISBN 978-89-6844-181-3 93320
가격 33,000원

| 차례 |

| 차례 |

4부 주식과 채권

5부 파생증권과 리스크관리

6부 성과평가, 펀드 및 국제투자

| 머리말 |

국내외 투자 환경은 계속 크게 변화하고 있다. 저자들의 기존 교과서를 개정하는 정도로는 이러한 큰 변화를 반영하는 데 한계가 있다고 생각하여 완전히 새로운 최신투자론을 발간하게 되었다. 본 서의 주요 내용과 특징은 다음과 같다.

첫째, 투자 환경의 최근 동향 및 변화 내용을 가급적 많이 설명하려고 노력하였다(1장). 특히 금융(Finance)과 기술(Technology)의 합성어로 핀테크(FinTech)라 불리는 금융-IT 융합형 신기술·신산업은 금융산업의 혁신을 예고하고 있어 귀추가 주목된다.

둘째, 최근 국내 시장 동향과 금융상품을 소개함으로써 국내 투자 환경에 대한 이해를 돕고자 노력하였다(2장 및 3장). 특히 최신 국내외 통계자료로 업데이트함으로써 최신 자료 및 정보에 입각한 학습이 가능하도록 하였다. 예를 들어 4장에서 제공하고 있는 우리나라와 미국 자본시장의 최근까지의 자료를 이용한 비교 분석은 양국 시장의 차이점을 이해하는 데 많은 도움이 될 것이다.

셋째, 최신 이론과 함께 다양한 최근 사례를 소개함으로써, 대학에서는 물론 실무자들에게도 도움이 될 수 있도록 집필하였다. 특히 노벨 경제학상을 수상한 인물이나 업계 주요 인물들의 스토리를 통해 핵심 이론이 만들어지는 과정, 의미, 최신 시장 동향 등을 쉽게 이해할 수 있도록 하였다.

넷째, 요즘 투자자들의 비합리성과 시장의 비효율성을 이용하여 시장 현상을 설명하고자 하는 행태재무(behavioral finance)는 투자 분야에 새로운 지평을 열고 있는 바, 본 서는 8장에서 이에 대해 자세히 설명하고 있다.

다섯째, 반복되는 금융위기 상황에서 더욱 중요해지고 있는 리스크관리(13장), 고령화 시대에 접어들고 있는 우리나라에서 급격히 커지고 있는 펀드 비즈니스(14~15장)와 국제투자(16장)를 별도의 장으로 다루고 있다.

모쪼록 본 서가 투자론을 공부하는 학생들은 물론 업계 종사자들 모두에게 최신 이론과 투자 기법 및 시장 동향을 이해하는 데 도움이 되기를 바란다. 끝으로 본 서를 완성할 수 있도록 지속적으로 격려해주신 한경사의 이계남 사장님 이하 전 직원에게 깊은 감사를 드린다.

2018년 8월
저자들

최 신 투 자 론

PART

1 투자론의 기초와 증권시장

CHAPTERs

헝가리의 유명한 투자가로 유럽에서 큰 수익을 기록한 투자의 귀재인 앙드레 코스톨라니는 “주가 하락은 갑작스럽게, 그리고 신들의 복수처럼 격렬하게 오지만, 주가가 상승할 때는 사람들이 알아차리지 못할 정도로 한 발짝씩 기어오른다”라고 하였다. 이처럼 주식 투자는 쉬운 것이 아니라는 것을 많은 투자자는 경험하게 된다.

투자란 무엇인가? 투자를 투자 대상에 따라 구분하면 실물투자와 금융투자로 구분할 수 있다. 실물투자는 기계, 부동산, 골동품, 귀금속, 미술품 등과 같은 실물자산에 투자하는 것이고, 금융투자는 주식, 회사채, 국공채, 파생상품 등의 금융자산에 투자하는 것이다. 본 교재에서는 증권금융투자 부분을 주로 다룬다.

1장에서는 투자론의 기초개념으로 투자의 의의와 투자과정 및 투자요소를 살펴본다. 아울러 국내외 금융시장에서 일어나고 있는 투자환경의 최근 동향도 살펴본다. 2장에서는 금융시장의 기능을 설명한 다음 금융시장의 주요 금융상품을 살펴본다. 3장에서는 증권시장을 자세히 살펴본다. 먼저 주식과 채권의 발행시장과 유통시장을 살펴보고, 증권시장의 안정을 위한 관리제도를 알아본다. 다음으로 증권 관련 기관과 주식시장 지표를 살펴본다.

CHAPTER **1**

투자론의 기초개념과 투자환경의 최근 동향

주식투자, 부동산투자 또는 골동품투자 등은 주위에서 자주 듣게 되는 용어이다. 일반적으로 투자란 미래의 더 큰 수익을 얻기 위하여 현재의 소비를 포기하는 것이라 할 수 있다. 본 장에서는 투자의 의의를 살펴보고 투자자들의 투자 의사결정과정을 알아본다. 아울러 투자자의 유형과 투자요소를 알아본 다음 최근 투자환경의 동향을 살펴본다.

1-1 투자의 의의

1-1-1 투자의 의의

주식투자, 부동산투자와 같이 투자라는 말은 우리 생활에서 자주 사용된다. 그러면 투자란 무엇인가? 일반적으로 투자란 미래의 더 큰 수익을 얻기 위하여 현재의 소비를 포기하는 것이라 할 수 있다. 이러한 투자의 속성을 보면 투자지출은 현재에 이루어지고 수익은 미래에 발생한다. 그런데 미래에 발생할 수익은 불확실하다. 따라서 투자자들은 투자를 결정할 때 현재 소비의 포기와 불확실성에 대하여 보상을 기대하게 된다. 그러므로 투자자의 기대수익률은 두 가지 요소, 즉 시간(time)에 대한 보상인 무위험이자율과, 불확실성(uncertainty or risk)에 대한 보상으로서의 위험프리미엄으로 구성되어 있다고 할 수 있다.

투자자의 기대수익률 = **무위험이자율** + **위험프리미엄**
(시간에 대한 보상) (불확실성에 대한 보상)

따라서 투자 결정은 시간선호(time preference)와 위험선호(risk preference)의 두 가지 사항에 있어서 선택의 문제로 볼 수 있다. 아울러 투자 결정은 기대수익과 위험에 대한 적절한 조화가 필요하다. 예를 들어, 어떤 투자자가 여윳돈을 가지고 주식투자를 할 것인가 아니면 은행예금으로 투자할 것인가를 고민하고 있다고 하자. 일반적으로 주식투자는 기대수익이 높은 대신 위험도 높다. 반면에 은행예금은 주식투자와 비교할 때 위험이 적은 대신 기대수익은 낮다.

1-1-2 실물자산과 금융자산

투자를 투자대상에 따라 구분하면 실물투자(real investment)와 금융투자(financial investment)로 구분할 수 있다. 실물투자는 기계, 설비, 부동산, 골동품, 귀금속, 미술품 등과 같은 실물자산(real asset)에 투자하는 것이다. 금융투자는 금융자산(financial asset)에 투자하는 것을 말하며, 금융자산이란 실물자산에 대한 청구권(claim)으로서 주식, 회사채, 국공채, 파생금융상품[1] 그리고 예금 등이 있다. 이 중에서 투자론에서는 금융투자부분을 주로 다룬다. 즉 투자론에서는 수많은 투자대상에서 어떤 금융자산에 어떻게 그리고 얼마나 투자해야 할 것인가를 결정하는 것을 주로 다룬다.

비트코인은 화폐인가, 자산인가?

우리나라 정부는 아직까지 비트코인을 금융자산으로 볼지, 아니면 화폐로 볼지 결정을 하지 못하고 있다. 미국과 일본 등 주요국들은 법 개정 등을 통해 가상화폐에 대한 과세 근거를 마련했지만, 우리나라는 아직 법적 개념조차 명확히 세우지 못한 상황이다.

그러나 미국에서도 2016년 상반된 판결이 잇따라 나와 아직까지 비트코인의 정체에 대한 확실한 것은 없다. 플로리다주 법원은 비트코인과 같은 가상화폐가 화폐가 아니라고 판결했다. 일반적인 교환의 수단으로 쓰이지 않는데다, 현금이나 금처럼 침대 매트리스 아래 숨길 수 있는 실물자산이 아니라는 이유를 들었다. 반면 두 달 뒤 뉴욕주 연방법원은 가상화폐를 화폐라고 판결했다. 재화와 서비스의 지급수단이고, 은행 계좌에서 직접 교환이 가능하기 때문에 화폐의 정의에 부합한다는 것이다.

이같이 엇갈린 판결과 별도로 미국 학계에서는 가상화폐는 아직 법정 화폐로는 부적절하다고 보는 의견이 많다. 무엇보다 가격 급등락으로 적정한 가치를 평가할 수 없어 화폐로서 교환 기능이 힘들다고 본다. 신용을 보장해줄 발행기관이 없고, 오직 시장 참여자들에 의해 가격이 움직여 미래가치도 불확실하다고 여긴다.

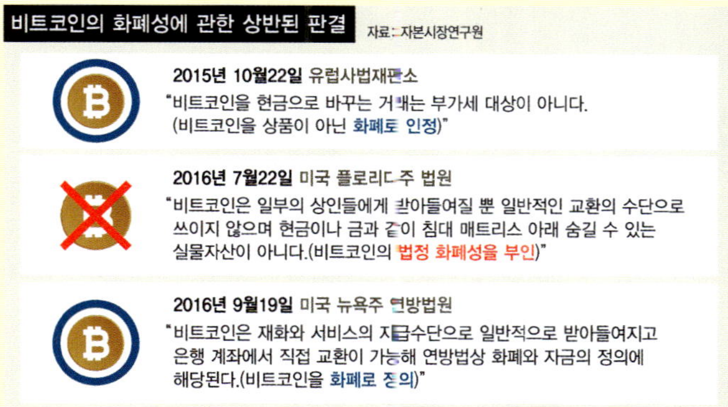

전문가들은 가상화폐를 자산으로 간주해 양도세를 부과하는 것이 적절하다는 견해를 제시하지만 가상화폐를 금융상품으로 규정할 경우 양성화가 불가피해 정부로선 부담스럽고, 그렇다고 계속 방치할 경우 탈세 문제가 불거질 수밖에 없는 상황이다. 하루빨리 비트코인과 같은 가상화폐에 대한 실체 규명이 이루어져야겠다.

자료: 자본시장연구원.

---

1) 기초자산의 가치변동에 따라 수익이 달라지게 되는 증권으로 옵션, 선물 등이 있다. 자세한 내용은 5부에서 설명하고 있다.

1-1-3 투자와 투기

투자와 관련하여 흔히 사용되는 용어로 투기란 말이 있다. 투자(investment)와 투기(speculation)는 어떠한 차이점이 있는가? 이들의 명확한 구분은 어렵겠지만 다음과 같이 구분할 수 있다.

기간에 따라 구분하여 보면 투자란 대체로 장기에 걸쳐서 적절한 이익을 추구하는 행위라 한다면, 투기는 단기에 큰 이익을 추구하려는 행위라 할 수 있다.

기대하는 이익(expected return)과 위험(risk)의 크기로써 구분할 경우, 투자는 위험에 상응하는 적절한 크기의 기대수익을 추구하는 행위라 한다면, 투기는 매우 큰 위험을 감당하는 대신 비정상적으로 큰 이익을 기대하는 행위이다. 예를 들어, 주식을 매매할 경우에 배당 및 장기적 시세차익을 겨냥하고 적절한 수익률을 추구하여 장기보유할 경우에는 투자라고 할 수 있지만, 단시일 내에 비정상적으로 매우 큰 이익을 얻으려고 할 경우에는 투자라기보다는 투기라고 할 수 있다.

이러한 투자와 투기는 매우 유용한 경제적 기능을 수행하는데 투기활동 역시 선물시장(futures market)이나 옵션시장(options market)에서 가격의 폭등이나 폭락에 따르는 위험을 감당해주는 역할을 수행하기도 한다. 그런데 현실적으로 어떤 투자행위를 투기와 명확하게 구분하는 것은 어렵고 매우 주관적일 수 있다.

1-2 투자자와 투자과정

1-2-1 투자목표와 제약조건

투자 결정은 유동성, 투자기간과 세금 등과 같은 제약조건들 아래에서 투자목표를 달성하는 것이라 할 수 있다.

투자목표의 설정

목표수익률 목표수익률(target rate of return)은 투자를 통하여 기대하는 수익률이다. 목표수익률은 무위험이자율에 목표 위험프리미엄을 가산하여 구하거나 벤치마크(benchmark) 지수수익률에 가산수익률을 더하여 구할 수 있는데 보통 일 년간의 보유기간수익률을 사용한다.

허용위험수준 투자자는 투자의사결정에 있어서 목표수익률과 아울러 허용위험수준(tolerable risk level)을 동시에 고려해야 한다. 아무리 기대수익률이 높다 하더라도 허용할 수 있는 위험수준을 초과하는 투자는 의미가 없다. 위험수준을 낮추는 방법으로는 포트폴리오를 구성하여 여러 위험자산이나 무위험자산에 나누어 투자하는 방법이 있는데 포트폴리오이론에 대해서는 2부에서 자세히 다룬다.

투자의 제약조건

유동성 유동성이란 단기에 현금화될 수 있는 가능성을 칭한다. 예를 들어, 은행예금은 유동성이 높지만 부동산은 유동성이 낮다. 증권시장에서 거래되는 증권도 유동성에 차이가 있기 때문에 현금화되는 데 필요한 시간과 어려움의 정도를 고려하여 투자하여야 한다. 각 투자자는 미래에 필요한 유동성 규모와 그 시기 등을 고려하여 투자 결정을 해야 한다.

투자기간 투자에 있어서 투자기간이 장기냐 혹은 단기냐에 따라 투자 결정이 달라진다. 예를 들어, 기관투자가나 펀드매니저의 경우 투자의 만기일을 고려하여 투자관리를 해야 한다. 3개월 만기의 단기공사채형 수익증권과 1년 이상의 장기공사채형 수익증권은 목표수익률과 허용위험수준이 다를 수밖에 없다.

세금 투자 결정에 있어서 세금요인도 제약조건이 되는데 세전 수익률보다는 세금을 지급한 후의 세후 수익률이 실제로 중요한 투자지표이기 때문이다. 따라서 과세상품이냐 혹은 비과세상품이냐 그리고 세율은 어느 정도 수준인가를 파악한 후 투자대상을 선택해야 한다.

투자자의 고유사항 투자 결정에 있어서 각 투자자가 지니고 있는 고유한 제약조건들도 고려해야 한다. 기관투자가의 경우 자금의 운용에 있어서 지켜야 할 규정이나 규제가 있는데 이것들이 투자의 제약요소 중의 하나이다. 개인투자자의 경우에도 각자 고유한 제약조건들, 예를 들면 주택구입의 시점, 자녀의 교육비 지출시점, 퇴직시점 등을 고려하여 투자결정을 하게 된다. 직장은퇴 후에 연금으로 생활하는 퇴직자의 경우에는 주식보다는 안정된 소득을 지급하는 채권과 같은 금융상품을 선호하게 된다.

1-2-2 투자과정

투자과정은 하나의 관리과정으로 볼 수 있으므로 설정된 투자목표를 달성하기 위한 계획(plan), 실행(do), 통제(see)의 과정으로 이해할 수 있다. 즉 투자는 PDS 사이클(Plan-Do-See cycle)을 이루면서 행해지는 관리과정이다. 이 과정을 좀 자세하게 살펴보자. 우선 투자계획(plan)에서는 투자자들은 투자기간과 같은 투자의 제약조건들과 함께, 목표수익률 및 허용위험수준을 고려하여 투자목표를 설정한다. 다음으로 자본배분(capital allocation) 및 자산배분(asset allocation)을 한다. 자본배분에서는 투자자금을 무위험자산과 위험자산에 어떤 비중으로 투자할 것인가를 결정하며, 자산배분에서는 위험자산 투자금액 중에서 주식, 채권, 파생금융상품 등에 어떤 비중으로 투자할 것인가를 결정한다.

투자실행(do) 단계에서는 투자종목선정(security selection)과 투자시점(timing)을 결정한다. 즉 투자종목선정에서는 증권분석을 통하여 개별 종목을 선정하고 이를 이용하여 분산투자(diversification)를 실시한다.

〈그림 1-1〉 투자관리의 과정

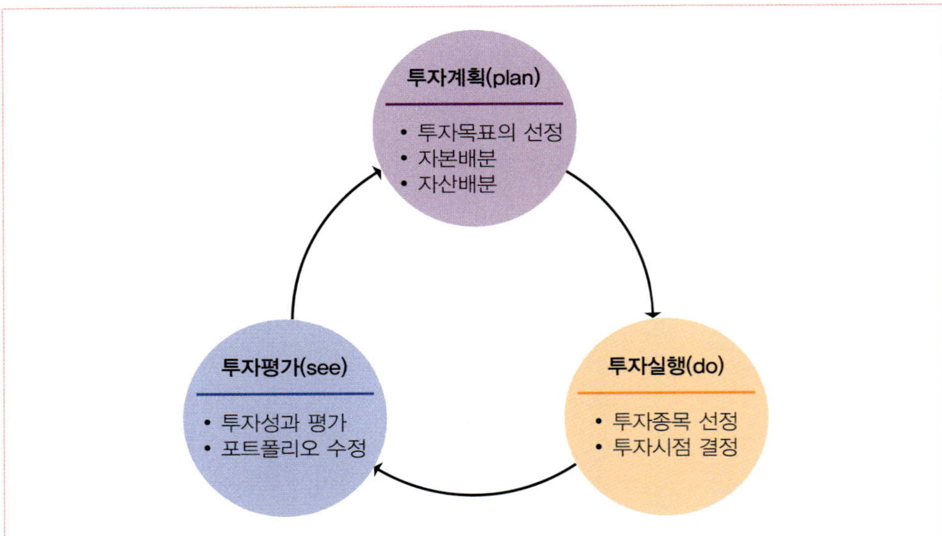

마지막 과정은 투자평가(see) 단계로서 투자 성과평가(performance evaluation)를 한 다음 포트폴리오 수정(portfolio revision)을 하는 과정이다. 즉 사후적으로 투자목표 달성 여부를 평가하는 통제과정을 거친 후 포트폴리오의 구성종목과 구성비율을 교체하는 포트폴리오 수정을 한다. 이 결과를 다시 새로운 투자계획을 세우는 데 피드백하여 반영하는데 이러한 전체의 투자과정은 하나의 순환하는 관리과정으로 계속 이어진다.

1-2-3 투자자 유형과 투자의 3요소

투자자 유형

투자자의 유형은 개인투자자와 기관투자가의 두 가지로 나눌 수 있다.

개인투자자(individual investor) 개인의 고유한 사정을 반영한 투자 결정을 하게 된다. 일반적으로 개인투자자는 나이가 들수록 금융자산으로 부의 중심이 이동하며 실직이나 퇴직 후를 대비하게 된다. 또한 나이가 들수록 위험을 회피하는 정도가 증가하여 투자 결정에 있어서도 수익성에 앞서서 안정성을 중요시하게 된다.

기관투자가(institutional investor) 자체 자금이나 신탁된 자금을 전문적으로 운용하는 법인형태의 투자자로서 간접투자자산운용회사, 은행, 연금기금(pension funds), 사학연금, 공무원연금, 보험회사 등이 있다. 기관투자가들은 대규모로 거래하고 전체 거래에서 차지하는 비중이 매우 높으며 계속 증가하고 있어 증권시장에서 그 영향력은 매우 크다. 기관투자가의 역할이 증대되는 이러한 현상은 '증권시장의 기관화현상'이란 말로 잘 나타낼 수 있는데 이는 증권시장에서 개인투자자의 비중이 점차 줄어들고 기관투자가들의 비중이 늘어나는 현상을 말한다.

미국이나 영국과 같은 선진 자본시장에서도 기관투자가의 투자비중이 증가하여 50%에 달하고 있다. 또한 국제금융시장에서 국제 기관투자가의 영향도 계속 증가하고 있는바 과거 아시아 국가의 외환위기상황에서 헤지펀드와 같은 국제 기관투자가의 영향력은 매우 큰 것으로 나타났다. 우리나라의 경우도 기관투자가의 비중이 증대하고 있는데 간접투자자산운용사, 은행, 증권회사뿐만 아니라 국민연금, 공무원연금 및 각종 기금의 증권시장 참여가 증가하여 기관화 비중이 늘어나고, 이에 따른 기관투자가의 영향력 증가는 계속 가속화될 전망이다.

〈그림 1-2〉 투자의 3요소

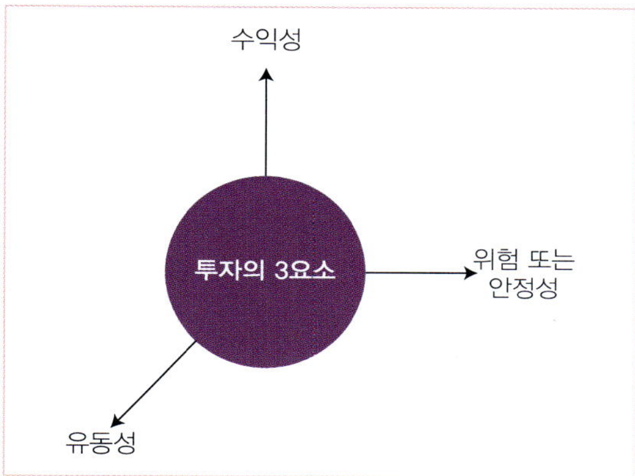

투자 3요소

투자 결정 시 고려해야 하는 사항들 중에서 수익성, 위험 및 유동성을 흔히 투자의 3요소라고 한다. 은행예금이라는 금융투자의 경우 기대수익이 낮은 대신 위험도 낮으며 유동성은 매우 높다. 같은 금융투자라고 하더라도 주식투자의 경우에는 기대수익이 높은 대신 위험도 높고 유동성도 비교적 높다. 투자의 3요소를 다음과 같이 정리할 수 있다.

- **수익성**(profitability): 투자는 미래의 보다 큰 수익을 얻기 위하여 현재의 소비를 포기하는 것이다. 따라서 투자대상이 얼마만큼의 수익을 가져올 것인가를 고려하여야 한다.
- **위험**(risk) **또는 안정성**(safety): 투자로 얻게 되는 미래의 수익은 불확실하며 투자대상에 따라 그 불확실의 정도는 다르다. 투자목표를 달성하기 위하여 허용할 수 있는 투자의 불확실성 혹은 위험의 정도를 고려하여 투자대상을 선정하여야 한다.
- **유동성**(liquidity): 유동성이란 단기에 현금화될 수 있는 가능성을 말한다. 증권시장에서 거래되는 증권들 간에도 유동성에 차이가 있는데 투자자는 장래 시점별로 필요한 유동성 규모를 고려하여 투자 결정을 해야 한다.

1-3 투자환경의 최근 동향

국내외의 투자환경은 계속 크게 변화하고 있다. 최근 우리나라 금융시장에서 나타난 특징적인 변화는 우선 금융산업에 대한 규제의 재강화, 금융의 증권화, 주가의 동조화 및 겸업 확대에 따른 금융권간 경쟁격화, 저금리·고령화시대의 금융자산 수요증대, 핀테크에 따른 금융업의 변화, 대체투자의 꾸준한 증가 등으로 요약할 수 있다. 국내외 금융시장에서 일어나고 있는 투자환경의 최근 동향을 살펴보자.

1-3-1 금융산업에 대한 규제강화

1980년대 이후 진행된 금융자유화의 부작용이 2008년의 글로벌 금융위기를 초래하였다는 인식 아래, 각국이 금융위험의 확산을 예방하고 금융산업의 체질을 강화하기 위해 금융규제를 다시 강화하고 있다. 그간 은행, 보험, 증권 등의 영업활동 범위가 엄격하게 분리되던 규제가 완화되고 겸업을 허용하는 금융자유화가 진행되면서 금융기관들은 경쟁력 강화를 목적으로 인수합병을 통한 대형화를 추진하였다. 금융기관의 대형화는 특정 대형 금융기관이 부실화되면 전체 금융시장으로 부실위험이 급격하게 전파되는 시스템 위험(system risk)이 커지는 요인이 되었다.

한편 금융의 증권화(securitization)가 진행되면서 여러 가지 금융상품을 결합한 자산유동화증권이 크게 늘었다. 또한 다른 금융상품을 기초로 하는 파생금융상품 시장이 급격하게 팽창했다. 이러한 과정에서 엄격한 규제를 받는 상업은행과 달리 헤지펀드, 사모펀드, 투자회사 등 규제를 거의 받지 않으면서 자금조달과 투자업무를 하는 유사은행업(shadow banking)의 규모가 급격하게 팽창했다. 유사은행업은 자산유동화를 통해 자금을 조달하면서 과도한 레버리지를 일으켰고 파생금융상품을 통해 위험을 헤지하였다. 그러나 서브프라임의 부실로 기초상품의 부실규모가 확대되면서 연쇄적인 부실의 확산을 초래하는 역할을 했다.

아울러 금융기관의 위험을 경시하는 공격적인 경영도 위기의 원인으로 지목되었다. 금융기관 경영진의 보수가 단기성과에 연동되어 있어 경영진이 높은 위험을 감수하면서 과도한 수익성을 추구하는 경영행태가 나타났다. 그런데 경영진의 과도한 수익추구 활동을 적절하게 견제할 수 있는 제도적 장치도 갖추지 못했다.

이러한 문제점들을 해결하기 위해 국제공조를 통한 다양한 규제의 도입이 추진되었다. 금융기관이 위기에 견딜 수 있는 능력을 강화하기 위해 자본건전성 강화가 우선적으로 추진되었다.[2] 과도한 위험상품이나 파생상품의 취급을 엄격하게 제한하는 영업활동에 대한 규제도 강화되었다. 각국은 유사은행업 기능을 수행했던 사모펀드나 헤지펀드, 연쇄부실 확산의 연결고리가 되었던 파생금융상품 등에 대한 규제에 나섰다. 또한 시스템위험 확대를 예방하기 위해 과도한 대형화를 억제하기 위한 규제도 강화되었다. 금융기관의 보상체계 및 지배구조 개선과 공시제도 등과 같은 인프라 개선도 추진되었다.

2〉 은행들은 더 세분화되고 최저 자본비율 수준이 높아진 바젤 III의 적용을 받게 되었다.

글로벌 금융위기를 몰고온 서브프라임 모기지 사태

자료: 2008년 9월 19일자, 경향만평.

2008년 전 세계를 경제침체로 만들었던 서브프라임 모기지 사태가 터졌다. 서브프라임 모기지(subprime mortgage)란 신용이 별로 안 좋은 사람들에게 해준 주택담보대출을 의미하며, 서브프라임 모기지 사태는 금리가 오르면서 모기지 대출을 받은 이 그룹의 사람들이 대출금을 갚지 못하면서 터진 사건이다.

당시 미국 은행들은 소득도, 직업도, 자산도 없는 사람들, 소위 말하는 NINJA(No Income, No Job, No Asset의 줄임말)에게도 집을 살 수 있도록 대출을 해주었다. 그렇게 돈을 빌려줘도 나중에 집값이 상승하면 은행 입장에서는 회수할 수 있기 때문이었다. 당시에 미국은 집값이 끝도 없이 상승하던 시기였고, 금리도 사상 초유의 낮은 상태를 보이고 있었다.

경기가 좋아지고 소비가 많아지면 물가가 오르게 되고 물가 안정을 위해 중앙은행은 금리를 올릴 수밖에 없다. 금리가 오르면 이자 부담이 심각해 신용이 낮은 사람들은 그 상황을 버틸 수 없다. 빚을 갚기 위해 부동산을 내놓는 사람이 많아졌고 연쇄적으로 급매물이 쏟아지면서 부동산 가격이 폭락하게 된 것이다.

집이 팔리지 않으니 은행들은 원금 회수를 할 수 없고 팔려도 집값이 낮아 큰 손해를 본다. 돈을 제대로 회수할 수 없다 보니 은행들이 망하기 시작했다. 이때 세계 4개 투자은행인 리먼 브러더스(Lehman Brothers)도 망하게 된다. 그 여파는 미국뿐 아니라 전 세계로 퍼지게 되어 글로벌 금융위기로 확산되게 된다.

미국 제작자협회 최우수상을 수상한 아담 멕케이 감독의 영화 〈Big Short〉와 찰스 퍼거슨 감독, 맷 데이먼 주연의 영화 〈Inside Job〉은 바로 서브프라임 모기지 사태를 영화화 한 것이다. 〈빅쇼트〉가 오락 영화로서의 구성과 흥미에 더 초점을 뒀다면 〈인사이드 잡〉은 전형적인 다큐멘터리 스타일 영화로 다양한 관점에서 사건을 조명한다.

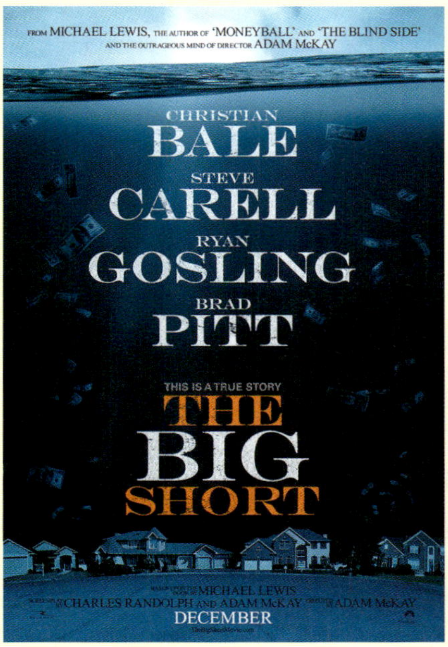

1-3-2 글로벌 금융시장의 동조화 심화

글로벌 금융위기 이후 국내와 해외 금융시장의 동조성이 확대되는 가운데, 금융불안이 확대되면 동조성이 강화되는 등 다음과 같은 특징들도 나타나고 있다.[3]

첫째, 국내 금융시장의 글로벌 동조화가 금융위기 이후 한층 더 강화된 것으로 나타나고 있다. 국내기업들의 글로벌화가 진전되면서 해외요인의 영향을 직접적으로 받고 있다. 외국인 투자자의 한국 증권시장에 대한 영향력이 글로벌 금융위기 이후 높아진 점도 금융시장의 동조화를 높이는 데 기여하였다. 만약 외국인 투자자가 급격하게 이탈할 경우 주식, 채권시장뿐만 아니라 환율시장의 변동성이 확대된다는 점에서 동조화 확대는 국내 금융시장의 만성적인 잠재적인 불안요인이 될 수 있다.

둘째, 국내외 금융지표 간의 동조성은 국제금융시장의 불안이 확대되는 시기에 더 강한 것으로 나타났다. 특히, 주가와 환율 모두 글로벌 금융시장의 불안에 더욱 더 밀접한 상관성을 나타낸다는 사실은 향후에 대외충격으로 인한 금융시장 불안이 과거보다 더 광범위하게 나타날 수 있음을 시사한다.

셋째, 우리나라 금융시장과 주요국 금융시장과의 동조성이 과거에 비해 다변화되고 있다. 과거 국내 금융변수가 주로 미국이나 일본으로 편중된 동조화 흐름을 나타냈던 것에 비해, 최근에는 중국과 유럽 등과의 동조화도 심화되고 있다.

1-3-3 금융증권화의 지속

넓은 의미의 금융증권화는 금융거래에 있어서 증권을 매개로 하는 거래의 비중이 확대되는 현상을 말한다. 좁은 의미의 금융증권화는 금융기관의 대출채권 등과 같은 비유동적인 금융자산을 매매 가능한 증권형태로 전환시키는 것을 말하며 일반적으로 자산의 유동화(asset securitization)라고도 한다.[4]

금융자산 증권화가 추진된 배경은 다음과 같다. 1988년 7월 국제결제은행(BIS)은 회원은행에 대하여 위험가중자산에 대한 자기자본비율을 8% 이상 유지하도록 하였는데, 이에 따라 BIS 자기자본비율을 높이는 방법 중의 하나인 위험가중자산을 감소시키는 방법으로써 1988년 이후 대출자산의 증권화가 본격화되었다. 한편 미국에서는 부동산 담보금융을 담당하는 주택대부조합(S&L)들의 대출자금원을 확대시키기 위하여 주택저당대출(mortgage loan)에 대한 대출채권의 유동화를 추진하였다.

금융증권화는 금융기술의 발전에 의해서도 영향을 받았다. 금융기술 특히 컴퓨터 기술의 발전은 새로운 금융서비스 및 금융상품의 개발 및 제공비용을 낮춤으로써 증권화를 포

3) 김건우 (2012), "국내 금융시장의 글로벌 동조화 금융위기 이후 확대," LG Business Insight, 5월호.

4) 오광석 (1997), 한국의 금융증권화현상과 대응방향, 한국금융연구원.

함한 금융혁신의 채산성을 보장하였다.

금융증권화로 인한 영향은 ① 증권을 중심으로 한 직접금융의 비중이 커짐에 따라 은행 등의 간접금융중심 금융기관이 직접금융업무에 진출하려는 유인을 가지게 되어 금융증권화는 겸업화(universal banking) 현상을 유도하게 되었다. ② 금융의 증권화는 금융의 세계화에 있어서 매우 중요하다. 자산이 증권화되어 일단 특정국의 금융시장에서 거래되기만 하면 유동성을 갖게 되고 글로벌 자본시장과 연계되게 된다. 실제로 증권화가 진행됨에 따라 더 많은 은행의 자산과 부채가 글로벌 증권시장으로 연계되고 있다. ③ 금융중개비용이 상대적으로 저렴한 직접금융으로 금융중개방식이 점차 이행됨에 따라 자금중개의 효율화가 가능하다.

자산유동화 또는 증권화를 할 때 자산보유자가 직접 증권을 발행하지 않고 대신 서류상의 회사(paper company)인 특수목적기구(Special Purpose Vehicle: SPV)를 설립하여 특수목적기구가 증권을 발행하는 것은 중요한 의미를 갖는다. 자산보유자가 보유하고 있는 자산을 근거로 하여 직접 증권을 발행하면 증권을 인수한 투자자의 입장에서 볼 때 자산보유자가 부실해 질 경우 해당 자산이 안전하지 않을 수도 있기 때문이다. 다시 말해, 해당 자산을 특수목적기구에 넘김으로써 해당 자산을 자산보유자의 신용위험으로부터 단절시키고자 하는 것이다. 가령 자산보유자가 부도가 나더라도 해당 자산은 안전할 수 있으므로 투자자들의 입장에서는 매우 바람직한 구조가 된다. 여기에 신용보강기관에 의해 지급보증이나 신용공여 등이 제공된다면 더욱 안전한 투자수단이 된다.

또한 자산유동화에 있어서 새로운 투자자들은 누구로부터 투자원금과 이자를 수령하는지 이해할 필요가 있다. 언뜻 보기에 자산보유자나 특수목적기구가 증권 인수자들에게 원리금을 상환할 의무가 있는 것처럼 보이지만 그렇지 않다. 자산보유자는 서류상으로 자산을 특수목적기구에 넘기는 것으로 되어 있지만, 법적으로도 소유권을 넘기는 것이기 때문에 증권 투자자들에게 갚을 의무가 없다. 또한 특수목적기구는 말 그대로 서류상의 회사이기 때문에 갚을 능력도 없을 뿐만 아니라 의무도 없다. 그럼 누가 투자자들에게 갚을 의무가 있는 것일까? <그림 1-3>에서 볼 수 있는 바와 같이 최초 채무자들이 갚는 원리금이 수탁기관을 통해 투자자들에게 전달되기 때문에 최초 채무자들이 투자자들에 대한 실제 상환의무가 있다고 할 수 있다. 즉 원래 채무자들은 자산보유자(예: 은행)로부터 대출을 받았고 이를 계속 갚아야 할 의무가 있으며, 자산유동화와 관계없이 계속 자산보유자에게 대출 원리금을 갚게 된다. 그렇지만 자산보유자는 이미 해당 자산들을 특수목적기구에 이전했으므로 채무자들로부터 수령한 현금흐름을 수탁기관에 예치하고, 수탁기관은 해당 현금흐름을 투자자들에게 전달할 책임을 지게 된다. 이와 같이 자산유동화 시에는 자산보유자의 역할이 원래 채무자들로부터 현금흐름을 받아 수탁기관에 전달하는 역할(자산관리자)로 변하기 때문에 자산유동화에 의해 발행되는 증권을 현금흐름이체증권(pass-through security)이라고도 한다.

〈그림 1-3〉 자산유동화 또는 증권화의 기본 구조

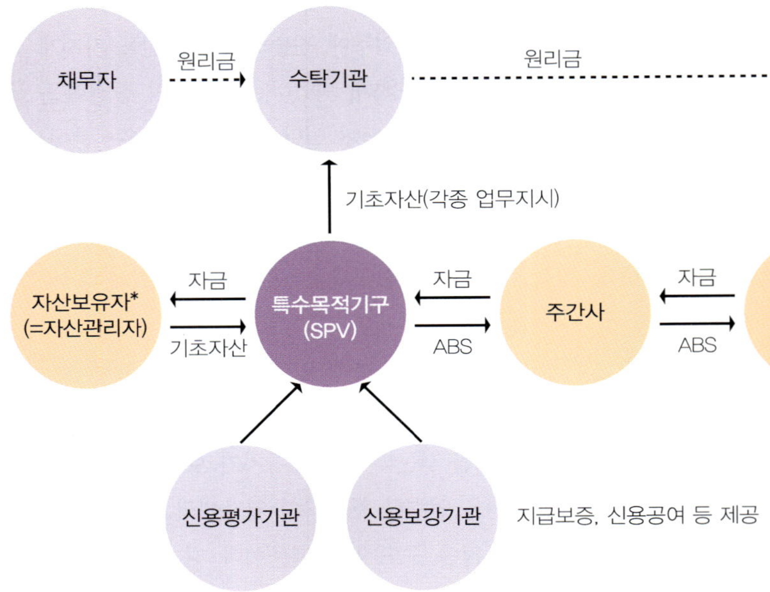

*서류상으로만 자산을 SPV에 매각하고 동 자산을 스스로 관리.
주) 실선은 ABS 발행 시 자금흐름을, 점선은 유동화증권 발행 이후 원리금이 회수되는 순서를 나타낸다.

자료: 한국은행.

주간사는 ABS(Asset-Backed Security)라는 새로운 증권을 발행하는 과정에서 전문적인 서비스를 제공하고, 신용평가기관은 해당 증권에 대한 신용평가를 수행하게 된다. 앞에서 살펴본 서브프라임 모기지 사태 때 서브프라임 모기지(자산)를 근거로 하여 새로운 증권이 발행될 때 S&P나 Moody's가 신용평가를 제대로 수행하지 않아 더욱 부실을 키운 것으로 나타났다. 증권에 대한 신용등급을 실제보다 높게 매김으로써 큰 문제가 생겼던 것이다.

마지막으로 자산유동화가 성공하기 위해서는 채무자의 집합이 상당히 커야 한다는 점을 명심하여야 한다. 만약 채무자들이 부실화되어서 원리금을 갚지 못하면 증권에 투자한 투자자들이 손해를 보는 구조이기 때문에 채무자 풀(pool)이 적으면 위험하게 된다. 대형 사고가 발생하더라도 보험사가 안전하게 보험금을 지급할 수 있는 것은 다수의 보험계약자들에 의해 위험이 풀링되기(risk pooling) 때문이다. 즉 자산유동화 시 대상이 되는 자산 풀이 매우 커야 자산유동화가 성공할 가능성이 크다고 할 수 있다. 우리나라의 경우 1990년대 말에서 2000년대 초에 걸쳐 중소벤처기업들이 발행한 채권들을 근거로 하여 자산유동화를 해서 중소기업들의 자금을 지원한 적이 있었다. 그러나 이는 중소기업들의 부실화로 인해 결국 신용보증기금과 기술신용보증기금이 대신 투자자들에게 변상하는 실패로 끝났는데, 자산유동화의 성공을 위해서는 자산 풀이 상당히 커야 한다는 자산유동화의 기본 원칙이 지켜지지 않은 결과로 볼 수 있다.

1-3-4 겸업확대에 따른 금융권 간 경쟁격화

겸업금융제도(universal banking system)에서는 금융기관이 주된 업무 외에 주변 업무를 겸업하는 것이 허용된다. 은행, 증권, 보험 등 이들 업무 중 하나를 주된 업무로 영위하면서 여타 업무를 주변 업무로 취급하면 겸업금융이라고 할 수 있다. 반면 전업금융제도(specialized banking system)에서는 한 금융기관이 은행, 증권, 보험 등 여러 금융업무를 함께 취급할 수 없으며 각 금융업무는 해당 전문 금융기관만 취급할 수 있다. 과거에는 금융기관별로 은행, 보험, 증권 등의 영업활동 범위가 엄격하게 분리되어 있었으나, 이러한 규제가 완화되고 겸업을 허용하는 금융자유화가 진행되면서 금융기관들은 경쟁력 강화를 목적으로 금융업 간 인수합병을 통한 대형화를 추진하였다.

우리나라는 외환·금융위기 이후 금융지주회사의 출범, 은행 간 합병, 외국계 자본의 국내은행 인수 등을 통하여 집중도가 높아지고 경쟁이 더욱 심화되었다. 또한, 2009년 자본시장법의 시행으로 자본시장 육성 및 금융시장에 대한 규제 완화가 추진되고 자본시장 내의 일부 금융업 간의 겸영이 허용됨에 따라 타 금융업종과의 경쟁이 확대되고 있다.

1-3-5 저금리·고령화시대의 금융자산 수요증대

최근 우리나라는 실물경제의 성장률이 둔화되면서 금리가 하락하고 저금리기조가 지속되고 있다. 그런데 이러한 저금리 기조에도 불구하고 우리나라는 이미 고령화 사회에 도달함에 따라 금융자산에 대한 수요는 오히려 증가하고 있다. 노년층의 경우 근로소득의 감소에 대비하여 저축한 자금을 부동산이나 또는 금융자산에 투자했다가 은퇴 이후 생계자금 수단으로 활용하려는 유인이 커지기 때문이다.[5] 더욱이 우리나라의 인구고령화는 선진국이 경험한 고령화 속도에 비해 빠른 속도로 진행되고 있다.

이러한 고령화의 진전은 장기 금융자산 수요의 증가를 초래한다. 고령화에 따른 금융자산에 대한 수요의 증가는 평균수명 증대에 따른 개인들의 금융자산수요의 증대효과를 고려할 경우 더욱 확대될 것이 예상된다. 평균수명의 증가로 퇴직 이후 기간이 길어짐에 따라 개인의 근로소득에 대한 의존도가 저하되고 결국은 금융자산수요의 증가가 불가피하게 될 것이다.[6]

한편, 노년층은 위험기피 성향이 높기 때문에 안정성, 수익성, 유동성이 높은 금융상품을 선호하여 장기금융상품, 채권형상품의 수요가 증가할 것이다. 아울러 노년층은 안정성을 최우선적으로 고려하기 때문에 금융자산의 관리를 전문가에게 위탁하는 간접투자상품의 수요도 증가할 것이다.

5〉 한재준 (2015), "저금리·고령화 시대 금융의 과제," 하나금융포커스, 제5권 10호.

6〉 최공필·남재현 (2005), 인구고령화의 경제적 영향과 시사점, 한국금융연구원.

1-3-6 핀테크와 금융산업의 변화

핀테크(FinTech)는 금융(Finance)과 기술(Technology)의 합성어로 금융-IT 융합형 신기술·신산업을 의미한다.[7] 지급결제, 자금중개, 위험관리, 정보관리 등 기존 금융서비스의 모든 영역에 핀테크가 적용되며 금융산업의 혁신이 가속화되고 있다. 즉 핀테크는 금융과 IT기술의 융합을 통해 기존 금융시스템의 파괴적 혁신을 주도하고 있다. 예를 들어, P2P 대출(Peer-to-Peer Lending)은 은행 등 전통적 의미의 금융회사를 거치지 않고 온라인 플랫폼을 통해 연결된 개인과 개인, 개인과 기업이 직접 자금을 대출하는 방식이다. P2P 대출은 2005년 영국에서 최초의 P2P 대출회사인 Zopa가 처음 등장한 이후 미국, 유럽, 중국 등 전 세계로 빠르게 확산되고 있다.

금융투자업에서 핀테크혁신이 활발한 가장 대표적인 예가 온라인 전용 자산운용회사인데, 알고리듬(algorithm)[8]으로 투자자의 성향을 파악하고, 이에 맞게 최적 자산배분, 자동 리밸런싱, 주기적 보고, 단순자문 등 자산관리서비스를 제공하고 있다. 사람의 개입 없이 알고리듬을 이용하여 자동으로 자산관리서비스를 제공한다고 하여 알고리듬 기반 자산운용회사(algorithmic asset management company) 또는 robo-advisor라고도 불린다.[9] 예를 들면 2008년에 설립된 Wealthfront와 Betterment는 미국의 대표적인 robo-advisor이다.

2015년 12월 포브스가 선정한 자본시장 분야 23개 핀테크기업이 적용한 핀테크 혁신의 특징은 다음과 같이 요약된다.[10] 첫째, 기존 금융투자회사가 포괄하지 못한 틈새시장을 공략한다. 둘째, 최소 투자금액 요건을 낮춰 고객의 투자접근성을 높이고 수수료를 대폭 인하해 고객의 비용부담을 줄인다. 셋째, 서로 다른 금융서비스의 조합을 통해 새로운 유형의 금융투자서비스를 제공한다. 넷째, 투자자가 접근하기 쉬운 플랫폼을 제공한다. 다섯째, 빅데이터를 기반으로 한 알고리듬을 내재화하여 고객의 투자 결정을 쉽게 하도록 한다. 여섯째, 기관투자가 및 금융투자회사 등 기존 자본시장 참여자를 경쟁상대가 아닌 고객으로 인식한다.

한편 세계경제포럼(World Economic Forum)은 2015년 6월 "금융서비스의 미래" 보고서에서 핀테크 혁신으로 인하여 향후 우리가 제공받고 이용하는 금융서비스의 형식이 새롭게 구조화될 것이라고 예견하고 있다. 특히 플랫폼을 기반으로 하고 데이터 집약적이며 많은 자본이 필요하지 않은 사업모델을 가진 금융부문에서 핀테크 혁신이 더 활발하게 일어날 것이라고 예측하고 있다. 향후 자본시장 및 금융투자업 분야가 핀테크 혁신을 주도할 것으로 기대되는 이유도 이 때문이다. 핀테크 혁신이 금융산업에 가져올 변화에 대한 자세한

7〉 장우석·전해영 (2016), "핀테크(FinTech)의 부상과 금융업의 변화," 현대경제연구원 VIP리포트, 16-10(통권 648호).

8〉 알고리듬은 특정 문제를 해결하기 위한 명령어들로 구성된 일련의 순서화된 절차를 말한다.

9〉 이성복 (2015), "핀테크와 금융투자업," 자본시장 Weekly, 2015-02호.

10〉 이성복 (2016), "글로벌 자본시장의 핀테크 혁신동향 및 시사점," 자본시장 Weekly, 2016-03호.

논의는 부록 1-A를 참고하기 바란다.

1-3-7 대체투자의 꾸준한 증가

대체투자(alternative investments)는 일반적으로 채권, 주식 등과 같은 전통적인 투자대상 이외의 사모펀드, 헤지펀드, 부동산펀드, 파생상품, 민간투자사업, 원자재투자펀드 등 다양한 대상에 투자하는 형태를 말한다.[11] 우리나라의 경우 저금리 국면이 장기화됨에 따라 투자대상의 다변화를 통한 수익률제고 목적과 투자위험분산 목적 그리고 고령화로 인하여 장기투자 수요가 증가하는 이유 등으로 대체투자가 꾸준히 증가하고 있다. 대체투자는 장기투자대상에 자금을 공급함으로써 실물경제 활성화에 도움을 줄 뿐만 아니라 기관투자가들의 자금운용 다양화 등에도 기여한다.

국내 대체투자 대상을 살펴보면 민간투자사업(public private partnership) 및 부동산간접투자의 비중이 높고 투자주체별로는 연기금, 보험회사 등 기관투자가가 주를 이루고 있다. 투자형태 면에서는 보험회사와 은행의 경우 대출형태의 투자비중이 높은 반면, 연기금과 자산운용사는 상대적으로 수익률과 리스크가 높은 출자형태의 투자비중이 높은 편이다.

이와 같이 연기금 등 기관투자가들의 대체투자가 점진적으로 확대되고 있지만 대체투자는 일반적으로 회수가 쉽지 않아 유동성이 낮고 투자대상의 개별성이 강해 투자위험을 정형화하기 어려워 전통적인 투자자산에 비해 상대적으로 다양한 위험요인을 보유하고 있다. 이러한 특징으로 인해 대체투자는 자산은 경제여건 급변 시 투자자산의 손실 장기화, 유동성 리스크 확대 등 위험요인이 있으므로 적절한 위험관리가 필요하다.

11) 이장욱·정상범 (2016), "국내 대체투자 현황 및 시사점," BOK이슈노트.

부록 1-A. 핀테크와 금융산업의 변화

빌 게이츠는 "은행업은 필요하지만 은행은 아니다(Banking is essential, banks are not)"라고 하여 향후 금융산업의 변화를 잘 예고하고 있다. 핀테크가 발전하기 이전에는 금융기관이 모든 금융서비스를 제공하는 소위 'one-stop service'를 제공하였으나, 최근 핀테크의 발전으로 각종 금융서비스가 기능별로 분할되어 전문업체들에 의해 제공되는 방향으로 가고 있다(그림 A1 참조).

지급결제 및 송금 분야

현재 핀테크가 가장 큰 변화를 일으키고 있는 분야는 지급결제 분야이다. 케냐에서 모바일 지급결제서비스를 시작한 M-PESA는 통신회사임에도 불구하고 케냐 성인인구의 2/3 이상(가입자 수 2,000만 명 이상)에게 은행 계좌가 없어도 스마트폰을 이용하여 지급결제가 가능하도록 하는 서비스를 제공하고 있다. 스마트폰의 확산과 기술의 발전으로 은행이 없어도 지급결제가 가능하도록 만든 것이다.

사진=개발마케팅연구소

M-PESA의 M은 Mobile을, PESA는 스와힐리어로 돈을 의미한다. 마사이족이 휴대폰을 사용하는 모습(왼쪽)과 아프리카 곳곳에서 운영되고 있는 엠페사 판매대리점.

미국의 전자결제서비스인 페이팔(paypal)은 신용카드 및 체크카드를 등록하고 다수의 은행계좌를 걸어놓을 수 있기 때문에 어떤 결제수단이든지 사용자가 자유롭게 선택할 수 있다는 편리성을 제공한다. 뿐만 아니라 통화가 다른 경우에도 환전을 거쳐 거래해주기 때문에 서로 다른 국가의 판매자와 구매자끼리도 거래가 가능하다. 우리나라의 경우 국내 송금을 위해서는 은행계좌를 통해 쉽게 계좌이체를 할 수 있지만 해외 송금을 하려면 직접 은행에 찾

〈그림 A1〉 핀테크로 인해 변화할 금융 분야

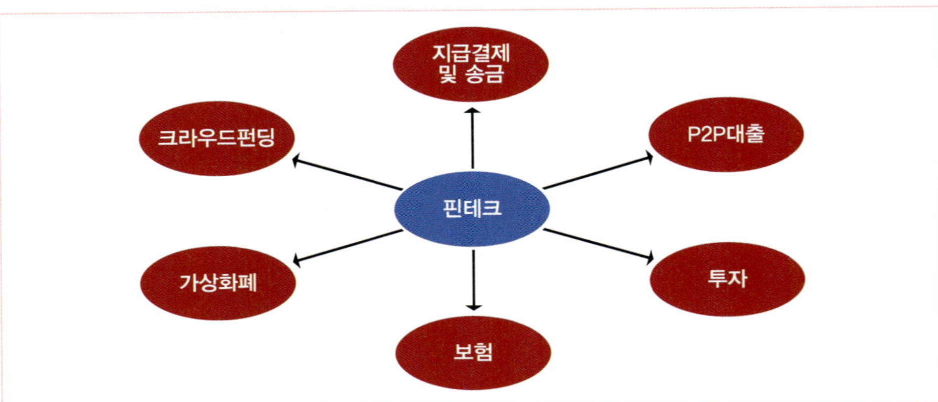

〈그림 A2〉 기존 은행과 리플의 해외 송금서비스 비교

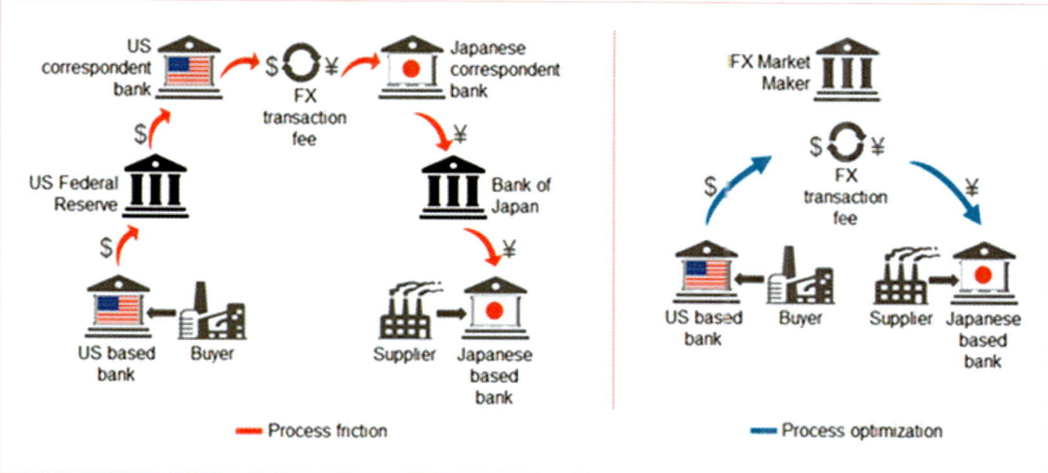

자료: Ripple.

아가서 해야 하는 번거로움이 있다.

해외 송금이나 환전을 하기 위해 은행에 가보면 수수료가 비싸다는 생각이 든다. 뿐만 아니라 해외 송금의 경우에는 즉시 송금이 되는 것이 아니라 며칠씩 걸리기 때문에 불편하기도 하다. 이러한 점들을 해결하는 플랫폼이 많이 등장하였는데 영국의 TansferWise와 미국의 Ripple은 송금 수수료를 10분의 1 수준으로 낮추고 즉시 해외 송금이 가능하도록 하는 서비스를 제공하면서 은행들의 해외 송금이나 환전 서비스를 대체하고 있다. 특히 Ripple은 핀테크 시장에서 주목받고 있는 결제 프로토콜 중 하나로서, 분산원장(블록체인) 기반으로 작동하는 실시간 결제시스템을 제공하고 있다. 분산원장 기술에 대해서는 아래에서 따로 살펴볼 것이다.

P2P 대출 분야

지급결제나 송금 다음으로 급격한 성장을 보이고 있는 시장은 P2P(Peer-to-Peer) 대출시장이다. "은행 대출은 문턱이 너무 높다"라는 말을 창업기업이나 소상공인, 중소기업인들은 자주 한다. 은행에 돈을 맡기는 예금자 입장에서는 은행이 돈을 빌려줄 때 적용하는 대출금리는 높게 받으면서 예금주에게 주는 예금금리는 낮게 줘 불만이 높다. 특히 요즘과 같이 금리가 아주 낮을 때는 좀 더 높은 수익에 대한 욕구가 높아진다. 이런 사정으로 P2P 대출이 인기를 끌게 됐다고 할 수 있다. P2P 대출은 은행(금융기관)을 거치지 않고 온라인 플랫폼에서 개인들끼리 직접 돈을 빌려주고 빌리는 개인과 개인 간 대출이다.

2008년 전 세계를 금융위기로 몰아갔던 서브프라임 모기지 사태 이후로 미국 은행권의 대출 심사가 까다로워지기 시작했다. 특히 은행권의 입장에서 수익성이 낮은 학자금 대

출 등 소매 영역의 금융 철수가 이어지자, 소액 대출이 필요한 개인들은 인터넷으로 몰리기 시작하였다. 이러한 상황에서 영국에 Zopa, Prosper와 미국에 Lending Club, Lendo, Ondeck 등이 생겨나 크게 성장하기 시작하였다. 이러한 P2P 대출 플랫폼들은 금융정보와 같은 정형 데이터는 물론 소셜정보와 같은 비정형 데이터를 분석하여 고객에게 맞춤형 신용평가를 제공함으로써 대출에 따른 평균 부도율을 오히려 금융권보다도 낮추는 것으로 알려져 있다.

중국은 정부가 빅데이터를 활용한 온라인 금융서비스를 적극적으로 지원하고, 시중은행에서 대출이 어려운 일반인이나 중소기업들이 P2P 대출을 활용하면서 P2P 대출시장이 폭발적으로 성장하였다. 2010년에 10개에 머물던 P2P 대출업체 수는 2015년에 2,595개까지 증가하였다. 그러나 P2P 대출중개 관련 대출사기, 중개업체 도산, 고객정보 유출 등 각종 금융사고가 빈발하자,[12] 2015년 7월에 중앙은행과 재정부를 포함한 10개 중앙정부 부처 및 규제기관은 P2P 대출을 포함한 '인터넷 금융에 대한 지침'을 제정하고, 12월에 은행감독위원회는 P2P 대출에 대한 규제 초안을 마련하였다. 규제안은 온라인 대출 플랫폼을 차입자와 투자자에게 정보를 제공하는 중개자로 정의하고, 어떠한 방법으로도 그 거래에 참여할 수 없도록 제한하였다.

〈그림 A3〉 국내 P2P 대출 유형별 잔액

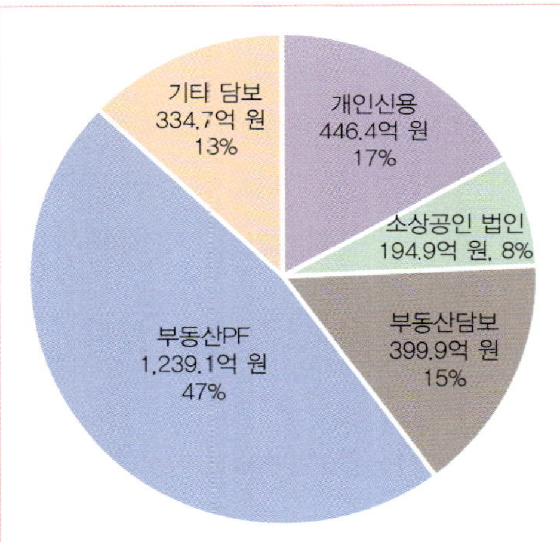

자료: 한국 P2P 금융협회, 2016년 11월 30일 기준.

우리나라의 경우에도 P2P 대출시장이 최근 들어 급격히 성장 중이다. 2006년 머니옥션, 2007년 팝펀딩 설립 이후 2개사만 영업하다 2014년부터 업체 수가 급격히 증가하여 2016년 말 40개 정도(한국P2P금융협회 회원사 기준)로 추산되고 있다. 대출시장의 누적 투자액은 2017년 2월말 기준 6,276억원, 투자자 수와 차입자 수는 2016년 9월말 기준으로 각각 13만 6천 명과 4,891명에 이르는 것으로 집계되었다. 우리나라의 경우에는 부동산 관련 대출이 뚜렷한 성장세를 보이는 가운데, 프로젝트 파이낸싱 투자가 대출 유형별 잔액의 47%, 개인신용이 17%, 부동산 담보대출이 15%, 소상공인 법인대출이 8%를 구성하고 있다(그림 A3 참조).

투자 분야

핀테크 기업은 금융소비자에게 필요한 정보를 빠르고 투명하게 제공한다. 기존 금융회사는 금융서비스를 제공하는 것으로 그쳤지만, 핀테크 기업은 금융소비자가 알고 싶어 하는

12) 2014년 한 해에만 8,700여 건의 대출사기사건이 발생한 것으로 알려져 있으며, P2P 대출사업자 e쭈바오는 500억 위안(약 9조 원)의 다단계 사기행각을 벌이다 중국 사법당국에 적발되었다.

정보를 실시간으로 제공해준다. 핀테크 특성상 모바일기술을 기반으로 금융소비자에게 원하는 만큼의 정보를 어느 때나 쉽게 제공할 수 있기 때문이다. 또한 핀테크 기업은 인공지능(artificial intelligence) 기술을 투자 분야에 도입하여 수수료를 낮추고 맞춤형 투자자문서비스를 제공하고 있다. 이른바 로보어드바이저(robo-advisor) 서비스를 시작한 것이다.

2008년 설립되어 2010년 5월부터 서비스를 시작한 미국의 온라인 전용 자문업자인 Betterment는 고객이 다양한 포트폴리오를 구성할 수 있도록 관련 정보를 제공할 뿐만 아니라 투자성과와 거래내역을 실시간으로 일목요연하게 볼 수 있도록 정리해준다. 기존 자산관리수수료가 1%인데 비해, 이 회사는 자산규모에 따라 0.15~0.35%의 낮은 수수료를 부과하고 있다. 서비스 수준은 투자자에 맞는 ETF(Exchange Traded Fund)로만 구성되는 단순한 포트폴리오를 제시한다. Betterment는 세계 최대 로보어드바이저 업체로서 2016년 말 기준으로 운용자산이 약 5조 원이며 계좌 수는 14만3천 개에 이르고 있다. 〈그림 A4〉는 빠르게 성장하고 있는 Betterment의 비즈니스를 보여준다.

또한 미국의 Wealthfront는 2011년 로보어드바이저를 활용한 개인자산관리서비스를 출시하였는데, 시스템 알고리듬만으로 온전히 운영되는 완전 자동화된 서비스를 제공하고 있다. 이 회사는 자세한 설문을 통해 고객의 위험회피성향과 투자성향을 분석하여 개개인에 맞춘 포트폴리오를 제공하는데, 고객의 성향 파악과 투자액 지정이 완료되면 로보어드바이저가 고객의 성향에 맞추어 자산을 분배하고 포트폴리오를 구성한다. 주로 인덱스펀

〈그림 A4〉 Betterment의 빠른 성장

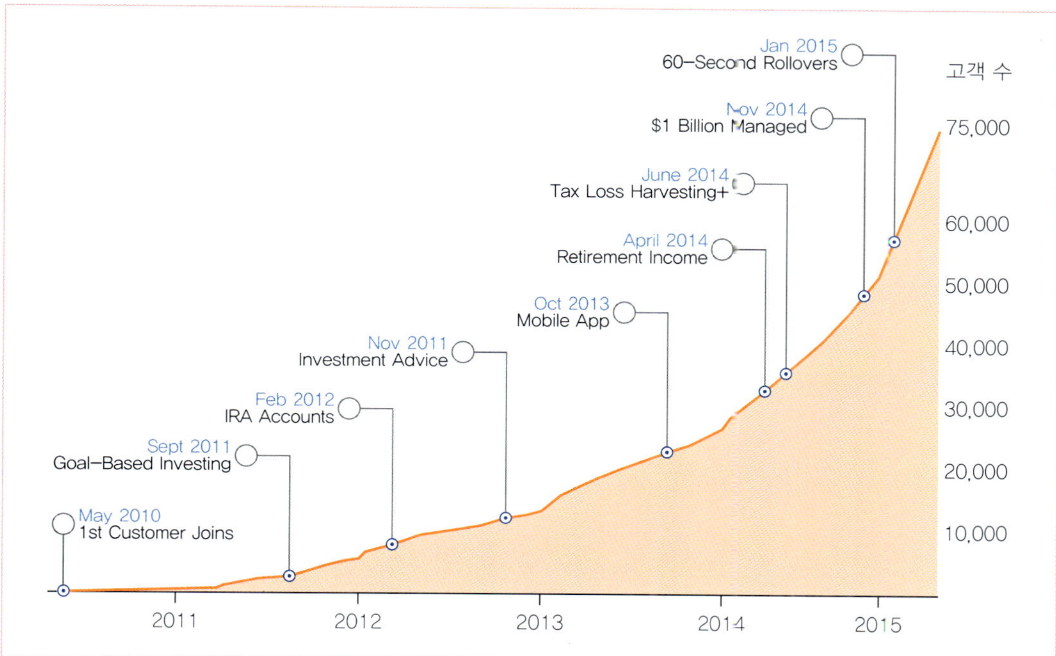

자료: Betterment.

드를 활용해 포트폴리오를 구성하고 글로벌 주식, 채권, 원자재 등 11개 자산군에 투자를 한다. 합리적이고 수익률에 민감하며 금융기관을 대체할 새로운 금융서비스를 원하는 젊은 세대에게 큰 호응을 받고 있다.

한편, 2013년에 설립된 Kensho는 빅데이터 기반의 인공지능업체로서 수백만 개의 복합 금융질문에 즉시 답변이 가능한 서비스를 제공한다. 당사는 재무데이터뿐만 아니라 모든 일상적인 이벤트, 뉴스, 공시, 소셜데이터 등을 분석한다. 연봉 50만 달러의 애널리스트가 40시간 걸릴 일을, Kensho는 단 몇분만에 그것도 정확한 데이터로 결과물을 제시한 것으로 유명하다. 예를 들어, "달러강세 시기에 미국시장과 유럽 및 아시아 시장의 수익률은?"이라고 질문하자, Kensho는 즉시 "Dow는 +6.30%, S&P 500는 +6.05%, Nasdaq은 +12.21%, 독일DAX는 −22.34%, HongKong은 −24.21%, Nikkei는 −18.59%"로 답변하였다.

국내에서도 몇몇 로보어드바이저 서비스를 제공하는 자문사가 출현했다. 기존 증권회사들은 제휴 또는 자체 개발을 통해 젊은 세대 및 대중적 부유층 시장을 공략하는 전략을 구사하고 있다. 자체 개발한 증권사는 삼성증권(Pop Robo), NH투자증권(QV Robo Account) 등이 있고, 제휴 형식으로 보완한 증권사는 현대증권(쿼터백 투자자문, 밸류시스템 투자자문), 한국투자증권(쿼터백 투자자문, 밸류시스템 투자자문, 디멘젼 투자자문) 등이 있다.

보험 분야

보험업은 상품 구조가 복잡하고 규제가 많아 은행업·카드업 등에 비해 상대적으로 기술 혁신으로 인한 변화가 느린 편이었다. 그러나 핀테크 기술의 발전으로 금융·보험 서비스 범위도 점차 확대됨에 따라 온·오프라인 간의 경계가 허물어지면서 산업 간 융합이 본격화되기 시작하였다. 인공지능, 사물인터넷(IoT), 빅데이터 분석 및 블록체인 기술 활용 등 보험을 둘러싼 환경 변화로 보험(Insurance)과 기술(Technology)의 결합 개념인 '인슈어테크(InsurTech)'가 등장하게 되었다.

보험 핀테크 기업들은 다양한 보험상품 비교가 가능한 인슈어테크 서비스를 출시하고 있다. 가격비교 사이트로 PolicyGenius, The Zebra 등이 있으며, 기존 보험사가 온라인 채널을 추가하여 판매채널을 다양화한 사례는 Progressive, SwiftRe 등이 있다. 인슈어테크는 보험사가 설계사, 직원 등을 동원해 일일이 수행하던 업무를 자동화함으로써 사업비의 절감을 도와준다. 알리바바·텐센트·중안보험(평안보험이 합작해 만든 온라인 전용 보험사) 등은 보험료율 산출과 보험금 지급 시스템을 자동화하고, 보험계약·요율산출·인수심사·보험금 지급 등 대부분 업무를 빅데이터 분석 기법을 활용해 처리하는 것으로 알려져 있다. 일본의 메이지 야스다 생명은 보험금 지급 자동화 시스템을 개발하여 병원 진단서의 문자를 자동으로 인식하고 정보를 처리하는 시스템을 도입하였는데, 이 시스템을 활용해 보험금 청구 후 2일 내 지급 처리 비율을 50%에서 80%로 상승시켰다고 한다.

또한 사물인터넷은 보험사에게 가장 필요한 종류의 데이터를 생성하기 시작하였고, 위험 대상물에 대한 지속적인 정보의 축적으로 새로운 사업고형이 등장하고 있다. 대표적인 사례는 텔레매틱스(telmatics)를 활용한 자동차보험이고 최근 웨어러블 장치(wearable device)를 이용하여 건강보험, 주택보험, 애완동물보험 등 다양한 영역으로 사물인터넷 활용이 되고 있다. 사물인터넷은 보험계약자를 지속적으로 모니터링하거나 관리할 수 있게 하므로 단순히 위험분석이 아닌 위험 자체를 줄이는 도구로 사용될 수 있다.

〈그림 A5〉 Vitality 프로그램에 참여자의 활동량 변화

자료: Discovery Annual Results Presentation, 2015.

〈그림 A6〉 보험설계사 수 추이와 인슈어테크 서비스 사례

(a) 감소하는 보험설계사

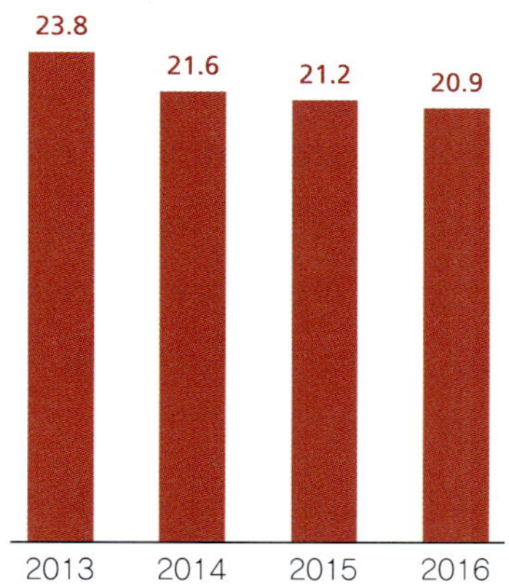

(b) 업체별 이슈테크 서비스 사례

업체	서비스	내용
한국 IBM	왓슨 익스플로러	보험사정 업무 AI가 담당
	클라우드 컴퓨팅	IFRS17 클라우딩 시스템 구축
디레몬	레몬클립	보험 가입내역 조회 보험금 청구 알람 기능
LKMS	인바이유	크라우드 방식으로 보험 상품 공동 가입
미국 프로그레시브	스냅샷	운전 행태 정보를 수집·분석해 보험료 할인
중국 중안보험	미밴드 건강보험	샤오미 미밴드 사용자 대상 걸음 수 따라 보험료 할인

자료 : 생명·손해보험협회, 매일경제 재인용.

이러한 국제적 흐름에 따라 국내 보험사들도 2016년부터 인슈어테크를 접목한 새로운 서비스를 선보이기 시작했다. 동부화재는 2016년 4월 국내 최초로 운전자의 운전습관에 따라 보험비가 차등화되는 UBI(Usage Based Insurance) 자동차보험을 출시했고, 메리츠화재도 2016년 11월 UBI연계 자동차보험 개발 업무협약을 체결했는데, 2017년부터는 빅데이터 활용으로 비대면 플랫폼을 구축해 양질의 고객서비스로 확대 적용하고 있다

디지털 화폐 분야

요즘 비트코인(Bitcoin) 때문에 우리나라는 물론이고 온 세계가 들썩거릴 정도이다. 과연 비트코인은 무엇인가? 누구는 디지털 화폐(digital currency) 또는 암호화폐(cryptocurrency)라고도 하고 또 누구는 화폐가 아니라 자산이라고 하는데 비트코인의 정체는 무엇인지 궁금하다. 아울러 비트코인이 존재하게 만든 블록체인(blockchain)이라는 기술이 인터넷이 그랬던 것처럼 향후 세상을 바꿀 수 있다고 하는데 이는 또 무엇인가?

비트코인은 디지털 형태로 발행되고 화폐처럼 결제수단으로 쓰이기 때문에 디지털 화폐 또는 디지털 통화로 불린다. 그러나 은행이 디지털 형태로 발행하는 디지털 화폐와는 다른데, 은행이 발행하는 디지털 화폐는 법정 화폐로 인정되는 반면, 네트워크에서 발행되는 비트코인은 법정 화폐가 아니라는 점이 다르다.

또한 비트코인은 가상공간에서 디지털 형태로 발행되기 때문에 가상화폐(virtual currency)라고도 불리는데, 이는 일반적인 가상화폐와 다르다. 가상화폐는 온라인 게임 분야에서 이미 광범위하게 사용되고 있는데, 게임 세계에서 실제 화폐로 가상화폐를 구매할 수 있고, 이 가상화폐를 이용해 게임 아이템을 살 수도 있다. 기업이나 사이트가 발행하는 가상화폐는 게임이나 전자상거래의 일부로 개발한 것으로 발행자의 고객 유지율 개선과 수익 증가를 목표로 하는 반면, 비트코인은 달러나 엔화처럼 어느 곳에서나 편리하게 결제할 수 있는 전 세계에서 통용될 수 있는 교환 범용성을 가진다는 점에서 일반 가상화폐와 다르다.

또한 비트코인은 암호 기술을 기반으로 하여 디지털 형태로 발행되기 때문에 암호화폐라고도 하는데 암호화폐라는 이름이 비트코인을 가장 잘 설명하는 용어라 할 수 있다. 이러한 유사한 화폐 이름들을 정리해서 요약한 것이 〈표 A1〉이다.

한편, 비트코인은 전자화폐와도 다르다. 전자화폐는 통상 특정 지역 내에서 특정 목적(전철, 가맹점 등)의 결제수단으로만 이용되고, 사용자는 반드시 본인 은행계좌에 현금을 넣어두거나 ATM 기기 등에서 현금을 입금해야 한다. 그러나 비트코인의 경우 계좌에 돈을 미리 넣어두거나 ATM 기기 등에서 돈을 입금할 필요가 없다. 또한 전자화폐는 지폐나 동전을 기반으로 발행되기 때문에 디지털 화폐가 아니다.

그럼 비트코인은 자산(asset)이라 할 수 있나? 자산이라 하면 유무형 물품, 재화 또는 권리와 같이 가치가 있는 것이라 할 수 있는데, 비트코인은 내재가치가 없기 때문에 자산으로 보기에도 쉽지 않다. 하지만 '희소성' 또는 사람들이 가치가 있다고 생각하기 때문에 자산으

〈표 A1〉 현금, 디지털 화폐, 가상화폐, 암호화폐의 비교

구분	현금(법정통화) Fiat Currency	디지털 화폐 Digital Currency	가상화폐 Virtual Currency	암호화폐 Cryptocurrency
발행자	은행	은행	기업/개인	P2P 네트워크
형태	주화(금속) 또는 지폐(종이)	디지털	디지털	디지털
구분	법정통화	법정통화	가상화폐	암호화폐
적용 법규	○	○	×	×
사용처	모든 거래	가맹점	가상공간	가맹점
발행기관	중앙은행	금융기관	비금융기관	×
법정통화와의 교환성		법정통화로 충전, 잔액은 법정통화로 환급 가능	법정통화로 교환할 수 없음	법정통화와 자유로이 교환됨

자료: 한국은행, 피넥터, 유진투자증권.

로 볼 수 있다는 견해도 있다. 다음은 비트코인에 대한 다양한 견해를 보여주는 예이다.

가상화폐, 허상인가 미래인가 (下)
— 금·진짜 돈 같은 본질가치 없어 거래기록 조작 불가능한 건 장점

가상화폐 대표는 2009년 탄생한 비트코인이다. 비트코인은 디지털 단위인 '비트(bit)'와 '동전(coin)'을 합친 이름이다.

나카모토 사토시라는 가명의 프로그래머가 기존 화폐 시스템의 대안으로 개발한 것으로 알려져 있다. 기존 화폐 시스템은 각국 정부나 중앙은행이 달러, 엔, 원화 등 법정 화폐(법화)를 발행하는 것이다. 반면 비트코인은 정부 통제를 받지 않는 민간 화폐라고 볼 수 있다. 국경 없는 온라인 세상에서 현금처럼 사용하되 해킹 위협에서 벗어날 수 있는 화폐를 만들겠다는 발상이 비트코인을 잉태했다.

비트코인은 인터넷 네트워크상에서 존재한다. 직접 보거나 만질 수 없다. 금이나 은은 실물 가치가 바탕이 돼 있고, 지폐는 법화로서의 가치가 들어 있다. 그러나 비트코인은 민간이 컴퓨터 프로그램을 사용해 만든다. 귀금속이나 법화와 같은 본질적인 가치(intrinsic value)가 없다. 사용자들이 비트코인을 거래할 만하다고 믿어야 비로소 가치가 생긴다. 갑자기 사용자들이 비트코인이 쓸모없다고 생각하면 가치는 '0'이 될 수도 있다.

법화는 은행을 통해 거래하면 은행 원장(元帳)에 기록이 남는다. 또 카드 사용 내역도 금융회사에 기록이 남는다. 하지만 비트코인은 이렇게 금융회사가 중앙집권식으로 기록을 보관하지 않는다. 네트워크상에 존재하는 수많은 컴퓨터에 거래 기록 원장을 분산해 저장한다. 해킹을 방지하기 위해서다. 분산된 원장의 절반

〈가상화폐 '말·말·말'〉

워런 버핏 버크셔 해서웨이 회장
"비트코인은 가치를 창출할 수 있는 자산이 아니기 때문에 가치를 평가할 수 없다."

제이미 다이먼 JP모건 최고경영자
"비트코인은 사기다. 사람들은 근본 없는 화폐로 비즈니스를 창출하지 않고, 정부도 가상 통화를 지지하지 않을 것."

크리스틴 라가르드 IMF 총재
"가상 통화를 단순히 '피라미드식 사기'라고 볼 일이 아니다."

빌 게이츠 마이크로소프트 창립자
"화폐보다 낫고, 주고받기 위해 만날 필요가 없다. 테러 활동이나 돈세탁과 관계가 없다는 걸 증명해줄 기술도 개발될 것."

이상을 해킹해야만 전체 내용을 바꿀 수 있는데, 현재 컴퓨터 성능으로는 이런 상황이 벌어지는 게 불가능하다고 한다.

우리나라에서 비트코인은 현재 제도권 밖에 있다. 거래할 때 세금도 내지 않고, 규제도 거의 없다. 누구나 손쉽게 사설 거래소 사이트에 접속해 가입만 하면 사고팔 수 있다. 그러나 차현진 한국은행 금융결제국장은 "누구도 비트코인으로 따져 집이 얼마다, 차가 얼마다 하는 사람이 없는 것은 비트코인이 화폐로서 갖춰야 할 계산의 기본 단위 기능이 없는 것"이라며 "누구나 가질 수 있다고 해도 비트코인은 화폐라고 볼 수 없다"고 말했다.

자료: 조선비즈 2017년 12월 13일자.

비트코인의 장점은 무엇일까? 은행이나 정부가 관여하지 않기 때문에 송금과 같은 업무를 할 때, 중개기관이 없이 개인 간 직접 송금이 가능하고, 수수료가 거의 없으며, 제3자에 의한 감시 및 규제가 없다는 점이다. 비트코인을 관리하는 정부기관이나 중앙은행이 없다면 누가 관리한다는 말인가? 상식적으로 볼 때 신뢰할 수 있는 중앙기관의 관리를 받지 않는 화폐는 위험하다. 만약 누군가 대량의 화폐를 발행하고 그로 인해 수익이나 혜택을 얻으려고 한다면 이 화폐에 대한 모든 신뢰가 사라질 것이다. 누구도 이처럼 불안정한 화폐를 사용할 만한 가치를 못 느낄 것이고, 그 결과 이 화폐는 유통되지 않을 것이다. 그러나 비트코인은 중앙에서 관리하지 않고 분산된 컴퓨터 네트워크의 관리를 받는다. 모든 거래와 신규 화폐 발행과 같은 활동은 거대 컴퓨터 네트워크에 기록된다. 모든 비트코인 거래는 하나의 거대 원장에 기록되고 이 거래원장은 전 세계 컴퓨터에 전부 저장되어 있다. 단일의 거대 비트코인 원장을 비트코인 네트워크의 대규모 컴퓨터에 배포하는 것과 관련해 가장 큰 우려 사항은 일부 컴퓨터에서 기록의 불일치가 발생할 수 있다는 점이다. 그러나 비트코인 프로토콜, 즉 블록체인이라는 기술은 이 문제를 효과적으로 해결하고 있고, 이 때문에 비트코인이 이처럼 빨리 신뢰를 얻고 확산되고 있는 것이다.

블록체인

위키백과에 의하면 "블록체인은 관리 대상 데이터를 '블록'이라고 하는 소규모 데이터들이 P2P 방식을 기반으로 생성된 체인 형태의 연결고리 기반 분산 데이터 저장환경에 저장되어 누구도 임의로 수정될 수 없고 누구나 변경의 결과를 열람할 수 있는 분산 컴퓨팅 기술 기반의 데이터 위변조 방지 기술이다."

블록체인의 가장 큰 특징은 거래를 가운데에서 중개하는 중개기관이 없을 뿐만 아니라 거래와 관련된 모든 기록이 네트워크상의 모든 거래자에 의해 공유되고 거래원장이 변개되지 않는다는 것이다. 블록체인은 비즈니스 네트워크 참여자들이 거래한 정보, 즉 자산의 이동이 일어난 모든 정보를 공유하고, 공유하는 형태가 블록의 체인으로 가는 데이터 원장구조를 갖고 있고, 비즈니스 신뢰를 합의라는 알고리듬을 통해 구현되도록 되어 있다.

그렇다면 블록체인은 어떤 원리에 의해 거래의 위변조가 불가능하고 거래기록을 신뢰

〈그림 A7〉 기존거래 방식과 블록체인 방식의 비교

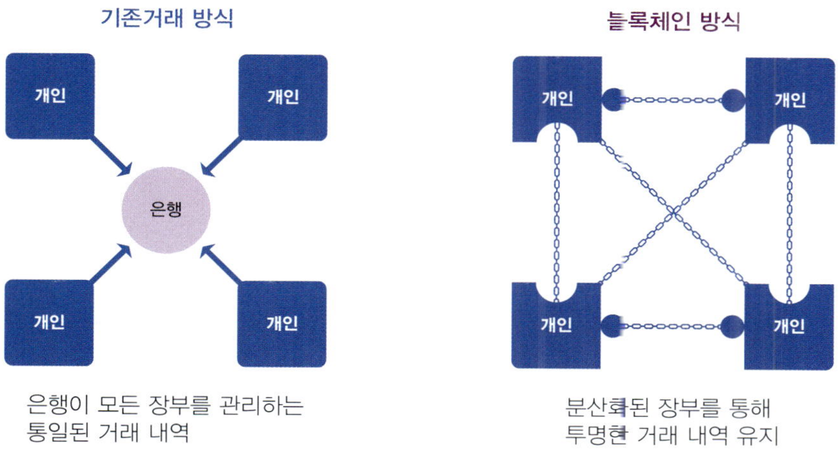

자료: SW 중심사회.

하도록 만드는 걸까? 블록은 하나 이상의 거래정보를 포함하고 있는데, 이 블록은 고유한 정보인 해시값(hash value)을 갖게 된다. 해시값은 블록이 갖고 있는 거래 정보를 투입정보로 해서 결과값을 뽑아내는데, 이 결과값을 갖고 투입했던 거래정보를 추론할 방법이 없다. 이러한 고유한 정보를 다음 블록에 넣고 체인식으로 연결하여 전체 거래기록의 위변조를 할 수 없도록 만드는 것이다. A의 정보를 B가, B의 정보를 C가 갖고 있어 체인이 돼가는 셈이다. A의 블록을 위변조할 경우 고치는 순간 블록의 고유정보가 변화하는데, 그 고유한 값이 다음 블록에 있어 그것을 고치기 위해서는 결국 모든 블록을 고쳐야 한다. 뿐만 아니라 비즈니스 네트워크 참여자들이 갖고 있는 원장도 모두 고쳐야 하기 때문에 블록체인 자체의 위변조는 불가능하게 된다.

〈그림 A8〉 블록체인 연결 구조

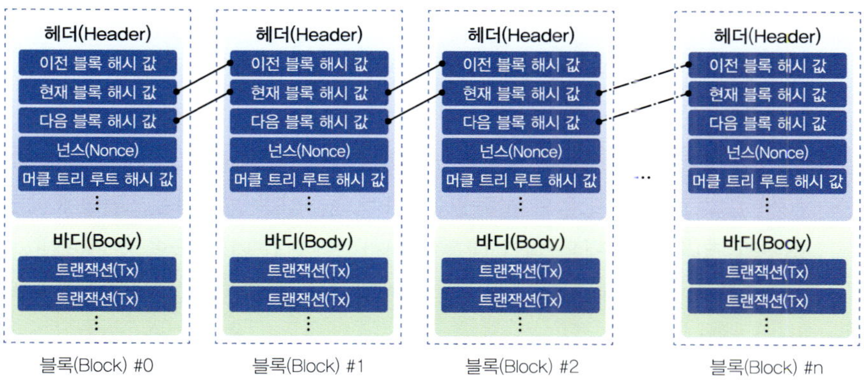

자료: 금융보안원.

블록체인에서 또 다른 중요한 요소는 '합의 알고리듬(consensus algorithm)'이다. 블록체인에 모든 데이터가 무차별적으로 기록된다면 단순한 데이터저장소의 역할에 그쳤을 것이다. 그러나 블록체인은 어떤 데이터가 기록되고 어떤 데이터는 기록하지 않을지 정의하고 서로 상충하는 데이터가 존재하지 않도록 관리함으로써 데이터의 정합성을 확보한다. 이렇게 모든 사용자가 완전한 데이터(data integrity)를 이용할 수 있도록 데이터를 검증하고, 선별적으로 기록하는 역할을 하는 것이 합의 알고리듬이고, 이를 실행하는 자가 검증인(validator)들이다. 블록체인의 작업증명(Proof of Work: PoW) 메커니즘은 거래승인 과정에 많은 컴퓨팅 파워가 필요한 어려운 작업을 포함시키고, 이 과정을 통해 가장 많은 구성원이 가지고 있는 블록체인을 진짜로 인식해 다른 기록은 폐기하는 방식으로서 네트워크 구성원의 51% 이상이 찬성하는 경우 거래가 성립하는 합의 도출방식이다. 이런 방식으로 블록체인은 중앙화된 주체 없이도 데이터의 완전성을 보장하는 분산 데이터베이스로 기능한다.

국내외적으로 블록체인을 금융서비스에 활용하기 위한 많은 움직임이 있다. 골드만삭스, 바클레이즈, JP모건, UBS 등 글로벌 대형은행은 컨소시엄을 결성하고 미국 핀테크 업체인 R3CEV와 제휴하여 블록체인을 금융서비스에 활용하기 위한 플랫폼을 공동 개발 중이다. R3CEV는 2014년 설립된 미국 뉴욕 소재 금융기술 벤처기업으로 블록체인을 이용하여 저비용으로 해외송금 및 자산관리 등에 활용할 수 있는 플랫폼을 개발 중이며, 이외에도 분산원장 기술을 기존 금융서비스 및 거래정보 기록에 활용하려는 다양한 시도가 이루어지고 있다.

최근 국내 은행들도 관련 핀테크 기업과의 제휴 등의 형태로 해외송금 서비스, 인증체계 개발 등에 활용하는 방안을 검토 중에 있으며, 금융권에서 블록체인 기술에 대한 관심이 증가하고 있다. 또한 선도적 이미지 구축을 위해 금융회사, PG(Pay Gate)사, 핀테크 스타트업 등에서 다양한 실험적 시도를 시작하고 있다.

크라우드펀딩 분야

크라우드펀딩(crowdfunding)이란 소규모 후원이나 투자 등의 목적으로 인터넷과 같은 플랫폼을 통해 다수의 개인으로부터 자금을 모으는 행위이며, 소셜 네트워크 서비스를 활용한다는 의미에서 소셜펀딩(social funding)이라고도 한다. 창의적 아이디어나 사업계획을 가진 기업이 중개업자의 인터넷 홈페이지에서 '집단지성(wisdom of crowds)'을 활용하여 다수의 소액투자자로부터 자금을 조달하는 방식이다. 투자방식 및 목적에 따라 기부·후원형, 대출형, 지분형(투자형)으로 구분되며, 앞에서 다뤘던 P2P대출은 대출형 크라우드펀딩에 해당한다.

최초의 크라우드펀딩은 개인 대출형 서비스인 2005년 영국의 조파닷컴(www.zopa.com)이며, 당시는 P2P펀딩, 소셜펀딩 등의 용어로 불렸다. 2008년 미국에서 최초의 후원형 플랫폼인 인디고고가 출범하면서 크라우드펀딩이라는 용어가 일반화되었고, 미국의 킥스타터가 2013년 한 해 총 3백만 명이 참여하여 4억8천만 달러 규모의 프로젝트를 성사시킴으로

〈그림 A9〉 크라우드펀딩의 운용 구조

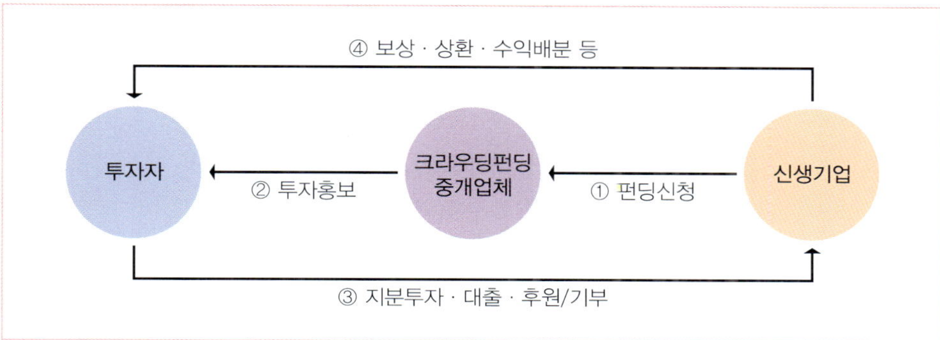

자료: 한국예탁결제원.

써 본격화되기 시작하였다. 지분투자형은 2007년 영국의 Crowdcube.com이 최초로 서비스를 시작하였으며, 미국의 Jobs법 제정 이후 지분투자형이 가장 빠른 성장세를 보이고 있다. 국내의 경우 최초의 크라우드펀딩은 2007년 시작된 개인 대출형 서비스인 머니옥션과 팝펀딩을 들 수 있는데, 기부형과 후원형은 2011년부터 시작되었고, 투자형은 2012년 오픈트레이드가 최초이다. 2013년 지분투자형 크라우드펀딩의 첫 국내 성공사례가 생겼는데, 온오픈믹스는 오픈트레이드를 통해 신청금액인 2억 원을 훨씬 넘는 6억8천만 원을 모집하였다. 2016년 1월 자본시장법의 개정으로 지분형(투자형) 크라우드펀딩에 대해서는 법적 근거를 마련하였으나, 아직 대출형, 후원형, 보상형에 대해서는 법적인 기반이 없는 상황이다.

연습문제

1. 투자자의 기대수익률은 두 가지에 대한 보상으로 구성되어 있다고 할 수 있다. 이 두 가지 보상은 무엇인가?
2. 다음 중 금융자산에 해당하는 것을 고르시오.
   특허권, 리스 의무, 영업권, 대학교육, 1만 원짜리 지폐
3. 투자(investment)와 투기(speculation)를 구분하여 설명하시오.
4. 투자과정은 PDS 사이클을 이루고 행해지는 하나의 관리과정이라 할 수 있다. 이에 대해 간단히 설명하시오.
5. 투자 결정 시 고려해야 하는 3요소는 무엇인가?
6. 자본배분과 자산배분의 차이점을 설명하시오.
7. 증권화를 할 때 특수목적기구(SPV)를 설립하는 이유를 설명하시오.
8. 자산담보부채권(ABS)과 주택저당채권(MBS)을 비교 설명하시오.
9. 최근 주가의 동조화현상이 가속화되고 있다. 그 이유는 무엇인가?
10. 핀테크 혁신의 특징을 설명하시오.
11. 금융 분야 중 핀테크가 가장 큰 변화를 일으키고 있는 분야는 무엇이며, 주요 내용은 무엇인가?
12. 가상화폐와 암호화폐의 차이점을 설명하시오.
13. 블록체인 기술의 경우 거래의 위변조가 불가능한 이유는 무엇인가?
14. 대체투자란 무엇인가?
15. 겸업 확대에 따른 금융권역 간의 경쟁 심화 현상을 설명하시오.

CFA 기출문제

1. Which of the following statements reflects the importance of the asset allocation decision to the investment process? The asset allocation decision:
   A. Helps the investor decide on realistic investment goals.
   B. Identifies the specific securities to include in a portfolio.
   C. Determines most of the portfolio's returns and volatility over time
   D. Creates a standard by which to establish an appropriate investment time horizon.
2. A clearly written investment policy statement is critical for
   A. Mutual funds
   B. Individuals
   C. Pension funds
   D. All investors

CHAPTER 2

금융시장과 금융상품

금융시장이란 자금공급자와 자금수요자 간에 금융거래가 조직적으로 이루어지는 장소를 말한다. 우리나라의 금융시장은 크게 자금시장과 자본시장 그리고 외환시장, 파생금융상품시장으로 구분하는 것이 일반적이다. 금융시장은 금융거래가 금융중개기관을 통해 이루어지느냐에 따라 간접금융시장과 직접금융시장으로 구분된다.

본 장에서는 금융기관을 이해하기 위해 필요한 개념 중의 하나인 금융시장을 개괄적으로 다룬다. 먼저 금융시장의 주요 기능을 살펴보고, 금융시장의 구분을 통하여 다양한 금융시장을 비교하여 살펴본다. 이어서 우리나라 금융시장에 대해 자세히 살펴본다.

2-1 금융시장의 기능

금융시장(financial market)이란 금융이 이루어지는 장소, 즉 경제주체인 가계, 기업, 정부 등이 필요한 자금을 조달하고 여유자금을 운용하는 장소이다.[1]

이러한 금융시장의 기능을 거시경제적 측면에서 보면, 금융시장은 자금중개기능을 통해 국민경제의 후생을 증대시킨다고 할 수 있다. 즉 금융시장이 배분의 효율성[2]을 가진다면 투자수익이 높은 기업은 금융시장을 통해 자금조달이 용이할 것이고, 투자수익이 낮은 기업은 자금조달이 어려워질 것이다. 그 결과 국민경제는 투자수익이 높은 기업 중심으로 자원이 모여 국민경제의 생산성을 향상시킨다. 이를 금융시장의 자원배분 기능이라고 한다. 만약 금융시장이 존재하지 않는다면 개인은 장래의 소득을 담보로 돈을 빌려 소비하거나 투자를 할 수 없다. 하지만 금융시장이 존재하기 때문에 금융시장을 이용하여 ① 미래 소비를 위해 여유자금을 금융자산에 투자하거나 ② 현재 소비를 위해 필요한 자금을 빌림

1) 한국은행 (2016), 한국의 금융시장.

2) 배분의 효율성(allocational efficiency)이란 주어진 자원이 효율적으로 배분되어 경제 전체의 효율이 극대화된 상태를 말한다.

으로써 자신의 시간선호(time preference)에 맞게 효용을 극대화할 수 있다.

한편 미시경제적 측면에서 보면, 금융시장은 탐색비용(search costs)이나 정보비용(information costs) 등 금융거래에 따라 발생하는 비용을 줄여준다. 탐색비용은 금융거래의사를 밝히고 거래상대방을 찾는 데 발생하는 비용으로 최근 정보기술 발전에 의해 사이버금융이 도입되면서 탐색비용은 줄어드는 추세이다. 정보비용은 금융자산의 가치를 평가하기 위해 필요한 정보를 얻는 데 소요되는 비용으로 금융시장에 정보의 효율성[3]이 존재하면 모든 관련 정보가 금융자산 가격에 완전하고 신속하게 반영되므로 이들 비용이 크게 줄어든다.

둘째, 금융시장은 금융자산을 보유한 투자자에게 높은 유동성(liquidity)을 제공한다. 예를 들어, 금융시장이 발달되지 않으면 자금이 필요한 기업은 사모방식에 할인가격으로 유가증권을 발행하여 자금을 조달할 수밖에 없고, 투자자들도 만기까지 해당 유가증권을 보유할 수밖에 없다.

셋째, 금융시장은 시장참여자들에게 다양한 금융상품과 금융거래기회를 제공함으로써 위험관리(risk management)를 도와준다. 위험회피 정도가 심한 투자자는 금융시장에서 제공되는 다양한 금융상품에 분산투자하거나 파생상품을 이용한 헤징거래를 통해 위험을 줄일 수 있다. 반면에 위험회피 정도가 덜한 투자자는 금융거래에 따르는 위험을 부담하는 대가로 높은 프리미엄을 기대할 수 있다.

넷째, 금융시장은 시장에 참가하는 기업과 금융기관을 감시하고 평가하는 시장규율(market discipline) 기능을 한다. 예컨대 어떤 기업이 회계정보를 왜곡할 경우 해당 기업이 발행한 주식과 회사채를 일시에 매도하여 자본시장을 통한 자금조달을 불가능하게 할 수 있다.

2-2 금융시장의 비교

2-2-1 자금시장과 자본시장

우리나라 금융시장은 일반적으로 자금시장과 자본시장, 외환시장, 그리고 파생금융상품시장으로 분류될 수 있다. 이 중에서 금융시장은 금융자산의 만기에 따라 자금시장과 자본시장으로 구분된다. 자금시장은 단기금융시장이라고도 하며 시장참가자들이 일시적인 자금수급의 불균형을 조정하기 위해 활용한다. 자금시장에서는 콜, 환매조건부채권(RP), 양도성예금증서(CD), 기업어음(CP), 통화안정증권 등이 거래된다. 자본시장은 장기금융시장이라고도 하며 채권 및 주식시장으로 구성되는데 채권시장은 발행 주체에 따라 국채, 지방채, 회사채, 금융채 및 특수채시장 등으로 분류된다.

3) 정보의 효율성(information efficiency)이란 금융자산의 가격이 이용 가능한 모든 정보를 충분히 그리고 신속하게 반영하는 상태를 말한다.

2-2-2 직접금융시장과 간접금융시장

금융시장은 자금의 융통경로에 따라 직접금융시장과 간접금융시장으로 구분된다. 직접금융시장은 자금의 수요자와 공급자가 금융시장을 통하여 직접 거래하는 방식인 직접금융(direct financing)이 이루어지는 시장이다. 증권시장을 통한 직접증권, 즉 주식의 매매나 채권의 매매 등이 직접금융에 해당된다. 직접금융에서는 자금 수요자와 공급자가 증권회사와 같은 기관이 제공하는 전문적인 지식과 거래서비스를 이용하여 거래하지만, 거래에 따르는 위험은 투자자가 부담하게 된다. 최근에는 자본시장의 발달, 금융산업의 기술혁신, 증권화의 확대 등에 따라 직접금융시장의 영역이 증가하는 추세이다.

한편 간접금융시장은 간접금융(indirect financing), 즉 자금공급자와 자금수요자 사이에 은

〈그림 2-1〉 한국 금융시장의 구조

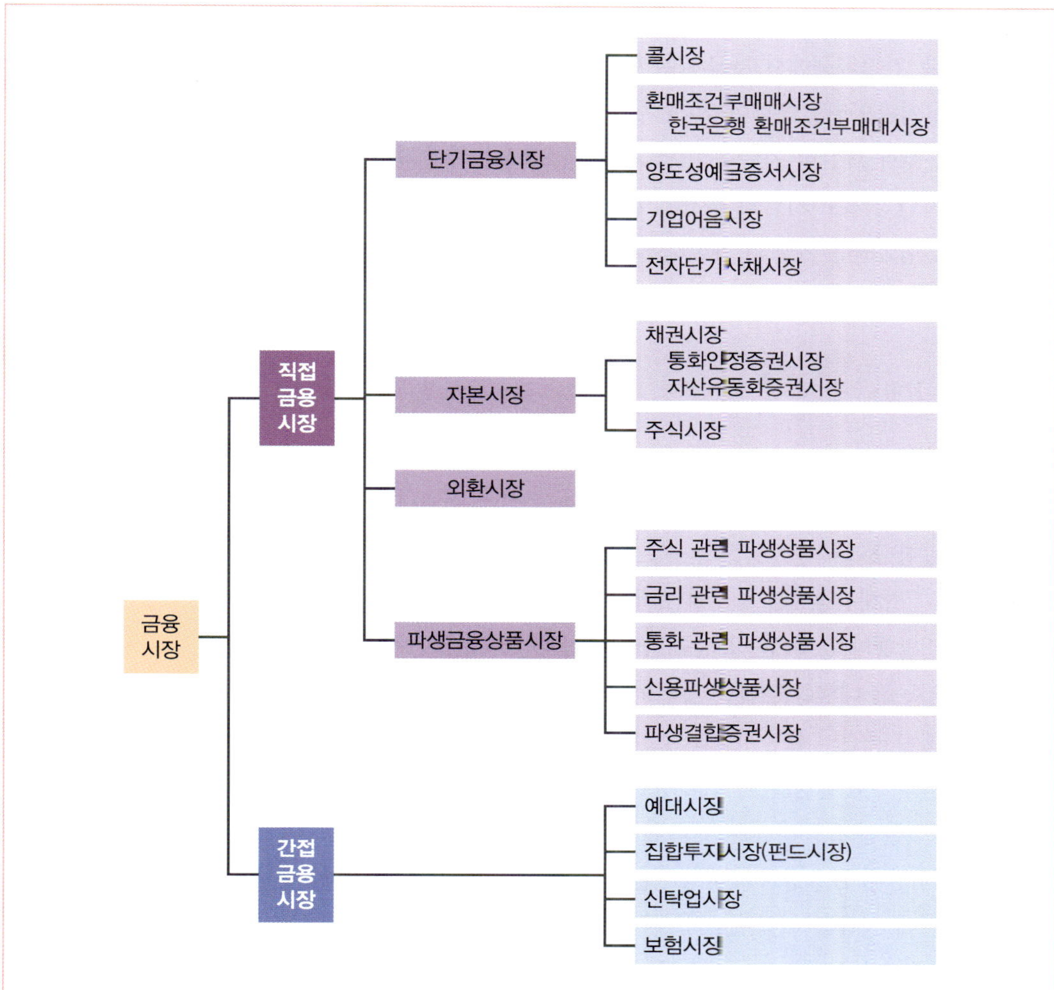

자료: 한국은행 (2016), 한국의 금융시장, p.6.

〈그림 2-2〉 직접금융시장과 간접금융시장

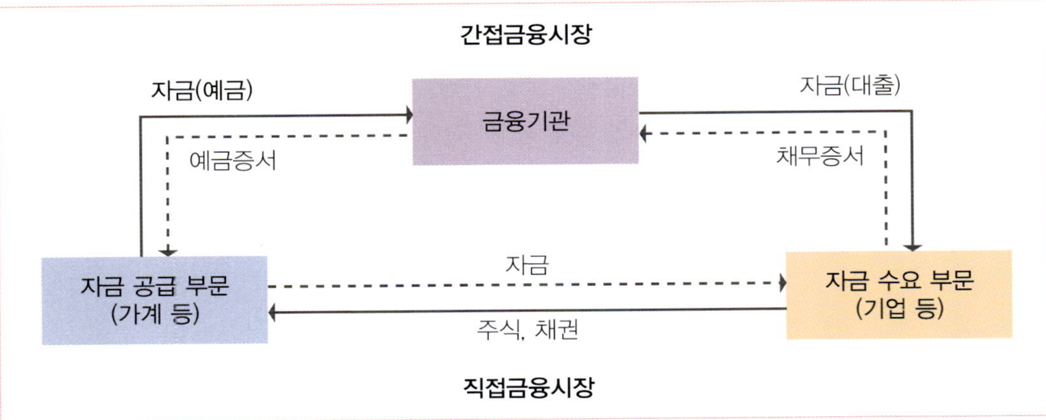

행과 같은 금융중개기관(financial intermediaries)이 개입하여 자금의 융통이 이루어지는 시장이다. 간접금융에서 자금 수요자와 공급자를 연결시켜 주는 중개 역할을 하는 대표적인 금융기관으로는 은행이 있다. 자금공급자인 가계는 은행이 제공하는 예금상품을 구매할 뿐, 은행에 예금한 자금을 어느 기업이 사용하는가에 대해서는 알 필요가 없다 또, 자금수요자인 기업도 자금의 출처를 알 필요 없이 은행에서 돈을 빌리고 이자를 지급한다. 이처럼 간접금융은 자금의 제공자에게는 보다 높은 안정성을, 그리고 자금의 수요자에게는 직접금융을 통하지 않고도 자금조달을 쉽게 할 수 있는 통로가 된다.

2-2-3 발행시장과 유통시장

발행시장(primary market)은 단기 금융상품이나 채권, 주식 등 장기금융상품이 신규로 발행되는 시장이며 유통시장(secondary market)은 이미 발행된 장단기 금융상품이 거래되는 시장을 말한다.

발행시장에서 증권의 발행은 그 방식에 따라 직접발행과 간접발행으로 구분되는데 간접발행의 경우에는 인수기관이 중심적인 역할을 수행한다.[4] 인수기관은 해당증권의 발행업무를 대행함은 물론 증권의 전부 또는 일부 인수를 통해 발행위험을 부담하는 한편 발행된 증권의 유통시장을 조성(market-making)한다. 우리나라에서는 회사채 또는 주식을 공모방식으로 발행할 때 주로 증권회사가 인수기능을 수행한다.

한편 유통시장은 투자자가 보유 중인 회사채나 주식을 쉽게 현금화할 수 있게 함으로써 당해 금융상품의 유동성을 높여준다. 아울러 금융상품의 발행가격을 결정하는 발행시장에 영향을 미침으로써 자금수요자의 자금조달비용에도 영향을 준다. 투자자들은 발행

4〉 유가증권발행은 발행위험과 발행업무의 부담 주체를 기준으로 직접발행과 간접발행으로 구분되는데 직접발행은 발행기관이, 간접발행은 인수기관 등이 발행업무와 발행위험을 부담하는것을 말한다.

시장과 유통시장의 가격을 비교하여 가격이 낮은 상품을 매입하게 되므로 유통시장의 가격이 높으면 발행시장의 가격도 높아져 증권발행자는 낮은 비용으로 소요자금을 조달할 수 있게 된다.

2-2-4 거래소시장과 장외시장

거래소시장(exchange market)은 일정한 거래규칙과 집중된 주문으로 거래되는 구체적이며 조직화된 시장으로 장내시장이라고도 한다. 거래소시장은 다수의 매도자와 매수자의 경쟁을 통해 거래조건을 결정하는 경쟁매매이기 때문에 거래정보가 투명하다. 우리나라의 거래소시장으로는 한국거래소가 있으며 증권회사, 선물회사 등이 회원으로 가입하여 주식, 채권, 선물 및 옵션상품을 거래하고 있다.

장외시장은 거래소 이외의 장소에서 거래가 이루어지는 비조직적이며 추상적인 시장을 말하며 직접거래시장과 점두시장으로 구분된다. 직접거래시장은 매매 당사자 간의 개별적 접촉에 의해 거래가 이루어진다. 한편 딜러·브로커[5] 등이 거래를 중개하는 점두시장(over-the-counter market)은 딜러 간 시장(inter-dealer segment)과 대고객 시장(dealer-to-customer segment)으로 구분한다. 거래가격이 딜러·브로커가 고시한 매수매도호가를 거래상대방이 승낙하여 결정되기 때문에 거래정보의 투명성이나 거래상대방의 익명성이 낮다. 우리나라의 경우 채권은 대부분 장외시장에서 거래되고 있으며 콜, 양도성예금증서, 기업어음 등 단기 금융상품은 물론 외환 및 외환파생상품, 금리 및 통화스왑 등의 파생금융상품 등도 대부분 장외시장에서 거래된다.

2-3 금융시장의 개관 및 분류[6]

우리나라의 금융시장은 자금시장, 자본시장, 외환시장 및 파생금융상품시장으로 구분할 수 있는데 다음에서 자세히 살펴보자.

2-3-1 자금시장

자금시장(money market)은 기업, 가계, 정부, 금융기관 등이 단기적인 자금과부족을 조절하기 위해 보통 만기 1년 이내의 단기 금융상품이 거래되는 시장이다. 현재 우리나라의 자금시장에서는 콜, 기업어음, 양도성예금증서, 환매조건부채권이 거래되고 있다. 자금시장은 다음과 같은 특징으로 자본시장과 구분된다.

5) 딜러는 자기계산과 책임하에 금융상품을 매매하는 기관으로 매수매도호가 스프레드(bid-ask spread)가 수익의 기초이며, 브로커는 매매업무를 단순 대행하고 그 대가로 수수료를 지급받는 위탁매매기관을 의미한다.

6) 한국은행 (2016), 한국의 금융시장.

첫째, 자금시장은 경제주체들이 단기자금을 효율적으로 조달·운용할 수 있는 기회를 제공해준다. 자금시장이 발달한 경우 경제주체들은 여유자금이 있으면 유동성이 높은 단기 금융상품에 운용하고, 자금이 부족하면 단기채무증서를 발행하여 조달함으로써 유휴 현금 보유규모를 최소한으로 줄일 수 있다.

둘째, 자금시장은 경제주체들이 금융자산 위험을 관리할 수 있는 수단을 제공한다. 일반적으로 단기 금융상품은 장기금융상품에 비하여 금리변동에 따른 가격변동 폭이 크지 않아 자본손실 위험이 작으며, 만기 이전에도 쉽게 자금을 회수할 수 있어 유동성 위험도 크지 않다.

셋째, 자금시장은 중앙은행의 통화정책이 수행되는 시장이다. 중앙은행은 공개시장조작을 통하여 기준금리를 조정함으로써 단기시장금리를 조절하며, 유동성을 공급하거나 환수함으로써 시중의 통화량을 조절한다.

거래되는 단기 금융상품을 중심으로 이러한 자금시장을 구체적으로 살펴보자.

콜머니와 콜론

콜시장은 주로 금융기관 간에 일시적인 자금과부족을 조절하기 위하여 초단기자금을 차입(call money)하거나 대여(call loan)하는 시장이다.

콜거래는 국채, 지방채, 통화안정증권, 특수채, 금융채, 회사채 등을 담보로 거래되기도 하나 무담보 신용거래가 대부분이다. 콜거래는 계약체결 방식에 따라 중개거래와 직거래로 구분되는데 대부분의 거래는 중개거래로 이루어진다.

콜자금을 공급하는 콜론기관은 주로 집합투자업자(자산운용회사) 및 은행신탁이다. 콜자금을 차입하는 콜머니기관은 주로 국내은행, 외국은행 국내지점 및 증권회사 등이다. 국내은행은 콜시장을 통해 지준자금을 조절하는 순 콜머니기관이다. 국내은행은 일시적으로 시장에 자금이 부족할 경우에는 콜차입을 축소(또는 콜론 확대)하고 자금이 남을 경우에는 콜차입을 확대(또는 콜론 축소)하면서 자금수급상의 불균형을 완화하는 기능도 수행하고 있다.

자금중개회사의 콜중개는 자금 대여자와 자금 차입자 간의 거래를 연결시켜 주고 일정 수수료만 받는 단순중개(brokerage)를 원칙으로 한다.

우리나라의 콜시장에 해당하는 미국의 금융기관 간 자금시장은 연방기금시장(federal funds market)이라 하고 이 시장에서 자금이 오갈 때 적용되는 금리를 연방기금금리(federal funds rate)라 한다. 또한 유로달러 시장에서 금융기관 간 자금시장이 존재하는데 이때 적용되는 금리를 리보금리(London Inter-Bank Offered Rate: Libor)라 하며 우리나라의 콜금리에 해당한다.

기업어음

기업어음(Commercial Paper: CP)은 신용상태가 양호한 기업이 단기자금을 조달하기 위해 자기

콜금리와 리보금리

리보금리는 많은 자금거래의 기본이 된다. 런던은행연합회는 은행들을 대상으로 서베이 한 결과를 토대로 매일 오전 11시에 그날의 리보금리를 발표한다. 1개월, 3개월, 6개월, 12개월 등 다양한 만기에 대해 그리고 달러말고도 유로, 엔, 파운드 등 주요통화표시자금에 대해서도 리보금리가 발표된다.

기업들이 달러 자금을 조달할 때 리보금리에 얼마의 가산금리를 붙여서 조달하는지를 보면 그 기업의 신용도를 금방 알 수가 있다. 일반적 금융거래에서 조달금리가 얼마냐고 물으면 "리보+100bp"라는 식의 대답이 나올 정도로 리보는 광범위하게 사용되는 중요한 기준금리다. 전 세계 주요통화 표시 자금이 유럽이라는 지역을 중심으로 모여 화려한 경연대회를 펼치고 있고, 이 과정에서 중요한 역할을 하는 금리가 결정되는 것이다.

자료: 윤창현 교수의 이슈경제학. http://news.hankyung.com/article/2007040605691

신용을 바탕으로 발행하는 만기 1년 이내의 융통어음이다. CP는 발행절차가 간편한 데다 보통 담보 없이 신용으로 발행되기 때문에 신속한 자금조달수단으로 이용되고 있다. CP시장은 발행기업, 할인·매출기관 및 매수기관으로 구성된다.

CP의 할인·매출기관은 발행기업으로부터 CP를 할인·매입한 후 이를 매수기관에 매출함으로써 매매차익을 얻으며, 매수기관은 만기 1년 미만 단기자금의 운용수단으로 CP를 활용하고 있다. CP의 할인 및 매출은 주로 증권회사와 종합금융회사가 담당하고 있다. 증권회사는 수신 기능이 없기 때문에 CP를 할인한 후 자체보유하지 않고 무담보형식으로 매출하며 종합금융회사는 매출뿐만 아니라 자체보유 목적으로 CP를 할인한다.

한편 증권회사 고유계정이 장외시장에서 CP를 매매, 중개 또는 대리하는 경우 2개 이상의 신용평가기관으로부터 신용평가를 받은 CP만을 대상으로 하는데 일반적으로 거래 관행상 신용등급 B등급 이상의 기업이 액면금액 1억 원 이상으로 발행한 CP를 대상으로 하고 있다.

CP는 발행단위가 거액인데다 예금자보호대상이 아니기 때문에 주로 자산운용회사와 은행신탁이 신탁자산 편입용으로 매입하고 있다.

양도성예금증서

양도성예금증서(negotiable certificate of deposit: CD)는 은행 정기예금증서에다가, 금융시장에서 자유롭게 매매될 수 있게 양도성을 부여한 상품이다.[7] CD는 은행 간의 자금조절이나 단기자금 조달수단으로 많이 활용되고 있다. CD는 예금지급준비금 예치의무가 있으며 예금보호대상에서 제외되어 있다.

CD는 매수 주체에 따라 대고객 CD와 은행 간 CD로 구분된다. 대고객 CD는 은행 창구에서 직접 또는 증권회사 등 중개기관을 통해 발행되며 개인, 일반법인 등이 매입한다.

7〉 CD가 보통의 정기예금과 다른 점은 CD(양도성예금증서)에는 만기일과 이자만 적혀있으며 무기명으로 발행되거나 등록발행이 병행(2006년 7월부터)되기 때문에 양도성이 있는 차이가 있다.

'CP 발행→법정관리' 부실기업은 通했다

'CP 발행→법정관리→투자자 피해.' 유동성 위기를 겪었던 그룹의 한결같은 행보다. 동양그룹을 비롯해 웅진, LIG가 그랬다. 자금을 조달하기 위해 CP를 발행하고, 법정관리를 통해 회사는 '쏙' 빠져나갔다. 그 피해는 고스란히 투자자에게 넘어갔다. CP의 위험성, 언제까지 꼬집어야 할까.

기업어음(CP)의 위험성이 또다시 부각되고 있다. 동양그룹은 9월 말 계열사 기업회생절차(법정관리) 신청 직전 수조 원대의 CP를 발행했다. 문제는 투자자다. 동양그룹의 CP에 투자한 4만여명의 개미들의 피해가 예상되기 때문이다. 금융감독원에 따르면 피해액은 2조 원에 이를 것으로 보인다.

더욱이 동양그룹의 CP는 '불완전 판매(불충분한 설명)' 상품이었다. 투자자들이 한결같이 말하는 내용이다. "원금 손실이 없는 안전한 상품이라며 높은 이율만 말해주고 가입을 권유했다." "종합자산관리계좌(CMA)에 돈이 있다는 이유로 CP가 무엇인지도 모르는 사람들을 가입시켰다." "투자부적격 기업이라는 것을 알리지 않고 무차별적으로 가입을 권유했다."

사실 CP가 문제가 된 경우는 이번이 처음은 아니다. LIG건설은 2011년 법정관리 신청 직전에 1800억원에 달하는 '사기성 CP'를 발행해 투자자들에게 피해를 입혔다. CP 발행과 관련 LIG그룹 관계자들은 검찰에 고발됐고, 그룹 총수인 구자원 회장과 아들 구본상 LIG넥스원 부회장은 각각 실형 3년과 8년을 선고받고 법정 구속됐다.

웅진그룹 역시 지난해 회사 신용등급이 떨어질 것이라는 점을 알고도 웅진홀딩스 명의로 1000억 원 규모의 CP를 발행했다. 당시 웅진홀딩스는 재무구조 악화로 법정관리를 신청하기로 결정한 상태였다.

동양·LIG·웅진 3개 그룹의 CP 발행 구조는 똑같다. 불완전 또는 사기성 CP 발행 이후 법정관리 신청, 그리고 피해는 고스란히 투자자에게 떠넘기는 형태다. 핵심은 자금조달이 쉽지 않은 기업들이 CP를 발행할 수 있었다는 것이다. 이는 CP의 장점이자 문제점으로 꼽힌다. CP는 편리한 자금조달 상품이지만 그만큼 리스크가 크다.

CP는 발행이 쉽고 간편하다. CP는 은행에서 돈을 빌리는 게 아니라 자본시장에서 투자자에게 직접 팔아 돈을 끌어 모으는 것이다. 은행의 대출과 달리 담보나 보증없이 해당 기업의 '신용'만으로 발행이 가능하다. 만기는 보통 3개월로 회사채(3년 이상)보다 짧다. 신속하게 자금을 조달해야 하는 기업에게 효과적이라는 얘기다.

문제는 '투명성'이 부족하다는 점이다. CP(만기 3개월)는 공시의무가 없다. 회사채처럼 발행기업의 재무상태를 체크하는 게 사실상 어렵다. 이 때문에 재무구조가 불안한 기업이 주로 CP를 발행해 자금을 조달한다. 더욱이 CP는 신용평가사의 기업 신용등급에 의지하는데 이마저도 공신력이 떨어진다.

실제로 한국기업평가, 나이스신용평가는 동양시멘트에 올 8월까지 상환능력이 양호한 A등급을 부여했다. 믿고 투자해도 좋다는 의미다. 하지만 8월 말 법정관리 신청 한달을 앞두고 D(채무불이행) 등급으로 신용등급을 떨어뜨렸다.

반복되는 CP 리스크

국내 신용평가사의 기업평가 기준이 모호하고, 사건이 터지면 그제야 갑자기 신용등급을 낮추고 있다는 것이다. 전문가들은 신용평가사가 대기업으로부터 평가수수료를 받기 때문에 기업을 제대로 평가하지 못하고 있다고 지적한다. 이대순 투기자본감시센터 대표는 "신용등급을 보고 기업을 판단하는 투자자를 위한 평가가 아니라 대기업 눈치 보기 평가, 뒷북 평가를 하고 있다"고 말했다.

이런 이유로 현재와 같이 기업들이 자금난을 겪고 있는 상황에서 CP 시장은 더욱 활발해진다. 한국예탁결제원에 따르면 CP발행 잔액(미상환 잔량)은 2010년 73조 원에서 2011년 89조 원, 지난해 127조 원으로 증가했다. 올 9월까지 발행 잔액은 143조 원에 달한다.

연도별 CP발행 규모 (단위 : 조원)

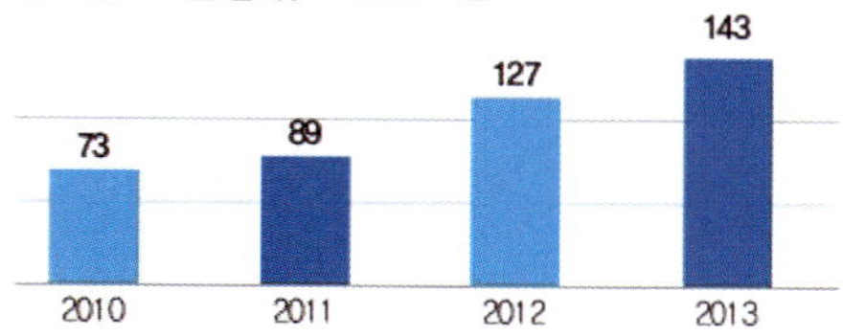

[자료 | 한국예탁결제원, 참고 | 2013년은 9월 말 기준]

그런데 CP 문제는 왜 계속해서 반복되는 걸까. CP가 가진 매력 '고금리' 때문이다. CP는 발행 기업과 증권사가 시장 상황을 고려해 자체적으로 금리를 결정한다. 이 때문에 자금이 급한 회사는 투자자를 끌어 모으기 위해 금리를 높이는 경우가 많다. 동양그룹의 CP 발행금리는 연 7%대로 은행 정기예금 평균 2%대에 비해 3배가량 높다.

고수익을 챙기려는 투자자와 유동성 위기를 안고 있는 기업이 쉽게 자금을 조달하고자 하는 한 CP 사태가 계속 일어날 가능성이 크다는 것이다. 한 금융전문가는 "자금난으로 고생하고 있는 기업이 CP 발행의 유혹에서 벗어나기는 힘들 것"이라며 "투자자 역시 높은 금리 유혹을 뿌리치는 게 쉽지 않다"고 말했다. 이 때문에 금융당국의 역할이 중요하다.

원칙적으로 CP의 디폴트(채무불이행) 리스크는 투자자가 진다. 고수익을 바라본 투자에는 고위험이 따르기 마련이다. 하지만 금융소비자 보호 측면에서 '불완전 판매' 부분을 확실하게 잡아줘야 한다. 불완전 판매란 고객에게 금융상품을 판매할 때 상품에 대한 기본 내용, 투자위험성 등에 대한 안내 없이 판매하는 것을 뜻한다.

금융당국, 불완전 판매 규제 강화해야

김득의 금융정의연대 대표는 "대형 금융피해사건의 공통점은 금융상품 판매 과정에서 소비자와 금융기관의 금융상품에 대한 정보비대칭이 전혀 해소되지 않는다는 점이다"며 "금융상품의 위험성을 소비자가 한눈에 파악할 수 있는 위험성 등급제, 금융상품 판매자의 자격제, 금융피해사건의 사후적 구제 절차 등을 강화해야 한다"고 말했다.

금융당국의 감독이 제대로 이뤄지지 않아 투자자들의 피해를 키웠다는 지적도 나온다. 동양증권은 지난해 9월 계열사 CP를 판매하는 과정에서 서면 동의를 받지 않는 등 불건전 영업행위를 한 혐의가 드러나 금융감독원으로부터 기관경고조치를 받았다. 당시 금융감독원은 과태료 5천만 원을 부과하며 관련 임직원에 대한 징계조치를 내렸다. 하지만 그때뿐, 1회성 제재에 그쳤다.

■ **법정관리 신청 직전 CP발행액** (단위 : 억원)

[동양 3개 계열사]

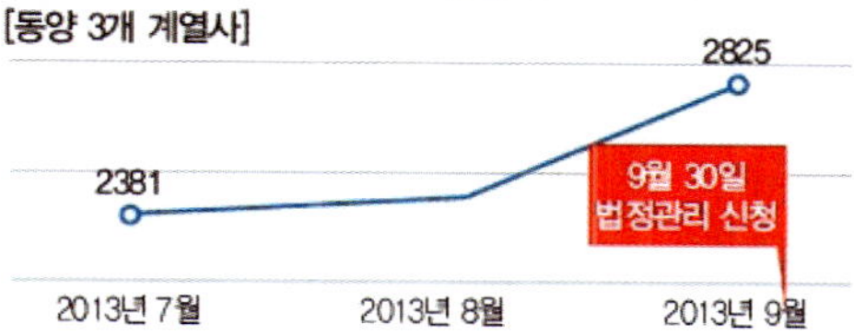

[참고 | 동양그룹 3개 계열사는 (주)동양 · 동양레저 · 동양인터내셔널]

[LIG건설]

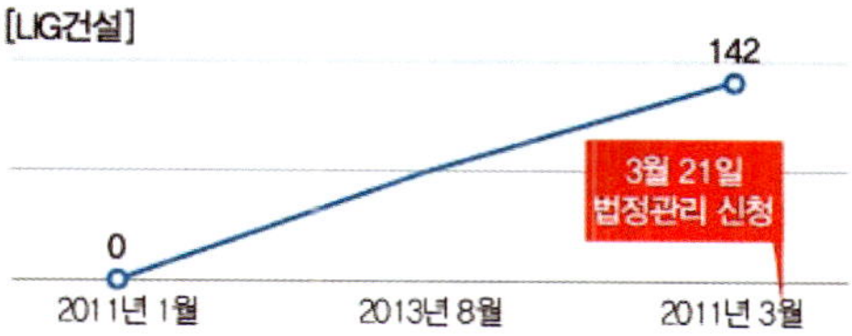

[자료 | 한국예탁결제원]

조남희 금융소비자원 대표는 "CP 시장이 커지고 문제가 계속해서 발생하는데 금융감독원은 소극적인 조치로 투자자들의 폭탄피해를 유발했다"며 "현재도 금융감독원은 불완전판매 등의 적극적인 소비자보호 조치를 하기보다는 가입자의 자기투자책임을 부각시키며 방어적인 모습을 보이고 있다"고 말했다.

조 대표는 동양증권 등 증권사의 비윤리적인 영업활동도 문제라고 꼬집었다. "동양증권은 소매금융 특화라는 강점을 이용해 금융지식이 부족한 주부나 개인자산 고객에게 제대로 된 설명이나 투자위험을 알리지 않고 '안전하다' '괜찮다'라는 말로 그룹 계열사의 부실기업에 대해 고객의 투자를 유도했다."

자료: 더 스쿠프(The Scoop), 2013년 11월 8일자.

〈그림 2-3〉 CD 발행에 비해 과다한 CD연동 대출

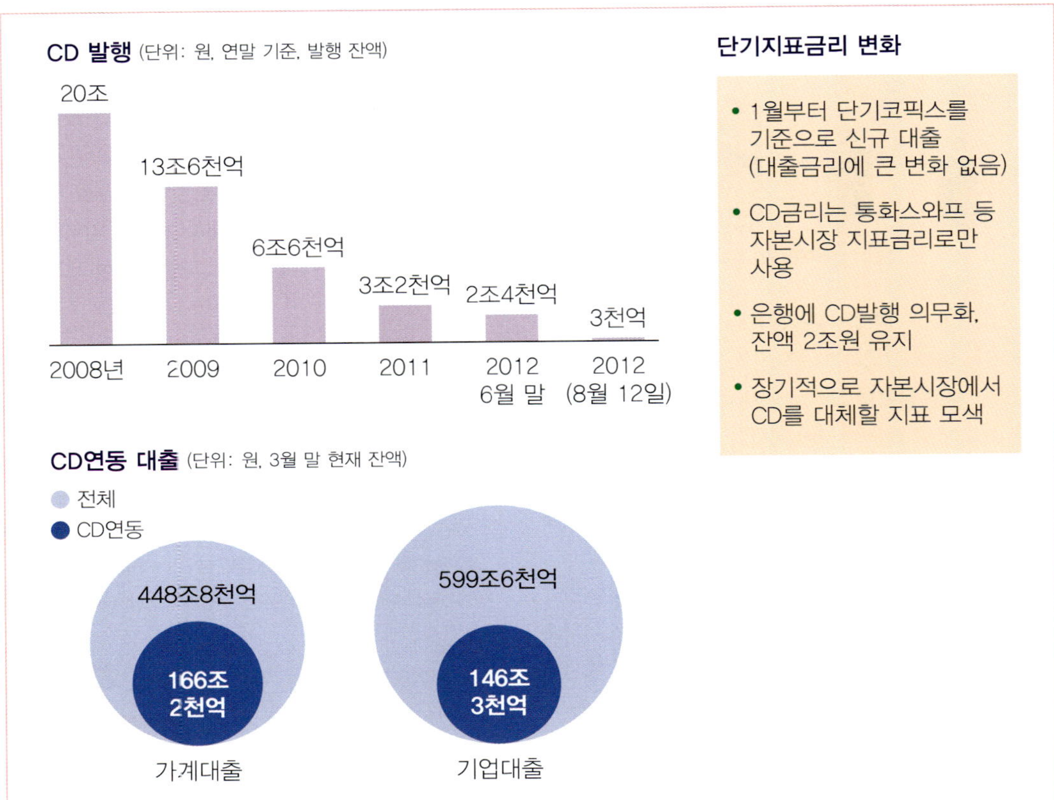

자료: 중앙일보, "가계대출 기준 금리, 11월부터 단기코픽스로 바뀐다," 2012년 8월 23일자.

은행 간 CD는 일반적으로 은행 간 자금의 과부족을 해소하기 위해 중개기관을 통하지 않고 발행은행과 매수은행 간 직접 교섭에 의해 발행된다. CD의 최장만기는 제한이 없고 최단만기만 30일 이상으로 제한되고 있으나 금융기관 간 거래에서는 1년물 이내가, 대고객 거래의 경우 1년물이 주종을 이루고 있다.

한편 CD금리는 콜금리와 함께 대표적인 단기시장금리로서 은행의 여수신금리의 기준금리로 사용되기도 하였다. 즉 주요 6대 은행이 발행한 91일물 CD의 단순평균한 금리를 변동금리의 기준으로 삼았다(CD금리+가산금리). 이후 CD금리를 변동금리의 기준으로 삼는데는 여러 가지 문제점[8]이 지적되어 2010년 2월 이후 COFIX(Cost Of Fund IndeX)금리[9]를 기준으로 사용하고 있다.

8〉 CD가 은행의 자금조달에서 차지하는 비중이 약10%로 낮아져 CD금리로 전체 가계대출의 기준을 정하는 것은 대표성에서 문제가 심각하였다.

9〉 9개 주요은행의 기존 CD금리는 물론 원화예금, 금융채, 외화예금, 매출어음, 환매조건부채권매도 등 대부분의 자금조달 비용을 반영하여 산출하는 대출기준금리이다.

환매조건부채권

환매조건부채권(Repurchase Agreement: RP 또는 Repo)의 매매는 일정 기간 후 매매가격에다가 소정의 이자를 더한 가격으로 되사거나 되파는 조건으로 채권을 매매하는 것을 말한다. 일정 기간 후 약속한 가격으로 대상 채권을 다시 매입하기로 한 거래자를 RP매도자라 하고, 반대로 다시 매도하기로 한 거래자를 RP매수자라 한다.

채권 이외에 주식 및 부동산 등도 환매조건부매매의 대상이 될 수 있으나, 채권을 담보로 자금을 거래하는 것이 일반적이다. 시세변동이 크지 않아 안정적인 채권이 담보증권으로 주로 활용되고 있다.

채권보유자는 RP 거래를 통하여 채권을 담보로 손쉽게 단기자금을 조달할 수 있어 채권매각에 따른 자본손실 위험을 회피할 수 있으며 단기여유자금을 보유하고 있는 투자자로서도 채권투자에 따른 위험부담 없이 비교적 높은 금리로 자금을 운용할 수 있게 된다.

법적으로 RP 거래는 약정기간 동안 대상증권의 법적 소유권(legal title)이 RP 매도자에서 RP 매수자로 이전되는 증권의 매매거래이다. 따라서 RP 매도자가 파산 등으로 약정 사항을 이행하지 못할 경우 RP 매수자는 대상증권을 청산(liquidate)할 권리를 갖게 된다.

RP는 거래 주체를 기준으로 금융기관과 일반고객 간에 이루어지는 대고객 RP, 금융기관 간에 이루어지는 기관 간 RP, 그리고 공개시장조작 수단으로서 한국은행과 금융기관 간에 이루어지는 RP로 구분할 수 있다. 또한 거래기간에 따라서는 만기가 1일인 익일물(overnight) RP, 만기가 2일 이상인 기일물(term) RP, 거래당사자 중 일방의 통지가 있을 때까지 매일 자동적으로 만기가 연장되는 개방형(open) RP로 나뉜다. 아울러 대상증권의 보관·관리 주체 및 방식에 따라 인도형(delivery) RP, 점유개정형(hold-in-custody) RP 및 3자 간(tri-party) RP로 구분할 수 있다. 인도형 RP는 매도자가 매수자에게 증권을 인도하여 매수자가 대상증권을 관리하는 방식인 반면, 점유개정형 RP는 매도자가 RP 거래의 대상증권을 보관·관리하고 매수자에게는 매도증권의 보관증을 교부하는 방식이다. 한편 3자 간 RP는 거래당

〈그림 2-4〉 RP 거래의 개념

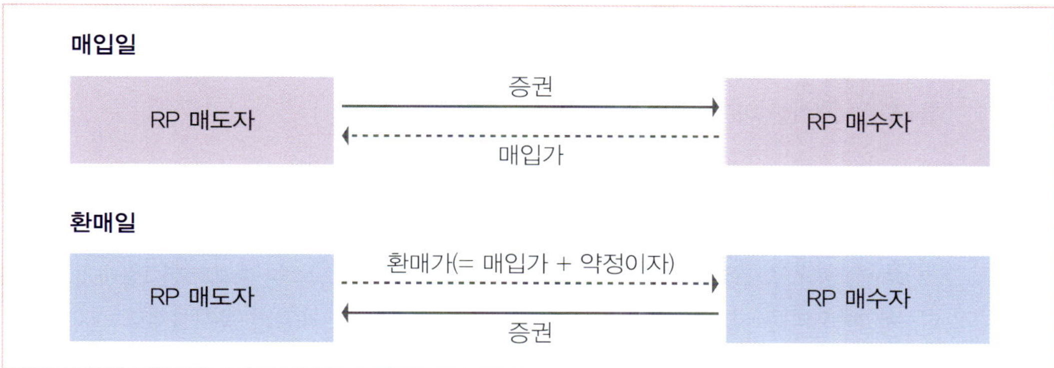

자료: 한국의 금융시장 2016, 한국은행.

〈그림 2-5〉 RP 거래 규모

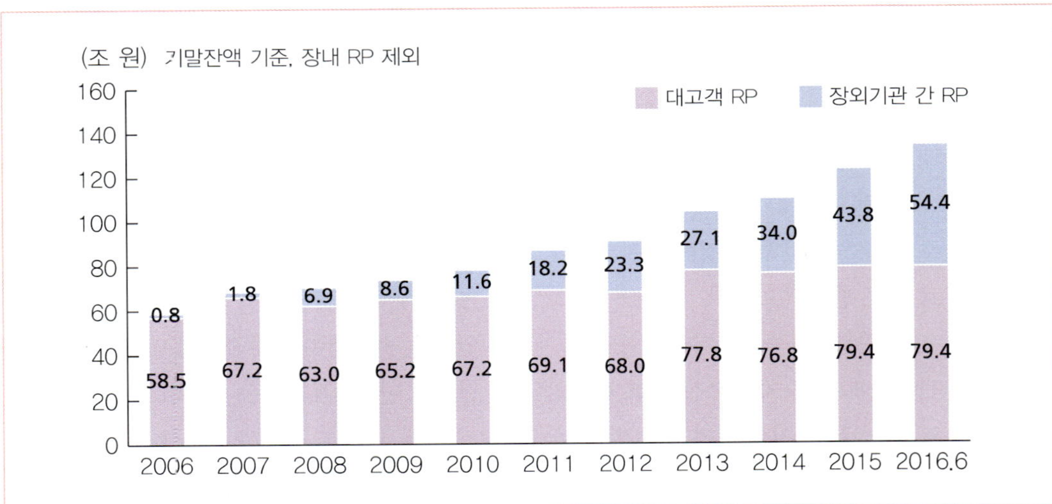

자료: 금융투자협회, 한국은행, 한국예탁결제원.

사자가 아닌 제3의 환매서비스기관이 거래 대상증권을 보관·관리하는 형태이다.

우리나라의 RP시장은 경제주체들의 RP 거래에 대한 인식 제고와 관련 제도 및 인프라 개선 등에 힘입어 빠른 속도로 성장하였다. 대고객 RP 거래는 예금 또는 MMF 등 실적배당형 상품의 대체투자수단으로서 인식이 확산되고 투자자보호 강화 등 관련 제도도 개선되면서 꾸준히 증가하였다. 기관 간 RP 거래는 국내 도입 이후 상당 기간 부진하였으나 2008년 이후 거래 제도와 인프라 개선 등 거래 활성화 조치가 시행되고, 2010년 7월 이후에는 제2금융권의 콜시장 참가 제한 등 단기금융시장 개편이 추진되면서 빠르게 증가하였다. 〈그림 2-5〉에서 볼 수 있듯이 2016년 6월말 현재 국내 RP시장의 규모(잔액기준, 장내 RP 제외)는 총133.8조 원이며, 이 중 대고객 거래와 기관 간 거래가 각각 79.4조 원(59.4%) 및 54.4조 원(40.6%)을 차지하고 있다.

〈그림 2-6〉에서 볼 수 있듯이 대고객 RP 거래의 대상증권은 금융채, 통화안정증권, 회사채, 국채 등으로 다양하며, 만기는 6일 이내(95.3%)가 대부분이다. 익일물 편중 현상이 심함에 따라 금융위원회는 2016년 9월 기일물 RP 거래 활성화 방안을 발표하여 기일물을 늘리려는 조치를 취하였다.

전자단기사채

전자단기사채는 만기 1년 미만의 단기자금을 종이가 아닌 전자방식으로 발행·유통하는 단기 금융상품으로 기업어음(CP)을 대체하는 것을 주된 목적으로 하여 2013년 1월에 도입되었다. 기업어음과는 다르게 위조나 변조 위험이 없고 증권과 대금의 동시결제로 결제위험이 줄어들어 투자자를 보호할 수 있으며 실물발행에 따른 비효율성이 없다는 장점이 있다.

〈그림 2-6〉 기관 간 RP거래의 담보증권별·만기별 비중

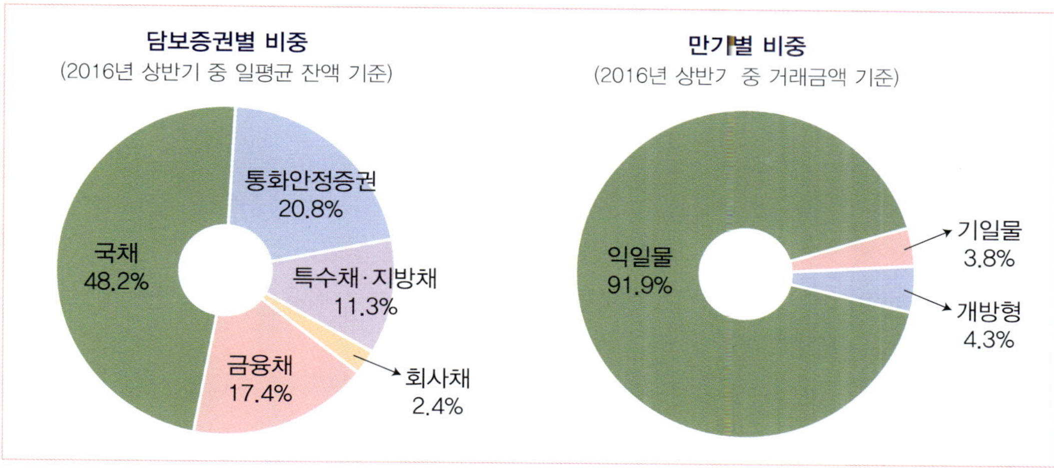

자료: 한국예탁결제원.

최근 실적을 보면 발행회사는 대부분 자산유동화회사이고 금융기관, 카드·캐피탈·유통회사, 제조업, 공기업 등도 있었다. 현재 선진국에서는 전자단기사채 발행 인센티브를 제공하고 있다. 일본은 2005년부터 기업어음 인지세를 40배나 인상하며 강도 높은 규제정책으로 기업어음 발행을 전자단기사채 발행으로 완전히 대체했다.

MMF

MMF(Money Market Fund)는 투자자들의 일시적인 여유자금을 기업어음(CP), 양도성예금증서(CD), 콜론, 단기채권 등 단기 금융상품에 집중 투자하여 여기서 얻는 수익을 되돌려주는 실적배당상품이다.

MMF는 하루만 예치해도 펀드운용 실적에 따라 이익금을 받을 수 있기 때문에 단기여유자금을 운용하는 데 적합한 상품이다. MMF는 미국 메릴린치가 1971년 개발한 금융상품으로 우리나라에는 1996년 9월부터 허용되었다. 가입금액에 제한이 없고 환매수수료 없이 언제든지 환매가 가능하기 때문에 단기·소액투자자에게 인기를 얻고 있다. MMF는 금리수준, 금융시장 상황 등에 따라 증가와 감소를 반복하면서 우리나라 단기금융시장의 주요 상품 중 하나로 성장하였다.

MMF 운용구조를 보면 펀드 판매는 판매회사(은행, 증권사 등)가, 펀드자금의 운용은 집합투자업자(자산운용사)가, 운용지시의 실행 및 자금관리는 수탁회사(은행, 증권금융 등)가, 기준가격 산정 등은 사무관리회사가 각각 나누어 수행한다.

CMA

CMA(Cash Management Account)는 본래 종합금융회사가 고객으로부터 예탁받은 자금을 CP나 CD 및 국공채 등에 운용하고, 그 수익을 고객에게 지급하는 금융상품으로, 수시입출금이

가능하였다. 하지만 2005년 6월부터 증권회사에서도 고객의 유휴현금을 자동으로 MMF, RP 등에 투자하면서 수시입출금이 가능한 금융서비스에 CMA라는 명칭을 사용하였고, 현재는 5,000만 원까지 예금자보호가 되는 종합금융회사 CMA[10]와 예금자보호가 되지 않는 증권사 CMA가 혼용되고 있다.[11]

증권사 CMA는 고객의 단기 유휴자금을 MMF 또는 RP 등 단기 고수익상품에 투자·운용하여 고수익을 제공하고 은행과의 연계를 통해 수시입출금, 자동이체, 결제대금 납부 등 부가서비스를 제공하는 종합자산관리계좌이다. CMA는 입금/출금/이체 수수료가 면제되며 자유로운 입출금이 가능하고 단기간을 예치해도 높은 이자율을 적용받아 여유자금을 운영하는 데에 적합한 단기 금융상품이다.

증권사 CMA는 투자대상에 따라 RP형 CMA, MMF형 CMA, MMW형 CMA 등이 있다. ① RP형 CMA는 일정 기간 후에 일정 금액으로 환매할 것을 조건으로 매수하는 환매조건부 채권(RP)에 투자하는 상품으로 국채, 통안채, 은행채 등 우량 채권에 투자하며 확정 금리형이다. 국내 CMA 시장에서 가장 규모가 크다. ② MMF형 CMA는 펀드의 일종인 MMF에 투자하는 상품으로 콜(Call), 국공채, 양도성 정기예금증서(CD) 등 안전하고 환금성이 높은 대상에 투자하며 수익률이 변동하는 실적배당형이다. ③ MMW형 CMA는 자금을 우량 금융기관의 단기상품(예금, 채권, 콜론 등)에 투자하고 그 원리금을 매 영업일 재투자해 복리효과를 기대하는 실적배당형 상품이다. 최근 RP형 CMA를 중심으로 급속히 증가하는 추세인데 높은 수익성, 이용편의성[12]을 동시 제공하는 상품 특성과 증권사의 적극적 마케팅 노력 등에 힘입어 성장세를 지속하고 있다.

MMDA

MMDA(Money Market Deposit Account), 즉 시장금리부 수시입출식예금은 은행들이 투자신탁회사의 단기 금융상품인 MMF에 대응하기 위해 도입한 상품이다. MMDA는 은행이 주로 콜론(Call Loan) 등 단기 금융상품에 투자해 수익을 내는 상품이다. 단기 여유자금의 운용에 적합하며, 보통예금처럼 입출금이 자유롭고 각종 이체와 결제가 가능하다. MMDA는 수시입출금이 가능하다는 면에서 MMF와 동일하지만 예치기간·금액에 따라 금리가 차등 적용되고, MMF나 CMA보다 수익률이 다소 낮지만 확정금리를 지급하며 5,000만 원까지 예금자 보호도 가능하다. 그러나 보통 예치액 500만 원, 예치기간 7일 미만인 경우 이자를 지급하지 않는다.

10〉 현재 금융당국이 등록된 종합자산관리계좌(CMA) 판매 자격이 있는 곳은 금호종금과 메리츠종금증권 두 곳이다.

11〉 금융감독원 (2011), 금융감독용어사전.

12〉 결제서비스(자금이체, 카드결제, 공과금납부 등)와 자산운용서비스(증권투자 등)를 동시에 제공하고 있으며, 2009년 자본시장통합법(정식 명칭은 '자본시장과 금융투자업에 관한 법률') 시행 시 증권사의 소액결제시스템 직접 참가가 가능해짐에 따라 투자자 편의성은 한층 제고되었다.

"금리 높고 즉시 인출" MMT에 올 8조 몰려

MMT(Money Market Trust)는 환매조건부채권(RP), 기업어음(CP), 콜론 등 단기채권에 투자하고 수시로 입출금이 가능한 초단기 수시입출식 특정금전신탁 상품을 말한다. 중도 해지 시 별도의 수수료가 부과되지 않아 계좌 개설 다음날부터 언제든 입출금이 가능하다.

MMT 유치에 가장 적극적인 곳은 우리은행이다. 우리은행은 지난해 말 6조1,259억 원이던 MMT를 4월 말 현재 41%(2조5,118억 원) 늘어난 8조6,377억 원까지 끌어올렸다. 다음으로 국민은행(5조3,048억 원), 농협은행(5조2,549억 원), 신한은행(4조3,578억 원), 하나은행(4조493억 원), 외환은행(3조9,268억 원), 기업은행(4,052억 원) 순으로 많았다. 시중은행 관계자는 "기준금리가 꾸준히 인하되는 가운데 장·단기 금리 차이가 줄어들자 대기업이 MMT로 단기 자금을 운용하고 있다"고 말했다.

삼성전자·현대자동차 등 대기업이 단기 자금을 이용할 수 있는 방법은 크게 MMT, MMDA, MMF 등 세 가지다. 이 중에서도 MMT는 MMDA·MMF 대비 편의성이 높다. MMDA는 고시금리를 받기 위해 대체로 7영업일을 유지해야 한다. 하루만 자금을 예치하면 금리가 대체로 제로다. MMF는 인출 전날 통보해야만 돈을 뺄 수 있다. 반면 MMT는 당일 입금분을 제외하고는 즉시 돈을 인출할 수 있다.

무엇보다 MMDA 대비 금리가 0.2%포인트가량 높다는 장점이 있다. 우리은행의 MMT 금리는 1.73~1.75%인 반면 MMDA는 0~1.5%로 낮다. 국민은행은 MMT 1.5%, MMDA 0.1~0.9%(승인 시 1.45%)이고 신한은행도 MMT 1.43~1.63%, MMDA1.3~1.4%로 차이가 있다. 기업의 수요도 크지만 시중은행도 MMT 유치에 적극적이다. 은행 수익성에 도움이 되는 저원가성 예금으로 분류되기 때문이다.

시중은행은 기업으로부터 자금을 받아 환매조건부채권(RP), CMA, 콜론 MMDA 등 수시입출금이 가능한 단기 금융상품과 시장에서 즉시 현금화가 가능한 기업어음(CP), 양도성예금증서(CD) 등에 운용한 뒤 0.1%포인트가량의 수수료를 취한다.

자료: 서울경제, 2015년 5월 13일자.

〈표 2-1〉 현금성 금융상품의 비교

구분	MMF	CMA	MMDA
취급 기관	증권사, 은행	종금사, 증권사	은행
수익 형태	실적배당	실적배당(종금형은 확정금리)	확정금리
예금자보호	보호 대상 아님	종금형만 보호	보호
투자처	채권, CP, CD, RP,콜론 등	RP, 종금형, MMF 등	콜론 등
이체결제	불가능	가능(결제 일부 제약)	가능

2-3-2 자본시장

자본시장(capital market)이란 기업, 정부, 지방자치단체, 공공기관 등이 장기자금을 조달하는 시장으로서, 국채, 회사채, 주식, ABS 등이 발행·유통되는 증권시장(securities market)을 의미한다.

자본시장의 가장 중요한 기능은 가계 등의 여유자금을 투자수익이 높은 기업 등에 장기투자재원으로 공급함으로써 국민경제의 자금부족 부문과 자금잉여 부문의 자금수급의 불균형을 조절하는 데 있다.

자본시장은 회사채 수익률과 주가 등 금융자산가격을 결정함으로써 기업의 투자에 영향을 미친다. 기업은 회사채나 주식 발행을 통한 자금조달비용이 예상 투자수익률보다 낮을 경우 투자를 확대하고 그렇지 않을 경우 투자를 기피하게 된다.

투자자에게 자본시장은 금융자산을 제공하여 투자의 효율성을 높여준다. 회사채, 주식 등 자본시장에서 거래되는 금융자산은 금리변동에 따른 자본손실 위험 및 신용위험이 비교적 커서 이들 자산의 수익률은 단기 금융상품에 비해 높은 것이 일반적이다. 기업은 자본시장에서 회사채나 주식을 발행하여 자금을 조달함으로써 금융투자상품의 공급자 역할을 한다. 자본시장의 투자자들은 집합투자업자, 보험회사, 연기금 등 기관투자가와 개인이 있다. 또한 자본시장은 정부의 재정·금융정책의 수단을 제공한다. 즉 정부는 자본시장에서 국채를 발행 또는 상환함으로써 재정정책의 수단으로 활용하며, 중앙은행은 자본시장에서 공개시장조작을 통하여 시중 유동성을 조절한다.

주식시장과 주식

주식(stock)은 주식회사가 자기자본을 조달하기 위하여 발행하는 유가증권으로서 주주의 지위를 나타낸다. 1주는 자본금을 구성하는 기초단위로서 발행주식의 액면총액은 자본금이 된다. 주식이 발행되고 유통되는 시장을 주식시장이라고 하는데 이에 대해서는 3장에서 자세히 다룰 것이기 때문에, 여기에서는 주식의 종류에 대해 간단히 살펴보기로 한다.

보통주 보통주(common stock)는 회사채와 더불어 기업의 장기적인 자금조달의 가장 중요한 원천이다. 주식은 주식회사가 자기자본을 조달하기 위해 발행하는 증권으로서 회사의 설립 시에 주식발행으로 조달된 자금은 납입자본금(paid-in capital)이 되며, 기업이 설립된 후에도 필요에 따라 추가로 발행할 수 있는데 이를 증자라 한다.

보통주는 주주의 권리를 평등하게 가진 주식으로서 이익배당이나 잔여재산의 분배에 있어서 기준이 되는 주식이다. 보통주의 주주는 기업의 소유주이므로 경영참가권과 이익배분의 권리를 갖고 있는 반면, 경영을 비롯한 기업과 관련된 모든 위험을 부담하게 된다. 보통주의 주주는 기업경영에 직접 참여할 수 있는 임원을 선출할 수 있는 의결권(voting right)을 가짐으로써 기업경영에 간접적으로 참여하게 된다. 그러나 실질적으로 대주주를 제외한 소액주주들은 이러한 권리를 행사할 기회가 거의 없기 때문에 자본이득이나 배당에만 관심을 가지는 것이 일반적이다.

보통주에는 액면주와 무액면주가 있다. 액면주(par value stock)란 주권에 액면가액이 기재되어 있는 주식이다. 상법에서는 액면주식의 금액은 균일하여야 하며 100원 이상이어야 한다고 규정하고 있다. 무액면주(no-par value stock)는 주금액이 기재되어 있지 않은 주식으로서 미국이나 일본과 같은 선진국에서는 무액면주식의 발행이 보편화되고 있으나 우리나라 상법에서는 인정하지 않고 있다. 사실 액면가라는 것이 실제적인 의미가 없기 때문에 무액면주 제도로 바꿀 필요가 있다.

또한 보통주는 기명주와 무기명주로 구분하기도 한다. 기명주는 주식을 소유하고 있는 사람의 이름이 주식에 명시되어 있는 주식이며, 무기명주는 주식에 주주의 이름이 명시되어 있지 않은 주식이다. 기명주는 주주로서의 권리행사자를 명확하게 파악할 수 있는 장점이 있으나 신속한 유통이 어렵고 주식거래에 많은 사무비용이 필요하게 되는 단점이 있다. 우리나라 상법에서는 기명주식의 발행을 원칙으로 하고 있다.

기존의 회사가 신주를 발행하는 경우에 주금의 납입이 있느냐 없느냐에 따라 유상주와 무상주로 구분하기도 한다. 유상주는 주금의 납입에 의하여 발행되는 주식이며 무상주는 주금의 납입이 없이 발행회사가 무상으로 할당하는 주식이다. 기업이 무상주를 할당하는 이유는 내부유보를 납입자본화하기 위함이다.

우선주 우선주(preferred stock)는 이익배당이나 잔여재산의 분배 등에 있어서 우선적 지위가 인정된 주식이다. 배당우선주의 경우 보통주보다 대개 배당률이 더 높은 대신 의결권이 주어지지 않는다. 우선주는 의결권을 주지 않고서도 자기자본을 조달할 수 있기 때문에 발행회사 입장에서는 유용한 자본조달방법이다.

우선주는 사채의 성격과 보통주의 성격이 복합된 주식형태라 볼 수 있다. 우선주는 기업이 해산될 때 잔여재산청구권과 이익청구권에 있어서 주식에 우선하지만 사채보다는 우선순위가 밀린다. 대개의 경우 우선주의 잔여재산청구 한도는 액면가에 한하게 된다. 우선주의 배당은 보통주에 우선하나 배당금을 지급하지 않는 것이 기업을 파산으로까지 몰고 갈 법적 책임이 있는 것은 아니다.

우선주는 미지급된 배당분을 다음 결산기에 배당받을 수 있느냐 없느냐에 따라 누적적 우선주와 비누적적 우선주로 구분된다. 또한 우선주가 일정률의 우선배당을 받은 다음에 남은 이익에 대하여도 보통주와 같이 배당에 참가하느냐에 따라 참가적 우선주와 비참가적 우선주로 구분된다.

주식예탁증서 국내 기업이 외국투자자들을 대상으로 유상증자를 할 때 유통편의를 위해 발행주식을 예탁기관에 맡기고 예탁기관이 발행주식(원주)을 근거로 발행, 유통하는 증서를 주식예탁증서(Depositary Receipts: DR)이라고 한다.

발행시장에 따라 미국 시장에서 발행하면 ADR(American Depositary Receipts), 유럽시장에서 발행하면 EDR(European Depositary Receipts) 등으로 부른다. GDR(Global Depositary Receipts)은 미국과 유럽에서 동시에 발행하는 주식예탁증서이다. 미국 회계기준에 맞춰 미국시장에서만 발행되는 ADR과 대비된다.

채권시장과 채권

채권(bond)은 기업, 정부 또는 지방자치단체 등이 일반 대중으로부터 장기간에 걸쳐 거액의 자금을 조달하기 위하여 발행하는 유가증권으로서, 계약에 의해 일정한 이자를 지급함과 동시에 일정 기간 후에 원금을 상환할 것을 약속한 증권(fixed-income securities)을 말한다. 채권은 발행시장에서 체계적으로 발행되고 유통시장에서 거래됨으로써 유동성이 제공되기 때문에, 기업에게는 장기자본조달을 위한 수단이 되고 투자자에게는 장기투자대상이 된다. 채권시장에 대해서는 3장에서 자세히 다룰 것이기 때문에 이번 장에서는 채권의 종류에 대해 간단히 소개하고자 한다.

채권은 발행 주체에 따라 정부가 발행하는 국채, 한국은행이 발행하는 통화안정증권, 지방자치단체가 발행하는 지방채, 주식회사가 발행하는 회사채, 은행·금융투자회사·리스회사·신용카드회사 등 금융기관이 발행하는 금융채, 한국전력공사·예금보험공사 등 법률에 의해 직접 설립된 법인이 발행하는 특수채 등으로 구분할 수 있다. 통상적으로 국채, 지방채 및 특수채를 포괄하여 국공채로 부르기도 한다.

채권은 원리금에 대한 제3자의 지급보증 여부에 따라 보증채와 무보증채로, 발행자의 담보제공 여부에 따라 담보부채권과 무담보부채권으로 나눈다. 이자지급방법에 따라서는 할인채(discount bond), 이표채(coupon bond), 복리채(compound interest bond) 등으로, 지급이자 변동 여부에 따라 고정금리부 채권과 변동금리부채권(Floating Rate Note: FRN)으로 구분한다. 그 밖에 회사채의 경우 발행회사의 주식으로 전환할 수 있는 권리가 부여된 전환사채(Convertible Bond: CB), 발행회사의 신주를 일정한 조건으로 매수할 수 있는 권리를 부여한 신주인수권부사채(Bond with Warrant: BW), 발행회사가 보유한 타 기업의 유가증권과 교환할 수 있는 교환사채(Exchangeable Bond: EB) 등 주식과 관련된 회사채도 발행된다.

자산유동화증권시장

자산유동화증권(Asset-Backed Securities: ABS)은 부동산, 매출채권, 유가증권, 주택저당채권(mortgage) 등과 같이 유동성이 낮은 자산을 기초로 하여 발행되는 증권이다.

자산유동화증권의 발행에는 자산보유자(originator), 특수목적기구(Special Purpose Vehicle: SPV), 자산관리자 및 신용평가회사 등이 참여하게 된다. 발행과정은 대체로 먼저 자산보유자가 기초자산을 모아서 이를 특수목적기구에 양도하면, 특수목적기구는 양도받은 기초자산을 담보로 자산유동화증권을 발행하여 일반투자자에게 매각하고 매각대금을 자산보유자에게 자산양도의 대가로 지급하는 방식을 취한다.

자산유동화의 가장 중요한 장점 중 하나는 기초자산보유자의 재무상태를 개선할 수 있다는 점이다. 즉 금융기관은 보유하고 있는 위험자산을 매각하여 현금화함으로써 BIS 자기자본비율을 높일 수 있으며, 기업은 부채비율을 높이지 않고서도 자금을 조달할 수 있다. 또한 신용도가 낮은 자산보유자가 우량한 기초자산을 이용하여 신용등급이 높은 자산유동화증권을 발행하면 자산보유자의 신용등급보다도 유리한 조건으로 자금을 조달하게 된다. 투자자 입장에서도 자산유동화증권은 양호한 투자대상이다. 자산유동화증권은 신용평가회사의 엄밀한 평가와 신용보강을 거쳐 발행되므로 상대적으로 안전하면서도 일반 회사채보다 수익률이 다소 높기 때문이다.

2-3-3 외환시장

외환시장(foreign exchange market)이란 외환의 수요자와 공급자 간에 외환거래가 정기적 또는 지속적으로 이루어지는 시장으로서, 외환에 대한 수요와 공급이 만나 외환의 가격 즉 환율이 결정되는 장외시장이다. 달러에 대한 초과수요가 있을 때에는 달러값, 즉 원/달러 환율이 올라가게 되고, 반대로 달러의 초과공급이 있을 때에는 원/달러 환율이 떨어지게 된다.

외환시장은 거래당사자에 따라 외국환은행과 일반고객 사이에 외환거래가 이루어지는 대고객 시장과 외국환은행 간에 외환거래가 이루어지는 은행 간 시장으로 나누어진다. 일반적으로 외환시장이라 할 때에는 은행간시장을 의미하는 경우가 많다.

외환시장에는 기업이나 개인 등 고객, 외국환은행, 외국환중개회사 및 중앙은행 등이 참여하고 있다. 대고객시장에는 외국환은행과 기업이나 개인 등 고객이, 은행간시장에는 외국환은행, 한국은행 및 외국환중개회사가 참여하고 있다. 외환시장의 구조를 도시하면 〈그림 2-7〉과 같다.

외환시장에는 현물환시장과 선물환시장이 있다. 현물환(spot) 시장은 통상 외환거래 계약일로부터 2 영업일 이내에 외환의 인수도와 결제가 이르어지는 시장을 말하고, 선물환(forward) 시장은 계약일로부터 통상 2 영업일 경과 후 미래 특정일에 외환의 인수도와 결제가 이루어지는 시장을 말한다.

〈그림 2-7〉 서울외환시장의 구조

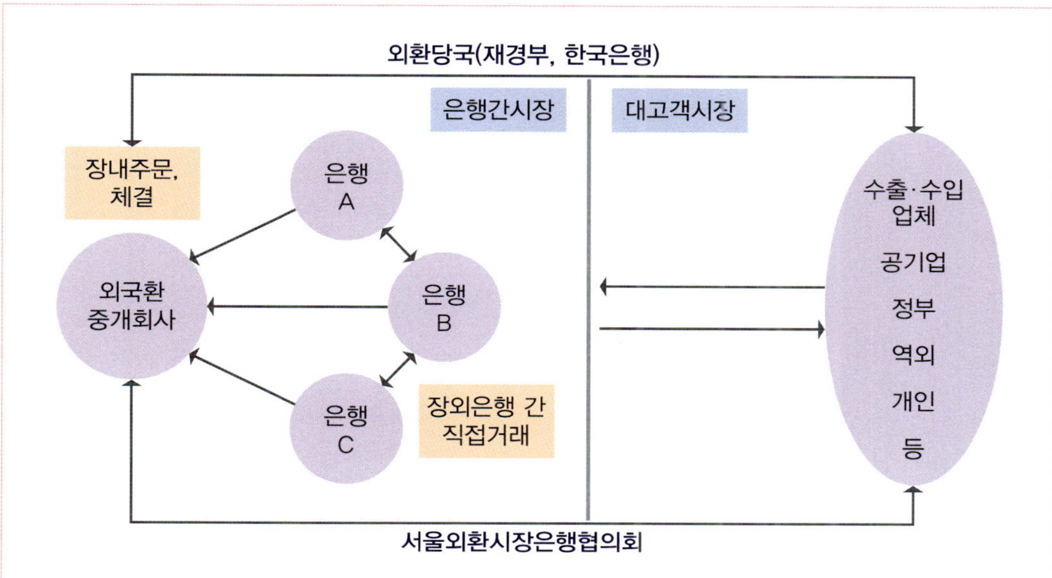

2-3-4 파생금융시장

파생금융상품(financial derivatives)은 그 가치가 통화, 채권, 주식 등 기초금융자산의 가치변동에 의해 결정되는 금융계약으로서 계약형태에 따라 크게 선도계약, 선물, 옵션, 스왑 등으로 구분된다. 파생금융상품은 기초자산의 유형에 따라 통화, 금리, 주식, 신용관련 상품 등으로, 거래방법에 따라 장내 및 장외거래로 구분할 수 있다.

각 계약형태의 주요 특징을 살펴보면 먼저 선도계약(forward contracts)과 선물(futures)은 기초금융자산을 미래 특정시점에 특정가격으로 사고팔기로 약정하는 계약으로서 이 두 가지의 기본성격은 동일하다. 그러나 일반적으로 선도계약은 장외시장에서 거래당사자 간에 직접 거래되거나 딜러나 브로커를 통해 거래가 이루어지는 반면, 선물은 정형화된 거래소를 통해 거래가 이루어진다는 점에서 차이가 있다.

옵션(option)은 기초자산을 미래의 특정시점 또는 특정기간 동안 특정 행사가격으로 매입하거나 매각할 수 있는 권리를 사고파는 계약으로서 기초자산 가격의 변화에 대해 비대칭적 손익구조를 가진다. 스왑(swap)은 일반적으로 두 개의 금융자산 또는 부채에서 파생되는 미래의 현금흐름을 교환하기로 하는 계약으로서 서로 다른 통화표시 채무의 원리금 상환을 고환하기로 약정하는 통화스왑과 변동금리채무와 고정금리채무 간의 이자지급을 교환하기로 약정하는 금리스왑 등으로 구분된다.

파생금융상품은 소액의 증거금 또는 프리미엄만으로 훨씬 큰 금액의 기초자산에 투자한 것과 동일한 효과를 가질 수 있으며 투자원금을 주고받지 않아 자금관리의 탄력성을

〈표 2-2〉 주요 파생금융상품의 종류

기초자산 종류 \ 계약 형태	장내거래	장외거래
통화 관련	통화선물(currency futures) 통화선물옵션(currency futures options)	선물환(forward exchange) 통화스왑(currency swaps) 통화옵션(currency options)
금리 관련	금리선물(interest rate futures) 금리선물옵션(interest rate futures options)	선도금리계약(forward rate agreements) 금리스왑(interest rate swaps) 금리옵션(interest rate options) 스왑션(swaptions)
주식 관련	주식옵션(equity options) 주가지수선물(index futures) 주가지수옵션(index options) 주가지수선물옵션(index futures options)	주식옵션(equity options) 주식스왑(equity swaps)
신용 관련	–	신용파산스왑(credit default swaps) 총수익스왑(total return swaps) 신용연계증권(credit linked notes) 합성부채담보부증권(synthetic collateral debt obligation)

자료: 한국은행, 한국의 금융시장(2016), p.291.

높일 수 있는 등 여러 장점이 있다. 또한 파생금융상품을 적절히 조합하면 다양한 현금흐름을 구성할 수도 있다. 금융시장 전체로도 파생상품시장은 시장에 반영되는 정보가 현물시장에 파급됨으로써 시장의 효율성을 제고시키는 역할도 한다.

반면 파생금융상품 거래는 거래상대방의 채무불이행 위험이 높을 뿐 아니라 레버리지 효과가 크고 거래구조가 복잡하기 때문에, 투기적 거래에 대한 효과적인 통제가 이루어지지 않을 경우 대형 금융기관이라도 쉽게 어려움에 처할 수 있는 위험이 있다.[13] 또한 거래규모가 대형화되고 금융시장 간 연계성이 심화됨에 따라 개별 금융기관이 위험관리에 실패하는 경우 그 영향이 전체 금융시스템으로 파급될 가능성도 커지고 있다. 최근의 Bear Stearns, Lehman Brothers, AIG 등 대형 금융기관의 부실과 이와 관련한 전 세계 금융시스템 붕괴 위기는 파생금융상품의 위험성이 가장 극명하게 드러난 경우라 할 수 있다. 글로벌 금융위기의 주요 원인으로 파생금융상품에 대한 규제 미비가 지목되면서 개별 국가는 물론 국제적인 차원에서 파생금융상품시장에 대한 모니터링 강화, 청산·결제시스템 확충, 감독체계의 개편 등에 대한 광범위한 논의가 진행되고 있다.

2-3-5 파생결합증권시장

파생결합증권은 파생상품과 증권이 결합된 상품을 말한다. 투자손익이 기초자산의 가격변화에 연계되어 결정된다는 점이 파생상품의 성격이고, 최대 손실 가능규모가 투자원금으로 한정된다는 점이 증권의 성격이다. 파생결합증권은 기초자산의 가격, 이자율, 지표, 단위 또는 이를 기초로 하는 지수 등의 변동과 연계하여 미리 정해진 방법에 따라 지급하거나 회수하는 금전 등이 결정되는 권리가 표시된 증권이다.[14]

파생결합증권은 예금에 비해 기대수익률은 높으면서도 주식 등 개별 기초자산에 비해서는 위험성이 낮은 이른바 '중위험·중수익' 상품으로, 기초자산과 손익구조도 다양해 투자선호에 맞는 투자가 가능하다는 장점이 있다. 그러나 경우에 따라서는 투자원금 전체가 손실될 수 있고, 별도의 담보나 보증이 없기 때문에 발행기관의 신용위험에 노출된다는 단점도 있다.[15] 현재 국내 파생결합증권 시장에서는 주식워런트증권(ELW), 주가연계증권(ELS), 기타파생결합증권(DLS) 및 상장지수증권(ETN) 및 상장지수펀드(ETF) 등이 주로 발행, 거래되고 있다.

ELW(주식워런트증권) ELW(Equity Linked Warrant)는 특정 주식 및 주가지수 등의 기초자산을 사전에 정한 미래의 시점에 미리 정한 가격에 사거나 팔 수 있는 권리를 나타내는 증권

13〉 예를 들어 영국 베어링사는 1994년 12월 일본 닛케이지수의 변동성이 크지 않을 것으로 예상하고 동지수의 풋옵션과 콜옵션을 동시에 매도하는 숏 스트래들(short straddle)을 구성하였으나 1995년 1월 일본 고베 지진으로 닛케이지수가 급락하면서 손실이 급증하여 결국 파산하였다.

14〉 자본시장통합법, 제4조 제7항.

15〉 이러한 이유로 자본시장통합법에서는 파생결합증권을 발행할 수 있는 주체를 증권 및 장외파생상품의 투자매매업 인가를 받은 금융투자업자로 한정하고 있다.

으로 옵션과 유사하다. 살 수 있는 상품은 콜 ELW, 팔 수 있는 상품은 풋 ELW이다.

발행 주체는 증권거래법상 파생금융상품 영업을 인가받은 증권사로 한정되고, 대상종목은 유동성이 풍부한 KOSPI 100 구성종목과 주식바스켓, KOSPI 200 지수 등이다. 만기는 최소 3개월 이상 3년 이내이다.

ELW는 레버리지 효과를 이용하여 위험헤지 등 다양한 투자전략을 수립할 수 있어 옵션상품과 동일한 경제적 효과를 갖지만, 옵션과 달리 증거금을 예탁할 필요가 없고 소액으로 매매할 수 있다는 특징이 있다.

ELS(주가연계증권) ELS(Equity Linked Securities)는 2003년부터 국내에 허용된 금융파생상품 중의 하나로 개별 주식의 가격이나 주가지수에 연계되어 투자수익이 결정되는 유가증권이다. ELS는 자산을 우량채권에 투자하여 원금을 보존하고 일부를 주가지수 옵션 등 금융파생상품에 투자해 고수익을 추구하는 금융상품으로, 장외파생금융상품 거래업무를 인가받은 증권회사가 발행할 수 있다. 만기는 3개월~2년으로 1년 이하의 단기가 주종을 이룬다. 유가증권에 대하여 적용되는 일반적인 규제가 동일하게 적용되나 주식이나 채권에 비해 손익구조가 복잡하다. 또한 원금과 수익을 지급받지 못할 위험성도 있고 투자자가 만기 전에 현금화하기가 어렵다는 특징도 지닌다.

일반적으로 원금보장형, 원금부분보장형, 원금조건부보장형의 세 가지로 나뉜다. 원금보장형은 보수적이거나 안정적인 투자자가 선호하며, 원금부분보장형은 적극적인 투자자가, 원금조건부보장형은 공격적인 투자자가 선호한다. 투자금의 대부분을 채권투자 등으로 원금보장이 가능하도록 설정한 후 나머지 소액으로 KOSPI 200 같은 주가지수옵션에 투자한다. 주가지수 옵션은 상승형과 하락형 등으로 다양하게 설정할 수 있다. 옵션투자에는 실패하더라도 채권투자에서는 손실을 보전할 수 있는 구조이다. 또 은행의 ELD와는 달리 원금보존 비율을 낮추면 수익률을 높일 수 있는 장점이 있다. 물론 반대로 ELD보다 원금 손실의 가능성도 크다.

〈그림 2-8〉에서 볼 수 있듯이 이 상품의 특징은 옵션의 만기투자수익에 의하여 주가연계수익이 창출되는데, 펀드매니저의 운용성과에 의존하는 투신상품과 달리 가입시점에 상품의 수익률 계산식이 사전에 명확히 제시되고 기초자산의 움직임에 따라 만기(조기)상환 수익률이 결정되며, 확정된 만기(조기)상환 금액의 지급은 발행증권사에서 보장한다.

ELS와 유사한 상품으로는 은행의 ELD(주가연계예금), 자산운용회사의 ELF(주가연계펀드) 등이 있으며 ELD는 예금자보호 대상이라는 점에서, ELF는 펀드의 운용성과에 따라 수익률이 결정된다는 점에서 ELS와 차이를 갖는다.[16]

ELD(주가연계예금) ELD(Equity Linked Deposit)는 은행이 고객으로부터 은행예금을 받아 원

16) 금융감독원 (2011), 금융감독용어사전.

〈그림 2-8〉 ELS의 예시

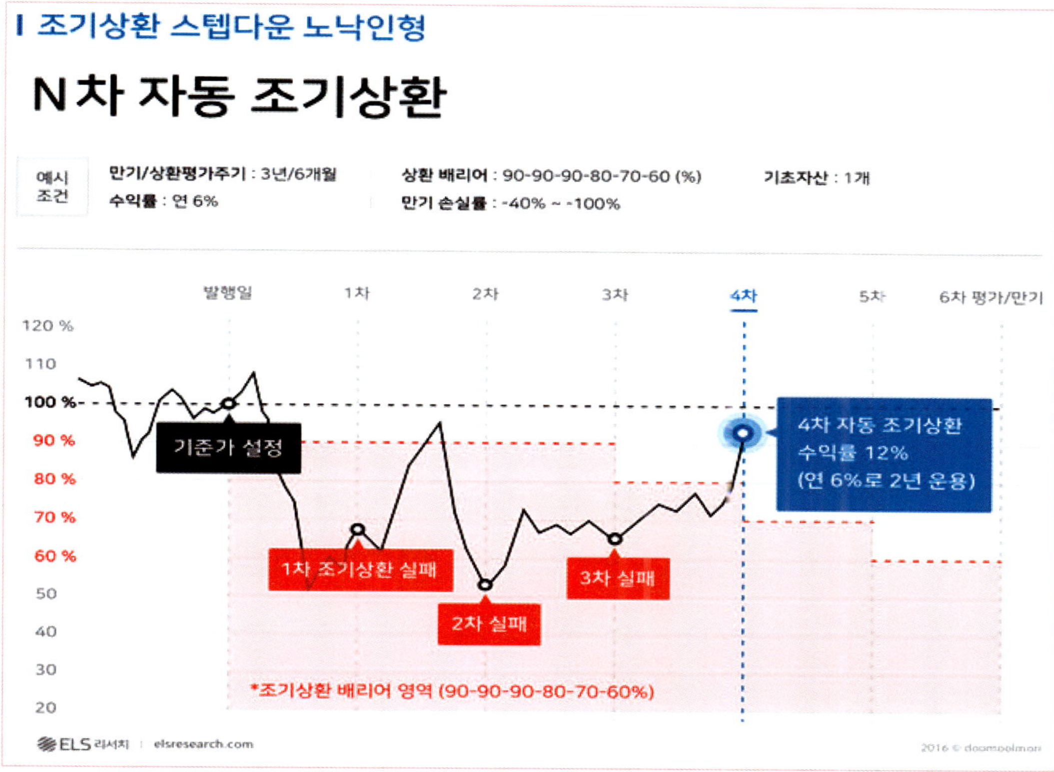

금의 대부분을 안정성이 보장된 예금이나 채권형태로 운영하고, 나머지 일정 부분을 주가지수나 선물 등 고위험-고수익의 파생상품에 투자하는 상품이다. 자산의 대부분을 안정된 채권에 투자하므로 원금을 보장받을 수 있어 나머지 파생상품에서 손실을 입었다고 하더라도 어느 정도 손실을 만회할 수 있다. 신규가입 당시 금리가 확정되었던 기존의 정기예금과는 달리 만기에 지수변동률에 따라 금리가 결정되는 구조로 되어 있다. ELD는 은행에서 예금형태로 판매되므로 원금이 보장되며 예금자보호대상 상품이다. 만기 전 중도해지 하는 경우에는 자금조달비용, 파생상품비용 및 기타 비용 등으로 은행이 중도해지수수료를

〈표 2-3〉 주가연계상품 비교

구분	주가연계증권(ELS)	주가연계펀드(ELF)	주가연계신탁(ELT)	주가연계예금(ELD)
발행기관	투자매매업자(증권사)	집합투자업자(자산운용사)	신탁업자(증권사, 은행)	은행
근거 법률	자본시장법	자본시장법	자본시장법	은행법
법적 형태	파생결합증권	증권집합투자기구	특정금전신탁	예금
예금보호	없음	없음	없음	있음
손익구조	사전에 약정한 수익률	운용성과에 따른 실적배당	운용성과에 따른 실적배당	사전에 약정한 수익률 (원금보장)

청구하기 때문에 원금손실이 날 수도 있다.

DLS(파생결합증권) DLS(Derivative Linked Securities)는 파생상품을 기초자산으로 해서 정해진 조건을 충족하면 약정한 수익률을 지급하는 상품이다. 즉 주가나 주가지수에 연계되어 수익률이 결정되는 ELS를 보다 확장하여 주가 및 주가지수는 물론 이자율, 통화, 실물자산 등을 기초자산으로 하는 금융상품이다. DLS에서는 합리적으로 가격이 매겨질 수 있다면 무엇이든 기초자산이 될 수 있기 때문에 상품 개발범위가 다양하다. 대표적인 기초자산으로는 장내·장외 파생상품으로부터 환율, 일반상품(원유, 농축산물, 광물 등), 신용위험(특정 회사의 파산 또는 채무 재조정 등) 등이 이에 해당한다. 또한 적정한 방식으로 가격이나 이자율 등을 산정할 수 있다면 기후 같은 자연환경 변화도 기초자산이 될 수 있다.

DLS는 ELS에 비하여 다양한 기초자산으로 상품 설계가 가능하며 투자와 헤지 목적으로 투자할 수 있다. 또 펀드매니저의 운용성과에 따라 수익률이 결정되지 않고, 사전에 정해진 방식에 의해 수익률이 결정되는 특징을 가지고 있다. 파생결합증권은 2005년 3월 증권거래법시행령 개정시 유가증권으로 지정되어 일반 투자자도 투자할 수 있게 되었다.[17]

[유사금융상품 비교] ETF(상장지수펀드)

ETF(Exchange Traded Fund)는 KOSPI 200과 같은 특정지수의 움직임 또는 주식, 원자재, 채권 등 특정자산의 가격 움직임에 수익률이 연동되도록 설계된 지수연동형 펀드(Index Fund)로서 거래소에 상장되어 주식처럼 거래되는 펀드이다.[18] 따라서 ETF를 매수하면 해당 주가지수를 구성하는 종목 전체를 매수하는 것과 동일한 효과를 얻을 수 있다.

ETF는 개별종목에 대한 투자가 아니고 시장의 방향성에 대한 투자이므로 투자판단이 쉽다. 또한 거래소에 상장되어 거래되기 때문에 개별 주식처럼 실시간 매매가 가능할 뿐 아니라 거래비용이 낮고 소액으로도 분산투자가 가능하다는 장점을 가지고 있다. 수익률이 지수의 일정배율에 연동되는 레버리지 ETF, 지수변동의 반대방향으로 수익률이 정해지는 Inverse ETF 등 기존 상품에다가 ETF 대상을 해외주식, 채권, 상품 등으로 확대한 새로운 구조의 상품들이 가세하면서 투자자들의 다양한 투자 욕구를 충족시키고 있다.

ETF는 납입자산 구성내역 공시제도를 통해 펀드의 포트폴리오를 매일 공시하므로 일반펀드보다 펀드 운용 면에서 투명하다. ETF는 종류도 다양해 여러 가지 투자 전략을 구사하거나 자산배분을 하는데 매우 유용한 수단이다. 아울러 ETF는 산업 섹터별 투자가 가능하고, 대형주, 중형주, 소형주, 가치주, 성장주 등 스타일별로도 ETF 투자가 가능하다. 금, 원유, 원자재 같은 상품 선물에 투자하는 ETF도 있다. 해외펀드보다 환금성과 투명성이 높아 ETF를 이용하면, 해외 투자도 손쉽게 할 수 있다.

---

17) 금융감독원 (2011), 금융감독용어사전.

18) 인덱스펀드와 뮤추얼펀드의 특성을 결합한 상품이다. 2002년 처음으로 도입된 ETF는 인덱스 펀드와는 달리 거래소에 상장돼 일반 주식처럼 자유롭게 사고팔 수 있다.

ETN(상장지수증권) ETN(Exchange Traded Note)은 투자의 손익이 기초지수의 변동에 연동되도록 구조화된 장내 파생결합증권이다. ELW가 옵션 상품이고 ELS와 DLS가 기초자산의 가치 변화에 따른 손익구조가 사전에 약정된 조건부 확정수익 상품이라면, ETN은 발행 당시 목표로 정해진 기초지수의 누적 수익률이 곧바로 투자수익률이 되는 지수 연동(인덱스)상품이라는 점 등에서 다른 파생결합증권과 구별된다.

한편 ETN은 지수 연동 상품으로 거래소에 상장되어 별도의 중도 상환 절차 없이 실시간 매매를 통해 수익 확정이 가능하다는 점에서 집합투자업자(자산운용사)가 발행하는 상장지수펀드(ETF)와 매우 유사하다. 그러나 ETF가 보유자산을 신탁재산으로 별도 보관함에 따라 신용위험에 노출되지 않고 별도의 만기도 없는 것과는 달리, ETN은 발행기관의 신용위험에 노출되고 만기도 1~20년 사이에서 정해져 있다는 차이가 있다.

연습문제

1. 다음 용어를 간단히 설명하시오.
   (1) 콜론
   (2) 콜머니
   (3) 기업어음(CP)
   (4) 양도성예금증서(CD)
   (5) 환매조건부채권(RP)
   (6) ELW(주식워런트증권)
   (7) ELS(주가연계증권)
   (8) ELD(주가연계예금)
   (9) DLS(파생결합증권)
   (10) ETN(상장지수증권)
   (11) ETF(상장지수펀드)
2. 다음 용어를 비교 설명하시오.
   (1) 자금시장과 자본시장
   (2) 직접금융시장과 간접금융시장
   (3) 발행시장과 유통시장
   (4) 거래소시장과 장외시장
   (5) 공금융시장과 사금융시장
   (6) 국내금융시장과 국제금융시장
   (7) 콜론과 콜머니
   (8) 제1차시장과 제2차시장
   (9) 주식의 공모발행과 사모발행
   (10) KONEX 와 Free Board
   (11) 채권의 장내시장과 장외시장
   (12) 선도계약(forward contracts)과 선물(futures)
3. 금융시장의 거시적 측면에서의 중요 기능들을 설명하시오.
4. 금융시장의 미시적 측면에서의 중요 기능들을 설명하시오.
5. 자금시장의 중요 특징을 설명하시오.
6. 자산유동화증권의 종류를 설명하시오.
7. ETN과 ETF의 차이점을 설명하시오.
8. ELS와 ELF의 차이점을 설명하시오.
9. 인덱스펀드와 ETF의 차이는 무엇인가?
10. MMF와 CMA의 차이점을 설명하시오.
11. CP의 문제점은 무엇인지 설명하시오.
12. RP의 장점을 채권보유자와 투자자 입장에서 각각 설명하시오.

CFA 기출문제

1. Preferred stock
   A. Is actually a form of equity.
   B. Pays dividends not fully taxable to US corporations.
   C. Is normally considered a fixed-income security.
   D. All of the above.
2. Straight preferred stock yields often lower than yields on straight bonds of the same quality because of
   A. Marketability
   B. Risk
   C. Taxation
   D. Call protection

CHAPTER 3

증권시장의 구성과 운용

증권시장(securities market)이란 주식 및 채권 등 증권이 거래되는 시장으로서 일반적으로 자본시장(capital market)과 같은 의미로 사용된다. 증권시장은 장기금융시장으로서 직접금융에 의해 자금을 조달할 수 있는 시장이다. 또한 일반투자자들이 지닌 소액의 여유자금을 자금수요자에게 집중시켜 거액의 자금조달을 가능하게 한다. 이러한 자금조달은 기업의 생산성에 따라 자본을 효율적으로 배분하는 기능을 한다.

3장에서는 주식 및 채권의 발행시장과 유통시장을 살펴본 후 증권시장 안정을 위한 관리 및 규제제도를 알아본다. 다음으로 증권 관련 기관을 살펴보고 주식시장 지표들을 다루고자 한다.

3-1 발행시장

발행시장(issuing market)은 신규로 발행된 주식이나 채권을 최초의 투자자에게 매각하여 자금을 조달하는 시장을 의미한다. 발행시장은 1차시장(primary market)이라고도 하는데 유통시장과 상호의존적 관계에 있다. 발행시장에서의 발행규모나 시기 등은 유통시장의 시황에 영향을 주며 이는 다시 발행시장의 발행규모나 발행조건 등에 영향을 미치게 된다. 먼저 주식의 발행시장과 유통시장에 대해 살펴본 다음 채권의 발행시장과 유통시장을 살펴보기로 한다.

3-1-1 주식 발행시장

주식 발행시장의 구조

주식 발행시장에는 발행 주체와 투자자 외에 인수기관(또는 발행기관)이 참여하고 있다.

발행 주체 발행시장에서 주식을 발행하여 자금을 조달하는 자금수요자로서 기업이나 금융회사 등이 있다.

〈그림 3-1〉 발행시장의 구조

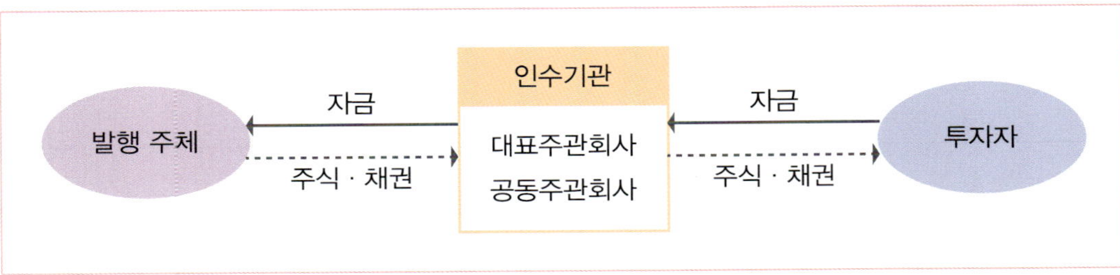

인수기관 인수기관은 증권발행 시의 위험을 부담하고 사무절차를 주도함으로써 자금의 수요자, 즉 발행 주체와 자금의 공급자, 즉 투자자를 연결시켜 주는 역할을 하는데 주로 증권회사가 이를 담당한다. 인수기관은 증권발행과 매출에 따르는 위험을 분산하기 위하여 인수단(syndicate)을 구성한다. 인수단에는 여러 증권회사가 주관회사로서 참여하는데, 주관회사를 대표하는 대표주관회사와 공동으로 업무를 수행하는 공동주관회사로 구성된다(그림 3-2 참조).

투자자 투자자는 주식을 매입함으로써 발행 주체에게 자금을 제공하고 매입한 주식을 다시 유통시장에서 매각하는 자금공급자이다. 「자본시장과 금융투자업에 관한 법률」은 투자자를 일반투자자와 전문투자자로 구분하고 있다. 전문투자자[1]는 주요 기관투자가들이며 일반투자자는 전문투자자 이외의 투자자를 말한다.

〈그림 3-2〉 인수단

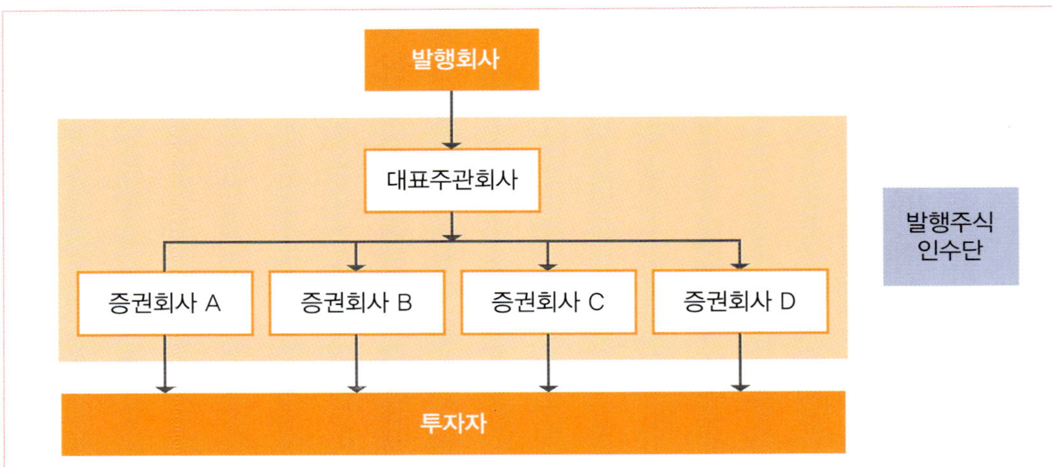

1) 금융투자상품에 관한 전문성 구비 여부, 소유자산규모 등에 비추어 투자에 따른 위험감수능력이 있는 투자자를 말하며, 일반투자자에 반대되는 개념이다.

주식 발행방식

주식의 발행방식은 발행 증권의 수요자를 구하는 방법에 따라 공모발행과 사모발행으로 나누어지며, 발행에 따르는 위험부담과 사무절차를 담당하는 방법에 따라 직접발행과 간접발행으로 구분된다.

공모발행과 사모발행 공모발행(public offering)이란 발행 주체가 불특정 일반투자자를 대상으로 동일한 가격과 조건으로 주식을 발행하는 방식이며 모집[2]과 매출[3]이 이에 해당한다. 공모발행은 발행규모가 큰 경우 다수의 투자자를 대상으로 발행하는데 공모발행은 다수의 투자자를 상대로 복잡한 업무처리를 해야 하므로 간접발행 방식을 취한다.

사모발행(private placement)은 발행회사가 특정한 개인 및 법인을 대상으로 주식을 발행하는 방법이다. 사모의 경우 감독기관에 증권신고서와 투자설명서 등을 제출하지 않아도 되는 등 신속하게 발행할 수 있는 이점이 있는데 대부분 비용을 줄일 수 있는 직접발행의 형태를 취한다.

직접발행과 간접발행 직접발행(direct issuing)은 발행 주체가 자기명의로 인수위험 등 발행위험을 부담하고 발행모집사무를 직접 행하여 증권을 발행하는 방법이다. 이 방식은 미청약분이 발생하면 발행규모를 축소하거나 재모집해야 하므로 발행규모가 작고 소화에 무리가 없는 경우에 주로 이용된다.

간접발행(indirect issuing)은 발행 주체가 전문적인 조직 및 경험을 가진 발행기관을 통해 주식을 발행하는 방식이다. 이 경우 발행 주체는 주식발행과 관련된 위험을 인수기관에 부담시키고 그 대가로 수수료를 지급하는데 우리나라에서는 기업공개 및 유상증자시 이 방식을 이용한다. 간접발행방식은 인수기관의 발행위험 부담 정도에 따라 모집주선, 잔액인수 및 총액인수로 구분한다.

- 모집주선(best-effort basis): 발행 주체가 발행위험을 부담하고 발행사무만 인수기관에 위탁하는 방법이다.
- 잔액인수(standby agreement): 응모총액이 모집총액에 미달할 경우 인수기관이 모집부족액의 인수의무를 지는 방법이다.
- 총액인수(firm commitment): 발행금액 전액을 인수기관이 대입하는 방식으로서 다른 방식에 비해 인수기관의 위험부담이 크다. 간접발행의 대부분은 이 총액인수방식으로 공모발행되고 있다.

---

2) "모집"이란 대통령령으로 정하는 방법에 따라 산출한 50인 이상의 투자자에게 새로 발행되는 증권의 취득의 청약을 권유하는 것을 말한다.

3) "매출"이란 대통령령으로 정하는 방법에 따라 산출한 50인 이상의 투자자에게 이미 발행된 증권의 매도의 청약을 하거나 매수의 청약을 권유하는 것을 말한다.

간접발행방식으로 주식을 발행하는 경우 주식발행과 관련된 책임과 위험을 분산하고 발행주식의 매출을 원활히 하기 위하여 여러 인수기관이 공동으로 인수단을 형성하는 것이 보통이다. 인수단에는 여러 증권회사가 참여하는데 인수업무를 주관하는 대표주관회사와 공동으로 업무를 수행하는 공동주관회사로 구성된다(그림 3-2 참조).

주식 발행형태

기업공개 기업공개(initial public offering: IPO)는 신규로 발행하는 주식을 다수의 투자자에게 모집하거나, 이미 발행되어 대주주 등이 소유하고 있는 주식을 매출하여 주식을 분산시키는 것을 말한다. 즉 폐쇄적인 성격의 개인회사에서 공개적인 회사로 전환시키기 위해 회사가 신주를 발행하여 주식을 분산하거나, 대주주 등의 기존 소유주식을 분산시키는 것이다. 기업공개를 통하여 기업은 직접금융형태의 자금조달을 원활하게 할 수 있고 소유권이 다수의 투자자에게 분산됨으로써 소유와 경영의 분리를 유도할 수 있다.

주식이 공정한 가격을 형성하고 원활하게 거래되기 위해서는 정규시장인 거래소를 통해 매매하는 것이 필요하다. 특정 기업의 주식이 거래소에서 매매되기 위해서는 일정한 요건을 충족해야 하는데, 거래소가 정한 요건을 통과한 기업의 주식을 거래소에서 거래할 수 있도록 허용하는 것을 상장(listing)이라고 한다.

즉 기업공개는 개인이나 가족 등 소수의 주주에 의해 폐쇄적으로 경영되던 기업의 주식을 다수의 대중에게 분산하는 것이라고 할 수 있으며, 반면에 상장은 한국거래소가 상장기준을 충족하는 유가증권에 대하여 유가증권시장에서 집단적·대량적으로 매매거래될 수 있도록 승인하는 것이다(표 3-1 참조).

최초 공모주 발행(IPO) 시 발행가격(offering price)은 어떻게 결정이 될까? 발행가격은 발행기업과 주간사가 협의하여 정하게 되는데, 발행시장에 대한 전문성과 시장수요에 대한 정보를 가지고 있는 주간사가 주도하여 결정하게 된다. 그러나 IPO 업무를 수행하는 주간사의 입장에서 볼 때 발행가격을 높게 책정함으로써 청약자들이 손해를 볼 경우 큰 민원이나 평판위험에 직면할 수 있기 때문에 발행기업의 의뢰를 받아 업무를 진행함에도 불구하고 발행가격을 낮추려는 도덕적 해이 상황에 직면하게 된다. 따라서 IPO 발행시장에서는

〈표 3-1〉 기업공개와 상장의 차이

구분	기업공개	상장
시장	발행시장	유통시장
목적	기업의 자금조달	유가증권의 원활한 유통 및 공정한 가격형성
성격	주식분산의 한 형태	거래적격 유가증권의 선별
규제 취지	발행당사자에 대한 정보제공	상장 적격성 심사
특성	발행기업과 청약자의 이해 조화, 발행물량의 소화를 중시	공익성과 투자자 보호, 기업의 계속성과 시장성을 중시

발행가격이 일반적으로 낮게 발행되는 저가발행현상(underpricing phenomenon)이 발생한다. 이러한 현상은 우리나라뿐만 아니라 전 세계적에서 발생하는데, 보통 선진국보다는 개발도상국 시장에서 더 심각한 저가발행현상이 일어나는 것으로 보고되고 있다. Ritter 교수의 연구에 따르면, IPO 첫날 평균 수익률이 미국(1960~2013) 16.9%, 호주(1976~2011) 21.8%, 싱가폴(1973~2011) 26.1%, 일본(1970~2013) 41.7%, 한국(1980~2013) 59.3%, 중국(1990~2013) 118.4% 등으로 보고되었다.[4]

유상증자 및 무상증자 유상증자(Seasoned Equity Offering: SEO)란 주주의 주금납입을 통해 자본금을 증가시키는 것이다. 기업이 유상증자를 하면 시가로 발행하기 때문에(약간 할인해서 발행하기는 하지만), 자본금과 함께 자본잉여금이 증가하게 된다. 예를 들어, 기업이 액면가 5,000원인 주식을 7,000원에 100만 주 유상증자를 한다면, 50억 원은 자본금으로 계상되고, 나머지 20억 원은 자본잉여금으로 계상된다. 물론 자산(현금)도 70억 원 증가된다.

유상증자 시 신주인수권의 배정방법에는 주주배정증자방식, 주주우선공모증자방식, 제3자배정증자방식, 일반공모증자방식 등이 있는데, 우리나라에서는 주주배정증자방식과 주주우선공모방증자식에 의해 주로 이루어진다.

- 주주배정증자방식: 기존 주주에게만 소유주식수에 비례하여 신주를 배정하고 실권이 발생하면 이사회의 결의에 의하여 처리하는 방식이다.
- 주주우선공모증자방식: 기존 주주에게 우선적으로 신주를 배정하고 실권이 발생하면 일반투자자를 대상으로 공모하고 청약에 미달할 경우에는 이사회의 결의에 의하여 처리하는 방식이다.
- 제3자배정증자방식: 기존 주주는 제외하고 제3자에게 신주인수권을 주는 방식으로 특별하게 회사정관에 명시되어 있거나 주주총회의 특별결의를 거쳐야 가능하다. 우리사주조합제도는 제3자배정의 대표적인 예라 할 수 있다.
- 일반공모증자방식: 기존 주주는 제외하고 발행기관이 총액인수하여 일반투자자로부터 공모하는 방식이다. 이 방식 역시 특별하게 회사정관에 명시되어 있거나 주주총회의 특별결의를 거쳐야 가능하다.

무상증자는 이사회 결의로 법정준비금[5]을 자본에 전입하고 전입액만큼 신주를 발행하여 기존 주주들에게 소유주식수에 비례하여 무상으로 교부하는 방식이다. 따라서 무상증자 시에는 기업에 새로운 자금이 유입되는 것이 아니고 단지 재무제표 상 항목 간 이동을 통하여 자본금은 늘어나지만 자본잉여금이나 이익잉여금이 감소하는 것으로 자기자본의

4) Jay Ritter's website.

5) 이익준비금, 자본준비금(주식발행초과금, 감자차익, 합병차익, 주식의 포괄적 교환·이전으로 인한 차익, 분할차익, 자기주식처분이익 등 기타자본거래에서 발생한 잉여금) 등을 말한다.

증가는 없다. 즉 발행주식수가 늘어난 만큼 주가가 떨어지기 때문에 자기자본의 변화가 없다.

3-1-2 채권 발행시장

채권 발행시장의 구조

채권의 발행 주체 및 한도는 관련 법률에 의해 정해진다. 국채의 경우 국회의 동의를, 회사채 등은 금융위원회에 증권신고서를 제출하고 일정한 절차를 거쳐 발행된다. 앞에서 언급한 대로 채권의 종류는 매우 다양하며 그 종류에 따라 발행 방식 및 요건 등도 다르다. 여기서는 국채와 회사채를 중심으로 이들의 발행시장에 대해 살펴보기로 한다.

국채 발행시장

국채는 국고채권, 재정증권, 국민주택채권, 보상채권 등 자금용도에 따라 네 가지 종류로 나누어지며 종목에 따라 발행방식이 서로 다르다. 국고채권과 재정증권은 경쟁입찰방식으로 발행되며 국민주택채권은 인허가와 관련하여 의무적으로 매입토록 하는 첨가소화방식으로, 보상채권은 당사자 앞 교부방식으로 각각 발행된다.

경쟁입찰방식은 입찰참여자가 입찰금액과 함께 발행가격이나 수익률을 함께 제출해서 발행자가 가장 유리한 조건의 입찰자를 선정하는 것이다. 한편, 이는 수익률 결정방법에 따라 단일금리방식(dutch auction)과 복수금리방식(conventional auction)으로 구분된다. 단일금리방식은 낙찰금액의 합계가 발행금액에 도달할 때까지 가장 낮은 수익률을 제시한 입찰자부터 순차적으로 결정하되, 발행수익률은 가장 높은 수익률을 모든 낙찰자에게 적용하는 방식이고, 복수금리방식은 낙찰자를 정하는 방식은 전과 동일하나 발행수익률은 각자가 제시한 수익률을 적용하는 것이다.

국채 발행 메커니즘 국채는 「국채법」에 따라 기획재정부장관이 중앙정부의 각 부처로부터 발행요청을 받아 발행계획안을 작성한 후 국회의 심의 및 의결을 거쳐 발행한다. 또한 국채발행규모는 국회의 동의를 받은 한도 이내에서 정부가 결정하며 공개시장에서의 발행을 원칙으로 한다.

〈그림 3-3〉은 국고채의 발행 메커니즘을 보여준다. 현재 정부는 발행사무 업무를 한국은행에 위탁하고 있다. 국고채의 경우 통상 낙찰금액 납입일 1영업일 전에 국고채전문딜러를 대상으로 BOK- Wire+를 통해 경쟁입찰을 실시하여 발행한다. 국고채 입찰은 월요일에 실시되며 선매출의 경우 오전 9시 40분부터 11시까지, 본매출의 경우 오전 10시 40분부터 11시까지 20분간 진행된다. 다만 30년 만기 국고채의 경우 동일한 시간대의 화요일에 입찰이 진행된다. 국고채의 교부와 낙찰금액 납입은 입찰일 다음 영업일에 주로 이루어지며 낙찰금액이 납입되면 한국은행은 한국예탁결제원에 일괄등록을 통보하고 채권을 계좌대체함으로써 발행절차가 종료된다.

〈그림 3-3〉 국고채 발행 메커니즘

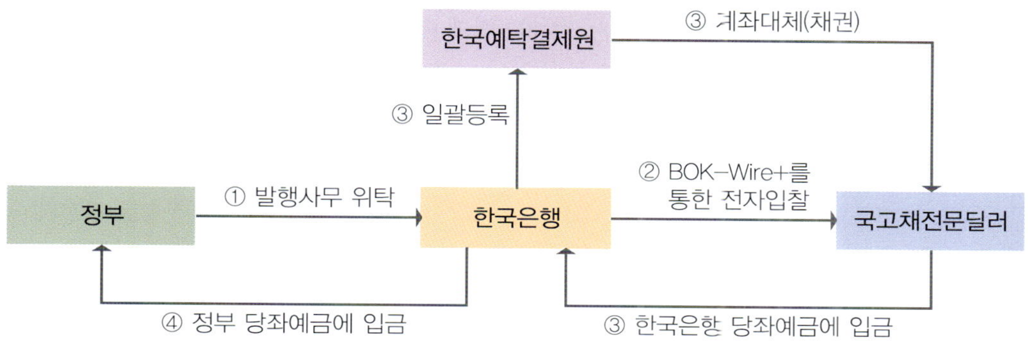

자료: 한국은행 (2016), 한국의 금융시장.

국고채전문딜러제도 1999년 7월 국채의 원활한 소화와 국채시장의 활성화를 위해 국고채전문딜러제도를 도입하였는데, 국채자기매매업무(dealing) 취급금융기관(은행, 증권회사, 종합금융회사) 중 국채 인수 및 유통 실적이 우수한 금융기관을 국채전문딜러(Primary Dealer: PD)로 선정하였다. 2011년 3월에는 국고채전문딜러의 시장 조성 활동(market making)을 강화하기 위해 예비국고채전문딜러제도를 도입하면서 의무이행 실적이 부진한 국고채전문딜러는 예비국고채전문딜러로 강등되고 이행실적이 우수한 예비국고채전문딜러는 국고채전문딜러로 승격되도록 하였다.

2016년 6월말 현재 국고채전문딜러는 은행(9), 증권회사(10) 등 19개사이며 4개 은행이 예비국고채전문딜러로 지정되어 있다. 국고채전문딜러는 시장 조성을 위하여 지표종목별로 발행물량의 10% 이상 인수 의무, 국고채 지표종목에 대한 매수·매도호가 제시(10개 이상) 의무 외에 유통 및 보유 등에 관한 의무를 지게 되며, 이에 대한 급부로 국고채 경쟁입찰 참가, 비경쟁인수권한, 국채금융 등의 혜택을 부여받는다.

국채통합발행제도 종전에는 국고채를 발행할 때 만기일이 다르고 표면금리가 낙찰수익률에 따라 달리 결정되어 국채종목이 지나치게 많아지고 개별 종목당 발행금액이 작아져 유동성이 저하되는 문제점이 있었다. 이와 같은 문제점을 해결하기 위해 2000년 5월 국채통합발행(fungible issue)제도를 도입하여 3년 이상 만기 국고채의 경우 3개월 범위 내 추가 발행 시에는 만기일과 표면금리를 직전 발행 국고채와 똑같이 적용하여 발행토록 하였다. 이에 따라 같은 조건의 국채 발행물량이 확대됨으로써 국채의 유동성이 높아지고 지표금리가 보다 안정적으로 형성되게 되었다.

회사채 발행시장

회사채는 공모발행(public offering)과 사모발행(private placement)으로 구분된다. 공모발행의 경우

인수기관인 증권회사, 한국산업은행 등이 총액을 인수하여 발행하며 사모발행의 경우에는 발행기업이 최종매수자와 발행조건을 직접 협의하여 발행하게 된다. 회사채는 2012년 4월 개정 「상법」의 시행으로 정관에서 정하는 바에 따라 이사회 결의가 없이도 발행이 가능해졌으며 순자산액의 4배까지였던 발행한도도 폐지되었다. 공모발행을 하는 경우 증권신고서를 금융위원회에 제출해야 한다.

만기를 보면 일반적으로 1, 2, 3, 5, 10년 등으로 발행되는데 대체로 3년 이하가 주종을 이루고 있다. 표면금리는 발행기업과 인수기관 간 협의에 의해 자율적으로 결정되는데 2003년 이후 시장금리 수준이 낮아지면서 표면금리와 유통수익률 간의 괴리가 0.5%포인트 이내로 좁혀졌으며, 표면금리를 유통수익률에 맞춰 발행하는 경우도 많아졌다. 이 경우 발행가격과 액면가격이 거의 동일하게 된다.

회사채 발행 메커니즘 발행회사는 발행주관회사(주로 증권회사)를 선정하여 발행사무를 위임하며 인수기관은 발행 회사채를 총액인수한 후 당일 매수자(은행, 자산운용회사, 보험회사 등 기관투자가)에게 매출한다. 발행주관회사는 금융투자협회의 프리본드 시스템(Free Bond System)을 통하여 수요예측을 진행하게 되고 수요예측의 결과에 따라 발행사채의 수량, 가격, 매수자 등을 발행기업과 협의하여 최종 결정한다. 매수자는 지정된 청약일시에 발행주관회사에 청약서를 제출하고 수탁은행에 청약내용을 통보하여 발행주관회사에 대금지급을 지시하며, 발행주관회사는 청약당일에 발행자금을 발행기업의 주거래은행에 입금한다. 한편 회사채의 인수도는 발행주관회사가 회사채를 매수자 명의로 한국예탁결제원에 개설된 계좌에 등록함으로써 끝난다.

〈그림 3-4〉 회사채 발행 메커니즘

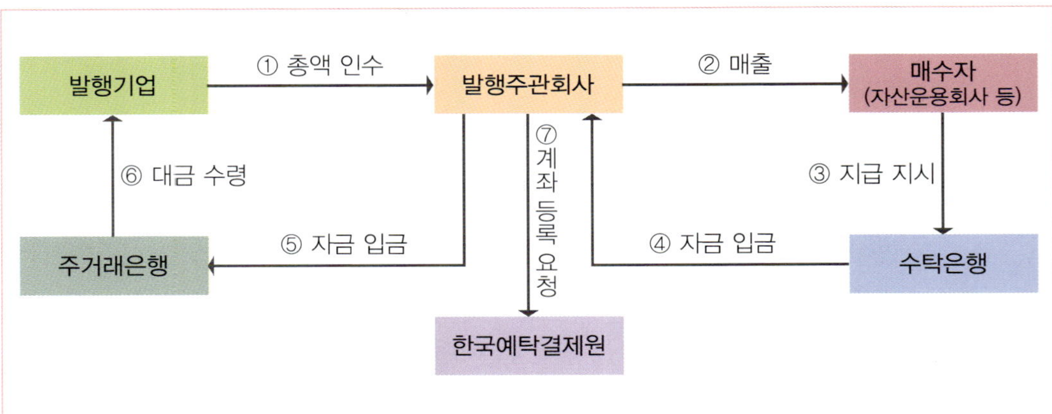

자료: 한국은행 (2016), 한국의 금융시장.

3-2 유통시장

유통시장은 이미 발행된 주식이나 채권이 매매되는 시장으로서 1차시장인 발행시장에 대비하여 2차시장(secondary market)이라고 한다. 유통시장은 새로운 증권이 발행되는 시장이 아니고 투자자가 소유하고 있는 증권을 매각하여 투자자금을 회수하거나 발행된 증권을 취득하는 시장이다. 따라서 유통시장에서의 거래는 기업의 자금조달과 직접적인 관련이 없다. 그럼에도 불구하고 유통시장이 필요한 이유는 무엇일까? 유통시장은 발행된 증권에 유동성을 부여하기 때문에 투자자들에게는 매우 중요하다. 이러한 유통시장이 존재하기 때문에 투자자들은 새로 발행되는 증권에도 관심을 보이는 것이다.

우리나라 주식의 유통시장에는 유가증권시장, 코스닥시장, 코넥스시장 및 K-OTC시장이 있고, 채권의 유통시장에는 장외시장과 장내시장이 있다. 먼저 주식의 유통시장부터 먼저 살펴보기로 하자.

3-2-1 주식

유가증권시장

유가증권시장(KOSPI market)은 주식의 매매를 위하여 한국거래소가 운영하는 시장으로서 대량매매가 원활히 이루어질 수 있도록 매매주문, 체결 및 결제 등이 고도로 정형화되어 있는 시장이다. 유가증권시장에서의 거래는 한국거래소의 회원인 증권회사를 통해서만 이루어지도록 되어 있다.

거래소 상장제도 상장(listing)이란 일정한 요건을 구비한 특정 유가증권을 대상으로 거래소시장에서 거래될 수 있는 자격을 부여하는 것을 말한다. 매매거래의 대상물로 인정된 유가증권을 상장증권이라고 하며, 상장증권을 발행한 회사를 상장회사라고 한다.

주권의 상장은 신규상장, 재상장, 신주상장, 변경상장으로 나눌 수 있다.

- 신규상장이란 증권거래소에 주권이 상장되어 있지 아니한 주권의 발행인이 기업을 공개하여 일반에게 주식을 매각한 후 처음으로 주권을 상장하는 것을 말한다. 신규상장은 상장법인이 모집 또는 매출을 통해 상장하는 공모상장과 이미 분산요건을 충족한 기업이 예비상장 심사 후 공모절차 없이 주권을 상장하는 직상장으로 구분된다.
- 재상장은 일반재상장, 분할재상장, 합병재상장으로 구분된다. 일반재상장은 상장폐지일로부터 5년 이내에 해당 주권을 다시 상장하기 위해 예비심사를 신청하는 경우이다. 분할재상장은 상장법인 분할이나 분할합병에 따라 설립된 법인의 상장을 신청하는 경우이다. 합병재상장은 상장법인 간의 합병에 따라 설립된 법인이 상장하는 경우를 의미한다.
- 신주상장은 기상장된 주권의 발행인이 유상 또는 무상증자, 기업합병, 전환사채권 등의

낮아지는 KOSPI 상장 문턱

한국거래소가 코스닥시장에 이어 올해 유가증권시장 상장 문턱을 낮추기로 함에 따라 기업공개(IPO)시장에 훈풍이 불 전망이다. 거래소가 마련 중인 유가증권시장 상장 요건 개선안의 핵심은 이익이 나는 기업이라면 매출 요건을 크게 문제 삼지 않겠다는 것이다.

현행 상장 요건은 3년 이상 된 기업으로서 자기자본 300억원 이상, 상장주식 100만주 이상이란 기본 요건을 채우고 주식분산, 매출액·수익성·기준시가총액이라는 재무 요건, 감사 요건과 기타 질적 요건까지 모두 충족해야 한다.

현행 유가증권시장 상장 요건 중 상당 부분은 미국 뉴욕증권거래소(NYSE)의 규정을 본떴다. 하지만 일부 규정은 오히려 미국보다 강해 문턱이 높다는 지적이 나오고 있다. 높은 상장 요건으로 인해 일단 자본시장에 데뷔한 기업들이 상장 이후 실적이 급전직하하는 경우가 많아 투자자들의 피해가 속출했다. 거래소는 진입 문턱을 낮추면 이 같은 실적 '착시 효과'는 해소될 것으로 기대하고 있다.

국내 주식시장 기업공개(IPO) 연간 규모 (단위=조원)

*2017년은 예상치. 자료=한국거래소

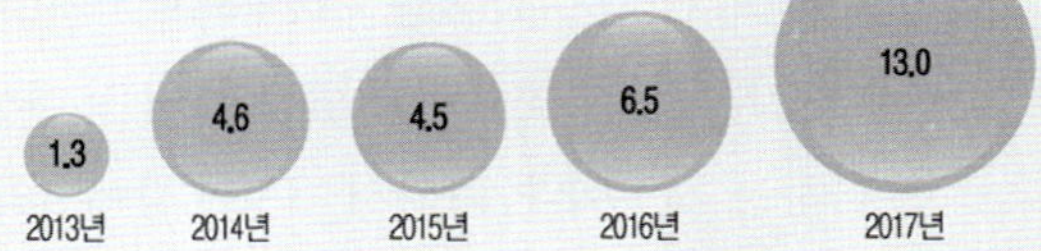

올해 IPO 예정 주요 기업 *자료=한국거래소

기업	상장 시기	공모 규모	비고
호전실업	2월	416억원	유가증권시장
넷마블게임즈	2~3월	2조원	
에이비씨마트코리아	3~4월	2,000억원	
이랜드리테일	5월	1조원	
남동발전	6월	1조원	
동서발전	6월	1조원	
ING생명	2분기	1조원	
호텔롯데	하반기	4조1,000억원	
유바이오로직스	1월	192억원	코스닥시장
서플러스글로벌	1월	372억원	
신신제약	2월	192억원	
모바일어플라이언스	2월	195억원	
에프엔에스테크	2월	110억원	
에스디생명공학	2월	900억원	
아스타	2월	228억원	
피씨엘	2월	158억원	
이엘피	2월	264억원	
셀트리온헬스케어	상반기	8,000억원	
제일홀딩스	상반기	3,000억원	

그 대신 퇴출 요건은 강화하기로 했다. 만성 적자기업이 유가증권시장에 남아 자본시장 질이 저하되고 있기 때문이다. 거래소 관계자는 "올해는 성장 가능성이 있다면 적자기업도 상장이 되는데다 기존 상장 규정도 개선될 예정이어서 양적 성장을 이루겠지만 질적 저하 문제도 있다"며 "퇴출 규정을 강화해 질적 성장을 동시에 도모할 것"이라고 밝혔다.

출처: 매일경제, 2017년 1월 19일자.

권리행사, 주식배당, 예탁증서 발행 등의 경우에 새로이 주권을 발행하여 상장하는 것을 말한다. 이 경우 신주인수권 증권, 신주인수권부 사채권, 전환사채권의 권리행사로 인한 발행예정 총주식에 대하여 최초로 권리행사가 있는 경우에는 신주일괄상장의 신청이 가능하다.

- 변경상장이란 주권의 종목(상호), 종류(우선주, 보통주), 액면금액, 수량(자본감소, 병합 등으로 주식수 감소) 등을 변경한 후 새로이 발행한 주권을 상장하는 것을 말한다.

신규상장은 대표주관회사의 사전준비과정과 거래소의 상장예비심사를 거쳐 공모 후 거래소에 상장되는 절차에 따라 진행된다. 상장준비기간은 회사마다 다를 수 있으며, 국내 기업의 경우 상장예비심사신청 이후 신규상장까지는 약 4개월의 기간이 소요된다. 거래소

〈그림 3-5〉 증권시장의 상장 절차

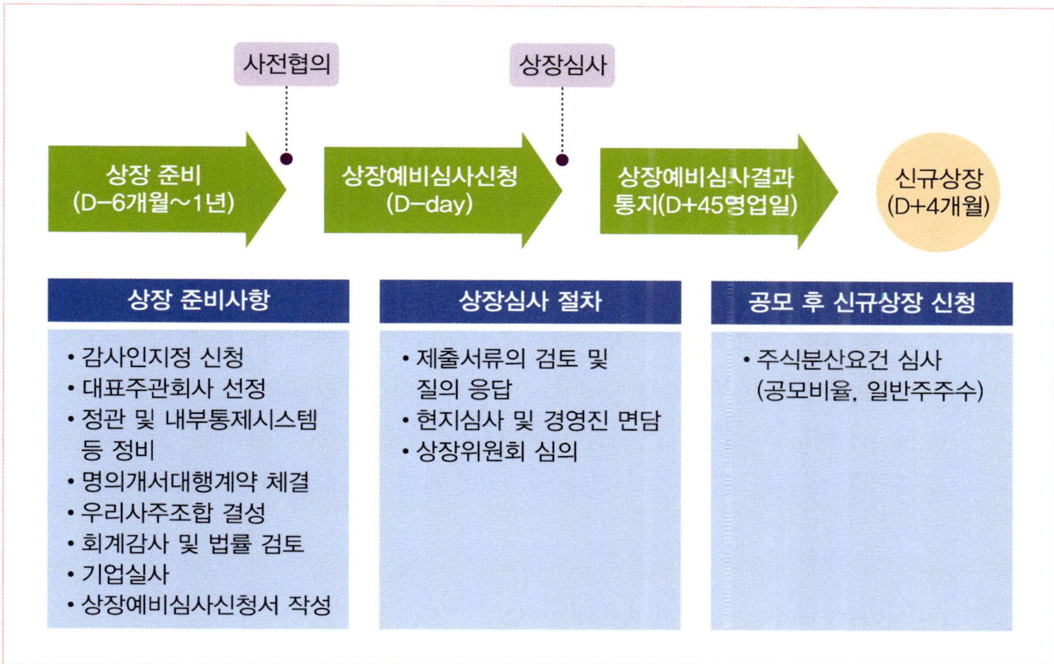

자료: 한국거래소, 2018년 유가증권시장 상장심사 가이드북, p.20.

는 국내기업의 상장예비심사신청서 접수 후 45영업일[6] 이내에 심사결과를 통지한다. 하지만 심사과정에서 중요한 이슈가 있어 추가 심사기간이 필요하거나 자료제출 지연 등의 경우에는 심사기간이 연장될 수 있다. 반면, 상장예비심사 신청전 대표주관회사가 충분한 실사를 실시하고 심사 예상 이슈를 사전에 파악하여 거래소와 충분히 사전협의하는 경우 심사기간이 단축될 수도 있다.[7]

상장절차에 있어서 대표주관회사의 역할은 중요하다. 상장의 사전준비부터 상장까지 전 과정을 대표주관회사가 관여한다. 대표주관회사는 ① 경영실적, 재무, 회계 등 관련 기업실사(due-diligence) ② 상장 관련 서류 작성 지원, 내부체계 정비, 증권신고서 기재사항 점검 ③ 수요예측, 공모가격 협의 등 공모절차 진행 등을 담당한다.

관리종목은 상장회사가 부도발생 등으로 인한 은행거래정지, 회사정리절차개시, 부정적인 감사의견 또는 영업활동정지 등의 사유로 주권이 상장폐지기준에 해당되면 증권거래소가 일반투자자에게 주의를 환기시켜 투자에 참고하도록 이들 기업의 주식을 별도로 관리

6〉 외국기업은 적격 해외증권시장에 상장되지 아니한 경우는 상장예비심사신청서 접수 후 65영업일 이내, 적격 해외증권시장에 상장된 경우는 45영업일 이내 심사결과를 통지한다. 여기서 적격 해외증권시장으로는 NYSE, 나스닥, 유로넥스트, 동경증권거래소, 런던증권거래소, 독일거래소, 홍콩거래소, 싱가폴거래소, 호주증권거래소, 캐나다증권거래소 등 10개 거래소를 인정하고 있다.

7〉 한국거래소, 2018년 유가증권시장 상장심사 가이드북, p.20.

해 거래를 시키는 종목을 말한다.

상장폐지란 일단 상장된 증권에 대하여 증권시장에서 매매거래대상이 될 수 있는 적격성을 상실시키는 조치를 말한다. 상장폐지를 유형별로 보면, 당해법인의 신청에 의하는 신청폐지의 경우도 있으나 거래소의 직권(상장폐지기준)에 의하여 상장폐지하는 직권폐지가 일반적이다. 신청폐지의 경우 상장회사의 폐지신청에 대하여 거래소는 거부할 수 있다.

절차상으로 상장폐지기준에 해당하는 주권에 대하여는 관리종목으로 먼저 지정한 후 일정 기간의 유예기간을 거쳐 상장공시위원회의 심의를 받게 된다. 일단 상장폐지가 결정되면 당해 주권의 정리매매를 종료한 후 최종적으로 상장폐지가 이루어지게 된다. 또한 거래소는 특정 상장주식이 상장폐지기준에 이르기 전에 상장폐지기준 해당 우려를 예고함으로써 관련 투자자를 사전에 보호하고 있다. 즉 상장폐지기준 중에서 감사의견, 자본전액잠식, 주식분산요건 미달상태에 해당될 우려가 있는 경우에는 상장폐지기준 해당 우려가 있음을 예고해주고 있다. 구체적인 관리종목지정기준과 상장폐지기준은 〈표 3-2〉와 같다.

〈표 3-2〉 유가증권시장 관리종목 지정 및 상장폐지 기준

구분	관리종목 지정(유가증권시장 상장규정 제47조)	상장폐지 기준(유가증권시장 상장규정 제48조)
정기보고서 미제출	• 법정제출기한(사업연도 경과 후 90일) 내 사업보고서 미제출 • 법정제출기한(분·반기 경과 후 45일 이내) 내 반기·분기보고서 미제출	• 사업보고서 미제출로 관리종목 지정 후 법정제출기한부터 10일 이내 사업보고서 미제출 • 반기·분기보고서 미제출로 관리종목 지정 후 사업·반기·분기보고서 제출
감사인 의견 미달	• 감사보고서상 감사의견이 감사범위제한 한정인 경우(연결감사보고서 포함) • 반기 검토보고서상 검토의견이 부적정 또는 의견거절인 경우	• 최근사업연도 감사보고서상 감사의견이 부적정 또는 의견거절인 경우(연결감사보고서 포함) • 2년 연속 감사보고서상 감사의견이 감사범위제한 한정인 경우
자본잠식	• 최근사업연도 사업보고서상 자본금 50% 이상 잠식 ▸ 자본잠식률 = (자본금−자본총계)/자본금 ▸ 종속회사가 있는 경우 연결재무제표상 자본금, 자본총계(외부주주지분 제외)를 기준으로 함	• 최근사업연도 사업보고서상 자본금 전액 잠식 • 자본금 50% 이상 잠식 2년 연속
주식분산 미달	• 최근사업연도 사업보고서상 일반주주수 200명 미만 또는 • 최근사업연도 사업보고서상 일반주주 지분율 10% 미만. 다만, 200만 주 이상인 경우 해당되지 않는 것으로 간주	• 일반주주수 200명 미만 2년 연속 • 지분율 10% 미만 2년 연속. 다만, 200만 주 이상인 경우 해당되지 않는 것으로 간주
거래량 미달	• 반기 월평균거래량이 반기말 현재 유동주식수의 1% 미만	• 2반기 연속 반기 월평균거래량이 유동주식수의 1% 미만
지배구조 미달	• 사외이사수가 이사 총수의 1/4 미만 등(자산총액 2조 원 이상 법인인 경우 사외이사 3인 이상, 이사 총수의 과반수 미충족) • 감사위원회 미설치 또는 사외이사수가 감사위원의 2/3 미만 등(자산총액 2조 원 이상 법인만 해당)	• 2년 연속 사외이사수 미달 또는 감사위원회 미설치 등

〈표 3-2〉 유가증권시장 관리종목 지정 및 상장폐지 기준 〈계속〉

구분	관리종목 지정(유가증권시장 상장규정 제47조)	상장폐지 기준(유가증권시장 상장규정 제48조)
공시의무 위반	• 최근 1년간 공시의무위반 누계벌점 15점 이상 • 불성실공시법인이 계선계획서 미제출 • 공시책임자/공시담당자 교체 요구 불응	• 관리종목 지정 후 최근 1년간 누계벌점이 15점 이상 추가 • 공시책임자/공시담당자 교체 요구 불응 • 관리종목 지정 후 고의, 중과실로 공시의무 위반(상장적격성 실질검사)
매출액 미달	• 최근사업연도 50억 원 미만(지주회사의 경우 연결매출액 기준)	• 2년 연속 매출액 50억 원 미만
주가/시가총액 미달	• 주가가 액면가의 20% 미달 30일간 지속 • 시총 50억 원 미달 30일간 지속	• 관리종목 지정 후 90일 이내 관리지정사유 미해소
회생절차	• 회생절차 개시신청	• 회생절차 기각, 취소, 불인가 등 • 기업의 계속성 등 상장법인으로서의 적격성이 인정되지 않는 경우(상장적격성 실질검사)
파산신청	• 파산신청	• 법원의 다산선고 결정
기타 즉시퇴출 사유		• 최종부도 또는 은행거래정지 • 법률에 다른 해산사유 발생 • 주식양도에 제한을 두는 경우 • 당해법인이 지주회사의 완전자회사가 되고 지주회사의 주권이 신규상장되는 경우 • 우회상장 시 우회상장 기준 위반
상장적격성 실질심사		• 주된 영업이 정지된 경우(분기 매출액 5억 원 미달) • 주권의 상장 또는 상장폐지와 관련한 제출서류의 내용 중 중요한 사항의 허위기재 또는 누락내용이 투자자보호를 위하여 중요하다고 판단되는 경우 • 기업의 계속성, 경영의 투명성, 기타 공익과 투자자보호 등을 종합적으로 고려하여 상장폐지가 필요하다고 인정되는 경우 ▸ 유상증자나 분할 등이 상장폐지요건을 회피하기 위한 것으로 인정되는 경우 ▸ 당해 법인에게 상당한 규모의 재무적 손실을 가져올 것으로 인정되는 횡령·배임 등과 관련된 공시가 있거나 사실 등이 확인된 경우 ▸ 외감법 제13조제3항(분식회계)의 중대한 위반이 확인된 경우 ▸ 주된 영업이 정지된 경우 ▸ 자본잠식에 따른 상장폐지기준에 해당된 법인이 자구감사보고서를 제출하여 상장폐지 사유를 해소한 경우 ▸ 거래소가 투자자보호를 위해 상장폐지가 필요하다고 인정하는 경우

유가증권시장 매매거래제도 매매거래제도에 대한 일반적인 사항을 알아보자.[8]

투자자가 거래소시장에서 매매거래를 하기 위해서는 먼저 증권회사(또는 금융투자회사)에 매매거래계좌를 개설해야 하며, 동 계좌를 개설한 증권회사를 통하여 주문을 제출

8) 한국거래소 사이트 www.krx.co.kr 참조. http://regulation.krx.co.kr/contents/RGL/03/03010100/RGL03010100.jsp#8339ae36256c1f6cffd910cd71e4dc85=1

하여야 한다. 거래소시장에서 유가증권을 매매할 수 있는 자는 한국거래소의 회원인 증권회사에 한정되므로 일반투자자는 회원을 통하지 않고서는 거래소시장에서 매매거래를 할 수 없다.

회원으로부터 거래소에 제출된 주문은 업무규정에서 정한 원칙에 따라 매매체결되며, 거래소는 체결결과를 회원에게 통보하고 회원은 이를 다시 고객에게 통보한다. 투자자는 매매체결분에 대하여 매매체결일부터 3일째 되는 날(T+2) 매매거래를 위탁한 증권회사에 매수대금 또는 매도증권을 납부하여야 하며, 증권회사는 이를 거래소와 결제함으로써 매매거래가 완료된다.

증권시장의 정규시장은 9시부터 15시 30분까지(6시간 30분) 운영되고 있으며, 호가는 8시부터 접수를 받는다. 정규시장 외의 추가적인 거래 수요를 충족하기 위해 개설한 시간외시장의 경우 장개시 전 시간외시장은 7시 30분부터 9시까지(1시간 30분), 장종료 후 시간외시장은 15시 40분부터 18시까지(2시간 20분) 운영되고 있다(표 3-3 참조).

주문의 종류는 다음과 같다.[9]

- 지정가주문(limit order): 가장 일반적인 주문형태로서 투자자가 지정한 가격 또는 그 가격보다 유리한 가격으로 매매거래를 하고자 하는 주문이다. 즉 매수주문의 경우 지정된 가격이나 그보다 낮은 가격, 매도주문의 경우 지정한 가격이나 그보다 높은 가격이면 체결이 가능하다.
- 시장가주문(market order): 수량은 지정하되 가격은 지정하지 않는 주문유형으로, 현재 시점 시장에서 형성되는 가격으로 즉시 매매거래를 하고자 하는 주문이다. 따라서, 일반적인 경우 시장가주문은 지정가주문에 우선하여 매매체결되고 주문수량 전량이 해소될 때까지 가장 우선하는 상대방 주문부터 순차적으로 체결이 이루어진다.
- 조건부지정가주문(stop limit order): 매매거래시간 중에는 지정가주문으로 매매거래에 참여하지만 매매체결이 이루어지지 않은 잔여수량은 종가결정(장종료 전 10분간 단일가매매)시에 시장가주문으로 자동전환되는 주문이다.

〈표 3-3〉 유가증권시장 매매거래시간 및 호가접수시간

구분		매매거래시간	호가접수시간
정규시장		09:00~15:30(6시간 30분)	08:00~15:30(7시간 30분)
시간외시장	장개시 전	07:30~09:00(1시간 30분)*	07:30~09:00(1시간 30분)
	장종료 후	15:40~18:00(2시간 20분)	15:30~18:00(2시간 30분)

*단, 시간외종가매매 및 경쟁대량매매는 07:30~08:30(1시간)

9) 한국거래소 (2016), 주식시장매매제도의 이해, p.50.

- 최유리지정가주문: 상대방 최우선호가로 즉시 체결이 가능하도록 하기 위해 주문접수 시점의 상대방 최우선호가 가격으로 지정되는 주문형태이다. 즉 매도의 경우 해당 주문의 접수시점에 가장 높은 매수주문의 가격, 매수의 경우 해당 주문의 접수시점에 가장 낮은 매도주문의 가격으로 지정한 것으로 보아 매매체결에 참여하는 주문이다.
- 최우선지정가주문: 최우선지정가주문은 해당 주문의 접수시점에 자기 주문 방향의 최우선호가 가격으로 지정되어 주문이 제출된다. 매도의 경우 해당 주문의 접수시점에 가장 낮은 매도주문의 가격, 매수의 경우 당해 주문의 접수시점에 가장 높은 매수주문의 가격으로 지정한 것으로 보아 매매체결에 참여하는 주문이다.
- 목표가주문: 투자자가 특정 지정가격이 아닌 당일의 거래량가중평균가격 등 향후에 결정될 가격 또는 그와 근접한 가격으로 매매체결을 원하는 경우, 회원이 재량으로 투자자가 목표로 하는 가격에 최대한 근접하여 체결될 수 있도록 하는 주문유형이다. 다만, 목표가주문과 관련된 호가유형은 별도로 존재하지 않기 때문에 회원사가 목표가 달성을 위해 투자자 주문을 지정가호가 또는 시장가호가 등의 형태로 분할하여 제출하여야 한다.
- 경쟁대량매매주문: 투자자가 수량은 지정하되 당일의 거래량가중평균가격으로 매매거래를 하고자 하는 주문유형이다. 이는 시장충격을 최소화하는 대량매매제도의 한 유형으로서 최소수량요건 등이 적용되며 정규시장과는 별도의 시장에서 비공개로 매매체결이 이루어진다.

호가는 거래소의 회원인 증권회사가 자기명의로 시장에 매도 또는 매수의 의사표시를 하는 것이다. 즉 회원은 고객(투자자)의 주문을 위탁받아 동 주문을 거래소에 호가하여야 한다. 호가가격단위(tick size)는 가격대별로 호가할 수 있는 최소단위를 말하며, 거래소는 거래를 표준화하고 매매체결을 원활히 하기 위하여 적정 호가가격단위를 설정하고 있다.

〈표 3-4〉 유가증권시장 호가가격단위

구분	내용	
	단위	최소 스프레드 비율
1,000원 미만	1원	0.1% 이상
1,000원 이상 5,000원 미만	5원	0.1~0.5%
5,000원 이상 10,000원미만	10원	0.2~0.1%
10,000원 이상 50,000원 미만	50원	0.5~0.1%
50,000원 이상 100,000원 미만	100원	0.2~0.1%
100,000원 이상 500,000원 미만	500원	0.5~0.1%
500,000원 이상	1,000원	0.2% 이하

주) ETF 및 ELW는 가격범위와 무관하게 단일 호가단위 5원 적용.

〈그림 3-6〉 매수호가, 매도호가, 호가 스프레드의 예

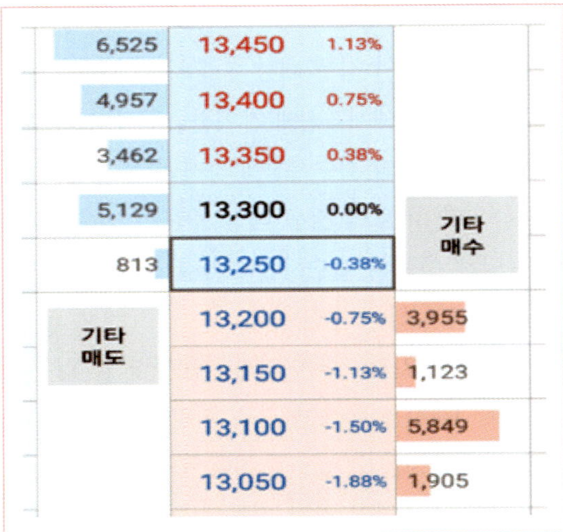

자료: http://cezacx2.tistory.com

호가에는 매수호가와 매도호가가 있는데, 매수호가 중에 가장 높은 호가를 최우선매수호가(bid price)라고 하고, 매도호가 중에 가장 낮은 호가를 최우선매도호가(ask price 또는 offer price)라고 한다. 그리고 최우선 매도호가와 최우선 매수호가의 차이를 호가 스프레드(bid-ask spread)라고 한다. 〈그림 3-6〉에서 최우선 매도호가는 13,250원이고, 최우선 매수호가는 13,200원이고, 호가 스프레드는 50원임을 보여주고 있다.

매매수량단위(round lot)는 투자자가 주문을 제출할 수 있는 최소단위의 수량으로서 〈표 3-5〉와 같다. 이 거래단위에 미치는 못하는 것을 단주(odd lot)라고 하며 이는 장외시장에서 거래된다. 다만, 시간외시장에서의 매매수량단위는 1주이며, 호가건수의 과다 등으로 전산시스템에 영향을 미칠 수 있다고 인정되는 종목의 경우에는 매매수량단위를 상향 조정할 수 있다.

국내 주식시장의 일반적인 매매체결은 매도·매수 수급에 의한 균형가격을 가장 효율적으로 반영하는 경쟁매매 방법을 채용하고 있고, 세부적으로는 단일가격에 의한 개별경

〈표 3-5〉 증권 종류별 매매수량단위

구분		매매수량단위	비고
주권		1주	2014년 6월 2일 개정
외국주식예탁증권(DR)		1증권	2014년 6월 2일 개정
상장지수집합투자기구 집합투자증권(ETF)		1주	2002년 9월 30일 도입
신주인수권증권		1증권	2009년 8월 3일 개정
신주인수권증서		1증서	2009년 8월 3일 개정
주식워런트증권(ELW)		10증권	2005년 8월 26일 도입
수익증권		1좌	2014년 6월 2일 개정
채권	일반채권	액면 10만 원	소액채권은 액면 1,000원으로 함
	외화표시채권	1만 포인트	
	국채지표종목	액면 10억 원	국채딜러간매매거래에 한함

쟁매매[10]와 복수가격에 의한 개별경쟁매매[11]로 구분하고 있다. 이와 함께, 일정 수량 이상의 대량주문 또는 비공개거래를 원하는 주문 등은 별도의 방식으로 체결될 수 있도록 특례제도를 운영하고 있다.

거래소는 매매체결 우선순위와 관련하여 다음과 같은 매매체결원칙을 정하고 있다.[12]

- 가격우선원칙: 매수호가의 경우 가격이 높은 호가가 가격이 낮은 호가에 우선하고, 매도호가의 경우 가격이 낮은 호가가 가격이 높은 호가에 우선한다. 시장가호가는 지정가호가에 우선한다. 다만, 가격제한폭 제도를 적용하고 있기 때문에 매도시장가호가와 하한가의 매도지정가호가, 매수시장가호가와 상한가의 매수지정가호가 간에는 가격우선원칙에 있어서는 동일한 순위로 간주된다.
- 시간우선원칙: 가격이 동일한 호가(시장가호가 포함) 간에는 먼저 접수된 호가가 나중에 접수된 호가에 우선한다.
- 수량우선원칙: 가격과 시간이 동일할 경우 수량이 많은 주문이 수량이 적은 것에 우선한다.
- 위탁매매우선원칙: 동일한 가격에 대해 고객의 위탁매매가 증권회사의 자기매매보다 우선한다.
- 시간우선원칙의 예외(동시호가): 동시호가매매는 일정 시간 동안 주문을 한데 모아서 적절한 가격(단일가격)에 동시에 체결시키는 방식을 말한다. 이 방식은 거래량이 폭주함으로써 주가가 왜곡되는 것을 방지하기 위해 장시작 전(08 : 10~09 : 00), 장마감 전(15 : 20~15 : 30), 급격한 주가변동으로 인해 서킷브레이커가 발동한 경우 등에 적용된다. 동시호가매매는 주문 시간에 관계없이 동 시각에 주문이 들어온 것으로 간주하기 때문에 시간우선의 원칙이 적용되지 않는다. 즉 가격과 수량만으로 주문의 우선순위가 정해진다.

매매계약체결에는 몇 가지 특례가 있다. 시간외매매는 정규시장의 매매거래시간 이전 또는 이후의 시간에 매매거래를 체결하는 제도인데, 다음과 같이 나누어진다.

- 시간외종가매매: 시간외종가매매는 투자자에게 추가적인 매매거래기회를 제공하기 위하여 정규매매시간 종료 후 및 장개시 전 일정 시간 동안 당일종가로 시간우선의 원칙만 적용하여 매매거래를 성립시키는 제도이다.
- 시간외단일가매매: 시간외단일가매매는 투자자에게 추가적인 매매거래기회를 제공하

10〉 단일가격에 의한 개별경쟁매매(단일가매매, periodic call auction)는 일정 시간 동안 접수한 호가를 하나의 가격으로 집중 체결하는 방식이다.

11〉 복수가격에 의한 개별경쟁매매(접속매매, continuous auction) 방식은 매매체결이 가능한 주문이 유입되면 즉시 매매거래를 체결하기 때문에 매매거래시간 중에는 복수의 가격이 계속적으로 형성된다.

12〉 한국거래소 (2016), 주식시장매매제도의 이해, p.69.

기 위하여 장종료 후 일정 시간 동안(16:00~18:00) 10분 단위 단일가매매를 통하여 당일종가±10% 이내(다만, 당일 상하한가 이내)의 가격으로 매매거래를 성립시키는 제도이다.

- 시간외대량·바스켓매매: 시간외시장에서 일정 수량 이상의 개별종목 또는 주식집단을 매매 당사자 간 합의한 조건(가격, 수량)으로 매매를 체결하는 제도이다. 시간외대량매매는 매도·매수 쌍방의 합의된 매매가 시장의 충격 없이 원활히 처리될 수 있도록 하고, 시간외바스켓매매는 다수의 종목을 대량매매하는 기관투자가들이 포트폴리오를 서로 구성하거나 해소하는 데 도움을 주기 위하여 도입되었다. 한편, 대량매매 및 바스켓매매(장중 대량·바스켓매매 포함)는 호가제출 전에 거래소에서 운영하는 대량매매 네트워크(K-Blox)[13]를 통해 신청하여야 한다.[14]

정규시장 대량매매는 장중대량매매 혹은 바스켓매매라고도 불리며, 이는 정규시장의 매매거래시간(09:00~15:30) 동안 회원이 대량 및 바스켓 매매거래를 성립시키기 위하여 신청하는 경우 매매거래를 성립시키는 제도이다. 수량요건은 시간외대량·바스켓매매와 동일하며, 가격은 당해 호가 접수 직전까지 형성된 최고·최저가격 이내로 가능하다. 또한 매도호가와 매수호가 중 어느 일방은 단일회원의 호가이어야 한다.

익명거래를 원하는 투자자의 일정 규모 이상의 대량호가를 정규시장 호가와 별도로 집중시켜 비공개로 매매거래를 체결시키는 제도인 경쟁대량매매도 있다. 이때 체결가격은 당해 종목의 거래량가중평균가격으로서 장종료 후에 산출되어 각 당사자에 통보된다. 장중에는 경쟁대량매매 호가의 수량 및 체결정보는 미공개되지만 종목별로 경쟁대량매매를 위한 매수·매도호가의 유·무 정보는 최소한의 거래정보로서 정규시장 중에 한하여 공개된다.

상장폐지가 확정된 종목을 소유하고 있는 주주에게 마지막 환금 기회를 부여하기 위하여 7일간(매매거래일 기준) 매매거래를 허용할 수 있는데 이를 정리매매라 한다. 정리매매종목은 급격한 가격변동에 따른 투자위험성을 최소화하기 위하여 30분 단위의 단일가매매방법으로 매매체결(1일 14회)이 이루어지며 가격제한폭을 두지 않고 있다.

코스닥시장

코스닥(Korean Securities Dealers Automated Quotation: KOSDAQ)시장은 한국거래소 상장 요건에 미달하는 유망중소기업, 벤처기업 등에게 자금조달기회를 제공하는 한편 투자자에게는 고위험·고수익의 투자수단을 제공하고 있다. 종전에는 독립적인 코스닥시장이 있었으나 2005년 1월 한국거래소가 통합거래소로서 출범한 이후에는 하나의 거래소 내에서 독립적인

13〉 K-Blox란 대량대매 및 바스켓매매에 필요한 거래상대방 탐색, 협상, 매매신청 등 일련의 과정을 인터넷망을 이용하여 자동으로 처리하기 위해 구축한 회원사와 거래소 간 전용 네트워크이다.

14〉 한국거래소 (2016), 주식시장매매제도의 이해, p.82.

〈표 3-6〉 코스닥시장 상장 요건 (2014년 6월 18일 개정규정 기준)

요건		일반기업	벤처기업	기술성장기업
설립 후 경과년수		3년 이상	미적용	미적용
규모 (① 또는 ②)	①자기자본*	30억 원 이상*	15억 원 이상*	10억 원 이상*
	② 기준시가총액	90억 원 이상		
지분의 분산		다음 요건 중 택일 1. 소액주주 500명 이상, 지분 25% 이상이거나 청구 후 모집 5%(25% 미만 시 10%) 2. 자기자본 500억 이상, 소액주주 500명 이상, 청구 후 모집지분 10% 이상이거나 규모별 일정주식수 이상 3. 공모 25% 이상이거나 소액주주 500명		
자본 상태*		자본잠식* 없을 것(대형법인 미적용)		자본잠식률 10% 미만
감사의견		최근 사업연도 적정일 것(연결재무제표 작성대상법인의 경우 연결재무제표에 대한 감사의견 포함)		
경영성과		계속사업이익 시현(대형법인 미적용) (연결재무제표 작성대상법인의 경우 연결재무제표 기준)		미적용
이익규모*, 매출액** 및 시가총액		다음 요건 중 택일 1. ROE* 10% 2. 당기순이익* 20억 원 3. 매출액** 100억 원이거나 시가총액 300억 원 4. 매출액증가율 20%(이거나 매출액 50억)	다음 요건 중 택일 1. ROE* 5% 2. 당기순이익* 10억 원 3. 매출액** 50억 원이거나 시가총액 300억 원 4. 매출액증가율 20%(이거나 매출액 50억)	미적용
최대주주 등 지분의 매각제한		6월		1년
기타 외형요건		주식양도 제한이 없을 것		

*연결재무제표 작성대상법인의 경우에는 연결재무제표상 자기자본(자본금)을 기준으로 하되 비지배지분은 제외.
**재화의 판매 및 용역의 제공에 한함(단, 지주회사는 연결재무제표 기준).

주) ROE(자기자본이익률) = 당기순이익/자기자본×100
기술성장기업: 전문기관 기술평가(복수) 결과A&BBB 등급 이상인 기업.
대형법인: 자기자본 1,000억 원 또는 기준시가총액 2,000억 원 이상 기업(상장예비심사청구일 현재).

자료: 한국증권거래소, https://listing.krx.co.kr/contents/LST/04/04020100/LST04020100.jsp

시장으로 운영되고 있다. 코스닥시장은 IT(information technology), BT(bio technology), CT(culture technology)기업과 벤처기업의 자금조달을 목적으로 1996년 7월 개설된 첨단 벤처기업 중심 시장이다. 코스닥시장에 상장하기 위한 요건을 〈표 3-6〉에 정리하였다.

코넥스시장

코넥스(Korea New Exchange: KONEX)시장은 일정 요건을 갖춘 비상장기업에 문호를 개방하기 위해 개설하는, 유가증권시장, 코스닥시장에 이은 제3의 주식시장을 일컫는다. 코넥스시장은 우수한 기술력을 보유하고 있음에도 불구하고, 짧은 경력 등을 이유로 자금 조달에 어려움을 겪는 초기 중소기업과 벤처기업이 자금을 원활하게 조달할 수 있도록 하기 위해 설립된 자본시장으로, 2013년 7월 개설되었다.

중소기업 지원을 위한 코스닥시장이나 프리보드의 기능이 미흡했다는 점에서 코넥스시장의 개설 이유를 찾을 수 있다. 코스닥시장의 경우 초기 중소기업은 진입이 곤란한 시장이 되었다. 그리고 프리보드의 경우에는 계속된 거래부진으로 인해 시장기능이 크게 위축되었다. 이러한 이유로 초기 중소기업에 최적화된 증권시장의 필요성이 제기되어 코넥스시장을 개설하게 되었다.

코넥스시장에는 지정자문인이 된 증권사가 중소기업을 발굴해 코넥스에 상장시키고 관리하는 역할까지 담당하게 되는 지정자문인 제도가 신설되었다. 아울러 코넥스의 시장 참가자는 전문투자자를 대상으로 하는데, 자본시장법상 전문투자자로 분류되는 연기금·금융회사 등과 함께 벤처캐피털이 참여 가능하며, 개인투자자의 경우 예탁금 3억 원 이상의 개인만 참여 가능하다.

코넥스시장은 아직 실적이 가시화되지 않은 성장 초기 중소·벤처기업이 원활하게 코넥스시장에 상장할 수 있도록 매출액이나 순이익 등의 재무요건을 적용하지 않고 있다. 또한 코넥스시장은 지정자문인이 신규상장 신청기업의 상장적격성을 심사하고 있으며 한국거래소에서는 해당 기업의 상장이 공익과 투자자보호에 적합한지 여부를 위주로 심사한다. 이와 관련하여 한국거래소는 지정자문인이 제출한 상장적격성보고서를 토대로 경영진의 시장건전성 저해행위 여부, 경영 투명성, 회계정보 투명성, 투자위험 등을 종합적으로 검토하여 공익과 투자자보호에 부적합한 사유가 없는지를 심사하고 있다. 코넥스시장으로의 진입요건은 〈표 3-7〉과 같다.

K-OTC시장

K-OTC(Korea Over-The-Counter)시장은 증권시장에 상장되지 않은 주권의 장외매매를 위하여 기관투자가와 전문투자자를 대상으로 한국금융투자협회가 운영하는 조직화된 장외시장이다. 비상장 중소·벤처기업의 직접금융 활성화를 위해 한국금융투자협회는 2005년 7월부터 프리보드(freeboard)시장을 운영하여 왔으나, 주식거래 대상기업이 소수의 중소기업 위주로 한정되어 시장의 역할이 크게 저하되었고, 2013년 7월 중소기업 전용 주식시장인 코넥스시장이 개설되면서 그 역할이 모호해짐에 따라 2014년 8월부터 K-OTC로 개편되었다.

〈표 3-7〉 코넥스시장의 진입 요건(외형 요건)

구분	내용	비고
주권의 양도제한	정관 등에 양도제한의 내용이 없을 것 다만, 타 법령에 의해 제한되는 경우로서 그 제한이 코넥스시장에서의 매매거래를 저해하지 않는다고 인정되는 경우에는 예외	
감사의견	최근사업연도 감사의견이 적정일 것	
지정자문인	지정자문인 1사와 선임계약을 체결할 것	특례상장은 제외
중소기업 여부	중소기업기본법 제2조에 따른 중소기업에 해당될 것	
액면가액	100원, 200원, 500원, 1,000원, 2,500원, 5,000원 중 하나일 것	액면주식에 한함

자료: 한국증권거래소. https://listing.krx.co.kr/contents/LST/04/04030200/LST04030200.jsp#1b853e0648bda5a46d63d7251a6533da=2

〈표 3-8〉 유가증권시장, 코스닥시장 및 코넥스시장 현황 (2017년 12월 1일 현재)

구분	유가증권시장	코스닥시장	코넥스시장
설립	1956년	1996년	2013년
운영주체	유가증권시장본문	코스닥시장본부	코스닥시장본부
시장특성	중대형 우량기업 위주	중소벤처 및 성장기업 위주	창업초기 중소벤처기업 위주
시가총액	1,607조 원	272조 원	4조7,000억 원
상장기업수	770개사	1,257개사	151개사
일거래금액*	5조3,111억 원	3조4,572억 원	16억 원

*2017년 누적 일평균.

자료: 한국거래소, 2018 유가증권시장 상장심사 가이드북, p.8.

K-OTC시장은 자본시장법에 근거하여 개설·운영되는 시장으로, 한국금융투자협회가 시장 운영주체로서 비상장주식을 거래종목으로 지정할 수 있다.

3-2-2 채권

장외시장

현재 대부분의 채권거래는 장외시장에서 주로 증권회사의 단순중개를 통하여 이루어지고 있다. 이는 채권의 종목이 다양하고 거래조건이 표준화되어 있지 않아 한국거래소의 자동매매시스템을 통해 거래하기가 곤란하기 때문이다. 현재 증권회사는 전화, 인터넷 메신저 등을 통해 매도 또는 매수를 원하는 투자자의 호가를 받은 후에 반대거래를 원하는 상대방을 찾아 거래를 중개한다. 따라서 매수·매도호가(bid-ask quotes)를 미리 제시하고 고객의 거래요청에 반드시 응하여야 하는 시장 조성 의무가 없어 채권 재고를 유지하는 위험을 부담할 필요가 없다.

이와 같이 증권회사들이 단순중개방식(brokerage)으로 채권거래를 중개하는 것은 증권회사들이 자체 채권 재고를 보유할 만큼 자금 여력이 크지 않고, 금리변동에 따른 위험을 충분히 헤지할 만큼 파생상품이 다양하지 않은 데다, 과거 채권딜링업무 수행과정에서 큰 손실을 경험하였던 데 따른 소극적 자세 등에 주로 기인한다.

한편 장외시장의 경우 거래의 특성상 매매시간의 제한은 없으나 보통 09:00~16:00 중 거래가 일어나며 거래단위는 관행적으로 100억 원이다. 일단 거래가 체결되면 매수기관은 자기 거래은행에게 매도기관 앞으로 대금 지급을 지시하고 매도기관은 증권회사를 통해 한국예탁결제원에 계좌이체를 요청한다. 자금 및 채권 결제는 통상적으로 거래 익일(T+1)에 이루어진다.

장내시장

장내시장은 한국거래소에 상장된 채권을 대상으로 표준화된 거래방식에 따라 거래가 이루어지는 조직화된 시장이다. 장내시장은 크게 일반채권시장과 국채전문유통시장으로 구분된다. 일반채권시장은 불특정 다수의 일반 투자자가 참가할 수 있는 시장으로서 국채전문유통시장에서 거래되는 국고채를 제외한 모든 거래소 상장채권이 거래대상이나 현재 소액국공채와 전환사채 위주로 거래가 이루어지고 있다. 장내시장 참가자는 한국거래소의 회원 증권회사로 제한된다. 개인, 일반법인, 한국거래소 회원이 아닌 기관투자가, 외국인 등은 회원 증권회사에 위탁계좌를 개설하여 장내시장에 참가할 수 있다.

일반적으로 국채전문유통시장(inter-dealer market)은 국고채전문딜러(PD) 등 시장 조성 활동을 담당하는 금융기관들만 참가하는 시장이다. 우리나라에서는 1999년 3월 한국거래소 내에 국고채전문딜러, 예비국고채전문딜러, 국채일반딜러 등 기관투자가들의 국채 도매거래를 위해 경쟁매매시장인 국채전문유통시장이 개설되었다. 동 시장에서 국고채전문딜러 등이 한국거래소가 운영하는 국채자동매매시스템을 통해 종목별로 매수·매도호가를 입력하면 거래조건이 맞는 주문끼리 자동적으로 거래가 체결된다.

국채전문유통시장에서의 거래실적은 개설 이후 한동안 부진하였는데 이는 채권딜러 등이 채권거래정보의 노출을 꺼려 국채자동매매시스템의 이용을 기피한 데 주로 기인하였다. 이와 같이 국채자동매매시스템 이용 부진으로 국고채전문딜러의 매수·매도호가가 실시간으로 제시되지 않으면서 국채자동매매시스템을 통한 가격 발견(price discovery) 기능이 제대로 발휘되지 못하는 문제가 발생하였다. 이 밖에도 국채자동매매시스템은 상대적으로 적은 주문건수에 거액거래가 수반되는 채권거래로 인해 가격복원력이 떨어지는 문제점도 나타났다. 따라서 정부당국은 장내거래 활성화 및 국고채전문딜러의 시장 조성 기능 제고 등을 위해 국고채의 장내거래 의무 부과, 국고채유통시장 조성의무 부과 등 일련의 제도를 도입한 바 있는데, 이러한 노력에 힘입어 국고채 지표물의 장내 거래가 크게 성장하게 되었다.

채권유통수익률 공시제도

금융투자협회는 지정한 증권회사로부터 장외시장에서 거래되는 채권수익률을 통보받아 홈페이지를 통해 최종호가수익률을 공시한다. 동 수익률이 현재 채권유통수익률로 이용되고 있다. 금융투자협회가 발표하는 최종호가수익률은 보고하는 증권회사가 해당 종목 채권의 장외시장 거래내역을 감안하여 대체로 적정하다고 판단하는 유통수익률의 평균 수준이며 실제 거래가 가능한 개별 채권의 유통수익률은 아니다. 거래실적이 없거나 미미한 경우에는 증권회사가 적정 유통수익률을 제시하기가 곤란하다는 문제가 있다.

채권시가평가제도

채권시가평가(mark to market)는 금융기관이 보유하고 있는 채권의 가치를 적절한 가격으로 평가하는 것으로 금융기관 자체 보유채권에 대한 시가평가와 자산운용회사 및 은행신탁 등 집합투자업자의 간접투자상품에 대한 시가평가로 구분된다. 금융기관 보유채권의 평가는 단기매매계정의 경우 시가평가 결과를 손익계산서상 당기손익에 반영하도록 하고 있는 반면, 매도가능계정은 시가평가 결과를 당기손익에 반영하지 않고 기타포괄손익누계액으로 처리하고, 만기보유계정은 장부가평가를 원칙으로 하고 있다.

이에 따라 은행, 증권회사, 보험회사, 자산운용회사, 상호저축은행 등이 보유하고 있는 시가평가대상 채권은 「금융투자업규정」에 의거 금융투자협회 또는 채권평가회사가 공표하는 수익률을 기초로 평가되고 있다. 한편 집합투자재산에 더한 채권시가평가는 1998년 11월부터 신규펀드에 한정하여 실시되다가 2000년 7월부터 전면 시행되었다. 현재 집합투자재산의 시가평가에 활용되는 수익률은 증권시장에서 거래된 최종수익률 또는 둘 이상의 채권평가회사가 제공하는 수익률 정보를 기초로 평가하도록 하고 있다.

3-3 증권시장의 관리 및 규제

3-3-1 시장안정을 위한 제도

가격제한폭제도

유가증권시장과 코스닥시장에서는 상장증권의 공정한 가격형성과 급격한 시세변동에 따른 투자자의 피해방지 등을 위해 하루 동안 가격이 변동할 수 있는 폭을 기준가격 대비 상하 30%(코넥스시장은 15%)로 제한하고 있다. 다만, 정리매매종목, 주식워런트증권(ELW), 신주인수권증서,[15] 신주인수권증권[16]의 경우에는 가격제한폭이 적용되지 않는다. 아울러, 기초자산 가격변화의 일정배율로 연동하는 레버리지ETF(상장지수펀드) 및 ETN(상장지수증권)은 그 배율만큼 가격제한폭을 확대하여 적용하고 있다. 〈표 3-9〉는 가격제한폭이 점진적으로 확대되어왔음을 보여준다.

매매거래중단제도[17]

주식시장의 매매거래중단제도(circuit breakers)는 증권시장의 내·외적인 요인에 의하여 주가가 급락하는 경우 투자자들에게 냉정한 투자판단 시간을 제공하기 위해 시장에서의 모든 매매거래를 일시적으로 중단하는 제도이다.

15〉 신주인수권증서는 유상증자를 할 때 기존주주가 신주를 우선으로 받을 수 있는 권리(right)를 나타내는 '시한부' 증서다. 거래소에 상장될 경우는 신주인수권증권처럼 지정가 주문만 가능하고, 가격제한폭이나 기준가격이 없다. 거래소에 상장이 안 될 경우에는 장외에서 거래된다.

16〉 신주인수권증권(warrant)이란 일정한 권리행사 기간에 미리 정해진 가격으로 특정 기업의 주식을 인수할 수 있는 권리를 지닌 증권으로, 신주인수권부사채(BW)에서 사채권과는 별도로 신주인수권만을 분리해 놓은 것을 말한다. 즉 BW를 매입하는 사람에게 주식을 살 수 있는 권리를 주는데, 이것이 바로 신주인수권증권이며 매매의 대상이 된다.

17〉 http://regulation.krx.co.kr/contents/RGL/03/03010402/RGL03010402.jsp

〈표 3-9〉 가격제한폭 변경 내역

시기	구분	가격제한폭(%)
1995년 4월 이전	정액제: 기준가격대별 17단계	평균: 4.6%(2.2~6.7%)
1995년 4월 1일	정률제	6%
1996년 11월 24일		8%
1998년 3월 2일		12%
1998년 12월 7일		15%
2015년 6월 15일		30%

최초로 KOSPI가 전일종가대비 8% 이상 하락하여 1분간 지속될 경우 1단계 매매거래중단이 발동되며, 1단계 매매거래중단 발동 이후 KOSPI가 전일종가대비 15% 이상 하락하고 1단계 발동지수대비 1% 이상 추가 하락한 경우 2단계 매매거래중단이 발동된다. 1, 2단계 매매거래중단이 발동되면 20분 동안 시장 내 호가접수와 채권시장을 제외한 현물시장과 연계된 선물·옵션시장도 호가접수 및 매매거래를 중단한다.

한편, 2단계 매매거래중단 발동 이후 KOSPI가 전일종가대비 20% 이상 하락하고, 2단계 발동지수대비 1% 이상 추가 하락한 경우 당일 발동 시점을 기준으로 유가증권시장의 모든 매매거래를 종료하게 된다. 20% 기준에 의한 당일 매매거래중단이 발동된 경우 취소호가를 포함한 모든 호가접수가 불가능하다. 3단계 매매거래중단은 장종료 40분 전 이후에도 발동이 가능하다.

시장경보제도: 투자유의종목, 투자경고종목, 투자위험종목의 지정[18]

시장경보제도는 투기적이거나 불공정거래의 개연성이 있는 종목 또는 주가가 단기간에 비정상적으로 급등하는 종목의 경우 투자자의 주의를 환기하기 위한 제도이다. 시장경보제도는 투자유의종목, 투자경고종목, 투자위험종목 지정의 3단계 경보체계로 구성된다.

투자경고·위험종목으로 지정되는 경우 신규의 신용거래가 제한되며, 회원사는 해당 종목의 매수주문에 대해 위탁증거금을 100% 징수하여야 하고, 대용증권으로는 사용할 수 없다. 또한, ① 투자경고종목으로서 그 지정일 이후 주가가 계속 상승하는 경우, ② 투자위험종목으로 지정되는 경우, ③ 투자위험종목 지정일 이후 추가적으로 주가가 계속 상승하는 경우에는 각각 1일간 매매거래가 정지될 수 있다.

개별종목의 매매거래 정지 및 재개

거래소는 투자자보호와 시장관리상 필요하다고 인정하는 경우에는 특정종목의 매매거래를 일시적으로 정지할 수 있다. 즉 어음 또는 수표의 부도발생·은행과의 거래정지 또는 금

18〉 한국거래소 (2016), 주식시장매매제도의 이해, p.129.

지·영업활동의 전부 또는 일부정지 등 상장법인의 존폐와 관련된 풍문 등의 사유로 주가 및 거래량이 급변하거나 급변이 예상되는 종목에 대해서 매매거래를 정지할 수 있다.

프로그램매매 호가효력 일시정지제도[19]

일시정지제도(sidecar)는 파생상품시장에서 선물가격이 급등락할 경우 프로그램매매가 주식시장(현물시장)에 미치는 충격을 완화하기 위해, 주식시장 프로그램매매호가의 효력을 일시적으로 정지하는 제도이다.[20]

사이드카는 예를 들어 KOSPI 200 지수 선물가격이 기준가 대비 5% 이상 상승 또는 하락하여 1분간 지속되는 경우, 상승의 경우에는 프로그램매수의 호가효력을, 하락의 경우에는 프로그램매도의 호가효력을 5분 동안 정지시킨다. 장종료 40분 전 이후, 그리고 프로그램매매호가의 효력정지시간중 매매거래중단제도(circuit breakers)에 의하여 주식시장의 매매거래가 중단된 후 당해 매매거래가 재개된 때에는 사이드카를 해제한다.

호가정보의 공개

거래소는 투자자의 투자판단, 증권회사의 서비스 제고 및 시장의 가격발견기능의 효율성을 제고하기 위하여 시장에 제출된 매도·매수호가의 가격·수량 등 호가정보를 실시간으로 모든 시장참가자에게 공개하고 있다. 한편, 거래소는 호가정보 외에도 투자자별 거래현황 등 투자자의 투자판단에 참고가 될 수 있는 다양한 정보를 제공하고 있다.

종목별 변동성완화장치

종목별 변동성완화장치는 개별종목에 대한 가격안정화장치로서, 주문실수, 수급 불균형 등에 의한 일시적 주가급변 시 단일가매매로 단기간의 냉각기간을 부여하여 주가급변 상황에 대해 주의를 환기시킴으로써 가격급변을 완화하는 제도이다.[21]

공매도 규제

공매도(short selling, 空賣渡)는 소유하지 않은 증권을 매도하는 것으로서, 무차입공매도(naked short-selliing)가 금지된 우리 증권시장에서는 일반적으로 차입한 증권을 매도(차입공매도)하는 것을 의미한다.[22] 차입공매도만 허용하므로, 우리 증권시장에서는 신용대주거래 또는 대차거래 등에 의하여 차입한 증권에 대해서만 공매도로 호가할 수 있다. 〈표 3-10〉은 신용대주거래와 대차거래의 차이점을 보여주고, 〈그림 3-7〉은 대차거래와 공매도거래의 관계

19〉 프로그램매매는 일반적으로 시장분석, 투자시점 판단, 주문제출 등의 과정을 컴퓨터로 처리하는 거래기법을 통칭하나 거래소는 프로그램매매를 지수차익거래와 비차익거래로 구분한다.

20〉 http://regulation.krx.co.kr/contents/RGL/03/03010404/RGL03010404.jsp

21〉 한국거래소 (2016), 주식시장매매제도의 이해, p.95.

22〉 그러나 83쪽의 기사에서 볼 수 있듯이 무차입공매도가 금지된 우리나라 증권시장에서 무차입공매도가 일어나는 심각한 문제가 발생하였다.

〈표 3-10〉 신용대주거래와 대차거래 비교

구분	신용대주거래	대차거래
대상종목	상장주식, ETF, KDR(관리종목·투자경고·투자위험종목 제외)	상장주식, 상장채권, ETF, KDR
담보비율	140% 이상	105%
이용 대상	개인으로 한정	주로 기관, 외국인
상환기한	30~60일(회원별 상이)	기한제한 없음
근거 규정	신용공여 규정(법 §72, 령 §69, 금투업 §4-21~35)	장외거래 규정(법 §166, 령 §182, 금투업 §5-25~27)

〈그림 3-7〉 대차거래를 통한 차입공매도 흐름도

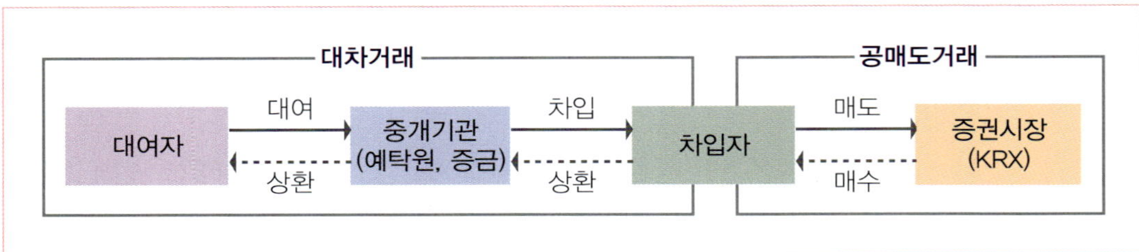

를 보여준다.

투자자는 자신이 보유한 증권의 가격하락에 따른 손실을 회피(헤지)하거나, 고평가된 증권의 매도를 통한 차익을 얻기 위해 주로 공매도를 활용하고 있다. 공매도를 할 경우에는 공매도가 주가를 인위적으로 하락시키는 것을 방지하기 위해 시장가보다 높은 가격에만 팔 수 있는 업틱룰(uptick rule)이 적용된다.

공매도는 주식시장에 추가적인 유동성을 공급하여 가격발견의 효율성을 제고하고 투자자의 거래비용을 절감한다. 또한, 부정적인 정보가 가격에 빠르게 반영될 수 있도록 하여 주가버블 형성을 방지하고 변동성을 줄이는 등 순기능이 있어 전 세계 대부분의 증권시장에서는 공매도를 수용하고 있다. 다만, 소유하지 않은 증권을 매도하여 결제일에 결제불이행 발생의 우려가 있고, 시장불안 시 공매도가 집중될 경우 주가하락 가속화 및 변동성 확대 등 안정적인 시장의 운영에 잠재적인 위험요인으로 작용할 수 있다. 이에 따라, 각국의 증권시장에서는 공매도를 수용하되 공매도에 따른 잠재적인 위험을 관리하기 위해 관리수단을 도입하고 있고, 우리 증권시장에서도 각각의 위험을 방지하기 위한 시장관리 방안을 마련하고 있다.

단기과열완화제도

단기과열완화제도는 단기간에 주가가 급등하였다가 급락하는 등의 단기과열 현상에 대응하기 위하여 2012년 11월 도입되었다. 유통주식수가 부족한 종목에서 주가·회전율·변동

불법 무차입 공매도 물량 쏟아져도 … '경보음' 안울린 증시시스템

삼성증권의 배당 사고는 담당 직원의 클릭 실수 한 번에 증권 거래 시스템이 통째로 무너져버린 사건이란 지적을 받는다. 배당금을 배당주로 잘못 입력하는 실수만으로 있지도 않은 가상 주식이 무한정 발행되고, 이 '유령주식' 중 일부 물량이 장내에서 제한 없이 매매 체결됐기 때문이다. 적잖은 투자자들로부터 "주식시장이 가상화폐 시장보다 못하다"는 냉소적인 반응마저 나오고 있다.

무차입 공매도 어떻게 가능했나

현행 자본시장법에서 주식을 빌리지 않고 파는 무차입 공매도는 외국인은 물론 기관과 개인 모두 불법이다. 주식을 공매도하려면 개인은 증권사로부터 주식을 빌리고, 기관과 외국인은 한국예탁결제원이나 한국증권금융 등 중개기관을 통해 지분을 가진 기관투자가 등으로부터 주식을 대차해야 한다.

'유령 주식'을 나눠 받은 직원들이 거래소에서 주식을 팔 수 있었던 건 이 주식이 전산상으로는 진짜 주식으로 인식됐기 때문이다. 안일찬 한국거래소 유가증권시장본부 주식매매제도팀장은 "삼성증권의 배당사고로 고객계좌부에 대규모 일반 주권이 인식됐다"며 "정식 절차를 밟아 상장된 주식이 아니기 때문에 실질은 공매도지만 형식상으로는 일반 주식처럼 매도 계약이 체결됐다"고 설명했다.

잘못 배당된 주식의 0.18%에 해당하는 500만 주가 시장에 매각되는 과정에서 공매도 주식에 적용되는 호가제한이 작동하지 않고 시장가로 팔린 점도 이를 뒷받침한다. 공매도를 할 때는 시장가보다 높은 가격에만 주식을 팔 수 있는 '업틱룰'이 적용된다. 공매도 주체가 주가를 인위적으로 끌어내리는 것을 막기 위해서다.

삼성증권 배당사고

6일	오전 9시30분	삼성증권, 직원들에게 1주당 1000원 대신 1000주 배당
	오전 9시56분	삼성증권 창구에서 매도물량 급증, 주가 11.68% 급락
	오전 10시39분	삼성증권, 배당사고 발생 발표
	오후 6시15분	금감원, 삼성증권에 피해주주들에 대한 보상 요청
8일	오후 3시	금융위 '삼성증권 배당착오 처리 관계기관 회의'열고 재발 방지대책 논의
	오후 6시45분	'삼성증권 시스템 규제와 공매도 금지' 청와대 국민청원 14만명 돌파

고삐 없는 가상의 주식 발행

형식상 무차입 공매도가 아니어서 거래가 가능했다고 하더라도 어떻게 장중에 발행주식 수가 급격히 늘고, 정식 절차를 거치지 않은 주식이 진짜 주식으로 인식될 수 있었는지에 대해서는 의문이 남는다.

시장전문가들은 증권사 내부통제 시스템과 전체 주식 거래 시스템의 허점이 드러났다고 입을 모은다.

개별증권사가 장중에 주식 수를 맘대로 늘릴 수 있었다는 게 첫 번째 문제로 꼽힌다. 금융투자업계 관계자는 "유상증자 등 주식 수를 늘리려면 적어도 주권 상장 전날까지 예탁결제원과 해당 업무를 맡은 증권사가 주식 수를 맞춰보고 협의해 상장하는 게 일반적"이라며 "업계에선 장중에 주식 수를 증권사가 임의로 바꾸는 게 불가능하다고 당연히 믿고 있었는데 (아니라는 사실이 드러나) 충격적"이라고 말했다. 너무 쉽고 당연하게 여기고 있었기 때문에 누구도 점검할 생각을 하지 못했다는 얘기다.

제어 풀린 전산시스템

주식이 실존하는지 확인하지 않고도 매도가 가능했던 점도 제도의 허점으로 거론된다. 황세운 자본시장연구원 연구위원은 "매도하려는 주식이 확보돼 있는지 실시간으로 확인하는 절차가 없었다"며 "투자자 계좌 관리를 맡은 증권사가 주식 수를 기재하는 고객계좌부를 담당하는 건 맞지만 이를 외부에서 대조해 검토하는 장치가 없어 사고가 커졌다"고 말했다. 일차적으로는 증권사의 책임이 인정되지만 이를 감시하지 못한 시스템의 문제도 크다는 지적이다.

황 연구원은 "해외에서는 금융회사가 이 같은 실수로 투자자에게 해를 입혔을 경우 막대한 과징금이 부과되기 때문에 금융사 내부통제시스템이 탄탄하다"며 "해외에서도 실시간으로 주식 수를 증권사와 외부가 대조하는 시스템은 아직 없지만, 국내에서 사고가 발생한 만큼 외부 감시 시스템을 먼저 개발하고 도입할 필요가 있다"고 강조했다.

무차입 공매도

주식을 빌려서 파는 공매도와 달리 주식을 빌리지 않고 파는 것을 말한다. 한국은 주가 낙폭을 키우고 증시 변동성을 확대한다는 이유로 2008년 글로벌 금융위기 직후 무차입 공매도를 금지했지만 미국은 허용하고 있다.

출처: 한국경제, 2018년 4월 9일자.

성지표 등 단기과열지표에 따라 단기과열로 나타나면 가격안정화 등을 위하여 일정 기간 동안 단기과열종목으로 지정하고 30분 단위의 단일가매매를 시행한다.

거래안정화장치

대규모 착오주문이 발생하는 경우 시장 전체의 리스크로 전이되는 것을 미연에 방지하기 위하여 우리 증권시장에 호가일괄취소(kill switch)제도, 대규모 착오매매 구제제도 등의 거래안정화 장치를 2016년 6월에 도입(코넥스시장 미도입)하였다.

3-3-2 기업공시제도

기업공시제도(corporate disclosure system)는 상장법인으로 하여금 자사주식의 투자판단에 중대한 영향을 미칠 수 있는 중요한 기업내용의 정보를 공시하도록 함으로써 투자자가 기업의 실체를 파악하여 투자자 스스로의 자유로운 판단과 책임하에 투자 결정을 할 수 있도록 하는 제도로서, 증권시장 내의 정보의 불균형을 해소하고 증권시장의 공정성을 확보하여 투자자를 보호하는 기능을 담당하고 있다.

자본시장법에서는 상장법인으로 하여금 증권의 내용이나 당해 법인의 재산 및 경영상태 등에 관한 중요한 기업정보들을 신속·정확하게 공시되도록 하기 위하여 공시의무를 규정하고 있다. 자본시장법상의 공시제도는 크게 발행시장공시와 유통시장공시로 구분한다.

- 발행시장공시란 증권의 발행인으로 하여금 당해 증권과 증권의 발행인에 관한 모든 정보를 투자자에게 투명하게 전달하도록 강제하는 제도로, 증권의 발행과 관련된 공시를 말한다. 발행시장 공시에는 증권신고서, 투자설명서, 증권발행실적보고서 등이 있다.
- 유통시장공시란 증권시장에 공급된 증권이 투자자간에 이루어지는 거래와 관련하여 기업의 경영활동내역을 공시하도록 하는 제도로서 증권의 유통과 관련된 공시이다. 유통시장공시에는 정기공시, 수시공시, 주요사항보고서, 기타공시가 있다.
  - 정기공시는 사업보고서, 반기보고서, 분기보고서 등 투자자에게 기업내용과 함께 일정 기간의 영업성과 및 재무상태를 정기적으로 공시하는 것을 말한다.
  - 수시공시는 유가증권시장 공시규정에서 정하는 주요 경영사항 등 유통시장에서 수시로 발생하는 기업의 주요 경영정보에 대하여 발생할 때마다 지체 없이 공시하도록 규정하고 있다.
  - 기타공시: 공개매수신고서, 시장 조성·안정조작신고서 등
- 공정공시(fair disclosure)란 상장법인이 증권시장을 통해 공시되지 아니한 중요정보를 기관투자가 등 특정인에게 선별적으로 제공하고자 하는 경우 모든 시장참가자가 동 정보를 알 수 있도록 그 특정인에게 제공하기 전에 증권시장을 통해 공시하도록 하는 제도이다. 공정공시는 불공정거래의 예방, 수시공시제도의 보완, 합리적 기업분석을 유도하는 증시환경 조성 등의 기능을 담당한다.

3-3-3 증권 불공정거래행위의 제한

증권 불공정거래는 자본시장통합법에서 요구하는 각종 의무를 이행하지 않고 주식을 거래하거나 거래 상대방을 속여 부당한 이득을 취하는 일체의 증권거래 행위이다. 증권 불공정거래로는 ① 미공개정보 이용(내부자거래), ② 시세조종(주가조작), ③ 부정거래행위, ④ 시장질서 교란행위, ⑤ 단기매매차익 거래, ⑥ 주식 소유상황 및 대량토유 보고의무 위반, ⑦ 신고·공시의무 위반 등이 있다.[23]

미공개정보 이용

미공개정보 이용(내부자 거래(insider trading))이란 회사의 주요주주, 임직원 기타 회사와 일정한 관계에 있는 자가 회사의 업무 등과 관련하여 공개하지 아니한 중요 정보를 이용하여 주식 등을 사고팔거나 다른 사람에게 정보를 제공하여 주식 등을 사고파는 데 이용하여 이익을 얻거나 손해를 회피한 경우를 말한다.

주가에 큰 영향을 줄 수 있는 회사의 중요정보가 일반인에게 알려지기 전에 해당 회사의 주요주주, 임직원 및 회사와 일정한 관계가 있는 자가 이를 이용하여 해당 주식을 매매한다면 자신들은 주식투자로 이익을 볼 수 있을 것이나 이를 모르고 투자하는 일반인들은 큰 손해를 보게 되며 증권시장은 불건전한 투기장화 되는 문제가 발생하게 된다.

내부자는 주로 다음과 같이 미공개정보를 이용한다. ① 호재성 정보의 공개 전에 관련 주식을 저가 매수한 후 정보가 공개되어 주가가 상승하면 매도하여 매매차익을 취득하거나, ② 부도 등 악재성 정보의 경우 정보 공개전에 매도하여 정보 공개후 주가하락에 따른 손실을 회피하는 경우이다.

따라서 회사의 주요주주, 임직원 및 회사와 일정한 관계가 있는 자는 일반인에게 공개되지 아니한 중요정보를 이용한 주식매매가 금지되어 있으며 이를 어길시 최고 무기징역과 함께 주식매매로 인한 이익 또는 손실회피 금액의 5배에 해당하는 벌금형을 받게 된다.

내부자에 포함되는 자는 ① 회사내부자, 즉 해당 회사 및 그 회사의 임직원 및 주요주주, ② 내부자는 아니나 내부자로 인정하는 경우,[24] ③ 직접 정보를 받은 자, 즉 회사내부자 또는 내부자로 인정되는 사람으로부터 직접 정보를 제공받은 자이다.

시세조종(주가조작)

시세조종이란 주식 등의 가격을 인위적으로 변동시켜 주식시장의 가격결정과 수급질서를 방해하는 일체의 행위를 말한다. 예를 들면, 특정 종목의 주식 거래량이 크게 증가하고 있는 것처럼 보이거나 주식을 정상적인 가격보다 높은 가격으로 사들이는 방법 또는 허위사

23〉 금융감독원, 증권불공정거래신고센터. http://www.fss.or.kr/fss/scop/sub01_unfair01.jsp

24〉 ① 해당 회사의 인가·허가·지도·감독 기타 권한을 가지는 자, ② 해당 회사와 계약을 체결하고 있는 자 및 계약을 교섭한 자, ③ 주요주주 및 내부자로 인정하는 자의 대리인(법인인 경우 임직원 및 대리인 포함), 사용인 기타 종업원 등을 말한다.

실을 퍼뜨리는 등의 방법으로 특정 주식의 주가를 조작하여 이를 모르는 선의의 일반투자자들이 자신이 조작해놓은 높은 가격에 주식을 매입하면 사전에 낮은 가격으로 사들인 주식을 팔아 이익을 챙기는 주식매매 행위이다.

시세조종행위는 주로 다음과 같은 비합리적인 주문·매매형태로 이루어진다.

- 통정매매·가장매매: 특정 주식의 거래가 성황을 이루고 있는 듯이 잘못 알게 하기 위하여 상대방과 사전에 약속하고 주식을 매매하거나(통정매매), 불필요한 매매수수료까지 부담하면서 자기계산 계좌에서 주식을 사고파는 행위(가장매매)
- 허수주문: 실제 매수 또는 매도하고자 하는 의사없이 거래가 성황을 이루고 있는 것처럼 보이기 위해 시세보다 현저히 낮은 매수주문 또는 현저히 높은 매도주문을 하는 행위
- 허위사실 유포: 사실과 다른 내용을 시장에 퍼뜨려 주가를 상승시키거나 하락시키는 행위

부정거래행위

증권시장에서 발생하는 불공정행위 수법은 매우 다양하며 새로운 유형의 불공정거래행위가 계속 등장하고 있어 자본시장법은 포괄적으로 부정거래행위를 금지하고 있다.

시장질서 교란행위

기존 불공정거래행위보다 위법성은 낮지만 자본시장 거래질서를 교란한 행위에 대하여 2015년 7월부터 과징금을 부과하고 있다. 자본시장법상 시장질서 교란행위로는 ① 정보이용 교란행위와 ② 시세관여 교란행위가 있다.

단기매매차익 거래

주권상장법인·코스닥상장법인의 임직원 또는 주요주주가 자기회사 주식 등을 6개월 이내 매수 후 매도하거나, 매도 후 매수하여 차익이 발생한 경우 내부정보 이용 여부와 관계없이 해당 회사에 동 매매차익을 반환하여야 한다.

주식 소유상황 및 대량보유 보고의무 위반

임원·주요주주의 주식 소유상황 보고 주권상장 또는 코스닥상장 회사의 임원 및 주요주주는 임원이나 주요주주가 된 날로부터 5일 이내에, 소유주식 변동이 있는 경우에는 변동이 있는 날부터 5일까지 자기회사 주식의 소유 또는 변동상황을 증권선물위원회와 거래소에 보고하여야 한다.

주식 등의 대량보유 보고(5% Rule) 본인과 특별관계자의 보유분을 합하여 주권상장 또는 코스닥상장 회사 발행주식 총수의 5% 이상을 보유하게 되거나 그 보유주식 비율이 1% 이상 변동이 있는 경우에는 그날로부터 5일 이내에 보유 또는 변동상황을 금융위원회

와 거래소에 보고하여야 한다.

신고·공시의무 위반

법인의 재산이나 경영 등에 중대한 영향을 미칠 수 있는 기업내용 변동사실을 적시에 충실하게 공시하여야 하며 이를 위반시 과징금 부과 및 형사처벌 등을 받게 된다.

3-4 증권 관련 기관

3-4-1 금융투자회사

금융투자회사는 금융투자상품의 거래와 관련된 업무를 하는 금융기관이다. 금융투자상품은 증권과 장내·장외파생상품으로 구분된다. 종래에는 금융투자회사는 개별증권 관련법에 따라 각각 규제됨에 따라 증권회사·선물회사·자산운용회사 등 기관중심으로 분류되었다. 그러나 2009년 자본시장법이 시행됨에 따라 이들 기관들을 금융투자회사로 통칭하고, 기능에 따라 투자매매업자[25]·투자중개업자[26]·집합투자업자[27]·투자자문업자[28]·투자일임업자[29]·신탁업자[30] 등으로 재분류하고 있다.

한편 자본시장법 시행 이후에도 대다수 금융투자회사는 증권회사, 선물회사, 자산운용회사 등 종래 명칭을 그대로 유지하고 있으며 영위하는 업무도 기존과 거의 유사하다. 그러나 금융투자회사로의 명칭변경은 종래와는 다른 큰 차이를 반영하고 있다. 자본시장법은 금융투자회사의 진입규제와 관련하여 금융기능별로 진입요건을 정해 놓고 그 요건의 부합 여부를 심사하는 방식을 취함에 따라 금융투자회사가 복수의 업무단위를 자유롭게 선택하여 영위할 수 있기 때문이다.

투자매매·중개업자

증권회사 증권회사는 증권시장에서 증권에 대한 투자매매업과 투자중개업을 영위하는 대표적인 금융투자회사이다. 증권회사는 직접금융시장에서 증권발행기업과 투자자를 직접 연결시킨다는 점에서 예금자의 예금을 받아 기업에 대출하는 은행과는 업무성격이 다

25〉 투자매매업자란 자기의 계산으로 금융투자상품의 매수·매도, 증권의 발행·인수 또는 그 청약의 권유, 청약, 청약의 승낙을 영업으로 하는 금융투자회사를 말한다.

26〉 투자중개업자란 타인의 계산에 의해 영업을 한다는 점에서 투자매매업자와 구분된다.

27〉 집합투자업자는 투자권유를 통해 2인 이상으로부터 모은 금전 등을, 투자자의 일상적인 운용지시 없이 투자대상자산에 운용하고 그 결과를 투자자에게 배분시키는 집합투자를 영업으로 한다.

28〉 투자자문업자는 금융투자상품의 가치 또는 금융투자상품에 대한 투자판단에 관해 자문한다.

29〉 투자일임업자는 투자자로부터 투자판단의 전부 또는 일부를 일임받아 투자자별로 금융투자상품을 구분하여 운용하는 것을 영업으로 한다.

30〉 신탁업자는 금전 또는 재산을 고객(위탁자)으로부터 수탁받아 수익자의 이익을 위해 운영·관리·처분하는 기능을 담당한다.

르다.

증권회사의 주요 업무는 증권 및 채권과 관련된 위탁매매, 발행 및 인수, 그리고 자기매매 등이며 이외에도 펀드 및 신종증권 판매, CMA 등 자산관리 서비스 제공이다.

- 위탁매매업무(brokerage)는 증권 및 파생상품 등 금융투자상품에 대한 투자중개업무로서 고객의 매매주문을 성사시키고 수수료를 받는 업무이다.
- 자기매매업무(dealing)는 투자매매업무로서 자기명의와 자기계산으로 금융투자상품을 매매하는 업무를 말한다. 증권회사는 자기매매업무를 통해 증권시장 또는 장외거래에서 일시적인 수급불균형을 조정하는 한편 금융투자상품 가격의 연속성을 확보함으로써 시장 조성자(market maker)로서의 역할을 수행한다.
- 발행 인수업무(underwriting)는 투자매매업무로서 증권회사가 신규 발행된 증권을 매출할 목적으로 취득하는 업무를 말하며 모집, 사모, 매출의 세 가지 형태가 있다. ① 모집이란 50인 이상의 투자자에게 새로 발행되는 증권에 대하여 취득의 청약을 권유하는 것을 말한다. ② 사모란 49인 이하의 투자자를 대상으로 취득의 청약을 권한다는 점에서, ③ 매출은 이미 발행된 증권을 대상으로 매도청약을 하거나 매수청약을 권유한다는 점에 각각 구분된다. 한편 주선업무는 증권회사가 제3자의 위탁에 의해 모집·매출을 주선하는 업무를 말한다.
- 펀드판매업무는 증권회사가 투자중개업자로서 펀드에서 발행하는 수익증권 등을 투자자에게 판매하는 업무이다. 국내에서 판매되는 대부분의 펀드는 증권회사 및 은행을 통해 판매되고 있다. 자산관리업무는 투자자문 및 투자일임업자로서 투자자에게 랩어카운트 및 CMA 서비스 등을 제공하는 업무이다. ① 랩어카운트는 증권회사가 고객의 증권거래, 고객에 대한 자문 등의 서비스를 통합해 제공하고 그 대가로 수수료를 받는 업무이고, ② CMA업무는 CMA 계좌를 고객예탁금 계좌와 연계해 수시입출, 급여이체, 신용카드 결제대금납부 등의 부가서비스를 제공하는 업무이다.
- 신용공여업무에는 증권매수에 대해서는 융자를 해주고 매도에 대해서는 대주(貸株)를 해주는 신용거래업무, 예탁된 증권을 담보로 하는 대출업무 등이 있다.

증권회사의 영업부문별 수익비중을 보면 위탁매매와 자기매매 수익비중이 대부분을 차지하고 있다. 다음으로 펀드 및 자산관리와 인수주선 및 자문업무 수익순으로 나타나고 있다.

선물회사 선물회사는 장내파생상품에 대한 투자매매 및 투자중개업무를 영위하는 금융투자회사이다. 자본시장법에서는 파생상품을 선도, 옵션, 스왑 중 어느 하나에 해당하는 투자성 있는 것으로 정의하고, 파생상품시장에서 거래되는 것 또는 해외 파생상품시장에서 거래되는 것을 장내파생상품으로 규정하고 있다.

선물회사는 선물거래의 자기거래, 위탁거래, 위탁의 중개·주선·대리 업무를 영위한다. 선물회사는 위탁자로부터 선물거래의 위탁을 받는 경우 수량·가격 및 매매의 시기에 한하여 그 결정을 일임받아 선물거래를 할 수 있다. 또한 선물회사는 선물거래 등과 관련한 고객예탁금을 자기재산과 구분하여 증권금융회사에 예치하여야 하며, 채무불이행이나 임직원의 위법·위규 등에 의하여 위탁자가 입은 손실을 보전하기 위하여 책임준비금을 적립하여야 한다.

현재 취급하고 있는 주요 선물상품으로는 KOSPI 200 선물 및 옵션을 포함한 주식상품, 금리상품(3년 국채선물), 통화상품(달러선물, 엔선물), 금 및 돈육선물과 같은 일반상품이 있다.

집합투자업자

집합투자업자는 자본시장법 시행에 따라 집합투자를 수행하는 자로서, 종래의 투자신탁회사와 자산운용회사를 통합·개편함으로써 새롭게 도입된 자산운용회사가 이에 해당된다.

집합투자업자는 투자신탁, 투자회사 등의 방식으로 설정·설립되는 집합투자기구의 재산을 운용하는 것을 주된 업무로 한다. 집합투자기구의 설립형태를 보면 투자신탁은 수익증권을 발행하고 이를 통해 다수의 투자자로부터 자금을 도아 증권 등의 자산에 투자하여 그 수익을 투자자에게 분배하는 방식이며 국내 집합투자기구 대부분이 투자신탁 방식으로 이루어지고 있다.

투자신탁의 조직은 위탁회사(투자신탁재산 운용)·수탁회사(신탁재산 보관)·판매회사(수익증권 판매)로 구성된다. 집합투자업자는 이 가운데 위탁회사의 역할을 담당한다. 수탁회사는 신탁회사이며 판매회사는 은행, 증권회사 등이다.

투자자문·투자일임업자

투자자문업무는 금융투자상품의 가치 또는 금융투자상품 투자에 관하여 구술·문서 기타의 방법으로 조언을 하는 업무이다. 투자일임업무는 고객으로부터 금융투자상품 가치 등의 분석에 기초한 투자판단을 위임받아 투자를 행하는 업무이다.

투자자문 내지 투자일임업자로는 투자자문회사가 있다. 전업 투자자문회사의 수는 1999년 4월 증권거래법 개정을 통해 투자일임업이 허가제에서 등록제로 완화한 이후 투자자문수요 확대, 자본시장법 시행에 따른 등록요건 완화 등으로 큰 폭으로 증가하였다.

신탁업자

신탁업자는 은행, 증권회사, 보험회사 등에 의한 신탁겸업사와 부동산신탁회사가 있다. 신탁겸업사는 부동산신탁회사와 업무의 범위 등에서 다소 차이가 있는 점을 제외하고는 대부분 동일하다. 신탁겸업사 신탁계정에서는 금전 및 재산을 신탁받아 이를 유가증권, 대출금 등으로 운용하여 그 수익을 분배한다.

한편 신탁업자는 일반적으로 자본시장법에 따라 신탁의 인수, 신탁재산의 관리·운용·처분 등에 관한 업무 및 이에 부수하는 업무를 영위하며 또한 신탁법, 담보부사채신탁법 등에 의한 신탁업무도 수행하고 있다.

수탁업무 자본시장법상 신탁업자가 신탁계약에 따라 인수할 수 있는 재산은 금전, 증권, 금전채권, 동산, 부동산, 지상권·전세권·부동산임차권·부동산소유권 이전등기청구권 및 그 밖의 부동산 관련 권리, 지적재산권 등 무체재산권(intangible property right)으로 제한되어 있다. 수탁업무는 이러한 인수재산에 따라 크게 금전신탁과 재산신탁으로 구분된다.

신탁업자 자본시장법은 신탁재산에 속하는 금전의 운용방법을 증권, 장내외 파생상품 등 금융투자상품의 매수, 금융기관에의 예치, 금전채권의 매수, 대출, 어음의 매수, 실물자산의 매수, 무체재산권의 매수, 부동산의 매수 또는 개발 등으로 제한하고 있다. 또한 신탁운용자산의 처분은 이익상충 방지를 위해 시장을 통하여 매매함을 원칙으로 하며 특정 신탁상품의 수익률을 제고할 목적으로 운용자산을 편출하거나 편입할 수 없다.

신탁계정 구성을 보면, 그간 대부분을 차지했던 금전신탁 비중이 줄어든 가운데 부동산신탁을 중심으로 한 재산신탁이 상승하였다. 신탁업자별 구성 면에서는 은행 및 부동산 신탁회사가 대부분을 점하고 있으며 이어 증권회사가 다음을 차지하고 있다.

3-4-2 증권금융회사

증권금융회사는 증권회사와 일반투자자에게 증권투자에 필요한 자금을 공급하거나 증권을 대여하는 증권금융업무를 전문적으로 취급하는 금융기관이다.

증권금융회사는 증권인수자금대출, 증권유통금융, 증권담보대출, 금전신탁, 집합투자재산의 수탁업무 등을 영위하고 있다. ① 증권인수자금대출은 발행시장에서 증권을 매입하는 증권인수인에게 증권 인수 및 취득에 소요되는 자금을 대출하는 것이다. ② 증권유통금융은 증권회사의 고객이 신용거래에 의해 증권을 매입하는 경우 소요자금을, 신용거래에 의해 증권을 매도할 경우 이에 필요한 증권을 각각 증권회사를 차주로 하여 대출해주는 결제금융을 말한다. ③ 증권담보대출은 개인이나 법인이 보유한 유가증권을 담보로 자금을 대출하는 제도이다. 또한 한국증권금융은 실권주 청약예수금 등 일반수신업무와 금융투자회사 등의 투자자예탁금 등 금융기관으로부터 예수하는 법인예수업무 등의 수신업무도 취급하고 있다.

한편 한국증권금융은 예수금과 발행어음, 차입금에 의해 소요자금을 주로 조달한다. 자금운용 면에서는 기타자산, 유가증권, 대출금 등의 순으로 비중이 높게 나타나는데 기타자산은 대부분 현금·예치금이다.

3-4-3 한국예탁결제원

한국예탁결제원은 우리나라의 유가증권 예탁결제기관이다. 즉 우리나라에서는 유가증권의 매매에 있어서 소유하고 있는 유가증권을 일정한 수탁기관에 집중적으로 예탁하여 놓고 매매거래에 따른 유가증권의 수수를 현물에 의하지 않고 계좌 간의 대체로 결제하고 있다. 한국예탁결제원은 유가증권의 집중예탁과 대체결제 및 유통의 원활을 위하여 설립된 특수법인이다.

주요 업무로는 중앙예탁결제기구로서 유가증권의 집중예탁, 계좌대체 및 증권청산·결제업무 등을 주로 수행한다. 또한 예탁자를 대신하여 예탁증권에 대한 권리행사업무 등의 사무 처리를 하는 한편, 유가증권 발행회사를 대신하여 발행 및 배당금 지급 등 주식 관련 사무 일체를 대행하기도 한다. 이 외에도 펀드 관련 업무, 공사채 등에 대한 등록업무, 담보관리업무 등을 수행한다.

3-5 주식시장지표

주가지수는 시장의 전반적인 움직임을 파악하기 위해 작성하는 지수로서 개별 포트폴리오의 성과를 평가하기 위한 기준이 될 수도 있고 총체적인 주가변동에 영향을 미치는 요인들을 살피기 위해 체계적 위험을 산출하는 데도 사용되고 있다.

3-5-1 우리나라의 주가지수

KOSPI

KOSPI(Korea Composite Stock Price Index)는 한국 유가증권시장에서 형성되는 주가변동을 종합적으로 보여주는 대표적인 주가지수로서 국내 주요 경제지표로 이용된다. KOSPI는 주가에 발행주식수를 가중한 시가총액식 주가지수로서 KOSPI의 기준시점은 1980년 1월 4일이며 기준지수는 100이다. KOSPI는 한국거래소에 상장된 모든 주식을 대상으로 산출되며, KOSPI 이외에도 보조지수로서 시가총액규모별 지수, 산업별 지수가 있다.

유상증자, 신규상장, 상장폐지, 합병, 전환사채의 주식전환 등 주식수의 증감에 따라 비교시가총액이 변동하는 경우에는 주가지수의 연속성이 유지되도록 수정한다. 한편, KOSPI는 10초 단위로 발표되고 일별, 월별, 연도별 주가지수도 발표되고 있다.

KOSPI 200

KOSPI 200은 전체 상장종목 중에서 200종목만으로 산출하는 주가지수로서 시장대표성, 업종대표성 및 유동성 등을 고려하여 주가지수선물 및 옵션거래에 적합하도록 작성되었다. KOSPI 200의 기준일은 1990년 1월 3일이며 기준지수는 100이다.

한국을 대표하는 지수로 가장 널리 알려진 KOSPI 200은 높은 유동성으로 주목받는 KOSPI 200 선물 및 옵션의 기초자산뿐만 아니라, 인덱스펀드, 상장지수펀드(ETF) 등 다양한 금융상품의 벤치마크지수로 폭넓게 활용되고 있다.

KOSPI 200은 KOSPI와 동일하게 시가총액식 주가지수이며 지수산출 및 연속성유지 방법은 KOSPI와 동일하다. 한편, KOSPI 200은 현재 2초단위로 발표되며, 일별, 월별, 연도별 주가지수도 발표되고 있다.

KOSPI 100 및 KOSPI 50

KOSPI 100과 KOSPI 50은 KOSPI 200의 종목 중 시가총액과 유동성이 큰 대표종목 100종목과 50종목을 구성종목으로 하여 2000년에 개발된 지수이다. 이들 지수의 산출방식은 기존 KOSPI 산출방식(시가총액식)과 동일하며, 기준일은 2000년 1월 4일로서 기준지수는 1,000으로 산출한다. 이는 기존지수(기준지수 100)와 차별성을 가지며 지수가 주식시장 상황을 보다 민감하게 반영하기 위한 것이다. 한국거래소는 KOSPI 100 및 KOSPI 50을 10초 간격으로 발표한다.

KOSPI 200 중소형주

KOSPI 200 중소형주 지수는 KOSPI 200 구성종목 중 시가총액이 작은 하위 100종목을 대상으로 개발한 지수로서 KOSPI 200 구성종목 중 대형주(KOSPI 100) 지수의 구성종목을 제외한 나머지 종목을 구성종목으로 하여 산출하는 지수이다. 이 지수의 기준일은 2010년 1월 4일로서 기준지수는 1,000으로 산출한다. 한국거래소는 KOSPI 200 중소형주 지수를 10초 간격으로 발표한다.

KOSDAQ 지수

KOSDAQ 지수(KOSDAQ Composite Index)는 코스닥시장의 변화를 종합적으로 나타내기 위하여 산출하는 시황지수로 코스닥에 상장된 보통주를 구성종목으로 하여 1996년 7월 1일을 기준시점으로 하고 기준지수를 1,000으로 하여 발표하고 있으며 KOSDAQ 지수의 산정방식은 KOSPI 지수와 같다. 한국거래소는 KOSDAQ 지수를 10초 간격으로 발표한다. 이외에도 산업별, 시가총액 규모별 및 소속부별지수 등이 산출되고 있다.

KOSDAQ 150

KOSDAQ 150은 코스닥시장의 새로운 대표지수로서 기술주 섹터에 중점을 두면서 코스닥 종합지수의 흐름을 잘 따라가도록 설계되었다. 동 지수는 크게 기술주섹터(IT, BT, CT)와 4개의 비기술주섹터(소재, 산업재, 자유소비재, 필수소비재)로 나누어지며, 코스닥시장 보통주 중 시장대표성, 섹터대표성, 유동성 등의 기준으로 선정된 150종목으로 이루어져 있다.

이 지수의 기준일은 2010년 1월 4일로서 기준지수는 1,000으로 산출한다. 한국거래소는 KOSDAQ 150 지수를 2초 간격으로 발표한다. KOSDAQ 150 지수는 향후 ETF, 인덱스

펀드 등 다양한 금융상품의 기초지수로 폭넓게 활용될 예정이다.

KTOP 30

KTOP 30은 한국 경제의 성장성을 반영하여 지수의 장기적인 성과를 최적화하고 국내 주식시장을 대표할 수 있도록 30개의 대표종목으로 구성된 지수이다. 종목선정은 유가증권시장 및 코스닥시장 상장종목을 대상으로 하며, 경제대표성, 시장대표성, 투자자접근성, 지속성장성 및 지수영향도 등 5개 부문의 심사결과를 기초로 종목을 선정하며 섹터별 균형을 고려한다. 이 지수는 모든 구성종목의 주가변동이 고르게 지수에 반영되는 주가평균식(주가가중방식)으로 산출한다. 이 지수의 기준일은 1996년 1월 3일로서 한국거래소는 KTOP 30 지수를 2초 간격으로 발표한다.

KRX 100

KRX 100은 유가증권시장과 코스닥시장을 포함하여 국내대표 100종목으로 구성하여 산출하는 지수이다. KRX 100 구성종목은 기업규모(시가총액)나 유동성(거래대금) 뿐만 아니라 수익성, 안정성, 건전성 등 다양한 재무기준을 반영하여 한국증권시장을 대표할 수 있는 우량종목을 포함하고 있다. KRX 100 지수는 시황을 정확히 반영하고, 투자자의 이용편의성을 높이기 위해서 유동주식 가중방식(free float weighted)과 시가총액비중 상한제한(cap limit) 등 국제적인 지수산출방법을 활용하여 산출하고 있다. 이 지수의 기준일은 2001년 1월 2일로서 기준지수는 1,000으로 산출한다. 한국거래소는 KRX 100 지수를 2초 간격으로 발표한다.

3-5-2 주요국의 주가지수

세계 증시의 동향을 파악하는 기준이 되는 주요국의 대표적인 주가지수를 살펴본다.

미국 다우존스산업평균지수

다우존스산업평균(Dow-Jones Industrial Average: DJIA)지수는 미국 주식시장의 전체 동향을 표시할 때 주로 사용되는 지표이다. 미국 다우존스사가 1897년 12개 종목의 주가총액을 12로 나눠 매일 산업평균주가를 낸 것에서 출발한 이후 대상종목이 확대되고 산출방식도 개선되면서 당일의 시황을 나타내는 지표로 다듬어졌다. 현재는 뉴욕증권거래소의 30개의 우량주식을 표본으로 하여 시장가격을 평균하여 지수를 산출한다.

미국 S&P 500 지수

미국의 스탠다드 앤 푸어사(Standard & Poor's)가 발표하는 주가지수로서 500개 표본회사를 대상으로 한다. 발행주식의 시가총액을 기준으로 지수를 산정하고 표본이 다우존스지수보다 크기 때문에 주로 시장연구자들이 사용하는 지수이다.

일본 Nikkei 225 지수와 TOPIX 지수

Nikkei 225 지수는 일본의 니혼게이자이 신문사가 1975년부터 산출하여 발표하고 있다. 지수가 아닌 가격으로 발표하는데 기준시점은 1949년 5월 16일이다. 도쿄증권거래소에 상장된 주식 가운데 유동성이 높은 225개 종목을 대상으로 지수를 산정한다. TOPIX 지수는 일본 도쿄증권거래소에서 발표하는 지수로서 전 종목을 대상으로 시가총액방법으로 산출하는데, 1968년 1월 4일을 기준시점으로 한다.

영국 FTSE 100 지수

영국의 파이낸셜타임스(FT)와 런던국제증권거래소(ISE)가 공동으로 1984년 1월부터 산출하여 발표하고 있다. ISE에 상장된 100개의 우량주로 구성된다. 1983년 12월 31일을 1,000으로 해서 시가총액식으로 산출하며 종목은 거래가 활발한 우량주를 산업별로 선정한다. 주가지수선물로 상장시키기 위해 개발됐으며 현재 분 단위로 발표되고 있다.

모건스탠리 캐피털 인터내셔널

모건스탠리 캐피털 인터내셔널(Morgan Stanley Capital International: MSCI) 지수는 모건스탠리의 자회사인 MSCI에서 작성하여 발표한다. MSCI 지수에는 선진증권시장(developed markets)과 신흥증권시장(emerging markets)을 포함하는 세계 전체 시장의 움직임을 나타내는 지수인 MSCI ACWI(All Country World Index), 선진증권시장을 나타내는 MSCI World, 신흥증권시장의 움직임을 나타내는 MSCI Emerging markets, 유럽과 호주, 아시아지역 증권시장의 움직임을 나타내는 MSCI EAFE, 유럽증권시장의 움직임을 나타내는 MSCI Europe 등이 있다.

MSCI 지수는 국제적인 포트폴리오들의 성과를 측정하는 벤치마크 지수로 널리 활용되고 있으며, 인덱스 펀드나 상장지수 펀드(ETF)와 같은 소극적 투자 상품의 벤치마크 지수가 되고 있다. 특히 글로벌 펀드들이 이 지수를 참고해 투자하기 때문에 MSCI 선진국 지수에 편입이 되면 글로벌 자금 유입액도 훨씬 많아진다.

홍콩 Hang Seng 지수와 홍콩 H 지수

홍콩 Hang Seng 지수는 홍콩의 항셍은행에 의해 산출되며 홍콩증권거래소에 상장된 33개의 우량주를 표본으로 산출된다. 이들 종목의 시가총액 합계는 주식시장 전체의 약 80%를 점하고 있다. 지수의 산출방식은 부분시가총액식이며 1964년 7월 31일을 100으로 해서 산출된다. 홍콩선물거래소(HKFE)는 동 지수를 대상으로 한 선물거래를 1986년 5월부터 개시하였다.

홍콩 H 지수(Hang Seng China Enterprises Index: HSCEI)는 중국본토기업이 발행했지만 홍콩증권거래소에 상장되어 거래되고 있는 주식(H-Shares) 중 시가총액, 거래량 등의 기준에 의해 분류한 40개 우량주 종목으로 구성된 지수이다. H-Share 중에는 중국본토시장과 홍콩증시에 중복상장되어 거래되고 있는 종목도 있다. HSCEI는 시가총액방식으로 산출하며 2000

년 1월 3일 2000을 기준으로 한다.

상해종합지수

상해증권거래소(SSE)에 상장되어 있는 모든 종목으로 구성된 주가 지수이다. 상해종합지수는 가격가중지수를 사용하여 산출된다. 상해종합지수의 기준일은 1990년 12월 19일로서 기준지수를 100으로 산출한다.

연습문제

1. 다음 용어를 간단히 설명하시오.
   (1) 데이 트레이딩(day trading)
   (2) 매매거래중단(circuit breakers)제도
   (3) 프로그램 매매호가관리제도
   (4) 내부자거래(insider trading)
   (5) 폐쇄형 투자신탁
   (6) 개방형 투자신탁
   (7) IPO
   (8) 호가단위
   (9) 위탁증거금
   (10) stop limit order
2. 유가증권시장, 코스닥시장 및 프리보드를 비교 설명하시오.
3. 공모발행과 사모발행을 비교 설명하시오.
4. 매매체결의 우선순위 원칙을 설명하시오.
5. 기업공시가 효율적으로 이루어지기 위해서는 어떤 요건들을 충족시켜야만 하는가?
6. 증권회사의 주요 업무 세 가지는 무엇인가?
7. 다음과 같이 두 종류의 주식만이 존재하는 주식시장이 있다고 하자.

주식	처음 가격	처음 수량	나중 가격	나중 수량
갑	10,000	1,000	12,000	1,000
을	20,000	500	9,000	1,000*

*(2:1 주식분할)

   (1) Dow식 지수의 경우 주가지수 상승률을 구하시오.
   (2) 시장가치 주가지수의 경우 주가지수 상승률을 구하시오.
   (3) 각각은 어떤 투자전략을 의미하는가?
   (4) 이러한 주가지수는 우리에게 어떤 도움을 주는가?
8. MSCI지수에 대해 설명하시오.

CFA 기출문제

1. An order to buy or sell a stock at the best current price is a:
   A. stop order
   B. limit order
   C. floor order
   D. market order
2. Which of the following statements about short selling is TRUE?
   A. A short position may be hedged by writing call options.
   B. A short position may be hedged by purchasing put options.
   C. Short sellers may be subject to margin calls if the stock price increases.
   D. Stocks that pay large dividends should be sold short before the ex-dividend date and bought afterward to take advantage of the large price decline in a short time period.

PART

2 포트폴리오 이론

CHAPTERs

우리는 어떤 투자대상을 평가할 때 수익률이 몇 %인지를 물어본다. 예를 들어, 정기예금에 가입하고자 하는 투자자들은 정기예금의 이자율이 얼마인지를 알아보고 투자를 결정한다. 그런데 만약 여러분들이 주식에 투자를 한다고 한다면 이때도 수익률만을 보고 투자를 할까? 예를 들어, 삼성전자주식에 1년간 투자한다면 1년간 수익률이 30%가 된다고 해보자. 수익률만 고려한다면 당연히 정기예금보다 삼성전자주식에 투자하는 것이 유리할 것이다.

그러나 삼성전자주식으로부터 예상되는 수익률은 어디까지나 예상 또는 기대수익률이지 정기예금과 같이 확정수익률이 아니기 때문에 선뜻 주식에 투자하지 못하게 된다. 이는 다른 말로 표현하면 정기예금의 경우에는 투자에 따르는 위험이 없지만 주식투자의 경우에는 투자에 따르는 위험이 있다는 것이고 이에 따라 투자자들은 수익률은 물론 위험도 아울러 고려한다는 말이 된다. 4장에서는 이러한 위험과 수익률에 대해서 자세히 다룰 것이다.

현대에 와서는 투자할 투자대상이 다양해짐에 따라 투자자들은 어느 투자대상에 얼마를 투자해야 할지를 고민하지 않을 수 없다. 즉 주식이라도 국내주식이 좋은지 미국주식에 투자하는 것이 좋을지를 결정해야 하고, 또한 부동산이나 채권을 포함해야 할지 등을 결정하여야 하는데, 이와 같은 문제를 다루고 해답을 제시하고자 하는 이론을 현대포트폴리오 이론이라 한다. 현대포트폴리오 이론은 결국 여러 가지 투자대상에 동시에 투자했을 때 투자자들이 얻게 되는 기대수익률과 위험의 관계에 대해 해답을 주는 이론이라 할 수 있다. 이에 대해서는 5장에서 배운다.

6장은 현대 재무론의 중심축이라 할 수 있는 자본자산 가격결정모형 또는 차익거래 가격결정모형 등에 대해 배운다. 삼성전자주식에 투자했을 때 우리가 직면하게 되는 위험 대비 얼마의 기대수익률이 적정한지에 대한 답을 도출할 것이다. 즉 재무론의 가장 중요한 주제인 '위험과 수익률 간의 상충관계'에 대한 논의가 6장에서 다뤄진다.

CHAPTER 4

위험, 수익률 및 자본배분선

4-1 수익률과 위험의 측정

일상생활에서 이야기하는 수익률은 어떤 의미인가? 우리는 보통 수익률을 일정 기간 동안 투자한 자금이 얼마나 불어났는지를 의미하는 것으로 사용한다. 즉 수익률(return)은 주어진 투자기간 동안의 투자수익률(return on investment)을 의미하는데, 이는 보유기간수익률(holding period return)이라고도 한다. 예를 들어, 삼성전자주식을 20만 원에 10주를 구입해서 한 달간에 22만 원에 모두 매도하였다면 한 달간 투자함으로써 발생한 수익률(즉, 한 달 보유기간수익률)은 10%가 된다. 이를 단순히 연간수익률로 환산하면 10%×12=120%가 되는데, 모든 투자대상의 수익률을 비교하기 위해서는 보유기간수익률이 아닌 연간투자수익률로 환산하여 비교해야만 동일한 기준에서 비교할 수가 있게 된다. 이제 이를 식으로 나타내면 다음과 같다.

$$HPR_{t,t+1} = \frac{P_{t+1} - P_t + D_{t+1}}{P_t} = \frac{P_{t+1} - P_t}{P_t} + \frac{D_{t+1}}{P_t} \qquad \textbf{4-1}$$

여기서 $HPR_{t,t+1}$: t시점에 사서 $t+1$시점까지 보유할 경우의 보유기간수익률

P_t, P_{t+1} : t시점과 $t+1$시점의 주가

D_{t+1} : $t+1$시점에 지불될 배당금

《식 4-1》에서 볼 수 있듯이 보유기간수익률은 시세차익수익률(capital gains yield)과 배당수익률[1]의 합이다. 그런데 보유기간수익률을 구하기 위해서는 미래시점의 주가와 배당금을 예상하여야 하므로 보유기간수익률은 확정치가 될 수 없고 하나의 기대치가 되며 이 숫자는 많은 불확실성, 즉 위험을 내포하고 있다고 할 수 있다. 그러면 이와 같은 보유기간수익률 또는 수익률의 기대치와 위험은 어떻게 측정할 수 있을까?

1〉 배당수익률(dividend yield)은 배당금을 주가로 나눠준 것을 의미하며, 배당금을 액면가로 나눠준 배당률(dividend rate)과는 다르다. 시세차익수익률은 자본이득수익률이라고도 한다.

수익률의 기대치는 미래의 시나리오별 예상수익률의 평균치로 구할 수 있다. 또한 위험(risk)은 미래의 불확실성으로 인해 발생하는 투자수익률의 변동성(variability)을 의미하므로 수익률의 표준편차(standard deviation)로 나타낼 수 있다. 기대수익률 $E(r)$과 수익률의 표준편차(σ)를 식으로 표시하면 다음과 같다.[2]

$$E(r) = \sum_{s=1}^{n} p_s r_s$$

$$\sigma^2 = \sum_{s=1}^{n} p_s (r_s - E(r))^2 \qquad \textbf{4-2}$$

여기서 n: 시나리오(s)의 수

예제 4-1 기대수익률과 표준편차의 계산

삼성전자주식의 수익률은 미래 경제에 대한 세 가지 시나리오별로 다음 표와 같이 예상된다고 하자. 이때 삼성전자주식에 투자할 경우 기대되는 수익률은 몇 %이며 위험은 얼마나 되는가?

미래 경제상황 예상	확률	예상수익률
호황	0.25	44%
현상 유지	0.50	14%
불황	0.25	−16%

풀이

$E(r)=0.25\times44\%+0.5\times14\%+0.25\times(-16\%)=14\%$가 되고, 수익률의 분산은 $\sigma^2=0.25(44-14)^2+0.5(14-14)^2+0.25(-16-14)^2=450$이므로 수익률의 표준편차는 $\sigma=\sqrt{450}=21.21\%$이다.

그런데 여기서 하나 주의할 점은 표준편차나 분산은 손해 볼 가능성은 물론 이익 볼 가능성조차도 똑같이 취급한다는 것이다. 즉 표준편차는 이들을 평균으로부터의 떨어짐으로 동일하게 취급하기 때문에 문제가 될 수 있다는 것이다. 그러나 확률분포가 정규분포(normal distribution)와 같이 평균을 중심으로 좌우 대칭인 경우에는 이러한 문제가 해결될 수 있다. 왜냐하면 이 경우 표준편차로부터 분포의 좌측편, 즉 손실값의 확률을 정확히 찾아낼 수 있기 때문이다.[3]

2) 표준편차의 제곱은 분산(variance)이라 한다.

3) 물론 수익률의 분포가 정규분포가 아닌 경우에는 손해볼 가능성만을 따로 구하여야 하는데 이의 한 방법으로 수익률이 기대에 못 미치는 경우만을 따로 측정하는 반분산(semivariance) 방법이 있다. 반분산은 분산의 계산과 같은 식으로 계산이 되지만 단지 수익률이 기대수익률에 못미치는 경우에 대해서만 계산된다.

〈그림 4-1〉 정규분포

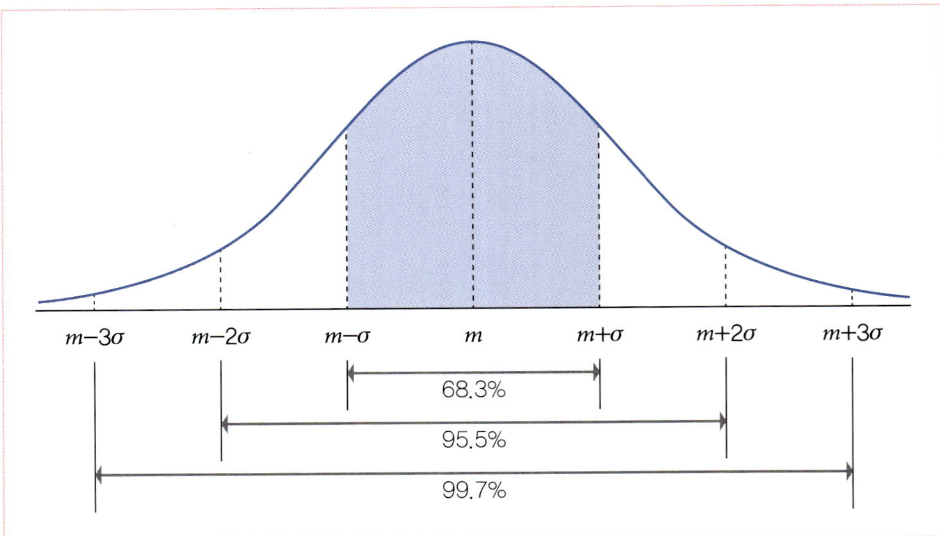

4-2 위험과 수익률 간의 상충관계

이제 [예제 4-1]과 같은 기대수익률과 표준편차값이 예상되는 삼성전자주식에 대해 어떻게 하는 것이 좋을지 생각해보자. 이에 대답하기 위해서는 삼성전자주식에 투자함으로써 부담하게 되는 위험에 대해 얼마만큼의 수익률을 기대해야 하는지를 살펴보아야 한다.

위험을 추가로 부담함으로써 더 요구하는 수익률은 위험에 대한 대가 또는 위험프리미엄(risk premium)으로 불린다. 따라서 위험프리미엄은 주식이나 회사채와 같은 위험자산(risky asset)에 투자할 때 기대하는 수익률과 은행 정기예금이나 국공채와 같이 위험이 없는 자산(risk free asset)으로부터 얻는 수익률, 즉 무위험이자율(risk free rate)의 차이를 의미한다. 예를 들어, 무위험이자율이 연 6%이고 삼성전자주식으로부터 연간 기대하는 수익률이 14%라고 한다면, 삼성전자주식의 연간 위험프리미엄은 8%가 된다.

사람마다 위험에 대해 요구하는 수익률이 다른 것으로 나타나는데 이는 위험에 대한 선호도(risk aversion)[4]가 사람마다 다르기 때문이다. 즉 어떤 투자자는 삼성전자주식에 대한 위험프리미엄으로 8%를 요구하는 사람도 있지만 어떤 투자자의 경우에는 10%를 요구하는 사람도 있는 것이다. 극단적으로 도박꾼의 경우에는 위험을 즐기는 사람들이기 때문에 위험프리미엄이 전혀 없어도 베팅을 할 것이다.

이와 같이 상품별로 각 사람이 요구하는 수익률은 모두 다를 것이지만, 우리나라의 경우 대표적인 금융자산이라 할 수 있는 주식, 3년 만기 회사채, CD(양도성예금증서)에 대해 사람

4) 위험에 대한 회피도라고도 한다.

들이 역사적으로 얼마만큼의 위험프리미엄(historical risk premium)을 요구했는지를 살펴볼 수 있다. 아울러 미국의 경우와 비교함으로써 우리나라 금융시장의 특징을 살펴보기로 하자.

4-2-1 역사적 수익률과 위험프리미엄

과거의 수익률은 위험프리미엄과 표준편차에 대한 정보를 제공해준다. 연도별 보유기간수익률(HPR)과 무위험이자율 차이의 평균을 계산함으로써 각 자산별 과거 위험프리미엄을 구할 수 있다. 〈표 4-1〉은 1980년부터 2017년까지 우리나라 KOSPI, 3년 만기 회사채, CD 및 3년 만기 국고채의 연간 보유기간수익률을 보여주고 있다.[5]

KOSPI의 경우에는 연초 종합주가지수 종가에 투자해서 연말 종가에 매도한다는 가정하에 주가변화율을 구한 다음 시가배당률을 더하여 보유기간수익률을 구했다.[6] 회사채와 국채의 경우에는 [(자본손익+쿠폰의 재투자수익)/연초 채권가격]의 방식으로 계산하였으며 엑셀의 채권금액 산출함수(price)를 사용하여 구하였다. 한편 CD의 경우에는 만기가 3개월이기 때문에 3개월씩 만기연장한다고 가정하여 연간 보유기간수익률을 계산하였다.[7] 마지막으로 연간 인플레이션율은 소비자물가지수(CPI)의 연간 변화율로 구하였다.

〈표 4-1〉의 밑 부분에 보면 연간 보유기간수익률의 평균과 표준편차가 주어져 있다. 37년 동안 KOSPI 주식의 평균 보유기간수익률은 15.3%, 회사채는 12.4%, 국고채는 6.7%

〈표 4-1〉 연도별 주식·회사채·CD·국고채 수익률 및 CPI증감률

	주식				회사채			CD	국고채	CPI
연도	연초 지수	연말 지수	시가 배당률	보유기간 수익률	연초 수익률	연말 수익률	보유기간 수익률	CD 수익률	보유기간 수익률	CPI 증감률
1980	100.0	106.9		8.4%	28.3%	28.2%	31.6%			26.7%
1981	97.9	131.3		35.7%	26.0%	26.9%	27.3%			11.9%
1982	123.6	129.0		5.9%	22.8%	15.9%	36.1%			4.3%
1983	122.5	121.2		0.5%	15.1%	14.2%	17.5%			1.2%
1984	115.3	142.5		25.2%	14.3%	15.0%	13.9%			1.8%
1985	139.5	163.4		18.7%	14.7%	13.6%	17.4%			2.7%
1986	161.4	272.6		70.5%	13.2%	12.8%	14.6%			0.5%
1987	264.8	525.1		99.9%	12.8%	12.9%	13.3%			5.6%

5) CD는 1991년부터 2007년까지 보유기간수익률을 구하였는데 1991년 이전에는 CD의 거래가 많지 않았기 때문에 1991년 이전 수익률은 사용되지 않았다.

6) 시가배당률이 없는 2001년 이전에 대해서는 전체 시가배당률의 평균값을 적용하였다.

7) 뒤에 채권부분에서 자세히 다뤄지겠지만 채권의 가격변동률은 채권의 듀레이션과 금리의 변화율을 곱해서 구할 수 있다. 따라서 채권의 보유기간수익률은 이와 같이 해서 구한 가격 변동률(시세차익)과 연초 만기수익률(이자수입)을 더하여 구하였다.

〈표 4-1〉 연도별 주식·회사채·CD·국고채 수익률 및 CPI증감률 〈계속〉

연도	주식				회사채			CD	국고채	CPI
	연초 지수	연말 지수	시가 배당률	보유기간 수익률	연초 수익률	연말 수익률	보유기간 수익률	CD 수익률	보유기간 수익률	CPI 증감률
1988	532.0	907.2		72.1%	12.8%	13.7%	11.9%			6.6%
1989	919.6	909.7		0.5%	13.3%	15.2%	10.8%			4.9%
1990	908.6	696.1		−21.8%	15.6%	18.5%	11.9%			6.9%
1991	679.8	610.9		−8.6%	18.5%	19.0%	19.0%	18.3%		7.0%
1992	624.2	678.4		10.3%	18.3%	14.0%	26.8%	17.7%		3.7%
1993	697.4	866.2		25.8%	13.3%	12.2%	15.9%	13.8%		5.0%
1994	879.3	1027.4		18.4%	12.0%	14.2%	8.8%	12.2%		4.2%
1995	1013.6	882.9		−11.3%	14.9%	11.7%	21.3%	14.7%		3.8%
1996	888.9	651.2		−25.2%	12.0%	12.6%	11.5%	13.0%	11.6%	3.9%
1997	653.8	376.3		−40.9%	12.2%	24.3%	−5.7%	13.4%	8.1%	5.8%
1998	385.5	562.5		47.5%	23.4%	8.3%	52.4%	19.0%	30.5%	1.5%
1999	587.6	1028.1		76.5%	7.9%	9.8%	4.8%	7.1%	2.4%	1.4%
2000	1059.0	504.6		−50.8%	10.3%	8.1%	14.8%	7.2%	14.6%	2.3%
2001	521.0	693.7	1.7%	34.9%	8.0%	6.9%	10.4%	5.7%	8.3%	2.1%
2002	725.0	627.6	1.8%	−11.7%	7.1%	5.6%	9.9%	4.9%	8.2%	3.1%
2003	635.2	810.7	2.1%	29.7%	5.6%	5.6%	5.6%	4.5%	7.5%	2.8%
2004	821.3	895.9	2.1%	11.2%	5.6%	3.7%	9.4%	4.0%	7.8%	2.4%
2005	893.7	1379.4	1.7%	56.1%	3.8%	5.6%	0.6%	3.6%	−1.1%	1.6%
2006	1389.3	1434.5	1.7%	4.9%	5.6%	5.2%	6.6%	4.4%	5.7%	1.5%
2007	1435.3	1897.1	1.4%	33.6%	5.2%	6.9%	2.1%	5.1%	3.5%	3.4%
2008	1853.5	1124.5	2.6%	−36.8%	7.0%	7.7%	6.0%	5.7%	10.7%	3.7%
2009	1157.4	1682.8	1.2%	46.6%	7.6%	5.5%	11.8%	2.9%	1.6%	2.7%
2010	1696.1	2051.0	1.1%	22.0%	5.6%	4.2%	8.3%	2.7%	6.5%	2.2%
2011	2070.1	1825.7	1.5%	−10.3%	4.3%	4.1%	4.6%	3.3%	3.9%	2.9%
2012	1826.4	1997.1	1.3%	10.7%	4.1%	3.3%	5.7%	3.4%	4.4%	1.0%
2013	2031.1	2011.3	1.1%	0.2%	3.3%	3.4%	3.2%	2.8%	2.8%	0.5%
2014	1967.2	1915.6	1.1%	−1.5%	3.4%	2.4%	5.4%	2.6%	4.5%	0.3%
2015	1926.4	1961.3	1.3%	3.1%	2.5%	2.2%	3.0%	1.8%	3.1%	0.5%
2016	1918.8	2026.5	1.5%	7.1%	2.2%	2.1%	2.4%	1.5%	1.6%	1.2%
2017	2026.2	2467.5	1.4%	23.1%	2.1%	2.5%	1.3%	1.4%	0.7%	0.6%
평균			1.6%	15.3%			12.4%	7.3%	6.7%	3.8%
표준편차			0.4%	32.4%			10.9%	5.5%	6.4%	4.4%

주) 주식(KOSPI), 회사채(3년만기 AA−), CD유통수익률(91일), 국고채(3년만기), 소비자물가지수(2015=100, 전국).

〈그림 4-2〉 수익률의 도수분포도

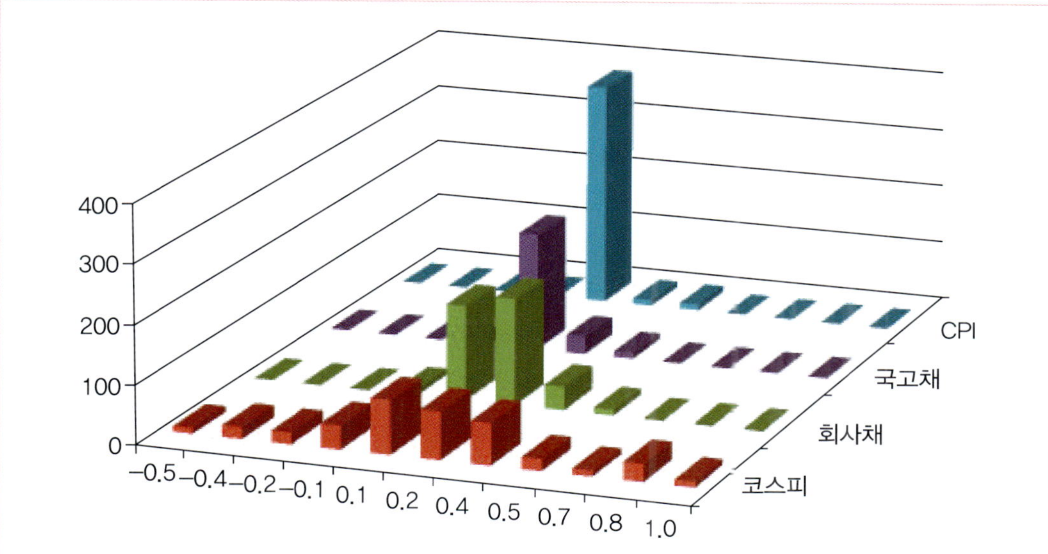

로 나타났는데 국고채 수익률을 무위험이자율로 간주한다면 우리나라의 경우 평균 위험프리미엄은 주식의 경우 8.6%, 회사채의 경우 5.7%가 된다. 또한 같은 기간 동안 주식의 표준편차는 32.4%, 회사채는 10.9%, 국고채는 6.4%로 나타나 주식의 변동성이 제일 크고, 회사채 변동성 대비 3.0배, 국고채 변동성 대비 5.1배의 크기를 보이고 있다. 〈그림 4-2〉는 주식, 회사채, 국고채 수익률의 도수분포표를 보이고 있는데, 역시 주식의 경우 평균수익률을 중심으로 가장 넓게 퍼진 분포를 보여 가장 큰 표준편차와 일치하고 있다.

〈표 4-2〉는 우리나라와 미국의 주식, 회사채, 무위험자산(국고채) 수익률을 비교한 표인데 매우 흥미로운 사실들을 발견할 수 있다. 첫째, 우리나라[8]와 미국 주식의 위험프리미

〈표 4–2〉 우리나라와 미국의 주식, 회사채, 무위험자산 비교(단위: %)

구분	국내 1980~2004			국내 1980~2017			미국 1926~2013		
	수익률	표준편차	위험프리미엄	수익률	표준편차	위험프리미엄	수익률	표준편차	위험프리미엄
주식	16.9	36.9	5.9	15.3	32.4	8.6	12.1	20.2	6.2
회사채	16.4	11.8	5.4	12.4	10.9	5.7	6.3	8.4	0.4
국고채	11.0	8.5		6.7	6.4		5.9	9.8	

주) 국내 주식은 KOSPI, 회사채는 3년 만기 무보증채, 국고채는 3년 만기(1996년 이후 자료). 미국 주식은 S&P 500 대형주, 회사채는 20년 만기 무보증채, 국고채는 20년 만기 정부채

자료: 국내 자료는 한국거래소, 한국은행, 미국 자료는 이봇슨-싱크필드의 자료를 참조하여 재구성.

8) 특별히 명시하지 않은 경우 우리나라 숫자들은 1980년부터 2017년까지를 대상으로 한다.

엄(ecuity risk premium)은 각각 8.6%와 6.2%로 나타나 우리나라 주식의 위험프리미엄이 미국보다 2.4%포인트가 높은데, 이는 국내 주식의 표준편차가 미국 주식의 표준편차보다 1.6배가 크기 때문이다. 그러나 우리나라의 1980년부터 2004년까지 주식과 회사채의 위험프리미엄을 비교해보면 둘 사이에 거의 차이가 없으나(주식: 5.9%, 회사채: 5.4%), 표준편차는 주식이 36.9%로 회사채(11.8%)에 비해 3배 이상 높은 기현상을 보이고 있다. 이러한 현상은 과거 우리나라 자본시장에 있어 위험과 수익률의 상충관계(risk-return trade-off)가 잘 성립하지 않았으나 최근에 오면서 개선되는 모습을 보이고 있는 것을 의미한다.

둘째, 우리나라와 미국 회사채의 위험프리미엄(corporate bond risk premium)은 각각 5.7%와 0.4%로 우리나라 회사채의 위험프리미엄이 5.3%포인트 높음을 보이고 있다. 그러나 우리나라 회사채의 변동성(10.9%)과 미국 회사채의 변동성(8.4%)을 비교해볼 때 우리나라 회사채의 위험프리미엄이 지나치게 높게 형성되었음을 알 수 있다. 우리나라 회사채와 국고채를 비교해보면 회사채의 표준편차 1단위당 수익률의 비율이(1.14=12.4/10.9) 국고채(1.05=6.7/6.4)에 비해 높은 것을 볼 때 우리나라 회사채 시장에 있어 위험과 수익률의 상충관계가 적절치 않기 때문인 것으로 보인다. 또한 미국의 회사채 위험프리미엄은 오히려 지나치게 낮게 나오고 있는데 미국 정부채의 표준편차가 지나치게 높기 때문인 것으로 보인다(사실 미국 정부채의 표준편차가 회사채의 표준편차보다 약간 크다). 미국의 경우 30일 만기 재정증권의 해당 기간 동안의 평균수익률과 표준편차가 각각 3.5%, 3.1%이기 때문에 이를 미국의 무위험자산으로 보면 미국 회사채의 위험프리미엄은 2.8%포인트(6.3%-3.5%)로 커진다.

한편, 〈그림 4-3〉은 1980년부터 2017년까지 주식과 회사채의 총명목수익률 지수를 나타내는 것으로 각 자산에 투자해서 계속 보유했을 때 각 자산의 명목가치가 얼마가 되었는지를 보여준다. 주식은 KOSPI지수에 대한 투자를 가정하며 배당수익률을 포함하였고, 회사채는 3년만기 회사채에 대한 투자를 가정하고 이자는 전액 재투자되는 것으로 가정하였다.

우리나라의 경우에는 회사채에 투자하는 것이 수익률이 훨씬 더 높은 것으로 나온다. 1980년 초에 1원을 회사채에 투자한 후 그 수익(이자+채권시세차익)을 계속 회사채에 재투자했다면, 2017년 말에는 富가 72.6배로 증가해 있을 것이라는 얘기이다. 만약 100만 원을 투자한 후 38년간 지속적으로 재투자한다면 2017년 말에는 7,260만 원으로 富가 증가할 수 있다는 의미이다. 그러나 만일 1980년 초에 1원을 KOSPI에 투자한 후 매년 받는 배당까지 재투자했다면 2017년 말에는 부가 45.9배로 증가했을 것이다. 100만 원을 KOSPI지수에 투자한 후 배당도 모두 재투자한다면 2017년 말에는 4,590만 원으로 富가 증가한다는 것이다. 같은 기간 동안 CPI는 약 4배 증가했으므로 두 자산 모두 명목적으로는 물론 실질적으로도 크게 성장한 것을 알 수 있다.

앞의 결과를 연복리수익률로 환산하면, 회사채의 경우에는 연 11.9%로, KOSPI지수의

〈그림 4-3〉 주식, 회사채, CPI의 명목수익률 지수(1980~2017)

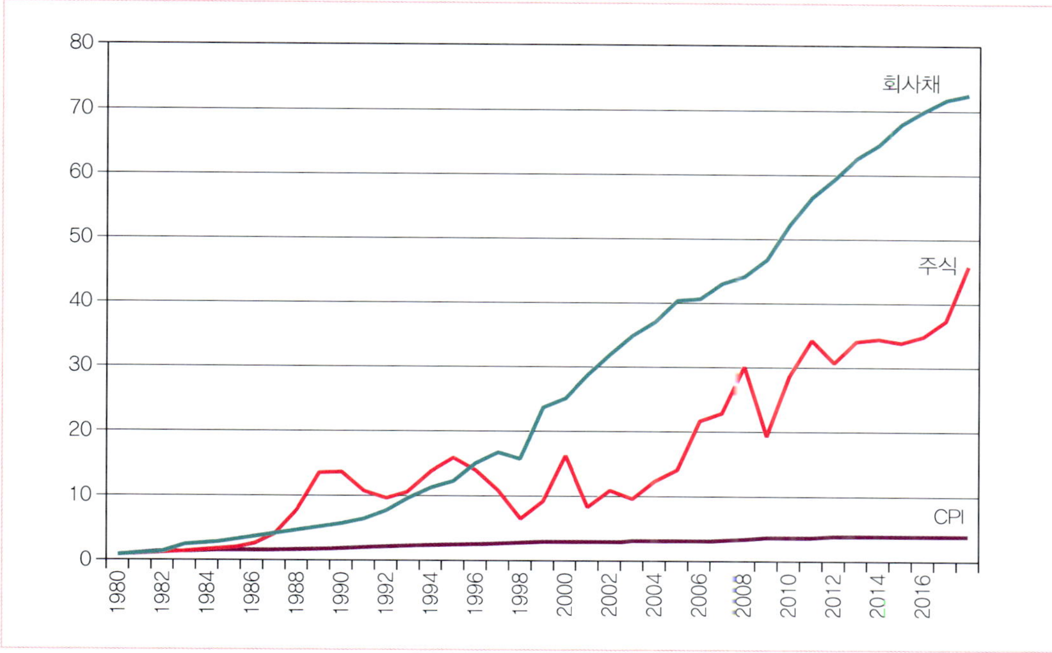

경우에는 연 10.6%로 누적적으로 성장했다는 말이 된다.[9] 단순히 이 결과만을 놓고 볼 때 우리나라의 경우에는 채권에 투자했던 것이 주식에 투자했던 것보다 성과가 우수했을 것임을 알 수 있는데, 앞에서도 보았듯이 채권투자의 위험이 주식투자의 위험보다 낮은 상태이었으므로 우리나라의 경우에는 위험이 낮고 수익률도 높았던 채권에 투자했던 것이 옳은 결정이었음을 알 수 있다.

이와 같이 우리나라의 경우 상식과는 달리 회사채가 주식보다 더 나은 투자성과를 보이는 이유는 위의 기간 동안 회사채의 고금리 행진 영향도 있었지만, IMF 금융위기라는 엄청난 사건으로 인해 주식시장이 폭락하였기 때문이기도 하다.[10] 따라서 분석기간을 IMF 금융위기를 탈출한 이후인 1998년부터 2017년까지로 하여 채권과 주식의 투자성과를 다시 한 번 보도록 하자.

〈그림 4-4〉에서 볼 수 있듯이 위의 기간 동안에는 예상대로 주식의 투자성과가 채권의 투자성과보다 우수함을 보이고 있다. 1997년 말 1원을 KOSPI지수에 투자하면 2017년 말

9〉 회사채의 경우 $r=\sqrt[38]{72.6}-1=0.119$이고, 주식의 경우 $r=\sqrt[38]{45.9}-1=0.1059$이다. 이렇게 복리효과를 고려하여 구한 연평균수익률을 기하평균(geometric mean)이라 하고, 앞의 〈표 4-2〉에서처럼 연도별 수익률의 단순평균수익률을 산술평균(arithmetic mean)이라 한다. 언제나 기하평균값이 산술평균값보다 작으며 어떤 방식을 사용하느냐에 따라 자산 간의 순위가 바뀔 수 있다. 이에 대해서는 뒤에서 자세히 다룰 것이다.

10〉 물론 전체 기간 동안 계속 보유하고 누적적으로 계산하는 방식 자체가 회사채와 같이 변동성이 적은 자산에게 유리하며, 이는 회사채의 경우 기하평균수익률이 주식보다 높게 나오는 이유이기도 하다.

〈그림 4-4〉 IMF 금융위기 이후 명목수익률 지수(1998~2017)

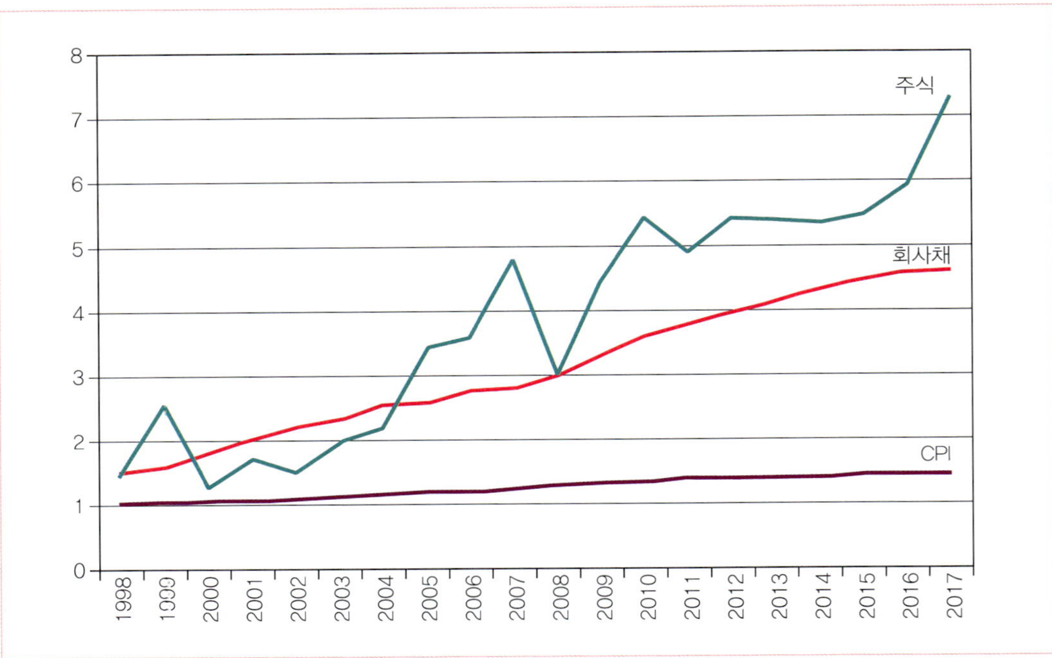

7.3원으로 자산가치가 증가한 반면, 회사채에 투자하면 4.6원밖에 되지 않음을 알 수 있다. 1998년 이후만을 볼 때 주식이 자산의 증식에 가장 많은 기여를 한 것으로 나타나고 있는데, 이는 그림에서 확인할 수 있듯이 많은 위험을 부담한 결과라는 것을 알 수 있다(주식가치는 중간에 크게 출렁거리면서 상승하는 반면 회사채가치는 꾸준히 상승함을 보이고 있다).

〈그림 4-5〉는 물가상승을 반영한 자산의 구매력증가를 나타낸다. 이는 〈그림 4-3〉의 수익률에 CPI 물가상승률을 반영하여 구한 수치이다. 1980년 초에 1원을 회사채에 투자한 후 그 수익(이자+채권시세차익)을 계속 회사채에 재투자했다면, 2017년 말에는 회사채의 실질적인 구매력이 18.2배로 증가해 있을 것이고, 만일 1원을 KOSPI지수에 투자한 후 배당을 재투자하였다면 2017년 말에 주식의 실질적인 구매력이 11.5배로 증가했을 것이라는 말이다. 이를 연복리수익률로 환산하면, 회사채의 경우에는 연 7.9%로, KOSPI지수의 경우에는 연 6.6%로 누적적으로 실질적인 성장을 했다는 말이 된다.

4-2-2 주식 투자정서의 발전

우리는 앞 절에서 우리나라 주식시장의 경우 아직까지 리스크 대비 적절한 수익률이 제공되지 않는 시장인 것을 알았다. 다시 말해서, 주식투자의 큰 변동성에 비해 수익률이 아직까지 상대적으로 낮은 편이다. 그런데 흥미로운 것은 미국도 처음부터 주식의 위험프리미

〈그림 4-5〉 실질수익률 지수(1980~2017)

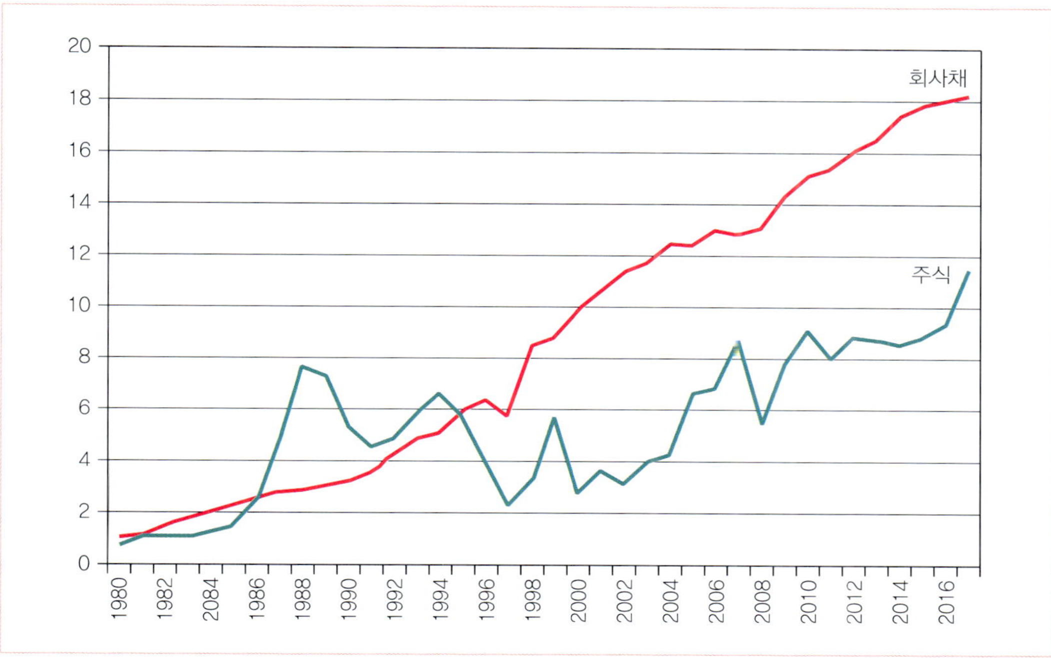

엄이 적정하게 형성되었던 것이 아니라 상당한 시간이 경과한 후에 투자로서의 주식의 위치를 확보하게 되었다는 것이다.

미국의 경우에도 20세기 초까지는 주식시장이 투기자와 내부자들의 무대로 간주되었고 보수적인 투자자들에게는 외면당하였다. 더군다나 피셔(Irving Fisher)와 같은 저명한 경제학자조차도 주식이 물가상승기에는 채권보다 높은 수익률을 제공하지만, 물가하락기에는 채권보다 낮은 수익률을 보일 것이라고 생각하였으며 사람들은 주식에 대한 투자에 소극적이었다.

그러나 1920년대 투자매니저였던 스미스(Edgar Smith)는 물가가 상승하든 하락하든 보통주에 분산투자된 포트폴리오의 가치는 언제나 채권보다 더 높다는 것을 처음으로 증명하였다. 하지만 적절한 투자수단으로서의 주식 이미지와 주식이 최고의 장기투자방안이라는 스미스의 이론은 1920년대의 광적인 강세장 이후 주식시장 대폭락이라는 사건으로 인해 많은 비난을 받게 되었다. 결국 미국도 주식시장의 초기 단계에서는 사람들이 투자라기보다는 투기에 가까운 행태를 보이고, 또 장기적인 관점의 투자보다는 단기적인 관점에서 머니게임의 속성을 띠었다고 볼 수 있다.

그러나 1964년 피셔(Lawrence Fisher)와 로리(James Lorie)가 1929년의 대폭락과 제2차 세계대전 기간을 포함한 주식수익률을 조사하여 주식수익률이 연 9.0%로 1926~1960년의 35년 동안 다른 어떤 투자수단보다도 훨씬 높았다는 연구결과를 발표하였고, 10년 후에 이봇슨

(Roger Ibbotson)과 싱크필드(Rex Sinquefield)는 수익률에 대한 상세한 연구를 통해 장기투자로서 주식의 우월성을 뒷받침하였다.

〈그림 4-6〉은 이봇슨과 싱크필드의 결과를 인용한 것이다. 1926년부터 2013년까지 미국의 대형주 주식, 소형주 주식, 장기 정부채, 단기 재정증권 등에 투자했을 때의 결과를 보여주고 있다. 물론 중간에 엄청난 부침이 있는 것은 사실이지만 장기적으로 볼 때 소형주 주식의 성과가 가장 좋은 것으로 나타났다. 1926년에 1달러를 소형주 지수에 투자하고 중간에 발생하는 모든 배당 등 수익을 재투자한다고 하였을 때 88년 후인 2013년에 약 26,641달러의 가치를 가지게 되었다는 것이다. 그러나 장기 정부채에 투자한 경우에는 겨

〈그림 4-6〉 미국 금융상품의 장기수익률(1925~2013, 1925년 말=1달러)

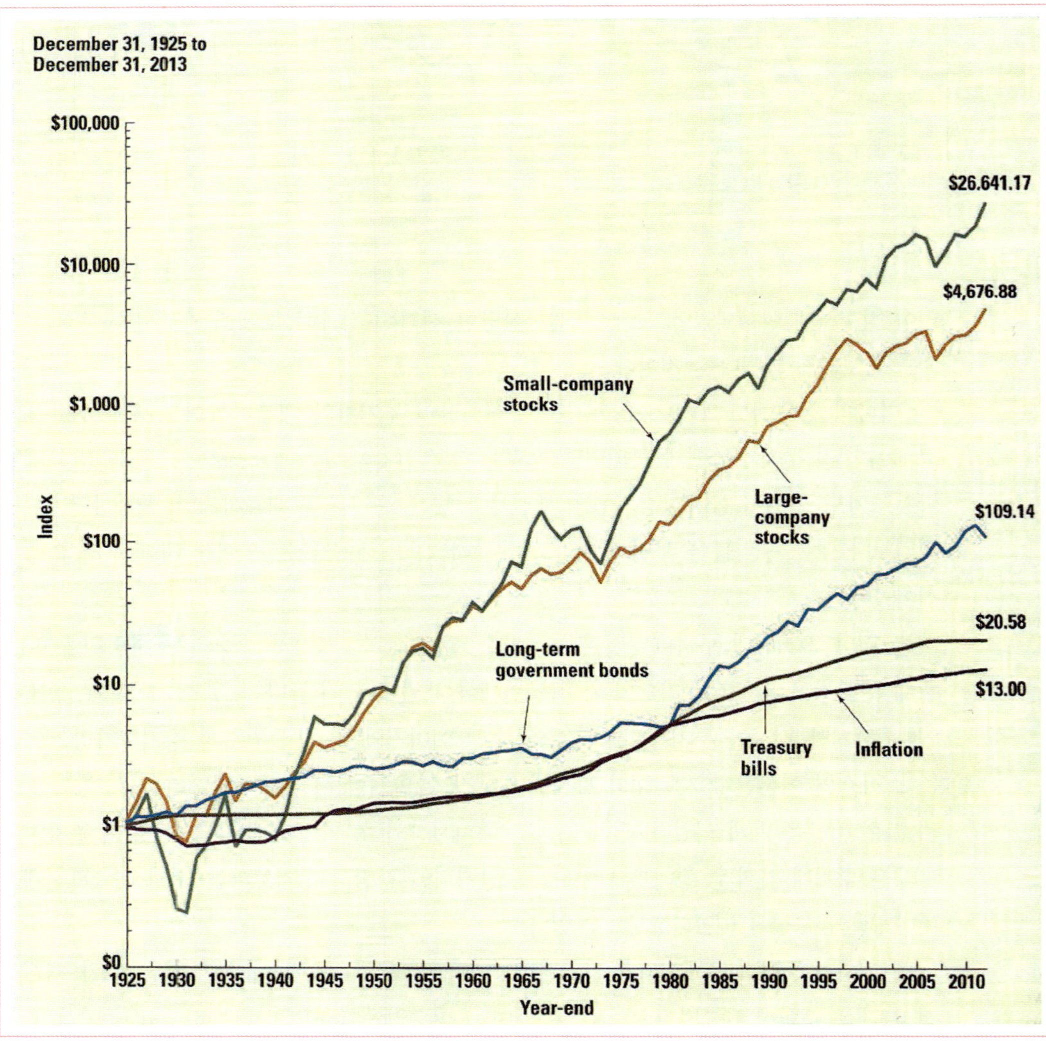

자료: 주식, 채권, 단기증권 및 인플레이션 2014 연간자료집, 이봇슨과 싱크필드저, Ibbotson Associates, Inc., 시카고.

우 109달러의 가치밖에 되지 않음을 보여 장기투자수단으로서 주식의 우월성을 확실하게 보여주는 증거라 할 수 있다.

4-2-3 위험과 보유기간

시겔(Jeremy Siegel) 교수의 책 「주식투자의 바이블」에서 가장 중요한 교훈은 아마 "장기주식투자하면 반드시 성공한다"라는 말일 것이다. 장기적으로 주식에 투자하면 오히려 채권보다 위험이 줄어든다는 사실을 그는 입증하였다. 그는 1802년부터 주식, 장단기채권의 최고 및 최저 실질수익률을 보유기간별로 나타내어, 보유기간이 길어질수록 주식의 최고·최저 수익률 차이가 급격히 줄어든다는 것을 보이고 있다.

단기적으로는 주식이 채권에 비해 더 위험한 자산이라는 것은 두말할 필요가 없다. 그러나 〈그림 4-7〉의 1802년 이후 5년 단위로 자료를 살펴볼 경우 주식의 최저 수익률인 연 −11%는 장단기채권의 최저 수익률과 별 차이가 없다. 10년을 보유기간으로 하여 살펴보면 주식 최저 수익률이 오히려 채권의 최저 수익률보다 높다. 보유기간이 20년 이상 되는 경우 주식수익률을 보면, 최저 수익률조차 (+)의 값을 보여 위험이 없어지는 결과를 보여준다.

〈그림 4-7〉 보유기간별 실질수익률(1802~1997)

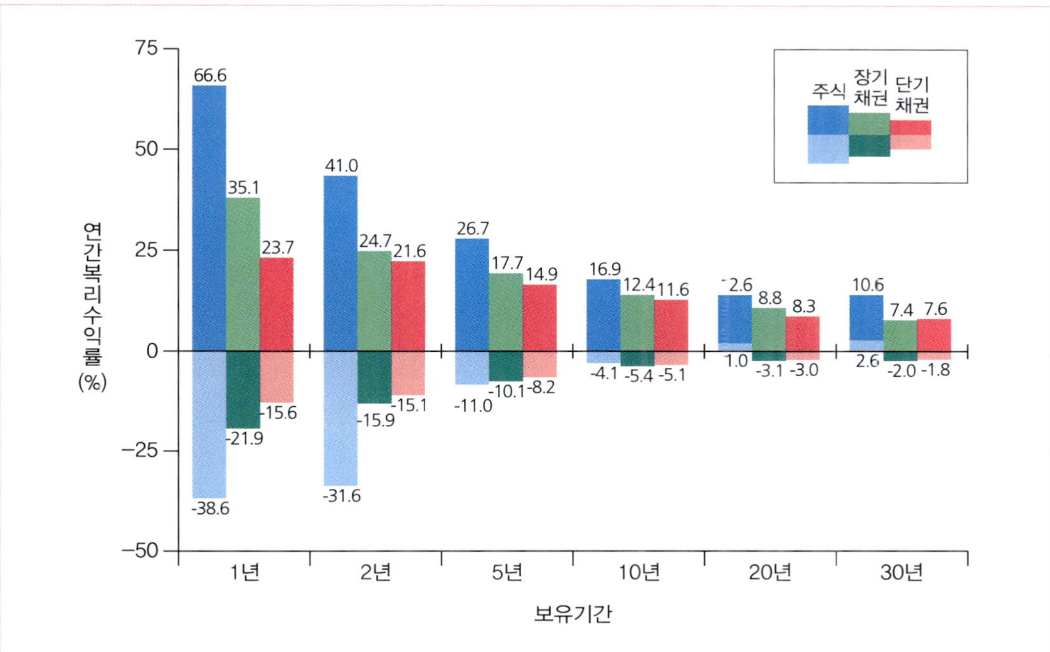

4-3 위험회피와 자본배분

4-3-1 위험회피와 효용가치

첫 번째 투자안은 지금 100만 원을 투자하면 1년 후에 확실히 105만 원을 지급하는 무위험자산(예: 국공채)이고, 두 번째 투자안은 지금 100만 원을 투자하면 미래 상황에 따라 1년 후 50만 원의 이익이 날 확률이 60%이고 20만 원의 손실이 날 가능성이 40%인 불확실한 자산이라 할 때 이 중 어떤 투자안을 선택할 것인가?

〈그림 4-8〉 2개의 투자안

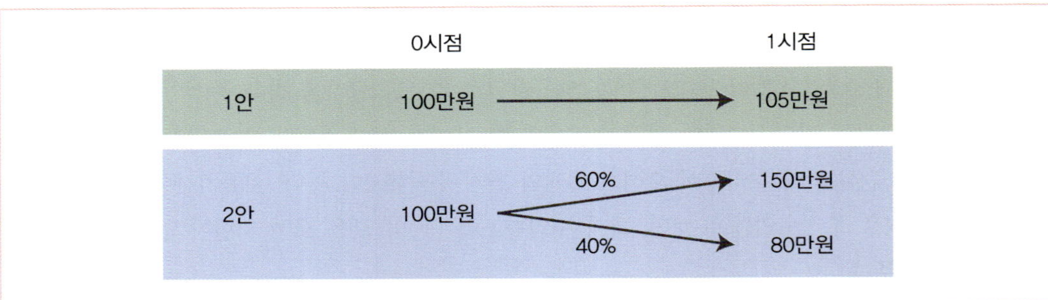

두 번째 투자안의 기대수익률을 먼저 계산하면, (50만 원/100만 원)×0.6+(−20만 원/100만 원)×0.4=50%×0.6+(−20%)×0.4=22%이다. 여러분은 5%의 확실한 수익률을 제공하는 첫 번째 투자안과 불확실하기는 하지만 수익률이 22%나 되는 두 번째 투자안 중 어떤 투자안이 더 낫다고 생각하는가? 아직도 우리는 어떤 투자안이 더 좋다고 일률적으로 말할 수 없는데 그 이유는 첫 번째 투자안은 수익률이 낮은 대신 위험도 낮은 반면, 두 번째 투자안은 수익률은 높지만 위험도 높기 때문이다. 따라서 우리는 수익률과 위험도를 함께 나타낼 수 있는 무엇인가를 필요로 한다.

〈그림 4-9〉 수익률과 위험의 관계(지배원리)

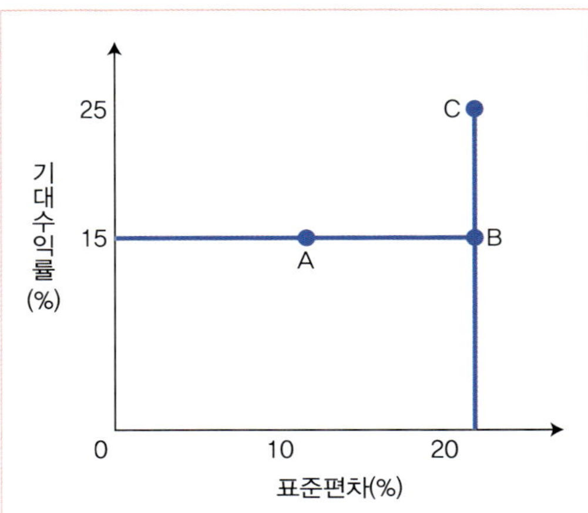

사람들은 수익률과 위험에 대해서 어떻게 생각할까? 예를 들어, 〈그림 4-9〉와 같이 투자자가 도달할 수 있는 세 가지 가능한 위험-수익률 포지션이 있다고 하자. A는 가장 낮은 위험을 갖고, C는 가장 높은 기대수익률을 갖는다. B는 A와 같은 기대수익률을 가지나, 위험의 측면에서는 C와 같은 위험을 보인다. 이러한 포지션 중에 사람들은 어떤 포지션을 선택할까?

A와 B를 비교해보면 A가 B보다 우월함을 알

수 있는데, 그 이유는 A가 B와 기대수익률은 같으나 위험은 작기 때문이다. 즉 A는 B를 지배한다. 또한 C와 B를 비교해보면 C가 B보다 우월함을(지배함을) 알 수 있는데, 위험은 둘이 같지만 C의 기대수익률이 더 크기 때문이다. 그러므로 어떠한 경우에도 B는 선택되지 않을 것이다.

그런데 A와 C의 경우에 어떤 것이 낫다고 할 수 있을까? 이 경우에는 앞서와 같이 분명하지가 않다. 즉 A의 경우에는 C에 비해 기대수익률은 낮지만 위험이 작고, C의 경우에는 A에 비해 기대수익률은 높지만 위험도 크다. 이 경우 둘 중에 어떤 포지션을 선택하느냐 하는 문제는 전적으로 투자자의 위험과 수익률에 대한 선호도에 달려 있다고 할 수 있다. 즉 위험보다는 수익률에 관심이 많은 투자자는 당연히 C를 선택할 것이고, 수익률은 조금 낮더라도 위험을 회피하고자 하는 투자자는 당연히 A를 선택할 것이다. 따라서 A나 C 중 어느 것이 더 우월하다고 할 수 없으며 둘 모두 합리적인 투자기회가 된다고 할 수 있다.

사람들은 복지(welfare)나 효용(utility)이 높은 것을 선호한다고 가정할 수 있는데, 투자안의 선택에 있어서도 효용이 높은 것을 선호할 것이라고 볼 수 있다. 따라서 위의 질문에 답을 하기 위해서는 수익률과 위험이 효용에 어떤 영향을 주는지를 알 수 있어야 한다. 이를 위해 학계나 실무계 모두 다음과 같은 식을 일반적으로 사용하고 있다. 《식 4-3》의 효용함수는 기대수익률에 비례하고 위험에 반비례하는 성질을 가지고 있음을 확인할 수 있다.

$$U = E(r) - \frac{1}{2}A\sigma^2 \qquad \textbf{4-3}$$

여기서 U는 효용가치, A는 투자자의 위험회피도를 의미하며, 위험기피자(risk-averse type)는 양의 A값, 위험중립자(risk-neutral type)는 0의 A값을, 위험선호자(risk-loving type)는 음의 A값을 갖는다.

만약 투자자의 A가 3이라 가정한다면 앞의 두 투자안 중 어떤 투자안을 선택할까? 이에 대한 답을 하기 위해서는 《식 4-3》에 근거하여 효용가치(U)를 구하여야 한다. 첫 번째 투자안의 효용가치를 U_1이라 하고, 두 번째 투자안의 효용가치를 U_2라 한다면 아래에서 보듯이 U_1이 U_2보다 크기 때문에 해당 투자자는 첫 번째 투자안을 선택할 것이다.

$$U_1 = 0.05, \quad U_2 = 0.22 - \frac{1}{2}(3)(0.118) = 0.043$$

여기서 두 번째 투자안의 분산은 다음과 같이 계산된다.

$$\sigma^2 = 0.6(0.5 - 0.22)^2 + 0.4(-0.2 - 0.22)^2 = 0.118$$

그런데 만약 투자자의 A가 0이라면(위험중립형) 얘기가 달라진다. 이때 $U_2=0.22-\frac{1}{2}(0)(0.118)=0.22$이기 때문에 두 번째 투자안의 효용가치가 첫 번째 투자안의 효용가치보다 커져 이 투자자는 두 번째 투자안을 선택할 것이다. 결국 똑같은 투자 대안

〈표 4-3〉 같은 효용을 제공하는 (μ, σ) 조합

μ	A=2		A=4	
σ	U=0.05	U=0.2	U=0.05	U=0.2
0	0.050	0.200	0.050	0.200
0.05	0.053	0.203	0.055	0.205
0.1	0.060	0.210	0.070	0.220
0.15	0.073	0.223	0.095	0.245
0.2	0.090	0.240	0.130	0.280
0.25	0.113	0.263	0.175	0.325
0.3	0.140	0.290	0.230	0.380
0.35	0.173	0.323	0.295	0.445
0.4	0.210	0.360	0.370	0.520
0.45	0.253	0.403	0.455	0.605
0.5	0.300	0.450	0.550	0.700
0.55	0.353	0.503	0.655	0.805
0.6	0.410	0.560	0.770	0.920

〈그림 4-10〉 A=2와 A=4일 때 U=0.05와 U=0.2를 제공하는 무차별곡선

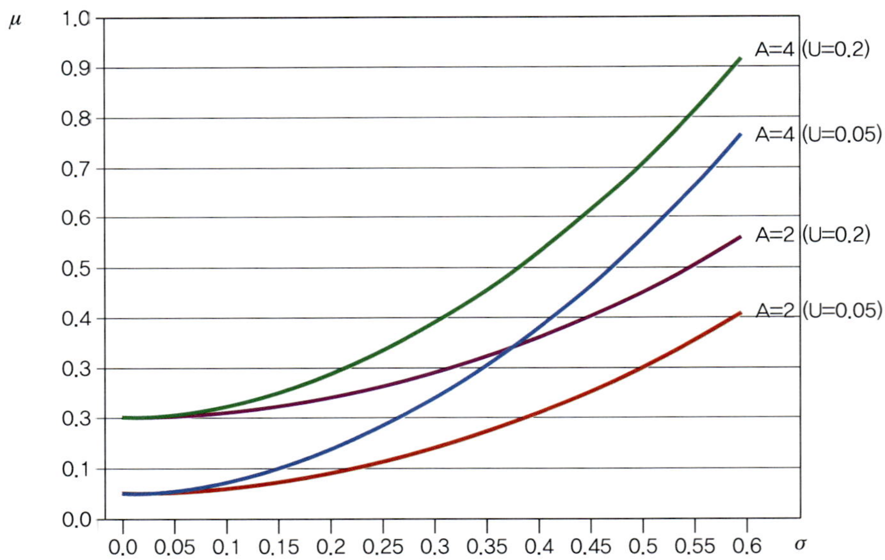

에 대해서도 투자자의 위험회피성향에 따라 선택이 달라지는 것을 알 수 있다.[11]

위험회피성향 A가 주어졌을 때 동일한 효용가치를 주는 ($E(r)$, σ) 조합을 구하면 어떻게 될까? 이때 동일한 효용가치를 제공하는 ($E(r)$, σ) 조합을 무차별곡선(indifference curve)이라 하는데, 두 번째 투자안과 동일한 효용가치를 제공하는 무차별곡선을 구해보면 〈표 4-3〉, 〈그림4-10〉과 같다.

11〉 증권업계에서는 설문지를 통해 투자자의 위험회피성향을 추정하고 있다.

4-3-2 위험자산과 무위험자산 간의 자본배분

우리는 4-2절에서 주식의 경우 회사채나 국고채에 비해서 위험이 높지만 수익률도 높음을 살펴보았다. 투자자들은 이들 중 꼭 하나만을 선택해서 투자할 필요가 없기 때문에 여러 자산으로 구성된 포트폴리오를 구성하게 된다. 이때 포트폴리오에는 위험자산은 물론 무위험자산[12]도 포함된다.

포트폴리오의 위험을 통제하는 가장 쉬운 방법은 일정한 비율을 무위험자산에 투자하고 나머지 부분을 위험자산에 투자하는 것이다. 이것은 위험자산군과 무위험자산 간에 자본배분 의사결정(capital allocation decision)으로 불린다. 이와 같이 자본배분을 한 후에는 위험자산군에 포함되는 위험자산들, 즉 주식, 채권, 옵션, 선물자산에 얼마나 투자할지를 결정하는 자산배분 의사결정(asset allocation decision)을 하게 된다. 이런 다음 최종적으로 주식에는 어떤 종목들을 포함시키고 채권에는 어떤 종류의 채권을 편입할 것인지 등을 결정하게 되는데, 이를 종목선택 의사결정(security selection decision)이라 한다.

무위험자산과 위험자산군(위험자산 포트폴리오) 사이에 자본배분을 어떻게 하는지를 예를 들어 설명하기로 한다. 무위험자산에 대한 수익률을 r_f라 하고, r_f=7%로 가정하자. 위험자산들로만 구성되어 있는 위험자산 포트폴리오(risky portfolio)를 P라 하고, 이 포트폴리오의 기대수익률과 위험을 각각 $E(r_p)$=10%, σ_p=20%라고 가정하자. 그러면 이 위험포트폴리오 P의 위험프리미엄(risk premium)은 $E(r_p)-r_f$=3%임을 알 수 있다. 그리고 위험포트폴리오 P에 대한 투자비율을 y라 하고 나머지 $(1-y)$는 무위험자산에 대한 투자비율이라 하자.

만약 가지고 있는 자본의 절반을 위험포트폴리오 P에 투자하고 나머지 절반을 무위험자산에 투자한다면($y=\frac{1}{2}$), 이로 인해 만들어지는 결합포트폴리오 C의 기대수익률과 위험은 어떻게 될까? 결합포트폴리오 C의 기대수익률은 당연히 위험프트폴리오 P의 기대수익률과 무위험자산의 수익률을 평균낸 것이 될 것이다. 즉 $E(r_C)=\frac{1}{2}(10\%+7\%)=8.5\%$가 된다. 또한 결합포트폴리오 C의 위험은 위험포트폴리오 P위험의 절반이 될 것이므로(무위험자산은 위험이 없기 때문에) $\sigma_C=\frac{1}{2}(20\%+0\%)=10\%$가 된다.

이를 일반화하면 다음과 같다. 결합포트폴리오 C의 기대수익률은

$$E(r_C) = yE(r_P) + (1-y)r_f = r_f + y[E(r_P)-r_f] \quad \text{4-4}$$

가 되고, 결합포트폴리오 C의 위험은

$$\sigma_C = y\sigma_P \quad \text{4-5}$$

12〉 미국의 경우에는 무위험자산이라 하면 T-bill(단기)이나 T-bond(장기)를 의미한다. 우리나라의 경우에는 국고채를 무위험자산(장기)으로 볼 수 있는데 IMF 금융위기가 발생하기 전에는(국고채시장이 활성화되기 이전) 은행보증회사채를 보통 무위험자산으로 간주하였다(IMF 금융위기 이후에는 은행보증이 아닌 무보증회사채가 회사채시장의 주류로 바뀌었다). 단기의 경우 무위험자산은 앞에서도 본 바와 같이 CD를 보통 그 대상으로 간주한다.

가 된다. 《식 4-5》에서 $y=\frac{\sigma_C}{\sigma_P}$이므로 이를 《식 4-4》에 대입하면 다음과 같은 식을 얻게 된다.

$$E(r_C) = r_f + \frac{E(r_P)-r_f}{\sigma_P}\ \sigma_C \qquad \textbf{4-6}$$

《식 4-6》은 무위험자산과 위험자산군 사이에 자본배분을 변화시킴으로써(y값을 변화시킬 때) 생기는 기대수익률과 위험의 조합을 나타내는 선을 의미하는데, 이 선을 자본배분선(Capital Allocation Line: CAL)이라 한다. 이를 도시하면 〈그림 4-11〉과 같다.

〈그림 4-11〉 자본배분선

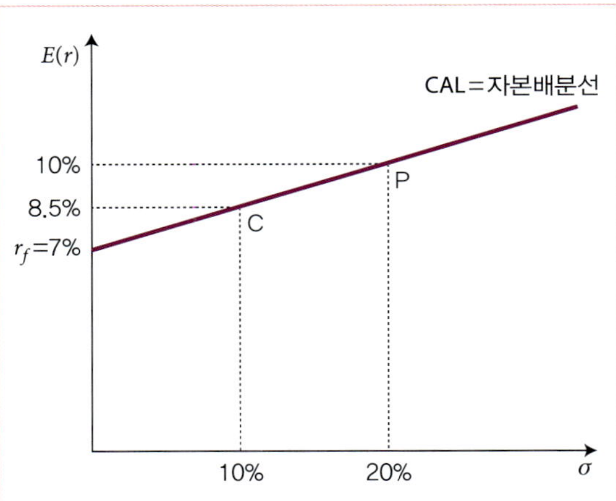

앞의 예에서 $y=\frac{1}{2}$일 때 결합포트폴리오 C의 기대수익률 $E(r_C)$=8.5%와 위험 σ_C=10%를 구하였는데 이는 당연히 위의 《식 4-6》을 만족시킴을 확인할 수 있고(8.5%=7%+$\frac{10-7}{20}$×10%이므로), 따라서 결합포트폴리오 C는 자본배분선상에 위치한다. 아울러 위험포트폴리오 P도 y=1인 경우에 해당하기 때문에 자본배분선상에 역시 위치한다.

《식 4-6》의 기울기($\frac{E(r_P)-r_f}{\sigma_P}$)는 위험 1단위를 추가로 부담할 때 투자자들이 얻게 되는 기대수익률의 증가를 의미하며 이를 위험보상비율(reward-to-variability ratio) 또는 샤프비율(Sharpe ratio)이라 한다. 〈그림 4-11〉에서도 확인할 수 있듯이 위험보상비율은 자본배분선상에 위치한 모든 포트폴리오에 대해서 같음을 알 수 있는데, 이것은 자본배분선상에 위치하고 있는 모든 포트폴리오들의 경우 위험과 수익률 간에 조합은 다를 수 있어도 위험에 대한 보상비율은 일정함을 의미하는 것이다. 예를 들어, 결합포트폴리오 C와 위험포트폴리오 P의 위험보상비율 또는 샤프비율을 구해보면 공히 0.15임을 알 수 있다.

$$S_C = \frac{8.5-7}{10} = 0.15 = \frac{10-7}{20} = S_P$$

4-3-3 최적 결합포트폴리오의 선택

앞에서 무위험자산과 위험자산군을 결합하면 다양한 결합포트폴리오 C를 만들 수 있음을 살펴보았고, 또한 기대수익률과 표준편차 평면상에서 이러한 결합포트폴리오들로 이루어지는 직선을 자본배분선이라 하였다. 따라서 자본배분선은 무위험자산과 위험자산군으로 이루어진 결합포트폴리오의 투자기회집합(investment opportunity set)이라 할 수 있다. 이러한 자본배분선상에 있는 여러 결합포트폴리오 중에서, 즉 투자기회집합 중에서 어떤 투자안을 선택하는 것이 최선일까?

우리는 앞에서 투자자들이 효용가치를 증가시키길 원한다고 가정하였다. 다시 말해 우리는 《식 4-3》의 효용함수를 극대화하기를 원한다고 할 수 있다. 따라서 자본배분선상에 있는 결합포트폴리오 중 효용함수를 극대화하는 투자안을 찾는 것이 최선책이라 할 수 있으며, 이 문제는 다음과 같은 제약식에서 효용함수를 극대화하는 y(위험자산에 대한 투자비중)를 찾는 문제로 귀결된다.

$$\underset{y}{Max}\ U = E(r_C) - \frac{1}{2}A\sigma^2{}_C \qquad \text{4-7}$$

$$s.t.\ E(r_C) = r_f + y[E(r_P) - r_f]$$

$$\sigma^2{}_C = y^2\sigma^2{}_P$$

《식 4-7》을 다시 쓰면 다음과 같이 간단히 표현할 수 있다.

$$\underset{y}{Max}\ U = r_f + y[E(r_P) - r_f] - \frac{1}{2}Ay^2c^2{}_P \qquad \text{4-8}$$

따라서 《식 4-8》을 극대화하는 y는 《식 4-8》의 일차미분값을 0으로 만드는 y값이다.

$$\frac{dU}{dy} = [E(r_P) - r_f] - Ay\sigma^2{}_P = 0 \Rightarrow y^* = \frac{E(r_P) - r_f}{A\sigma^2{}_P} \qquad \text{4-9}$$

앞의 예에서처럼 r_f=7%, $E(r_P)$=10%, σ_P=20%인 경우를 가정하고 아울러 투자자의 위험회피계수 A=4라 가정하면, 무위험자산과 위험포트폴리오 P를 결합하는 포트폴리오 중 효용함수를 극대화하는 결합포트폴리오 C^*는 다음과 같이 구해진다.

$$y^* = \frac{0.1 - 0.07}{4(0.2)^2} = 0.19$$

다시 말해, 이 경우 최적의 결합포트폴리오는 투자금액의 19%를 위험포트폴리오에 투자하고 81%를 무위험자산에 투자함으로써 달성됨을 알 수 있다. 이러한 최적 결합포트폴리오 C^*의 기대수익률과 위험, 샤프비율을 계산하면 다음과 같다. 이 경우 샤프비율은 앞의 결합포트폴리오 C와 위험포트폴리오 P의 샤프비율과 같음을 확인할 수 있다.

$$E(r_{C^*}) = 0.81(7\%) + 0.19(10\%) = 7.57\%$$

$$\sigma_{C^*} = 0.19(0.2) = 0.038$$

$$S_{C^*} = \frac{0.0757 - 0.07}{0.038} = 0.15$$

〈그림 4-12〉 최적 결합포트폴리오의 선택

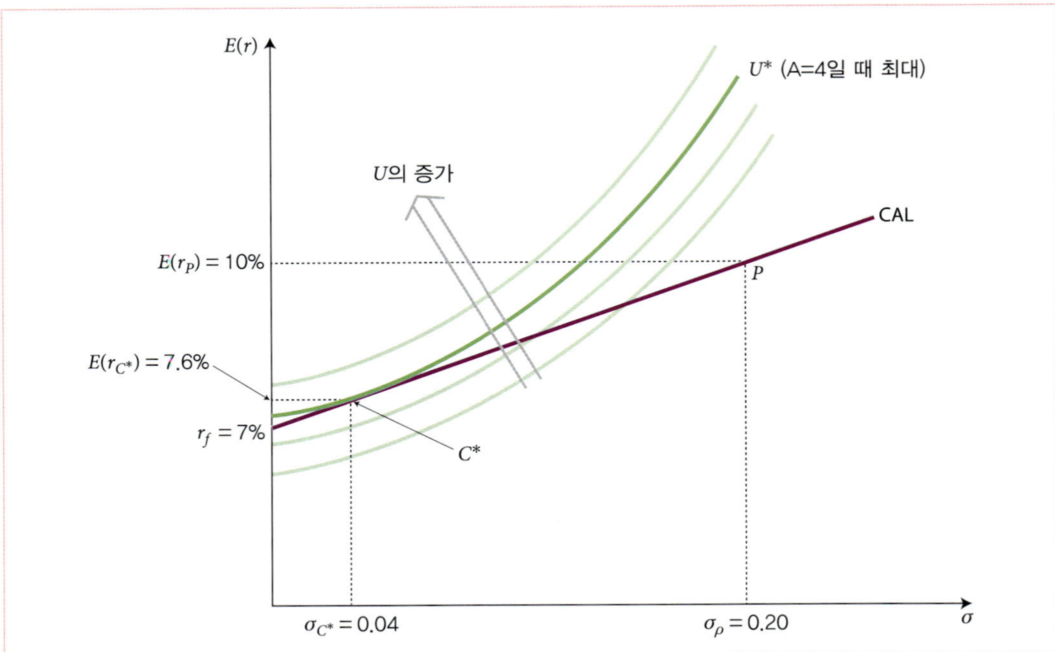

이제 이 문제를 그림으로 설명하면 다음과 같다. 〈그림 4-12〉에서 보듯이 극대화문제 《식 4-7》은 자본배분선 위에 있는 점들 중에서 무차별곡선을 최대화하는 점을 찾는 것과 동일한 것을 알 수 있다. 무차별곡선은 효용가치가 높아질수록 북서쪽 방향으로 움직이므로 결국 우리가 찾는 최적의 결합포트폴리오 C^*는 자본배분선과 무차별곡선이 접하는 점임을 알 수 있다.

4-3-4 수동적 투자전략: 자본시장선

우리는 앞에서 무위험자산과 위험포트폴리오 P의 결합에 의해 자본배분선이 만들어짐을 배웠다. 이때 위험포트폴리오 P를 구성하는 자산들은 수동적 전략이든 적극적 전략이든 무슨 전략을 사용해서 선택해도 아무런 문제가 없다. 수동적 전략(passive strategy)은 어떤 증권분석도 없이 포트폴리오를 구성하는 전략을 의미하는데, 단순해 보이는 이러한 전략이 실제 자본시장에서 상당히 많이 활용되고 있으며 좋은 전략으로 간주되기도 한다.

수동적 전략에 의해 구성된 위험포트폴리오의 예로서는 잘 분산된 주식포트폴리오를 들 수 있다. 수동적 전략은 말 그대로 개별증권에 대한 정보를 얻기 위해서 아무런 자원이나 시간을 투입하지 않기 때문에 중립적인 분산투자전략을 따르게 되고, 이러한 전략 중 대표적인 것은 주식시장 전체 시가 대비 각 종목의 시가 비중으로 포트폴리오를 구성하는 것이다. 우리나라의 KOSPI 지수나 미국의 S&P 500 지수 등이 이에 해당한다. 위험포트폴리오로서 KOSPI 지수나 S&P 500 지수를 사용하고 무위험자산으로서 국고채 수익률을 사용할 때 자본배분선의 이름은 자본시장선(Capital Market Line: CML)으로 바뀐다. 다시 말해 자본시장선은 수동적 전략에 의해 만들어지는 투자가능집합이라 할 수 있다.

이러한 수동적 전략은 과연 투자자들에게 의미 있는 전략이 될 수 있을까? 물론 이에 대한 답을 얻기 위해서는 적극적 전략(active strategy)으로 인한 비용과 이익을 감안하여야 한다. 먼저 적극적 전략의 경우 스스로 정보를 획득하든 전문가들을 통해 얻든 많은 시간과 비용이 발생하는 반면, 수동적 전략은 상장지수펀드(Exchange Traded Fund: ETF)나 시장지수펀드를 운영하는 증권회사에 지급하는 낮은 관리수수료가 전부이다. 또한 수동적 전략의 이점은 무임승차 이익을 얻을 수 있다는 것이다. 만약 시장에 적극적이고 정보가 많은 투자자가 많다면, 저평가된 종목의 경우에는 이들에 의한 매수에 의해 가격이 오를 것이고 반대로 고평가된 종목의 경우에는 이들에 의한 매도로 인해 가격이 떨어질 것이기 때문에, 대부분의 경우에는 자산들이 적정 가격에 거래될 수 있고 그 결과 수동적 전략이 평균적인 적극적 투자자 대비 열등하지 않을 수 있다. 이에 대해서는 14장에서 다시 자세히 살펴볼 것이다.

연습문제

1. 위험과 수익률 간의 상충관계(risk-return trade-off)를 설명하시오.
2. 본문의 〈표 4-1〉을 볼 때 우리나라 주식과 회사채의 위험프리미엄은 얼마나 되며, 이 결과에 대해 해석해보시오.
3. 미국과 우리나라의 경우 무위험자산에는 어떤 것을 사용할 수 있는가?
4. 현대전자주식의 수익률은 다음 표와 같이 예상된다고 하자. 이때 현대전자주식에 투자할 경우 기대수익률과 위험(표준편차)은 얼마인가?

미래상황	확률	예상수익률
호전	0.4	30%
악화	0.6	−20%

5. 내가 투자한 뮤추얼펀드는 경기가 계속 호조를 보일 경우 1년 후 1억 원이 되고, 경기가 하강국면으로 접어들 경우에는 5,000만 원으로 될 것으로 예상하고 있다. 현재 경기가 계속 호조를 보일 것이냐 아니면 하강할 것인가는 확률적으로 반반이다. T-bill의 1년간 수익률은 5%이다.
   (1) 만약 나의 위험프리미엄이 10%라면 나는 이 뮤추얼펀드에 대해 얼마를 기꺼이 지불하려고 할까?
   (2) 만약 나의 위험프리미엄이 증가하면 뮤추얼펀드의 가격은 어떻게 될까?
6. 현재 위험포트폴리오의 기대수익률은 15%이고 표준편차는 20%이고, 무위험이자율은 7%이다.
   (1) 건국이는 위험포트폴리오에 60%, 무위험자산에 40%를 투자하려고 한다. 이때 건국이의 포트폴리오는 얼마의 기대수익률과 표준편차를 갖는가?
   (2) 위험포트폴리오는 갑주식 30%, 을주식 30%, 병주식 40%씩으로 구성되어 있다. 건국이의 전체 포트폴리오의 투자비중은 어떻게 될까?
   (3) 건국이 전체포트폴리오의 Sharpe ratio 또는 reward-to-variability ratio는 얼마인가?
   (4) 자본배분선(CAL)과 건국이의 위치를 도시하시오.
7. Fund Manager인 건국 씨는 기대수익률이 17%이고 표준편차가 27%인 주식형 펀드를 관리하고 있다. 현재 무위험이자율은 12%이다.
   (1) 고객 투자론 씨는 투자금액의 70%를 이 펀드에, 30%를 무위험자산에 투자하고 있다. 투자론 씨의 포트폴리오의 기대수익률과 표준편차는 얼마인가?
   (2) 건국 씨가 관리하는 주식형 펀드의 구성은 삼성전자: 30%, 현대자동차: 30%, 대상: 40%로 되어 있다. 따라서 투자론 씨의 포트폴리오 구성종목과 구성비율은 얼마인가?
   (3) 건국 씨가 관리하고 있는 포트폴리오의 위험보상비율(Sharpe Ratio)은 얼마인가?
   (4) 이 포트폴리오의 자본배분선(CAL)을 도시하시오.

(5) 헤징 씨는 목표위험이 16%를 넘지 않도록 포트폴리오를 구성해줄 것을 건국 씨에게 요청했다. 이 경우 주식형 펀드 투자비중과 기대수익률을 계산하시오.

8. 정석기업의 주식은 현재 한 주당 10,000원에 거래되고 있다. 증권분석사들은 연말까지 두 가지 가정 하에서 이 기업의 주가와 배당을 다음과 같이 예상하고 있다.

경제상황	확률	주가	배당
호전	0.3	12,000	1,000
불변	0.7	10,000	500

(1) 각 경제상황에 따른 이 주식의 보유기간수익률을 각각 구하시오.

(2) 연말까지 보유 시 이 주식의 기대수익률과 표준편차를 구하시오.

9. 무위험수익률이 7%, 포트폴리오 P의 기대수익률과 표준편차가 각각 15%, 22%라 하자. 투자자의 위험회피계수 A는 4라 가정할 때 다음 질문에 답하시오.

(1) 효용함수로서 본문의 《식 4-3》을 가정할 때 해당 투자자의 효용을 최대화시키는 결합 포트폴리오를 구하시오.

(2) 결합 포트폴리오의 기대수익률과 표준편차를 구하시오.

(3) 결합 포트폴리오의 위험프리미엄은 얼마인가?

(4) 결합 포트폴리오의 샤프비율은 얼마인가?

(5) 기대수익률과 표준편차 평면에 결합 포트폴리오를 도시하시오.

CFA 기출문제

1. A portfolio of nondividend-paying stocks earned a geometric mean return of 6.0% between Jan 1, 1998 and Dec 31, 2004. The arithmetic mean return for the same period was 7.0%. If the market value of the portfolio at the beginning of 1998 was C= 100,000, what was the market value of the portfolio at the end of 2004?

2. You manage an equity fund with an expected risk premium of 8% and an expected standard deviation of 14%. The rate on Treasury bills is 5%. Your client chooses to invest $60,000 of her portfolio in your equity fund and $40,000 in a T-bill money market fund. What is the expected return and standard deviation of return on your client's portfolio?

CPA 기출문제

1. 아래 표에서와 같이 A, B, C 및 D 투자안의 호경기와 불경기 때의 수익률이 주어져 있다. 세 투자안 가운데 하나를 선택하는 경우, 다음의 설명 중 옳은 것을 모두 모아 놓은 것은?

투자안	호경기	불경기
A	10%	10%
B	13%	7%
C	14%	6%
D	15%	9%

단, 호경기와 불경기가 발생할 확률은 각각 1/2로 동일하다.

a. 위험회피적 투자자들 가운데에서도 D투자안을 선택하는 투자자가 있다.
b. 위험중립적 투자자는 A투자안, B투자안 및 C투자안을 동일하게 평가한다.
c. 위험추구적 투자자는 A투자안과 B투자안 중에서는 B투자안을 선택한다.

① a, b, c ② b, c ③ a, c ④ a, b ⑤ c

2. 다음의 위험(risk)에 관한 여러 설명 중 옳은 것은?
① 총위험이 큰 주식의 기대수익률은 총위험이 낮은 주식의 기대수익률보다 항상 크다.
② 증권시장선(SML)보다 위쪽에 위치하는 주식의 기대수익률은 과대평가되어 있으므로 매각하는 것이 바람직하다.
③ 시장포트폴리오의 베타는 항상 1로서 비체계적 위험은 모두 제거되어 있다.
④ 상관관계가 1인 두 주식으로 포트폴리오를 구성하는 경우에도 미미하지만 분산투자의 효과를 볼 수 있다.
⑤ 베타로 추정한 주식의 위험과 표준편차로 추정한 주식의 위험 사이에는 일정한 관계가 있다.

CHAPTER 5

현대포트폴리오 이론

현대포트폴리오 이론은 여러 주식에 투자하면 수익률과 위험에 어떤 현상이 발생하는가를 밝힌 이론으로서 1990년 노벨경제학상을 받은 마코위츠(Markowitz)에 의해 1950년대에 개발되었기 때문에 마코위츠 이론이라고도 한다. 이 이론은 모든 투자자가 위험회피형이라는 가정에서 출발한다. 즉 사람들은 높은 수익률을 원하고 확실한 결과를 선호한다는 것이다. 이 이론은 투자자들이 원하는 목표수익률을 달성하면서 가장 적은 위험을 부담할 수 있는 주식결합을 어떻게 구성하는지를 알려준다. 현대포트폴리오 이론을 살펴보기에 앞서 우선 단순한 분산효과에 대해서 알아보도록 하자.

5-1 분산효과와 포트폴리오 위험

만약 위험포트폴리오가 오직 하나의 주식, 예를 들어 삼성전자 한 종목만으로 구성되어 있다고 하자. 이때 이 포트폴리오에 영향을 미치는 위험의 원천은 무엇일까? 이 포트폴리오에 영향을 미치는 위험은 두 가지로 구분할 수 있다. 첫째, 경기순환, 인플레이션율, 금리, 환율 등과 같은 일반적인 경제 여건의 불확실성으로 인해 발생하는 시장위험(market risk)이 있고, 둘째, 삼성전자만의 요인들, 즉 삼성전자의 R&D 성공 여부, 경영스타일, 철학 등과 관련된 해당 종목 특유의 위험(firm-specific risk)이 있다.

만약 위의 포트폴리오에 또 한 종목, 예를 들어 SK텔레콤을 추가하여 반반씩 투자한다면 포트폴리오의 위험은 어떻게 될까? 두 종목의 개별위험은 적어도 완전히 같이 움직이지 않는 한 서로 상쇄될 수 있기 때문에 전체 포트폴리오의 위험은 줄어든다. 여기에 그치지 않고 계속 종목수를 늘려가면 어떻게 될까? 종목수를 증가시키면 개별위험이 서로 상쇄되기 때문에 포트폴리오의 전체 위험은 계속 줄어들게 된다.

그러나 포트폴리오의 종목수를 아무리 늘려도 모든 위험을 제거할 수 있는 것은 아니다. 왜냐하면 전 종목에 영향을 미치는 시장위험은 사라지지 않기 때문이다. 이와 같이 종목수를 늘려도 제거되지 않는 위험을 분산불능위험(nondiversifiable risk) 또는 체계적 위험

〈그림 5-1〉 단순한 분산효과

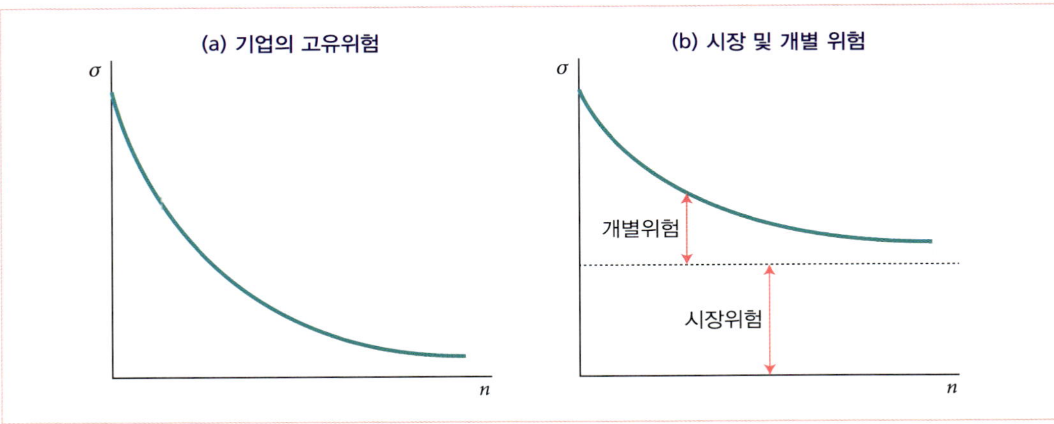

(systematic risk)이라 하고, 종목수를 늘림에 따라 줄어드는 위험을 분산가능위험(diversifiable risk) 또는 비체계적 위험(unsystematic risk)이라 한다. 이를 그림으로 나타내면 〈그림 5-1〉과 같다.

〈그림 5-2〉 국제 분산효과

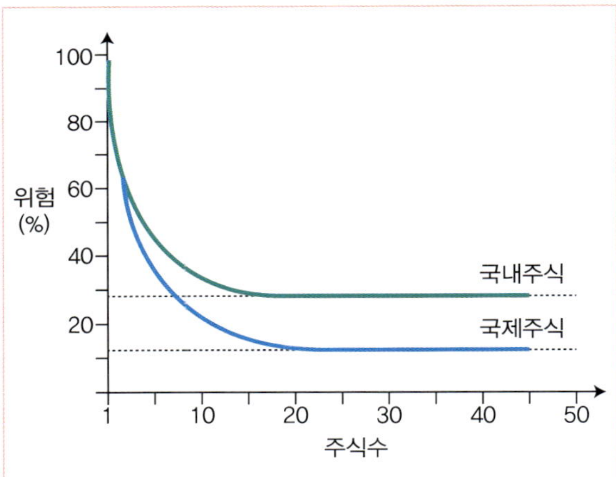

국내주식들로만 포트폴리오를 구성한다면 〈그림 5-2〉에서 보듯이 20개의 종목만을 포함해도 70% 이상의 위험을 제거할 수 있다. 더 이상의 종목증가는 위험감소에 도움을 주지 않는다. 그러나 외국주식들로 함께 구성하면 국제 분산효과가 발생하여 위험이 더욱 감소하는 것을 알 수 있다. 그리고 이때도 물론 20개의 종목이면 충분하다.

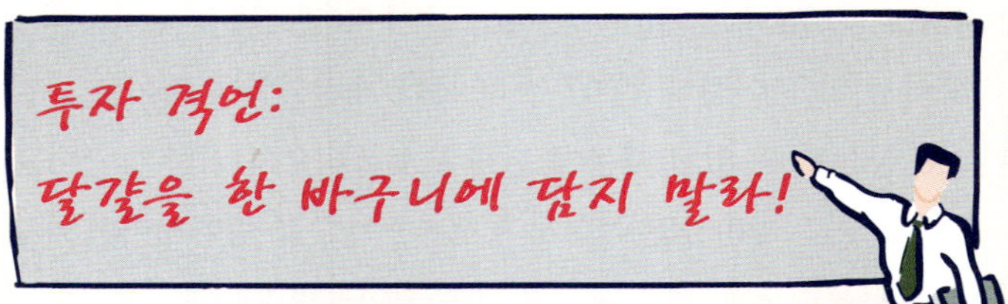

달걀을 한 바구니에 모두 담으면 서로 부딪쳐 깨지는 경우가 있다. 이와 마찬가지로 주식도 한 종목에 투자하면 예상이 빗나갈 경우 크게 손해를 보게 된다. 달걀을 몇몇 바구니에 분산해서 담는 지혜가 주식투자의 경우에도 필요하다. 분산투자의 중요성을 일깨워주는 투자 격언이다.

5-2 포트폴리오의 기대수익률과 위험

5-2-1 현대포트폴리오 이론의 원리

현대포트폴리오 이론의 원리를 이해하기 위해 다음과 같은 두 가지 사업을 하는 기업이 있다고 가정해보자. 이 기업은 청명한 날에 장사가 잘 되는 음료장사와 비 오는 날에 장사가 잘 되는 우산장사를 동시에 하고 있다. 날씨가 좋으면 음료가 많이 팔리겠지만 우산사업은 타격을 받을 것이고, 거꾸로 비가 오면 음료는 잘 안 팔리지만 우산은 많이 팔릴 것이다. 두 사업의 연간 수익률이 계절별로 〈표 5-1〉과 같이 주어졌다고 하자.

〈표 5-1〉 계절에 따른 두 사업의 수익률

구분	우산사업	음료사업
비오는 계절	50%	−25%
청명한 계절	−25%	50%

만약 비오는 계절과 청명한 계절이 일 년 중에 반반이라 한다면 우산사업에 투자한 투자자들은 연중 반은 50%의 수익률을 올릴 것이고 연중 반은 −25%의 수익률을 올려 평균적으로 12.5%의 수익률을 얻을 것으로 기대된다. 이때 12.5%를 투자자들의 기대수익률이라 한다. 마찬가지로 음료사업에 투자한 투자자들도 평균 12.5%의 수익률을 얻을 것으로 기대된다.

그러나 두 사업 중에 하나에만 투자하는 것은 매우 위험한데 그 이유는 날씨가 어떻게 되느냐에 따라 50%의 수익률을 얻을 수도 있지만 25%의 손해를 볼 수도 있기 때문이다. 그러나 하나의 사업에만 투자하는 대신에 분산해서 각각의 사업에 절반씩 투자한다고 가정해보면 비오는 계절이든 청명한 계절이든 상관없이 12.5%의 확실한 수익률을 얻을 수 있음을 알 수 있다.[1]

간단한 위의 예로부터 우리는 분산효과(diversification effect)의 장점을 알 수 있다. 각각의 사업은 날씨의 상태에 따라 큰 영향을 받지만, 두 사업은 날씨의 상태에 따라 반대로 영향을 받기 때문에[2] 두 사업에 동시에 투자할 경우에는 한쪽의 손실이 다른 쪽의 이익으로써 만회가 된다. 위의 예에서처럼 사업들 간의 상관관계가 완전히 −1인 경우에는 포트폴리오의 위험이 완전히 제거될 수도 있음을 알 수 있다.

그런데 시장이 붕괴되거나 호황일 때는 모든 주식이 거의 같이 빠지거나 같이 오르는데 과연 분산효과를 볼 수 있을까? 그렇다. 여기에 분산효과의 묘미가 있는 것이다. 주식들

1〉 분산투자하면 기대수익률이 확실한 수익률로 바뀐다.

2〉 이를 통계적으로는 두 사업이 음의 상관관계를 갖는다고 한다.

〈표 5-2〉 상관계수와 분산효과의 관계

상관계수	분산효과
+1.0	위험의 감소효과는 없음
+0.5	어느 정도의 위험 감소효과 발생
0	상당한 위험 감소효과 발생
−0.5	대부분의 위험은 제거된
−1.0	모든 위험이 제거됨

간에 상관관계가 +1이 아니기만 한다면, 즉 완전히 똑같이 움직이지만 않는다면 분산효과는 발생한다는 것이다. 마코위츠의 분산효과를 정리하면 〈표 5-2〉와 같다.

5-2-2 포트폴리오의 기대수익률과 위험의 측정

앞에서 설명한 개념을 일반화시키기 위하여 다음과 같이 표기하기로 하자. 자산 1에 대한 투자비중을 w_1이라 하면 나머지 $1-w_1$, 즉 w_2는 자산 2에 대한 투자비중이 된다. 이제 자산 1과 자산 2로 구성된 포트폴리오의 수익률과 기대수익률, 분산은 다음과 같이 계산된다.

$$\begin{aligned} r_p &= w_1 r_1 + w_2 r_2 \\ E(r_p) &= w_1 E(r_1) + w_2 E(r_2) \\ \sigma_p{}^2 &= (w_1\sigma_1)^2 + (w_2\sigma_2)^2 + 2(w_1\sigma_1)(w_2\sigma_2)\rho_{12} \end{aligned} \quad \textbf{5-1}$$

여기서 w_1, w_2 : 투자비율

ρ_{12} : 두 자산 간의 상관계수

《식 5-1》에서 볼 수 있듯이 포트폴리오의 기대수익률은 개별자산의 기대수익률을 투자비중에 따라 가중평균한 것이다. 그러나 포트폴리오의 위험을 측정하는 분산의 경우에는 단순히 개별자산 분산을 가중평균한 것이 아니라 두 자산 간의 상관관계도 아울러 고려해야 함을 나타내고 있다. 즉 상관계수의 크기에 따라 포트폴리오의 위험은 크게 달라지고 가장 적은 위험을 지닌 개별자산보다 더 적은 위험의 포트폴리오를 만들어낼 수 있는 것이다. 두 자산수익률 간의 상관계수는 두 자산수익률 간의 공분산을 각각의 표준편차로 나눈 것으로서 −1과 +1 사이에 값을 가지며 다음과 같이 표시된다.

$$\rho_{ij} = \frac{\sigma_{ij}}{\sigma_i \sigma_j} \quad \textbf{5-2}$$

$$\sigma_{ij} = \sum_{s=1}^{n} p_s (r_{si} - E(r_i))(\mathrm{r}_{sj} - E(r_j)) \quad \textbf{5-3}$$

여기서 n : 시나리오 경우의 수

S : 시나리오

상관계수가 +1이면 두 자산은 완전히 같이 움직이는 것이고, −1이면 완전히 서로 반대로 움직이는 것이며, 0이면 두 자산은 서로 상관없이 움직이는 것을 뜻한다. 이제 예제를 통하여 포트폴리오의 기대수익률과 분산을 구해보자.

예제 5-1 포트폴리오의 기대수익률과 분산의 계산

주식과 채권으로 포트폴리오를 구성하고자 하는 투자자가 있다. 이 투자자는 증권회사로부터 다음 표와 같은 해당 종목의 예측치를 전해 들었다. 주식과 채권에 반반씩 투자한다고 할 때 이 포트폴리오의 기대수익률과 분산, 표준편차는 얼마인가?

시나리오	확률	주식수익률	채권수익률
불경기	1/3	−7%	+17%
보통 경기	1/3	+12%	+7%
호황기	1/3	+28%	−3%

풀이

이 투자자는 위의 수익률 예측치를 근간으로 하여 주식과 채권의 기대수익률과 분산을 다음과 같이 계산하였다.

시나리오	주식			채권			편차의 곱	포트폴리오
	수익률	기대수익률로부터의 편차	제곱편차	수익률	기대수익률로부터의 편차	제곱편차		
불경기	−7%	−18%	324	+17%	+10%	100	(−18)×10 =−180	$\frac{1}{2}$(−7+17)=5%
보통 경기	+12%	+1%	1	+7%	0%	0	1×0=0	$\frac{1}{2}$(12+7)=9.5%
호황기	+28%	+17%	289	−3%	−10%	100	17)×(−10) =−170	$\frac{1}{2}$(28−3)=12.5%
기대수익률	$\frac{1}{3}$(−7+12+28)=11%			$\frac{1}{3}$(+17+7−3)=7%				$\frac{1}{2}$(11+7)=9%
분산	$\frac{1}{3}$(324+1+289)=204.7			$\frac{1}{3}$(+100+0+100)=66.7				9.5
표준편차	$\sqrt{204.7}$=14.3%			$\sqrt{66.7}$=8.2%				3.1%

포트폴리오의 기대수익률은 위의 표에서와 같이 주식과 채권의 기대수익률의 가중평균이므로 쉽게 구할 수 있다. 그러나 포트폴리오의 분산은 공분산효과를 고려해야 하기 때문에 간단하지 않다. 먼저 공분산을 계산해보자.

$$\sigma_{ij} = \sum_{s=1}^{n} p_s[r_{si} - E(r_i)][r_{sj} - E(r_j)]$$
$$= \frac{1}{3}(-7-11)(17-7) + \frac{1}{3}(12-11)(7-7) + \frac{1}{3}(28-11)(-3-7)$$
$$= \frac{1}{3}(-180+0-170) = -116.7$$

공분산을 각각의 표준편차로 나눈 것이 상관계수이므로 상관계수는

$$\rho_{12} = \frac{\sigma_{ij}}{\sigma_i \sigma_j} = \frac{-116.7}{14.3 \times 8.2} = -0.99$$

가 된다. 따라서 주식과 채권에 반씩 투자한 포트폴리오 분산은 다음과 같다.

$$\sigma_p^2 = \left(\frac{1}{2}\right)^2 204.7 + \left(\frac{1}{2}\right)^2 66.7 + 2\left(\frac{1}{2}\right)\left(\frac{1}{2}\right)(-116.7) = 9.5 \quad \text{또는}$$

$$\sigma_p^2 = \left(\frac{1}{2}\right)^2 204.7 + \left(\frac{1}{2}\right)^2 66.7 + 2\left(\frac{1}{2}\right)\left(\frac{1}{2}\right)(14.3)(8.2)(-0.99) = 9.5$$

이에 따라 표준편차 $\sigma_p = 3.1\%$로 나타났다.

여기서 우리는 극단적인 분산효과가 발생함을 발견할 수 있다. 즉 주식의 표준편차는 14.3%이고, 채권의 표준편차는 8.2%인데 주식과 채권이 반반으로 구성된 포트폴리오의 표준편차는 3.1%로 오히려 채권의 표준편차보다도 더 줄어드는 현상이 나타나고 있다. 원래 채권에만 투자하는 경우보다 위험이 훨씬 큰 주식을 편입하였는데도 오히려 더 위험이 줄어드는 현상이 발생한 것이다. 이것이 바로 분산효과의 묘미라고 할 수 있으며 〈그림 5-3〉에서 보는 바와 같이 상관계수가 적으면 적을수록 많이 휘기 때문에 일어난다. 본 예제에서는 주식과 채권 간의 상관계수가 −0.99이기 때문에 상당한 위험감소효과가 발생할 수밖에 없다.

〈그림 5-3〉은 각 상관계수별로 자산 1과 자산 2에 대한 투자비중(w의 값)을 변화시킬 때 투자 가능한 (기대수익률, 표준편차)의 조합을 표시한 것이다. 따라서 각 곡선은 각 상

〈그림 5-3〉 다양한 상관계수에 따른 포트폴리오의 기대수익률과 위험 조합

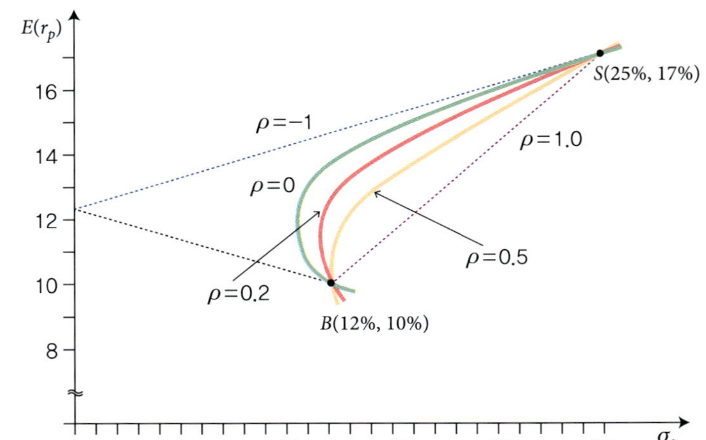

관계수에 따라 주어지는 투자기회집합(investment opportunity set)이라 부른다. 그림에서 확인할 수 있듯이 두 자산 간의 상관계수가 1.0보다 작기만 하면 투자기회집합 곡선은 왼쪽으로 휘기 때문에 분산효과가 발생함을 알 수 있다. 아울러 상관계수값이 작아지면 작아질수록 왼쪽으로 더욱 많이 휨을 보여주고 있다.

투자기회집합선상의 각 점은 자산 1과 자산 2에 대한 투자비중을 변화시킬 때마다 하나씩 생성이 되는데, 기대수익률과 표준편차가 각각 17%와 25%인 주식과 기대수익률과 표준편차가 각각 10%와 12%인 채권의 상관계수가 0이라 할 때 포트폴리오의 투자기회집합을 구한 것이 〈표 5-3〉과 〈그림 5-4〉에 나타나 있다. 투자기회집합 중에 분산이 가장 작은 포트폴리오를 최소분산 포트폴리오(Minimum Variance Portfolio: MVP)라고 한다.

〈표 5-3〉 주식과 채권으로 이루어진 투자기회집합

투자비율		기대수익률(%)	표준편차(%)
W_B	W_S	$E(r_p)$	σ_p
0.0	1.0	17.0	25.0
0.2	0.8	15.6	20.1
0.4	0.6	14.2	15.7
0.5	0.5	13.5	13.8
0.6	0.4	12.8	12.3
0.8	0.2	11.4	10.8
0.8127*	0.1837*	11.3	10.8
1.0	0.0	10.0	12.0
투입자료: $E(r_B)$=10%, $E(r_S)$=17%, σ_B=12%, σ_S=25%, ρ_{BS}=0			

*최소분산 포트폴리오.

〈그림 5-4〉 다양한 상관계수에 따른 포트폴리오의 기대수익률과 위험 조합

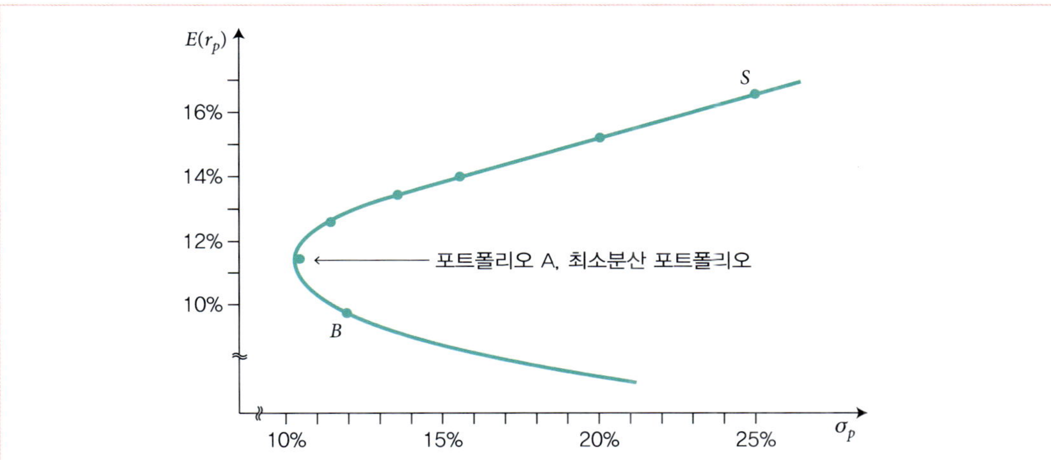

예제 **5-2 포트폴리오 수익률과 위험의 계산**

채권과 주식에 대해 〈표 5-4〉와 같은 정보가 주어졌을 때 채권에 70%, 주식에 30% 투자한다면 포트폴리오의 수익률과 위험은 어떻게 계산되는가?

〈표 5-4〉 채권과 주식에 대한 정보

구분	채권	주식
기대수익률	8%	13%
표준편차	12%	20%
공분산	0.0072	
상관계수	0.3	

풀이

《식 5-1》을 적용하면 다음과 같이 계산된다.

$E(r_P) = 0.7(8\%) + 0.3(13\%) = 9.5\%$

$\sigma^2_P = 0.7^2(0.12)^2 + 0.3^2(0.2)^2 + 2(0.7)(0.3)(0.0072) = 0.0137$ 또는 $\sigma_P = 0.117(11.7\%)$

5-2-3 주식, 채권 및 무위험자산 간의 자산배분

우리는 4-2절에서 위험포트폴리오 P와 무위험자산이 주어졌을 때 이들 간에 어떻게 자본을 배분하는지 이미 배웠다. 그러나 위험포트폴리오 P에 대해서는 구체적으로 언급하지 않았다. 여기서 그것에 대해 살펴보기로 하자. [예제 5-2]의 정보를 그대로 사용한다.

위험포트폴리오 P가 〈표 5-4〉에 주어진 채권과 주식으로 구성되어 있다고 할 때 위험포트폴리오의 투자기회집합이 〈그림 5-5〉와 같이 주어진다. 이제 또 하나의 자산인 무위험자산이 존재한다면 위험포트폴리오 P와 연결하는 자본배분선이 만들어지며, 여러 자본배분선 중에서 투자기회집합과 접하는 직선이 최대의 샤프비율을 제공하기 때문에 접점(tangent point)이 최적의 위험포트폴리오 P^*가 된다. 무위험자산의 수익률은 5%라 가정한다.

이제 위의 문제를 수식적으로 표시하면 다음의 최적화 문제의 해인 w_1과 w_2(위험포트폴리오 P의 주식과 채권 비중)을 구하는 것임을 알 수 있다.

$$\underset{w}{Max}\ S_P = \frac{E(r_p) - r_f}{\sigma_p} \qquad \textbf{5-4}$$

$$s.t.\ E(r_p) = w_1E(r_1) + w_2E(r_2)$$

$$\sigma_p = \sqrt{w_1{}^2\sigma_1{}^2 + w_2{}^2\sigma_2{}^2 + 2w_1w_2\sigma_{12}}$$

$$w_1 + w_2 = 1$$

〈그림 5-5〉 채권과 주식으로 이루어진 투자기회집합, 최적의 위험포트폴리오

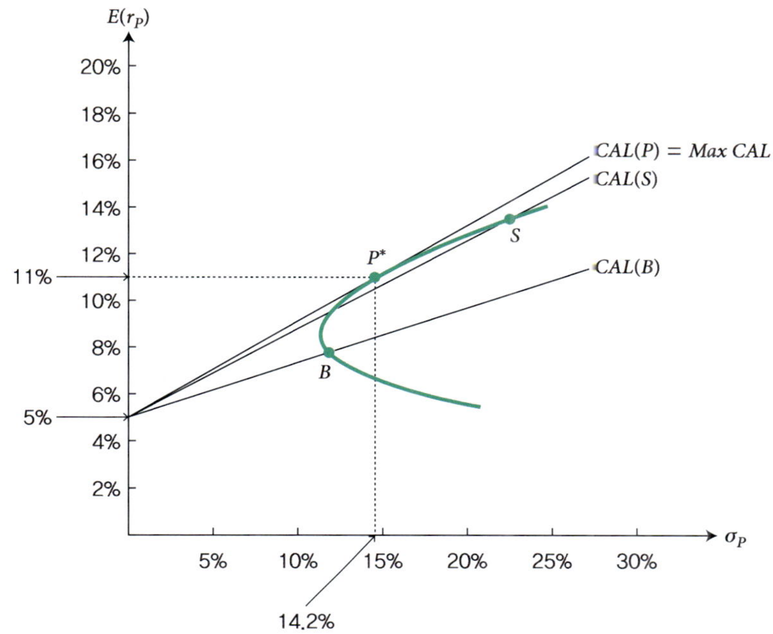

《식 5-4》에 위에 주어진 채권, 주식 및 무위험자산에 대한 정보를 대입하면,

$$Max\ S_p = \frac{w_1(8\%) + (1-w_1)(13\%) - 5\%}{\sqrt{w_1^2(0.2)^2 + (1-w_1)^2(0.12)^2 + 2w_1(1-w_1)0.0072}} \quad \textbf{5-5}$$

《식 5-5》의 풀이 과정은 5장 뒷부분의 부록 5-A를 참고하기 바라며, 그 답은 다음과 같다.

$$w_1^* = \frac{(0.08-0.05)(0.2)^2 - (0.13-0.05)(0.0072)}{(0.08-0.05)(0.2)^2 + (0.13-0.05)(0.12)^2 - (0.08-0.05+0.13-0.05)(0.0072)} = 0.40$$

$$w_2^* = 1-w_1^* = 1-0.40 = 0.60$$

따라서 최적의 위험포트폴리오 P^*의 기대수익률과 표준편차를 계산하면 다음과 같다.

$$E(r_{p^*}) = 0.4(8\%) + 0.6(13\%) = 11\%$$

$$\sigma_{p^*} = \sqrt{0.4^2(0.12)^2 + 0.6^2(0.2)^2 + 2(0.4)(0.6)(0.0072)} = 0.142 = 14.2\%$$

우리는 4장에서 최적의 결합포트폴리오 C^*는 자본배분선과 투자자의 무차별곡선이 접하는 점이라 배웠다. 이제 위에서 구한 최적의 위험포트폴리오 P^*와 무위험자산 그리고 A=4인 무차별곡선을 사용해서 C^*를 구해보자.

$$y^* = \frac{E(r_{p^*}) - r_f}{A\sigma_{p^*}^2} = \frac{0.11-0.05}{4(0.142)^2} = 0.74$$

따라서 이 경우 C^*는 P^*에 자금의 74%를 투자하고 무위험자산(국공채)에 자금의 26%를 투자하는 경우 달성됨을 알 수 있다. P^*는 채권에 40%를 투자하고 주식에 60%를 투자할 경우 만들어지므로, 채권에 투자되는 자금은 전체 자금의 30%(=0.74×0.4)이고 주식에 투자되는 자금은 전체 자금의 45%(=0.74×0.6)임을 유추할 수 있다. 또한 무위험자산에 투자되는 자금은 나머지 25%임을 알 수 있다. 이를 그림으로 정리하면 〈그림 5-6〉과 같다.

〈그림 5-6〉 최적 결합포트폴리오의 구성

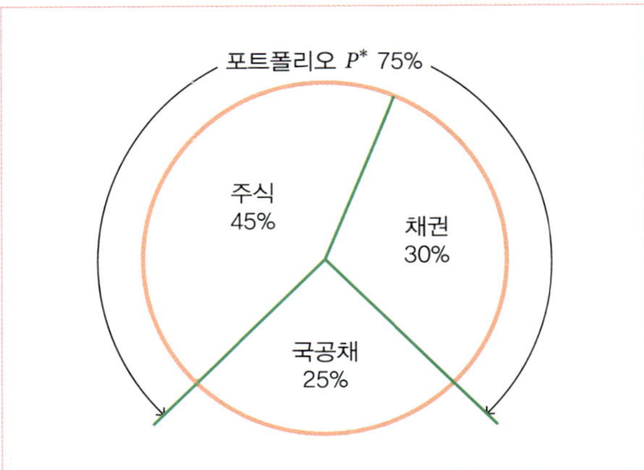

5-2-4 마코위츠 모형

지금까지 위험자산이 2개(채권과 주식)이고 무위험자산이 존재할 때의 포트폴리오 선택 문제를 다뤘다. 위험자산이 n개가 되면 어떻게 될까? 마코위츠(Harry Markowitz)가 1952년 그의 논문에서 이 문제를 처음으로 체계적으로 다뤘기 때문에 우리는 포트폴리오 선택모형을 마코위츠 모형이라고 부른다. 마코위츠는 이를 기반으로 재무경제학에 큰 기여를 한 업적으로 1990년 노벨경제학상을 수상하였다.

포트폴리오 선택 문제의 각 단계를 자세히 살펴보면 다음과 같다. 첫 번째 단계로서 포트폴리오 관리자는 각 자산(또는 증권)의 기대수익률, 분산, 공분산 등을 추정하여야 한다. 이런 투입변수들을 제대로 추정하기 위해서 증권분석가들은 많은 시간과 노력을 기울이게 되는데 이를 증권분석이라 하며 이에 대해서는 4부에서 자세히 배우게 될 것이다. 여기서는 증권분석가들에 의해 이러한 정보가 주어져 있다고 가정한다. 위험자산이 n개라면 기대수익률이 n개, 분산이 n개, 공분산이 $n(n-1)/2$개가 필요하다.[3] 만약 포트폴리오 관리자가 50개의 종목을 관리한다고 가정하면, 50개의 기대수익률과 50개의 분산 및 (50)(49)/2=1,225개의 공분산 추정치를 필요로 하기 때문에 이는 결코 쉬운 일이 아님을 알 수 있다. 우리는 6장에서 이러한 추정치의 숫자를 줄일 수 있는 방법을 다루게 될 것이다.

일단 위의 추정치가 주어지면, 포트폴리오 관리자는 두 번째 단계로서 다음 식들을 사

3) 자산이 n개일 때 공분산행렬은 $n \times n$차원(n^2)인데 대각선에는 n개의 분산이 있고 비대각선(off-diagonal)에는 n^2-n개의 공분산이 있는 행렬이다. 그런데 대각선을 중심으로 우측과 좌측에 동일한 공분산이 두 개씩 들어가므로 실제 추정할 공분산 개수는 $(n^2-n)/2$개가 된다.

용해서 포트폴리오의 기대수익률과 분산을 위한 식을 세울 수 있다.

$$r_p = \sum_{i=1}^{n} w_i r_i \quad \textbf{5-6}$$

$$E(r_p) = \sum_{i=1}^{n} w_i E(r_i) \quad \textbf{5-7}$$

$$\sigma_p{}^2 = \sum_{i=1}^{n}\sum_{j=1}^{n} w_i w_j \sigma_{ij} = \sum_{i=1}^{n} w_i{}^2 \sigma_i{}^2 + \sum_{\substack{i=1 \\ i \neq j}}^{n}\sum_{j=1}^{n} w_i w_j \sigma_{ij} \quad \textbf{5-8}$$

마코위츠는 위 식들을 이용해서 주어진 위험수준에서 가장 높은 수익률을 제공하거나 또는 주어진 기대수익률에 대해 가장 낮은 위험을 제공하는 포트폴리오를 선택하는 방법론을 제공한 것이다. 사실 두 가지 접근법은 동일한 결과를 제공하며 이때 도출되는 최선의 포트폴리오 집합을 위험자산들의 효율적 경계선(efficient frontier of risky assets)이라 한다. 이를 그림으로 설명하면 다음과 같다.

〈그림 5-7〉에서 사각형으로 표시된 점들은 분산을 최소화하는 방법으로 만들어진 것이다. 기대수익률이 주어지면(수평선) 이를 달성하는 포트폴리오 중 가장 낮은 분산을 제공하는 점(가능한 한 왼쪽에 가까운 점)을 찾는 것인데, 이러한 작업을 여러 기대수익률에 대해서 반복하면 그림과 같은 효율적 경계선이 만들어진다. 최소분산 포트폴리오의 아래에 있는 곡선(점선으로 표시)도 만들어지기는 하지만 지배원리에 의해 비효율적이기 때문에 고려대상이 되지 않는다. 또 다른 방법으로서 표준편차가 주어진 상태에서(수직선) 기대수익률을 최대화하는 원형점들을 찾는 방법인데, 여러 표준편차에 대해서 같은 작업을 반복하면 동일한 효율적 경계선을 만들 수 있다. 이를 구하는 과정은 부록 5-B에 자세히 나와 있다.

이제 이러한 위험자산들로 이루어진 효율적 경계선과 함께 무위험자산이 존재한다면

〈그림 5-7〉 효율적 포트폴리오 집합(지배원리)

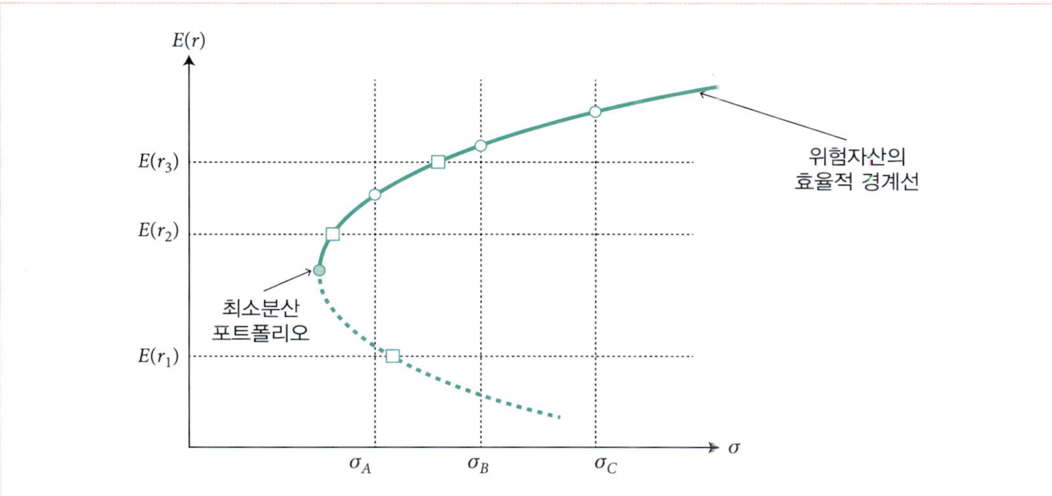

〈그림 5-8〉 최적 위험포트폴리오의 선택

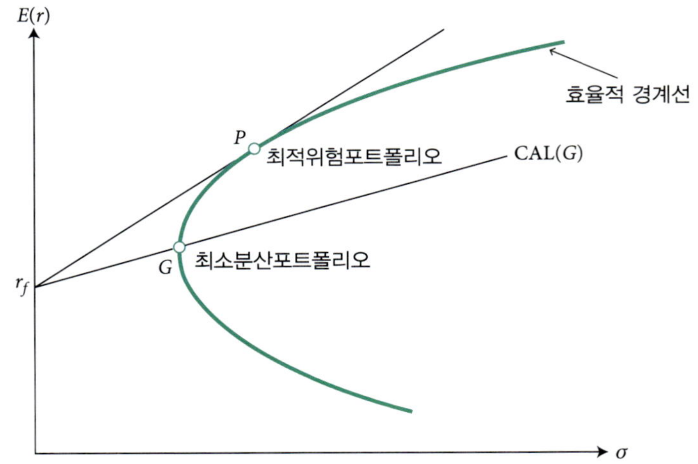

투자자들은 효율적 경계선상의 어떤 점을 선택하게 될까? 앞에서 무위험자산과 위험포트폴리오를 연결하는 선을 자본배분선(CAL)이라 한다고 하였는데 지배원리에 의하여 합리적인 투자자라면 자본배분선과 효율적 경계선이 접하는 점을 가장 선호하게 될 것이다. 즉 합리적인 투자자라면 효율적 경계선 중에서 자본배분선의 기울기인 위험보상비율을 가장 크게 만드는 점 P를 선택할 것인데, 이때 P점이 최적 위험포트폴리오(optimal risky portfolio)가 된다(그림 5-8 참조).

여기서 한 가지 재미있는 사실은 최적 위험포트폴리오 P가 모든 사람에게 동일하다는 것이다. 즉 투자자의 성향에 관계없이 최적 위험포트폴리오가 결정된다는 것이다. 이와 같이 최적 위험포트폴리오가 투자자의 선호체계(또는 효용함수)와 분리되어 결정되는 것을 토빈의 분리정리(Tobin's separation theorem)라 한다.

그러나 이러한 최적 위험포트폴리오 P와 무위험자산 간에 자본배분은 투자자의 선호도에 따라 달라진다고 하였는데 〈그림 5-9〉에서 보듯이 위험회피도가 큰 투자자 A(가파른 효용함수)의 경우에는 최적 결합포트폴리오(optimal complete portfolio) C_A를 선택하게 되고, 위험회피형이기는 하지만 상대적으로 위험회피도가 적은 투자자 B(평평한 효용함수)의 경우에는 C_B를 선택하게 된다.

지금까지 설명된 최적 포트폴리오 형성과정(그림 5-10 참조)을 요약하면 다음과 같다. 첫째, 증권분석을 통하여 개별증권의 기대수익률과 표준편차를 예측한다. 이를 정확하게 예측하는 것이 포트폴리오 구성의 관건이라 할 수 있으며, 이를 위하여 많은 증권분석가가 기본적 분석과 기술적 분석 등 모든 수단을 동원하여 노력하고 있는 것이다. 둘째, 증권 간의 상관관계를 분석하여 계산한 다음 이 모든 증권으로 구성된 효율적 경계선을 찾는다. 셋째, 무위험자산과 효율적 경계선이 접하는 점인 P를 구한다. P는 위험증권들로만

〈그림 5-9〉 최적 결합포트폴리오의 선택

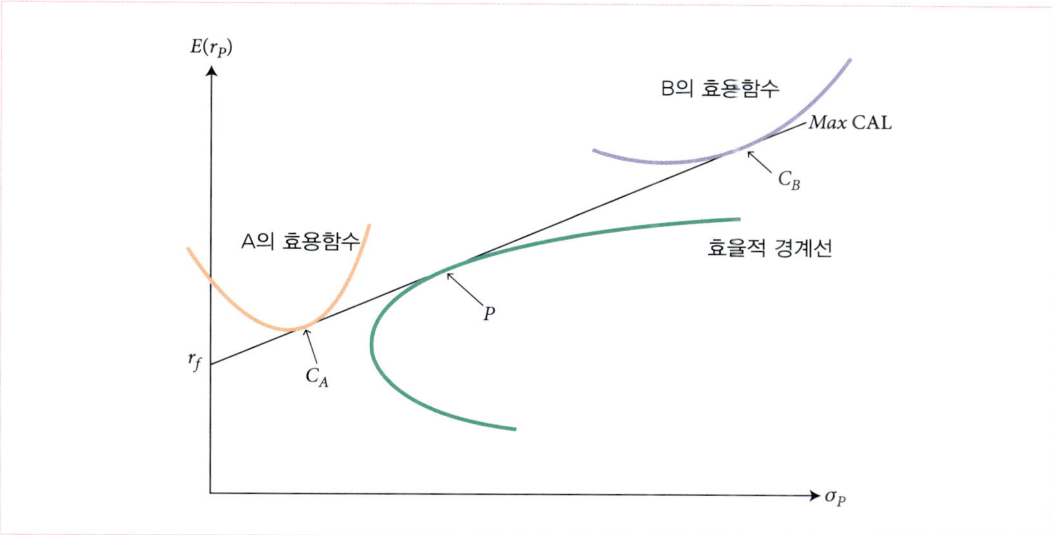

〈그림 5-10〉 최적 포트폴리오의 형성과정

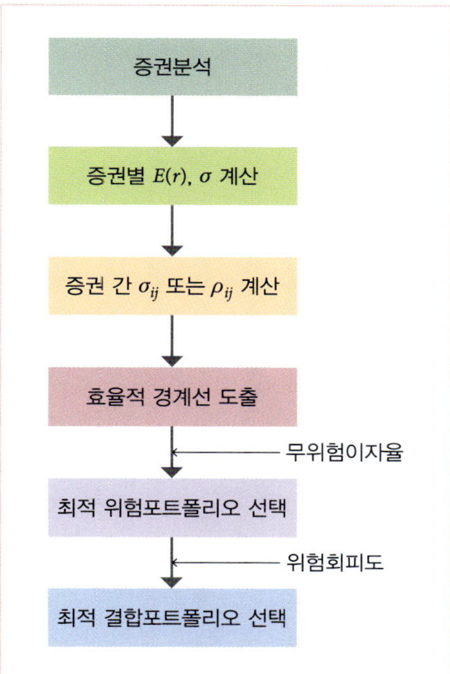

구성되어 있는 최적 위험포트폴리오로서 모든 사람에게 동일하다. 넷째, 투자자들의 위험선호도를 반영하여 최적 결합포트폴리오 C를 구하게 된다.

이제 마지막으로 몇 가지 실제적인 이슈들을 점검하고 이번 장을 마무리 짓도록 하자. 첫째, 만약 고객이 포트폴리오의 수익률이 물가상승률을 반드시 넘도록 해달라는 요청을 해 왔다면, 포트폴리오 관리자는 어떻게 해야 할까? 이러한 제약식을 《식 5-7》과 《식 5-8》에 추가해서 진행하면 되는데 이는 〈그림 5-8〉에 새로운 제약식이 추가되기 때문에 효율적 경계선의 영역이 축소됨을 의미한다. 둘째, 효율적 경계선을 도출하는 과정에서 투입요소인 종목의 기대수익률, 분산, 공분산의 추정치가 모두에게 동일하다면 최적의 위험포트폴리오도 모두에게 동일하지만 만약 투입요소의 추정치가 서로 다르다면 어떻게 될까? 만약 투입요소들에 대한 추정치가 다르다면 당연히 효율적 경계선의 추정도 달라질 것이기 때문에 최적의 위험포트폴리오도 달라질 것이다. 이는 다시 한번 종목분석의 중요성을 시사한다. 좀 더 정확한 종목분석을 통해 더 나은 투입요소들의 추정치를 구해낸다면 더 나은 서비스를 고객에게 제공할 수 있기 때문이다.

실용적인 단계별 재테크 투자전략

1단계: 재테크 초기에는 목돈을 모으는 데 주력해야 한다. 목돈 모으기에 가장 유리한 금융상품으로는 적립식 상품이 있으며 그 중에서도 세금감면 혜택이 주어지는 비과세상품(근로자우대저축, 비과세가계저축, 개인연금 등)과 세금우대상품(소액가계저축, 소액채권저축 등)을 가입하는 것이 좋다.

2단계: 일정한 목돈이 생기면 재테크수단에 대한 선택의 폭이 늘어나고, 금리변동에 대해서도 더욱 민감해지게 된다. 왜냐하면 목돈 굴리기에 효과적인 거치식 금융상품(정기예금)이 적립식 금융상품보다 금리변동에 따른 영향을 크게 받기 때문이다. 개인의 자산 운용규모가 커질수록 금리변동은 물론 채권시가평가제, 예금자보호법과 같은 제도변화 등 전반적인 투자환경변화에 대한 관심을 필요로 한다.

3단계: 내집마련 시기는 기본적으로 주택가격 순환주기 등 큰 흐름을 따져봐야 한다. 자신의 판단으로 지금 시점이 내집마련의 적기라고 생각되더라도 대출이자에 대한 부담을 지니고 무리하게 집을 사는 것은 바람직하지 않다. 주택가격의 바닥은 사후에 나타나기 때문에 실수요자 입장에서는 자신의 소득수준에 맞춰 대출이자를 충분히 감당해낼 수 있으며, 주택가격이 더 이상 떨어질 가능성이 희박하고 향후 상승 조짐이 보이는 시점에서 내집마련을 시도하는 것이 좋다.

4단계: 여유자금의 규모가 본인이 보유하고 있는 주택가격 이내라면 부동산(실물자산)과 금융자산에 적절히 분산투자되어 있다고 할 수 있다. 따라서 금융자산 중에서 예금과 채권, 주식 등으로의 분산투자만 고려하면 된다. 이 경우는 금리의 변동, 새로운 재테크 수단의 출연, 그리고 유동성 확보 측면에서 금융상품을 기간별로 분산하여 투자하면 된다. 즉 여유자금의 1/3은 1년 정도의 중기 금융상품으로, 나머지 2/3는 금리의 하락가능성이 높을 때는 장기 확정금리상품의 비율을 높이고, 금리의 상승가능성이 높으면 단기상품에 많은 금액을 투자하는 것이 바람직하다. 반면에 여유자금이 주택가격 이상의 거액인 경우에는 실물자산과 금융자산 간 일정비율을 정해 철저한 분산투자를 해야 한다. 자산의 분산은 흔히 부동산, 금융상품, 주식 등에 일정비율로 분산투자하게 되는데, 경기상황에 따라 종목별 분산규모는 달라지게 된다.

인물탐구

1990년 노벨 경제학상 수상자 해리 마코위츠

피터 번스타인 쓴 「Capital Idea」라는 책의 2부 "전체와 부분(the whole and the parts)" 2장에 보면 마코위츠가 기여한 바를 다음과 같이 소개하고 있다.

마코위츠의 포트폴리오 선택과 리스크 관리
– 14쪽짜리 논문으로 얻은 세계적인 명성

현대 금융–투자이론의 역사에서 가장 통찰력 있는 논문 한 편을 꼽으라면 이론가들은 대부분 '포트폴리오 선택'을 든다. 14쪽에 지나지 않는 이 논문은 1952년 3월 당시 금융학계의 유일한 학술지인 「Journal of Finance」를 통해 세상에 발표되었다.

마코위츠의 1952년 논문 제목에서는 읽는 사람을 압도하는 뭔가가 느껴지기는 하지만 핵심 내용은 소박하다. 금융 현장에서 오래전부터 존재했던 금언인 "모험하지 않으면 얻는 게 없다"와 "달걀은 한 바구니에 담지 말라"를 좀 더 학술적으로 입증한 수준이다. 또한 투자자가 수익의 극대화를 꾀하면서 리스크를 최소화할 수 있는 방법을 설명했다.

수익과 리스크, 분산과 집중 사이에 존재하는 긴장이야말로 마코위츠가 이룬 이론적 혁명의 단초였다. 첫 번째 단계의 분석이 바로 1952년 논문의 주제였고, 이

논문의 수학적 모델은 코프만스의 선형모델과 비슷하다. 이 분석을 통해 투자자는 포트폴리오를 선택할 때 수익과 리스크의 상충관계를 어떻게 응용해야 할지를 알게 되었다.

마코위츠가 시도한 두 번째 단계의 분석은 투자자의 목적에 걸맞는 최적의 포트폴리오 하나를 어떻게 선택할 수 있는지에 관한 것이다. 「포트폴리오 선택: 투자의 효율적 분산」이라는 책의 주제이다.

분산투자가 효력을 발휘하기 위해서는 "올바른 목적을 위해서 올바른 방법으로 재산을 나눠 투자해야 한다고 강조했다. 분산투자의 성공은 종목수에 달려있지 않다. 개별종목의 수익이 서로 어떤 관계를 맺고 있는지에 달려있다. 마코위츠의 말을 빌리면 "통계학 개념인 공분산이 높은 종목들은 피하는 것이 필수이다." 공분산이 높은 종목들은 주가가 같은 방향으로 움직인다.

마코위츠가 남긴 이론적인 업적 가운데 하나는 개별종목과 포트폴리오의 리스크를 명확하게 구분했다는 점이다. "포트폴리오의 리스크는 편입종목의 평균 리스크가 아니라 공분산에 의해 결정된다." 공분산이 낮다면 개별종목의 리스크가 높아도 포트폴리오의 리스크는 하락한다는 뜻이다

마코위츠의 원칙을 따라 투자하면 여러 가지 이점이 있기는 하지만, 투자자가 금융 현장에서 그것을 적용하기는 어렵다. 그의 권고를 따르기 위해서는 투자자가 다양한 자산으로 여러 가지 포트폴리오를 구성 비교 분석해 가장 효율적인 포트폴리오를 발견해야 하는 어려운 과정을 거쳐야 한다.

인물탐구

1981년 노벨 경제학상을 수상한 제임스 토빈

1981년 노벨 경제학상을 받은 토빈은 미국 연방준비제도 총재인 앨런의 정신적 지주이다. 또한 같은 책 2부 3장 "인테리어 디자이너 오류(The interior decorator fallacy)"에서 제임스 토빈의 기여도를 다음과 같이 말하고 있다.

> 토빈의 분리정리 : 위험 자산과 무위험 자산의 분산투자

런던 비즈니스 스쿨의 리처드 브릴리 교수는 지금까지 설명한 "고객 맞춤형 운용전략"을 고수하는 펀드매니저들을 "인테리어 디자이너"로 불렀다. 인테리어 디자이너는 고객마다 독특한 취향과 니즈가 있다고 생각한다.

마코위츠는 투자자가 위험 가득한 자산으로 가득한 세계를 가정했다. 토빈은 마코위츠의 가정이 불필요하다고 지적했다. 사실 투자자는 폭넓은 선택을 할 수 있다. 현금 또는 현금이나 다름없는 정부채권을 포트폴리오에 포함시켜 리스크 수준을 전체적으로 낮출 수 있다.

토빈은 노벨경제학상을 받은 뒤인 1986년 "… (마코위츠의) 모델에 무위험 자산을 포함시키면 … 아주 흥미로운 결과를 얻을 수 있다"고 말했다.

증명된 사실 하나는 비현금(위험)자산의 선택 취합은 포트폴리오 안의 위험과 무위험 자산의 비중과는 무관하다는 것이다. 이것이 현대 금융학계에서 널리 알려진 "토빈의 분리정리(Seperation Theorem)"이다. 풀어 설명하면, 이는 "위험한 자산으로 가장 효율적인 포트폴리오를 구성하는 작업은 투자자가 무위험 자산(현금)과 위험 자산을 어떤 비율로 나눠 포트폴리오에 편입할 것인지와 전혀 무관하게 이뤄진다"는 의미이다.

투자자는 먼저 전체적인 리스크를 어느 정도 선에서 감수할지를 결정한다. 이는 투자 결정에서 가장 중요한 사항이다. 다음으로 주식이나 채권 등 위험 자산을 얼마나 보유하고, 무위험 자산인 현금을 보유할지 결정한다.

부록 5-A. 최적 위험포트폴리오의 도출

최적의 위험포트폴리오를 구하기 위해서는 다음의 식을 w에 대해 풀어야 한다.

$$\underset{w}{Max}\ S_P = \frac{E(r_p) - r_f}{\sigma_p}$$

$$s.t.\ E(r_p) = w_1 E(r_1) + w_2 E(r_2)$$

$$\sigma_p = \sqrt{w_1{}^2\sigma_1{}^2 + w_2{}^2\sigma_2{}^2 + 2w_1w_2\sigma_{12}}$$

$$w_1 + w_2 = 1$$

이제 위 식에서 제약식들을 모두 목적함수에 대입해서 표시하면 다음과 같이 간단히 표시된다.

$$Max\ S_P = \frac{w_1E(r_1) + (1 - w_1)E(r_2) - r_f}{\sqrt{w_1{}^2\sigma_1{}^2 + w_2{}^2\sigma_2{}^2 + 2w_1w_2\sigma_{12}}}$$

여기서 $f(w_1) = w_1E(r_1) + (1 - w_1)E(r_2) - r_f$ **A-1**

$$g(w_1) = \sqrt{w_1{}^2\sigma_1{}^2 + w_2{}^2\sigma_2{}^2 + 2w_1w_2\sigma_{12}} \qquad \textbf{A-2}$$

그러면 목적함수는 $S_p = \dfrac{f(w_1)}{\sqrt{g(w_1)}}$가 된다. 이를 w_1에 대해 일차 미분하면,

$$\frac{dS_p}{dw_1} = \frac{f(w_1)}{\sqrt{g(w_1)}} - \frac{1}{2}\frac{f(w_1)}{g(w_1)\sqrt{g(w_1)}}g'(w_1) = 0 \qquad \textbf{A-3}$$

$$f'(w_1) = E(r_1) - E(r_2) \qquad \textbf{A-4}$$

$$g'(w_1) = 2[w_1\sigma_1{}^2 - (1 - w_1)\sigma_2{}^2 + (1 - 2w_1)\sigma_{12}] \qquad \textbf{A-5}$$

《식 A-4》와 《식 A-5》)를 《식 A-3》에 대입하면,

$$\frac{dS_p}{dw_1} = [E(r_1) - E(r_2)] - \frac{f(w_1)}{g(w_1)}[(\sigma_1{}^2 + \sigma_2{}^2 - 2\sigma_{12})w_1 - \sigma_2{}^2 + \sigma_{12}] = 0 \qquad \textbf{A-6}$$

이제 《식 A-1》과 《식 A-2》를 《식 A-6》에 대입하고, w_1에 대해서 정리하면 다음을 얻을 수 있다.

$$w_1 = \frac{\sigma_2{}^2[E(r_1) - r_f] - \sigma_{12}[E(r_2) - r_f]}{\sigma_2{}^2[E(r_1) - r_f] + \sigma_1{}^2[E(r_2) - r_f] - [E(r_1) - r_f + E(r_2) - r_f]\sigma_{12}} \qquad \textbf{A-7}$$

$$w_2 = 1 - w_1$$

부록 5-B. 효율적 경계선 도출 과정 설명

효율적 경계선은 엑셀 스프레드시트를 이용하여 쉽게 그할 수 있다. 원하는 종목들의 수익률만 입력하면 아래의 과정을 거쳐 효율적 경계선이 도출된다. 종목수(수익률 매트릭스의 열수)와 분석기간(수익률 매트릭스의 행수)은 사용자가 조정하여야 한다. 효율적 경계선을 구하는 과정을 설명하면 다음과 같다.

1. 수익률 데이터를 입력한다(사용자가 해야 할 유일한 부분임).
   - 일별, 주별, 월별, 연별수익률(m기간)
   - 원하는 종목 모두(n개)
   - $m \times n$개의 데이터 메트릭스
2. 각 종목 수익률의 평균과 표준편차가 구해진다.
   - Means(n개), Stds(n개)
3. 분산-공분산 메트릭스가 구해진다.
   - $n \times n$ Covariance Matrix
4. 분산-공분산의 역행렬식이 계산된다.
   - $n \times n$ Inverse Covariance Matrix(INVCOV)
5. Efficient Portfolio(1)과 (2)의 가중치인 Z(1)과 Z(2)가 계산된다.
   - $Z(1) = \text{INVCOV} \times (\text{Means} - \text{Const } 1)$
   - $Z(2) = \text{INVCOV} \times (\text{Means} - \text{Const } 2)$
   - Const: 임의의 상수≥ 0
6. Normalized된 X(1)과 X(2)가 계산된다.
   - $X(1) = Z(1) \times [Z'(1) \cdot 1]$
   - $X(2) = Z(2) \times [Z'(2) \cdot 1]$
   - $X'(1) \cdot 1 = 1$ & $X'(2) \cdot 1 = 1$ ☜ Normalize
7. Efficient Portfolio(1)과 (2)의 기대수익률이 구해진다.
   - $E(R_1) = X'(1) \cdot \text{Means}$
   - $E(R_2) = X'(2) \cdot \text{Means}$
8. Efficient Portfolio(1)과 (2)의 분산과 공분산이 구해진다.
   - $\text{Var}(1) = X'(1) \cdot \text{Cov} \cdot X(1) = \text{Interim}(1) \cdot X(1)$
   - $\text{Var}(2) = X'(2) \cdot \text{Cov} \cdot X(2) = \text{Interim}(2) \cdot X(2)$
   - $\text{Cov}(1, 2) = X'(1) \cdot \text{Cov} \cdot X(2) = \text{Interim}(1) \cdot X(2)$
9. Efficient Frontier를 그린다(Efficient Portfolio(1)과 Efficient Portfolio(2)를 결합한다).
   - $E(R_p) = w \times E(R_1) + (1-w) \times E(R_2)$
   - $\text{Var}(R_p) = w^2\text{Var}(1) + (1-w)^2\text{Var}(2) + 2w(1-w)\text{Cov}(1, 2),\ 0 \leq w \leq 1$

연습문제

1. 단순한 분산투자와 마코비츠의 효율적 분산투자의 차이점은 무엇인가?
2. 토빈의 분리정리(separation theorem)란 무엇인가?
3. 갑돌이는 15%의 기대수익률을 가진 포트폴리오를 구성하고 있다. 무위험이자율은 5%이다. 만일 갑돌이가 위험포트폴리오에 아래와 같은 비율로, 나머지는 무위험자산에 투자한다고 하면 갑돌이의 전체 포트폴리오의 기대수익률은 얼마인가?

   (a) 120% (b) 90% (c) 75%

4. 을순이가 보유한 위험포트폴리오의 표준편차는 20%이다. 만일 을순이가 위험포트폴리오에 아래와 같은 비율로, 나머지는 무위험자산에 투자한다고 하면 전체 포트폴리오의 표준편차는 얼마인가?

   (a) −30% (b) 10% (c) 30%

5. A자산과 B자산의 기대수익률, 표준편차 및 공분산은 다음과 같다.

구분	A자산	B자산	공분산
기대수익률	0.2	0.15	−0.01
표준편차	0.3	0.2	

   (1) A자산에 30%, B자산에 70%가 투자된 포트폴리오 P의 기대수익률과 위험을 구하시오.
   (2) 이때 포트폴리오 P의 위험이 A자산이나 B자산의 위험보다 작은 이유는 무엇인가?
   (3) 무위험이자율이 10%라 할 때 포트폴리오 P의 위험보상비율(Sharpe ratio)은 얼마인가?
   (4) A자산과 B자산 간의 상관계수는 얼마인가?

6. 주식은 18%의 기대수익률에 22%의 표준편차가 예상되고 있고, 금은 10%의 기대수익률에 30%의 표준편차가 예상된다.

   (1) 기대수익률과 분산의 관점에서 볼 때 금은 주식에 비해 열등함을 보이고 있는데, 이런 상황에서 금을 보유하려는 사람이 있을까?
   (2) 만약 (1)에서 금과 주식의 상관계수가 1.0이라면 어떻게 될까?

7. 다음과 같이 예상될 때 다음 질문에 답하시오.

상황	확률	주식펀드	채권펀드
호황	0.5	30%	−5%
불황	0.5	−10%	10%

   (1) 각 펀드의 기대수익률과 표준편차를 구하시오.
   (2) 두 펀드 간의 공분산과 상관계수를 구하시오.

8. 세들이는 두 주식으로 포트폴리오를 구성하였고, 각각의 기대수익률, 표준편차, 가중치는 다음과 같다. 두 주식 사이의 상관계수를 고려할 때, 최대표준편차와 최소표준편차

는 얼마인가?

주식	기대수익률	표준편차	가중치
A	10%	20%	0.35
B	15%	25%	0.65

9. 펀드매니저는 다음과 같은 세 가지 뮤추얼펀드를 고려하고 있다. 주식펀드의 기대수익률은 22%이고 표준편차는 32%로 예상되며, 채권펀드의 기대수익률은 13%이고 표준편차는 23%로 예상되고 있다. 두 펀드수익률 간의 상관계수는 0.15로 추정되었다. 현재 국채 MMF의 수익률은 9%이다.

(1) 두 위험 투자펀드의 투자가능집합을 표로 만들고 이를 그림으로 표시하시오. 주식펀드에 대한 투자비율을 0%로부터 100%로 늘려가되 20%씩 증가시키도록 하시오.

(2) 최소분산 포트폴리오(MVP)는 다음과 같은 공식에 의해 구할 수 있다. 최소분산 포트폴리오의 기대수익률과 표준편차를 구하시오. 이를 그림상에 도시하시오.

$$w^*(S) = \frac{\sigma_B{}^2 - \sigma_{BS}}{\sigma_S{}^2 + \sigma_B{}^2 - 2\sigma_{ES}}$$

(3) 그림상에서 볼 때 대략 최적 위험포트폴리오의 기대수익률과 표준편차는 얼마인가?

(4) 최대의 Sharpe Ratio는 얼마인가?

(5) 만약 펀드매니저가 efficient한 포트폴리오 중 기대수익률이 15%인 포트폴리오를 원한다면 이 포트폴리오의 표준편차는 얼마인가?

(6) (5)번에서 구한 포트폴리오를 구성하고 있는 세 가지 뮤추얼펀드의 각각의 구성비율은?

10. 두 자산 간의 상관계수가 -1.0일 때 이 두 자산으로 포트폴리오를 어떻게 구성하면 위험을 완전히 제거할 수 있는가?(포트폴리오 가중치를 구할 것)

11. 기관투자가의 주식투자에 있어서는 소수종목에 집중투자하는 것보다 다수의 종목에 나누어 투자하는 것이 필요하다.

(1) 이러한 포트폴리오 투자의 목적은 무엇인가? 그리고 과다한 종독에 투자할 경우의 비용들은 무엇인가?

(2) 체계적 위험과 비체계적 위험을 비교 설명하시오.

(3) 국제분산투자의 일반적인 목적은 무엇이고 근거는 무엇인가?

12. 주식 1과 주식 2로 구성되는 포트폴리오의 분산은 $\sigma^2{}_P = w^2{}_1\sigma^2{}_1 + w^2{}_2\sigma^2{}_2 + 2w_1w_2\sigma_{12}$이고 $w_1 + w_2 = 1$이라고 할 때, 포트폴리오의 분산을 최소화하는 주식 1과 주식 2의 투자비중을 구하시오.

13. 증권 1의 기대수익률은 8%, 표준편차는 12%이고, 증권 2의 기대수익률은 13%이고 표준편차는 20%이다. 두 증권 사이에 상관계수가 0.2라 할 때 증권 1과 증권 2를 결합한 포트폴리오 중 분산을 최소화하는 포트폴리오의 투자비중을 구하시오.

14. 투자비중의 합이 1이고 아울러 포트폴리오의 기대수익률과 분산이 다음과 같이 주어졌

을 때 샤프비율을 최대화하는 문제를 생각해보자. 이를 위하여 다음과 같이 가정한다.

$$E(r_1)=8\%,\ \sigma_1=10\%,\ E(r_2)=12\%,\ \sigma_2=15\%,\ \sigma_{12}=0.1,\ r_f=5\%$$

(1) 주어진 정보를 넣어서 최대화문제를 식으로 작성하시오.

(2) 《식 5-4》와 《식 5-5》를 이용하여 (1)을 만족하는 값을 구하시오.

(3) 최적 포트폴리오 P의 기대수익률과 분산, 샤프비율의 최대값을 각각 구하시오

(4) 무위험이자율과 최적 포트폴리오 P를 연결하는 직선식을 구하시오.

CFA 기출문제

1. The standard deviation of the rates of return is 0.20 for stock X and 0.12 for stock Y. The covariance between the returns of X and Y is 0.0096. The correlation of the rates of return between X and Y is:

A. 0.20 B. 0.2 C. 0.36 D. 0.40

2. The return on an asset added to a portfolio is less than perfectly positively correlated with the returns of the other assets in the portfolio but has the same standard deviation. What effect will adding the new asset have on the standard deviation of the portfolio's return? The standard deviation:

A. will decrease.

B. will increase.

C. may increase or decrease depending on the individual securities mix in the portfolio.

D. may increase or decrease depending on the asset allocation model.

CPA 기출문제

1. 두 개의 자산으로 포트폴리오를 구성하고자 한다. 각 자산의 수익률의 표준편차와 구성비율은 다음과 같다. 단, $\sigma_1<\sigma_2$, $w_1+w_2=1$, $w_1\geq 0$, $w_2\geq 0$이다.

구분	표준편차	구성비율
자산 I	σ_1	w_1
자산 II	σ_2	w_2

다음에서 옳은 기술만을 모두 모은 것은?

a. 상관계수가 −1일 경우 무위험포트폴리오를 만들기 위한 구성비율은 $w_1=\dfrac{\sigma_1}{\sigma_1+\sigma_2}$, $w_2=\dfrac{\sigma_2}{\sigma_1+\sigma_2}$이다.

b. 만약 $\sigma_1=0$이고, $w_1=w_2=0.5$이면 포트폴리오의 표준편차는 $0.5\sigma_2$이다.

c. 상관계수가 양수이면 포트폴리오의 표준편차는 항상 σ_1보다 크거나 같다.

① a ② b ③ a, b ④ b, c ⑤ a, b, c

CHAPTER

6

가격결정모형

6-1 인덱스모형

6-1-1 단일지수모형

5장에서 포트폴리오 선택모형으로서 마코위츠 모형을 배웠다. 마코위츠 모형에서는 투입요소로서 각 종목의 기대수익률과 분산뿐만 아니라 종목 간의 공분산(또는 상관계수) 또한 필요하다고 하였다. 종목이 50개만 되더라도 필요한 추정치의 수는 1,325개에 이르고, 만약 2,000개 종목(우리나라 KOSPI종목과 코스닥종목을 합친 수)이라 한다면 2백만 개[1]가 넘는 추정치가 필요하기 때문에 이는 현실적으로 추정하기가 불가능하다.

만일 개별종목의 수익률이 하나의 공통적 요인에 의해 변하는 부분과 개별적인 요인에 의해 변하는 부분에 의해 구해진다고 가정하면 마코위츠 모형에서 추정해야 하는 입력변수의 추정치 개수는 급격히 줄어든다. 이때 하나의 공통적 요인을 KOSPI나 S&P 500과 같은 시장지수로 간주할 수 있으며, 이와 같은 모형을 단일지수모형(single-index model)이라 한다.

단일지수모형의 추정을 위해서는 다음과 같은 회귀식(regression equation)을 사용한다.

$$R_{it} = \alpha_i + \beta_i R_{mt} + \varepsilon_{it} \qquad \textbf{6-1}$$

여기서 $R_{it}=r_{it}-r_{ft}$, $R_{mt}=r_{mt}-r_{ft}$로서 각 시점에서의 개별증목과 시장지수의 무위험이자율 대비 초과수익률을 각각 의미한다.

《식 6-1》의 절편인 α_i는 시장의 초과수익률이 0일 때 개별종목의 초과 기대수익률이고, 기울기인 β_i는 시장지수에 대한 개별종목의 민감도이다. 조한 ε_{it}는 각 시점에서의 개별종목 수익률의 잔차(residual)로서 기대치가 0인 정규분포를 따르고, R_{mt}와의 상관관계가 0이다. 《식 6-1》을 추정한 식을 증권특성선(security characteristic line)이라 하며 잔차의 분산을 최소화함으로써 구한다.

1〉 $2{,}000 + 2{,}000 + (2{,}000^2 - 2{,}000)/2 = 2{,}003{,}000$.

단일지수모형인 《식 6-1》을 가정하면 개별종목의 기대수익률, 분산 및 공분산이 다음과 같이 주어지며 추정해야 할 입력변수의 개수가 급격히 감소함을 확인할 수 있다.

$$E(R_i) = \alpha_i + \beta_i E(R_m) \qquad \textbf{6-2}$$
$$\sigma_i^2 = \beta_i^2 \sigma_m^2 + \sigma_{\varepsilon_i}^2$$
$$\sigma_{ij} = \beta_i \beta_j \sigma_m^2$$

종목수가 n개라 할 때, 《식 6-2》의 계산을 위해서 필요한 입력변수의 개수는 n개의 α_i, n개의 β_i, n개의 $\sigma_{\varepsilon_i}^2$, 1개의 $E(R_m)$, 그리고 1개의 σ_m^2 등 모두 $(3n+2)$에 지나지 않는다. 따라서 종목수가 50개라 할 때 1,325개가 아니라 152개만 추정하면 되고, 우리나라 전체 상장주식에 대해서도 2,003,000개가 아니라 6,002개만 추정하면 된다.

단일지수모형을 가정하면 이와 같이 추정할 입력변수의 숫자를 대폭 삭감할 수 있기 때문에 마코위츠 모형의 정확성과 편의성을 크게 개선할 수 있다. 그렇지만 항상 그렇듯이 이에는 약간의 희생이 따르게 되는데, 개별종목 수익률의 불확실성을 시장지수와 잔차의 두 가지로 단순화시키기 때문에 실제 상황의 불확실성을 지나치게 단순화할 뿐만 아니라 개별종목들 간에 존재할 수 있는 상호관련성을 무시하는 문제가 있을 수 있다. 예를 들면, 전체 시장에는 영향을 미치지 않지만 동일한 산업에 속한 많은 기업에게 영향을 미치는 산업 사건과 같은 경우는 반영되지 않게 된다. 만약 개별종목들 간에 상관관계가 높다면 더 이상 단일지수모형을 가정할 수는 없고 이 경우에는 복수지수모형(multi-index model)을 사용하여야 한다. 이에 대해서는 이 장 마지막 부분에서 다루게 될 것이다.

6-1-2 단일지수모형을 활용한 포트폴리오 구축

포트폴리오를 생성함에 있어 지수모형을 사용하는 것은 추정할 모수의 숫자를 축소할 뿐만 아니라 분석을 간단하게 만드는 장점이 있다. 마코위츠 모형은 개별종목의 위험프리미엄의 정보를 필요로 하는데, 이를 얻기 위해서는 거시경제 및 개별 기업에 대한 예측을 필요로 한다. 이러한 투입요소의 추정은 최적 포트폴리오의 효율성에 매우 큰 영향을 주기 때문에 투입요소를 준비하기 위한 거시분석 및 증권분석이 중요한데, 단일지수모형은 이들 분석을 위한 간단하고 체계적인 틀을 제공한다는 점에서 장점이 있다. 단일지수모형은 거시경제로 인한 수익률 변동 부분과 개별종목으로 인한 수익률 변동 부분을 분리할 뿐만 아니라 분석가들 사이에 일관성을 갖도록 만들어준다. 단일지수모형의 틀을 사용할 때 준비해야 할 투입요소들을 순서대로 정리하면 다음과 같다.

1. 시장지수의 기대수익률과 분산을 추정하기 위해 거시경제분석을 시행한다.
2. 모든 개별종목의 베타계수와 잔차의 분산을 추정하기 위해 통계분석을 시행한다.
3. 포트폴리오 관리자는 시장지수의 위험프리미엄과 개별종목의 베타계수 추정치를 사용

하여 해당 종목의 기대수익률을 산출하는데, 이에는 증권분석에 의한 수익률 기여 부분은 빠져있다. 시장 전체 움직임에 따라 생기는 기대수익률(market-driven expected return)은 개별종목에 대한 증권분석 정보와 관계없이 모든 종목에 영향을 미치는 공통의 정보(common information)에 의해 결정된다. 이 수익률은 벤치마크 수익률로 사용될 수 있다.

KOSPI와 같은 시장지수(market index)의 경우에는 베타가 1이다. 만약 베타가 2인 주식이 있다면 그 주식은 평균적으로 시장 움직임의 두 배의 크기로 움직인다고 할 수 있는데, 예를 들어 시장이 10% 오른다면 그 주식은 20% 오른다고 할 수 있다. 만약 베타가 0.5인 주식이 있다면 그 주식은 시장의 움직임에 비해 절반 정도 움직임을 의미한다. 전문가들은 1보다 큰 베타값을 갖는 주식을 공격적인 주식(aggressive stock)이라 하고, 1보다 작은 베타값을 갖는 주식을 방어적인 주식(defensive stock)이라 한다. 이러한 주식의 베타는 시간의 흐름에 따라 변하고 또한 추정기간에 따라 큰 차이가 나기 때문에 값의 안정성 문제가 있다. 따라서 베타값을 사용할 때에는 추정기간과 사용하려는 기간을 잘 비교해서 사용하여야 한다.

4. 다양한 증권분석 모델을 사용하여 개별종목 알파(개별종목 기대수익률 예측치)를 구한다. 알파값은 증권분석으로부터 창출된 사적 정보로 인해 증가한 위험프리미엄이라 할 수 있다. 알파는 포트폴리오 생성과정에서 개별종목 기대수익률의 한 부분이라는 의미도 있지만 사실 그보다 더 중요한 의미를 가지고 있다. 알파는 어떤 종목이 살만한 가치가 있는지를 판단하는 주요 변수가 되기 때문이다. 예를 들어, 통계분석을 통해 베타계수값을 추정하고 증권분석을 통해 알파값을 구한 어떤 증권이 있다 하자. 우리는 이 증권과 동일한 베타값을 갖는 여러 증권들을 쉽게 찾을 수 있는데, 이러한 증권들은 베타값이 같기 때문에 그들 위험프리미엄의 체계적 부분은 같다고 할 수 있다. 그러므로 포트폴리오 관리자에게 중요한 것은 어떤 종목이 더 큰 알파값을 제공하느냐 하는 것이다. 양의 알파값을 갖는 증권은 시장지수를 추종할 때 얻는 프리미엄을 초과하는 프리미엄을 제공하는 것이기 때문에 이 종목은 매수종목이 된다. 반대로 음의 알파값을 갖는 증권은 다른 모든 조건이 동일할 때 과대평가된(overpriced) 증권이므로 매도해야 할 대상이다.

앞의 순서에 따라 구한 투입요소들을 《식 6-2》에 대입하여 모든 종목에 대한 기대수익률, 분산 및 공분산을 계산할 수 있다. 즉 5장에서 배운 포트폴리오 최적화문제를 풀 수 있다는 것이다. 물론 앞에서와 같은 방법으로 풀 수도 있지만 단일지수모형을 가정하는 경우에는 좀 더 쉽게 문제에 접근할 수 있으며, 이를 통해 구한 최적 포트폴리오의 해는 포트폴리오 생성에 있어서 증권분석의 효율적 활용 가능성을 볼 수 있게 해주는 이점도 있다.

이에 대한 자세한 수학적 전개보다는 중요한 결과만을 이곳에서 소개하고자 한다. 만약 분산효과에만 관심이 있는 투자자라면 시장지수를 보유하면 된다. 그런데 증권분석은 0이 아닌 알파값을 갖는 종목들을 발굴하게 도와주기 때문에 해당 종목들에 대한 투자비율을 변화시키게 된다. 이에 따라 효율적 분산 상태에서 벗어나게 되기 때문에 최적 포트폴리오 문제는 결국 추가적인 알파값과 효율적 분산 상태에서의 이탈 정도(위험량 증가) 간의 상충관계(trade-off)에 의해 결정된다는 것이다. 이러한 상충관계를 보여주는 것을 정보비율(information ratio: IR)이라 하며, 이는 수동적 시장지수 대비 어떤 종목의 비율을 높이거나 낮췄을 때 증가하는 개별위험에 비해 증권분석으로 인해 얻을 수 있는 추가 수익률이 얼마나 큰지를 측정하는 개념이다. 정보비율을 식으로 나타내면 다음과 같다.

$$IR = \frac{\alpha_A}{\sigma_{\varepsilon_A}} \qquad \textbf{6-3}$$

인덱스모형을 활용하여 구한 최적의 위험포트폴리오는 두 개의 포트폴리오의 결합으로 나타나는데, 하나는 증권분석을 통해서 발견한 고평가 또는 저평가된 종목군으로 이루어진 적극적 포트폴리오(active portfolio)이고 다른 하나는 분산효과를 위해 포함한 시장지수 포트폴리오, 즉 수동적 포트폴리오(passive portfolio)이다.

6-1-3 인덱스모형과 추종 포트폴리오

만약 어떤 포트폴리오 관리자가 저평가된 포트폴리오를 발견했다고 해보자. 그의 증권분석팀은 해당 포트폴리오에 대한 인덱스모형 식을 다음과 같이 추정하였다고 하자.

$$R_P = 0.05 + 1.5R_{\text{KOSPI}} + \varepsilon_P \qquad \textbf{6-4}$$

해당 포트폴리오에 투자하면 5%의 알파값을 얻을 수 있지만 KOSPI가 하락하는 경우 높은 베타값으로 인해 오히려 전체적으로 손해를 볼 수도 있다. 따라서 포트폴리오 관리자는 높은 알파를 얻으면서 시장하락에 무관하게 만들 수 있는 방법을 강구하게 된다.

이 경우 추종 포트폴리오(tracking portfolio)를 생성하면 원하는 목적을 달성할 수 있다. 추종 포트폴리오는 해당 포트폴리오의 체계적 수익률 부분을 추종하도록 설계된 포트폴리오를 말한다. 따라서 위 포트폴리오 P의 추종 포트폴리오는 지수 포트폴리오에 대해서 동일한 베타값을 가져야 하고 가능한 한 비체계적 위험은 없어야 한다. 이러한 과정을 베타 취득(beta capture)이라고 한다. 이 경우 P의 추종 포트폴리오가 1.5의 베타값을 갖도록 하기 위해 KOSPI 포트폴리오 대비 1.5배의 레버리지 포지션이 되도록 하고 국고채에 대해서는 −0.5 비율이 되도록 한다(이 경우 당연히 알파값은 0이다).

이제 포트폴리오 P를 매수하는 동시에 추종 포트폴리오를 매도함으로써 체계적 위험을 없앨 수 있다. 시장 전체가 하락한다 할지라도 결합된 포지션은 영향을 받지 않으며 포트폴리오 P의 알파값은 그대로 달성될 수 있다. 이러한 포지션을 시장중립(market neutral)이라 한다. 이와 같이 시장중립적인 포지션을 만들면서 동시에 양의 알파값을 추구하는 전략을 알파운송(alpha transport)라고 한다.

위에서 살펴본 "매수-매도전략"은 대다수 헤지펀드가 추구하는 투자전략이다. 헤지펀드 관리자들은 주로 저평가된 종목을 발견한 다음, 발견한 가격차이만을 도모하되 다른 위험은 제거하기 위해 이러한 전략을 활용한다. 추종 펀드(tracking fund)는 그들이 원하지 않는 위험노출을 제거하기 위해 사용하는 수단 중 하나이다.

6-2 자본자산가격결정모형

6-2-1 자본자산가격결정모형

앞 장에서 분산효과에 대해서 공부했는데, 포트폴리오에 포함된 종목수를 아무리 늘려도 모든 위험이 제거되지 않는다는 사실을 알았다. 마코위츠의 제자로서 그와 함께 1990년에 노벨 경제학상을 수상한 샤프(Sharpe)는 이미 작고한 린트너(Lintner), 블랙(Black)과 함께 위험 중 어떤 부분이 분산으로 제거될 수 있으며 어떤 부분이 제거될 수 없는지를 연구하였는데, 이 결과로 탄생하게 된 것이 자본자산가격결정모형(Capital Asset Pricing Model: CAPM)이다.

CAPM의 기본적인 논리는 분산으로 인하여 제거될 수 있는 위험을 부담하는 것에 대해서는 위험프리미엄이 존재하지 않는다는 것이다. 앞에서 위험과 수익률 간에는 상충관계(risk-return trade-off)가 있어서 수익률을 높이기 위해서는 위험을 추가적으로 부담하여야 한다고 하였는데, CAPM에 의하면 이때 포트폴리오의 수익률을 높이기 위해서는 분산으로 제거될 수 없는 위험(undiversifiable risk), 즉 체계적 위험(systematic risk)을 증가시켜야 한다는 것이다. 다시 말해 CAPM에 의하면 포트폴리오는 물론 개별자산의 수익률은 체계적 위험에 비례하여 증가한다는 것이다.

먼저 CAPM이 성립하기 위해 필요한 가정을 정리하면 다음과 같다. 아래의 가정들은 CAPM이 일반균형모형으로서 시장이 균형을 이루도록 하기 위해 필요한 것들로서 개인들을 가능한 한 동일하도록 만드는 것이다. 이러한 투자자 행동의 동질성은 분석을 매우 쉽게 만들어준다.

CAPM의 가정

① 완전경쟁시장: 모든 투자자는 가격 순응자(price taker)로서 그들의 거래가 증권가격에 영향을 미치지 않는다.

② 단일기간모형: 모든 투자자는 단일기간 동안만 투자한다. 이러한 가정은 투자자들이 근시안적으로 행동하는 것을 의미한다.

③ 비거래자산의 배제: 모든 투자자는 주식이나 채권 등 공개적으로 거래되는 자산들만을 거래한다. 인적자산과 같은 비거래자산은 고려하지 않는다.

④ 단일 무위험이자율: 모든 투자자는 고정된 하나의 무위험이자율로 얼마든지 대출 및 차입이 가능하다.

⑤ 세금과 거래비용의 무시: 모든 투자자는 거래 이익에 대해서 세금을 내지 않으며 거래에 따른 수수료나 비용을 내지 않는다.

⑥ 마코위츠 모형: 모든 투자자는 합리적인 평균-분산 최적화를 추구한다.

⑦ 동일한 기대: 모든 투자자는 모든 증권을 동일한 방식으로 분석하고 동일한 경제관을 갖는다. 이러한 가정은 마코위츠 모형에 입력되는 모든 투입요소를 동일하게 만든다.

CAPM은 위와 같은 가정하에서 시장이 다음과 같은 균형 상태에 도달할 수 있음을 시사한다.

- 모든 투자자는 모든 거래대상 자산을 포함하고 있는 시장포트폴리오(market portfolio) M의 구성비율과 같은 비율로 구성된 위험자산 포트폴리오를 보유한다. 시장포트폴리오 내 개별자산의 비중은 전체 자산의 시가총액에 대한 해당 자산의 시가비중을 의미한다.
- 시장포트폴리오는 효율적 경계선상에 위치할 뿐만 아니라 최적의 자본배분선과 접하는 점이다. 따라서 무위험이자율과 M을 연결하는 자본배분선은 자본시장선(Capital Market Line: CML)이 되며, 도달 가능한 자본배분선 중 최상의 것이다. 모든 투자자는 동일한 M을 최적 위험포트폴리오로 보유하며, 무위험자산과 최적 위험포트폴리오 간의 투자비중에 있어서만 다름을 보인다.
- 개별자산의 위험프리미엄은 시장포트폴리오 M의 위험프리미엄과 해당 자산의 베타계수에 비례한다(식 6-5). 또한 베타는 해당 자산이 시장과 얼마나 긴밀히 같이 움직이는지를 측정하며 《식 6-6》과 같이 정의된다.

$$E(r_i) - r_f = \beta_i [E(r_M) - r_f] \tag{6-5}$$

$$\beta_i = \frac{Cov(r_i, r_M)}{{\sigma_M}^2} \tag{6-6}$$

이제 CAPM의 의미를 하나씩 살펴보도록 하자. 먼저 왜 모든 투자자는 시장포트폴리오를 보유하게 될까? 이에 대한 답을 하기 위해서는 먼저 시장포트폴리오가 무엇인지를 이해하여야 한다. 모든 투자자의 포트폴리오를 합하면 대출과 차입은 서로 상쇄되므로 사회 전체의 부(wealth)와 같아지는데 바로 이것이 시장포트폴리오이다. 시장포트폴리오 내 개별종목의 비중은 개별종목의 시가총액을 시장포트폴리오를 구성하는 모든 종목의 시가총액으로 나눈 것이다.

만약 모든 투자자가 동일한 기간 동안(가정 ②), 동일한 증권들을 대상으로(가정 ③), 동일한 마코위츠 분석(가정 ⑥)과 동일한 투입요소(가정 ⑦)를 사용한다면, 그들 모두는 동일한 위험포트폴리오에 도달할 수밖에 없다. 예를 들어, 만약 삼성전자가 모든 투자자의 위험포트폴리오에 1%에 들어있다면, 삼성전자는 시장포트폴리오에도 1% 들어있어야 함을 의미한다. 한편 모든 투자자의 최적 포트폴리오에 현대자동차 주식이 빠져 있다고 가정해 보자. 만약 모든 투자자가 현대자동차 주식을 회피한다면 해당 주식의 가격은 폭락할 것이다. 그러나 현대자동차의 주식가격이 점점 싸지면서 해당 종목에 대해 관심을 가지는 투자자가 점점 늘어날 것이기 때문에 결국 투자자들이 생각하는 적절한 가격에 이르게 되고 현대자동차는 최적 포트폴리오에 포함되게 된다.

둘째, CAPM 세상에서는 왜 수동적 전략이 효율적인가? 우리는 앞에서 모든 투자자가 시장포트폴리오를 보유한다고 하였다. 그런데 시장포트폴리오는 공통의 투입요소를 기반으로 하여 만들어지기 때문에 모든 종목에 대한 모든 적절한 정보를 담고 있다. 이는 결국 투자자들이 증권분석의 수고를 할 필요가 없다는 것이고 시장포트폴리오를 보유함으로써 효율적 포트폴리오를 얻게 된다는 것이다. 따라서 이는 시장지수 포트폴리오에 투자하는 수동적 전략이 효율적이라는 것을 의미한다. 이러한 이유로 이를 뮤추얼펀드 정리(mutual fund theorem)이라 부른다. 사실 뮤추얼펀드 정리는 앞에서 배웠던 분리정리(separation theorem)의 시장포트폴리오 버전이라 할 수 있다. 뮤추얼펀드 정리는 수동적 투자자들이 시장지수를 효율적 위험포트폴리오의 첫 번째 근사치로 간주할 수 있도록 하는 근거를 제공한다.

셋째, 시장포트폴리오의 균형 위험프리미엄은 어떻게 구할 수 있을까? 우리는 4장에서 투자자들이 최적 위험포트폴리오 M에 투자하는 비율 y가 다음과 같이 주어진다는 것을 배운 바 있다.

$$y = \frac{E(r_M)-r_f}{A\sigma_M^2} \qquad \textbf{6-7}$$

CAPM 세상에서 투자자들 간에 대출과 차입은 서로 상쇄되기 때문에(모든 투자자 간에 순차입과 순대출은 0이 된다) 위 식에서 A가 평균 투자자의 위험회피계수 $\bar{A}$로 바뀌면 y가 $\bar{y}$=1로 바뀐다. 《식 6-7》에서 y=1로 놓고 시장포트폴리오의 위험프리미엄에 대해 정리하면 다음을 얻는다. 결국 시장포트폴리오의 위험프리미엄은 시장포트폴리오의 분산과 평균 위험회피계수에 비례함을 알 수 있다.

$$E(r_M) - r_f = \bar{A}\sigma_M^2 \qquad \textbf{6-8}$$

넷째, 개별자산의 기대수익률은 어떻게 구할 수 있을까? 이는 CAPM이 추구하는 가장 중요한 질문이다. CAPM에 의하면 개별자산의 위험프리미엄은 자체 위험이 아니라, 전체 포트폴리오의 위험에 대한 개별자산의 기여도에 의해 결정된다는 것이다. 전체 포트폴리오의 위험에 대한 개별자산의 위험기여도를 구하기 위해 먼저 전체 포트폴리오의 위험을 나타내는 식을 살펴보자.

$$\sigma_p^2 = \sum_i \sum_j w_i w_j Cov(r_i, r_j) = \sum_i w_i \left(\sum_j w_j Cov(r_i, r_j) \right)$$
$$= \sum_i w_i \left(Cov(r_i, \sum_j w_j r_j) \right) = \sum_i w_i Cov(r_i, r_M) \quad \textbf{6-9}$$

《식 6-9》를 보면 전체 포트폴리오 위험에 대한 i의 기여도는 $w_i Cov(r_i, r_M)$임을 알 수 있다. 이는 어찌 보면 당연한 결과인데, 예를 들어 개별자산 i와 나머지 시장과 음의 공분산을 갖는다면 개별자산 i는 포트폴리오 위험에 음의 기여를 하게 된다. 나머지 시장과 반대로 움직이는 수익률을 제공함으로써 개별자산 i는 전체 포트폴리오의 수익률을 안정화시키게 된다.

한편 개별자산 i를 보유하는 것의 시장포트폴리오 위험프리미엄에 대한 기여도는 $w_i[E(r_i)-r_f]$이므로, 개별자산 i의 위험보상비율(샤프비율)은 다음과 같이 표현할 수 있다.

$$\frac{\text{개별자산 } i\text{의 위험프리미엄에 대한 기여}}{\text{개별자산 } i\text{의 분산에 대한 기여}} = \frac{w_i[E(r_i)-r_f]}{w_i Cov(r_i, r_M)} = \frac{E(r_i)-r_f}{Cov(r_i, r_M)} \quad \textbf{6-10}$$

또한 시장포트폴리오의 위험보상비율은 다음과 같이 표현된다.

$$\frac{\text{시장위험프리미엄}}{\text{시장분산}} = \frac{E(r_M)-r_f}{\sigma_M^2} \quad \textbf{6-11}$$

시장이 균형 상태를 이룬다면 《식 6-10》과 《식 6-11》은 같아야 한다. 만약 둘이 다르면 항상 시장에는 높은 위험보상비율을 제공하는 종목을 사고 낮은 위험보상비율의 종목은 팔려고 하는 세력이 존재하기 때문에 시장은 균형을 이룰 수가 없기 때문이다. 따라서 시장이 균형 상태를 이룬다면 다음의 등식이 성립해야 한다.

$$\frac{E(r_i)-r_f}{Cov(r_i, r_M)} = \frac{E(r_M)-r_f}{\sigma_M^2} \quad \textbf{6-12}$$

개별자산의 공정한 위험프리미엄을 구하기 위해 《식 6-12》를 약간 변형하면 다음의 CAPM 관계식을 얻게 된다.

$$E(r_i) - r_f = \frac{Cov(r_i, r_M)}{\sigma_M^2}[E(r_M)-r_f] = \beta_i[E(r_M)-r_f] \quad \textbf{6-13}$$

우리는 여기서 왜 투자자들이 비슷하게 행동을 한다고 가정을 하는 것이 유용한지 보게 된다. 만약 모든 사람이 동일한 위험 포트폴리오를 보유한다면, 시장포트폴리오와 개별자산 간의 베타가 그의 위험 포트폴리오와 개별자산 간의 베타와 같다는 것을 모든 사람은 알게 된다. 그러므로 모든 사람은 개별자산의 적절한 위험프리미엄에 대해 동의하게 된다.

그런데 실제로 시장포트폴리오를 보유하는 투자자가 거의 없다는 사실은 CAPM이 실

〈그림 6-1〉 증권시장선

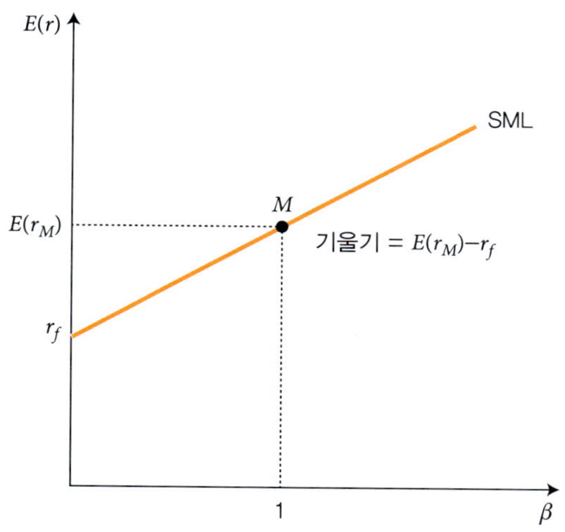

제로 사용되기 어렵다는 것을 의미하는 것은 아닐까? 반드시 그런 것은 아니다. 왜냐하면 투자자들이 실제로 정확히 시장포트폴리오를 보유하지 않더라도 잘 분산된 포트폴리오(well-diversified portfolio)를 보유한다면 매우 긴밀하게 시장과 함께 움직이기 때문에 시장에 대한 개별자산의 베타는 여전히 유용한 위험지표라 할 수 있다.

베타-기대수익률 관계식인 《식 6-13》을 그림으로 나타낸 것을 증권시장선(Security Market Line: SML)이라고 하는데, 시장베타는 1의 값을 가지므로 증권시장선의 기울기는 시장위험프리미엄이 된다.

증권시장선(SML)과 자본시장선(CML)을 비교해보자. 자본시장선은 효율적 포트폴리오의 위험프리미엄을 포트폴리오의 표준편차의 함수로 표시하는 것인 반면, 증권시장선은 개별자산의 위험프리미엄을 베타의 함수로 표시하는 것이다. 효율적 포트폴리오는 투자자의 전체 포트폴리오 후보대상으로 바라보는 것이기 때문에 표준편차가 맞는 위험지표인 반면, 개별자산은 잘 분산된 포트폴리오의 일부로서 바라보는 것이기 때문에 베타가 맞는 위험지표이다. 자본시장선의 경우에는 효율적 포트폴리오만을 대상으로 하지만, 증권시장선의 경우에는 효율적 포트폴리오든 개별자산이든 관계없이 모두에게 적용 가능하다.

예제 6-1 주식의 기대수익률과 위험프리미엄 계산

시장포트폴리오의 위험프리미엄이 9%라고 가정하고, 삼정기업 주식의 베타값이 1.3으로 추정되었다고 하자. 이 주식의 위험프리미엄은 1.3×9%=11.7%가 될 것이다. 삼정기업 주식에 대한 기대수익률은 무위험이자율과 위험프리미엄을 더한 것이므로 무위험이자율을 5%라고 가정한다면 기대수익률은 5%+11.7%=16.7%가 된다. 물론 《식 6-13》에 바로 대입해서 다음과 같이 구해도 된다.

$$E(r_i) = r_f + \beta_i [E(r_M) - r_f] = 5\% + (1.3)(9\%) = 16.7\%$$

예제 6-2 증권시장선과 알파

시장에 대한 기대수익률이 14%이고 무위험이자율이 6%라고 하자. 그리고 베타값이 1.2인 주식이 있다 하자. 증권시장선에 의하면 이 종목에 대한 기대수익률은 $E(r_i)$=6%+

1.2(14%−6%)=15.6%로 예측된다. 그런데 오른쪽 그림에서 보듯이 만약 어떤 투자자가 이 주식에 대해 17%의 수익률을 예상하고 있다면 이 주식의 알파값은 1.4%가 될 것이다. 알파값이 양인 주식은 사람들이 예상하고 있는 수익률이 시장이 적정하다고 생각하는 수익률보다 높은 것을 의미하며 해당 종목이 저평가(underestimate)되었다는 것을 의미한다. 따라서 사람들은 해당 종목을 매입할 것이고 가격이 상승하여 수익률이 하락함으로써 시장이 균형 상태인 증권시장선상으로 이동하게 된다. 마찬가지로 알파값이 음인 주식은 고평가(overestimate)된 종목이라 할 수 있다.

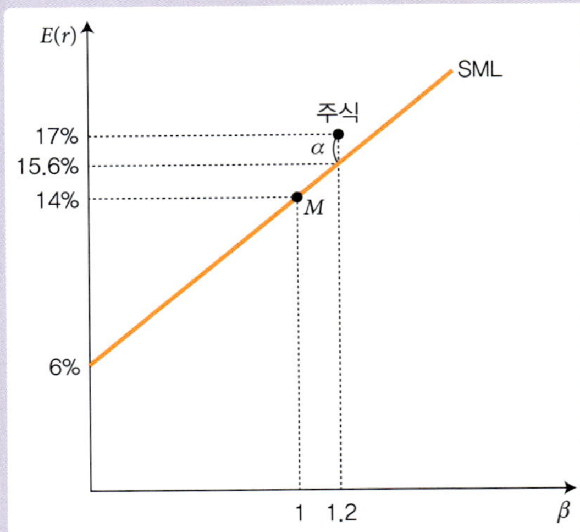

예제 6-3 CAPM과 자본예산

파워기업은 신제품을 구상하고 있는데 이 신제품의 사업전망은 14%의 내부수익률(IRR)이 예상된다. 조사결과 이와 유사한 사업의 경우 베타값이 1.3으로 추정되었다. 만약 무위험이자율이 4%이고 시장위험프리미엄이 8%라면 이 프로젝트의 자본비용(cost of capital)은 4%+1.3×8%=14.4%가 되어야 한다. 내부수익률이 자본비용을 초과하지 못하므로(NPV값이 0보다 작으므로) 이 프로젝트는 추진하지 말아야 한다.

6-2-2 CAPM과 인덱스모형

CAPM은 기대수익률 또는 사전적(ex ante) 수익률에 대한 관계식이다. 그런데 우리가 실제로 관찰할 수 있는 수익률은 사후적(ex post) 수익률 또는 실현수익률이다. 기대수익률의 관점을 실현수익률의 관점으로 바꿔주기 위해 다음과 같은 인덱스모형을 사용한다.[2]

$$R_i = \alpha_i + \beta_i R_m + \varepsilon_i\,,\ \ \varepsilon_i \sim N(0, \sigma_\varepsilon^2) \qquad \textbf{6-14}$$

여기서 $R_i = r_i - r_f$, $R_m = r_m - r_f$로서 각 시점에서의 개별종목과 시장지수의 무위험이자율 대비 초과수익률을 각각 의미한다.

2) 인덱스모형에서는 시장포트폴리오의 추정치를 사용하기 대문에 M 대신 m으로 표시한다.

$$Cov(R_i, R_m) = Cov[(\alpha_i + \beta_i R_m + \varepsilon_i), R_m] \qquad \textbf{6-15}$$
$$= \beta_i Cov(R_m, R_m) + Cov(\varepsilon_i, R_m) = \beta_i \sigma_m^2$$

《식 6-15》로부터 다음을 확인할 수 있다.

$$\beta_i = \frac{Cov(R_i, R_m)}{\sigma_m^2} \qquad \textbf{6-16}$$

우리는 《식 6-16》으로부터 잘 정의된 관찰 가능한 시장지수로 시장포트폴리오를 대체한 것을 제외하고 인덱스모형 베타는 CAPM 베타와 같음을 알 수 있다.

CAPM에 의하면 기대수익률과 베타 사이에는 다음과 같은 관계가 있음을 알고 있다.

$$E(r_i) - r_f = \beta_i[E(r_M) - r_f] \qquad \textbf{6-17}$$

만약 《식 6-14》에서 시장지수 m이 진정한 시장포트폴리오 M을 의미한다면, 양변에 기대치를 취해서 보면 다음과 같다.

$$E(r_i) - r_f = \alpha_i + \beta_i[E(r_M) - r_f] \qquad \textbf{6-18}$$

CAPM에 의한 《식 6-17》과 인덱스모형에 의한 《식 6-18》을 비교해보면, CAPM은 α_i가 모든 자산에 대해 0이어야 한다고 예측하고 있다. 다시 말해 개별자산의 알파값은 CAPM에 의해 예측되는 적정 기대수익률을 초과하거나 미달하는 기대수익률이라 할 수 있다.

한편, 단일지수모형은 시장모형(market model)이라고도 하는데, 단일지수가 시장포트폴리오 또는 시장지수를 의미하기 때문이다. 시장모형은 개별증권의 수익률이 시장 전체의 움직임이 개별증권에 미치는 영향 부분($\beta_i r_{mt}$)과 개별증권 고유의 평균 기대수익률 부분(α_i) 그리고 개별증권에 대한 예기치 못한 수익률 부분(ε_i) 등 세 부분으로 구분하여 설명할 수 있음을 의미한다.

6-2-3 베타에 대한 비판

지금까지 베타의 의미와 그의 용도를 살펴보았다. 그런데 베타는 위험에 대한 유용한 척도라고 할 수 있는가? CAPM이 말하듯이 높은 베타를 갖는 포트폴리오가 낮은 베타를 갖는 포트폴리오보다 더 많은 수익률을 가져다주는가? 베타만이 증권의 체계적 위험을 설명하는 것인지 아니면 다른 요인들도 함께 고려해야 하는지에 대한 많은 논의가 지금도 실무자 및 학자들 사이에 이루어지고 있다.

파마와 프렌치(Fama and French, 1992)는 1963년부터 1990년까지의 월별 수익률을 이용하여 베타와 수익률의 관계를 조사하였는데, 연구결과는 〈그림 6-2〉에서 보듯이 베타와 수익률 사이에는 아무런 관계가 없는 것으로 나타났다. 이 외에도 몇몇 연구결과 이와 비

〈그림 6-2〉 평균 월별 수익률과 베타의 관계(1963~1990)

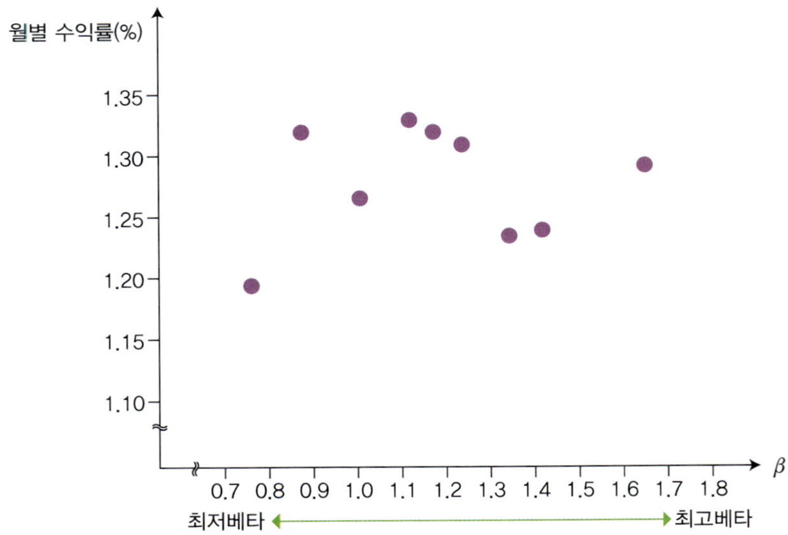

슷한 결과를 얻게 되자 "베타의 죽음", "잘 가라 베타", "난타당한 베타" 등의 기사가 미국 신문이나 잡지 등에 게재되고 베타의 무용론이 크게 대두되게 되었다.

그러나 성급하게 결정을 내리기에는 아직 이른감이 있으며 그 이유는 다음과 같다. 첫째, 사람들은 분명 위험하고 변동성이 큰 수익률보다는 안정적인 수익률을 원한다는 것이고, 베타는 분명 이러한 위험성의 일부를 측정한다는 것이다.

둘째, 롤(Roll)이 비판하였듯이 시장포트폴리오를 정확히 측정할 수 없는 상황에서 베타를 정확히 측정할 수 없기 때문이다. S&P 500 지수나 KOSPI 지수는 모든 주식을 포함하지도 못할 뿐만 아니라 채권, 부동산, 귀금속, 인적자산 등 모든 자산을 포함하지 못하기 때문에 진정한 의미의 시장포트폴리오가 아니고 따라서 베타값의 추정은 상당히 달라질 수 있다.

셋째, 보다 긴 기간, 예를 들어 1927년부터 현재까지의 기간에 대해 측정해보면 베타와 수익률 간에는 양의 관계를 보이는 증거가 있다.

넷째, 비록 베타와 수익률 간의 관계가 없다고 하더라도 베타는 투자자들에게 유용한 투자관리도구가 될 수 있다는 것이다. 만약 시장 전체의 수익률과 동일하면서 훨씬 베타값이 작은 주식들로 포트폴리오를 구성한다면 같은 수익률을 적은 위험으로 달성할 수 있기 때문에 투자자들에게는 매우 유용한 전략이 될 수 있다.

6-3 차익거래가격결정모형과 다른 위험척도

만약 베타가 위험의 효율적인 척도로서 부적합하다면 다른 것은 없을까? 이에 대한 대안으로서 제시된 것이 로스(Ross)의 APT(Arbitrage Pricing Theory)이다. APT의 논리를 이해하기 위해서는 CAPM의 논리적 배경을 다시 한번 상기할 필요가 있다. 투자자들이 부담함으로써 보상받을 수 있는 유일한 위험은 분산투자로 제거되지 않는 위험이라는 것이다. 그러나 개별 주식이나 포트폴리오의 위험 중 체계적 부분은 너무 복잡해서 시장의 움직임을 측정하는 베타만으로는 측정하기가 어렵다. 특히 시장의 움직임을 대변하는 주가지수라는 것이 불완전하기 때문에, 베타만으로 위험의 수많은 체계적 요소를 모두 설명하기는 불가능하다.

예를 들어, 다음과 같은 체계적 요소를 생각해보자. GNP의 변화는 개별 주식수익률에 체계적으로 영향을 줄 수 있을 뿐만 아니라, 금리의 변화 또한 개별 주식수익률에 지대한 영향을 미치고 있다. 특히 최근 들어 우리나라 주식시장의 경우를 봐도 금리의 움직임에 주가가 매우 민감하게 반응하는 것을 볼 수 있다. 또한 인플레이션율의 변화는 주식수익률에 체계적인 영향을 미치는 경향이 있다.

인플레이션율의 증가는 금리를 높이고 주식의 가격을 낮추는 경향이 있으며, 전력회사와 같은 기업들의 경우에는 인플레이션에 의하여 비용상승이 가격상승을 선도하기 때문에 이익률이 감소하게 된다. 이와 같이 베타에 의해서 적절히 측정될 수 없는 경제적 변수들과 주식수익률 사이에는 중요한 체계적 관계가 존재함을 알 수 있다.

6-3-1 다요인모형

앞에서 단일지수모형의 경우 시장포트폴리오가 여러 거시요인을 압축하여 대표하는 변수로 가정하였다. 때로는 시장대리변수를 사용하는 것보다 위험의 근원적 요인들에 대해 직접 초점을 맞추는 것이 보다 유용할 수 있다. 다요인모형(mulitifactor models)은 증권 수익률에 영향을 미치는 여러 요인을 설명하고 계량화하는 데 도움을 준다.

설명을 쉽게 하기 위해서 다음과 같은 이요인모형(two-factor model)을 예로 들자.

$$r_i = E(r_i) + \beta_{i1}[f_1 - E(f_1)] + \beta_{i2}[f_2 - E(f_2)] + \varepsilon_i \quad \textbf{6-19}$$

여기서 $E(r_i)$는 증권 i의 기대수익률, β_{ik}는 증권 i의 k요인에 대한 민감도, $f_k - E(f_k)$는 k요인의 예상치 못한 변화, ε_i는 증권 특유의 예상치 못한 변화를 의미한다. 이때 β를 요인민감도 또는 요인베타라고 부른다.

《식 6-19》는 증권수익률에 영향을 미치는 요인들을 설명하기는 하나, 증권의 기대수익률 $E(r_i)$이 어떻게 결정되는지에 대해서는 설명하지 못한다. 따라서 우리는 균형 증권수익률에 대한 이론모형을 필요로 한다.

우리는 앞의 CAPM(또는 단일요인 SML)을 통해 증권의 기대수익률은 시장포트폴리오에 대한 위험프리미엄에 해당 증권의 베타값을 곱해서 구한 해당 증권의 위험프리미엄에 무위험이자율을 더한 값으로 결정된다고 배웠다. 이제 같은 논리를 다요인모형에 적용하면 다음과 같은 다요인 SML을 정의할 수 있다.

$$E(r_i) = r_f + \beta_{i1}[E(F_1) - r_f] + \beta_{i2}[E(F_2) - r_f] \quad \text{6-20}$$

여기서 $F_k = f_k - E(f_k)$는 k요인의 예상치 못한 변화로 인한 수익률, $E(F_k) - r_f$는 k요인의 위험프리미엄이다.

예제 6-4 다요인모형에 의한 수익률 측정

일반적으로 가장 중요한 거시경제 위험원천은 경기주기 상태를 둘러싼 불확실성과 금리변화의 불확실성이라 할 수 있다. 경기주기 상태를 나타내는 대표적인 변수는 GDP 성장률이라 할 수 있으며 GDP 성장률의 예측치 못한 불확실성을 F_1으로, 금리의 예측치 못한 불확실성을 F_2라 하자. 또한 《식 6-19》를 이용하여 대한항공에 대한 이요인모형을 추정한 결과가 다음과 같다고 하자.

$$r = 0.133 + 1.2F_1 - 0.3F_2 + \varepsilon$$

이 모형에 의하면, 현재 이용 가능한 정보하에서 대한항공의 기대수익률은 13.3%이지만, GDP 성장률이 현재 예상치를 1%포인트 초과할 때 평균적으로 1.2% 상승하고, 금리가 현재 예상치를 1%포인트 초과할 때 평균적으로 0.3% 하락한다는 것을 의미한다.

예제 6-5 다요인 증권시장선

[예제 6-4]에서 구한 다요인모형의 추정치를 사용해서 대한항공 주식의 적정수익률을 계산해보자. GDP 성장률에 대한 한 단위 위험노출에 대한 위험프리미엄을 6%라 하고, 금리에 대한 한 단위 위험노출에 대한 위험프리미엄을 −7%라 가정하자. 그러면 대한항공 주식의 GDP위험에 대한 위험프리미엄은 7.2%이고, 금리위험에 대한 위험프리미엄은 2.1%가 되어, 전체 위험프리미엄은 9.3%가 된다. 만약 무위험이자율이 4%라 한다면, 대한항공 주식에 대한 전체 기대수익률은 13.3%가 된다. 이를 《식 6-20》을 이용하여 구하면 다음과 같다.

$$E(r) = 4\% + 1.2 \times 6\% + (-0.3) \times (-7\%) = 13.3\%$$

6-3-2 차익거래모형

1976년 로스에 의해 개발된 차익거래모형(APT)은 CAPM과 같이 기대수익률을 위험에 연결하는 증권시장선을 예측하지만, 증권시장선으로 이르는 과정은 완전히 다르다. 차익거래모형은 차익거래(arbitrage)라는 개념에 근거하고 있기 때문에 이에 대한 이해가 필요하다.

차익거래기회(arbitrage opportunity)는 순투자 없이 무위험 이익을 얻을 수 있을 때를 말한다. 예를 들어, 동일한 증권이 두 개의 시장에서 다른 가격에 거래된다면 높은 가격의 시장에서 팔고 동시에 낮은 가격의 시장에서 산다면 두 가격의 차이만큼 위험부담 없이 이익을 보게 된다. 따라서 높은 가격 시장에서는 해당 증권의 가격이 떨어지고 낮은 가격의 시장에서는 가격이 올라가게 되는데, 두 시장에서 해당 증권의 가격이 같아질 때까지 이러한 일이 계속되게 된다. 실제로 이러한 차익거래기회는 많은 차익거래자(arbitrageurs)에 의해서 포착되고 거의 동시에 거래가 이루어지기 때문에 순식간에 사라지고, 그에 따라 일물일가의 법칙(law of one price)이 성립하게 된다.

이러한 무위험 차익거래(risk-free arbitrage)의 중요한 특징은 투자자의 위험회피도에 관계없이 각 투자자는 무한대의 포지션을 취하고 싶어할 것이라는 것이다. 이러한 거대한 포지션들은 무위험 차익거래가 없어질 때까지 순식간에 가격을 상승시키거나 하락시키기 때문에 증권가격이 무차익거래상태(no-arbitrage condition)를 만족하도록 만든다.

균형가격식을 유도하는 데 있어서 사용되는 차익거래 논리와 위험과 수익률 간의 지배원리 논리 사이에는 중요한 차이가 있다. 지배원리 논리에 따르면, 균형가격이 깨질 때 투자자들은 그들의 위험회피도에 따라 제한된 포트폴리오의 변화를 보이지만 무수히 많은 투자자의 합계로 인해 충분한 양의 매수와 매도가 이루어져서 균형가격이 회복되게 된다. 반면에 차익거래 논리에 따르면, 차익거래기회가 존재할 때 각 투자자는 가능한 한 큰 포지션을 취하고 싶어 하기 때문에 많은 투자자에 대한 가정 없이도 균형가격을 회복할만한 충분한 매수와 매도가 이루어진다. 따라서 무차익거래 논리에 의해 도출된 가격식이 위험-수익률 지배원리에 의해 도출된 가격식보다 더 강하다고 할 수 있다.

실제 업계에서는 차익거래나 차익거래자를 좀 더 느슨한 의미로 사용한다. 차익거래자는 M&A 대상 주식과 같은 특정 영역에서 잘못 평가된 증권을 전문적으로 찾는 사람들을 의미하는 말로 사용하는데, 이 경우는 때때로 순수한 의미의 차익거래와 구별하기 위해 위험 차익거래(risk arbitrage)로 불리기도 한다.

APT는 CAPM과는 달리 다음의 세 가지만을 가정한다.

APT의 가정

① 증권 수익률은 요인모형에 의해 설명될 수 있다.
② 개별증권 위험을 없앨 만큼 충분한 수의 증권이 있다.
③ 증권시장은 충분히 효율적이어서 차익거래기회가 지속될 수 없다.

APT를 유도하기 위해 《식 6-19》의 이요인모형을 다시 한번 가정해보자(가정 ①).

$$r_i = E(r_i) + \beta_{i1}F_1 + \beta_{i2}F_2 + \varepsilon_i \quad \textbf{6-21}$$

또한 잘 분산된 포트폴리오(well-diversified portfolio)의 경우에는 개별증권의 위험들이 제거되므로(가정 ②) 다음과 같이 표현할 수 있다.

$$r_P = E(r_P) + \beta_{P1}F_1 + \beta_{P2}F_2 \quad \textbf{6-22}$$

$$\beta_{P1} = \sum_{i=1}^{n} w_i\beta_{i1}$$

$$\beta_{P2} = \sum_{i=1}^{n} w_i\beta_{i2}$$

$$E(r_P) = \sum_{i=1}^{n} w_i E(r_i)$$

아울러 차익거래기회를 제거하기 위해(가정 ③), 모든 잘 분산된 포트폴리오의 기대수익률은 〈그림 6-3〉처럼 무위험이자율 직선을 절편으로 하는 평면 상에 위치하여야 한다. 예를 들어, 무위험이자율이 4%이고, 요인베타 1이 0.5이고 요인베타 2가 0인 잘 분산된 포트폴리오 C의 기대수익률이 6%라고 하자. 그림에서 보는 바와 같이 포트폴리오 C는 평면 밑에 위치하고 있다. 또한 평면상에 위치하고 있는 무위험자산과 포트폴리오 A(요인베타 1이 1.0, 요인베타 2가 0)에 절반씩 투자한 포트폴리오 D를 고려해보자. 포트폴리오 D의 요인베타 1은 0.5(=0.5×0+0.5×1.0), 요인베타 2는 0이고, 기대수익률은 7%(=0.5×4%+0.5×10%)로서 포트폴리오 C와 비교해볼 때 차익거래기회가 존재하게 되므로 가정에 위배된다. 즉 포트폴리오 C와

〈그림 6-3〉 차익거래기회가 없을 때 2요인모형

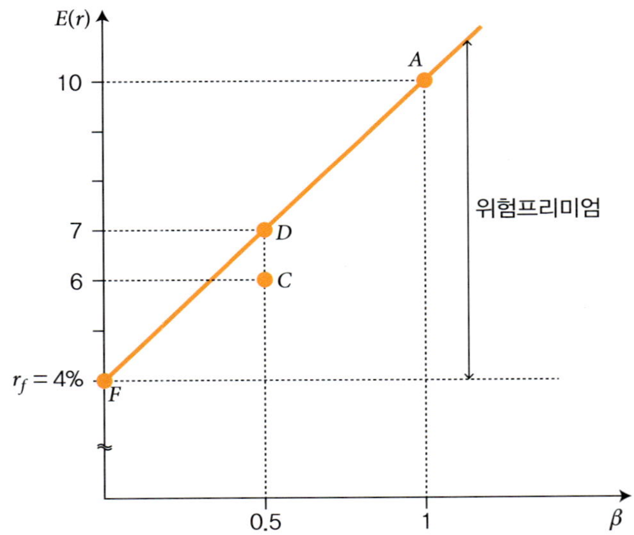

같이 평면 밑에 위치하는 포트폴리오는 존재할 수 없다. 따라서 이제 잘 분산된 포트폴리오의 경우 2요인 증권시장선은 《식 6-20》과 같은 원리에 의해 다음과 같이 주어진다.[3]

$$E(r_P) = r_f + \beta_{P1}[E(F_1) - r_f] + \beta_{P2}[E(F_2) - r_f] \quad \textbf{6-23}$$

만약 《식 6-23》에서 요인이 하나만 존재하고 해당 요인이 시장인덱스 포트폴리오 M이라 한다면, 잘 분산된 포트폴리오에 대한 CAPM과 동일한 식을 얻는다.

$$E(r_P) = r_f + \beta_P[E(R_M) - r_f] \quad \textbf{6-24}$$

여기서 APT의 유도과정에서 CAPM의 경우와는 달리 벤치마크 포트폴리오가 진정한 시장포트폴리오라는 가정을 전제하지 않음을 알 수 있다. 증권시장선 또는 증권시장 평면 위에 있는 어떤 잘 분산된 포트폴리오든 상관없이 모두 벤치마크 포트폴리오가 될 수 있다.

CAPM의 경우 잘 분산된 포트폴리오는 물론 개별자산의 경우에도 성립하는데, APT에 의해 유도된 《식 6-24》는 잘 분산된 포트폴리오의 경우에만 성립한다. 만약 개별자산의 경우라면 어떻게 될까? 모든 자산은 아니더라도 거의 모든 개별자산에 대해 《식 6-24》가 성립한다고 할 수 있다. 어떤 포트폴리오가 잘 분산된 포트폴리오가 되기 위해서는 모든 개별자산에 대해 매우 작은 포지션을 보유하여야만 한다. 예를 들어, 단 하나의 자산이 《식 6-24》의 관계식을 만족하지 않는다면, 잘 분산된 포트폴리오에 대한 이 자산의 위반은 별반 영향을 주지 않으므로 의미 있는 차익거래의 기회가 생기지 않는다. 그러나 만약 많은 증권이 《식 6-24》의 관계식을 만족하지 않는다면, 잘 분산된 포트폴리오의 경우에도 관계식을 만족하지 않기 때문에 차익거래의 기회가 생길 것이다. 따라서 거의 대부분의 개별자산은 위의 균형식을 만족할 수밖에 없다.

다시 한번 이요인모형을 고려해보자.

$$r_i = E(r_i) + \beta_{i1}F_1 + \beta_{i2}F_2 + \varepsilon_i \quad \textbf{6-25}$$

여기서 요인 1과 요인 2는 요인 포트폴리오(factor portfolio)라 하는데, 요인 포트폴리오는 해당 요인에만 1의 베타값을 갖고 다른 요인들에 대해서는 0의 베타값을 갖는 잘 분산된 포트폴리오를 의미한다. 이러한 요인 포트폴리오는 일종의 추종 포트폴리오라 할 수 있는데, 왜냐하면 추종 포트폴리오가 다른 위험요인과는 상관관계가 없으면서 특정한 거시경제 위험요인만을 추종하기 때문이다. 선택할 수 있는 증권의 수는 많고 요인의 수는 상대적으로 적으므로 이러한 요인 포트폴리오를 형성하는 것은 가능하다고 할 수 있다. 이러한 요인 포트폴리로는 다요인 증권시장선에서 벤치마크 포트폴리오로 사용할 수 있다.

3〉 F_k는 요인 k에 대한 β가 1이고, 나머지 요인에 대한 β는 모두 0인 포트폴리오를 의미한다. 따라서 〈그림 6-3〉에서 β_k에 대한 위험프리미엄은 $\beta_k \times \frac{E(F_k) - r_f}{1} = \beta_k[E(F_k) - r_f]$이 된다.

예제 6-6 APT모형을 이용한 적정 기대수익률의 추정

요인 포트폴리오 1과 2의 기대수익률이 각각 11%와 12%라 하고, 무위험이자율은 5%라 하자. 잘 분산된 포트폴리오 *A*는 요인 1에 대해 0.3의 베타값을 갖고, 요인 2에 대해 0.5의 베타값을 갖는다고 하자. APT모형을 사용해서 포트폴리오 *A*의 적정 기대수익률을 계산해보자.

《식 6-23》에 주어진 정보를 입력하면,

$$E(r_A) = 5\% + 0.3\times(11\%-5\%) + 0.5\times(12\%-5\%) = 5\% + 1.8\% + 3.5\% = 10.3\%$$

예제 6-7 가격오류와 차익거래

[예제 6-6]에서 검토하였던 포트폴리오 *A*에 대한 시장의 기대수익률이 적정 기대수익률인 10.3%가 아니라 10%(실제 기대수익률)라고 해보자. 어떤 차익거래가 가능할까? 이를 살펴보기 위해 포트폴리오 *A*와 똑같은 베타값을 갖는 요인 포트폴리오들을 이용하여 포트폴리오 *B*를 구성해보자. 포트폴리오 *B*는 요인 포트폴리오 1에 대해서는 0.3의 가중치를, 요인 포트폴리오 2에 대해서는 0.5의 가중치를, 무위험자산에 대해서는 0.2의 가중치를 갖도록 구성하여야 한다. 이렇게 함으로써 포트폴리오 *A*와 정확히 요인 베타값들이 같도록 만들 수 있기 때문이다.

포트폴리오 *B*의 기대수익률을 계산하면,

$$E(r_B) = 0.3\times E(r_1) + 0.5\times E(r_2) + 0.2\times r_f = 0.3(11\%) + 0.5(12\%) + 0.2(5\%) = 10.3\%$$

이제 포트폴리오 *B*에 1원을 투자하는 동시에 포트폴리오 *A*에 −1원을 투자하면(1원 공매도), 순투자는 0이면서 양의 수익률을 거두게 된다.

$$1원\times E(r_B) - 1원\times E(r_A) = 10.3\% - 10\% = 0.3\% \qquad \textbf{6-26}$$

포트폴리오 *B*는 요인들에 대한 베타값이 포트폴리오 *A*와 같으므로 《식 6-26》은 무위험포트폴리오임을 알 수 있다.

위에서 설명한 체계적 위험변수들의 주식수익률에 대한 영향을 통계적으로 분석한 결과를 보면 CAPM에 의한 설명보다 설명력이 높아짐을 발견하게 된다. 그러나 아직 증권가격에 대한 다요인모형(multi-factor model)을 지지하는 증거는 많지 않으며, APT 위험척도의 경우에도 CAPM의 베타척도와 마찬가지로 나름대로의 문제를 가지고 있다. 예를 들어, 몇 개의 요인을 고려해야 하는지에 대한 근거가 없으며 또한 어떤 요인들을 포함시켜야 하는지에 대한 설명도 할 수 없다.

6-3-3 파마-프렌치 3요인모형

파마와 프렌치(Fama and French, 1996)는 그동안 실증연구결과에 근거하여 세 가지 체계적 위험요인에 근거한 파마-프렌치 3요인모형을 제안하였다.

$$r_{it} = \alpha_i + \beta_{iM}R_{Mt} + \beta_{iSMB}SMB_t + \beta_{iHML}HML_t + \varepsilon_{it} \quad \text{6-27}$$

여기서 *SMB*는 소형주 수익률에서 대형주 수익률을 차감한 것이고, *HML*은 (장부가/시가)비율이 높은 주식 수익률에서 (장부가/시가)비율이 낮은 주식 수익률을 차감한 것을 의미한다.

이 모형에서 시장인덱스는 세 가지 체계적 요인 중 하나로 간주되고, 거시경제요인으로부터 생기는 체계적 위험을 나타내는 것으로 가정된다. 또한 나머지 두 요인은 기업 특성을 나타내는 변수들이다. 파마-프렌치에 의하면, *SMB*와 *HML*은 이론적으로 볼 때 적절한 위험요인이라 할 수는 없지만 실증적으로 볼 때 잘 모르는 어떤 근본적인 변수들의 대리변수로 볼 수 있다고 주장하였다. (장부가/시가) 비율이 높은 주식은 재무곤경에 빠질 가능성이 높으며, 소형주는 경기상황 변화에 보다 민감한 것으로 미루어 볼 때, 이들 변수가 거시경제의 위험요인에 대한 민감도를 나타낼 수도 있다고 하였다.

파마-프렌치모형의 성립은 그들이 제안한 기업특성 변수들 중 어떤 변수를 더 선호할 합리적 이유가 없기 때문에 합리적 균형모형으로부터의 이탈로 볼 수 있다. 또한 실증적으로 평균수익률과 연관된 것으로 보이는 기업특성 변수가 잘 모르는 위험요인의 대리변수라면 합리적 균형모형하에서 설명할 수도 있다. 그러나 아직까지 이에 대한 명확한 답을 내리지는 못하는 상황이다.

인물탐구

1990년 노벨 경제학상 수상자 윌리엄 샤프

피터 번스타인 쓴 「Capital Idea」라는 책의 2부 "전체와 부분(the whole and the parts)" 4장에 보면 샤프가 기여한 바를 다음과 같이 소개하고 있다.

샤프의 단일지수 모델
– 수익에 영향을 미치는 가장 핵심적인 요인

샤프는 단순화한 포트폴리오 분석 과정을 '대각선 모델(Diagonal Model)'이라고 부르기는 했지만, 학계에서는 '단일지수 모델(Single Index Model)'로 통한다. 그는 분석 절차를 단순화 하는 방법을 개발하면서 스승인 마코위츠의 저서에서 단서를 발견했다. 즉, "다양한 증권의 수익은 가장 핵심적인 요인을 공유하기 때문에 서로 영향을 주고 받는다는 가정이 바로 대각선 모델의 핵심적인 특징이다."고 말했다.

그 핵심적인 도인은 "증권시장 전체, GDP, 물가지수 등일 수 있지만 증권의 수익에 가장 큰 영향을 미칠 수 있는 요인이어야 한다"고 샤프는 지적했다.

'가장 큰 영향을 미치는 요인'으로 샤프는 어떤 것

을 선택했는가? 개별종목의 주가는 전체 시장에 직접적으로 영향을 받는다는 것을 부정하는 사람은 없다. 일반적인 종목의 주가 변동성 가운데 3분의 1은 '가장 큰 영향을 미치는 요인' 탓이라고 할 수 있다. 나머지 3분의 2는 '동일 업종의 다른 종목'과 해당 종목 고유의 특성에서 비롯된다. 그런데 포트폴리오에 포함된 종목수가 10여 종목만 되어도 업종 내 다른 종목과 해당 종목의 고유의 특성에서 비롯된 가격 변동성은 중화될 수 있다. 달리 말해 분산투자를 하면 해당 종목 고유의 특성 등에서 비롯된 변동성은 거의 소멸하고, 포트폴리오 변동성의 90% 이상이 시장 전체 또는 시장 지수에 의해 설명될 수 있다.

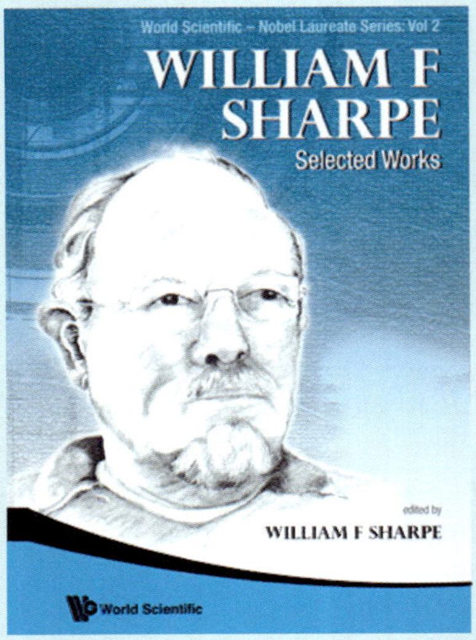

단일지수 모델의 가장 큰 매력은 마코위츠 모델과는 달리 시간이 적게 걸린다는 점이다. 샤프의 최대 업적을 꼽으라면 그가 1964년에 내놓은 '자본자산 가격결정모델(CAPM, Capital Asset Pricing Model)'이다. CAPM모델을 통해 도달한 결론은 예상 밖이지만 필연적이다. 간단히 말해, 토빈이 제시한 '슈퍼 포트폴리오'는 증권시장 그 자체라는 결론에 이른다.

증권시장 자체가 포트폴리오라면, 시장보다 더 큰 리스크를 감수하지 않는다면 시장의 평균 수익률을 능가하는 것은 불가능하다는 것이다. 이런 현실과 견주어 볼 때 가능한 한 많은 종목을 편입해 분산투자를 하는 게 최적의 투자전략이다 라고 샤프는 말한다.

연습문제

1. 자본시장선과 증권시장선의 차이점은 무엇인가?
2. 무위험이자율은 4%이고, 기대 시장수익률은 11%라 하자. 1.3의 베타값을 갖는 주식 X는 12%의 수익률을 줄 것으로 예상되고 있다면 이 주식을 어떻게 하여야 할까?
3. 1.2의 베타값을 갖는 증권 A에 $600를, 0.9의 베타값을 갖는 증권 B에 $400를 투자함으로써 만든 포트폴리오의 베타값은 얼마인가?
4. 시장포트폴리오에 대한 위험프리미엄이 8%라 하자. 1.15의 베타값을 갖는 A주식에 25%를 투자하고 1.25의 베타값을 갖는 B주식에 75%를 투자한 포트폴리오에 대한 위험프리미엄은 얼마인가?
5. 다음의 두 주식으로 시장포트폴리오를 구성한다고 가정하고, 이들 주식의 기대수익률, 표준편차, 구성비율은 다음과 같다. 여기서 두 주식 간의 상관관계가 0.3이고 무위험자산 수준이 5%일 때의 자본시장선(CML)의 공식을 명시하시오.

자산	기대수익률	표준편차	구성비율
A	10%	20%	0.4
B	15%	28%	0.6

6. 증권의 수익률은 다음과 같은 단일지수모형을 따른다고 하자.

$$R_{it} = \alpha_i + \beta_i R_{mt} + \varepsilon_{it}$$

R_{it}는 증권 i의 초과수익률, R_{mt}은 시장포트폴리오의 초과수익률을 나타낸다. 또한 다음과 같은 자료를 보이는 세 개의 증권이 있다고 하자.

증권	β	$E(R)$	$Var(\varepsilon)$
A	0.8	15%	0.10
B	1.2	19%	0.05
C	1.6	23%	0.20

(1) 만약 Var(R_{mt})=0.5라 한다면 증권 A, B, C 수익률의 분산은 각각 얼마인가?

(2) 증권 A, B, C와 같은 수익률 특성을 갖는 증권이 무수히 많다고 하자. 만일 A형태의 증권들로 구성된 잘 분산된 포트폴리오를 만든다면 이 포트폴리오 초과수익률의 평균과 분산은 얼마인가?

7. 다음은 증권분석가들이 시장수익률에 따라 두 자산의 기대수익률을 예측한 결과이다.

시장수익률	공격적 자산	방어적 자산
10%	5%	8%
20%	35%	14%

(1) 두 자산의 베타값은 각각 얼마인가?

(2) 만일 시장수익률이 10%가 될 가능성과 20%가 될 가능성이 동일하다면 두 자산의 기대수익률은 얼마인가?

(3) (2)의 조건이 유지되고 무위험이자율이 8%라면 SML은 어떻게 그려지는가?

(4) 두 자산의 α값은?

8. 두 개의 주식과 시장포트폴리오, 무위험자산이 아래와 같이 주어져 있다.

구분	기대수익률	시장포트폴리오와의 상관계수	표준편차
자산 1	15.5%	0.9	20%
자산 2	9.2%	0.8	9%
시장포트폴리오	12.0%	1.0	12%
무위험자산	5.0%	0	0%

(1) 증권시장선(SML)을 그려보시오.

(2) 두 주식의 베타값은 얼마인가?

9. 무위험자산과 시장포트폴리오의 기대수익률과 표준편차는 다음과 같다.

구분	무위험자산	시장포트폴리오
기대수익률	7%	10%
표준편차	0	0.12

(1) 시장포트폴리오에 60%, 무위험자산에 40%를 투자할 경우 이 포트폴리오의 기대수익률과 위험을 구하시오.

(2) CML과 SML의 식을 구하시오. 각각의 기울기는 무엇을 의미하는가?

(3) 대동전자주식과 시장포트폴리오의 공분산이 0.036이라면 대동전자주식의 베타는 얼마인가? 또한 시장에서 요구하는 기대수익률은 얼마인가?

(4) (3)의 대동전자주식의 기대수익률이 15%라면 주가는 어떻게 될까?

10. 증권의 수익률은 다음과 같은 단일지수모형을 따른다고 하자.

$$R_A = 3\% + 0.7R_m + e_A, \quad R_B = 5\% + 1.2R_m + e_B$$

이때 σ_m=30%, $\sigma(e_A)$=10%, $\sigma(e_B)$=15%라고 하자.

(1) 각 주식의 체계적 위험은 얼마인가?

(2) 각 주식의 총위험은 얼마인가?

(3) 내년도 종합주가지수 수익률이 20%로 예상되고 있다. 각각의 주식의 기대수익률은 얼마로 예상되는가?

(4) A에 60%, B에 40%의 비율로 포트폴리오를 구성할 때 포트폴리오의 표준편차, 베타를 구하라(단, 두 주식의 상관계수는 0.25이다).

(5) 위 식에서 절편인 3%와 5%는 무슨 의미를 갖는가?

11. 다음과 같이 단일 요소만 있는 경제를 가정해보자. 모든 포트폴리오는 잘 분산되어 있다고 가정하자.

포트폴리오	$E(r)$	β
A	10%	1
B	4%	0

(1) 만약 베타가 2/3이고 기대수익률이 9%인 잘 분산된 또다른 포트폴리오 C가 있다고 할 때 차익거래(arbitrage) 기회가 존재하는가?

(2) 존재한다면 어떠한 차익거래전략(arbitrage strategy)이 가능한가?

12. 포트폴리오의 위험에 대한 각 개별자산의 기여도는 무엇인가? 이를 간단히 설명해보시오.

13. 최근 우리나라 증권회사나 투자신탁회사들은 신규고객들의 투자성향을 설문 등을 통하여 미리 파악한 후 각 고객에게 가장 적합한 금융상품을 권유하는 '투자성향시스템'을 도입하고 있다.

(1) 투자성향, 즉 위험에 대한 투자가의 태도에 따라 각각 최적상품을 권유하는 투자성향시스템의 이론적 근거를 자본시장선(CML)과 위험에 대한 투자가의 태도를 이용하여 설명하시오.

(2) 김군은 '투자가들은 이성적이라면 모두 위험회피형이다.' 이에 대하여 박군은 '투자가들은 이성적이라면 위험회피형과 위험선호형으로 나눌 수 있다.' 김군과 박군 중 누구의 설명이 옳은가? 그리고 그 이유는 무엇인가?

CPA 기출문제

1. 자본시장선(CML)과 증권시장선(SML)과의 관계에 대한 서술 중 옳지 않은 것은?

① 동일한 β를 가지고 있는 자산이면 SML 선상에서 동일한 위치에 놓이게 된다.

② CML과 SML은 기대수익률과 총위험 간의 선형관계를 설명하고 있다는 점에서 공통점을 가지고 있다.

③ 비체계적 위험(unsystematic risk)을 가진 포트폴리오는 CML 선상에 놓이지 않는다.

④ 어떤 자산과 시장포트폴리오 간의 상관계수가 1이면 CML과 SML은 동일한 표현식이 된다.

⑤ SML 선상에 있는 자산이라고 하여 모두 다 CML 선상에 위치하지는 않는다.

2. 다음의 APT(차익거래가격결정이론)에 대한 설명 중 옳지 않은 것은?

① APT를 유도하기 위한 가정은 CAPM의 경우보다 상대적으로 약하며, 따라서 CAPM은 APT의 특수한 형태로 볼 수 있다.

② APT에서는 자산의 수익률 분포에 대한 제약이 필요 없으며, 투자자가 위험회피적이라는 가정도 필요 없다.

③ APT는 시장포트폴리오를 필요로 하지 않기 때문에 시장에 존재하는 자산 일부만으로 자산가치평가를 할 수 있다.

④ APT에서 위험자산의 기대수익률 결정에 영향을 미치는 체계적 위험은 하나 이상이다.

⑤ APT와 CAPM은 둘 다 자산의 기대수익률과 관련 위험요인이 선형관계를 갖고 있다는 것을 보여준다.

PART

3

시장효율성과 행태재무

CHAPTERs

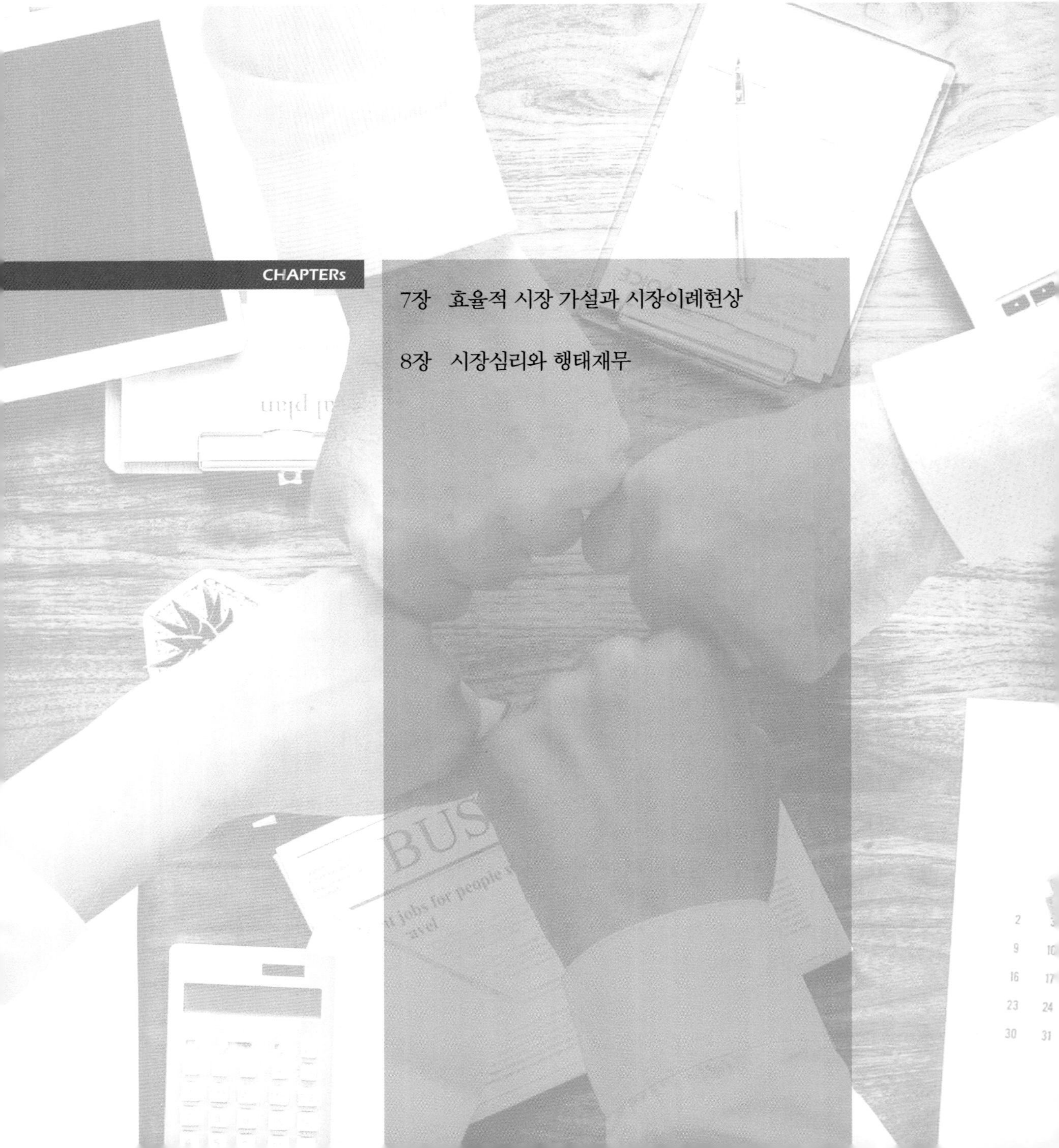

주식시장과 관련된 이론 중에서 효율적 시장 가설만큼 오련 기간 동안 논란을 불러일으킨 이론도 없다. 효율적 시장 가설은 현재 주가가 시장의 모든 이용 가능한 정보를 반영하고 있다는 이론이다. 이 이론에 따르면 모든 정보가 이미 주가에 반영되어 있는 마당에, 열심히 연구하고 분석하여 투자해봐야 소용이 없는 게 아닌가? 신문지의 주식 시세판을 펴놓고 아무거나 찍는 편이 낫다는 말이 아닌가? 이러한 것을 빗대어서 종종 경제학자와 원숭이의 투자결과를 비교하면 원숭이가 더 나을 것이라는 우스갯소리도 회자되곤 한다. 또 이런 얘기도 있다. 두 경제학자가 길을 걷다가 만 원짜리 지폐가 그들 앞에 떨어져 있는 것을 발견하였다고 하자. 효율적 시장 가설을 신봉하고 있는 그들은 "이 돈이 만약 진짜 돈이라면 이렇게 길에 떨어져 있을 리가 없어. 누군가가 이미 집어갔을 거야."하고 그냥 지나칠 것이라는 것이다. 이러한 이야기는 모두 효율적 시장 가설에 대한 오해에서 비롯된 것이다. 7장에서는 효율적 시장 가설의 의미를 자세히 공부하게 될 것이다. 한편, 자본시장에는 합리적으로 설명이 되지 않는 많은 이상한 현상이 일어나고 있다. 1월달에는 수익률이 다른 달에 비해 유난히 높다든지, 월요일에는 수익률이 낮다든지 이론적으로 설명할 수 없는 '시장이례현상'이 발견된다. 7장에서 여러 가지 시장이례현상에 대해서도 살펴볼 것이다.

아울러 주식시장은 '시장심리' 또는 '유행'에 의해서 움직인다는 이론이 최근 많이 등장하고 있다. 역사적으로 전 세계에 걸쳐 일어난 여러 가지 버블 사건이 이의 증거라는 것인데 1987년 10월 미국의 검은 월요일(Black Monday) 주가 대폭락사건 이후 효율적 시장 가설에 대한 반론과 함께 시장심리이론에 대한 관심이 커졌다. 우리나라의 경우 과거 '묻지마 투자'라는 말이 유행할 정도로 시장심리 또는 군중심리에 의한 투자가 행해지고 있는데 이러한 현상을 어떻게 설명할 수 있을까? 이에 대해 8장에서 살펴볼 것이다. 또한 최근 행태재무론이 각광을 받고 있는데, 이는 기존의 전통 재무이론과 달리 실제로 사람들이 복잡한 의사결정을 내리는 과정에서 많은 '비합리성(irrationalities)'을 보인다고 주장하고, 이러한 비합리성으로 인해 시장이례현상이 발생한다는 새로운 학설이다. 8장에서 이에 대해서도 자세히 공부할 것이다.

CHAPTER 7

효율적 시장 가설과 시장이례현상

7-1 효율적 시장 가설의 의미

경제학자인 켄달은 주가 움직임에 있어서 어떤 예측 가능한 패턴이 있지 않을까라는 기대하에 주가의 움직임을 연구하였는데, 결과적으로 주가에 어떤 예측 가능한 패턴이 존재하지 않음을 발견하였다.[1] 이러한 주가의 무작위적 움직임(random walk)은 주식시장이 변덕이 심하거나 시장이 비합리적으로 움직이기 때문이라고 주장하는 사람들도 있었지만 이러한 주가의 무작위성은 오히려 주식시장의 효율성을 나타낸다고 할 수 있다. 시장이 새로운 정보에 대해서 움직이지 않고 가만히 있다면 그것이야말로 비효율적인 시장이 아닐 수 없다.

만약 시장이 효율적이라면 새로운 정보가 있을 때 이 정보가 주가에 즉각적으로 반영될 것이다. 이는 다시 말해 시장이 효율적이라면 주가는 그 당시 이용 가능한 모든 정보를 이미 반영하고 있어야 한다는 말이다. 이것을 효율적 시장 가설(Efficient Markets Hypothesis: EMH)이라 하며, 이 가설은 노벨경제학상을 수상한 파마에 의해서 주창되었다.[2] 그에 의하면 주가는 이미 알려진 모든 정보를 반영하고 있어야 하기 때문에 새로운 정보(new information)에 대해서만 반응을 보일 것인데, 새로운 정보라는 것은 정의상 예측이 불가능한 것이기 때문에(예측 가능하다면 그것은 이미 새로운 정보가 아니다) 이에 따른 주가변화도 예측이 불가능하다는 것이다.

시장이 얼마나 효율적으로 움직이는가 하는 것은 실제 주가의 움직임을 보면 잘 나타난다. 만일 시장에서 일자리가 5만 개 정도 줄 것이라고 '기대하고' 있었는데 실제 발표에서는 단지 3만 개 정도만 줄어들었다고 하면, 이는 실제로는 일자리가 줄어들었지만 '호재 경제뉴스'가 되어 주가가 상승한다. 만약 시장의 예상대로 5만 개 정도의 일자리가 줄었다고 발표가 났다면 시장은 이에 별 반응을 보이지 않았을 것이다. 왜 그럴까? 시장의 기대는 이

1〉 Kendall, M. (1953), "The Analysis of Economic Time-Series, Part 1: Prices," *Journal of the Royal Statistical Society*, 96.

2〉 Fama, E. (1970), "Efficient Capital Markets: A Review of Theory and Empirical Work," *Journal of Finance*, 25(2).

미 주가에 반영이 되어 있기 때문이다. 따라서 시장은 시장의 참가자들이 '기대하고' 있는 내용과 '실제 발표되는' 내용 간의 차이에 따라 반응을 보이지, 뉴스 자체가 호재인가 악재인가는 중요하지 않다.

어떤 기업의 수익이 별로 안좋다고 발표될 것으로 예상한다면, 이미 그 기업의 주가는 이를 반영하고 있다. 실제 수익이 예상한 만큼 나쁘지 않다고 발표가 나면 주가는 수익발표 후 오히려 상승할 것이다. 이러한 논리는 주식뿐만 아니라 채권, 외환, 유가 등 모든 시장변수에 적용된다.

따라서 시장의 움직임을 이해하기 위해서는 발표자료에 대한 '시장의 기대'가 무엇인지를 알고 있어야 한다. 요즘 시장에는 다양한 리서치기관, 증권분석가, 경제전문가, 전문예측가 등이 이러한 정보를 끊임없이 창출하고 수집해서 언론 또는 인터넷 등에 알리고 있기 때문에 시장의 예상치를 입수하는 데 큰 어려움이 없다. 물론 이러한 시장의 예상치보다 실제 발표내용이 좋을지 나쁠지를 아는 것은 별개의 문제이다.

7-2 효율적 시장 가설의 과거 분류

효율적 시장 가설에 의하면 모든 이용 가능한 정보가 이미 주가에 반영되어 있다고 한다. 이때 정보가 어떤 정보까지를 포함하느냐에 따라 약형 EMH, 준강형 EMH, 강형 EMH의 세 가지 형태로 분류된다. 즉 정보집합의 크기에 따라 세 가지 가설로 구분되는데 이를 그림으로 표시하면 〈그림 7-1〉과 같다.

〈그림 7-1〉 세 가지 형태의 EMH

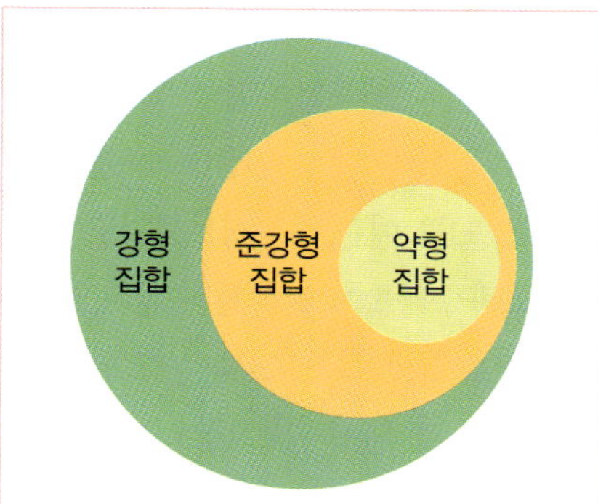

약형 EMH(weak-form EMH)는 정보집합으로 과거 주가나 거래량 등 시장 거래자료를 의미하는데, 약형 EMH에 의하면 주가에는 이미 모든 과거의 주가자료나 거래량자료 등이 반영되어 있기 때문에 이들을 이용한 투자전략은 시장수익률 이상의 수익률을 달성할 수 없다는 말이 된다. 이 말은 만약 약형 EMH가 맞다면 주로 기술적 분석(technical analysis)을 통해 초과수익을 낼 수 있다고 생각하는 많은 도표론자(chartists)의 설자리는 없다는 말이 아닌가?

그렇지 않다. 약형 EMH가 의미하는 것은 그런 말이 아니고 오히려 수많은 사람이 기술적 분석을 통하여 주가나 거래량의 추세를 분석하고 연구하기 때문에 시장이 더욱 효율적이 되고 주가가 이런 정보들을 더욱 잘 반영할 것이라는 것이다. 따라서 이런 도표분석가들의 작업이 의미가 있고 중요한 일이 되는 것이다. 또 한편 도표분석을 통하여 새로운 정보를 획득한다면 그것은 말 그대로 새로운 정보이기 때문에 주가에 반영되어 있지 않을 것이고 그와 같은 정보가 맞는다면 초과수익을 낼 수 있는 것이다. 효율적 시장 가설이 의미하는 것은 이미 알려진 정보를 이용하여 초과수익을 낼 수 없다는 것이지 모든 정보가 의미 없다는 말이 아님을 오해하지 말아야 한다.

준강형 EMH(semi-strong-fcrm EMH)는 정보집합으로 과거 주가 관련 정보뿐만 아니라 기업의 전망과 관련된 모든 공적 자료(public information)를 의미하는데, 준강형 EMH에 의하면 주가에는 이미 모든 과거 주가 관련 정보나 공적인 정보가 반영되어 있기 때문에 이들 공적 정보를 이용한 투자전략은 시장수익률 이상을 달성할 수 없다는 말이 된다. 이 말은 만약 준강형 EMH가 맞다면 해당 기업에 대한 모든 공적 정보를 분석하여 초과수익을 낼 수 있다고 생각하는 많은 기본적 분석가(fundamental analyst)의 노력이 허사라는 말인가? 이 경우에도 그렇지 않다.

준강형 EMH가 의미하는 것은 오히려 수많은 증권분석가가 기본적 분석을 통하여 내재가치(intrinsic value)를 구하고 분석하고 있기 때문에 시장이 더욱 효율적이 되고 주가가 이런 정보들을 더욱 잘 반영할 것이라는 것이다. 따라서 이런 기본적 분석이 더욱 중요하고 의미 있는 일이 되는 것이다. 또한 기본적 분석을 통하여 어떤 기업에 대한 새로운 정보를 발견한다면 당연히 그 분석가는 초과수익을 낼 수 있을 것이다.

조심해야 할 것은 열심히 분석해서 남들이 모르는 새로운 사실을 발견하였다고 생각되는 경우 대부분은 실제로 이미 시장이 알고 있는 경우가 허다하기 때문에 실패하는 경우가 많다는 것이다. 즉 이러한 사실은 시장이 매우 효율적으로 움직인다는 것을 뒷받침하는 것이고, 시장이 모르는 새로운 정보를 얻기가 얼마나 어려운가를 나타내는 것이다.

강형 EMH(strong-form EMH)는 정보집합이 내부정보(inside information)를 포함한 모든 정보를 의미하는데, 강형 EMH에 의하면 주가에는 이미 공적 정보는 물론 모든 사적 정보(private information)까지도 다 포함되어 있기 때문에 어떤 경우에도 시장수익률 이상의 초과수익률을 낼 수 없다는 가설이다. 기업 내부정보란 그야말로 기업 내부의 핵심인물(insiders), 즉 회장, 사장, 중역 등이 알고 있는 정보를 의미하는데, 강형 EMH는 이런 내부정보까지도 이미 주가에 반영되어 있기 때문에 이를 이용한 투자전략도 초과수익률을 달성할 수 없다는 매우 강력한 가설이다. 실제로 기업의 공표되지 않은 내부정보는 시장이 모르는 새로운 정보일 가능성이 크기 때문에 이 가설은 성립하기가 어려운 것으로 볼 수 있으나, 시장이 매우 효율적이라면 이러한 내부정보까지도 신속히 반영될 수 있기 때문에 꼭 그런 것은 아니다.

7-3 효율적 시장 가설의 신분류 및 검증결과

지금까지는 과거 효율적 시장 가설을 분류하던 기존의 방식을 이용하여 EMH를 설명하였는데 이번 절에서는 효율적 시장 가설에 대한 검증방식 또는 검증목적에 따라 분류하는 신분류방식인 〈표 7-1〉에 따라 효율적 시장 가설을 분류하여 설명한다.

〈표 7-1〉 EMH의 검증방식에 의한 신분류

<table>
<tr><th>고전적 EMH 검증</th><th>새로운 분류</th><th>구체적 연구</th></tr>
<tr><td rowspan="2">약형 EMH 검증</td><td>수익률예측능력연구(return predictability)</td><td>단기수익률 예측
장기수익률 예측
시장지수수익률 예측</td></tr>
<tr><td rowspan="2">시장이례현상연구(market anomalies)</td><td rowspan="2">소규모기업효과
소외기업효과
유동성효과
주말효과
1월효과
시가·장부가 비율</td></tr>
<tr><td rowspan="2">준강형 EMH 검증</td></tr>
<tr><td>사건연구(event study)</td><td>CAR 크기 비교</td></tr>
<tr><td>강형 EMH 검증</td><td>사적 정보 연구(test for private information)</td><td>내부정보
Value Line 수수께끼
뮤추얼펀드 성과</td></tr>
</table>

7-3-1 수익률 예측능력 연구: 약형 EMH 검증

수익률 예측능력(return predictability) 연구는 약형 EMH에 대한 검증을 목적으로 하는 연구로서 단기수익률 예측능력 연구, 장기수익률 예측능력 연구와 시장지수수익률 예측능력 연구의 세 가지로 구분된다.

단기수익률 예측능력

EMH의 초기 검증은 주로 약형 EMH에 대한 검증이라 할 수 있다. 투자자들은 과거 주가 움직임이 미래 주가 움직임 예측에 도움을 주지 않을까라는 생각을 과거나 지금이나 가지고 있는데 이를 테스트한 것이라 할 수 있다.

앞에서도 언급하였듯이 지금으로부터 50여 년 전 이미 켄달(Kendall)과 카울(Cowles) 등이 주가의 패턴을 파악하기 위해 노력하였으나 불가능하다는 결론을 내리게 되었다. 이어 파마는 주가의 '런(runs)'을 분석하여 주식시장에 어떤 패턴이 존재하는지를 분석하였다.[3] 여기서 '런'은 연속적인 주가의 상승이나 하락을 이루는 일련의 모임을 의미하는데, 예를 들어 5일 동안 +++−−(+는 주가상승, −는 주가하락)과 같은 주가 움직임을 보였다면 두 개의 런(+++라는 하나의 런과 −−라는 또 하나의 런)이 존재하는 것이 된다. 파마는 이러한 런의 숫자(위의 예에서 볼 때 첫 번째 런의 숫자는 3이고 두 번째 런의 숫자는 2)들을 면밀히 조사함으로써 어떤 규칙성이 있는지를 발견하려고 하였다. 만약 런의 숫자상에 규칙이 발견된다면 전날 주가 움직임을 보고 다음날 주가를 예측할 수 있다는 말이 되므로 약형 EMH는 성립하지 않는 증거가 된다(물론 투자자들의 입장에서는 큰 수익을 낼 수 있다는 말도 된다). 그러나 파마는 이러한 런의 숫자가 난수(random number)에 가깝기 때문에

3〉 Fama, E. (1965), "The Behavior of Stock Markdet Prices," *Journal of Business*, 38(1).

거래비용을 초과한 어떤 비정상수익도 낼 수 없고 따라서 약형 EMH를 기각할 수 없다고 하였다.

최근의 보다 강력한 통계적 도구를 사용한 연구결과들도 파마의 연구결과를 뒷받침하였다. 예를 들어, 로와 맥킨리는 뉴욕증권거래소(NYSE)에 상장되어 있는 주식들의 주별수익률(weekly returns) 간에 상관관계를 조사한 결과, 단기간에 걸쳐 양(+)의 시계열 상관관계가 있음을 발견하였다.[4] 그러나 파마의 경우와 마찬가지로 이러한 상관관계가 어떤 거래기회로 이용될 만큼 강하지는 않다고 하였다.

추세분석의 보다 정교한 방법으로 필터규칙(filter rule)이라는 것이 있다. 필터기법은 과거 주가의 움직임에 근거하여 주식을 사거나 파는 투자전략을 말하는데, 예를 들어 1%의 필터규칙이란 주가가 전 저점 대비 1% 이상 상승하면 사고, 전 고점 대비 1% 이상 하락하면 파는 그런 식의 투자전략이다. 만약 이런 식의 필터기법에 의한 투자수익률이 매입 후 일정 기간 보유하는 매수 후 보유전략(buy and hold strategy)에 의한 수익률보다 높다면 약형 EMH는 성립되지 않는 것이다. 파마와 블룸은 이러한 필터기법 전략이 초과이익을 내지 못하는 것으로 결론지었다.[5]

우리나라의 검증결과[6]를 보면, 일별수익률(daily returns)을 사용할 경우 주가지수의 자기상관계수(autocorrelation coefficient)가 1계차에서 유의적으로 양의 값을 갖는 것으로 나타났으나 월별수익률(monthly returns)에서는 대부분의 자기상관계수가 유의적이지 않게 나타났다. 또한 '런' 검증의 결과를 보면 일별수익률을 사용할 경우 모든 주가지수에서 무작위성(randomness)이 모두 기각되었으나 월별수익률에서는 무작위성이 거의 충족되고 있는 것으로 나타나 앞의 상관계수를 통한 결과와 같음을 알 수 있다.

결론적으로 단기 수익률을 이용한 대부분의 약형 EMH 검증결과는 약형 EMH가 성립한다는 것이다(물론 우리나라의 경우에는 월별수익률의 경우에만 해당된다). 그러나 약형 EMH에 대한 비판론자들은 연구에서 사용한 필터기법이나 거래규칙들이 너무 간단하고 정밀하지 못하기 때문에 그런 결과가 나온 것이라고 항변하고 있음을 주지할 필요가 있다.

장기수익률 예측능력

장기수익률(예를 들어, 연별수익률)을 이용한 최근의 연구결과를 보면 유의적인 음(−)의 상관계수가 발견되는 것으로 보고되고 있다. 이러한 결과는 주가가 새로운 정보에 과민반응을 보일 수 있다는 것을 주장하는 유행이론(fads hypothesis)을 낳게 되었다. 이와 같은 과민반응(overreaction)은 단기수익률들 간에 양의 상관관계를 의미하게 되고 장기수익률들 간에

4) Lo A. and C. MacKinlay (1988), "Stock Market Prices Do Not Follow Random Walk: Evidence From a Simple Specification Test," *Review of Financial Studies*, 1(1).

5) Fama, E. and M. Blume (1965), "Filter Rules and Stock-Market Trading," *Journal of Business*, 39.

6) 선우석호 외 7인 공저 (1994), 주가변동과 이례현상, 학현사.

는 음의 상관관계를 의미하게 된다.

왜냐하면 과민반응으로 인하여 단기간에는 오를 때 더 오르고 내릴 때 더 빠지는 현상이 일어나게 된다는 것이고, 장기적으로는 과민반응에 따른 차후의 수정(correction)이 일어나서 실적이 좋았던 해의 다음 해는 실적이 나빠지고 실적이 나빴던 해의 다음 해는 실적이 좋아지는 현상이 발생한다는 것이다. 이러한 과민반응가설은 시장가격이 내재가치에 비해 지나치게 변동성을 보인다는 노벨경제학상을 수상한 예일대학의 쉴러 교수 등의 연구결과[7]를 지지하는 증거로 많이 제시되고 뒤에서 설명할 버블현상과 관련되는 것으로 보인다.

이러한 장기수익률에 관한 결과는 매우 분명하게 보이기는 하지만 꼭 EMH의 성립을 부정하는 결과로는 해석할 수 없다. 왜냐하면 주가의 과민반응이 시장의 비효율성 때문이 아니라 시장 위험프리미엄이 변하기 때문에 발생할 수도 있기 때문이다. 예를 들어, 시장 위험프리미엄이 증가하면 투자자가 요구하는 할인율이 커지므로 주가는 하락하게 된다. 효율적 시장 가설을 믿는 학자들은 주가가 과민하게 반응하는 듯이 보이는 것은 그 주식에 대한 할인율변화에 따라 자연스럽게 주가가 대응하는 것일 뿐 한때의 유행(fads)으로 볼 수 없다고 주장한다.

시장지수수익률 예측능력

많은 연구가 시장수익률을 예측할 수 있는 관찰 가능 변수들을 발견함으로써 EMH가설의 그릇됨을 증명하려고 시도하였다. 예를 들어, 파마와 프렌치는 배당수익률(dividend yield)($\frac{\text{배당}}{\text{주가}}$)이 높으면 시장 전체수익률이 높아짐을 발견하였고,[8] 캠벨과 쉴러는 이익주가비율(earnings yield)($\frac{\text{이익}}{\text{주가}}$=PER의 역수)이 높아지면 시장수익률이 높아짐을 발견하였다.[9] 카임과 스탬버는 고등급채권과 저등급채권 간의 수익률 스프레드가 채권시장 수익률을 예측할 수 있음을 보였다.[10]

위의 경우와 마찬가지로 이러한 결과들의 해석은 그렇게 간단하지 않다. 즉 시장효율성의 위반으로 볼 것인지 아니면 높은 위험프리미엄을 반영하는 것으로 볼 것인지 분간하기가 어렵다는 말이다. 예를 들어, 배당수익률이나 이익주가비율의 상승이 시장수익률의 상승을 예측할 수 있다면 이것은 EMH의 위반을 나타내는 것으로 볼 수도 있으나 반드시 그렇지 않다는 것이다.

---

7) Shiller, R. (1981), "Do Stock Prices Move Too Much To Be Justified By Subsequent Changes In Dividends," *American Economic Review*, 71(3).

8) Fama, E. and K. French (1988), "Dividend Yields and Expected Stock Returns," *Journal of Financial Economics*, 22(1).

9) Campbell, J. and R. Shiller (1988), "Stock Prices, Earnings and Expected Dividends," *Journal of Finance*, 43(3).

10) Keim, D. and R. Stambaugh (1986), "Predicting Returns in the Stock and Bond Markets," *Journal of Financial Economics*, 17(2).

왜냐하면 배당이나 이익 수치가 주어졌을 때 위험프리미엄의 증가(즉, 시장수익률의 상승)는 주가의 하락을 가져오고 따라서 배당수익률과 이익주가비율의 상승을 가져올 것이기 때문이다. 이와 같이 배당수익률이나 이익주가비율 등의 상승은 위험프리미엄의 상승과 관련된 것이기 때문에 시장수익률의 상승과 관련되는 것은 당연하다는 해석도 가능한 것이다.

7-3-2 시장이례현상 연구: 약형 및 준강형 EMH 검증

기본적 분석은 기술적 분석에 비해 훨씬 많은 정보를 필요로 하기 때문에 기본적 분석의 가치에 대한 검증도 매우 어렵다고 할 수 있다. 그러나 기본적 분석은 EMH와 일치하지 않는 것처럼 보이는 증거, 즉 소위 말하는 시장이례현상(market anomalies)을 많이 보여주기 때문에 큰 관심사가 아닐 수 없다. 이러한 시장이례현상에 대한 연구는 상당히 많고 또한 투자 전략의 차원에서 매우 중요하기 때문에 다음 절에서 자세히 다루기로 한다.

7-3-3 사건연구: 준강형 EMH 검증

어떤 사건을 전후한 수익률을 비교함으로써 어떤 사건이 주가에 미치는 영향을 보기 위한 실증방법을 사건연구(event study)라고 한다. 이 방법은 어떤 사건으로 인해 발생하는 수익률의 효과를 보기 위해서 누적비정상수익률(Cumulative Abnormal Return: CAR)을 구하는데 이를 설명하면 다음과 같다. 먼저 앞에서 배운 시장모형(market model)을 잔차에 대해 정리하면

$$\varepsilon_{jt} = R_{jt} - (\alpha_j + \beta_j R_{mt}) \quad \text{7-1}$$

가 된다. 이때 잔차는 실제수익률과 시장에 의해 예상되는 수익률 간의 차이로 해석할 수 있으며 따라서 예상 밖의 비정상수익률로 부를 수 있다. 이 잔차들을 그 사건에 해당되는 모든 증권에 대해 더하고 이를 전체 해당 증권의 수로 나누면 평균 비정상수익률을 구할 수 있게 된다.[11]

$$AR = \frac{1}{N}\sum_{j=1}^{N} e_{jt} \quad \text{7-2}$$

누적 비정상수익률을 구하기 위해 시간에 대해 누적시키면 다음과 같이 된다.

$$CAR = \sum_{t=1}^{M} AR_t \quad \text{7-3}$$

퀸과 핀커톤은 합병발표가 피인수기업(target firm)의 주가에 어떤 영향을 주는지를 연구

11〉 이렇게 평균수익률을 구하는 이유는 개별증권의 효과보다는 일반적인 효과를 측정하기 위함이다.

〈그림 7-2〉 합병발표와 CAR

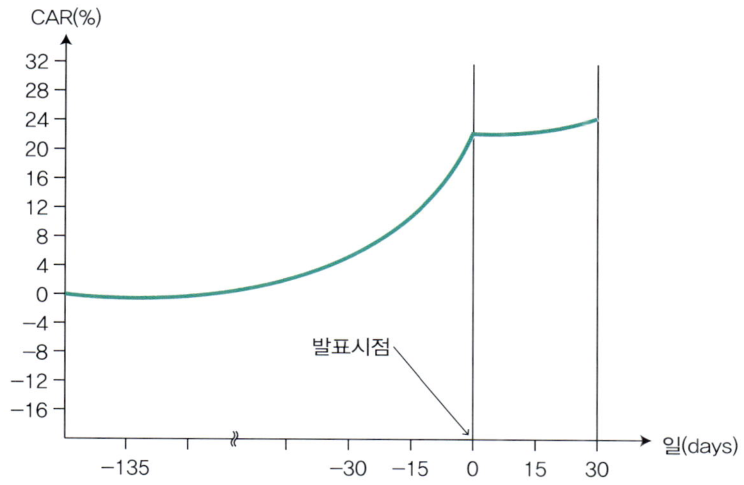

자료: Keown and Pinkerton (1981).

하였는데, 194개의 피인수기업의 주가가 합병발표 전에 어떻게 움직이는지를 분석하였다.[12] 〈그림 7-2〉에서 보듯이 합병발표 시점인 $t=0$에 피인수기업의 CAR은 급상승하여 합병발표가 호재임이 확인되었으며, 발표일 이후 일단 상승된 CAR이 평행으로 거의 변함이 없는 것은 EMH가 성립한다는 것을 시사하는 것이다. 즉 합병발표라는 정보는 신속, 정확하게 주가에 반영되어 실제 가격이 투자자들의 기대가격과 거의 일치함으로써 비정상수익률이 평균적으로 0에 가까움을 보여주고 있다.

여기서 합병발표 30일 이전부터 CAR이 증가하기 시작한 것은 정보가 사전에 누출되었기 때문이다. 즉 합병발표가 있기 30일 전에 이미 그 정보를 입수한 투자자가 주식을 매입하여 비정상수익률을 올린 것으로 해석된다. 그러나 사전에 정보가 아래에서처럼 서서히 노출되는 것만은 아니다. 실제로 사건발표 시점에 주가가 급격히 변하는 경우도 많이 발견할 수 있다.

7-3-4 사적 정보 연구: 강형 EMH 검증

사적 정보(private information)는 내부정보를 비롯하여 증권전문가나 투자전문 펀드매니저들이 접근하는 정보를 의미한다. 내부자나 전문가들은 이런 사적 정보를 이용하여 초과수익률을 낼 수 있을까? 만약 내부자가 그 기업의 주식거래를 통해서 초과수익을 얻을 수 있다면 이것은 별로 놀랄 만한 일은 아닐 것이다. 재프(Jaffe)는 내부자가 집중적으로 주식을 매입한 후 주가가 오르고 집중적으로 매도하면 주가가 하락하는 경향이 있음을 지적하면서

12〉 Keown A. and J. Pinkerton (1981), "Merger Announcement and Insider Trading Activity," *Journal of Finance*, 36(4).

내부정보에 의한 투자는 비정상수익률을 얻을 수 있음을 최초로 주장하였다.[13] 그러나 세현(Sehyun)은 보다 정밀히 데이터를 분석한 결과 비정상수익률이 거래비용을 극복할 만큼 충분하지 않다고 보고하여 강형 EMH를 기각할 수 없다고 하였다.[14]

미국의 뮤추얼펀드나 우리나라 뮤추얼펀드 또는 투자신탁펀드는 그 펀드 설립목적 자체가 전문적으로 증권투자를 하여 이익을 올리는 데 있으므로 충분한 조사비용과 막강한 인력으로써 투자대상기업을 분석한다. 이들 펀드는 분석대상기업에 대해 어느 투자자보다 더 많은 정보, 심지어는 사적 정보까지도 알고 있는 것으로 간주된다. 따라서 이들 펀드가 지속적으로 비정상수익률을 올릴 수 있는지 여부는 강형 EMH를 검증하는 방편이 될 수 있다.

이러한 전문가 집단의 진정한 성과를 측정하기 위해서는 한 해의 성과만을 측정해서는 안 되고 다음 해에도 계속해서 좋은 성과를 올렸는지를 보아야 한다. 다시 말해서, 한 해의 좋은 성과가 '운(luck)' 때문인지 아니면 진정한 '실력(ability)' 때문인지를 구분하여야 한다. 젠센(Jensen)은 115개의 뮤추얼펀드에 대한 10년간의 데이터(1,150개의 연간 관찰치)를 사용하여 그와 같은 검증을 행하였다.[15] 구체적으로 그는 1,150개 자료로부터 CAPM을 이용하여 비정상수익률 알파(α)를 계산하고, 양의 알파가 이후 여러 해에도 계속 유지되는지를 조사했다.

〈표 7-2〉를 보면 1,150개의 펀드 중 574개 펀드가 양(+)의 알파를 보여 그 비중은 50%이다. 이렇게 양의 알파를 보인 574개 펀드 중 다음 해에도 계속 양의 알파를 유지한 펀드 수는 50.4%였다. 지금까지 보면 양의 알파를 갖는 것이 동전 던지기와 같이 반반의 확률인 것처럼 보인다. 두 번째 행을 보면 두 번의 연속적인 양의 알파를 갖는 경우가 312번 관찰되었음을 보여준다. 이 중에서 52.0%가 다음번에도 양의 알파를 갖는 것으로 나타났다.

계속해서 보면 세 번 연속해서 양의 알파를 보인 경우 네 번째에도 양의 알파를 보일 확률이 53.4%, 네 번 연속해서 양의 알파를 보인 경우 다섯 번째에도 양의 알파를 보일 확

〈표 7-2〉 Jensen의 뮤추얼펀드 성과

계속 양의 알파가 나온 횟수	자료수	다음 해 양의 알파갈 계속된 경우(%)
1	574	50.4
2	312	52.0
3	161	53.4
4	79	55.8
5	41	46.4
6	17	35.3

자료: Jensen (1969).

13〉 Jaffe, J. (1974), "Special Information and Insider Trading," *Journal of Business*, 47(3).

14〉 Seyhun, H. (1986), "Insiders' Profits, Costs of Tranding, and Market Efficiency," *Journal of Financial Economics*, 16.

15〉 Jensen, M. (1969), "Risk, the Pricing of capital Assets, and the Evaluation of Investment Portfolios," *Journal of Business*, 42(2).

률이 55.8%로 나타났다. 5행과 6행의 결과를 보면 다음번에도 계속 양의 알파를 보일 확률이 급격히 감소함을 보여 지속적으로 시장을 이길 수 있는 우월한 펀드매니저가 매우 적음을 알 수 있고 따라서 강형 EMH를 부인할 수 없었다.

한편, 투자의 달인 또는 월가의 영웅이라 불리고 있는 피터 린치(Peter Lynch)나 워런 버핏(Warren Buffet) 등[16] 몇몇이 보여준 엄청난 성과는 효율적 시장 가설에 반하는 증거라고 볼 수 있지 않을까? 물론 이들이 지속적으로 시장을 초과하는 수익률을 올린 것이 사실이지만 노벨경제학상 수상자인 폴 사무엘슨(Paul Samuelson)도 말했듯이 이것은 수많은 전문투자자 중의 극히 일부이기 때문에 오히려 그만큼 주식시장을 이기기가 얼마나 어려운지를 나타내는 증거로 보아야 한다고 할 수도 있다.

7-4 시장이례현상

1970년대 후반 이후 미국을 비롯하여 세계 여러 나라에서 진행된 많은 실증연구에서는 자본시장의 효율성을 기각하는 여러 종류의 시장이례현상이 발견되었다.[17] 시장이례현상(market anomalies)이란 자산의 가격에 이론가격으로 설명되지 못하는 부분이 체계적이고 지속적으로 나타나는 현상을 말하는데, 시장이례현상이 자산가격 결정에 체계적이고 지속적인 영향을 미친다면 투자자들은 그 정보를 이용하여 보다 나은 투자전략을 수립할 수 있다는 말이 된다. 지금까지 문헌에 나타난 국내외의 대표적인 시장이례현상은 다음과 같다.

- PER효과
- 규모효과(1월효과)
- 소외기업효과
- 유동성효과
- 재무구조효과
- 시장가 대 장부가 효과
- 주말효과
- 반전효과
- 9월효과
- 월중효과

7-4-1 PER효과

PER(Price Earnings Ratio)효과란 바수[18]에 의해 처음 발견된 것으로서 PER값이 낮은 주식의 수익률이 위험을 조정한 후에도 PER값이 높은 주식보다 체계적으로 수익률이 높게 나타나는 현상을 말하며 P/E효과라고도 한다. 이러한 사실은 시장이 P/E비율에 따라 체계적으로 주식의 가격을 잘못 평가한다는 말을 입증하는 것인가? 만약 PER비율과 같이 간단한 지

16) 이들에 대해서는 14장에 자세히 설명되어 있다.

17) 이러한 시장이례현상은 Journal of Financial Economics 1978년 6월/9월호에 특집으로 최초로 정리되어 보고되었다.

18) Basu, S. (1977), "Investment performance of common stocks in relation to their price-earnings ratios: A test of the efficient market hypothesis," *Journal of Finance*, 32(3).

표를 이용하여 비정상수익률을 계속 낼 수 있다면 이것은 정말 놀라운 일이 아닐 수 없다. 우리나라의 경우에도 오세경[19]과 선우석호 외 5인[20]의 연구결과를 보면 PER효과가 지속적으로 발생하고 있음이 보고되었다. 이러한 현상을 어떻게 설명할 수 있을까?

한 가지 설명은 위험을 조정하기 위해 사용한 CAPM모형이 모든 위험을 조정하지 못하기 때문이라 할 수 있는데, 오세경의 연구는 CAPM 대신에 다요인모형을 사용하였으나 그 경우에도 PER효과가 나타나는 것으로 보아 이는 CAPM의 문제라기보다는 PER 자체가 하나의 위험설명요인(risk proxy)인 것으로 해석할 수 있다. 즉 PER가 또 다른 위험지표이기 때문에(앞의 연구모형에서 설명하지 못하는) 수익률이 높다는 것이다. 기대수익은 같고 하나가 위험이 크다면 수익률이 높을 것이고(가격이 낮음) 따라서 PER는 낮을 것이라는 것이다.

7-4-2 규모효과와 1월효과

규모효과(size effect)는 소기업효과(small-firm effect)라고도 하며 반즈[21]에 의하여 최초로 발견되었다. 이것은 위험을 조정한 후에도 소기업주식이 대기업주식보다 수익률이 지속적으로 높은 현상을 의미하는데, 이후 카임[22]에 의해 밝혀졌듯이 실제로 이 현상은 1월 초 2주 동안 발생하기 때문에 이를 1월의 소기업효과(small firm in January effect)라고도 한다. 우리나라의 경우에는 규모효과가 미미하게 나타나는 것으로 보고되고 있는데, 오세경[19]의 연구결과를 보면 규모효과가 유의성 없이 1월에만 존재한다고 보고하고 있고, 선우석호 외 5인[20]의 결과도 규모효과가 존재하기는 하나 유의적이지 못하다고 보고하고 있다. 오세경과 박기남은, 규모효과는 주식 위험프리미엄(equity risk premium)과 상호작용하여 변하기 때문에 함께 고려하여야 하며, 규모 프리미엄은 포트폴리오 가중방식과 베타 추정방법에 의해 크게 변하는 것을 발견하였다.[23]

〈그림 7-3〉은 미국의 1월효과(January effect)를 보여주고 있는데 1월달의 수익률이 제일 클 뿐만 아니라 소형주의 수익률이 대형주의 수익률보다 0.714%(연율로 환산하면 8.9%) 높은 것으로 나타났다. 우리나라의 경우에도 1월효과가 소형주를 중심으로 1월 초 10일 동안에만 나타나 외국의 결과와 거의 같음을 보였다.

'자본금의 크기가 작은 기업에 투자하라'처럼 간단한 투자규칙에 의해 높은 초과수익률을 얻을 수 있다면 모든 투자자가 이러한 투자전략을 취할 것이고 이러한 현상은 사라져야

19〉 오세경 (1994), "주가수익비율, 기업규모 및 주가의 주가수익률에 대한 영향분석," 한국금융연구원 금융연구, 8권 1호.

20〉 선우석호·윤영섭·강효석·김선웅·이원흠·오세경 (1994), "한국주식시장에서의 과잉반응과 기업 특성적 이례현상에 관한 연구," 증권학회지, 17집.

21〉 Banz, R. (1981), "The relationship between return and market value of common stocks," *Journal of Financial Economics*, 9(1).

22〉 Keim, D. (1983), "Size-related anomalies and stock return seasonality: Further empirical evidence," *Journal of Financial Economics*, 12(1).

23〉 오세경·박기남 (2015), "한국 주식시장의 규모 프리미엄과 자기자본비용의 추정," 재무관리연구, 32(3).

〈그림 7-3〉 최소규모 기업군과 최대규모 기업군의 월별 초과수익률 차이(1월효과)

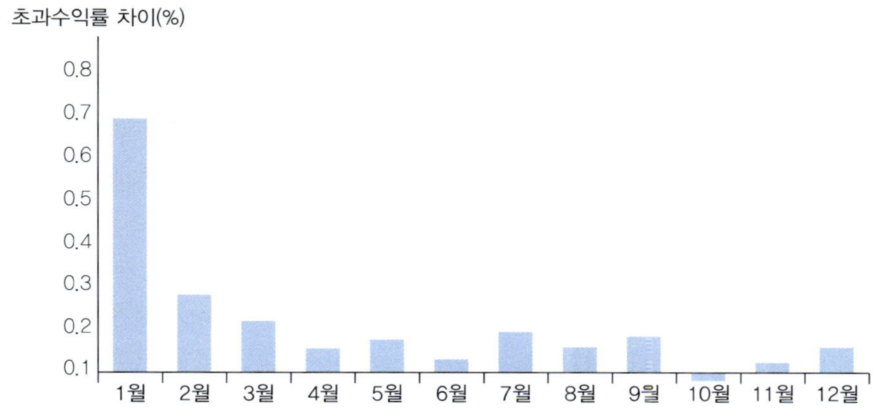

자료: Keim(1983).

할텐데 계속 이러한 현상이 존재하는 이유는 무엇일까? 〈그림 7-3〉에서도 볼 수 있는 것처럼 규모효과는 1월효과와 깊은 연관관계가 있는데, 1월효과는 개인투자자들의 연말 세금절약매도(tax loss selling) 때문이라고 보고 있다. 이 가설에 의하면 투자자들은 연말에 자본손실에 따른 세금절약을 위하여 주가가 많이 하락한 주식들을 처분하고 이듬해 초에 다시 사들이기 때문에 1월효과가 발생한다고 설명하고 이에 해당하는 주식들이 주로 소규모 주식들이기 때문에 규모효과가 발생한다고 한다.

만약 이런 가설이 맞는다면 투자자들은 왜 이런 정보를 이용하지 않을까? 즉, 1월효과를 보기 위해서 12월에 미리 사두려고 할 것이고 그러면 1월효과가 없어지지 않을까? 이에 대한 한 가지 답변은 대형주를 선호하는 기관투자가시장과 상대적으로 소형주를 선호하는 개인투자자시장으로 시장을 나눠볼 때, 시장을 주도하는 그룹은 기관투자가들이고 기관투자가들은 소형주에 별로 관심이 없기 때문에 소형주시장에 이런 현상이 지속될 수 있다고 보는 견해이다.

7-4-3 소외기업효과와 유동성효과

소외기업효과(neglected-firm effect)는 앞에서 설명한 소형주효과와 연관되는 것으로서, 증권에 대한 정보를 생산하는 증권분석가 또는 기관투자가들이 관심을 많이 가지는 관심종목에 비해 그렇지 않은 소외종목의 수익률이 위험을 고려한 후에도 더 큰 현상을 말한다. 아벨과 스트레벨[24]에 의하면 소형주들은 대규모 기관투자가들에 의해 소외되기 때문에 이들 기업에 대한 정보는 얻기가 어려워지고 따라서 정보부족에 대한 대가로 더 높은 수익률을

24〉 Arbel, A., and P. Strebel (1983), "Pay attention to neglected firms!" *Journal of Portfolio Management*, 9(2).

요구한다는 것이다. 아벨[25]의 연구결과에 의하면 소외된 기업들의 경우 통계적으로 유의한 초과수익률이 발생하는 것으로 나타났는데 이도 주로 1월에 발생하는 것으로 보고되었다. 그러나 우리나라의 연구결과를 보면 유의적인 소외기업효과가 나타나지 않는 것으로 보고되어 대조를 보인다.

규모효과나 소외기업효과와 연관된 또 하나의 설명으로서 유동성효과(liquidity effect)가 있다. 아미후드와 멘델슨[26]에 의하면 비유동적인 주식의 경우에는 많은 거래비용이 발생하기 때문에 투자자들은 비유동적인 주식에 대해 보다 높은 수익률을 요구한다는 것이다. 실제로 유동성이 부족한 주식의 경우 매도호가와 매수호가의 차이(bid-ask spread)가 많이 벌어지는 것을 알 수 있다. 비유동적인 주식의 경우 보통 소형주이거나 소외기업주식이기 때문에 규모효과와 소외기업효과를 설명할 수 있다고 한다.

7-4-4 재무구조효과

재무구조효과는 규모효과나 PER효과가 독립적으로 발생하는 것이 아니라 기업이 부담하고 있는 부채규모(재무구조)에 따라 베타계수가 달라지기 때문에 발생한다는 견해이다. 따라서 만일 재무구조효과를 통제하면 규모효과와 PER효과가 사라지게 된다는 것이다. 그러나 선우석호 외 5인[27]의 연구결과를 보면 재무구조요인을 통제한 후에도 규모효과(유의적인 것은 아님)와 PER효과(전기간에 걸쳐 발생하는 것은 아님)가 존재하는 것으로 나타났다.

7-4-5 PBR효과

파마와 프렌치[28]의 연구결과를 보면 자본금의 시장가치를 자본금의 장부가치로 나눈 비율(market-to-book value ratio)[29]이 주식수익률을 잘 예측하는 것으로 나타난다. 파마와 프렌치는 이 비율에 따라 기업들을 10개의 그룹으로 나누고 각각의 월별수익률을 구하였다. 가장 작은 시장가 대 장부가비율을 갖는 그룹(저 PBR그룹)은 평균적으로 1.65%의 월별수익률을 보였으나 가장 큰 시장가 대 장부가 비율을 갖는 그룹(고 PBR그룹)은 평균적으로 0.72%의 월별수익률을 보여 상당한 차이가 발생함을 알 수 있다.

그리고 〈그림 7-4〉에서 보듯이 수익률과 시장가 대 장부가 비율 사이에는 상당한 규칙성이 발견되고 있다. 이와 같은 관계는 베타를 조정한 후에도 존재하기 때문에 낮은 시장

25〉 Arbel, A. (1985), "Generic stocks: The key to market anomalies," *Journal of Portfoilo Management*, 11(4).

26〉 Amihud, Y. and H. Mendelson (1986), "Asset pricing and the bid-ask spread," *Journal of Financial Economics*, 17(2).

27〉 선우석호·윤영섭·강효석·김선웅·이원흠·오세경 (1994), "한국주식시장에서의 과잉반응과 기업 특성적 이례현상에 관한 연구," 증권학회지, 17집.

28〉 Fama, E. and K. French (1992), "The cross-section of expected returns," *Journal of Finance*, 47(2).

29〉 이 비율은 자본금의 시장가치(MV)/자본금의 장부가치(BV)로서 시장가 대 장부가 비율 또는 PBR(Price-to-Book Value Ratio)이라고도 한다.

〈그림 7-4〉 시장가 대 장부가 비율과 평균 월별수익률

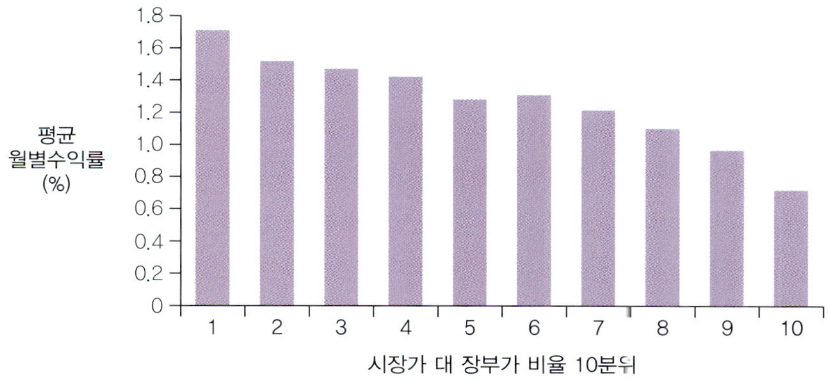

자료: Fama, E., and K. French (1992), "The cross-section of expected returns," *Journal of Finance*, 47(2).

가 대 장부가 비율의 기업(저 PBR주)이 상대적으로 저평가되는 이례현상으로 해석할 수도 있지만, 시장가 대 장부가 비율이 수익률을 설명하는 또 하나의 위험요인으로 해석할 수도 있다.

7-4-6 주말효과

주말효과(weekend effect)는 금요일부터 월요일까지 수익률(즉, 월요일 수익률)이 다른 요일 수익률보다 지속적으로 낮은 현상을 말하는데, 월요일효과(monday effect)라고도 한다. 프렌치,[30] 기본스와 헤스[31]에 의하면 월요일 수익률이 다른 요일 수익률보다 낮을 뿐만 아니라 실제로 음(-)의 수익률로 나타난다고 한다. 1962년 7월부터 1978년 12월까지 S&P 500 포트폴리오의 요일별 수익률[32]을 보면 음의 월요일 효과가 매우 큼을 알 수 있다. 이를 연율로 환산하면(거래일을 250일로 보고), −33.5%(−0.134%×250)가 되기 때문에 단순히 통계적인 오차로 돌리기에는 너무 크다고 볼 수 있다.

요일	월	화	수	목	금
평균수익률	−0.134%	0.002%	0.096%	0.028%	0.084%

우리나라의 경우에도 선우석호 외 7인의 연구[33]를 보면 월요일만이 음의 수익률을 보

30〉 French, K. (1980), "Stock returns and the weekend effect," *Journal of Financial Economics*, 8(1).

31〉 Gibbons, M. and P. Hess (1981). "Day of the week effects and asset returns," *Journal of Business*, 54(4).

32〉 Bodie, Kane and Marcus, Essentials of Investments, Irwin 참조.

33〉선우석호 외 7인 공저 (1994), 주가변동과 이례현상, 학현사.

이고 나머지 요일들은 모두 양의 수익률을 보이는 것으로 나타났으며, 특히 이 중에서 토요일이 가장 높은 수익률을 보였다.[34] 또한 월요일에는 대형주와 소형주의 수익률에 큰 차이를 보여 월요일효과는 규모효과와 밀접히 연관되고 있음을 보인다.

주말효과는 효율적 시장 가설의 입장에서 볼 때 문제가 된다. 만약 주말효과가 있다면 왜 투자자들은 주가가 빠지기 전인 금요일에 높은 가격에 공매(short-selling)하고 월요일에 주가가 빠지면 싼 가격에 매입하지 않을까? 만약 투자자들이 이런 투자행동을 보인다면 금요일 수익률은 떨어지고 월요일 수익률은 오르게 되어 월요일효과는 없어질 것이다. 코놀리[35]는 주말효과가 사라졌다고 하는 연구결과를 발표하여 이러한 논리를 뒷받침하고 있다.

7-4-7 반전효과

앞에서 전체(aggregate) 주식시장이 경제 뉴스에 과잉반응하는 현상이 있을 수 있다고 하였다. 그런데 개별 주식수익률의 경우에도 이러한 현상이 발생한다고 하는 연구결과가 많이 있는데, 이러한 현상을 반전효과(reversal effect) 또는 과잉반응효과(overreaction effect)라 한다. 미국의 경우 디봉트와 탈러,[36] 제가디쉬[37] 등은 특정 기간 동안 성적이 안 좋은 주식들의 경우 다음 기간 동안은 커다란 반전이 이루어지고, 성적이 좋았던 주식들의 경우에는 다음 기간에 별로 성적이 좋지 않은 현상을 발견하였다.

〈그림 7-5〉에서 보듯이 우리나라의 경우에는 수익률이 반전되는 현상이 미국의 경우보다 더욱 확연히 나타나는 것으로 밝혀졌다.[38] 패자포트폴리오(loser portfolio)(지난 2년간 최저의 수익률을 보인 포트폴리오)의 경우에는 미국과 비슷하게 양(+)의 누적초과수익률을 보이고 있는데, 미국의 경우와는 달리 승자포트폴리오(winner portfolio)(지난 2년간 최고의 수익률을 보인 포트폴리오)가 음(−)의 누적초과수익률을 보이고 있는 것은 우리나라 특유의 결과로 보인다.

7-4-8 9월효과

9월은 최악의 달이고 (−)의 수익률을 기록하는 유일한 달로 알려져 있다. 9월 다음으로 안 좋은 달이 10월이다. 실제로 보면 주식시장이 10월에 폭락한 적이 많다. 9월의 낮은 수익률은 전 세계적인 현상이다. 대부분의 20개국 지수에서 9월만이 (−)의 수익률을 기록하는

34〉 지금은 우리나라도 토요일에 주식시장이 휴장되고 있지만 연구 당시에는 토요일에도 장이 열렸다.

35〉 Connolly, R. (1989), "An examination of the robustness of the weekend effect," *Journal of Financial and Quantitative Analysis*, 24(2).

36〉 DeBondt, W. and R. Thaler (1985), "Does the stock market overreact?" *Journal of Finance*, 40(3).

37〉 Jegadeesh, N. (1990), "Evidence of predictable behavior of security returns," *Journal of Finance*, 45(3).

38〉 선우석호 외 7인 공저 (1994), 주가변동과 이례현상, 학현사.

〈그림 7-5〉 승자와 패자 포트폴리오의 누적초과수익률

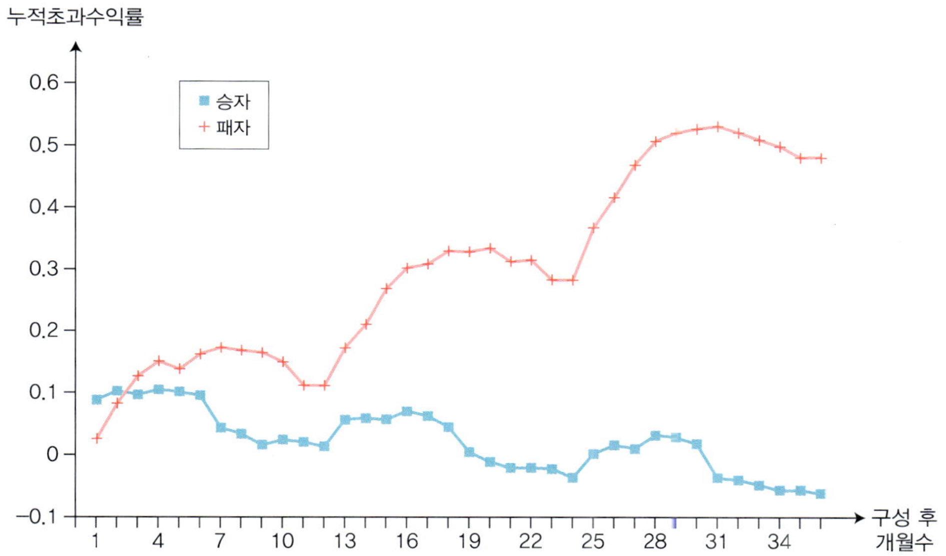

자료: 선우석호 외 7인 공저 (1994), 주가변동과 이례현상, 학현사.

유일한 달이라는 사실은 매우 놀라운 것이다. 주식투자자는 9월에는 주식시장에 투자하는 것보다 수익성이 낮더라도 그냥 현금으로 보유하고 있는 것이 훨씬 나은 방안이라 할 수 있다.

시장이 왜 이러한 현상을 보이는지는 알려져 있지 않다. 아마도 늦가을의 낮은 수익은 곧 겨울이 닥칠 것이라는 사실과 낮이 짧아진다는 사실과 연관되어 있을 수도 있다. 사실 심리학자들은 햇빛이 행복감의 중요한 요소라고 강조한다. 사운더스[39]는 맑은 날보다는 어두운 날에 훨씬 월스트리트의 장이 안 좋다는 사실을 발견하였다.

앞서 월요일효과를 알아보았는데 휴일 이후의 월요일과 여름 휴가 이후의 9월은 같은 성격을 갖는다. 휴가 이후 업무를 시작한다는 공통점이 있다. 반대로 시겔(Siegel)은 그의 책에서 크리스마스와 새해 사이의 일일수익률은 보통 때보다 평균 13배나 높다고 하였다. 결국 이러한 발견은 주식의 투자수익률이 일과 휴식이라는 요소와 어떤 관련이 있을 것이라는 추측을 하게 한다.

7-4-9 월중효과

아리엘[40]은 한 달 중 첫 보름간 수익률이 후반기 보름간 수익률과 상당한 차이가 난다는

39〉 Saunders, E. (1993), "Stock prices and Wall Street weather," *American Economic Review*, 83(5).

40〉 Ariel, R. (1987), "A monthly effect in stock returns," *Journal of Financial Economics*, 18(1).

것을 발견하였다. 1896년 이후 107년간 한 달 중 첫 보름간의 다우지수 수익은 후반기 보름간 수익의 약 8배에 달한다고 한다. 한 달 중 마지막 거래일의 평균수익률과 처음 6일간의 수익률은 그 달 전체 수익률보다 높다. 이 기간을 제외한 다우지수의 순변화율은 (-)이다. 달이 바뀔 때의 강한 주가상승은 거의 확실히 급여를 받는 소비자들의 자금이 주식시장으로 유입되기 때문이다. 그러나 이러한 흐름이 과거 100년 이상 시장 상승의 주요한 원인이 되었다는 것은 놀라운 일이 아닐 수 없다.

7-5 효율적 시장 가설과 투자정책

효율적 시장 가설 자체는 지속적인 초과수익률 달성이 불가능하다고 말하기보다는 새로운 정보나 새로운 분석능력이 있으면 오히려 가능하다고 말하는 것으로 해석해야 한다. 단지 지속적으로 시장이 알지 못하는 새로운 정보나 새로운 분석능력을 갖출 수 있느냐가 결국 문제가 될 것이다. 결국 관건은 정보인데 새로운 정보이거나 이미 알려진 정보이더라도 이를 이용하는 새로운 분석기법이 있다면 비정상수익률의 달성이 가능한 것이다.

그런데 개인투자자들의 경우 과연 시장보다 나은 정보를 얻을 수 있는가? 아니면 주어진 정보를 분석하여 새로운 사실을 유추할 능력이 있는가? 대부분의 개인투자자의 경우 그럴 능력도 없지만 그럴 시간도 없을 것이다. 또한 그런 일만을 전문적으로 하는 전문투자자들조차도 시장을 이기기 어렵다는 것을 이미 앞에서 살펴보았다. 그렇다면 우리의 선택은 자명해진다.

만약 효율적 시장 가설이 성립한다면 적극적인 투자전략(active investment strategy)보다는 수동적인 투자전략(passive investment strategy)이 바람직하다는 말이 된다. 수동적 투자전략은 종목선택(security selection)이 어렵기 때문에 종목선택보다는 분산포트폴리오를 구성한 후 장기적으로 보유하는 전략(buy & hold strategy)을 구사할 것을 제시하고 있다. 그리고 이는 미국의 경우 인덱스펀드의 출현으로 이어졌고 뮤추얼펀드의 전성기를 가져오게 되었다.

인덱스펀드(index fund)는 종합주가지수와 같은 시장의 전반적인 움직임을 나타내는 지수들을 모방하기 위해 만들어진 펀드로서 대표적인 수동적인 투자전략을 의미하는 것이다. 예를 들어, 1976년 뱅가드그룹(Vanguard Group)은 S&P 500 종합주가지수상의 주식 가중치와 똑같은 비율로 주식을 편입시키는 '지수 500 포트폴리오'라 불리는 뮤추얼펀드를 도입하였다. '지수 500 펀드'의 성과는 S&P 500의 성과를 모방하게 되는데, 이 펀드에 투자한 투자자들은 상대적으로 낮은 수수료를 내고 광범위한 분산효과를 얻을 수 있는 것이다. 이 경우 종목을 선정하기 위한 종목분석 비용과 잦은 종목교체로 인한 거래비용이 거의 없기 때문에 최소한의 관리비용이 가능하게 된다. 미국의 경우 적극적으로 관리되는 펀드의 경우 연간 관리비용이 자산액수의 1% 이상인 반면, 이와 같은 인덱스펀드의 경우 0.2% 수준에 지나지 않기 때문에 상대적으로 수익률을 올리기가 수월하다고 할 수 있다.

1976년 이래 인덱싱(indexing)은 급속히 확산되었는데, 월스트리트 저널은 주가지수펀드(stock index fund)를 1990년 뮤추얼펀드 산업에 있어서 최고의 히트 상품이라 극찬했다. 뱅가드의 지수 500 포트폴리오는 1993년 초 75억 달러의 자산규모를 기록하였는데, 10개의 가장 큰 뮤추얼펀드에 속할 정도로 급성장하였다. 현재 미국 기관투자가들은 4,000억 달러 이상을 지수화된 주식포트폴리오에 투자하고 있는 것으로 나타났다. 또한 많은 기관투자가는 지수화된 주식포트폴리오는 물론 지수화된 채권포트폴리오도 보유하고 있는 것으로 알려지고 있다. 뮤추얼펀드는 여러 종류의 시장 인덱스를 모방하기 위한 여러 가지 종류의 다양한 지수화된 포트폴리오를 제공하고 있다.

이제 만약 시장이 효율적이라면 신문지의 주식시세표란을 펴놓고 아무 주식이나 고르면 되는 것인가? 아마 이런 생각으로 이번 장을 끝내는 학생이 많을 것이다. 그러나 시장이 아무리 효율적이라 하더라도 합리적인 포트폴리오 관리를 하여야 한다. 포트폴리오를 선정할 때 기본원칙은 분산효과를 높이는 것이다. 비록 모든 주식이 공정하게 가격이 매겨져 있다 할지라도 각각의 주식은 분산을 통하여 제거될 수 있는 그 주식 특유의 위험을 여전히 가지고 있다. 그러므로 효율적 시장에서도 합리적인 주식선택은 분산화가 잘 이루어진 포트폴리오의 선택을 필요로 한다. 뿐만 아니라 포트폴리오는 투자자가 원하는 체계적 위험수준을 맞춰주어야 한다. 결론적으로 말해서 효율적 시장하에서도 투자자들은 본인에게 가장 적합한 위험과 수익조합을 선택해야만 한다.

합리적인 투자정책은 또한 투자자들로 하여금 주식선택을 함에 있어서 세금을 고려할 것을 요구한다. 고소득자는 높은 한계세율을 적용받으므로 자본이득이 많이 발생하는 주식이나 장기채가 적당한 투자대상이 된다. 저소득자는 한계세율이 낮으므로 고배당주식이나 단기채에 투자하는 것이 유리하다. 투자자들의 나이에 따라서도 투자정책이 달라져야 한다. 나이가 많은 투자자들은 수익성이나 성장성보다는 유동성 확보가 우선순위가 될 것이고, 젊은 투자자들은 당장의 유동성보다는 수익성이나 성장성을 선호할 것이기 때문이다.

요약하면, 효율적인 시장에서도 분명 포트폴리오 관리의 역할이 있다는 것이다. 투자자의 최적 포지션은 나이, 한계세율, 위험회피도 등과 같은 요인에 따라 변하기 때문이다. 효율적 시장에서의 포트폴리오 관리자의 역할은 시장을 이기려고 노력하는 것이 아니라(보다 많은 수익률을 얻으려고 하는 것이 아니라) 이러한 투자자의 요구에 맞게끔 포트폴리오를 구성하는 것이다.

파마 교수, 상반된 이론 펼친 실러 교수와 2013 노벨경제학상 공동수상

자산가격 연구 발전에 기여

유진 파마와 로버트 실러의 2013년 노벨경제학상 공동수상은 경제계에 큰 화제를 불러일으켰다. 두 사람은 서로 상반되는 이론으로 때로 격렬한 논쟁을 벌이기도 했기 때문이다. 파마 교수는 시장의 자산가격에는 모든 가용 정보가 반영돼 있어 단기적으로 주식 가격을 예측하기가 불가능하다는 '효율적 시장 가설'을 주장했다. 반면 실러 교수는 행태경제학의 입장에서 장기적으로 자산가격은 예측 가능하다는 주장을 1980년대 초에 발표했다. 가격에는 비(非)이성적이긴 하지만 반복되는 인간 행동의 패턴이 반영돼 있어 예측할 수 있다는 것이다.

노벨위원회는 파마 교수와 실러 교수의 이론이 치열하게 부딪쳤지만, 자산가격에 대한 연구가 발전하는 데 두 사람이 크게 기여했다며 공동 수상의 이유를 설명했다.

효율적 시장 가설을 둘러싼 논쟁

효율적 시장 가설은 옳다!

"오늘의 주가는 오늘의 모든 변동요인을 반영한 것이며, 내일의 주가는 내일의 변동요인을 반영한 것이다. 이와 같이 수익률은 독립성을 가지며, 따라서 예측불가능하다."

폴 사무엘슨 (1970년 노벨경제학상 수상자)

효율적 시장 가설은 틀렸다!

"시장가격이 모든 정보를 다 반영했다면, 아무도 분석을 하지 않는다. 그러면 정보가 집합되지 않을 테고, 시장가격은 정보를 반영할 수 없다. 따라서 시장에서는 항상 분석할 인센티브가 있어야 한다. 효율적 시장 가설은 모순이다."

조지프 스티글리츠 (2001 노벨경제학상 수상자)

효율적 시장 가설은 옳다!

"주가는 술에 취한 사람처럼 비틀비틀 전혀 알 수 없게 움직인다. 이른바 주가는 랜덤워크하므로 전혀 예측할 수 없다."

버튼 맬키엘 (미국 프린스턴대 교수, A Random Walk Down Wall Street 저자)

효율적 시장 가설은 틀렸다!

"길거리에 100달러가 떨어져 있다. 내가 주으려고 하자, 효율적 시장 지지자들은 말한다. 줍지 마라, 그게 진짜 100달러면 거기에 떨어져 있지 않았을 것이다. 웃어도 되나?"

안드레이 슐레이퍼 (미국 하버드대 교수)

효율적 시장 가설은 틀렸다!

"효율적 시장 가설이 옳았다면 난 단돈 1달러도 없는 빈털터리가 되었을 것이다. 결과는 어떤가?"

워런 버핏 (버크셔 해서웨이 회장)

2013년 노벨경제학상 공동수상자인 로버트 실러 예일대 교수(위)와 유진 파마 미국 시카고대학 교수(아래).

유진 파머의 반격, 원숭이 vs. 펀드매니저

유진 파머 교수가 한 '원숭이 다트 던지기 실험'의 결과는 놀라웠다. 어떤 시기는 원숭이의 포트폴리오가 더 높은 수익률을 내고, 어떤 시기는 펀드매니저가 더 높은 수익률을 냈던 것이다. 한마디로 별 차이가 없었던 것이다. 이런 충격적인 결과에 효율적 시장 가설 지지자들은 기세등등해졌고, 특히 머튼 맬키엘 교수는 원숭이와 펀드매니저의 종목 선정 능력에 별 차이가 없다고까지 했다.

그러나 이 실험에 대한 다른 해석을 내리는 목소리가 나왔다. 주가의 형성 자체가 시장 펀드매니저들과 투자자들에 의해 이루어진다는 점을 지적했다. 즉 원숭이가 다트를 던져 맞춘 종목의 가격 자체가 치열하게 경쟁하는 펀드매니저들의 거래에 의해 이루어지므로, 실제로 원숭이 vs. 펀드매니저가 아니라, 펀드매니저 vs. 펀드매니저의 대결이라는 것이다. 만약 모든 펀드매니저들이 시장에서 퇴장하고 펀드매니저 1명과 원숭이 1마리가 붙으면 펀드매니저가 이긴다는 논리다. 앞서 말한 스티글리츠와 같은 논리였다.

그러자 이제는 완전환 효율적 시장이 존재한다는 주장을 하는 학자도 없고, 또한 완전히 비효율적이라고 주장하는 학자도 없다. 논쟁은 이제 시장이 효율적이냐 아니냐가 아니라, 얼마나 효율적이냐로 모아졌다.

자료: https://m.blog.naver.com/blogfc/50090339520

연습문제

※ 다음 문장을 읽고 맞으면 T, 틀리면 F를 표시하고, 그 이유를 설명하시오(1~10번).

1. 효율적 시장 가설은 완전한 예측능력을 암시한다.
2. 주가는 계속 변하기 때문에 공정한 가격을 나타낼 수 없다.
3. 효율적 시장 가설이 성립한다는 것은 펀드매니저들의 능력이 부족하다는 것을 의미한다.
4. 주가의 랜덤형태가 시장의 비합리성을 의미하지는 않는다.
5. 주가가 10% 오르면 사고 10%로 하락하면 파는 전략으로 우월한 수익률을 올렸다면 이는 약형 효율적 시장 가설을 부인하는 증거이다.
6. 뮤추얼펀드의 수익률이 우월한 수익률을 보인다는 것은 준강형 효율적 시장 가설을 부인하는 것이다.
7. 위험을 조정한 후에도 PER지표에 의해 초과수익률을 걷는 것은 준강형 효율적 시장 가설을 부인하는 것이다.
8. 주가의 랜덤워크이론은 전일의 주가변동과 익일의 주가변동이 서로 무관하다는 이론이다.
9. 효율적 시장 가설 하에서도 새로운 주가예측모형의 개발은 필요하다.
10. 모든 사람들이 소극적인 투자전략을 따른다면 시장효율성은 개선된다.
11. 시장이례현상의 종류를 설명하시오.
12. 규모효과와 1월효과의 연관관계를 설명하시오.
13. 과잉반응효과에 대해서 우리나라와 미국의 경우를 비교 설명하시오.
14. 혹자들은 전문적 포트폴리오 관리자들이 시장수익률 이상을 낼 수 없다고 하는데, 이에 반대의 견해를 가지고 있는 사람들도 있다. 어떠한 경우에 수동적 포트폴리오 관리가 지지되고, 또 어떠한 경우에 능동적 포트폴리오 관리가 지지되는지를 설명하시오.(주식시장에 대한 가정들이 서로 어떻게 다른지를 설명하시오)
15. "주식시장이 효율적이라면 기본적 분석이나 기술적 분석은 의미가 없을 뿐만 아니라, 어떠한 경우에도 시장을 이길 수 없다."는 말에 대해 어떻게 생각하는가?
16. PER효과를 간단히 설명하고, 이를 EMH의 관점에서 해석해보시오.
17. PBR효과를 간단히 설명하고, 이를 EMH의 관점에서 해석해보시오.
18. 서울기업(주)은 금년도 당기순이익이 크게 증가할 것으로 발표하였다. 그런데 주가는 오히려 하락하였다. 이를 어떻게 보아야 할까?
19. 만약 지속적으로 큰 이익을 시현하는 기업이 있다고 할 때 이는 EMH의 위반으로 볼 수 있는가를 간단히 설명하시오.
20. 만일 모든 주식이 공정히 평가된다면 모든 주식은 똑같은 수익률을 제공하게 된다는 견해에 대해 의견을 제시하시오.
21. 주식투자에 있어서 내부자거래는 법으로 금지하고 있다. 효율적 시장 가설과 연결하여 이의 타당성을 설명하시오. 그리고 주식시장의 효율성을 증대시키기 위한 방안들을 제

시하시오.

22. XY기업은 재고자산의 평가방법을 FIFO(선입선출법)로 바꾸었다. 이때 당기순이익은 어떻게 될 것으로 예상하며 또 주식시장은 이에 대해 어떤 반응을 보일 것으로 기대되는가?

23. 배당수익률이나 이익주가비율의 상승은 시장수익률의 상승을 예측할 수 있다는 연구 결과들이 있는데, 이는 EMH에 반하는 증거로 볼 수 있는가?

24. 당신은 고객을 만나고 있는 포트폴리오 관리자라고 생각해보자. 당신의 고객은 대화 중 다음과 같은 질문을 하였다. "투자론을 공부하고 있는 내 아들이 그러는데 주식시장에서 돈을 벌 수 있는 가장 좋은 방법 중의 하나가 12월 말 무렵 월요일 아침에 자본금이 작은 주식을 사고 한 달 후 그 주식들을 파는 것이라고 하던데."
   (1) 위에 제안된 전략을 정당화하는 시장이례현상들을 밝히시오.
   (2) 이와 같은 전략이 미래에 계속 작동할지 아니면 더 이상 작동하지 않을지에 대해서 자신의 의견을 설명하시오.

CFA 기출문제

1. Which of the following does NOT imply an informationally efficient market?
   A. Security prices adjust rapidly to reflect new information.
   B. The timing of one news announcement is independent of other news announcements
   C. A risk-free asset exists, and investors can borrow and lend an unlimited amount at the risk-free rate.
   D. Many profit-maximizing participants, each acting independently of the others, analyze and value securities.

2. A company announces an unexpectedly large cash dividend to its shareholders. In an efficient market without information leakage, the most likely expectation is:
   A. an abnormal price change at the announcement.
   B. an abnormal price increase before the announcement.
   C. an abnormal price decrease after the announcement.
   D. no abnormal price change before or after the announcement.

3. Market anomaly refers to:
   A. an exogenous shock to the market that is sharp but not persistent.
   B. a price or volume event that is inconsistent with historical price or volume trends.
   C. a trading or pricing structure that interferes with efficient buying and selling of securities.
   D. price behavior that differs from the behavior predicted by the efficient market hypothesis.

4. Which one of the following would provide evidence against the semistrong form of the efficient market theory?
   A. About 50percent of pension funds outperform the market in any year.
   B. All investors have learned to exploit signals about future performance.
   C. Trend analysis is worthless in determining stock prices.
   D. low P/E stocks tend to have positive abnormal returns over the long run.

CPA 기출문제

1. 최소한 준강형(semi-strong form)의 효율적 시장이 성립할 때 다음 중 가장 적절하지 못한 주장은?
   ① 내부정보가 없는 상태에서 증권에 투자해 몇 년 사이 1,000%의 수익을 올린 투자자가 있을 수 있다.
   ② 최근 몇 년간 경영상의 어려움을 겪어 적자누적으로 주당 장부가치가 액면가를 밑도는데도 불구하고 주가는 액면가보다 높게 형성될 수 있다,
   ③ 펀드매니저가 증권분석을 통해 구성한 포트폴리오가 침팬지가 무작위로 구성한 포트폴리오보다 위험 대비 수익률이 더 높을 것으로 예상된다.
   ④ A회사는 환경단체와의 재판에서 패소해 추가로 부담해야 할 비용이 확정되었으므로 A회사의 주식은 당분간 매입하지 말아야 한다.
   ⑤ 은행장이 그동안 불법대출을 주선하여 은행에 막대한 손실을 입혀왔다는 사실이 일주일전 밝혀져 해당 은행의 주가가 급락했다. 그리고 오늘 아침 그 은행장이 사표를 제출했다는 사실이 알려지면서 해당 은행의 주가는 상승했다.

2. 효율적 시장 가설에 관한 다음의 설명 중 가장 옳지 않은 것은?
   ① 시장의 준강형 효율성 가설을 검증하는 한 방법으로 사건연구(event study)를 활용할 수 있다.
   ② 미국 증권시장의 일일 주가 수익률을 분석해보면 소형주의 수익률은 전날 대형주 수익률을 추종하나, 대형주의 수익률은 전날 소형주 수익률을 추종하지 않는 것으로 나타난다. 이는 시장이 약형으로 효율적이지 않다는 증거로 볼 수 있다.
   ③ 시장이 강형으로 효율적이라면 베타계수가 작은 주식에 투자한 경우 베타계수가 큰 주식에 투자했을 때보다 더 높은 수익률을 올릴 수 없다.
   ④ 미국 주식을 가치주와 성장주로 나누어 그 수익률을 분석해보면 양 그룹 간에 확연한 차이가 발견된다. 이는 시장이 준강형으로 효율적이지 않다는 증거로 볼 수 있다.
   ⑤ 기업의 인수·합병 발표 직후 피인수·합병 기업의 주가가 상승하는 것으로 나타난다. 이는 시장이 강형으로 효율적이지 않다는 증거로 볼 수 있다.

CHAPTER 8

시장심리와 행태재무

8-1 시장심리와 주가변화

7장에서 효율적 시장 가설과 이에 반하는 시장이례현상들을 살펴보았는데, 이번 장에서는 시장심리(market psychology) 또는 유행(fads)에 의해서 주가가 어떻게 움직일 수 있는지를 살펴보고자 한다. 1987년 10월 미국의 검은 월요일(Black Monday) 주가 대폭락사건 이후 효율적 시장 가설에 대한 반론과 함께 시장심리이론에 대한 관심이 커졌다. 뿐만 아니라 요즘 인터넷주식과 벤처주식의 경우 기존의 잣대로는 평가하기가 어려워지고 기존 주식들의 주가에 비해 매우 높은 가격수준을 보이면서, 디지털 경제 시대에 따른 적정주가라는 견해와 일시적 유행에 의한 버블주가라는 견해가 팽팽히 맞서고 있다. 우리나라의 경우 과거 '묻지마 투자'라는 말이 유행할 정도로 시장심리 또는 군중심리에 의한 투자가 행해지고 있는데 이러한 현상을 우리는 어떻게 설명할 수 있을까?

과거 수차례의 주가 대폭락사건을 보면 주가가 군중심리에 의해 사상누각처럼 올랐다가 꺼지는 현상을 보이는데 이를 설명하는 이론으로서 사상누각이론(castle-in-the-air theory)이 있다. 사상누각이론은 사람들의 심리에 근거한 이론이다. 1936년에 유명한 경제학자 케인즈(Keynes)에 의해 제창된 이론으로서 투자자들은 내재가치에 근거하여 투자를 하기보다는 사람들이 미래에 어떤 행동을 보일지를 예측함으로써 투자에 임한다고 보는 것이다.[1] 케인즈는 주식시장을 미인선발대회(beauty contest)에 비유하여 설명하였다. 100명의 얼굴 중 가장 아름다운 6명을 맞추는 대회가 있는데, 6명 중 가장 많이 맞춘 사람에게 상을 준다고 하자. 똑똑한 사람이라면 미의 개인적인 기준보다는 대중의 입장에서 평균적으로 아름답다고 생각되는 미인을 고를 것이고, 주식의 선택도 마찬가지라는 것이다.

이 이론에 의하면 현재 주가는 현재에 그 가격에 사서 더 높은 가격으로 팔 수 있다고

1) 주식이든 부동산이든 투자자산의 경우 그것의 가격은 현상황과 미래의 전망에 의해 결정되는 내재가치(intrinsic value)에 근거하여 결정된다는 이론을 고유가치이론(firm-foundation theory)이라 한다. 이 이론을 적용하여 성공한 대표적인 인물은 오마하의 전설이라 불리는 워런 버핏이다.

첨단기술주와 폰지게임: 떨어지는 신경제 주식-폰지게임인가

'신경제' 신화 속에서 대박을 터뜨렸던 미국은 물론 일본과 한국 등 세계 증시의 기세가 한풀 꺾이는 형국이다. 승승장구하던 첨단종목의 인기가 시들해진 탓이다. 일시적인 조정이라는 분석과 버블이 꺼지고 있다는 상반된 의견이 팽팽하게 맞선다. 미국 MIT 대학의 폴 크루그먼 교수는 최근 뉴욕타임즈 칼럼에서 첨단기술주의 폭등세에 대해 자기도취에 빠진 '자아사기'일 수 있다고 경고했다. '폰지게임'이라는 단어를 동원해가면서 말이다.

폰지게임이란 무엇인가? 때는 개발붐이 한창이던 1920년대 미국 플로리다였다. 폰지라는 사업가가 세계 21개국에서 통용되는 구매쿠폰 사업을 벌인다며 투자자들에게 1,000만 달러를 끌어 모았다. 그리고서 그는 실제로 아무 사업도 하지 않았다. 높은 배당을 약속하고 투자자를 모은 것뿐이다. 처음 모은 투자액은 자신이 착복한 후 투자자들에게 돌아갈 배당금은 그 다음 투자자들의 납입금으로 지불했다. 계속해서 투자자들에게 돈을 받고 다음 투자자들의 돈으로 배당을 했다. 결국 1년 만에 사업은 풍선처럼 '뻥' 터져버렸고, 폰지는 감옥에서 무일푼으로 죽었다. 이후 이자가 수익보다 큰 사업을 '폰지게임'이라고 부른다. 이 게임에선 앞서 투자해 배당을 받고 서둘러 발을 빼는 사람만 이득을 본다. 뒤늦게 뛰어드는 사람은 손해를 볼 뿐이다.

폴 크루그먼이 말한 '자아사기'의 근간은 케인즈가 설명한 '자기실현적 기대(self fulfilling expectation)' 이론에서 찾을 수 있다. 심사위원에게 1등으로 뽑힐 후보를 지명했을 경우 상금을 주는 미인대회가 있다고 하자. 심사위원들은 자기 취향에 따라 제일 미인이라고 생각하는 후보에게 높은 점수를 줄까? 케인즈는 이 상황에서 심사위원들은 자신의 판단보다 다른 다수의 심사위원들이 미인으로 꼽을 것으로 짐작되는 후보에게 표를 던질 것이라고 말했다. 결국 다수가 미인이라고 생각할 것으로 짐작되는 후보에게 모두가 표를 던진다는 것이다. '사람들의 평균적인 견해가 무엇인가에 관해 평균적으로 어떻게 기대하는가'가 실현된다는 이론이다.

이 효과가 나타나는 곳이 주식시장이다. '진정으로 좋은 기업이라서' 주식을 사기보다는 '다른 사람들이 모두 주식을 살 것으로 예상되기 때문에(그러므로 주가가 오를 것이기 때문에)' 주식을 사는 것이다. 사실 인터넷시대 네트워크 효과도 이와 연관이 깊다. 예를 들어, MS 운영체계가 '업계표준'이 될 것이라는 생각을 모든 소비자들이 하면 더 좋은 제품이 나오더라도 다들 MS를 구입하는 것이다. 문제는 주식시장의 경우 '기업의 가치'라는 실체가 분명히 존재한다는데 있다. 왜곡된 정보는 자기실현적 기대로 인해 시장을 왜곡시킬 가능성이 있다.

영체계가 '업계표준'이 될 것이라는 생각을 모든 소비자들이 하면 더 좋은 제품이 나오더라도 다들 MS를 구입하는 것이다. 문제는 주식시장의 경우 '기업의 가치'라는 실체가 분명히 존재한다는데 있다. 왜곡된 정보는 자기실현적 기대로 인해 시장을 왜곡시킬 가능성이 있다.

문제는 결국 영업이익 문제로 기업이 '계속기업(going concern)'이냐는 것이다. 지속적으로 장사를 해서 돈을 벌 수 있느냐는 말이다. 많은 신기술 기업들이 2~3년 전 나스닥에 상장되기 시작했던 미국은 이제 투자자들의 참을성이 마지노선에 도달했다는 해석이 나온다. 미래가능성을 보고 투자했는데 아무리 기다려도 수익을 내지 못하니 더 이상 기다릴 수 없다는 것이다. 미국 개별 기업별 주가흐름을 볼 때 지속적인 영업이익을 올리는 야후, 모뎀미디어 등 기업들의 주가는 계속 상승세인 반면에 그렇지 못한 기업들은 하향추세이다. 한때 1주당 130달러까지 올랐던 아마존의 주가가 60달러대로 떨어진 사실은 사업개시 이래 한 번도 영업이익 흑자를 내지 못한 아마존의 경영과 관련짓지 않을 수 없다.

자료: 매경이코노미, 2000년 4월 1일자.

생각하는 사자세력과 더 이상 오르기 힘들다고 생각하는 팔자세력에 의해, 즉 대중심리에 의해 결정된다고 보는 것이다. 따라서 이 이론에 의하면 내재가치가 얼마인지는 모르지만 남들보다 미리 들어감으로써 수익을 볼 수 있다는 것이다. 예를 들어, 어떤 주식의 가치에 비해 세 배를 주고 사더라도 나중에 다섯 배를 주고 살 사람만 있다면 상관없다는 것이다.[2] 학계에서는 이를 주식시장의 행태이론(behavioral theory) 또는 유행이론(fad theory)이라고도 한다.

8-1-1 집단의견의 수렴현상(convergence of crowd opinion)

합리적인 투자이론으로 설명이 잘 되지 않는 사건들을 살펴보기 위해서는 먼저 그룹이나 군중이 우리의 독립적인 판단능력에 어떤 영향을 미치는지를 볼 필요가 있다. 1895년 프랑스인인 러본(LeBon)은 「군중(The Crowd)」이라는 책에서 "군중상태에서의 모든 사람의 감정과 사상은 한 가지 동일한 방향으로 모이고 그들의 의식 있는 개별성은 사라진다. 이때 집단의식이 형성되는데 이는 의심할 여지없이 일시적인 것이기는 하지만 매우 명확히 정의된 특성을 나타낸다. 그러한 군중은 심리적 군중이 된다."[3] 이러한 상황에서 개인의 행동은 같은 개인이 혼자일 때 고려하는 행동과 매우 다르다는 것이다.

그러면 이와 같은 군중의 의견이 형성되는 과정은 개인들로 하여금 왜 황당한 가격에 투자의사결정을 내리도록 하는가? 이에 대한 해답은 불확실성하에서 사람들의 의견들이 얼마나 쉽게 서로 근접하는지를 보면 찾을 수 있다.

이것은 심리학자인 쉐리프[4]의 실험연구를 보면 잘 나타난다. 쉐리프는 그 당시 잘 알려지지 않은 자동 불빛 현상을 이용했다. 깜깜한 방에 움직이는 듯이 보이지만 실제로는 움직이지 않는 조그만 불빛을 몇 초 동안 비추고, 실험대상에게 불빛이 얼마나 움직였는지를 될 수 있으면 정확히 측정하라고 요청했다. 깜깜한 방에서 기준을 삼을 만한 아무런 기준점이 없는 상황에서 각 개인의 대답은 몇 인치로부터 80피트까지 다양했다. 100번의 동일한 실험을 한 후 각 실험대상의 평균 추측치를 기록하였는데, 〈그림 8-1〉의 맨 왼쪽 선에서 보듯이 대략 1인치부터 8인치로 개인 간에는 상당한 차이를 보임을 알 수 있다.

그러나 3명의 실험대상을 한 곳으로 집합시켰을 때에는 판단이 수렴하는 현상이 발생하였다. 〈그림 8-1〉의 맨 오른쪽 선은 3명을 한 그룹에 있게 한 후 100번의 실험을 한 경우를 나타내는데 약 2인치로 수렴한 것을 보여준다. 마지막으로 쉐리프는 공모자 한 사람을 포함시켰는데, 실험대상들의 답변에 관계없이 공모자는 한결같이 2인치를 주장했다고 하자. 실험의 끝무렵에 가면 그의 영향력은 대단해서 대부분 실험대상들의 추정치는 2인치에 근접하였다.

주식시장과 같이 불확실성이 큰 시장에서는 가장 권위가 있는 의견이나 가장 수익률이 좋은 사람 쪽으로 의견이 모이고 일치감을 형성하는 것도 같은 이치라는 것이다. 더군

2〉 그래서 이 이론을 더 위대한 바보이론(greater fool theory)이라고도 한다.

3〉 LeBon, G. (1960), *The Crowd*, The Viking Press, Inc.

4〉 Sherif, C. (1969), *Social Psychology*, Harper & Row.

〈그림 8-1〉 불빛 움직임 실험에 있어서 의견수렴현상

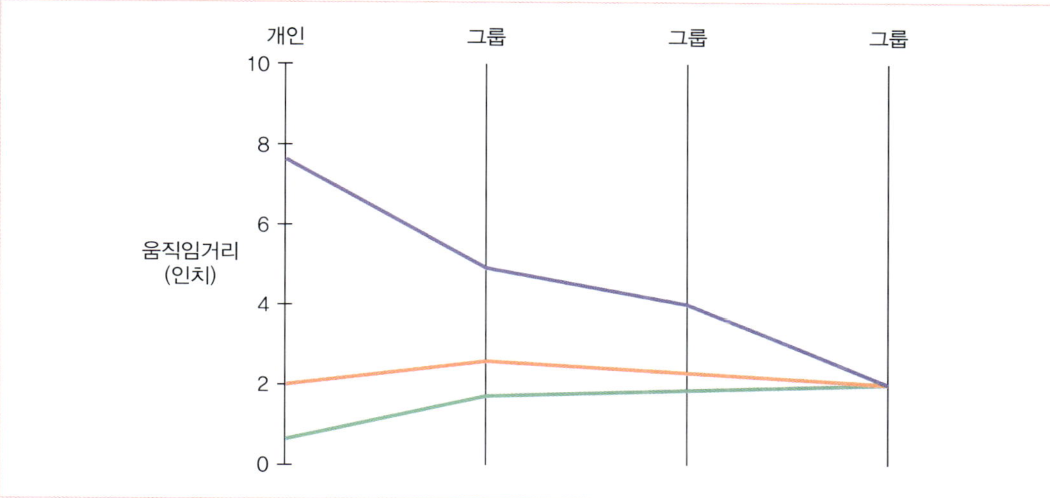

자료: Sherif, M. and C. Sherif (1969), *Social Psychology*, Harper & Row.

다나 두려움이라는 요소는 사람들로 하여금 더욱 의견의 일치를 보게 만든다. 많은 사람의 의견의 일치는 서로 서로에게 함정이 아닌 피난처로 보이게 된다.

8-1-2 군중심리에 의한 가격 버블 사건[5]

역사적으로 보면 모든 버블 사건의 중심에는 일확천금(instant wealth)을 노리는 탐욕이 위치하고 있다. 전 국민이 탐욕에 휩싸일 때 전 국민적 버블도 발생함을 보여준다. 사상누각이론은 과거의 투기적 버블 사건들을 잘 설명하지만 이론에서 얘기하듯이 우둔한 군중의 반응을 예측한다는 것은 너무나 위험한 게임이 아닐 수 없다.

왜냐하면 역사적으로 볼 때 심리적 요인에 의해 치솟던 시장은 반드시 재무적 중력의 법칙에 의해 고꾸라질 뿐만 아니라 오르기 전 수준으로 정확히 되돌아간다는 것이다. 물론 오른 상태에서 몇 년간 머무를 수도 있고 오르자마자 바로 하강곡선을 그릴 수도 있다. 문제는 지진이나 천재지변이 언제 닥칠지 모르듯이 그 전환시점을 아무도 모른다는 것이다. 또한 증시의 격언처럼 산이 높으면(버블이 크면) 골이 더욱 깊게 된다.

튤립 버블 광란

튤립 버블 광란은 가장 빨리 부자가 되려는 욕심들이 빚어낸 역사상 초유의 사건이었다. 이 사건은 비엔나에서 새로 임명된 식물학 교수가 터키가 발원지인 특수 식물군을 네덜란드의 레이든으로 가져온 1593년에 시작되었다. 네덜란드인들은 이 식물(튤립)에 매료되었

5) Malkiel, B. (1999), *A Random Walk Down Wall Street*, Norton & Company.

고 튤립은 네덜란드인들에게 인기 있는 비싼 식물이 되었다. 많은 튤립은 '모자익'이라는 바이러스에 감염되었는데 감염된 튤립의 잎사귀는 여러 가지 색깔의 줄무늬가 만들어진 변종이 되었다.

이러한 변종으로 말미암아 튤립에 대한 거센 투기바람이 불게 되었다. 처음에는 튤립 상인들이 내년도에 가장 유행할 변종을 예측하고 가격상승을 예상하여 해당 변종을 많이 확보하려는 시도를 한 것인데, 이러한 행위가 가격의 상승을 부추겼다. 사람들은 튤립의 가격이 비싸면 비쌀수록 더 좋은 투자대상으로 생각하였다. 귀족이나, 시민이나, 농부나 할 것 없이 모든 사람이 튤립에 대한 투기로 인해 일상 산업활동을 그만둘 정도가 되었고 이러한 튤립에 대한 열정은 끝없이 계속될 것으로 상상하였다.

1634년부터 1637년까지 지속된 튤립 열풍의 마지막 해에 사람들은 자신을 더욱 부자로 만들어줄 튤립을 사기 위해 땅이나, 보석, 가구 등까지도 물물교환하기에 이르렀다. 튤립의 가격은 천문학적인 수준에 이르게 되었다. 1637년 1월 한 달 동안에 튤립 가격은 24배가 상승하였는데, 그 다음달인 2월에는 그보다 훨씬 더 많이 하락하였다. 모든 투기적인 광란에서 나타나듯이 가격이 너무 올라 눈치 빠른 사람들이 먼저 팔기 시작하면서 다른 사람들도 하나둘 따라서 팔기 시작하고 이러한 상황은 눈덩이처럼 빠르게 가격을 하락하게 만드는 것이다. 정부가 이를 저지하기 위해 노력했지만 소용이 없었고 결국 튤립의 가격은 양파값 수준으로 떨어졌다. 이 사건으로 인해 네덜란드는 깊은 공황의 늪으로 빠져들었다.

남해 버블 사건

이 이야기는 사기로 인해 탐욕스러운 사람들이 어떻게 돈을 날릴 수 있는지를 생생하게 보여주는 사건이다. 이 사건이 발발할 무렵 영국은 오랜 기간 동안의 번영으로 인해 저축은 많은 반면에 투자할 곳이 적당치 않은 그런 상황이었다. 이 시절 주식을 보유하는 것은 특권으로 여겨질 만큼 희소가치가 있었다.

남해기업(South Sea Company)은 이러한 투자수단에 대한 시장요구를 만족시키기 위해 1711년에 설립되었다. 이 기업은 약 1천만 파운드에 이르는 정부의 채무를 위탁관리 해주는 대가로 남해로 가는 모든 무역에 대한 독점권을 부여받았다. 대중은 이와 같은 무역으로 인해 큰 수익이 날 것으로 보고 이 회사가 발행한 주식에 대해 큰 관심을 보였다. 스페인과의 전쟁으로 인해 잠시 주춤했던 이 회사의 주가는 1719년 전쟁의 종식으로 인해 다시 남미지역과의 무역이 개통되면서 상승하기 시작했다.

특히 1720년 3,100만 파운드에 이르는 정부부채에 대한 자금조달을 이 회사에 맡긴다는 법안이 영국 국회에 상정되자 주가는 130파운드에서 300파운드로 즉각 상승하였다. 이 법안이 통과되는 데 도움을 준 지지자들은 그 보상으로 주가가 오른 만큼 이익을 보는 옵션을 부여받았다.

1720년 4월 12일 법안이 통과된 후 닷새 후 남해기업은 300파운드에 신주를 발행하였는데, 60파운드는 살 때 지불하고 나머지는 여덟 번에 나눠 분납하는 조건으로 살 수 있었다. 이제 왕조차도 더 이상 사지 않을 수 없었으며 그도 10만파운드 어치의 주식을 신청하였다. 투자자들 사이에서는 이 주식을 사기 위해 싸움이 일어났다. 가격은 오르기 시작하여 며칠 만에 340파운드로 올랐고 남해기업은 400파운드에 신주를 또 발행했다.

그러나 사람들은 이 주식을 사지 못해 안달이었고 주가는 550파운드로 치솟았다. 6월 15일에 또 다른 신주가 발행되었는데 이번에는 처음에 10%만 내고 나머지는 1년 이후에 내면 된다는 더욱 좋은 지급조건이었다. 주가는 800파운드로 올랐으며, 상원위원과 하원위원 절반 이상이 신청하였다. 결국 주가는 1,000파운드 이상으로 오르게 되었다.

이제 남해기업만이 아니었다. 투자자들은 처음부터 동승할 수 있는 또 다른 벤처들을 찾기 시작했다. 요즘 투기자들이 또 다른 마이크로소프트나 인텔을 찾듯이 그 당시 영국에서도 또 다른 남해기업을 찾은 것이다. 채워질 줄 모르는 투자자들의 투자욕망을 채우기 위해 시장에는 새로운 주식이 계속 만들어지고 발행되었다. 투자자들은 투자하는 회사가 어떤 회사인지도 모르고 주식을 사 모았다. 우리나라에서 한때 벌어졌던 '묻지마 투자'식이다. 오전 9시에 청약이 시작되기가 무섭게 모든 계층의 사람들이 몰려오고 다섯 시간 만에 모든 주금의 납입이 끝나면 모집한 회사는 문을 닫고 유럽대륙으로 사라지는 일들도 발생했다.

물론 모든 사람이 이러한 일을 당할 만큼 어리숙하지는 않았다. 오히려 그들은 너무 분별력이 있었다고 볼 수 있다. 그러나 사람들은 자신이 산 주식을 누군가가 더 비싼 가격으로 사줄 것이라고 믿었다는 데 문제점이 있었던 것이다.

개별적인 버블이 꺼지는 사건이 계속 발생했지만 이러한 것들은 투기적인 열풍을 잠재우기에는 역부족이었다. 그러나 같은 해 8월에 남해기업에서 발생한 구멍은 대홍수를 야기시켰다. 시장에서 형성된 주가가 이 기업의 미래 전망과 전혀 관련이 없다는 것을 눈치챈 이 기업의 임원들은 여름에 자신의 주식을 팔아치웠다. 이러한 소식은 새어나갔고 주식은 떨어지기 시작했다. 주식값이 떨어지기 시작하자 난리가 벌어졌다. 정부는 신뢰감을 회복시키려 노력했지만 허사였다.

남해 버블에서 큰 손해를 본 사람 중의 한 사람이 뉴턴(Isaac Newton)이었는데, 그는 다음과 같은 말을 남겼다. "나는 천체의 움직임을 계산할 수는 있지만 사람들의 투기광란을 계산할 수는 없었다." 영국 국회는 주식발행으로 인한 대중의 손해를 방지하기 위해 기업의 주권발행을 금지하는 버블 법안(Bubble Act)를 통과시켰다.

성장주와 신주 열풍

1960년대 초반 미국에서 '성장'은 마법의 단어였다. IBM, Texas Instrument와 같은 성장주는 80 이상의 PER로 팔리고 있을 정도였다(1년 후 그들은 20배수나 30배수로 하락하였다). 그 당시 내재가치로는 도저히 설명이 안 되는 가격이었지만 그 가격에 대해 시비를 거는 사람들은 이단으로 몰릴 정도였다. 투자자들은 1960년대 후반에 가서 더 높은 가격에 기꺼이 사 줄 사람들이 있을 것으로 확신하였다.

또 한편 이 무렵 신주(new issue)에 대한 열풍도 대단했다. 이 당시 모든 주식은, 전자산업과 전혀 관련이 없는 기업들도 'tronics'라는 말을 붙일 정도로 'tronics' 열풍이 불고 있었다. 사람들은 이름에만 관심이 있었지 그 회사가 무엇을 만드는지 어떤 회사인지 관심이 없었다. Astron, Dutron, Vulcatron과 같이 'trons'라는 말이 붙든지, Circuitronics, Supronics, Videotronics와 같이 'onics'라는 말이 붙은 기업들은 기업 내용에 관계없이 주가가 뛰었고, 심지어 Powertron Ultrasonics라는 이름의 기업이 나올 지경이었다.

이후 신주현상에 대한 증권거래위원회(SEC)의 조사로 상당한 사기와 시장조작이 있었음이 밝혀졌다. 신주 인수업무를 담당한 증권회사들은 많은 물량을 장외나 내부거래자들에게 빼돌려 실제로 일반인들이 청약할 수 있는 물량이 턱없이 부족하게 되고 가격이 치솟는 현상이 발생하게 된 것이다.

증권거래위원회는 도대체 무엇을 하고 있었기에 이런 일들이 일어났느냐고 반문할 수도 있지만 규제기관의 역할에는 한계가 있기 마련이다. 만약 어떤 기업이 적절한 사업계획서를 만들어 투자자들에게 배부했다면 증권거래위원회로서는 마땅히 제재할 수단이 없다. 그 당시 사업계획서의 겉표지에는 다음과 같은 문구가 진하게 쓰여 있었다고 한다.

> **경고 ▸▸▸ 이 회사는 자산이나 이익이 없으며 가까운 장래에 배당을 지급할 능력이 없습니다. 본 주식은 매우 위험합니다.**

그러나 담배가 몸에 해롭다는 경고문구가 담배를 끊게 할 수 없듯이, 투자자들이 자신의 돈을 날리겠다는 것도 막을 수 없는 것이다. 결국 투자자들이 탐욕에 눈이 어두워 낚싯밥을 무는 한 사기와 시세조작은 판을 치게 되는 것이다.

1962년 초 드디어 'tronics' 열풍에 종지부를 찍게 된다. 연초에 하락의 기미가 보이던 성장주와 신주들은 5개월 후에 대폭락으로 이어지고 시장 전체보다 훨씬 많이 빠지게 되었다. 어제의 인기주는 오늘의 비인기주가 되는 것이다.

Nifty Fifty(핵심우량주) 버블

1960년대에 성장주, 개념주(concept stock)[6] 등을 이용한 투자로 큰 어려움을 겪은 기관투자가들은 1970년대에 다시 '건전한 투자원칙'으로 돌아서기로 하고 핵심우량주를 중심으로 포트폴리오를 재편하였다. 핵심우량주라면 1960년대와 같이 일시적인 투기주들처럼 폭락하는 일은 없을 것이라는 견해였다.

---

6) 개념주라는 것은 특정 시기에 특정 유행에 편승한 하나의 새로운 개념에 해당하는 주식을 말한다. 예를 들어, 한때 유행했던 dot.com주도 인터넷사업이라는 하나의 새로운 개념에 해당하는 개념주라 할 수 있다.

〈표 8-1〉 핵심우량주 PE 승수의 변화

증권	1972년 승수	1980년 승수	증권	1972년 승수	1980년 승수
Sony	92	17	Intel. Flavors	81	12
Polaroid	90	16	Walt Disney	76	11
McDonald	83	9	Hewlett-Packard	65	18

자료: Malkiel, B. (1999), *A Random Walk Down Wall Street*, Norton & Company.

이에 해당하는 주식은 IBM, Xerox, Kodak, Polaroid 등 매우 유명한 회사들로서 약 50여 개가 되기 때문에 'Nifty Fifty'라고 불린다. 이들은 시가총액이 크기 때문에 기관투자가들로서는 거래하기가 좋고, 설사 조금 비싼 가격에 매입하더라도 기업 내용이 좋기 때문에 곧 회복될 뿐만 아니라, 손실을 보더라도 크게 문제가 되지 않는 주식들이다.

그런데 믿기 어려운 일처럼 보이겠지만, 기관투자가들은 핵심우량주를 이용하여 투기를 하기 시작했다. 이 주식들의 주가는 끝없이 치솟았다. 〈표 8-1〉에서 보는 바와 같이 1972년의 PER을 보면 도저히 이해가 안갈 것이다. 이와 같이 시가총액이 큰 기업들의 PER가 80이나 90에 이를 정도로 과연 빨리 성장할 수 있는 것인가? 잘 포장된 우둔함이 지혜처럼 들릴 수 있다는 격언이 입증되는 순간이었다. 1980년 이 기업들의 PER이 보여주듯이 이 기업들의 주가는 여지없이 폭락하였고 블루칩 버블은 또 터지고 말았다.

일본의 주식시장과 부동산시장 버블

1955년부터 1990년까지 일본 부동산 가치는 75배 이상 상승했다. 1990년 일본 부동산은 20조 달러에 이르는 것으로 추산되었는데 이는 땅 크기에 있어서 25배나 되는 미국 부동산 가치의 5배에 이르는 수치였다. 이론적으로는 동경을 팔아 미국 전체를 살 수 있다는 말이 되었다. 1955년부터 1990년까지 일본 주식시장은 100배가 올랐다. 꼭대기를 형성했던 1989년 12월 일본주식시장의 시가총액은 4조 달러에 이르렀는데, 미국 주식시장 모두를 합한 시가총액의 1.5배, 세계 주식시장 시가총액의 45%에 이를 정도였다. 일본주식들의 PE 승수는 60배로 미국의 15배나 영국의 12배에 비해 매우 높은 편이었다.

일본시장에는 두 가지의 신화가 있었다. 하나는 일본의 부동산은 결코 떨어지지 않는다는 것이고, 또 다른 하나는 주가는 항상 오르기만 한다는 것이었다. 이러한 신화는 일본인들의 높은 저축률과 1% 이하의 낮은 이자율로 인한 풍부한 유동성에 의하여 견인되었다. 일본 기업들도 이에 일조를 하였는데 일본 기업들은 세금감면 혜택이 있는 투기거래계좌를 설정할 수 있었기 때문에 이를 이용하여 소위 말하는 재테크에 열을 올리고 있었다.

PER가 너무 높은 것이 아닌가, 1%의 절반밖에 안 되는 채권수익률이 너무 낮은 것이 아닌가 등 여러 가지 우려의 목소리가 있었지만, 그 당시 주가와 부동산 가격을 정당화하는 그럴듯한 논리들이 속속 개발되었다. 가장 영리하고 강력한 논리는 "일본은 다르다"라는 것이었다. 우리는 역사적인 교훈과 경제기저(economic fundamental)를 무시하고 지금은 과거와 다르다고 결론 내리는 우를 얼마나 자주 저질러왔는가? 그래서 일본에서는 버블이 자라났고 낙관주의는 또 다른 낙관주의를 불러왔다. 투기자들은 주식을 담보로 하여 돈을 빌리고 빌린 돈으로 부동산을 구입하고 또 구입한 부동산을 담보로 돈을 빌리고 빌린 돈으로 주식을 매입하는 악순환의 고리를 만들었다.

인플레이션을 감지한 일본은행은 금리를 인상함으로써 부동산가격을 진정시키고 주식시장을 약간 하향 안정시키려고 하였다. 1989년부터 상승하기 시작한 금리는 1990년 급격히 상승하였는데, 그로 인해 주식시장과 부동산시장은 폭락하고 말았다. 1980년대 마지막 거래일에 거의 40,000에 다다랐던 니케이지수는 1992년 8월 중순까지 63%가 하락한 14,309로 주저앉았다. 금리가 하락했음에도 불구하고 1990년대 내내 일본 주가는 낮은 수준에서 머무르고 있다.

〈그림 8-2〉는 1980년대 중반과 후반 무렵 주가상승은 가치평가의 잘못 때문임을 분명히 보여주고 있다. 1990년에 주가하락은 원래의 적정시가 대비 장부가 관계로 회귀한 것으로 볼 수 있다. 1990년대 부동산시장의 경우에도 주식시장의 경우와 마찬가지로 버블이 터지면서 상당한 하락을 경험하였다. 버블이 꺼지면서 일본은 다르고 일본의 자산가격은 항상 오른다는 신화가 깨졌다.

dot-com 버블

1990년대 후반 우리나라를 비롯하여 전 세계에 인터넷 열풍이 불어닥쳤다. 미국의 Netcom이라는 회사의 예를 들어보자. 이 회사는 1990년대 중반 무렵 공모를 통해 자금조달을 한 첫 번째 인터넷 회사였다. 광분한 투자자들은 일 년만에 이 회사의 최초 공모가

〈그림 8-2〉 일본 주식시장의 버블:시가 대비 장부가(1980~1998)

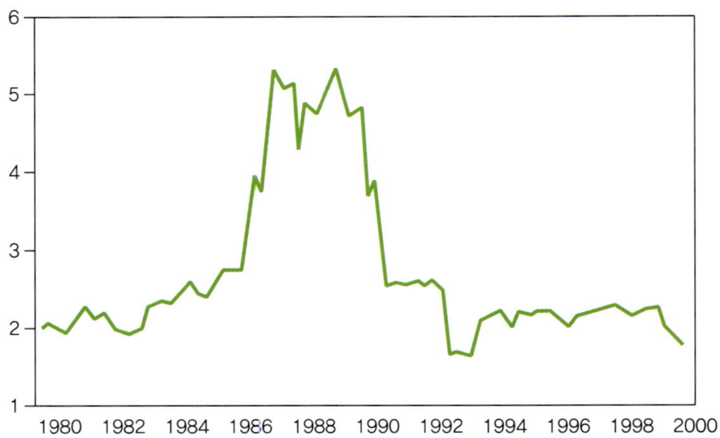

자료: Morgan Stanley Research.

$16 수준을 $92로 끌어올렸다. 비록 이익이 아직 없는 회사이지만 업계 리더로서 큰 주식 수익률을 낼 수 있을 것으로 투자자들은 생각했다. 그런데 Netcom을 비롯한 인터넷 서비스 제공업체의 문제는 과연 이 기업들이 약속처럼 이익을 낼 수 있느냐 하는 것이었다. 불행하게도 Netcom은 계속 적자를 벗어나지 못했고 주가는 곤두박질쳤다.

또 다른 예로서 K-tel이라는 회사를 보면, 이 기업은 늦은 밤 텔레비전을 통해 흘러간 팝송 CD 패키지를 파는 회사였고 주가는 $2에 지나지 않았다. 그런데 이 회사가 똑같은 CD를 인터넷을 통해 팔겠다고 발표하자마자 이 기업의 주가는 $40로 뛰었다. 단지 인터넷 기업이라고 불리자 하루아침에 $2억 5천만의 시장가치가 증가하게 된 것이다.

이와 같은 열풍은 신주 공모시장에서 더욱 뜨겁게 불고 있었다. Audionet이라는 회사는 다양한 라디오와 TV 스테이션의 방송을 인터넷을 통해 송출하는 기업인데, 1990년대 중반 무렵에 설립된 이후 계속 적자를 보고 있었다. 1998년 여름 Broadcast.com으로 이름을 바꾼 이 회사는 모건스탠리(Morgan Stanley)의 도움을 받아 $18에 IPO를 하게 되는데, 이날 이 기업의 주가는 $74까지 치솟았고 1999년 1월에는 $300까지 오르는 기염을 토했다. 1998년 11월 IPO를 한 웹페이지 제공자인 theglobe.com은 IPO 역사상 최대의 일일 상승률을 기록하였는데, $9에 공개된 주식은 $63.5의 종가를 기록하였다. 종가를 기준으로 볼 때 이 기업의 주식은 전년도 한 주당 매출액의 357배에 팔린 것이다. 인터넷 주식에 대한 열풍은 가히 폭발적이었다고 할 수 있는데 지금 시점에서 보면 이 조한 버블이었음을 알 수 있다.

서브프라임 모기지 사태

2000년대 들어 저금리 기조 지속 및 주택시장 호황, 자산유동화증권(Asset Backed Securities: ABS) 시장의 발달 등에 힘입어 저소득층을 대상으로 한 비우량 주택담보대출인 서브프라임 모기지(subprime mortgage) 대출이 활성화되었다. 당시 금융산업의 경쟁 격화와 저금리 지속 등으로 금융기관의 신규 수익원 창출노력이 치열하게 전개되었으며 이는 미국 주택시장의 호황과 맞물려 모기지 대출의 증가를 초래하였다. 이러한 가운데 금융기법의 발달로 금융기관들의 모기지 대출 자산 유동화 및 매각을 통한 신용위험 회피가 가능해진 것이 고위험 고수익 자산인 서브프라임 모기지 대출 규모의 확대를 유발한 주요 요인으로 작용하였다.

〈그림 8-3〉은 미국 부동산 가격지수(S&P/Case-Shiller Composite Index)를 보여주는데, 1998년부터 2007년까지 미국 부동산 가격이 계속 상승했음을 알 수 있다. 모든 버블이 그렇듯이 서브프라임 모기지 버블도 터지기 전에는 매우 가파르게 상승하여 마치 끝없이 상승할 것 같은 착각에 빠지게 만든다. 그러나 버블이 터지기 전 이미 곳곳에서 버블의 징후가 포착되고 있었음을 잊어서는 안 된다. 예를 들어, 당시 'NINJA'라는 말이 유행하고 있었는데 이는 'No Income, No Job and No Assets'을 지칭하는 약어로 서브프라임 대출을 받는 데 있어서 소득, 직업, 자산 모두 필요 없고 누구나 빌릴 수 있다는 말이다. 어차피 주택값은 오를 것이고 집을 담보로 잡고 빌려주면 되는데, 차주(빌리는 사람)의 소득이나 직업

〈그림 8-3〉 미국 부동산 가격(1987~2011)

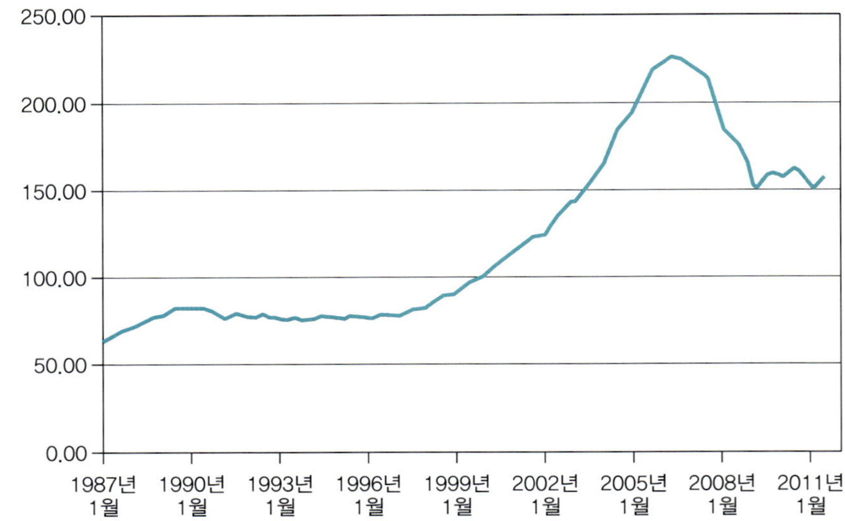

UBS "가상화폐, 투기버블 온상 … 버블 특징 모두 가져"

투자은행 UBS가 비트코인 버블에 대해 재차 경고했다. 2017년 12월 22일 비즈니스인사이더는 UBS 투자노트를 인용, 가상화폐 열풍이 버블의 특징을 모두 지녔다고 보도했다. 이날 UBS는 "가상화폐는 버블의 특징(hallmarks)을 모두 가졌다"며 "높은 수익률과 한정적인 실가용성은 투자 아닌 투기를 초래한다"고 언급했다. 이어 비트코인 공급량(채굴량)은 제한적이나 이를 대체할 수 있는 수천개 이상의 가상화폐가 존재하며, 공급 제한도 없다고 덧붙였다.

비트코인 가상주화 모형의 포커칩/게티이미지 제공.

은행은 앞서 10월에도 가상화폐 시장에 '거대한 투기 버블(speculative bubble)'이 끼어있다며 부정적인 전망을 내놓았다. UBS 자산관리부문 내 기금운용본부는 "비트코인 투자를 권유하지 않지 않을 것"이며 "시장은 투자자가 지불 능력이 다 할 때까지도 비합리적인 상태를 유지하는 경향이 있다"고 설명했다. 가상화폐를 바라보는 전문가들 의견은 계속 엇갈리고 있다. 지난 18일 금융그룹 ING는 비트코인은 "인터넷 폐인들이나 열광하는 틈새 자산(niche asset)"이라고 혹평했다. 반면 골드만삭스는 "결국 기관투자가도 가상화폐 시장을 무시할 수 없을 것"이라고 언급했고, 모건스탠리 최고경영자(CEO)도 비트코인이 "일시적인 유행 그 이상"이라고 평가했다. 비트코인을 사기라고 비난해 화제가 된 JP모건도 뒤따랐다. JP모건은 비트코인이 '신규 자산 유형(emerging asset class)'으로 구분될 수 있는 잠재력을 지녔다며 낙관론에 힘을 실었다.

20일 가상화폐 시장 규모는 6000억 달러를 넘어섰다. 두 달 전만 해도 가상화폐 시가총액은 1,750억 달러에 불과했다. UBS는 "가상화폐 아닌 블록체인에 주목해야 할 것"이라며 오는 2027년까지 전 세계 블록체인 시장 매출액이 3,000억~4,000억 달러에 달할 것으로 예상했다.

자료: 조선비즈, 2018년 3월 2일자.

등이 뭐가 중요하냐는 것이다. 바로 이러한 '묻지마 대출'이 이미 버블이 쌓였다는 증거인 것이다.

2006년 하반기 들어 미국 주택경기가 분명한 침체양상을 보임에 따라 서브프라임 모기지 대출의 연체율이 상승하기 시작하였으며 소규모 모기지 대출업체들이 파산하기 시작하였다. 2007년 6월 베어스턴즈(Bear Stearns)가 운영하던 2가의 헤지펀드의 서브프라임 모기지 관련 투자손실에 따른 파산임박설이 보도되면서 금융불안이 확산되기 시작했으며 2008년 9월 4위 투자은행인 리먼 브러더스(Lehman Brothers)가 파산하면서 글로벌 금융위기가 본격화되고 아울러 세계 실물경제의 장기 침체로 이어지게 되었다.

8-1-3 시사점 및 교훈

지금까지 여러 시대와 여러 나라에 걸쳐 열광적 투기현상이 벌어졌음을 살펴보았는데 놀랍게도 모든 투기 열풍에는 비슷한 특징이 발견되고 있다. 이러한 열풍은 사람들이 새로운 투자기회를 찾고 또 새로운 기회가 있다고 믿고 싶어 하는 그런 경기호황국면에서 시작된다는 것이다. 각 열풍은 나름대로 건전하게 시작되었고 단순하지만 호기심을 자극하는 신개념에 근거하고 있었다.

모든 경우에 가격상승은 자기완성예언(self-fulfilling prophecy)[7]이 되어서 보다 많은 사람을 투기적인 정점으로 유혹하게 된다. 이러한 과정에서 행운을 잡은 사람들의 소문과 앞으로도 계속 기회가 있을 것이라는 핑크빛 전망이 난무하게 된다. 전문가들도 이러한 투기 열풍에 잡히게 되고 주가상승을 용인하게 되며 훨씬 더 오를 수 있다고 전망하게 된다. 그리고 시장에는 과거의 평가방식으로는 평가할 수 없다는 소리가 나오고, 이번은 과거와 정말 다르다라는 말이 나오게 되는데 이러한 말이 나온 직후 폭락이 왔다.

모든 투기적 광란에 있어서 또 하나의 공통점은 '더 위대한 바보이론(greater fool theory)'에 의한 현상이다. 남들과 독립적이고 냉소적인 생각의 소유자들은 그 시대의 일치된 생각에 의해 좌우되지 않는다. 그들은 오른 주가수준이 도저히 믿기 어렵다고 생각하고 대부분의 사람이 미쳤다고 생각한다. 그러나 그들의 경우에도 군중이 더욱더 미칠 것이라고 생각하고(만약 포트폴리오가 6배 올랐다면 8배나 10배가 되지 말란 법이 있는가?), 더욱 무모한 자들로부터 이익을 얻을 기회를 볼 수 있을 것이라고 생각하는 것이다. 1720년 남해 버블 사건으로 파산한 영국 의원인 밀너(Milner)는 "나는 곧 패망의 시간이 다가올 것이라고 말했었지만 그것이 내가 생각했던 시간보다 두 달 먼저 왔다는 것이 문제이다."라고 말했다. 즉 모든 사람이 투기적 호황이 언제까지 지속될 것인지 불안해 하면서도 지금 당장은 아니겠지라는 막연한 생각과 그런 것을 알고도 멈출 수 없는 것이 문제라고 할 수 있다.

7) 사람들이 주가가 계속 오르리라고 보니까 사게 되고, 또 이와 같이 많은 사람이 사니까 오르는 현상을 자기완성예언이라고 한다. 즉 자기가 예언해 놓고 자기가 그렇게 행동함으로써 그 예언을 스스로 완성하는 현상이다.

종합컨대 투기 열풍의 과정은 다음과 같이 진행된다. 투기가 점점 번지면서 그것은 그날그날의 주요 관심사가 되었다. 거의 대부분의 경우 신용은 풍부했고 매우 저렴했다. 투기의 끝무렵 가격은 급격히 상승했고 거래량도 기록적으로 증가했다. 마지막으로는 사회적 현실(social reality)[8]에 있어서 급작스런 변화가 일어나고 그 결과 모든 사람이 공황에 빠져 투기 전의 가격 이하로 폭락하는 현상이 발생했다.

재무적 투기에 대한 연구결과 네 가지 정도의 일반원칙을 발견할 수 있다.

- 즉각적인 부의 축적을 원하는 사람들이 존재하고 이들로부터 저항할 수 없는 이미지가 형성된다.
- 대부분의 사람의 눈을 가려 광란의 위험으로 이끄는 사회적 현실이 만들어진다. 의견들은 수렴되고 사실로 여겨진다. 전문가들은 이러한 과정에서 선봉의 역할을 수행하고, 과신이 넘쳐나고 과거의 경험과 가치의 기준 등은 쉽사리 잊혀진다.
- 사회적 현실이 갑자기 바뀌면서 과신은 두려움으로 바뀐다. 그동안 지연됐던 버블의 폭발은 갑자기 이루어지고 사람들은 거의 공황에 빠진다.
- 투자자들은 과거의 실수를 되풀이한다. 비록 각각의 상황이 지난번과 매우 비슷함에도 불구하고 사람들은 매번 이번만은 다르다고 생각하는 착각에 빠진다.

이번 장의 내용을 보면 주식시장이 합리적이고 효율적이라는 견해와 매우 상치되는 것을 볼 수 있다. 여기서의 교훈은 시장이 때때로 비합리적이기 때문에 회사의 고유가치에 근거한 평가이론을 포기하라는 것이 아니다. 오히려 중요한 것은 모든 경우 시장이 스스로 옳은 방향으로 수정한다는 것이다.

시장은 비록 느리고 냉혹한 것처럼 보일 수도 있지만 결국 자신의 방식대로 시장의 비합리성을 수정한다는 것이다. 시장의 이례현상이 발생할 수 있고 시장이 비합리적으로 낙관적일 수도 있으며 종종 부주의한 투자자들을 현혹시킬 수도 있다. 그러나 종국에 가서는 시장에 의해 진정한 가치가 인지되고 수정된다는 것을 투자자들은 명심해야 할 것이다.

〈그림 8-4〉는 버블이 어떻게 생성되고 어떻게 터지는지를 잘 보여주는 그림이다. 분명히 향후 상승할 것으로 예상되는 자산에 대해 현명한 투자자들은 이를 예상하여 제일 먼저 매수한다. 이러한 현명한 투자자들의 도움과 움직임에 따라 기관투자가들이 다음 매수세력으로 가담하면서 자산 가격은 1차적으로 이륙하게 된다. 이때 현명한 투자자들 중에는 정상 궤도에서 벗어난 상태를 1차적으로 현금화하는 기회로 보는 부류가 나오면서 약간 하락하게 된다. 그러나 각종 언론 매체나 전문가들의 해당 자산에 대한 긍정적인 견해나 보도가 이어지면서 대중의 관심이 커지게 된다. 대중들의 참여는 자산가격의 본격 상승으로 이어지며, 환상과 탐욕에 의해 자산 가격은 폭등하게 된다.

8〉 사회적 현실이란 사람들 무리가 현실을 어떻게 인식하느냐를 의미한다.

〈그림 8-4〉 하이먼-민스키 리스크 이론에 따른 '순간 폭락'

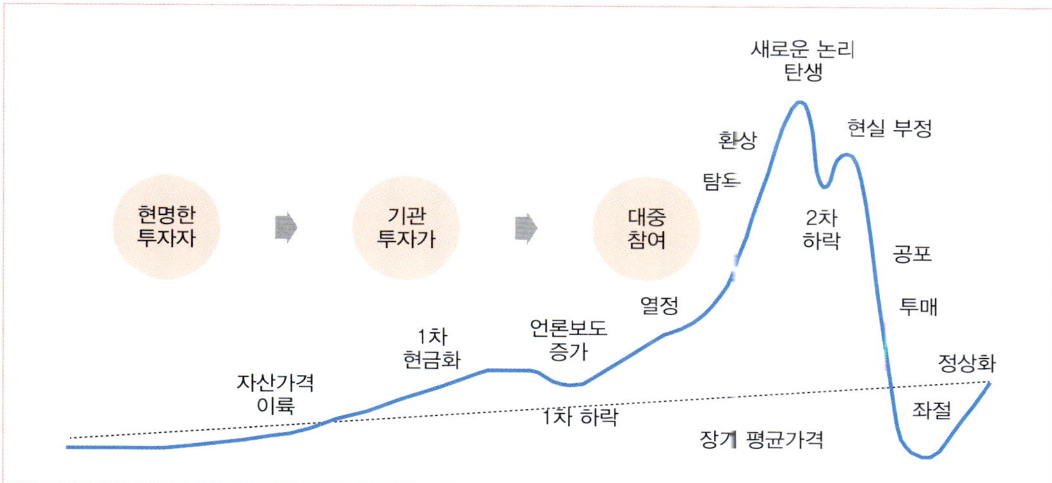

자료: 블룸버그.

정점 부근에서는 이러한 급등을 정당화하기 위한 각종 시도가 이루어지는데 가장 많이 등장하는 것이 "이번에는 정말 다르다"라는 새로운 논리의 탄생이다. 그러나 이때가 1차 현금화시기에 팔지 않고 남아 있던 현명한 투자자들과 기관투자가들이 팔고 떠나는 시점이며, 군중심리에 의해 막차를 탄 개미들의 장렬한 전사가 일어나는 상황이 전개되는 시점이다. 또한 1차 급락으로 인한 자율 반등이 일어나면서 최후까지 망설이던 개미들이 들어오는 시점을 대부분의 기관투자가들은 매도의 마지막 기회로 삼아 매도 폭탄을 던지면서 현실 부정과 함께 공포분위기가 조성된다. 투매가 일어나며 끝없이 떨어질 것 같은 자산 가격은 정상적인 궤도를 너무 벗어나게 되면 다시 반등하면서 정상화 수준에 근접하게 된다.

이와 같이 중장기적으로 상승 추세를 보이는 자산의 가격도 얼마든지 중간에 버블이

시소 위의 원숭이 이야기

원숭이 마을에 사과나무 한 그루에 사과가 있었습니다. 그런데 그 나무는 너무 높고 가시덩쿨이 있어서 일까요. 원숭이들은 지켜만 보고 먹지는 못했습니다.

하루는 용기있는 원숭이 한 마리가 근처에 있던 시소를 타고 올라가 사과를 맛있게 먹었습니다. "냠냠", 시소는 움직이지 않았지요. 약간은 빽빽한 시소였습니다.

이를 신기하게 본 다른 조금 덜 용감한 원숭이가 시소를 타고 가서 사과를 먹고 내려왔습니다.

밑에서 지켜만 보던 원숭이들은 먼저 올라간 원숭이들이 먹는 걸 보고는 부러웠는지, 우루루 시소를 타고 사과나무쪽에 올라가서 사과를 먹으려 하였습니다. 그 순간 빽빽하던 시소는 갑자기 몰려온 원숭이들 무게를 이기지 못하고 곤두박질쳤습니다.

결국 뒤에 올라갔던 원숭이들은 사과를 먹지도 못하고 추락하여 크게 다치는 사태가 발생되었죠.

이는 군중심리와 똑같은 상황을 비유한 투자 이야기이다.

생겼다가 꺼지는 과정에서 많은 손실을 볼 수 있음을 알아야 한다. 또한 이런 과정에서 자산 가격이 정상 궤도를 많이 벗어날 수 있으나 중장기적으로는 정상적인 추세선에 회귀하는 모습을 보통 보이게 되는데, 이는 시장이 일시적으로는 비합리적이고 비효율적인 모습을 보이지만 결국 시장의 효율성으로 회귀함을 보이는 것이다.

8-2 행태재무

행태재무(behavioral finance)[9]는, 기존의 전통 재무이론이 실제로 사람들이 어떻게 의사결정을 내리는지를 무시한다고 주장한다. 최근 들어 많은 재무경제학자는 개인들이 복잡한 의사결정을 내리는 과정에서 보이는 '비합리성(irrationalities)'으로 인해 시장이례현상이 발생한다고 해석한다. 이러한 비합리성에는 두 가지가 있는데, 하나는 투자자들이 항상 주어진 정보를 올바르게 처리하지 않기 때문에 미래 수익률에 대한 부정확한 확률분포를 추론하다는 것이고, 또 하나는 비록 수익률의 확률분포가 주어진다고 할지라도 일관성이 없거나 체계적으로 열등한 의사결정을 자주 내린다는 것이다.

물론 비합리적 투자자들의 존재가 반드시 자본시장의 비효율성을 의미하는 것은 아니다. 만약 비합리적인 투자자들에 의해 가격의 왜곡현상이 생길 때 이러한 가격왜곡현상을 이용하여 이익을 보려는 차익거래자들이 시장에 존재한다면 가격왜곡현상은 사라지고 시장가격이 적정 수준을 찾아갈 것이기 때문이다. 그러나 그와 같은 차익거래자들이 존재하지 않거나 또는 그들의 행동이 어떤 이유에서든 제한된다면(limits to arbitrage) 시장의 효율성은 훼손될 수도 있다고 행태재무론자들은 주장한다.

만약 차익거래 행위가 제한될 수 있다는 행태재무론자들의 주장이 맞다면, 이익기회가 없는 것이 언제나 시장의 효율성을 의미하는 것이 아닐 수도 있다. 우리는 7장에서 펀드관리자들이 체계적으로 수동적 투자전략보다 더 나은 성과를 내지 못함을 효율적 시장 가설을 입증하는 것으로 해석하였는데, 시장에 차익거래 행위 제약들이 존재한다면 같은 결과를 얻을 수 있기 때문이다. 행태재무론자들이 주장하는 투자자들의 비합리성과 차익거래의 제한에 대해 자세히 살펴보기로 한다.

8-2-1 투자자들의 비합리성

정보처리과정에서의 비합리성

투자자들의 정보처리상 오류는 미래 발생 가능한 사건이나 관련 수익률에 대한 확률 추정이 잘못되도록 만든다는 여러 가지 증거가 있는데 이 중 중요한 네 가지만 소개하면 다음과 같다.

9) 행동재무, 또는 행동재무학으로 불리기도 한다. 본 서에서는 행태재무로 부르기로 한다.

예측오차 카네만과 티버스키[10]에 따르면 사람들은 예측을 할 때 이전 자신들이 가지고 있던 믿음에 비해 최근 경험에 너무 많은 가중치를 두는 경향이 있으며, 그러한 정보에 내재되어 있는 불확실성에 비추어볼 때 너무 극단적인 예측을 하는 경향이 있다고 한다. 또한 디봉트와 쎄일러[11]는 시장이례현상 중 하나인 PE효과는 너무 극단적인 이익 추정에 의해 설명될 수 있다고 주장한다. 이들에 의하면 기업의 최근 좋은 성과로 인해 미래 이익에 대한 예측치가 높아질 때 그 기업의 객관적인 전망치보다 훨씬 높아지는 경향이 있기 때문에 해당 기업 주가에 대한 전망도 너무 낙관적이 되어 PE도 높아지게 된다. 그러나 투자자들이 나중에 자신의 추정 오류를 인식할 때 해당 기업의 주가는 많이 떨어지게 되므로 고PER 주식은 실패한 투자가 되는 경향이 있다는 것이다.

과잉확신 사람들은 자신의 예측 능력이나 예측 정확도에 대해 지나치게 높게 평가하는 경향이 있다. 이러한 과잉확신(overconfidence)은 소극적 투자관리에 비해 적극적 투자관리가 압도적인 현상(효율적 시장 가설의 입장에서 볼 때 이례현상)을 잘 설명한다. 적극적 투자관리의 저조한 실적에도 불구하고 시장에서 적극적 투자관리가 소극적 투자관리를 압도하는 것은 투자자들이 펀드관리자나 자신의 투자능력을 과잉확신하기 때문이라 할 수 있다. 남성과 여성 간의 거래행위와 평균수익률을 비교한 바버와 오딘[12]의 연구결과에 의하면, 남성이 여성에 비해 훨씬 더 활발하게 거래를 하고(남성이 여성에 비해 더 과잉확신 현상을 보인다는 것은 심리학계에서 잘 알려진 사실이다), 또한 잦은 거래는 저조한 투자성과로 이어진다고 하였다.

보수주의 사람들은 새로운 증거에 대한 믿음을 수정하는 데 있어 매우 느리거나 보수적인 경향을 보이기 때문에, 어떤 기업에 대한 새로운 소식이 주어질 때 처음에는 과소반응을 보인다는 것이다. 따라서 주가는 새로운 정보를 즉각적이 아니라 시간을 두고 점진적으로 반영하게 되고 그 결과 주식수익률에 모멘텀(momentum)현상이 나타나게 된다.

대표성 편의 사람들은 종종 적은 표본수의 한계를 무시한 채 소표본에 근거한 결과를 마치 전체 표본에 근거한 결과로 착각하고 확장 해석하는 경향이 있다. 그 결과 잠시 동안의 좋은 기업성과와 높은 주식수익률을 확대 해석하여 미래성과를 오판하게 된다. 이러한 투자자들의 대표성 편의(representative bias)는 가장 좋은 성과를 보이던 주식이 실적 발표 며칠 후 (투자자들이 자신의 믿음이 너무 극단적이었다는 것을 깨달았을 때) 갑자기 반전되는 현상을 잘 설명한다.

10〉 Kahneman, D. and A. Tversky (1973), "On the psychology of prediction," *Psychology Review*, 80(4).

11〉 DeBondt, W. and R. Thaler (1990), "Do security analysts overreact?" *Amer can Economic Review*, 80(2).

12〉 Barber, B. and T. Odean (2001), "Boys will be boys: gender, overconfidence and common stock investment," *Quarterly Journal of Economics*, 116(1).

행태 편의

정보처리과정에 전혀 문제가 없을지라도 사람들은 그러한 정보를 사용해서 의사결정을 내릴 때 완전한 합리적인 행태를 보이지 않는 것을 행태 편의(behavioral bias)라고 한다. 이러한 행태상의 편의는 투자자들이 수익률과 위험 사이의 상충관계를 해석함에 있어 큰 영향을 주게 된다는 것이다.

프레이밍(framing) 선택대안을 어떤 식으로 구성하느냐(framing)에 따라 의사결정이 영향을 받는 것을 말한다. 동전 던지기에서 뒷면이 나오면 10만 원을 준다고 해보자. 다시 말해 동전을 던져서 앞면이 나오면 꽝이지만 뒷면이 나오면 10만 원을 주는 옵션이라 할 수 있다. 그런데 이번에는 10만 원짜리 상품권인데 동전이 앞면이 나오면 10만 원의 손실을 부과하는 조항이 있다 하자. 어떤 옵션을 선택하겠는가? 사실 두 옵션은 동일하다. 왜냐하면 둘 모두 앞면이 나오면 꽝, 뒷면이 나오면 10만 원을 받게 되기 때문이다. 그러나 첫 번째 옵션은 동전 던지기를 '위험한 이익'의 형태로 짠 것이고, 두 번째 옵션은 동전 던지기를 '위험한 손실'의 형태로 짠 것으로서 사람들에게 다르게 느껴진다는 것이다. 보통 사람들은 '위험한 이익'의 형태로 만들어진 베팅에 대해서는 위험회피적으로 대응하기 때문에 기피하는 반면, '위험한 손실'의 형태로 만들어진 베팅에 대해서는 결과가 똑같다 할지라도 수용하는 경향이 있다는 것이다.

심리적 회계(mental accounting) 심리적 회계란 특정한 형태의 프레이밍으로서 사람들이 어떤 의사결정을 분리해서 생각하는 것을 말한다. 예를 들면, 투자자들이 투자계정을 분리해서 하나는 매우 공격적인 투자행태를 보이는 반면, 다른 하나의 계좌가 아이의 교육을 위한 투자계좌라 할 때 이에 대해서는 매우 보수적인 투자행태를 보이는 것을 말한다. 두 계좌를 하나의 통합된 포트폴리오로 보고 투자 의사결정을 하는 것이 보다 합리적인 투자행태일 것이다. 스태트만[13]에 의하면, 심리적 회계 편의는 높은 현금배당 주식을 선호하고 (배당소득은 소비하지만 주식을 팔아서는 소비하기를 싫어하는 경향) 손해보고 있는 주식은 계속 보유하는(손실실현을 싫어하는 경향) 투자자들의 비합리적 행태를 잘 설명한다고 한다. 이러한 심리적 회계 편의는 주가에 있어서 모멘텀 현상을 설명할 수 있다. 주가가 상승하여 자본이득을 보고 있는 투자자들은 자신의 투자를 자신의 원래 자금이 아닌 '자본이득 계정'에 의한 자금으로 간주하여 더욱 과감히 주식매수를 감행하는 데 사용하고 그에 따라 주가가 계속 오르게 된다는 것이다.

후회회피(regret avoidance) 심리학자들에 의하면 결과가 나쁘게 나오는 의사결정을 내린 사람들은 내린 의사결정이 비전통적인 것이었을수록 더욱 후회를 하는 경향이 있다고 한다. 예를 들어, 삼성전자 주식을 사서 손해를 본 경우와 잘 모르는 창업기업에 투자해 손해

13〉 Statman, M. (1997), "Behavioral finance," *Contemporary Finance Digest*.

를 보는 경우 똑같은 손실을 보더라도 창업기업에 의한 손실이 더 후회스럽게 느껴진다는 것이다. 삼성전자로 인한 손실은 자신이 잘못된 의사결정을 내렸다기보다는 오히려 불운의 탓으로 쉽게 핑계를 댈 수 있기 때문에 덜 후회를 야기시키는 것이다. 디봉트와 쎄일러[14]에 의하면 이러한 후회회피 편의는 규모효과와 PBR효과 모두를 설명할 수 있다고 한다. 저PBR 주는 투자자들에게 인기가 없고 재무적으로 주의를 요하는 주식이다. 마찬가지로 잘 모르는 소형주들은 덜 전통적인 투자대상이다. 그렇기 때문에 투자자들은 이러한 주식들에 대해 더 큰 용기를 필요로 하고 그에 따라 더 높은 요구수익률을 요구하게 된다는 것이다.

전망이론(prospect theory) 전망이론은 투자자의 효용체계에 대해서 전통적인 재무이론에서 말하는 합리적인 위험회피자의 경우와 다른 가정을 한다. 〈그림 8-5〉의 A는 전통적인 위험회피자의 효용함수를 보여주는데, 더 많은 부(富)는 언제나 더 많은 효용을 주지만

〈그림 8-5〉 효용함수

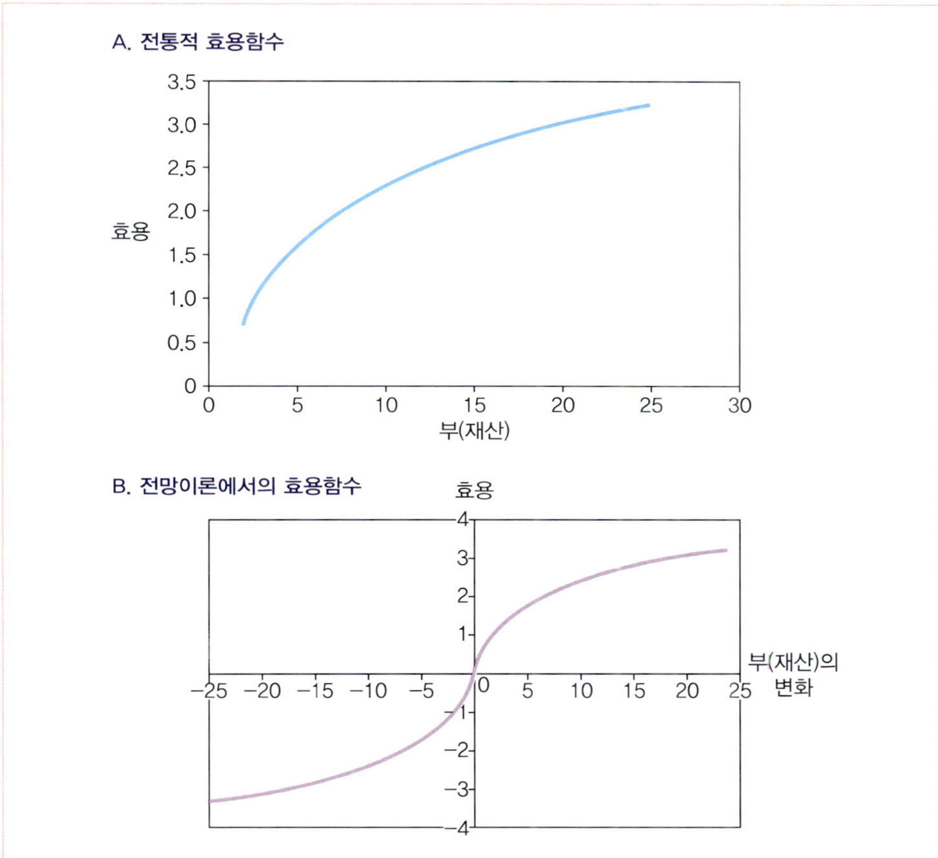

14〉 DeBondt, W. and R. Thaler (1987), "Further evidence on investor overreaction and stock market seasonality," *Journal of Finance*, 42(3).

많아질수록 증가폭은 작다. 그러나 B는 위험회피(risk aversion)가 아닌 손실회피(loss aversion)로 특징지어지는 선호체계를 보여준다. 효용은 부의 크기(level)에 따라 달라지는 것이 아니라 현재 수준에서 얼마나 변하느냐에 달려 있다. 뿐만 아니라, 손실이 발생할 때(B에서 x축의 값이 영 미만인 경우) 곡선이 오목형태가 아니라 볼록형태로 변한다. 이는 전통적인 효용함수의 경우에 부가 증가할수록 덜 위험회피적이 됨을 의미하지만, 손실회피 선호체계에서는 언제나 현재 부의 수준으로 재조정하기 때문에 위험회피의 축소를 막는다. 이러한 투자자의 선호체계 하에서는 과거의 평균 주식위험프리미엄이 높은 것이 설명된다.[15] 또한 손실이 발생하는 영역에서 효용함수는 볼록형태를 취하기 때문에 손실이 생길 때 투자자들은 위험회피적이 아니라 오히려 위험선호적인 행동을 취하게 됨을 의미한다. 코발과 숌웨이[16]는 실제로 미국 국채 선물거래자들은 오전에 손실을 볼 때 오후에 더욱 큰 위험을 추구하는 것으로 보고함으로써 전망이론의 손실회피 선호체계를 뒷받침하고 있다.

8-2-2 차익거래의 제한

만약 합리적인 차익거래자들이 행태적 투자자들의 잘못을 충분히 활용하여 차익거래를 할 수 있다면 행태적 편의는 주식가격에 오류를 가져오지 않을 것이다. 왜냐하면 차익거래자들의 주식거래로 인해 가격오류가 사라질 것이기 때문이다. 그러나 행태재무론자들에 의하면 실제 거래에 있어서 이러한 차익거래를 제한하는 요인들이 존재하기 때문에 가격오류가 사라지지 않을 수도 있다고 한다.

차익거래의 위험 요인

근본적 위험 확실히 저평가된 종목을 발견해서 차익거래를 위해 바로 이 종목에 대해 집중 매수를 했다고 하자. 그러나 예상과는 달리 저평가된 종목의 주가가 바로 회복되질 않고 횡보 또는 심지어 하락할 수도 있다. 저평가된 종목이므로 결국에는 상승하겠지만 원하는 투자기간 내에는 이루어지지 않을 수도 있다. 만약 해당 종목이 곧 상승할 것을 확신하여 급전을 빌려 투자했다면 나중에 오르더라도 급전을 갚기 위해 이미 매도한 다음에는 아무런 소용이 없다. 특히 단기간에 펀드의 성과를 보여줘야 하는 펀드매니저라면 이런 경우 고객은 물론 자신의 직업까지도 위험에 처할 수 있기 때문에 말처럼 쉽게 차익거래 전략을 구사할 수 없다. 즉 분명해 보이는 차익거래 기회도 자칫 생길 수 있는 위와 같은 근본적 위험(fundamental risk)이 거래자들의 행동을 제한할 수 있다는 것이다. 유명한 경제학자 케인즈(Keynes)는 "시장은 때때로 당신이 파산할 수도 있는 기간 이상으로 오랫동안 비합리적일 수 있다"라고 하여 이러한 근본적 위험을 잘 설명하고 있다.

15〉 그러나 전통적인 위험회피 선호체계에서는 너무 높은 평균 주식위험프리미엄이 설명이 되지 않기 때문에 이를 주식위험프리미엄 퍼즐이라고 한다.

16〉 Coval, J. and T. Shumway (2005), "Do behaviroal biases affect prices?" *Journal of Finance*, 60(1).

한동안 사라지지 않았던 김치 프리미엄

다음 그림에서 보다시피 2017년 12월부터 2018년 2월까지 약 3개월 간 우리나라 거래소의 비트코인 가격과 해외 거래소의 비트코인 가격 간의 차이 일명 '김치 프리미엄'이 상당 폭 양(+)인 상태로 지속되는 일이 발생했다. 2018년 1월 9일에는 김치 프리미엄이 51%까지 치솟았다. 정상적인 시장이라면, 국가 간 가격차이가 발생하는 즉시 차익을 노리고 싼 데서 사서 비싼 데서 파는 차익거래가 발생하므로 곧 가격차이가 해소되게 마련이다. 직접 실물이 오가야 하는 것도 아닌, 온라인상에서 모든 것이 처리 가능한 암호화폐라면 특히 더 쉬워야 정상이다. 그러나 암호화폐의 경우 외인 거래는 아예 막혀 있으며, 내국인이 해외 거래소에서 외환으로 암호화폐를 구입하여 국내 거래소에서 판매하는 것도 여러 현실적인 장벽(해외계좌 개설의 어려움, 송금액수 제한 등)으로 사실상 어렵다. 해외송금은 1만불 이상부터 국세청의 감시망에 오른다. 이와 같이 차익거래의 실행상 어려움으로 인해 김치 프리미엄이 사라지지 않고 상당 기간 지속될 수 있다. 그러나 그림에서 보듯이 김치 프리미엄은 결국 사라졌음을 보이고 있는데 이 또한 국내에서의 비트코인 가격버블이 터지면서 사라진 것으로 보인다.

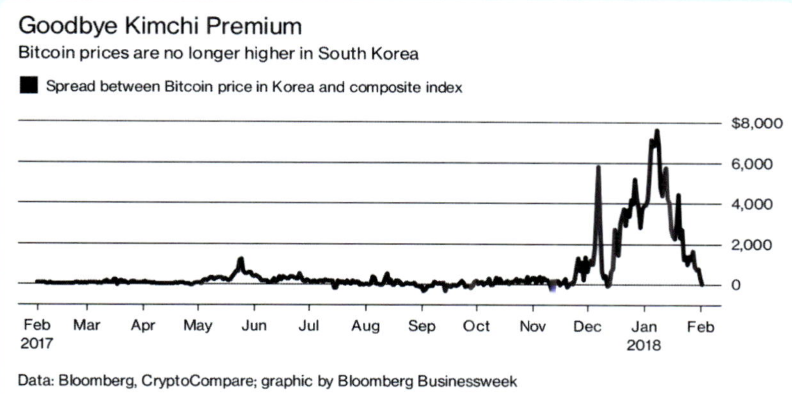

Data: Bloomberg, CryptoCompare; graphic by Bloomberg Businessweek

실행상의 위험 고평가된 종목의 경우에는 위의 근본적 위험 이외에 또 다른 위험도 있다. 고평가된 종목이 있을 경우 차익거래자들은 해당 종목을 공매도(short-selling)하게 된다. 그런데 공매도자들은 주식을 빌려준 사람들이 해당 주식을 돌려 달라고 통지하면 빠른 시간 안에 빌린 주식을 갚아야 한다. 이는 실행상에 있어 공매자들에게 상당한 위험 요인이 될 수 있다. 또한 연기금이나 뮤추얼펀드의 경우 공매도를 엄격히 제한하는 경우도 있어서 고평가 종목에 대한 차익거래 자체가 불가능한 경우도 많다.

모델 위험 실제로 고평가와 저평가의 여부를 판단하는 것이 매우 부정확할 수도 있다. 시장가격이 틀린 것이 아니라 여러분의 주식평가 모델이 틀릴 가능성이 크다. 이러한 모델 위험(model risk)으로 인해 차익거래가 생각보다 어려울 수 있다.

차익거래와 일물일가의 법칙

합리적인 시장이라면 일물일가의 법칙(law of one price)이 성립하여야 한다. 그런데 일물일가의 법칙이 성립하지 않는 경우가 많이 존재하는 것으로 나타나고 있다. 이는 결국 시장에서 어떤 이유인지 모르지만 차익거래가 제한되고 있다는 반증이다.

로열더치와 쉘 케이스 1907년 로열더치(Royal Dutch) 석유회사와 쉘(Shell) 운송회사는 하나의 회사로 합병하기로 하였다. 그러나 각 회사는 합병 이후에도 개별적으로 주식시장에서 거래되고, 합병회사의 이익을 60 대 40으로 나누기로 합의하였다. 따라서 로열더치의 주가는 쉘의 주가 대비 1.5배(60/40)가 되어야 정상이라 할 수 있다. 그러나 〈그림 8-6〉에서 보는 바와 같이 로열더치 주가와 쉘 주가는 상당 기간 동안 평형비율(1.5배)을 벗어나 있었음을 알 수 있다. 정상적이라면 당연히 고평가된 로열더치 주식을 팔고 동시에 저평가된 쉘 주식을 파는 차익거래를 통해 이익을 볼 수 있는 상황이 상당 기간 지속되었음을 보여준다. 그런데 만약 실제로 차익거래를 실행했다면 어떻게 되었을까? 예상과는 달리 크게 실패했을 것이다. 예를 들어, 1993년 2월에 로열더치 주식이 쉘 주식에 비해 10% 정도 고평가되어 있음을 알 수 있는데, 만약 이를 차익거래의 기회로 보고 고평가된 로열더치 주식을 팔고 저평가된 쉘 주식을 산 투자자의 경우, 2000년 결국 평형비율로 돌아올 때까지 계속 평형비율에서 벗어나 있었을 뿐만 아니라 심지어 1998년 8월 17%까지 상승하였기 때문이다. 이는 앞에서 살펴본 근본적 위험의 또 다른 예라 할 수 있다.

3Com 케이스 1999년 3Com은 자사 내의 Palm 사업부를 분리매각(spin off)하기로 하였는데, 처음 IPO를 할 때 Palm 주식의 5%만을 팔고 나머지 95%는 3Com 주주들에게 6개월 후에 배분하기로 하였다. 3Com 주주들은 분리매각 과정에서 개인당 Palm 주식을 1.5주씩

〈그림 8-6〉 로열더치 주가와 쉘 주가의 평형비율로부터의 괴리도

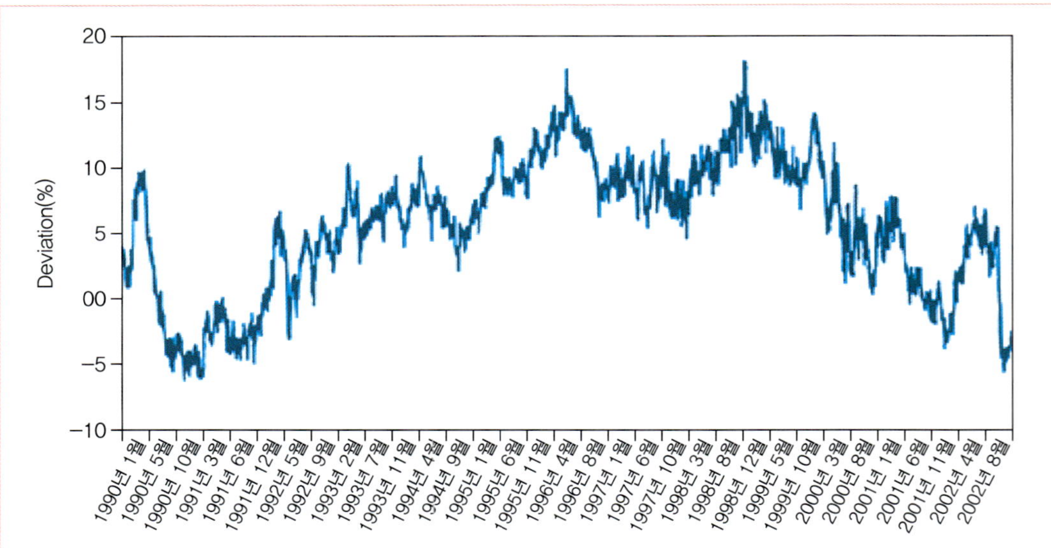

자료: Lamont, O. and R. Thaler (2003), "Anomalies: The Law of One Price in Financial Markets," *Journal of Economic Perspectives*, 17(4).

받기로 결정되었다. 정상적인 상황이라면 3Com 주가는 Palm 주가 대비 적어도 1.5배 이상이 되어야 한다. 왜냐하면 3Com 주주는 이익이 많이 나고 있는 기존 3Com 주식과 함께 추가적으로 1.5주의 Palm 주식을 보유한 셈이기 때문이다. 그런데 실제로 IPO 당시 Palm 주가는 3Com의 주가보다 비싸게 거래되었다. 이는 당연히 차익거래 기회가 아닐 수 없는데, 고평가되어 거래되고 있는 Palm 주식을 팔고 저평가되어 거래되고 있는 3Com의 주식을 사면 좋지 않았을까? 이 당시 문제는 Palm 주식의 공매도가 불가능했다는 것이다. 처음에 IPO로 나온 Palm 주식의 물량은 5%에 지나지 않았고 그중 공매도가 가능한 물량은 이미 공매도 되었기 때문에 실제로 공매도 할 수 있는 물량이 없었기 때문이다.

폐쇄형 펀드 케이스 폐쇄형 펀드(closed-end fund)는 순자산가치(Net Asset Value: NAV)에 비해 상당히 할인되거나 할증되는 경우가 자주 있는데, 펀드의 가치는 해당 펀드가 보유하고 있는 주식들의 가치와 일치하여야 하기 때문에 이 또한 일물일가의 법칙에 위배되는 경우라 할 수 있다. 그러나 이는 꼭 그렇다고 할 수 없다. 왜냐하면 폐쇄형 펀드의 경우 펀드 관리 수수료 등 비용이 발생하고, 또 양의 위험조정수익률이 창출될 수도 있기 때문이다. 또한 리, 슐라이퍼 및 쎄일러[17]는 폐쇄형 펀드의 할인과 할증 현상은 투자자 심리(investor sentiment)의 변화에 의해 야기된다고 주장한다. 그들은 다양한 펀드에 있어 할인은 상호 간에 같이 움직이는 경향이 있고 소형주 수익률과 상관관계가 높음을 발견하였는데, 이는 이들 모두가 공통의 심리상 변화에 영향을 받음을 암시한다. 정상적인 상황이라면 할인되어 팔리고 있는 펀드를 사고 동시에 할증되어 거래되고 있는 펀드를 파는 것을 고려할 수 있겠으나, 위의 이유로 할인과 할증이 오히려 커져 차익거래 전략이 작동하지 않을 수 있다는 것이다.

8-2-3 버블과 행태재무

우리는 앞에서 튤립 버블, dot-com 버블, 서브프라임모기지 버블 등 여러 가지 버블에 대해서 살펴보았다. 전 미연방준비제도위원회 위원장인 그린스팬(Greenspan)이 이러한 버블을 "비이성적 광란(irrational exuberance)"이라고 불렀던 것처럼, 이러한 버블들은 행태재무론자들의 주장을 옹호하는 사례들이라 할 수 있다. 이들은 행태재무론자들이 주장하듯이 뚜렷한 근거 없이 투자자들의 과잉확신 편의에 의해 증폭되고, 단기간의 현상을 마치 장기적인 변화로 해석하는 대표성 편의에 의해 잘못 정당화된 것이다.

또한 버블은 터진 후에는 잘못된 버블이었다는 것을 알 수 있지만, 터지기 전까지는 사실 버블인지 아닌지 잘 분간이 안 된다는 어려움이 있다. 사실 버블이 진행되는 동안에는 가격의 급등이 정말 신개념, 신기술, 신경제 등에 입각한 것인지 아닌지 정확히 알 수 없기 때문에 많은 사람이 미국 초창기의 골드러시처럼 서부로 향하는 마차에 동승하고자 하는

17〉 Lee, C., A. Shleifer, and R. Thaler (1991), "Investor sentiment and the closed-end fund puzzle," *Journal of Finance*, 46(1).

행태재무의 시사점

행태재무가 투자전략에 대해 시사하는 바는 무엇일까? 행태재무는 사실 효율적 시장 가설과는 달리 이 부분에 대해서 침묵한다. 그러나 자본배분의 관점에서 볼 때 행태재무는 효율적 시장 가설과 같이 기여하는 바가 있다. 시장가격이 왜곡될 수 있음을 알려줌으로써 자본시장에서 자본배분이 제대로 이루어질 수 있도록 도와줄 수 있기 때문이다.

그럼에도 불구하고 아직까지 행태재무에 대해 비판적인 시각이 많은 게 사실이다. 많은 사람은 아직 행태론적 접근방법이 너무 체계가 잡혀 있지 못하다고 비난한다. 아직까지 일정 범주의 행태론적 이례현상들을 함께 설명할 수 있는 일관되거나 통합된 행태론적 이론이 없다는 것이 문제점으로 자주 지적된다. 좀 더 근본적인 문제로서 발견된 이례현상들이 총체적으로 효율적 시장 가설을 설득력 있게 기각하고 있는가 하는 점이다. 파마(Fama, 1998)에 의하면, 이례현상은 어떤 종류의 비합리성에 대해서는 지지하는 반면 어떤 종류의 비합리성에 대해서는 지지하지 않기 때문에 일관성이 없다고 한다. 예를 들어, 어떤 논문들은 과민반응과 일치하는 장기적인 오류수정 현상에 대해서 증거하는 반면, 어떤 논문들은 과소반응과 일치하는 장기적인 지속 현상에 대해서 증거하는 것이다.

그림=강기영 디자이너

그러나 아직 행태재무의 역사는 짧다는 것을 간과해서는 안 된다. 투자자들이 의사결정과정에서 완전히 합리적이지 않다는 행태재무의 비판에 대해서는 대부분 수용하는 추세이다. 그러나 아직까지 제한된 합리성이 자산가격 결정에 어느 정도의 영향을 미치는지에 대해서는 논란이 많다. 투자자의 비합리성이 자산가격에 영향을 미치든 미치지 않든 관계없이 행태재무는 이미 포트폴리오 관리 차원에서 중요한 영향을 미치고 있다. 투자자들은 자신의 동료들이 행하는 정보처리와 의사결정 상의 잠재적 오류에 대해서 인지함으로써 같은 실수를 반복하지 않을 수 있다.

이렇게 판이하게 다른 행태재무가 포트폴리오 관리전략에 대해서는 효율적 시장 가설과 같은 방향을 제시한다는 것은 아이러니하다. 예를 들어, 행태론적 비판을 피하는 쉬운 방법 중 하나는 수동적인 (인덱스를 추종하는) 포트폴리오 전략인데, 이는 효율적 시장 가설하에서 우리가 추구해야 하는 전략과 일치한다. 다시 말해 투자자가 합리적인 투자자이든 행태적인 투자자이든 그에 관계없이 수동적인 포트폴리오 전략이 바람직한 전략이라는 결론에 도달하게 된다.

자료: 머니투데이, 2013년 2월 5일자.

것이다.

또 한 가지 중요한 것은 버블이 진행되는 동안 소위 전문가 집단에 의해 아주 쉽게 높은 가격이 정당화될 수 있다는 것이다. 이는 전문가들이 사용하는 가치평가모형들이 입력변수에 대한 가정에 의해 크게 변할 수 있기 때문이다. 다시 말해 입력변수값에 대한 전망치를 조금만 낙관적으로 바꾸면 급등한 가격도 쉽게 정당화될 수 있기 때문에 버블을 사전에 단정하기가 쉽지 않은 것이다.

그러나 항상 버블과 정당한 가격상승의 구분이 어려운 것은 아니다. 예를 들어, dot-com 버블이 생겼을 때 회사명에 .com이라는 단어만 붙여도 주가가 오르던 현상은 누가 봐도 정상적인 상황은 아니었다는 것을 알 수 있으며, 비트코인의 경우에도 1년도 안 돼

40배나 가격이 폭등하는 것은 어떤 이유를 붙이든 정당화될 수 있는 것은 아니다.

8-2-4 시사점

행태재무학(behavioral finance)은 지난 15년간 학계에서 큰 주목을 받아왔다. 더불어 실제로 주식을 거래하는 투자자들 사이에서도 점점 그 관심이 높아지고 있다. 그래서 기존의 통념인 "주식시장은 효율적이기에 주가가 싼 종목을 찾으려고 애쓰는 것은 '헛된 짓(mug's game)'"이라고 믿는 수동적 투자전략(passive strategy)을 포기하고 행태재무학 이론에 근거해 주식을 운용하려는 펀드에 많은 돈이 몰리면서 펀드 수도 늘어나고 있다.

그럼 행태재무학의 거장들이 직접 운용한 주식펀드의 성과는 어떨까? 행태재무학의 거장인 시카고 대학의 리차드 쎄일러(Richard Thaler) 교수는 자신의 이론을 실전에 응용하고자 펀드를 모집, 직접 운용에 나섰다. 특히 사람들이 새로운 뉴스가 나올 때 즉각적으로 반응하지 않고 아주 느리게 반응하는 경향이 있다는 점에 주목하고 이를 이용해 주식시장에서 큰 돈을 벌고자 했다. 쎄일러 교수는 그가 만든 주식운용회사를 소개하며 "투자자들은 정신적 실수(mental mistakes)를 하고 이러한 비이성적 판단이 주가에 반영되면 주가는 적정가격보다 크게 차이(mispriced)가 날 수 있다. 우리는 이러한 믿음을 바탕으로 시장수익률을 초과한 투자수익을 얻고자 한다"고 말했다. 그러나 쎄일러 교수가 운용한 2개의 행태재무 주식펀드의 2000~2009년 사이의 평균 수익률은 수동적 투자전략에 근거한 주식펀드에 연간 4.5%포인트나 뒤졌다. 행태재무학의 거장 쎄일러 교수도 시장을 이기지 못했던 것이다.

일리노이주립대학의 조지프 라코니쇼크(Josef Lakonishok) 교수, 하버드대학의 안드레이 슐라이퍼(Andrei Shleifer) 교수, 그리고 시카고대학의 로버트 비쉬니(Robert Vishny) 교수는 200여 편이 넘는 행태재무학 관련 논문을 함께 발표한 이 분야의 대가들이다. 이들은 인간의 여러 가지 비이성적 행동 패턴이 실제로 주식시장에 그대로 나타나고 있음을 발견했다. 이들도 연구로만 그치지 않고 각자의 성 첫 글자(LSV)를 딴 자산운용사를 설립, 자신들이 발표한 이론을 실제로 주식시장에 적용해보려고 시도했다. 그러나 결과는 신통치 않았다. 라코니쇼크 교수가 직접 운용한 펀드 수익률은 2000~2009년에 수동적 투자전략에 근거한 주식펀드보다 연간 1.4%포인트 낮았다.

이처럼 세상의 인기와는 달리 행태재무학 이론을 실제로 응용한 결과가 저조하게 나오는 것을 놓고 일부에선 '효율적 시장의 압제(tyranny of the efficient market)' 때문이라고 설명한다. 즉 설령 행태재무학에서 주장하는 것처럼 주식시장이 순간적으로 비효율적이라고 해도, 어떤 한 사람이 행태재무학을 적용, 투자이익을 얻으려고 하면 순식간에 이러한 행동이 주식시장에 영향을 미쳐 비효율성이 사라져 버리고 만다는 얘기다.

인물탐구

노벨 경제학상 받은 심리학자 대니얼 카너먼 교수

"저는 고정관념에 기초한 인간의 두루뭉술한 사고와 편향성에 대해 연구했습니다. 인간이 모두 비합리적이라고 말하는 것은 아닙니다만, '합리성'이라는 개념은 매우 비현실적입니다. 저는 '합리성'이란 개념 자체를 부정하고 싶을 뿐입니다."

2002년 12월 10일, 스웨덴 스톡홀름에서 열린 노벨경제학상 시상식. 이스라엘 출신의 한 심리학자가 밝힌 이 수상 소감은 주류 경제학을 뿌리째 뒤흔들었다. 학창 시절에 단 한 번도 경제학 수업을 듣지 않은 심리학자가 사상 처음 주류경제학자들의 '텃밭'인 노벨경제학상을 받은 데다가, 아예 '인간은 합리적 선택을 하는 존재'라는 주류경제학의 기본 토대 자체가 잘못됐다고 '폭탄 공격'을 가했기 때문이다.

2002년 전망이론으로 노벨경제학상을 수상한 카너먼 교수.

주인공은 대니얼 카너먼(Kahneman·78) 프린스턴대 명예교수. 지금까지 역대 노벨경제학상 수상자(총 69명) 가운데 비(非)경제학자는 4명인데 그중 한명이다. 하지만 그의 존재감은 단연 돋보인다. 인간이 판단·결정을 할 때 얼마나 비합리적일 수 있는지, 어떤 방식으로 경제활동을 하는지를 들여다보는 행동경제학(behavioral economics)의 창시자이자, 대부(代父)이기 때문이다. 그는 지난 50년 동안 수십만 명의 인원을 실험에 동원해 50여개의 이론을 정립했다.

현대 자본주의의 동맥(動脈)인 주류 경제학은 '인간은 이성적인 노력으로 최대한 똑똑한 결정을 내린다'는 대전제를 깔고 있다. 그러나 카너먼 교수의 결론은 완전히 다르다. 이성이 판단을 지배하기는커녕 인간은 비합리적이고 상식 밖의 결정을 하는 성향이 농후하다는 것이다.

"인간은 주관에 휘둘려 충동적이며, 집단적으로 똑같이 행동해 자기 과신(過信)과 편향에 빠집니다. 때로는 자신이 보는 대로, 때로 남들이 하는 대로 따라 결정하는 존재입니다."

그가 정립한 '합리적 이성이 아니라 감정의 영향으로 위험을 회피하기 위해 비합리적 의사결정을 한다'는 '전망이론(Prospect theory)'은 세계적인 행동경제학 열풍을 낳았다. 카너먼 교수를 포함한 행동경제학자들은 자신들의 이론을 동원해 주식시장의 거품, 기업의 독단적인 결정, 돈에 눈먼 금융회사의 행태 등을 집중 공격했다. 이들은 합리성으로 포장된 인간의 이면(裏面)에 숨겨진 비합리성의 허물을 벗겨 내면서 '개인은 물론 집단도 비상식적인 판단·결정으로 몰락할 수 있음'을 경고한 것이다.

"사람들은 자신만의 고정관념에 빠져 뭐든지 잘될 거라는 낙관주의와 과도한 자신감에 빠져 있으며 이런 비합리성이 자본주의를 움직이고 있습니다. 지금 같은 기업의 의사결정, 소비자의 행동이 달라지지 않는다면 앞으로 세계 경제에는 2000년대 초 IT 버블이나 2008년 서브프라임 모기지 사태 같은 거품(bubble)문제가 계속 발생할 것입니다."

자료: 조선일보, 2012년 3월 31일자.

인물탐구

노벨 경제학상 수상한 리처드 세일러 교수

행동경제학 분야의 대가이자 「넛지(nudge)」로 잘 알려진 리처드 세일러(Richard H. Thaler) 교수가 2017년 노벨 경제학상을 받았다. 뉴스페퍼민트가 정리한 세일러 교수의 업적을 간단히 소개한다.

노벨상을 받기 전부터 이미 명성이 자자했다는 점에서 세일러 교수의 이번 수상은 특이하기도 하다. 그는 더 나은 의사결정을 내리는 데 필요한 지침서로 자리매김한 「넛지」의 저자로 이미 베스트셀러 작가의 반열에 올랐다. 2015년 상영된 영화 「빅쇼트」를 본 사람이라면, 팝스타 셀레나 고메스 옆에서 2008년 금융위기의 원인을 일목요연하게 설명하던 경제학 박사로 기억할 것이다. 아마도 세일러 교수가 영화 속에서 전달한 설명은 경제학 역사상 가장 많은 사람이 보고 들은 강연일 것이다.

노벨위원회는 스톡홀름에서 "세일러 교수는 사람들이 기존 경제학 이론이 가정하는 것처럼 합리적으로 행동하지 않는다는 사실을 밝혀내는 데 선구적인 연구를 수행했다."라며 수상 이유를 밝혔다. 경제학 이론에 어긋나는 인간의 비합리적인 행동은 나열하자면 끝도 없다. 사람들은 폭우가 쏟아질 때도 평소보다 비싼 돈을 내야 하면 우산을 사지 않는다. 기름값이 떨어지면 거기서 아낀 돈을 다른 데 쓰지 않고 고급 휘발유를 주유하는 데 쓴다. 커피잔을 3달러에 사겠다는 사람이 6달러를 준다고 해도 팔지 않겠다고 한다.

노벨위원회는 또 세일러 교수 덕분에 경제학 전체가 인간이 실제로 어떻게 행동하는지에 더 관심을 기울이게 됐다고 그 공로를 평가했다. 특히 연구 결과 얻은 교훈을 바탕으로 사람들이 더 나은 선택을 내리게 하는 정책을 고안한 점을 높게 평가했는데, 노동자들이 퇴직연금에 자동으로 가입하도록 해 가입률을 비약적으로 높인 정책은 대표적인 성공 사례로 꼽힌다. 시카고대학교 부스 경영대학원에서 학생들을 가르치는 세일러 교수는 수상자로 선정된 뒤 기자회견에서 이렇게 말했다.

> "사람들에게 이로운 좋은 경제학을 하려면, 무엇보다 인간이라는 존재가 완벽하지 않다는 사실을 늘 잊지 말아야 합니다."

누군가 우리돈 약 12억 5천만 원에 이르는 상금을 어떻게 쓸 계획인지 묻자 이렇게 말했다.

> "재미있는 질문이네요. 제가 할 수 있는 한 가장 비합리적으로 써보겠습니다."

자료: NewsPeppermint, 2017년 10월 12일자.

연습문제

1. 사상누각이론(castle-in-the-air theory)이란 무엇인가?
2. 케인즈가 설명한 자기실현적 기대이론과 크루그만이 말한 폰지게임은 어떤 연관관계를 가지고 있는지 설명하시오.
3. 집단의견의 수렴현상이 무엇인지를 설명하고, 이러한 현상이 왜 주식시장에 발생하는지를 설명하시오.
4. 과거의 버블 사건들을 통해 볼 때 발견되는 일반적 원칙들은 무엇인가?
5. 과거의 버블 사건들로부터 얻을 수 있는 교훈은 무엇인가?
6. 비록 많은 투자자가 행태적 편의를 보인다 할지라도 효율적 시장 가설을 옹호하는 사람들은 여전히 증권가격이 효율적으로 형성될 것이라고 믿는다. 왜 그런지 설명하시오.
7. 행태재무론자들도 효율적 시장 가설 학파가 주장하는 바와 같이 인덱싱 전략이 대부분의 투자자들에게 최적의 투자전략이라고 한다. 그러나 그들이 주장하는 근거는 완전히 다르다. 두 학파의 주장 근거를 비교하여 설명하시오.
8. 근본위험(fundamental risk)이 무엇인지를 설명하고, 이 위험으로 인해 행태적 편의가 오랜 기간 동안 지속될 수 있다는 것을 설명하시오.
9. 다음의 각각의 예를 행태특성과 짝지어 보시오.

예	행태 특성
① 새로운 증거에 대한 믿음을 투자자들은 느리게 조정한다.	a. 처분효과
② 투자자들은 그들의 비전통적인 의사결정에 의해 초래된 손실을 감당하기 싫어한다.	b. 대표성 편의
③ 투자자들은 그들의 주식계좌에 비해 은퇴계좌에 대해 위험회피도가 더 높다.	c. 후회 회피
④ 투자자들은 손실이 나고 있는 주식을 팔고 싶어하지 않는다.	d. 보수적 편의
⑤ 투자자들은 과거로부터 미래의 전망을 형성할 때 표본크기를 무시한다.	e. 멘탈 회계

CFA 기출문제

1. During an interview with her investment adviser, a retired investor made the following two statements:
   a. "I have been very pleased with the returns I've earned on Petrie stock over the past 2 years and I am confident that it will be a superior performer in the future."
   b. "I am pleased with the returns from the Petrie stock because I have specific uses for that money. For that reason, I certainly want my retirement fund to continue owning the Petrie stock." Identify which principle of behavioral finance is most consistent with each of the investor's two statements.

PART

주식과 채권

CHAPTERs

9장 기본적 분석과 기술적 분석

10장 채권평가와 채권투자전략

1996년 7월 5일 정각 8시 30분 주식 트레이더들의 모니터에 "고용 23만9천 명 증가, 실업률 6년 최저수준인 5.3%, 시간당 임금 9% 상승, 30년간의 최고 증가 기록"이라는 메시지가 올라왔다. 당시 미국 주가는 5월 말 이후 최고점 근처에서 거래되고 있었는데 한 시간 후에 열린 주식시장은 어떻게 되었을까? 장이 열리자마자 미국 다우지수는 3% 폭락했고 아울러 채권가격도 비슷하게 폭락했다. 여기서 우리가 알 수 있는 것은 경제 관련 뉴스가 시장을 움직인다는 것이고, 또 우리가 보기에 당연히 '호재' 같은 뉴스에 시장이 반대로 반응을 보였다는 것이다. 왜 이런 일이 시장에 일어나는 것일까? 주식과 채권의 가격은 어떻게 결정되는가? 이에 대해서 살펴보는 것이 9장과 10장의 내용이다.

"주식시장에 가장 큰 영향을 미치는 것은 세상의 모든 것이다."라는 제임스 우드(James Wood)의 말처럼, 주식시장의 가격움직임을 정확히 예측하기 위해서는 모든 것을 알아야 한다. 다시 말해 주가의 움직임을 정확히 예측하는 것은 불가능하다는 말이다. 그렇지만 많은 요인 중에서 주가에 특히 큰 영향을 미치는 경제요인들을 파악하고 이들과 주가와의 관계를 분석하는 것은 주식시장을 이해하고 나아가 투자수익률을 높이는 데 있어서 매우 중요하다.

9장에서는 주식가격에 영향을 미치는 경제요인들을 분석함으로써 주가와 경제요인들 간의 관계를 설명하는 기본적 분석에 대해 배우고, 과거 주식가격의 움직임을 분석해서 주가의 일정한 추세나 패턴을 발견한 다음 이를 이용하여 수익을 내려고 하는 기술적 분석에 대해 배운다. 이어서 실제 시장에서 증권분석가나 트레이더들이 많이 사용하는 투자전략에 대해 배움으로써 주식투자와 관련된 실전적인 내용을 익히도록 한다. 10장에서는 채권의 기본 개념과 중요 성질에 대해 배우고, 이를 이용한 채권투자전략에 대해 학습하도록 한다.

CHAPTER 9

기본적 분석과 기술적 분석

기본적 분석(fundamental analysis)은 주식가격에 영향을 미치리라고 생각되는 기업요인, 산업요인 및 경제요인 등의 여러 가지 정보를 이용하여 증권의 내재가치(intrinsic value)를 구한 다음, 증권의 내재가치와 시장가격을 비교하여 과소평가되거나 과대평가되어 있는 증권을 찾는 방법으로, 9-1절에서 이에 대해 학습한다. 기본적 분석에서는 증권의 시장가격이 서서히 내재가치로 접근할 것이라는 가정을 전제로 하여 시장가격이 내재가치보다 낮다면 매입하고 반대일 경우에는 매각하는 투자 결정을 한다.

한편, 기술적 분석(technical analysis)은 주가의 과거 움직임이나 거래량 변화를 분석하여 미래의 주가를 예측하는 방법으로, 9-2절에서 다룰 것이다. 기술적 분석에서는 과거의 주가 움직임이나 거래량을 주로 도표를 통하여 분석하여 일정한 추세(trend)나 패턴(pattern)을 발견하고 이를 근거로 하여 미래의 주가를 예측하는 것이 유용하다고 믿는다.

9-3절에서는 기본적 분석과 기술적 분석의 한계점과 함께 실전적인 증권분석에 대해 설명한다.

9-1 기본적 분석

증권의 내재가치를 평가하기 위해서는 증권의 가치결정에 영향을 미치는 거시경제나 산업환경 등 환경에 대한 분석이 선행되어야 한다. 거시경제분석에서는 거시경제지표, 즉 경기, 금리, 물가, 환율 및 국제수지 등을 중심으로 분석한다. 또한 우리나라의 경제는 대외의존도가 높으므로 세계경제의 움직임에 따라 큰 영향을 받는다. 따라서 각국의 경기전망과 국제금리 그리고 각국 주가 간의 주가동조화현상 등도 분석하는 것이 필요하다.

이러한 경제분석을 실시한 다음 산업분석에서는 경제전망이 각 산업에 미치는 영향을 분석하고 산업의 동향을 파악함으로써 투자유망업종을 선정한다. 그리고 기업분석에서는 거시경제분석 및 산업분석을 토대로 하여 개별 기업의 향후 수익성을 예측하고 기업의 내재가치를 추정함으로써 투자유망종목을 선택하게 된다.

〈그림 9-1〉 기본적 분석의 틀

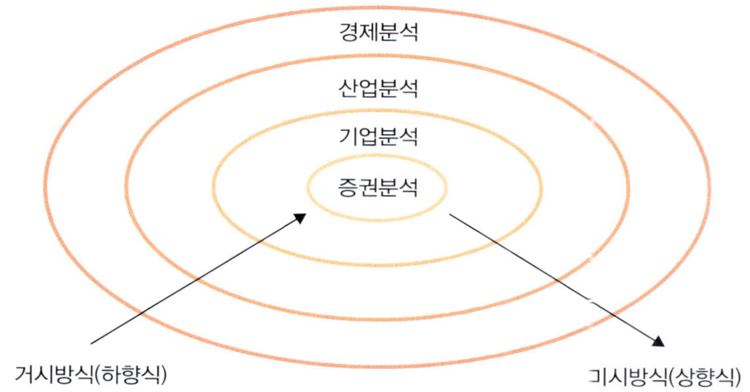

9-1-1 거시경제분석과 산업분석

거시경제분석

거시경제분석에서는 거시적 관점에서 경기동향, 금리, 인플레이션 그리고 환율과 국제수지 등의 경제요인을 분석하여 주가흐름을 파악한다. 주가는 거시경제의 전체적인 움직임과 밀접한 관계가 있으므로 투자자는 주가변동의 대세를 파악하고 주식매매의 시기를 포착하기 위해서는 현재의 경제상황을 면밀히 분석하고 장래의 경제상황 변화를 예측할 수 있어야 한다.

이들 거시경제변수와 주식시장과의 관계를 이해하는 것은 주식투자수익률을 올리는 데 당연히 도움이 될 것이고, 경제가 작동되는 원리와 메커니즘을 이해하고 실물경제와 금융경제의 연결고리를 이해하는 데에도 큰 도움이 되므로 이하 내용을 잘 이해하기 바란다.

경기와 주가 경기는 어떤 경제단위의 경제상황을 나타내는 것으로 주가는 경기변동에 앞서서 움직이는 선행지표(leading indicator)로 알려져 있다. 주가의 선행 정도는 나라에 따라 그리고 분석시점에 따라 다르지만 선진국에서는 대개 약 4~6개월 정도로 주가가 경기를 앞서서 움직인다는 연구가 있다.

기본적으로 주식시장이 관련된 모든 정보를 신속하고 완전하게 반영하는 효율적 시장이라면, 주가는 경기에 대한 투자자들의 예상을 반영하여 경기흐름에 앞서서 움직일 것이다. 주가에 영향을 미치는 대부분의 정보는 경기동향의 영향을 직접 또는 간접으로 받는다고 할 수 있다. 만약 투자자들이 앞으로의 경기후퇴를 예상한다면, 이로 인하여 기업들의 매출과 수익이 감소할 것이기 때문에 기업들의 미래가치는 하락하고 이러한 예상은 현재의 주가에 부정적인 영향을 미칠 것이다.

주식시장이 경기에 선행하는 것은 분명한 사실로 확인되고 있기 때문에 경기를 미리

〈표 9-1〉 경기선행종합지수

경기선행종합지수	
1. 건축허가면적	2. 건설용 중간재생산지수
3. 기계수주액(선박 제외)	4. 수출신용장(L/C) 내도액
5. 수입허가서(I/L) 발급액	6. 총유동성(M3)
7. 예금은행 대출금	8. 제조업 재고율지수
9. 중간재 출하지수	10. 입직자수/이직자수(제조업)

예측할 수만 있다면 주가도 예측할 수 있다는 말이 된다. 따라서 경기를 예측하기 위한 노력이 경제학자나 증권실무자들 사이에서 무수히 이루어져 왔다. 이미 검증된 계량경제모형(econometric model)을 사용하여 미래 경기를 예측하려는 시도들과 〈표 9-1〉과 같이 경기변동에 앞서는 경기선행종합지수나 경제주체들의 경기에 대한 전망에 대하여 설문조사한 결과를 지수화하여 발표하는 기업경기실사지수(Business Survey Index: BSI)를 통한 예측 등 다양한 시도가 있었다. 그러나 실망스럽게도 어떤 방법을 사용하더라도 경기변동을 예측한다는 것은 거의 불가능한 것으로 알려져 있다.

금리와 주가 금리와 주가는 반대로 움직이는 것으로 알려져 있다. 예를 들어, 시장이자율이 낮아지면 기업들의 자금차입이 쉽게 되고 이자부담이 낮아져서 기업의 수익성이 높아지므로 미래 수익의 현재가치의 합이라고 할 수 있는 주가는 상승하게 된다. 아울러 투자자 입장에서는 정기예금 등 금융자산에 투자하던 자금을 주식투자로 옮기게 됨으로써 주가를 상승시키게 된다. 이처럼 금리는 기업수익이라는 주식시장 외적인 요소와 주식시장의 수요와 공급이라는 내적인 요소에 영향을 주어 주가를 오르내리게 한다. 또한 9-1-2절에서 설명하고 있는 배당평가모형에서 보면 시장이자율이 낮아지면 배당에 대한 할인율 또한 낮아지므로 주가는 상승하게 된다고 할 수 있다.

단기와 중기의 관점에서 볼 때, 주가에 가장 영향을 많이 미치는 단일지표는 금리이다. 이는 채권이 투자수단으로서 주식과 경쟁하기 때문이다. 채권은 금리가 상승할 때 더욱 매력적으로 되고, 투자가는 주식을 매도하고 채권을 매수하게 된다. 즉 금리와 주가는 반대로 움직이게 된다. 중앙은행은 경기가 과열상태이고 인플레이션이 예상되면 언제든지 통화긴축정책을 시행할 수 있기 때문에 미래 경기에 대한 전망이 좋다고 해서 주가가 반드시 상승한다고 볼 수 없는 것이다.

우리나라에서는 과거 금리가 주가에 일정한 시차를 두고 영향을 미쳤으나 금리자유화의 진전과 주식시장의 효율성 제고로 금리와 주가는 시차가 거의 없는 역의 상관관계를 가지는 것으로 분석되고 있다. 〈그림 9-2〉에서 1995년 이후의 국내 금리와 주가의 변화추이를 볼 수 있는데 금리와 주가는 역의 상관관계를 보이고 있음을 알 수 있다. 일부 실증분석에 따르면 금리가 자유화된 1992년 이후 국내 금리와 주가의 상관계수는 −0.5~−0.6

〈그림 9-2〉 금리와 주가

자료: 한국은행 경제통계시스템.

정도로 나타나고 있다.

따라서 금리는 미래의 주가를 예측하는 아주 좋은 지표라 할 수 있다. 투자자들은 중앙은행이 신용조건을 완화할 때 주식보유를 늘리고 중앙은행이 긴축정책을 택할 경우에는 주식보유를 줄이는 전략을 구사하여 수익률을 높일 수 있다고 생각할 수 있다. 그러나 실제 이러한 전략을 행하는 데 있어서는 고려할 점이 더 있다. 시장은 금리의 증감에만 영향을 받는 것이 아니라, 금리에 대한 정책변화가 주어진 경제상황에서 적절한 조치인가에 대해서도 반응한다는 것이다. 예를 들어, 중앙은행이 금리를 하락시킬 때 그 정도가 현 상황에서 부적절하다고 판단되면 주식시장은 오히려 예상과 달리 하락한다는 것이다. 즉 같은 금리변화라 하더라도 상황에 따라 시장의 반응은 정반대로 나올 수 있기 때문에 단순히 금리변화만을 보고 판단할 수는 없다.

통화량과 주가 통화량의 변동은 주가에 큰 영향을 미치게 된다. 일반적으로 통화량의 증가는 다른 조건이 일정하다면 금리를 하락시키고 금리가 하락하면 주가는 상승한다. 즉 금리가 하락하면 기업의 금융비용과 제품원가가 낮아지게 되어 기업의 수익성을 향상시킴으로써 주가의 상승으로 이어진다. 또한 통화량의 증가에 다라 통화량 증가의 일부가 증권시장에 주식투자자금으로 유입되어 주식에 대한 매입수요가 늘어난다면 주가를 상승시키게 된다. 그러나 과도한 통화량의 증가는 물가를 상승시켜 인플레이션을 유발할 수 있기 때문에 반드시 주가의 상승으로 이어지지 않을 수도 있다.

인플레이션과 주가 물가의 변화는 기업수익과 시장에서의 투자심리에 영향을 주어 주가에 상당한 영향을 준다. 예를 들어, 완만한 물가상승은 실물경기의 상승을 가져오면서 기업수익을 개선시키고 기업의 자산가치를 증대시키므로 주가를 상승시키게 된다. 그러나 급격한 물가상승은 금융저축을 위축시키고 부동산, 귀금속 등의 실물자산을 선호하게 하여 주가를 하락시키는 요인으로 작용한다. 실제로 우리나라에서는 인플레이션이 높을수록 주식수익률이 낮아지는 경향이 발견되기도 하는데, 이 같은 현상은 물가상승률이 높은 경우 은행예금 및 주식 등의 금융자산보다는 부동산과 같은 실물자산에 대한 선호도가 높아지기 때문이다.

국민소득과 주가 다른 조건이 일정하다면 국민소득이 증가할 경우 소비와 투자가 증가함으로써 기업의 이윤을 높인다. 이러한 기업이윤의 증가는 생산과 고용의 증대로 연결되어 결국 기업수익과 주가의 상승을 가져온다. 주가가 상승하면 주식투자자의 금융자산 가치가 증대하고 이는 곧 소비를 증가시켜 국민소득의 상승을 가져오게 된다. 이와 같이 국민소득과 주가는 영향을 서로 주고받는 것으로 알려져 있다. 우리나라의 일부 연구에 의하면 주가와 국민소득의 관계에서 주가가 실물경기의 추세를 5~10개월 먼저 앞서서 움직이는 것으로 알려져 있다.

환율 및 국제수지와 주가 환율은 기본적으로 외환시장에서의 수급에 따라 결정되지만 국제수지, 물가 및 이자율 등의 복합적인 요인에 의하여 결정된다. 따라서 환율과 주가의 관계를 분석하는 것은 용이하지 않다. 만약 환율이 떨어지는 경우, 즉 원화가치가 높아지면 수출가격이 상대적으로 비싸져 수출이 줄어들게 됨으로써 수출주도 기업의 수익성이 악화되어 주가는 하락하게 된다. 반대로 환율이 올라가는 경우, 즉 원화가치가 낮아지면 수출가격이 상대적으로 저렴해져서 수출이 증가함으로써 수출기업의 수익성과 국제수지가 개선되어 주가가 상승하게 된다.

환율인상이 수출비중이 높은 기업에 대해서는 유리하게 작용하지만, 물가상승이 우려되고 경제성장이 둔화될 수 있는 등의 이유로 장기적으로는 주가상승을 동반하기는 어렵다. 일반적으로 국제수지는 주가에 선행하는 것으로 알려져 있다.

외국인 주식투자와 주가 1992년 국내 주식시장이 개방된 이후 외국투자자들이 국내 주식시장에서 차지하는 비중이 크게 높아져 2017년 1월 말 시가총액 기준으로 32%에 이르러 외국인의 매매패턴이 중요한 투자정보로 등장하게 되었다. 특히 외국인 투자자들의 선진투자기법은 국내 투자자들의 투자패턴의 변화를 가져와 내재가치 중심의 주가차별화현상이 진행되는 등의 질적인 변화가 있어 왔다.

일반적으로 외국인의 주식투자자금이 국내 주식시장으로 유입되면, 주식의 매입수요가 추가적으로 증가하여 주가의 상승요인으로 작용한다. 반대로 외국인 투자자가 국내 주식시장에서 주식을 매도하여 투자자금을 해외로 유출할 경우에는 주식매도가 증가하는 반면에 주식 매입수요는 감소하여 주가를 하락시키는 요인이 될 수 있다.

한편, 외국인이 국내주식을 대량 매입했을 때는 주가가 오르는 대신 환율은 하락하고

외국인 주식 보유 500조시대의 명암

14일 유가증권시장에서 SK하이닉스 주가는 전일보다 4.44% 떨어진 4만8,450원에 마감했다. 불과 2주 전인 1일 역대 최고가인 5만4900원에 거래되던 주식이 12% 가까이 하락한 것이다. 하락세에 불을 지핀 것은 외국인 투자자였다.

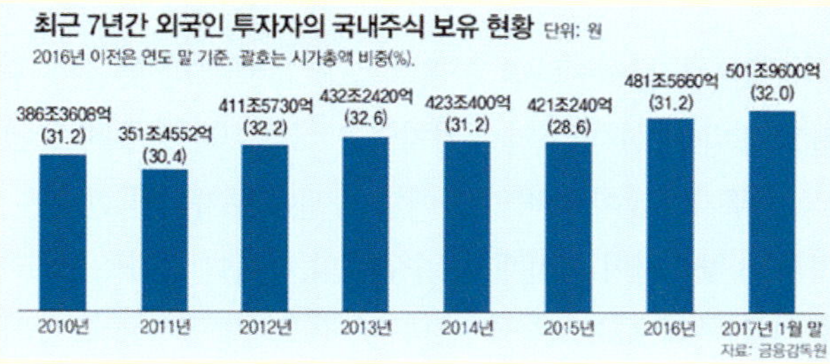

"외인(外人)들이 무섭게 던지고 있다. 전군 후퇴하라!"

이날 SK하이닉스 주가가 급락하자 투자자 토론방에는 개인투자자(개미)들의 걱정이 쏟아졌다. 외국인이 집중 매도에 나서자 주가가 더 떨어질 것을 우려했기 때문이다. SK하이닉스는 KOSPI 시가총액 상위 20개 종목 중 최근 10년간 외국인 보유지분이 가장 크게 늘어난 종목이다. 2007년 2월 9일 20.46%였던 외국인 지분은 50.26%로 껑충 뛰었다.

외국인 주식 보유액이 지난달 말 사상 처음으로 500조 원을 넘어섰다. 이들의 움직임에 국내 기업의 주가가 울고 웃는 일도 늘고 있다. 한국 증시가 글로벌 증시로 도약하려면 금융당국과 상장사들이 외국인 투자자들과의 소통을 강화하고 투자 환경을 개선해 신뢰를 끌어올리는 노력이 필요하다는 지적이 나온다.

25년 새 121배로 늘어난 외국인 투자자

14일 금융감독원에 따르면 지난달 말 현재 외국인 주식 보유액이 501조9600억 원으로 사상 처음 500조 원을 돌파했다. 한국 주식시장 개방 첫해인 1992년 말 4조1,450억 원에 불과했던 외국인의 주식 보유액이 25년이 지나 121배가 넘는 규모로 성장한 것이다.

1992년 1월 3일 국내 증시가 외국인에 개방되면서 외국인들은 한국 상장사 주식을 직접 매입할 수 있게 됐다. 2년 뒤인 1994년엔 채권시장의 문도 열렸다. 1998년 5월에는 10%로 제한됐던 외국인 지분한도가 전면 폐지되면서 외국인 주식 투자가 본격화됐다. 외국인 주식 보유액은 1998년 말 26조 원 수준에서 1999년 말 71조 원으로 급증했다. 2003년 처음으로 100조 원을 넘겼다.

국적별로는 여전히 미국계가 외국인 투자자 중 가장 큰 비중을 차지하고 있다. 올해 1월 말 현재 미국 국적의 외국인 투자자가 보유한 주식은 206조4960억 원어치로, 전체 외국인 주식 보유액의 41.14%를 차지했다.

국내 증시 '甲' 외국인 투자자

외국인의 주식보유액과 비중이 늘면서 이들이 국내 증시에 미치는 영향력도 커졌다. 국내 상장사들도 든든한 자금줄인 외국인 투자자를 반긴다. 시가총액 규모 상위 10위 기업 가운데 한국전력과 현대차, 현대모비스, 삼성물산 등 4곳만 외국인이 보유한 주식 비율이 50%에 미치지 못했다. 국가기간산업인 한국전력은 외국인 주식 보유 한도가 40%로 정해져 있다.

미국계 헤지펀드 엘리엇이 삼성전자에 30조 원의 특별배당 등 주주가치 강화를 요구하는 등 주주로서 권리를 요구하는 외국인 투자자들이 목소리 톤도 높아지고 있다. 국내 기업들도 배당을 늘리는 등 외국인 투자자의 눈 밖에 나지 않으려고 애를 쓰는 모습이다. 김필규 자본시장연구원 동향분석실장은 "과거 주식투자가 단기 투기성 자금 위주였지만 외국인 투자자가 늘면서 장기 가치투자 자금이 확대돼 주식시장이 건전해지는 효과가 나타났다"고 말했다.

외국인 투자자 이탈 리스크는 커져

외국인 투자자 비중이 커지면서 성장 정체기에 접어든 국내 주식 시장이 외국인 투자자의 움직임에 영향을 많이 받는 경향도 짙어지고 있다. 강대권 유경PSG 주식운용본부장은 "특히 외국인 투자자는 금융이나 철강, 반도체 등 대형주에 몰려 있어 국내 경기에 미치는 영향이 더욱 크다"고 말했다. 글로벌 자본 시장과의 동조화가 강해지면서 각종 리스크에 노출되기도 쉬워졌다. 글로벌 금융시장의 자금 경색 현상이 나타나고 외국인이 보유한 주식을 일시에 팔기 시작하면 국내 증시와 외환시장이 크게 흔들릴 수 있다. 2008년 글로벌 금융위기 때 한 해 동안 156조 원의 외국인 자금이 빠져나가면서 주가가 40%나 폭락한 바 있다.

전문가들은 외국인 투자자와의 적극적인 소통과 자본시장 선진화를 통해 외국인 투자를 늘리는 한편, 한국 경제의 체력을 키워야 한다고 지적한다. 국내 경제의 변동성이 커지는 것을 경계해 외국인 투자자 유치에 소극적으로 나선다면 이는 '빈대 무서워 초가삼간 태우는 격'이라는 것이다. 김필규 실장은 "금융당국이 해외 투자자와 소통을 강화하고 금융시장 변동성에 충분한 대비를 한다면 문제 될 게 없다"고 말했다.

자료: 동아일보, 2017년 2월 15일자.

또 주식을 대량 매도했을 때는 주가는 하락하는 반면, 환율이 오르는 이른바 환율과 주가 사이의 '역동조화 현상'도 발생하고 있다. 또한 외국인 투자자금은 국내 거시변수에도 영향을 미칠 수 있다. 예를 들어, 외국인 투자자금이 급격히 들어와 증시에 투자되면 환율은 하락한다. 환율이 낮아지면 원화가치는 높아지며 원자재 등 수입품의 가격이 낮아질 수도 있다. 그러나 환투기나 증권시장투기를 목적으로 하는 이른바 핫머니들이 동시에 유출되면 환율이 오르고 수입물가가 상승하여 인플레이션 압력이 발생할 수 있다.

산업분석

증권분석에서 산업분석(industry analysis)은 산업동향을 파악하여 유망투자업종을 선정하기 위한 것이다. 아울러 산업분석에서는 경제상황의 변화에 따른 산업의 변화와 이것이 개별 기업에 미치는 영향을 파악한다. 증권분석에서 산업분석이 가지는 중요성은 다음과 같다.

첫째, 개별 기업의 위험과 수익성은 그 기업이 속한 산업에 따라 많이 좌우된다. 또한 개별 주식의 주가는 그 기업이 속한 산업의 영향을 많이 받게 되는데 일반적으로 당해 산업의 주가평균에 가깝게 움직이는 경향이 발견된다. 성장산업에 속하는 기업의 주가는 일반적으로 오를 가능성이 많은 반면, 사양산업에 속한 기업의 주가는 하락할 가능성이 높다 하겠다.

둘째, 개별 산업의 경영성과가 반드시 경기변동과 일치하지 않기 때문이다. 예를 들면, 사치품이나 내구재산업의 경영성과는 경기변동에 민감하게 움직이는 경향이 있지만, 음식료업이나 제약업 등의 생활필수품산업의 경영성과는 경기에 별로 영향을 받지 않거나 오히려 경기변동과 반대로 움직이는 경향이 있다. 또한 거대한 설비투자가 필요한 중화학산업들은 영업레버리지효과가 크기 때문에 경기변동의 영향을 더욱 많이 받게 된다.[1] 따라서 이러한 개별 산업의 특성분석 및 성과분석은 기업분석에 유용한 정보를 제공한다.

셋째, 개별 기업의 경영성과에 대한 장기전망에 있어서 산업분석이 필요하다.

산업분석의 일반적 요인 산업분석에서는 일반적으로 다음 요인들에 대하여 과거의 실적 및 현재 동향을 분석하고 미래의 전망을 제시한다.

1) 영업레버리지효과(operating leverage effect)는 고정(비유동)자산의 사용에 따르는 고정영업비용이 높을수록 매출액의 변화에 따르는 영업이익의 변화율이 증폭되는 효과를 말한다.

- 산업별 실사지표 및 주가 관련 분석
- 수요와 공급구조
- 경영성과와 재무구조: 관련 산업과의 상호비교분석 및 추세분석
- 정부의 산업정책: 세제 및 금융상의 지원 여부, 지원산업 혹은 구조조정산업
- 시장구조와 해외동향
- 경기에 대한 산업의 매출민감도

산업의 수명주기분석 산업의 주제품 수명주기(life cycle)가 해당 산업의 미래를 좌우할 수 있다. 제품수명주기(product life cycle)와 마찬가지로 산업도 도입기→성장기→성숙기→쇠퇴기라는 수명주기의 과정을 순환하게 된다. 따라서 각 산업이 산업수명주기(industry life cycle)에서 현재 어느 단계에 속해 있는가 그리고 특히 미래에 어느 단계에 있을 것인가를 분석하고, 그 산업의 제품에 대한 수요 및 조업도를 분석함으로써 기업 경영성과의 장기전망을 할 수 있다.

또한 경제환경의 변화에 따라 새로운 산업이 유망산업으로 등장하고 종전의 유망산업이 쇠퇴하기도 한다. 현재 각 산업의 위치가 산업수명주기의 어느 단계에 있는가에 따라 산업의 성장성과 수익성이 달라지기 때문에 이를 통해 성장산업과 사양산업을 구분하여 투자 결정에 활용할 수 있다.

산업의 내부구조분석 기업이 속한 산업의 내부구조에 따라 기업의 수익성 및 성장성이 달라진다. 즉 산업별로 경쟁구조, 수급구조, 시장구조, 타 산업과의 연관성, 경기변동과의 연관성, 산업의 대체관계, 진입장벽 등 내부구조를 분석함으로써 산업 자체와 기업의 수익성과 성장성을 파악할 수 있다.

포터 교수는 특정 산업의 경쟁강도를 결정하는 구조적인 경쟁요인으로 시장의 진입장벽, 제품의 대체가능성, 기존업체 사이의 경쟁강도, 구매자의 교섭력, 공급자의 교섭력 등 다섯 가지의 요인을 제시하고 이들 요인에 의해 해당 산업의 이윤과 산업위험이 결정된다고 설명하였다.[2]

산업분석을 통해 각 산업에 대한 수익성과 위험을 파악했다면 그 다음 이슈는 각 산업에 얼마나 투자할 것인가를 결정하여야 하는데 이는 16장에서 다루고 있는 스타일분석의 방법을 적용하면 된다. 스타일, 즉 자산클래스로 산업을 적용하면 산업별 투자비중을 구할 수 있다.

2) Porter, M. E. (1980), *Competitive Strategy: Techniques for Analyzing Industries and Competitors*, Free press.

산업분석의 중요성: 우리나라 해운업의 몰락

2008년 전 세계는 금융위기로 크게 휘청거렸으며 이 여파는 지금까지도 이어지고 있다. 미국발 금융위기가 실물위기로 확산되면서 자연히 국제무역도 줄어들었고, 물동량, 즉 선박 이용의 감소로 이어졌다. 그런데 우리나라 해운업의 몰락은 해운업이 정점을 향해 가는 상황에서 잘못된 경영진의 산업전망에서 비롯되었다. 2000년대 최대의 호황기를 맞은 한진해운과 현대상선은 향후 호황이 지속될 것이라는 예견하에, 가장 높은 가격에 장기용선계약을 과도하게 체결하고 또한 가장 높은 선가에 신규선박을 과다하게 발주함으로써 몰락의 길을 걷게 되었다. 아래 그림은 벌크선 운임이 2008년을 정점으로 2009년 대폭락하는 상황이 일어났음을 보여주고 있다. 그런데 이 시기 한진해운과 현대상선은 장기용선을 최고가에 158척에서 233척으로 늘려 계약하고, 신규선박을 가장 높은 가격에 53척이나 발주하는 잘못된 의사결정을 내림으로써 결국 나락의 길을 걷게 되었다. 이는 산업분석이 얼마나 중요한가를 보여주는 대표적인 사례라 할 수 있다.

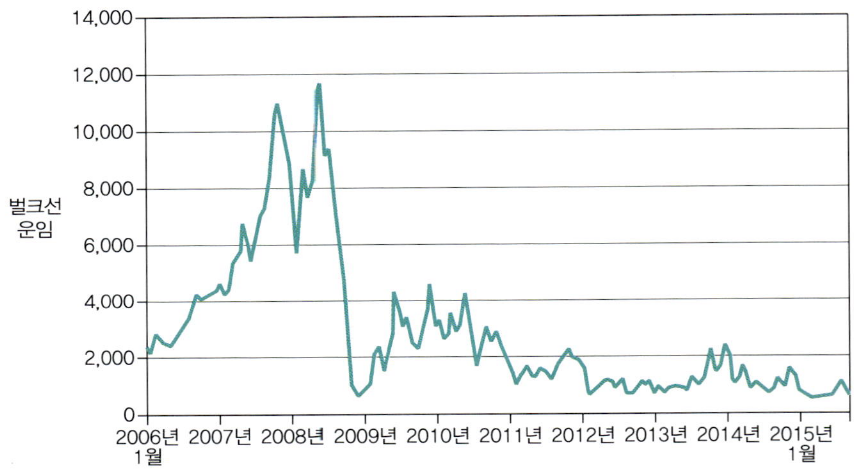

자료: 볼틱해운거래소, 클락슨.

9-1-2 기업분석 및 증권분석

자산의 가치는 해당 자산으로부터 예상되는 미래의 모든 현금흐름을 할인하여 측정할 수 있다. 미래의 현금흐름을 할인하는 이유는 미래의 1원이 현재의 1원보다 가치가 작기 때문이고 또 미래의 현금흐름은 확실한 것이 아니라 매우 불확실한 것이기 때문이다. 마찬가지로 주식의 가치도 해당 주식으로부터 예상되는 미래 현금흐름을 할인한 것이라 할 수 있는데, 이때 투자기간 동안 받게 되는 현금흐름은 물론 미래의 모든 현금흐름에 대한 추정이 필요하다.

주식보유자는 해당 기업의 수익으로부터 제공되는 배당금을 받을 수 있으며 그 기간은 해당 주식을 보유하는 한 계속된다. 단기투자자들의 경우에는 보유하는 동안 받는 배당금과 주식매각 시 발생하는 시세차익(또는 손실)이 미래의 현금흐름이 된다. 그러나 배당금이나 매각 시 주가 모두 기업의 미래 수익에 의해 결정되기 때문에 주식의 보유기간에 관계없이 주식의 미래 현금흐름은 기업의 미래 수익에 의해 결정된다고 할 수 있다.

대부분의 주식투자자는 미래 수익이 상당히 매력적일 것으로 기대되는 주식을 매수하면 투자수익률을 높일 것으로 생각하고, 다른 사람들도 이러한 자신의 판단에 동참해주기를 원한다. 물론 이러한 예상이 적중하면 주가는 상승할 것이다. 이것이 바로 가까운 미래에 다른 투자자들도 해당 주식의 가치를 인정할 것이라고 기대하는 '가치 지향적 투자전략(value investing strategy)'이다. 다시 말해 이 전략은 해당 주식의 미래 수익전망에 근거하여 구한 내재가치에 비해 주가가 낮게 거래되고 있는 종목을 발굴하면 높은 수익을 올릴 수 있다고 믿는 투자전략이다.

이제 해당 주식의 미래 수익전망에 근거하여 내재가치를 구하는 방법론들을 알아보고, PBR, PER, 웰즈파고모형 등을 이용하여 내재가치를 구하는 방법론들도 아울러 살펴보자.

주식평가모형

기본적 분석의 주된 관심사는 주식의 내재가치를 구하고 이를 시장가격과 비교하여 과소평가나 과대평가된 주식을 찾아내는 것이다. 과소 또는 과대평가된 주식을 찾아내려는 시도로서 주식의 내재가치(intrinsic value)를 추정하려는 다음과 같은 모형들이 제시되었다.[3]

배당평가모형 앞에서 주가는 해당 주식으로부터 예상되는 연도별 미래 현금흐름을 할인하여 더한 값이라고 하였는데, 여기서 현금흐름(cash flow)은 기업의 이익(profit)이 아닌 배당금(dividend)을 의미한다. 투자자들에게 지급되지 않은 이익은 배당금 또는 다른 현금분배금으로 지급되어야만 그 가치를 가질 수 있기 때문이다. 따라서 기업의 모든 이익이 항상 배당금으로 지급되는 경우가 아니라면 이익을 할인하여 가치를 구할 경우 주가를 과대평가하게 된다.

그런데 단기투자자들의 경우에는 영원히 해당 주식을 보유하는 것이 아니라 시세차익을 바라고 일정 기간만 보유하려고 하는 경우인데 이때에도 동일한 방식으로 주식의 내재가치를 구할 수 있을까? 이때도 마찬가지다. 예를 들어, 주식을 매수한 지 1년 후에 해당 주식을 매도한다고 하자. 그러면 현재 주가는 1년 동안 받을 배당금과 1년 후 얻게 되는 시세차익을 전부 할인해서 더한 값이 될 것이다. 그런데 시세차익은 1년 후 주가에서 매입한 가격을 뺀 것인데 1년 후 주가도 결국 그 이후 지불될 모든 배당금의 현재가치 합이기 때문에 이 경우에도 주식의 내재가치는 미래 배당금을 할인하여 합한 것과 같다.

주식의 현재가치를 주식으로부터 발생하는 현금흐름인 미래 배당의 현재가치의 합으로 정의한 모형을 배당평가모형(dividends valuation model)이라 하며 다음과 같이 표시된다.

3〉 여기에 설명된 주식평가모형 이외에도 옵션평가모형(option pricing model)을 이용한 주식평가방법도 있다.

$$P_0 = \frac{D_1}{(1+k_s)} + \frac{D_2}{(1+k_s)^2} + \cdots + \frac{D_\infty}{(1+k_s)^\infty} \quad \textbf{9-1}$$

여기서 P_0 : 주식의 현재가치
D_t : t시점의 주당 배당금
k_s : 주주의 요구수익률

《식 9-1》은 모든 시점의 배당을 추정하여야 하므로 활용하기 어렵다. 배당의 크기에 대하여 가정을 달리하여 일정성장모형, 제로성장모형 및 다단계성장모형으로 나눌 수 있는데 다음 모형에서 보는 것처럼 주식의 이론적 가치를 용이하게 추정할 수 있다.

일정성장모형 일정성장모형(constant growth model)은 주당배당이 일정성장률 g의 비율로 계속 성장하는 경우로서 일명 Gordon모형이라고 하는데 주식의 현재가치는 다음과 같이 표시된다.

$$P_0 = \frac{D_1}{(1+k_s)} + \frac{D_1(1+g)}{(1+k_s)^2} + \cdots + \frac{D(1+g)^\infty}{(1+k_s)^\infty} = \frac{D_1}{(k_s-g)} \quad \textbf{9-2}$$

여기서 P_0 : 주식의 현재가치
D_t : t시점의 주당 배당금
k_s : 주주의 요구수익률
g : 배당성장률

일정성장모형은 배당이 매년 일정한 성장률(g)로 영속적으로 계속 성장한다는 가정 이외에도 다음과 같은 가정을 하고 있다. 즉 ① 주가의 성장률이 g로 동일하다. ② 성장에 필요한 자금을 내부자금만으로 조달한다. ③ 투자자금의 재투자수익률(r)과 사내유보율(f)은 항상 일정하다. ④ 주주의 요구수익률(k_s)은 일정하며 성장률(g)보다 커야 한다. 여기서 주주의 요구수익률은 시장자본화율(market capitalization rate)이라고도 하고, 투자자금의 재투자수익률은 자기자본순이익률(Return On Equity: ROE)이다.

이와 같은 가정에서 배당성장률은 재투자수익률과 사내유보율을 곱하여 구할 수 있다. 예를 들어, 투자자금의 재투자수익률이 20%이고 사내유보율이 60%인 기업이 있다고 하자. 이 기업의 배당성장률은 20%×60%=12%가 된다. 한편, 사내유보율은 당기순이익에서 현금배당을 지급하고 사내에 유보시키는 비율로서 사내유보율이 60%이면 현금배당을 40% 지급했다는 것이 되고 배당지급률 또는 배당성향이 40%라 한다. 따라서 배당성장률은 재투자수익률과 (1−배당지급률)을 곱한 것과 동일하다.

일정성장모형은 단순하여 이해하기 쉽고 사용하기도 쉽다. 그러나 실제로 이용할 경우 배당성장률(g)과 주주 요구수익률(k_s)의 미묘한 변화에도 주식가치는 큰 차이를 보이는 문

제점이 있다.[4]

제로성장모형 제로성장모형(zero growth model)에서는 기업이 성장하지 않고 항상 현상 유지만 하는 것으로 가정하는데 이 경우 배당은 일정하여 $D_1 = D_2 = \cdots = D_\infty$ 이다. 제로성장모형은 고정배당모형이라고도 하는데 제로성장모형은 일정한 배당을 지급하는 기업의 주식평가에 유용하게 사용된다. 제로성장모형에서의 이론적 주가는 일정성장모형 《식 9-2》에서 $g=0$인 경우이므로 다음과 같이 간단하게 표시된다.[5]

$$P_0 = \frac{D_1}{k_s} \quad \text{9-3}$$

한편, 일정성장모형과 제로성장모형을 결합하면 일정률로 지속적인 성장을 했을 때 창출되는 기업가치(Present Value of Growth Opportunity: PVGO)를 구할 수 있다. 일정성장모형으로 구한 기업가치에서 제로성장모형으로 구한 기업가치를 차감한 값이 바로 성장으로 인한 기업가치가 된다.

예제 9-1 어떤 기업의 올해 말의 주당배당이 1,000원이고, 향후 연평균 배당성장률이 8%로 영원히 지속될 것으로 예상된다. 주주의 요구수익률이 12%인 경우 이 주식의 내재가치는 얼마인가?

풀이

$$P_0 = \frac{D_1}{(k_s - g)} = \frac{1{,}000}{0.12 - 0.08} = 25{,}000(\text{원})$$

예제 9-2 주당 1,800원의 배당금을 영구히 지급하는 보통주가 있다. 요구수익률이 12%인 경우 이 주식의 내재가치는 얼마인가?

풀이

$$P_0 = \frac{D_1}{k_s} = \frac{1{,}800}{0.12} = 15{,}000(\text{원})$$

다단계 성장모형(multi-stage growth model) 배당성장률이 일정하다고 가정하는 일정성장모형은 비현실적인 면이 있다. 일반적으로 기업의 성장은 취급하는 제품의 라이프 사이클

4) 국내 기업의 경우 시가배당이 아닌 액면배당인 경우가 대부분이고, 매년도 배당이 일정하지 않고 특정 연도에 배당을 실시하지 않는 기업도 있다. 따라서 배당평가모형을 적용하기에 적합하지 않은 점이 있다.

5) 이 식은 영구채권(console)의 현재가치를 구하는 식과 같다.

에 따라 변화하기 마련이므로 몇 단계로 성장률의 변화를 반영하는 것이 필요하다.

만약 기업성장을 두 단계로 나누어서 일단계에서는 n년까지 g_1로 증가하고 다음 단계에서는 g_2로 일정하게 영원히 성장한다고 하자. 이와 같은 2단계 성장모형(two-stage growth model)은 다음과 같이 표시된다(D_0: 지난해말 지불된 배당금).

$$P_0 = \sum_{t=1}^{n} \frac{D_0(1+g_1)^t}{(1+k_s)^t} + \sum_{t=n+1}^{\infty} \frac{D_0(1+g_1)^n(1+g_2)^{t-n}}{(1+k_s)^t} \tag{9-4}$$

이를 간략히 표시하면 다음과 같다.

$$P_0 = \sum_{t=1}^{n} \frac{D_0(1+g_1)^t}{(1+k_s)^t} + \frac{\dfrac{D_0(1+g_1)^n(1+g_2)}{k_s-g_2}}{(1+k_s)^n} \tag{9-5}$$

예제 9-3 지난해 말 주당 배당금으로 1,000원을 준 기업이 있다. 이 기업은 향후 3년 동안은 급성장이 예상되어 배당성장률을 연 20%로 추정하고 있다. 그리고 4년째부터는 연 10%의 성장률로 정상적인 상태에서 성장이 영원히 지속될 것으로 예상되고 있다. 요구수익률이 12%인 경우 이 주식의 가치는 얼마인가?

풀이

$$PV_{1,(1\sim3)} = 1{,}071.4 + 1{,}148 + 1{,}229.98 = 3{,}449.38\text{원}$$

$$PV_{2,(4\sim\infty)} = \frac{1{,}000(1+0.2)^3(1+0.1)}{(1+0.12)^3(0.12-0.1)} = 67{,}647.6(\text{원})$$

여기서 $PV_{1,(1\sim3)}$: 향후 3년간의 배당현가 합계

$PV_{2,(4\sim\infty)}$: 향후 3년 이후 배당현가 합계

따라서 $P_0 = V_{1,(1\sim3)} + V_{2,(4\sim\infty)}$ 이므로 $P_0 = 3{,}449.4 + 67{,}647.6 = 71{,}097$원이다.

잉여현금흐름모형 잉여현금흐름모형(free cash flow model)에 의해 기업가치를 구한 다음 부채가치를 차감하여 자기자본가치를 구하는 방법도 있다. 기업가치는 그 기업이 미래에 창출하는 모든 잉여현금흐름을 기업의 자본비용인 가중평균자본비용(WACC)으로 할인하여 합한 값이다. 이를 식으로 표현하면 다음과 같다.

$$V = \sum_{t=1}^{\infty} \frac{FCF_t}{(1+WACC)^t} \tag{9-6}$$

잉여현금흐름(Free Cash Flow: FCF)은 기업이 영업을 통해 창출하는 영업현금흐름(operating cash flow)에서 자본적 지출과 순운전자본에 대한 지출을 제외한 주주와 채권자에게 배분될 수 있는 나머지 현금흐름이라는 뜻이다. 가중평균자본비용(WACC)은 기업이 해당 사업을

영위할 때 부담하는 사업상의 위험과 재무상의 위험을 모두 반영하는 자금제공자들의 요구수익률로서 잉여현금흐름의 할인율이다. 주주의 요구수익률이 k_s, 채권자의 요구수익률이 k_b, 자기자본금액이 S, 부채금액이 B, 법인세율이 t라고 하면 WACC은 다음과 같이 주어진다.

$$WACC = k_s \frac{S}{S+B} + k_b(1-t)\frac{B}{S+B} \quad \textbf{9-7}$$

예제 9-4 부채 없이 자기자본으로만 자금을 조달한 기업이 있다고 하자. 이 기업의 잉여현금흐름은 100억 원으로 영구히 동일한 금액이 발생한다고 하고 k_s=20%라고 가정하자. 이 기업이 현재 발행한 주식수는 100만 주이다. 잉여현금흐름모형을 사용하여 이 기업의 주가를 평가해보시오.

풀이

먼저 《식 9-7》을 이용하여 가중평균자본비용(WACC)을 구하면 다음과 같다.

$$WACC = 0.2 \times \frac{1}{1} = 0.2$$

《식 9-6》은 영구현금흐름(perpetuities)의 경우 다음과 같이 간단히 계산된다.

$$V = \frac{FCF}{WACC} = \frac{100억\ 원}{0.2} = 500억\ 원$$

위의 기업은 부채가 없으므로 자기자본가치가 500억 원이고, 이를 100만 주로 나누면 1주당 5만 원으로 계산된다.

만약 이 기업의 잉여현금흐름이 3년간 10%씩 성장하다가 그 이후부터 영원히 5%씩 성장한다고 가정한다면 이 기업의 적정주가는 얼마인가? (다른 조건은 모두 같다고 가정한다.) 3년 후 이 기업의 가치는 일정성장모형(Gordon Model)에 의해서 구할 수 있으며 (4년째 잉여현금흐름부터 적용), 1년부터 3년까지의 잉여현금흐름을 할인해서 이와 함께 더하면 이 기업의 가치가 된다.

$$V = \frac{100(1.1)^1}{1.2^1} + \frac{100(1.1)^2}{1.2^2} + \frac{100(1.1)^3}{1.2^3} + \frac{100(1.1)^3(1.05)/(0.2-0.05)}{1.2^3} = 792억\ 원$$

따라서 이 경우 이 기업의 적정 주가는 79,200원이 되고, 성장으로 인한 주식가치는 한 주당 29,200원이다.

PBR법 장부가치평가법은 주당 장부가치(Book Value per Share: BPS)를 구하여 주가를 평가하는 방법이다. 주당 장부가치는 재무상태표상의 자기자본을 발행주식수로 나눈 값이다. 주당 장부가치를 이용하여 주식가치를 구하는 것이 용이하나 주당 장부가치평가법은 기업의 미래 수익에 대한 잠재력을 무시할 뿐만 아니라 시장에서 결정되는 기업가치를 설명할 수 없기 때문에 실질적인 신뢰도는 낮다.

그럼에도 불구하고 많은 증권분석가와 연구논문이 주가순자산비율(Price-to-Book Ratios: PBR)이 이종산업 간의 주식수익률을 예측함에 있어서 중요한 역할을 한다고 주장하였고, 그레이함(Graham)과 도드(Dodd)는 불후의 명저인 「증권분석(Security Analysis)」에서 수익률 측정 때 장부가치가 중요하다고 주장하였다.

$$\text{주당 장부가치}(BPS) = \frac{\text{재무상태표상의 자기자본}}{\text{발행주식수}} \tag{9-8}$$

$$PBR = \frac{P}{BPS}$$

예제 9-5 A기업의 기말 현재 자산은 5억 원, 부채는 3억5천만 원이며 발행주식수는 1만 주이다. A기업의 주당 장부가치는 얼마인가? 또 현재 A기업의 주가가 3만 원이라고 한다면 PBR은 얼마인가? 만약 A기업이 속한 산업의 평균 PBR이 2.2라고 한다면 A기업의 주가는 어떻다고 할 수 있는가? 이때 다른 모든 조건은 같다고 가정한다.

풀이

$$BPS = \frac{5\text{억}-3\text{억}5\text{천만}}{1\text{만 주}} = 15{,}000(\text{원}), \quad PBR = \frac{3\text{만 원}}{1\text{만}5\text{천 원}} = 2$$

이 기업의 PBR이 산업 평균보다 낮으므로 다른 모든 조건이 동일하다고 했을 때 주가가 저평가되었다고 할 수 있다.

PER법 주가수익비율(Price-Earnings Ratio: PER)은 주가를 주당 순이익으로 나눈 비율이다. 즉 PER는 주당 순이익 1원에 대한 시장에서의 평가를 반영한다. PER를 이용한 주가평가모형을 살펴보자. 주식가치의 평가에 PER모형을 이용하는 것은 《식 9-9》에서 보듯이 현재 이론적 주가는 정상적 PER(normalized PER)에 내년도 예상 주당이익을 곱하면 된다.

$$P_0 = PER^* \times EPS_1 \tag{9-9}$$

여기서 P_0 : 현재 이론적 주가

PER^* : 정상적 PER

EPS_1 : 예상 주당 순이익

PER모형에서 필요한 변수인 정상적 PER는 추정이 쉽지는 않지만 다음과 같은 방법이 이용된다.[6]

- 같은 위험수준을 가진 다른 주식의 PER를 이용하는 방법
- 같은 산업의 평균 PER를 이용하는 방법
- 과거 몇 년간의 평균 PER를 이용하는 방법
- 배당평가모형을 이용하여 PER를 구하는 방법

주식가치가 일정성장모형(constant growth model)에 의하여 결정된다고 가정해보자. 일정성장모형은 《식 9-2》에서 설명한 것과 같이 $P_0=\dfrac{D_1}{(k_s-g)}$이므로 《식 9-9》의 양변을 예상 주당 순이익(EPS_1)으로 나누면 다음과 같이 된다.

$$PER^* = \frac{P_0}{EPS_1} = \frac{\dfrac{D_1}{(k_s-g)}}{EPS_1} \qquad \textbf{9-10}$$

$D_1=EPS_1(1-f)$이므로 $EPS_1=\dfrac{D_1}{1-f}$이고(여기서 f는 사내유보율임), 이를 《식 9-10》에 대입하면 $PER^* = \dfrac{P_0}{EPS_1} = \dfrac{1-f}{k_s-g}$로 표시된다. 따라서 PER^*는 성장률(g)과 배당성향($1-f$)에 정비례하며 요구수익률(k_s)에는 반비례하는데, 성장률(g), 배당성향($1-f$)과 요구수익률(k_s)을 각각 추정하여 사용한다.

예제 9-6 A기업의 내년도 주당 순이익(EPS_1)은 1,500원으로 예상된다. 만약 A기업과 같은 산업에 속하면서 같은 위험을 지닌 B기업의 PER는 20배라고 하자. 이 경우 PER모형을 이용하여 A기업의 주가를 예측하시오.

풀이

《식 9-9》를 이용하여 구하면

$$P_0 = PER^* \times EPS_1 = 20 \times 1{,}500 = 30{,}000\text{원}$$

PER를 이용하는 데 따르는 문제점은 다음과 같다. 첫째, PER의 분자값인 주가자료를 선정하는 데 어려움이 있다. 예를 들면, 종가를 사용하느냐 아니면 평균주가를 사용하느냐의 문제이다. 둘째, 장부가치에 따른 감가상각은 인플레이션이 있을 경우 이익을 과다계상할 우려가 있다. 인플레이션이 심한 경우 PER가 낮아지는 경향이 있다. 셋째, PER모형에서 정의하는 PER의 분모인 주당 순이익(EPS_1)은 미래의 예상순이익이어야 하지만 실제분

6) 장영광 (1996), 현대경영분석, 무역경영사.

석에서는 전년도 주당 순이익을 사용한다. 이는 미래 순이익흐름이 반영되지 않는 단점이 있다. 예를 들어, 현재 EPS가 한때 크게 하락하지만 미래 EPS가 좋다고 예상되면 주가는 하락하지 않고 PER가 급등할 수 있다.

웰즈파고모형 웰즈파고모형(Wells Fargo model)은 투자자문회사인 웰즈파고사가 개발한 보통주 평가모형이다. 웰즈파고모형에서는 배당평가모형을 이용하여 주식의 내부수익률을 구하고, CAPM을 이용하여 기대수익률을 추정한 다음 내부수익률과 기대수익률을 비교하여 주식의 과대 또는 과소평가 여부를 결정한다. 이를 단계별로 살펴보자.

- 배당평가모형을 이용하여 특정 주식의 내부수익률을 추정한다.

$$P_0 = \frac{D_1}{(1+IRR)} + \frac{D_2}{(1+IRR)^2} + \cdots + \frac{D_n}{(1+IRR)^n}$$

여기서 P_0 : 주식의 시장가격

D_t : t시점의 주당 배당금

IRR : 주식의 내부수익률

- CAPM을 이용하여 특정 주식의 균형상태에서의 기대수익률을 구한다.

$$E(R) = R_f + \beta[E(R_m) - R_f]$$

여기서 $E(R)$: 기대수익률

R_f : 무위험이자율

β : 베타값

$E(R_m)$: 시장포트폴리오의 기대수익률

- 앞에서 추정한 내부수익률과 기대수익률을 비교하여 주가의 과대평가 혹은 과소평가의 정도(Measure of Relative Mispricing: MRM)를 측정한다.

$$MRM = IRR - E(R)$$

여기서 MRM값이 양이면 이 주식은 과소평가되었고, MRM값이 음이면 이 주식은 과대평가되었다고 판정한다.

재무제표를 이용한 평가

재무제표자료 기업경영분석이나 주식의 평가에서 주로 사용되는 자료는 재무제표자료이다. 사람의 건강상태를 맥박과 호흡수 그리고 혈압 등의 수치로 나타내듯이 분석 대상 기업의 재무적 건강상태를 회계수치로 나타낸 것이 재무제표이다. 이들 자료는 기업의 재무상태나 경영성과를 집약적으로 표시하는 동시에 공시자료이기 때문에 자료의 획득이 쉽고 또 분석하는 것이 비교적 용이하다는 특성이 있다. 재무제표에는 대차대조표, 손익계산서, 이익잉여금처분계산서, 현금흐름표 등이 있으며 부속자료로는 제조원가보고서와 미처분이익잉여금명세서 등이 있다.

비율분석 비율분석(ratio analysis)이란 재무제표 항목들 사이의 비율을 산출하여 기업의 재무상태와 경영성과를 분석하는 방법이다. 비율분석은 실제로 증권시장에서 주식평가를 위해 유용하게 쓰이고 있다. 또한 비율분석은 그 용도가 계속 확대되어 채권등급의 평가, 신용평가, 기업부실예측 등의 분야에서도 이용되고 있다.

표준비율 계산된 재무비율에 대하여 비교평가의 기준(benchmarks)이 되는 비율을 표준비율(standard ratio)이라고 하는데 다음과 같은 종류가 있다.

첫째, 분석대상기업이 속한 산업의 평균비율(industrial average ratio)이 가장 널리 쓰이고 있는 표준비율이다. 우리나라의 산업평균비율은 한국은행의 『기업경영분석』과 한국산업은행의 『재무분석』 자료를 이용하여 구할 수 있다.

둘째, 경쟁기업이나 최우량기업의 재무비율을 표준비율로 사용할 수 있다. 정확한 산업분류가 어렵거나 소수의 기업이 제품시장을 대부분 차지하고 있을 경우 이들 표준비율은 유용한 비교기준이다. 아울러 산업분류상 같은 업종에 속해 있더라도 기업규모나 특성에 있어서 평균적 기업과 차이가 있을 경우 경쟁기업과 상호 비교할 수 있다. 경쟁기업은 업종이 동일하고 기업규모 등의 특성이 유사하므로 상호비교를 통하여 재무적 강점이나 약점을 파악할 수 있다. 예를 들어, LG전자의 재무비율은 삼성전자의 재무비율과 비교분석할 수 있으며 해외시장에서의 소니나 마쓰시다의 재무비율을 비교기준으로 할 수 있다.

셋째, 일반적인 경험비율인데 실무계에서 보편적으로 판단의 지표로 이용되는 비율이다. 예를 들어, 미국 실무계에서 경험적으로 사용되고 있는 판단기준으로는 유동비율은 200% 이상, 당좌비율은 100% 이상, 고정비율은 100% 이하, 고정장기적합률은 100% 이하 등의 경험비율이 있다. 그런데 이러한 경험비율은 판단의 참고기준은 되지만 그다지 이상적인 표준비율이라고는 할 수 없다. 왜냐하면 이상적 표준비율은 기업이 속한 나라와 산업 그리고 기업규모 및 분석자의 입장 등에 따라 달라지기 때문이다.

넷째, 과거의 평균비율을 표준비율로 사용할 수 있다.

주요 재무비율분석[7]

- 수익성비율: 수익성비율(profitability ratio)은 일정 기간 기업의 총괄적인 경영성과를 나타내는 비율로서 이익창출 능력을 평가할 수 있는 지표이다. 수익성비율은 이익 관련 항목을 투자자본 또는 매출액으로 나누어 계산한다. 경영성과를 일목요연하게 나타내는 수익성 비율은 경영자, 투자자, 채권자 등 기업의 모든 이해관계자가 매우 관심을 갖는 비율 중의 하나이다.

7) 김대호·문성주 (2017), 경영분석, 삼영사.

주요비율	의미
총자산 순이익률(%) = $\frac{\text{순이익}}{\text{총자산}} \times 100$	총자산을 얼마나 효율적으로 투자하여 순이익을 올렸는가를 나타내는 지표이다. 즉 단위 총자산에 대하여 얼마만큼의 순이익을 올렸는가를 나타내는 비율이다.
자기자본 순이익률(%) = $\frac{\text{순이익}}{\text{자기자본}} \times 100$	자기자본을 얼마나 효율적으로 투자하여 순이익을 올렸는가를 나타내는 지표이다. 즉 단위 자기자본에 대하여 얼마만큼의 순이익을 올렸는가를 나타내는 비율이다.
금융비용·매출액비율(%) = $\frac{\text{금융비용}}{\text{대출액}} \times 100$	금융비용이 매출액에서 차지하는 비중으로서 기업의 대표적인 금융비용부담률 지표이다.

- 유동성비율: 유동성(liquidity)이란 단기에 현금화될 수 있는 가능성을 의미한다. 유동성 분석의 목적은 단기채무에 대한 지급능력을 평가하는 데 있다. 아무리 수익성이 높은 기업이라도 유동성이 부족하여 단기채무의 지급능력이 없으면 최악의 경우 흑자도산이 발생할 수 있다.[8]

주요비율	의미
유동비율(%) = $\frac{\text{유동자산}}{\text{유동부채}} \times 100$	흔히 단기채무지급능력비율이라고도 한다. 즉 1년 이내에 현금화할 수 있는 유동자산이 단기채무의 몇 배가 되는가를 나타내는 지표이다.
당좌비율(%) = $\frac{\text{당좌자산}}{\text{유동부채}} \times 1C0$	당좌자산(quick asset)은 유동자산 중에서 상대적으로 현금화가 쉬운 자산이다. 당좌비율은 유동비율보다 유동성 정도를 더 정확하게 나타내는 지표이다.
현금보상비율(%) = $\frac{\text{영업활동현금흐름} + \text{금융비용}}{\text{단기차입금} + \text{유동성장기차입금} + \text{금융비용}} \times 100$	영업활동에서 창출된 현금으로서, 해당 기간의 차입상환액을 어느 정도 충당할 수 있는가를 나타낸다.

- 레버리지비율: 레버리지비율(leverage ratio)은 타인자본을 사용하는 수준을 나타내는 비율이다. 부채비율은 실무에서 몇 가지 형태가 혼용되고 있기 때문에 정확한 구분이 필요하다.

주요비율	의미
부채비율(%) = $\frac{\text{부채}}{\text{총자본}} \times 100$	총자본에서 차지하는 부채수준을 나타낸다.
비유동비율(%) = $\frac{\text{비유동자산} + \text{투자자산}}{\text{자기자본}} \times 100$	비유동자산 및 투자자산을 어느 정도 자기자본으로 충당할 수 있는가를 나타내는 지표이다. 이는 비유동자산은 가급적 자기자본으로 충당하는 것이 필요하기 때문이다.

8) 유동비율이 높으면 높을수록 채무자로서의 단기지급능력이 양호하다고 평가하며 흔히 실무계에서는 전통적으로 200% 이상이 되면 채권자의 입장에서 안전한 수준으로 평가되어 왔다. 그런데 유동비율이 높다는 것은 단기채무지급능력이 높으므로 단기채권자의 입장에서 보면 대상기업의 안정성은 높아지지만, 유동자산은 운용에 따른 수익성이 대체로 낮기 때문에 기업의 수익성을 저하시키게 된다.

고정장기적합률(%) = $\frac{\text{비유동자산} + \text{투자자산}}{\text{자기자본} + \text{고정부채}} \times 100$	자기자본과 고정부채의 얼마 정도가 비유동자산 및 투자자산 등에 투자되어 운용되고 있는가를 나타내는 지표이다.
이자보상비율(배) = $\frac{\text{영업이익}}{\text{이자비용}} \times 100$	영업활동의 결과인 영업이익이 이자비용의 몇 배에 해당하는가를 나타내는 지표이다.

- 활동성비율: 활동성비율(activity ratio)은 기업에 투하된 자본이 일정 기간 중에 얼마나 활발하게 운용되었는가를 표시하는 지표이다. 일명 회전율비율이라고도 한다.

주요비율	의미
총자본회전율(회) = $\frac{\text{매출액}}{\text{총자본}} \times 100$	총자본이 1년 동안 몇 번 회전하였는가를 나타내어 자본 활용의 효율성을 나타낸다.
재고자산회전율(회) = $\frac{\text{매출액}}{\text{재고자산}} \times 100$	재고자산이 1년 동안에 몇 번 현금이나 매출채권 등으로 바뀌었는지를 나타낸다.
매출채권회전율(회) = $\frac{\text{매출액}}{\text{매출채권}} \times 100$	매출채권의 현금화 속도를 측정하는 비율로, 동비율이 높을수록 매출채권의 현금화가 빠르다는 것을 의미한다.
매입채무회전율(회) = $\frac{\text{매출액}}{\text{매입채무}} \times 100$	매입채무회전율이 높을 경우는 그만큼 매입채무에 대한 대금지급이 빠르다는 것을 의미한다.

- 성장성비율: 성장성비율(growth ratio)은 일정 기간 동안 기업의 경영성과가 얼마나 증가하였는가를 나타내는 비율로서 증가율비율이라고도 한다. 성장성비율은 기업의 경쟁력이나 성장잠재력 등을 간접적으로 알려주는 지표이다.

주요비율	의미
매출액증가율(%) = $\frac{\text{당기매출증가액}}{\text{전기매출액}} \times 100$	일정 기간 매출액이 얼마나 증가하였는가를 나타내는 비율이다.
순이익증가율(%) = $\frac{\text{당기순이익증가액}}{\text{전기순이익}} \times 100$	일정 기간 당기순이익이 얼마나 증가하였는가를 나타내는 비율이다.

- 현금흐름비율: 이 비율은 영업현금흐름(Cash Flow from Operation: CFO)의 보유수준을 나타내는데 부채나 배당금의 어느 정도를 영업현금흐름으로 보유하고 있는가를 나타낸다. 즉 부채나 배당금을 지급할 수 있는 능력을 측정한다.

주요비율	의미
영업현금흐름/유동부채 비율 = $\frac{\text{영업현금흐름}}{\text{유동부채}}$	유동부채의 어느 정도를 영업현금흐름으로 보유하고 있는가를 나타낸다. 이 비율이 높을수록 유동부채의 지급능력은 높다.
영업현금흐름/총부채 비율 = $\frac{\text{영업현금흐름}}{\text{총부채}}$	총부채의 어느 정도를 영업현금흐름으로 보유하고 있는가를 나타낸다. 즉 총부채에 대한 기업의 장기지급능력을 나타낸다.

영업현금흐름/현금배당금 비율 = $\frac{영업현금흐름}{현금배당금}$	현금배당음의 어느 정도 수준을 영업현금흐름으로 보유하고 있는가를 나타낸다. 즉 현금배당을 지급할 수 있는 충분한 현금을 보유하고 있는가를 측정한다.
주당 영업현금흐름 = $\frac{영업현금흐름 - 우선주배당금}{평균발행주수}$	주당 영업현금흐름(cashflow per share: CPS)은 1주당 영업현금흐름 크기를 나타낸다.

주가 관련 비율

- 주가수익비율(Price-Earnings Ratio: PER): 주가를 1주당 순이익으로 나눈 비율로서 현재의 주가가 1주당 순이익의 몇 배 수준인가를 나타낸다. 예를 들어, A사의 주가가 3만 원, 1주당 순이익이 2천 원이라면, PER=30,000÷2,000=15로, PER는 15(배)로 표시된다.

  PER를 이용하는 데 많은 문제점이 있음에도 불구하고 업계에서는 PER가 낮은 주식이 PER가 높은 주식보다 월등히 높은 수익률을 제공하는 현상에 따라 PER가 낮은 주식을 추천하는 경향이 있다. 그러나 PER가 낮은 이유가 주식이 저평가되어서 그럴 수도 있지만 한편으로 이익 대비 성장성이 낮거나 위험이 크기 때문일 수도 있으므로 PER가 낮다고 무조건 저평가된 주식이라고 생각하는 것은 위험하다.

$$주가수익비율(PER)(배) = \frac{주가(P_0)}{주당\ 순이익(EPS_1)}$$

- 주가순자산비율(Price-to-Book Ratio: PBR): 주가가 1주당 순자산의 몇 배 수준인가를 나타내는 지표이다. 순자산이라는 것은 대차대조표상의 자기자본으로 자본금, 자본준비금과 이익준비금 등으로 구성된다.

$$주가순자산비율(PBR)(배) = \frac{주가(P_0)}{주당\ 순자산(BPS)}$$

  PER가 회사의 수익을 기초로 한 투자지표인 데 대해, PBR은 주주의 지분을 기초로 한 투자지표라 할 수 있다. 주가는 청산가치(회사의 순자산)를 밑돌지 않는다고 보면 주가가 1주당 순자산보다 낮은 경우는 저평가되었다고 볼 수 있을 것이다. 그러나 PBR이 낮다고 해서 무조건 저평가된 주식으로 볼 수 없는 것은 해당 주식이 성장성이 없거나 위험이 높기 때문일 수도 있음이다.

- 주가매출액비율(Price-to-Sales Ratio: PSR): 주가가 주당 매출액의 몇 배인가를 나타내는 지표로서 주가를 1주당 매출액으로 나누어서 구한다.

$$주가매출액비율(PSR)(배) = \frac{주가(P_0)}{주당\ 매출액(SPS)}$$

  주가매출액비율은 기업의 외형을 나타내는 매출액을 기반으로 한 투자지표라고 할 수 있다. 주가매출액비율(PSR)이 낮을수록 기업의 외형이나 성장성에 비해 주가가 상대적으로 낮게 평가되었다는 의미이다. PSR은 이익이 나지 않거나 순자산가치가 음인 기업들, 예를 들어 초창기 벤처기업들과 같은 기업의 주가를 평가할 때 주로 사용하는데, 매출액을 기준으로 주가를 판단하는 것은 많은 정보가 빠져 있는 것이기 때문에 부정확하고 많은 문제점을 내포하고 있다고 할 수 있다.

- 주가현금흐름비율(Price-to-Cashflow Ratio: PCR): 주가를 주당 영업현금흐름(cashflow per share)으로 나눈 비율이다. 주당 영업현금흐름에 비하여 현재 주가가 낮으면 낮을수록 주가가 저평가되어 있다고 보는 것이다. PCR은 현금흐름을 중시하는 견해를 반영한 비율이라 할 수 있는데, 이 비율도 다른 비율들과 마찬가지로 기업의 성장성이 낮거나 위험이 높아 낮을 수 있기 때문에 이 비율이 낮다고 무조건 저평가되었다고 보는 것은 위험하다.

$$\text{주가현금흐름비율}(PCR)(\text{배}) = \frac{\text{주가}(P_0)}{\text{주당 영업현금흐름}(CPS)}$$

- 토빈의 q비율(Tobin's q ratio): 자산의 시장가치를 대체원가로 나눈 비율을 말한다. 노벨 경제학상을 수상한 예일대학교의 제임스 토빈(James Tobin) 교수는 시장가치와 장부가치가 차이가 나는 이유는 인플레이션 때문이라고 하고, 장부가치에 인플레이션을 반영한 대차대조표상 자산과 부채의 '대체원가'라는 개념을 도입하였다. 대체원가(replacement cost)는 어떤 자산을 현재 시장가격으로 재구입한다고 했을 때 지급하여야 할 비용을 의미한다. 주식시장이 해당 기업의 주가를 적정하게 평가한다면 q는 1이 되어야 하고, q가 1보다 작으면 주가가 저평가되었다고 한다. 비록 장부가치에 인플레이션을 반영한다고 해도 장부가치가 가지는 근본적인 한계점은 극복할 수 없기 때문에 q를 가지고 주가의 적정성을 평가하는 것은 문제가 많다.

9-2 기술적 분석

9-1절에서는 배당금, 수익, 장부가 등을 근거로 주식수익률을 예측할 수 있다고 주장하는 기본적 분석에 대해 살펴보았다. 이번 절에서는 이러한 기초변수들을 무시하고, 모든 유용한 정보는 과거 주가 추세나 패턴에서 얻을 수 있다고 주장하는 기술적 분석에 대해서 살펴보기로 한다.

기술적 분석의 핵심목표는 시장의 주요 추세를 파악하여 강세장인 경우에는 시장에 참여하고 약세장인 경우에는 시장에서 빠져 나간다는 것이다. 그러나 대부분의 경제학자나 재무학자는 주가가 예측 가능한 패턴을 따른다는 차트분석의 기본논리에 대해 반박하고 있으며, 주가의 움직임은 추세를 따르는 것이 아니라 임의보행(random walk)한다고 주장한다.

이러한 학계의 주장에도 불구하고 많은 펀드매니저와 트레이더는 기술적 분석을 많이 활용하고 있는 것이 사실이다. 특히 시장의 추세를 분석해서 주식의 매수 및 매도시점을 찾는 마켓타이머(market timers)은 "추세를 자신의 친구로 만들어라" 혹은 "시장의 추진력을 믿어라"라는 주식격언을 따르는 자라 할 수 있다. 이들은 시장추세를 따라가야 한다고 생각하며 시장추세와 싸우는 것은 재앙의 시작이라고 주장한다.

9-2-1 기술적 분석의 의의와 가정

기술적 분석(technical analysis)은 주가의 과거 움직임이나 거래량 변화를 분석하여 미래의 주가를 예측하는 방법이다. 이러한 분석을 하는 기술적 분석가(technical analyst)를 일명 도표분석가(chartist)라고도 하는데, 이는 기술적 분석이 과거의 주가 움직임을 주로 도표를 통하여 분석하여 일정한 추세(trend)나 패턴(pattern)을 발견하고 이를 근거로 하여 미래의 주가를 예측하기 때문이다.

기술적 분석에서의 기본적 가정은 다음과 같다. 첫째, 주가는 그 주식의 수요와 공급에 의해서 결정된다. 둘째, 시장의 주가는 경제적 요인, 재무요인뿐만 아니라 계량화가 어려운 심리적 요인, 비이성적 요인들에 의해서도 영향을 받는다. 셋째, 주가는 관련된 정보를 서서히 반영하되 특정한 추세(trend)를 장기간 형성하면서 변화한다. 넷째, 주가나 거래량의 변화하는 양상은 스스로 반복하는 경향이 있다. 다섯째, 주가가 변동하는 이유는 그 주식의 수요와 공급의 변화 때문인데 주식시장에서 주가가 움직이는 모습을 도표를 통하여 살펴봄으로써 변화의 추세를 파악할 수 있다.

기술적 분석에서는 주가가 특정한 추세를 형성하면서 변화하기 때문에 예측이 가능하다고 한다. 즉 과거의 주가나 거래량의 도표를 살펴보면 미래 주가를 예측할 수 있다는 것이다. 이와 같이 기술적 분석에서는 정보의 반영이 서서히 이루어짐으로써 주가가 조정되는데, 이 조정기간의 주가 움직임은 일정한 방향으로 추세를 형성하면서 변화한다는 것이다. 따라서 이러한 주가 추세의 시작시점을 잘 파악하면 투자시점의 포착이나 증권시장의 전환점을 예측할 수 있다는 것이다.

9-2-2 기술적 분석의 기법

증권시장의 예측

다우이론 오랜 역사를 지니고 있던 기술적 분석법을 체계적으로 시도한 것은 다우지수의 창시자이기도 한 찰스 다우(Charles Dow)에 의해서였다. 1900년에 발표된 다우이론(Dow theory)은 주가의 미래 움직임, 특히 장기추세를 예측하는 기술적 분석방법으로 다우기법(Dow technique)이라고도 한다.

다우이론에서는 주가추세를 소추세(minor trends), 중기추세(secondary trends or intermediate trends), 그리고 주추세(primary trends)로 구분하고 있다.[9] 소추세는 매일매일의 주가 움직임을 말하며, 중기추세는 몇 주나 몇 개월간의 주가 움직임으로서 2차추세라고도 한다. 주추세는 몇 개월 또는 몇 년 계속되는 주가추세로서 장기적인 주가 움직임을 나타낸다. 다우이론은 주가의 단기적인 소추세는 무시하고, 중기추세를 관찰하여 변화의 양상을 근거로 주추세의 방향이 전환되는 시점을 포착하려 한다.[10]

이를 〈그림 9-3〉에서 좀 더 자세히 살펴보자. 다우이론에서는 주추세의 전환시점을 포착하기 위하여 주가의 선도표(line chart)를 이용하여 다음과 같은 기준으로써 주식시장의 전환신호를 포착하려 한다.

- 새로운 중기추세의 최고점(B점)이 주추세의 최고점(A점)을 능가하지 못하면 주추세는 하락추세로 전환된다.
- 새로운 중기추세의 최저점(D점)이 그 이전의 주추세의 최저점(C점)을 능가하면 주추세는 상승추세로 전환된다.

다우이론은 1930년대의 미국경제의 대공황에 따른 증권시장의 대폭락을 예측하였다고 하여 유명해진 바 있다. 그러나 다우이론은 기술적 분석이 지니는 문제점을 그대로 가지고 있다. 즉 다우이론은 과거의 주가자료를 분석하여 추세를 발견하고 시장의 전환시점을 포착하는데, 미래의 주가가 반드시 과거 주가의 반복일 수 없다는 점이다. 또한 다우이론에서 중기추세나 주추세를 판단하는 객관적 기준이 모호하므로 판단결과가 분석가마다 달라질 수 있어 일관성을 찾기가 어려운 문제점도 있다.

〈그림 9-3〉 다우기법의 전환점 발견

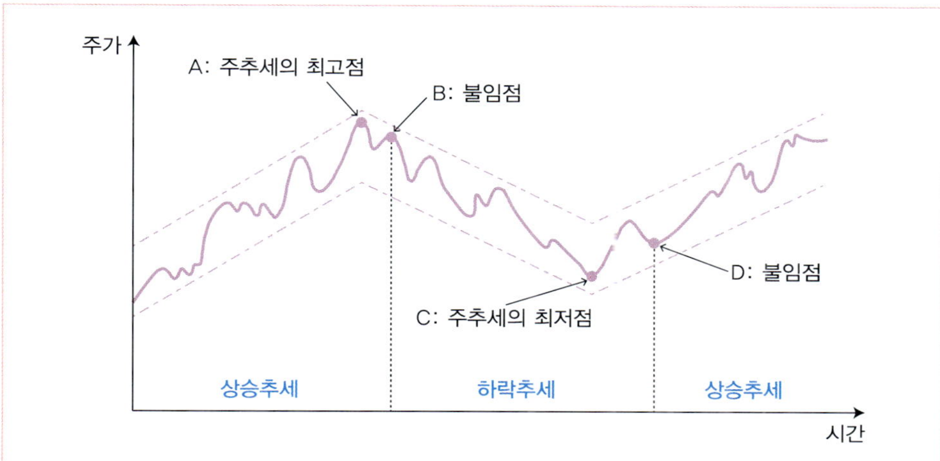

9) 박정식·박종원 (1998), 현대투자론, 다산출판사.

10) 이러한 주추세의 전환을 알려주는 점을 불임점(abortive point)이라고 한다.

엘리어트 주가파동이론 다우이론은 주로 주가의 장기추세를 예측하는 기법이라고 한다면 중기추세를 예측하는 기법으로 대표적인 것이 1930년대에 발표된 엘리어트(Elliot)의 주가파동이론(wave theory)이다. 그는 장기간의 주가 움직임을 분석한 결과 주가는 마치 파도가 생겨나는 모습과 같이 변화하는데, 5개의 파동을 그리며 상승한 후 3개의 파동을 그리며 하락함으로써 총 8개의 파동으로 하나의 사이클을 구성한다고 주장하였다. 즉 상승추세선은 5파동, 하락추세선은 3파동으로 구성되는데 상승 5파동은 각각 3개의 방향파와 2개의 반동파로 구성되며, 하락 3파동은 2개의 방향파와 1개의 반동파로 구성된다는 것이다.

〈그림 9-4〉에서 엘리어트 파동이론의 기본적인 파동형태를 볼 수 있는데 주가의 상승추세는 5개의 파동으로 구성되며 이 중 1, 3, 5는 상승파이며 2, 4는 조정파이다. 주가의 하락추세는 3개의 파동으로 구성되는데 그림에서 a, c는 하락파이며 b는 조정파이다.[11]

이 파동의 기본형을 토대로 하여 같은 원칙에 따라 보다 큰 파동을 형성한다는 설명이다. 즉 이러한 5개의 상승추세의 파동을 좀 더 장기적으로 보면 1개의 상승파로 볼 수 있으며, 3개의 하락추세의 파동은 1개의 하락파로 볼 수 있다는 것이다. 따라서 1개의 상승파와 1개의 하락파가 하나의 주기(cycle)를 이루게 된다. 이러한 설명이 보다 큰 주기에도 동일하게 적용된다. 이에 따라 각각의 큰 파동은 수많은 작은 파동으로 구성되며 수많은 작은 파동은 큰 파동을 구성한다는 것이다.

엘리어트는 주기가 200년 이상인 초장기 사이클(grand supercycle), 주기가 50년인 슈퍼사이클(supercycle)로부터 몇 시간의 주기가 되는 초단기 사이클(subminute cycle) 등 9등급의 파동으로 구분하고 이러한 주가의 순환파동을 분석함으로써 중장기의 주가흐름을 예측할 수 있

〈그림 9-4〉 엘리어트 파동의 분석

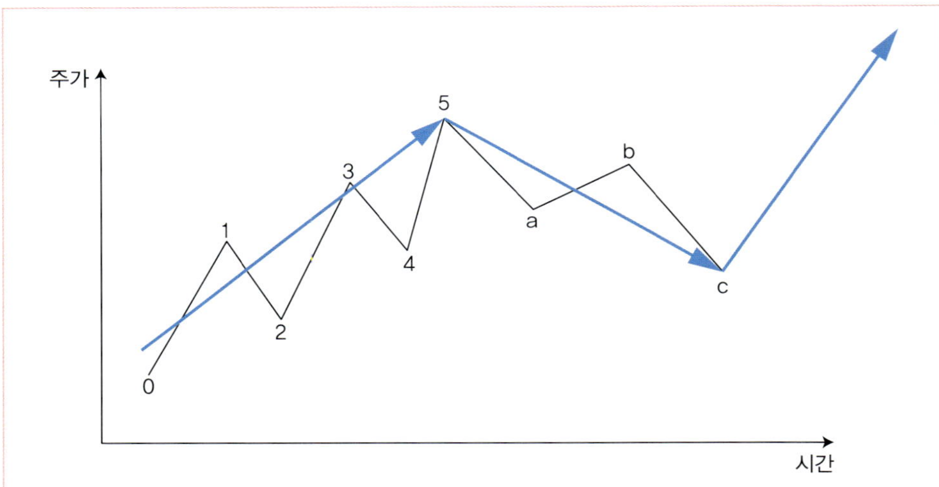

11〉 장경천 (2000), 증권투자의 이해, 삼영사.

다는 주장이다. 엘리어트 파동이론에 근거하여 한 증권분석가가 1987년 10월 19일에 발생한 미국 주식시장의 대폭락(Black Monday)을 정확하게 예측한 이후로 이 이론은 더욱 투자자들의 관심을 끌게 되었다.

이동평균선분석

이동평균주가 주가의 이동평균(moving average)이란 일정 기간의 주가를 단순평균한 것으로 매일 최근 날짜 주가가 평균주가 계산에 추가되는 대신 가장 오래된 날짜 주가는 제외되는 방식으로 계산된다. 예를 들어, 5일 주가 이동평균은 오늘부터 과거거래일 5일간 주가의 평균을 말한다.

주가이동평균선은 이렇게 계산된 이동평균주가를 계속 연결한 선으로서 이동평균선을 이용한 분석은 시장의 불규칙한 변동요인을 제거함으로써 시장 전체의 대세 전환을 파악하고 이에 따른 매매시점을 결정하는 데 이용된다.[12]

단기이동평균선은 시세변화에 민감하게 반응하지만 전반적인 추세파악이 어려운 반면, 장기이동평균선은 시세변화는 잘 반영하지 못하지만 추세변화는 쉽게 파악할 수 있다. 주가이동평균선에는 5일이나 20일의 단기이동평균선, 60일의 중기이동평균선, 그리고 120일이나 200일 등의 장기이동평균선 등이 있다.

이 중 가장 많이 사용되는 이동평균선은 200일 이동평균선인데, 이는 신문 또는 투자권유서 등에서 시장추세의 주요한 결정요인으로 자주 언급된다. 이 전략의 초기 지지자 중 한 사람인 윌리암 고든(William Gordon)은 1897년부터 1967년까지의 기간에는 다우지수가 200일 이동평균선 위에 있을 때 주식을 매수하는 것이 그 반대일 경우보다 7배의 높은 수익을 올릴 수 있었다는 것을 발견하였다.

시겔(Siegel) 교수는 1924~1936년, 1980~1997년 두 기간 자료를 이용하여 200일 이동평균선을 이용한 전략과 매수 후 보유전략의 수익률을 비교하였는데 그 결과가 매우 흥미롭다. 200일 이동평균선 전략은 장마감시점에서 다우지수가 200일 이동평균선보다 최소 1% 이상 높게 끝나면 주식을 종가로 매수하고, 다우지수가 200일 이동평균선보다 최소 1% 이하에서 끝나면 주식을 매도하는 전략이다.

연구결과를 보면, 이동평균전략은 매우 정확한 듯이 보인다. 투자자들은 주요 강세장 기간마다 주식에 투자할 수 있었고, 모든 주요 약세장 기간에는 주식시장에서 벗어나올 수 있었다. 그 결과 1885년부터 1997년 6월까지 이동평균전략의 연간 수익률은 11.5%로 매수 후 보유전략의 10.0%보다 높은 성과를 기록했다. 하지만 이동평균전략을 비롯한 타이밍전략의 핵심 장점은 위험의 축소이다. 시장에 참여하고 있는 기간이 총기간의 2/3 이하이기 때문에 수익률의 표준편차가 1/4 정도 줄어들게 된다.

12〉 Brock, Lakonishok, Lebaron(1992)는 이동평균법이 시계열모형에 의하여 설명이 잘 안 되는 자산수익률의 변화형태를 보다 정확히 설명한다고 보았다.

그러나 타이밍전략의 경우 잦은 매매로 인하여 거래비용이 증가하는 것을 고려해야 한다. 거래비용에는 위탁수수료뿐만 아니라 호가 간 차이, 시장충격비용 등이 있으며 타이밍전략의 경우 매매 시 0.5% 정도될 것으로 추산하였다. 이와 같은 거래비용을 감안하였을 때 타이밍전략의 연간 복리수익률은 10.1%로 계산되어 매수 후 보유전략과 거의 비슷함을 알 수 있다.

주가이동평균선을 이용하여 주가를 예측하는 방법 중 골든 크로스(golden cross)와 데드 크로스(dead cross)가 많이 이용되고 있다. 골든 크로스는 단기이동평균선이 장기이동평균선을 아래로부터 위로 뚫고 올라가는 경우로서 활황장세로의 전환이라고 판단하여 매수의 신호로 파악한다. 이와 반대로 데드 크로스는 단기이동평균선이 장기이동평균선을 위로부터 아래로 뚫고 내려가는 경우로서 침체장세로의 전환으로 판단하여 매도의 신호로 파악한다.

이격도 이격도는 당일의 주가를 이동평균주가로 나눈 퍼센트 비율로서 당일의 주가가 이동평균주가로부터 떨어져 있는 정도를 나타낸다. 이동평균주가는 과거 일정 기간의 주가를 단순 평균한 것이기 때문에 매매시기를 포착하는 데 어려움이 있어서 이격도는 이동평균주가의 단점을 보완하는 지표로 이용된다. 주가가 이동평균선보다 위에 있을 경우 이격도는 100% 이상이며 주가가 이동평균선의 아래에 있을 경우에는 이격도는 100% 이하인데, 일반적으로 주가는 이동평균선으로 회귀하려는 경향이 있다고 보아 매입 또는 매도 시점을 판단한다는 것이다.

$$\text{이격도} = \frac{\text{당일 주가(종합주가지수)}}{\text{당일 이동평균주가(이동평균 종합주가지수)}} \times 100$$

일반적으로 25일 이동평균주가에 의한 이격도가 106% 이상이면 매도시점으로, 92% 이하이면 매입시점으로 판단한다. 75일 이동평균주가에 의한 이격도가 110% 이상이면 매도시점으로, 98% 이하이면 매입시점으로 판단한다.

거래량분석 주가는 그 주식의 수요와 공급에 의하여 결정되는데 일반적으로 주식의 수요와 공급은 일차적으로 거래량에 의해 측정된다. 일반적으로 주식의 거래량이 주가에 선행한다고 할 수 있으므로 거래량의 변화를 분석하여 개별증권이나 시장 전체의 추세전환을 예측할 수 있다.

로버트 리아(Robert Rhea)는 주가와 거래량의 상관관계를 다음과 같이 설명한다. 일반적으로 주가가 상승하면서 거래량이 증가하면 주가가 더욱 상승할 것으로 해석하며, 반대로 주가가 하락하면서 거래량이 증가할 경우 주가가 더욱 하락할 것으로 해석한다. 한편 주가가 상승하면서 거래량이 감소하면 하향국면으로의 전환을 의미하며, 주가가 하락하면서 거래량이 감소하면 주가추세가 상승국면으로 전환되고 있는 신호로 해석한다. 거래량에 기초를 둔 기술적 분석기법에는 OBV지표, 번한지표 등이 있다.

〈표 9-2〉 OBV분석의 예

일자	종합주가지수	거래량	OBV
1	832	1,200	–
2	843	1,500	1,500
3	841	1,600	–100
4	860	1,300	1,200
5	870	1,100	2,300
6	864	1,800	500
7	882	2,200	2,700

OBV지표 OBV(On Balance Volume)지표는 주가가 상승한 날의 거래량에서 주가가 하락한 날의 거래량을 차감하여 이를 누적적으로 집계하여 구한다. OBV지표는 그랜빌(Granville)에 의하여 고안된 것으로 좀 더 자세히 살펴보자. 예를 들어, 〈표 9-2〉에서 가정하고 있는 주가의 움직임에서 OBV를 구하여 보자. 제2일은 전일에 비하여 주가가 상승하였으므로 OBV는 1,500이 된다. 제3일은 주가가 하락하였으므로 상승 누적거래량(1,500)에서 하락 누적거래량(1,600)을 빼면 OBV는 −100이 된다. 제4일은 주가가 상승하였으므로 상승 누적거래량(2,800)에서 하락 누적거래량(1,600)을 빼면 OBV는 1,200이 된다.

이렇게 계산된 OBV를 도표로 그려서 다음과 같이 판단한다.

- 〈그림 9-5〉의 A점에서와 같이 OBV선이 이전의 고점수준 이상으로 올라가면 주가가 상승할 것으로 판단한다.
- 〈그림 9-5〉의 B점에서와 같이 OBV선이 직전의 저점수준 이하로 내려가면 주가는 하락할 것으로 판단한다.

〈그림 9-5〉 OBV선과 상승신호, 하락신호

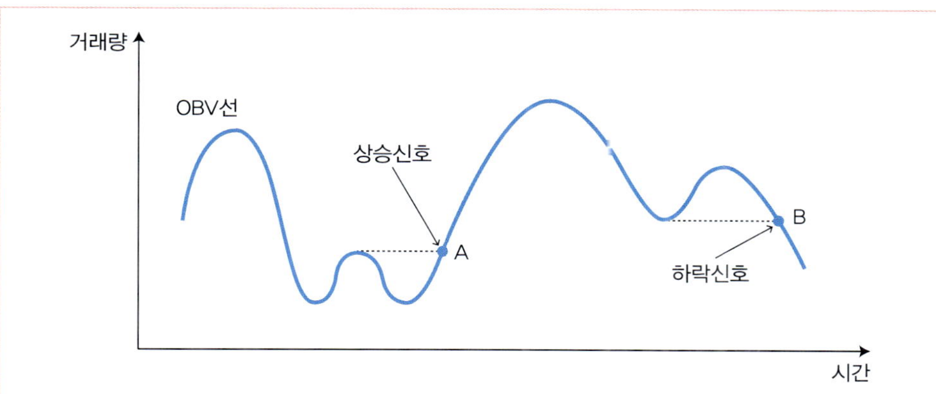

번한지표 번한지표는 현재의 주식시장이 과열상태 혹은 침체상태인가를 파악하여 주가를 예측하려는 거래량지표의 하나이다. 번한지표는 거래량회전율과 거래성립률을 곱하여 계산하는데 거래량회전율은 거래의 양을 나타내고 거래성립률은 거래의 질을 나타내는 지표라 할 수 있다. 일반적으로 번한지표가 30% 이상이면 시장이 과열상태로 판정하며, 5% 이하이면 침체상태로 판정한다.

$$\text{거래량회전율(\%)} = \frac{\text{당일 전체거래량} \times \text{연간 거래일수}}{\text{전체 상장주식수}} \times 100$$

$$\text{거래량성립률(\%)} = \frac{\text{거래성립종목수}}{\text{전체상장종목수}} \times 100$$

$$\text{번한지표} = \text{거래량회전율} \times \text{거래성립률}$$

주가–거래량지표 주가-거래량지표는 주가와 거래량의 상관관계를 이용하여 주가의 움직임을 예측하려는 지표이다. 일반적으로 주가와 거래량의 25일 이동평균을 구하여 가로축에는 거래량을 표시하고 세로축에는 주가를 표시한다(그림 9-6 참조). 일명 역시계방향곡선이라고도 하며 시세의 중기적인 추세를 파악하여 매매시점을 파악하는 데 이용한다. 일반적으로 주가-거래량곡선의 움직이는 방향에 따라 여덟 가지 국면, 즉 바닥–매입신호–매입지속–매입보류–천정–매도신호–매도지속–매도보류로 분류하여 매매시점을 파악한다.

반대의견이론 반대의견이론(theory of contrary opinion)은 일반투자자들은 대체로 미숙한 투자판단을 하는 경향이 있으므로 일반투자자들 특히 초보투자자들과 반대로 투자 결정을 하는 것이 유리하다는 논리이다. 예를 들어, 일반투자자들이 장세를 비관할 때는 주식을 매입할 시점이고 일반투자자들이 장세를 낙관할 때는 주식을 팔 시점이라는 것이다. 반대의

〈그림 9-6〉 주가–거래량 지표의 여덟 국면

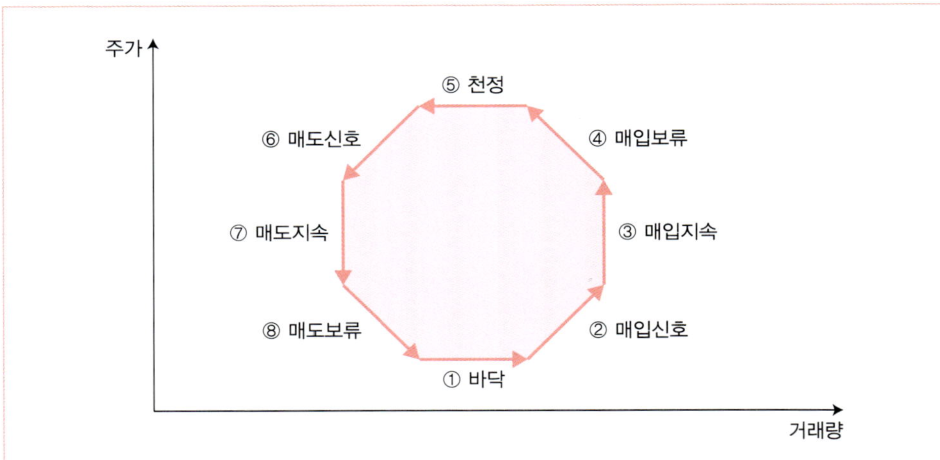

견이론에는 단주이론이 있다.

단주이론(odd lot theory)은 초보투자자나 소액투자자의 투자판단과 예측은 대체로 틀리기 때문에 그들의 투자 결정과 반대로 투자하면 성공한다는 이론이다. 초보투자자나 소액투자자들의 시장에 대한 예측은 단주거래동향을 분석하여 알 수 있는데, 단주란 거래단위에 미달되는 주식을 말한다. 즉 단주매입주수와 단주매출주수의 비율인 단주거래지수(odd lot index: OLI)가 1이 안 될 경우 단주매입주수가 단주매출주수보다 적은 것을 나타내기 때문에 초보투자가나 소액투자자들이 주가하락을 예상하고 주식을 매도한다는 것을 의미한다. 따라서 이들과는 반대로 하는 것, 즉 주식을 매입하여야 한다는 설명이다.

$$\text{단주거래지수}(OLI) = \frac{\text{단주매입주수}}{\text{단주매도주수}}$$

만약 단주거래지수가 1보다 클 경우에는 소액투자자들이 주가가 상승할 것으로 판단하는 것이므로 실제로는 하락할 것이기 때문에 이들과는 반대로 주식을 매도하여야 한다는 주장이다.

신뢰도지수 신뢰도지수(confidence index)는 신용평가등급이 낮은 하급채권의 수익률과 높은 등급의 상급채권의 수익률의 비율로서 미래 주가동향을 예측하는 데 이용한다. 일반적으로 채권은 일반투자자보다는 기관투자가들이 대량으로 거래를 하게 되는데, 전문적인 기관투자가들의 장래 경기에 대한 예측이 신뢰도지수에 반영되어 신뢰도지수의 분석을 통하여 주식시장의 동향을 예측할 수 있다는 것이다. 즉 만약 앞으로 호황이 예상되면 하급채권이 지급불능될 위험은 낮아지므로 하급채권의 수익률은 그만큼 낮아져서 상급채권 수익률과의 차이가 줄어든다는 것이다. 반대로 경기의 불황이 예상될 경우 하급채권의 수익률이 높아지고 그 결과 상급채권의 수익률과의 차이가 커진다는 것이다.

$$\text{신뢰도지수}(CI) = \frac{\text{상급채권 수익률}}{\text{하급채권 수익률}}$$

이 신뢰도지수는 $CI<1$의 관계가 항상 성립되는데 경기가 호황일 것으로 예상될 경우에는 두 채권의 수익률차이가 줄어들어 신뢰도지수는 1에 가깝게 될 것이며, 경기가 불황일 것으로 예상될 경우에는 두 채권의 수익률차이가 늘어 신뢰도지수는 1보다 작아지게 될 것으로 판단한다.

등락지표 등락지표는 증권시장 전체의 주가 움직임을 일정 기간 주가의 상승종목수(advance)와 하락종목수(decline)와의 차이나 비율로써 파악하는 지표이다. 등락선(Advance-Decline Line: ADL)은 일정 기간 주가의 상승종목수와 하락종목수와의 차이를 매일 누계하여 그래프로 나타낸 것이다. 일반적으로 등락선이 상승추세에 있으면 시장 전체 주가는 상승추세에 있다고 판단할 수 있고, 등락선이 하락추세에 있으면 시장 전체 주가는 하락추세에 있다고 본다.

등락비율(Advance-Decline Ratio: ADR)선은 일정 기간 주가의 상승종목수와 하락종목수와의 비율(상승종목수/하락종목수)을 매일 계산하여 그래프로 나타낸 것이다. 등락비율선의 판단기준은 등락선(ADL)과 동일한데, 일반적으로 등락비율선이 상승하면 시장 전체 주가는 상승추세에 있다고 판단할 수 있고, 등락비율선이 하락하면 시장 전체 주가는 하락추세에 있다고 본다. 또한 대개의 경우 등락비율이 75% 이하이면 바닥권 시세로 판단하여 매입시점으로 보고, 125% 이상이면 천정권 시세로 보고 매도시점으로 삼는다.

투자심리도 투자심리도는 투자자들의 심리상태를 나타내기 위한 지표로서 최근 12일 중 주가가 전일보다 상승한 날의 비율로 나타낸다. 투자심리선은 일정 기간의 투자심리도를 그래프로 나타낸 것이다.

$$\text{투자심리도} = \frac{\text{최근 10일 중 주가상승일수}}{10} \times 100$$

최근 10일간 매일 주가가 올랐다면 투자심리도는 100%가 되며 매일 내렸다면 0%가 된다. 일반적으로 투자심리도가 80% 이상일 경우 주식시장이 과열상태라고 보고 매도시점으로 판단한다. 예를 들어, 최근 10일 중 전일에 비하여 주가가 상승한 날이 8일이라면 투자심리도는 80%로서 주식시장이 과열상태라고 판단한다는 것이다. 투자심리도가 20% 이하이면 주식시장이 침체상태라고 보고 매입시점으로 판단한다. 투자심리선은 정확한 매매시점을 포착하기 위한 기술적 지표라기보다는 시장의 과열이나 침체상태를 판단하기 위한 지표라 할 수 있다.

개별 주식가격의 예측

도표분석 도표는 선도표(line chart), 봉도표(bar chart) 그리고 점수도표(point & figure chart)로 나눈다. 선도표는 시간에 따른 주가의 변화를 선으로 나타낸 것으로 5일, 20일, 60일 이동평균선 등이 이에 속한다. 봉도표는 일정 기간의 주가변화를 막대모양으로 계속 그린 것으로 일반적으로 저가와 고가, 그리고 시가와 종가를 표시한다. 봉도표에는 일봉, 주봉 그리고 월봉 등이 있다. 하루 주가를 나타내는 일봉의 경우, 일반적으로 그날 하루의 종가가 시가보다 높을 경우에는 양선(하얀 막대)으로 표시하고, 반대로 종가가 시가보다 낮을 경우에는 음선(검은 막대)으로 표시한다.

점수도표는 주가가 사전에 정해진 가격폭 이상으로 상승할 경우에는 ×표로 표시하고, 하락할 경우에는 ○표로 표시한다. 또한 주가가 상승에서 하락으로 바뀔 경우에는 줄을 바꾸어서 한칸 아래 ○표로 표시하고 하락에서 상승으로 바뀔 때는 한칸 위에 ×표로 표시한다. 점수도표에서는 종목마다 가격변동폭이 다르기 때문에 점수를 얼마로 설정하느냐가 중요한데 적절한 점수의 설정은 쉽지 않다. 점수도표에서는 시간이나 거래량은 표시되지 않고 가격상승과 하락만 표시된다.

패턴분석 이 방법은 변화하는 주가나 거래량의 움직임에서 어떤 특정한 패턴을 찾아내어 주가를 예측하고 매매시점을 포착하려는 방법이다. 예를 들어, 사람의 왼쪽어깨, 머리, 오른쪽어깨 등의 모습을 발견할 경우 이를 머리-어깨형(head and shoulder pattern)이라 하고, 그 시점에 따라 시장상황을 분석하는 것이다.

〈그림 9-7〉에서는 주가변동의 전형적인 패턴을 찾는 방법 중에서 주가변동의 천장(top)을 나타내는 패턴과 바닥(bottom)을 나타내는 패턴들을 보여주고 있다. 이들 패턴분석(pattern analysis)은 주가변동의 모습 중에서 시세의 천장이나 바닥에서 일어나는 전형적인 패턴을 찾아내어 주가흐름이 상승국면인지 하락국면인지를 포착하려는 것이다.

이외에도 원형, 삼각형, 쐐기형, 깃대형 등을 들 수 있고, 이들이 각각 위나 아래로 반복되는 데 따라 〈그림 9-7〉에서 보는 바와 같이 천장형(top)과 바닥형(bottom)으로 나눈다.[13] 봉

〈그림 9-7〉 주가도표의 패턴분석

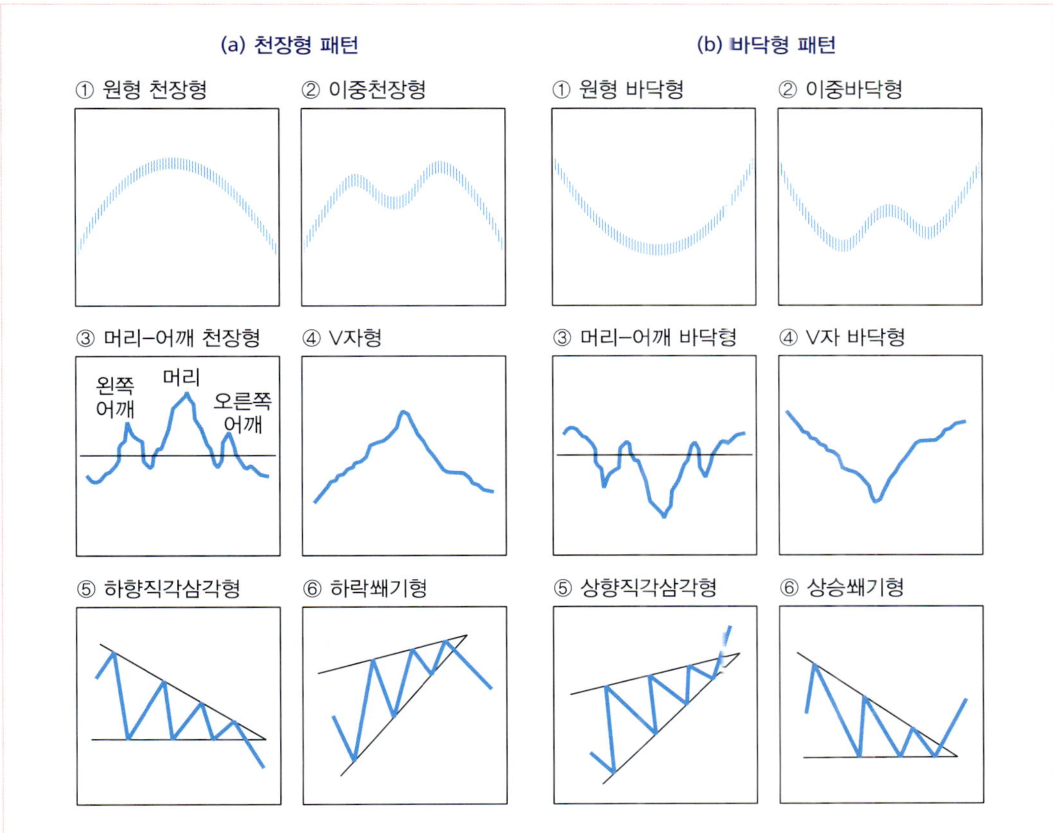

13〉 변종국·김지수 (2000), 21세기 증권투자, 경문사.

도표나 점수도표를 지속적으로 그려서 일정한 추세를 발견하여 상승 또는 하락추세를 판단한다.

필터기법 필터기법(filter technique)은 주가가 일정 기간 중 최저수준에서 일정비율(%) 또는 일정 금액 상승하면 매입하고, 최고수준에서 일정비율(%) 또는 일정 금액 하락하면 매각하는 기법이다. 이때 주식의 매입이나 매각 여부를 결정하는 주가의 일정비율을 필터라고 한다. 예를 들어, 〈그림 9-8〉에서 보듯이, 5%의 필터기법을 이용할 경우 일정 기간 중 최저 주가가 50,000원이었다고 하자. 만약 주가가 5% 상승한 52,500원이 되면 필터기법에 의하여 주식을 매입하게 된다. 만약 주가가 80,000원까지 상승하여 최고수준에 도달하였다면 최고수준에서 5% 하락한 76,000원이 되면 주식을 매각하게 된다.

〈그림 9-8〉 필터기업의 사용 예(5% 필터기법)

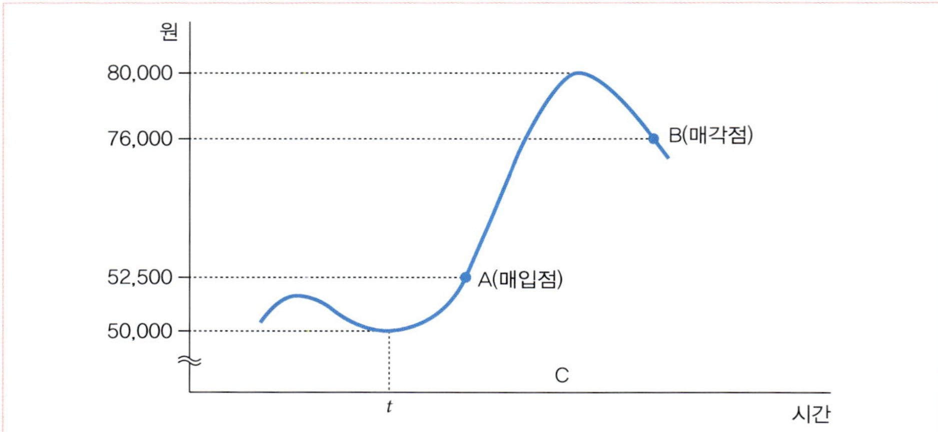

상대적 강도분석 강세시장에서도 어떤 주식의 가격은 다른 주식보다 더 빠르게 상승하며, 약세시장에서 어떤 주식의 가격은 다른 주식보다 더 빠르게 하락하는 경향이 있다.

상대적 강도(relative strength)는 주식시장 전체의 주가변동과 비교하여 개별 주식가격변동의 상대적인 비율을 나타낸다. 〈표 9-3〉은 K주식의 월별 상대적 강도를 계산한 것이다. K주식의 3개월의 상대적 강도의 평균을 구하면 1.25로서 이것이 의미하는 바는 종합주가지수가 1% 변동할 때, K주식의 주가는 1.25% 변동한다는 것이다.

〈표 9-3〉 상대적 강도의 계산

기간	K주식 주가 변동률(A)	종합주가 변동률(B)	상대적 강도(A/B)
2018년 1월	0.031	0.025	1.24
2018년 2월	0.042	0.032	1.31
2018년 3월	0.035	0.029	1.21

상대적 강도지표를 이용한 투자전략을 보면, 주가의 상승장에서는 상대적 강도가 큰 주식에 투자함으로써 더 큰 이익을 기대할 수 있으며, 약세시장에서는 상대적 강도가 작은 주식에 투자하는 것이 필요하다는 것이다. 상대적 강도는 CAPM이론에서 체계적 위험을 나타내는 베타(β)와 유사한 개념이라 할 수 있다.

9-2-3 효율적 시장 가설, 행태재무론과 기술적 분석

효율적 시장 가설과 기술적 분석

기술적 분석을 효율적 시장 가설과 비교하여 보자. 효율적 시장 가설에 의하면 관련된 모든 정보가 주가에 신속하게 반영되기 때문에 주가에 영향을 미치는 것은 새로운 정보이다. 그런데 이 새로운 정보는 언제 발생할지 모르고 또한 악재일지 호재일지도 알 수 없기 때문에 미래의 주가는 예측할 수 없다는 입장이다.

기술적 분석은 주가는 특정한 추세를 형성하면서 변화하기 때문에 예측이 가능하다는 것이다. 즉 과거의 주가나 거래량의 도표를 살펴보면 미래 주가를 예측할 수 있다는 것이다. 그러나 기술적 분석을 통하여 그 주식의 과거 주가 움직임에 관한 정보가 주가에 더 잘 더 빨리 반영되면 될수록 시장의 효율성은 증가된다고 할 수 있으므로 효율적 시장 가설하에서도 기술적 분석의 유용성이 없는 것은 아니다.[14]

행태재무론과 기술적 분석

기술적 분석도 기본적 정보의 가치를 부인하는 것은 아니다. 단지 가격이 즉각적이 아니라 점진적으로 내재가치에 접근한다고 보는 것이다. 예를 들어, 행태적 경향 중 하나로 처분지연효과(disposition effect)라고 있는데, 이는 손실을 보고 있는 투자에 대해서 팔지 않고 보유하려는 투자자들의 성향을 나타내는 것이다. 이러한 처분지연효과는 비록 근본가치가 임의보행을 따른다고 할지라도 주가에 모멘텀 효과를 만들어낼 수 있다. 처분지연효과의 성향을 보이는 투자자들의 어떤 주식에 대한 수요는 그 주식의 과거 가격 움직임에 따라 달라지기 때문에, 가격이 근본가치에 점진적으로 접근하게 된다. 이러한 행태재무론적 설명은 기술적 분석의 기본 생각과 궤를 같이 한다.

행태적 편의는 또한 기술적 분석가들이 거래량 데이터를 사용하는 것과도 일맥상통한다. 앞에서 살펴보았듯이 중요한 행태적 속성 중 하나는 과잉확신인데, 투자자들이 자신의 능력에 대해 과잉확신을 갖게 되면 더 많이 거래하게 됨에 따라 거래량과 수익률 간에 어떤 관계가 생길 수 있기 때문이다. 따라서 기술적 분석가들은 거래전략을 구사함에 있어 과거 주가정보와 함께 거래량정보를 사용하게 된다.

또한 기술적 분석가들은 시장기저가 감정변수(sentiment variable)라고 불리는 행태적 요인

14) 시장효율성에 관한 자세한 내용은 6장에서 다루고 있다.

들에 의해 흔들릴 수 있다고 믿는다. 기본적인 가격추세를 따라 가며 다소간 임의의 가격 요동이 일어날 수 있으며 이러한 가격요동이 사라지는 가격수정 과정에서 수익률을 높일 수 있는 기회가 생길 수 있다는 것이다.

기술적 분석의 유용성과 한계

기술적 분석은 과거 주가나 거래량 자료를 분석하여 추세나 패턴을 발견하고 이를 근거로 투자시점을 찾는 것이다. 기술적 분석은 투자자들이 시장의 주요한 추세를 알고 추세의 전환을 인지할 수 있도록 도와주는 것이 사실이다. 또한 기술적 분석이 사용하는 주가와 거래량 자료는 얻기 쉽고 계량적으로 분석하기에도 용이하다. 따라서 증권실무자들은 아직도 이러한 기술적 분석을 많이 사용하고 있다.

그러나 기술적 분석을 비판하는 사람들은 주가가 근본적으로 임의보행(random walk)하기 때문에 과거의 주가 또는 거래량의 변화를 토대로 미래의 주가를 예측할 수 없다고 한다. 과거의 경제상황이나 고객의 심리변화 등이 미래에도 동일하게 반복된다면 기술적 분석이 타당할 수도 있으나, 주가에 영향을 미치는 정보나 심리적인 변화는 반복적일 수 없다는 주장이다. 즉 미래는 과거의 반복일 수만은 없다는 것이다.

또한 과거 주가나 거래량의 분석을 통하여 일정한 추세나 패턴을 발견하는 데 있어서 사후적으로는 가능하나 현재시점에서는 추세나 패턴의 어느 지점에 있는지 파악하기가 쉽지 않고 동시에 분석가마다 다른 해석을 내릴 가능성이 있는 등 분석에 있어서 일관성이 없을 수도 있다. 기술적 분석은 따라서 논리적인 타당성이 부족하다는 비판을 받고 있으며 미국의 투자론 교과서들에서는 상대적으로 덜 중요시되고 있다.

그러나 기술적 분석의 유용성을 믿고 차트를 보는 사람들이 많으면 많을수록 그 영향력은 증가한다는 말이 있으며, 특히 최근에는 PC 등으로 손쉽게 도표를 그리고 분석을 하게 됨으로써 실무계에서는 널리 이용되고 있다.

9-3 증권종합분석

9-3-1 기본적 분석과 기술적 분석의 한계

우리는 기업의 배당금, 수익, 장부가치 등에 근거한 주식의 기본적 분석과 주식의 과거자료에 근거한 기술적 분석 모두를 9장의 앞부분에서 배웠다. 그러나 주식시장의 움직임은 앞에서 논의한 것보다 훨씬 더 복잡다기하다. 뉴턴(Newton)은 "나는 천체의 움직임은 예측할 수 있으나 집단의 광기는 예측하지 못한다."라고 하여 주식시장 움직임의 예측이 불가능함을 잘 대변하고 있다. 또한 시겔(Siegel)이 쓴 「주식투자 바이블」에 이를 잘 설명하는 일례가 있어 그 글을 소개하고자 한다.[15]

15〉 제레미 시겔 (2001), 주식투자 바이블, 거름.

1997년 7월 24일 목요일. 뉴욕증권거래소 개장 30분도 채 남지 않은 시간에 다음과 같은 뉴스가 미국 주식시장에 전달되었다.

오전 9:07

시장이 최고점 돌파 후 고평가되어 있다는 우려는 디지털 이큅먼트(Digital Equipment)와 같이 예상보다 높은 수익을 내는 기업들에 의해 상쇄되면서 주식시장이 앞으로도 더 상승할 것으로 예상된다.

매우 높은 수익을 들먹이며 강세장을 예견한 거래자는 "시장이 더 높이 올라갈 것"이라고 결론지었다. 하지만 주식은 약세로 출발하여 오전장 내내 하락했다. 거래 시작 31분 후, 위의 글을 쓴 사람이 다음과 같은 글을 올렸다.

오전 10:01

미국시장은 디지털 이큅먼트와 같은 기업들이 예상보다 높은 수익을 낼 것이라는 호재를 상쇄시켜 버릴 정도로 상승함에 따라, 고평가된 주가에 대한 우려감으로 하락했다.

약세장을 논의한 이 사람은 이번에는 시장의 가치가 과장되어 있고 5~10% 정도의 조정이 있을 것이라고 결론지었다. 하지만 이날 오후 주식시장은 반전하여 강하게 상승했으며, 최고점으로 폐장했다. 그 사람은 장 마감시간에 또 다시 다음과 같은 글을 올렸다.

오후 4:13

주가가 고평가되어 있다는 우려가 디지털 이큅먼트와 같이 예상보다 높은 수익을 내는 기업들에 의해 상쇄됨에 따라, 장 초반의 손실로부터 반등하여 기록적인 상승을 보였다.

위와 같이 시장 움직임에 대해서 갈팡지팡하는 설명은 심심찮게 볼 수 있다. 어떤 중요 뉴스도 나오지 않은 하루였으며, 극히 정상적이지만 예측 불가능한 매수자와 매도자의 세력균형에 의해 하루 동안의 상승과 하락이 만들어졌던 것이다. 시장 움직임을 설명할 수 있는 경제적 또는 정치적 측면에서의 근본적인 설명 역시 없었다.

하지만 개인들은 시장이 왜 움직이는지를 알아야 한다는 심리적인 강박관념에 싸여 있다. 많은 투자자들은 시장 움직임의 대부분이 무작위적이며, 움직임을 설명할 수 있는 적절한 이유와 근거가 없다는 것에 대해 매우 불안해한다. 반면에 시장 움직임에 대한 이유가 대개는 사실이 아니라는 것을 알고 있음에도 불구하고 누군가가 그들에게 '왜'에 대한 대답을 해주면 매우 행복해한다.

금융전문가들은 이러한 투자가들의 욕구를 충족시켜 주는 것에 대해 아주 만족해한다. 시장은, 시장이 하락해야만 하는 이유를 가지고 있는 매도자와, 시장이

상승해야만 하는 이유를 가지고 있는 매수자의 반응을 이미 반영한다. 이들의 모든 시각은 뉴스룸에서 열심히 수집된다. 만일 시장이 하락하면 기자들은 시장하락 관점을 가진 사람들로부터 하락의 이유를 수집한다. 반대로 시장이 상승하면 시장 상승 관점을 갖고 있는 사람들로부터 상승의 이유를 수집한다. 아니면, 위의 예에서처럼, 시장이 상승하거나 하락할 때마다 문장순서를 바꾸어서 말을 바꿔버린다. 워드 프로세서의 발달로 이러한 과정이 매우 쉽게 이루어질 수 있게 되었다.

이 글은 기본적 분석과 기술적 분석의 한계를 분명하게 보여주는 동시에 시장의 모습을 생생하게 묘사하고 있다. 시장은 특별한 경제 또는 정치 뉴스가 없음에도 불구하고 출렁거린다. 투자가들이 평소 시장분석을 위해 사용하던 분석틀이 더 이상 작동하지 않음을 인지하는 동시에 시장이 가장 싫어하는 '불확실성(uncertainty)'으로 인해 두려움을 느낀다. 금융전문가들은 나름대로의 이유를 찾기 위해 분주해진다.

결론적으로 이러한 사항들은 시장이 얼마나 예측 불가능하며 추세를 예측하는 것이 얼마나 어려운 일인지를 다시 한번 확인시켜준다.

9-3-2 상황에 따라 다른 시장의 반응

4부 도입 부분에서 "고용 23만9천 명 증가, 실업률 6년 최저수준인 5.3%, 시간당 임금 9% 상승, 30년간의 최고 증가기록"이라는 발표에 주가는 하락하였다고 했다. 왜 하락하였을까? 경기 또는 경제성장의 관점에서 볼 때는 전혀 문제가 없을 뿐만 아니라 오히려 긍정적인 시그널로 볼 수 있는 데도 말이다. 그 이유는 시장이 주어진 정보를 '어떻게 해석하느냐'는 상황에 따라 다르기 때문이다.

첫째, 해당 정보의 발표시점에서 주가가 최고점 근처에서 움직이고 있었다는 사실은 이미 주가가 향후 미국경기의 지속적 상승전망을 반영하고 있었다고 볼 수 있기 때문에 경기에 대한 좋은 소식은 더 이상 시장에 호재가 아니었을 가능성이 높다.

둘째, 빠른 경제성장과 높은 임금상승은 인플레이션과 금리의 상승을 유발할 수 있기 때문에 중앙은행의 통화긴축과 채권가격의 하락으로 이어져 주식시장에 오히려 악재가 될 가능성이 높았기 때문이다.

셋째, 항상 주식시장은 '호재'보다는 '악재'에 보다 민감한 반응을 보인다는 것도 작용했을 것이다.

〈그림 9-9〉는 높은 경제성장률이라는 뉴스에 대해 시장의 반응이 어떻게 달라질 수 있는지를 설명하고 있다. 이와 같이 같은 뉴스에 대해서도 시장반응은 다르게 나올 수 있기 때문에 시장반응을 정확히 예상하기란 쉽지 않다.

〈그림 9-9〉 정보에 대한 시장의 가능한 반응

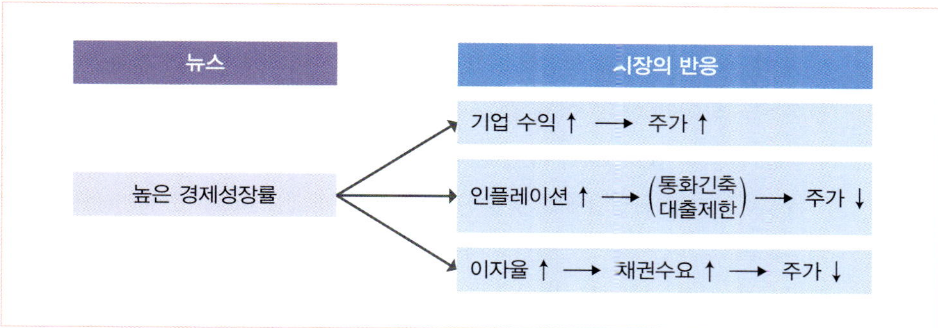

9-3-3 시장반응의 원칙

만일 시장에서 일자리가 5만 개 정도 줄 것이라고 '기대하고' 있었는데 실제 발표에서는 단지 3만 개 정도만 줄어들었다고 하면, 이는 실제로는 일자리가 줄어들었지만 '호재 경제뉴스'가 되어 주가가 상승한다. 만약 시장의 예상대로 5만 개 정도의 일자리가 줄었다고 발표가 났다면 시장은 이에 별 반응을 보이지 않았을 것이다. 왜 그럴까? 시장의 기대는 이미 주가에 반영이 되어 있기 때문이다. 따라서 시장은 시장의 참가자들이 '기대하고' 있는 내용과 '실제 발표되는' 내용 간의 차이에 따라 반응을 보이지, 뉴스 자체가 호재인가 악재인가는 중요하지 않다. 어떤 기업의 수익이 별로 안 좋다고 발표될 것으로 예상한다면, 이미 그 기업의 주가는 이를 반영하고 있다. 실제 수익이 예상한 만큼 나쁘지 않다고 발표가 나면 주가는 수익발표 후 오히려 상승할 것이다. 이러한 논리는 주식뿐만 아니라 채권, 외환, 유가 등 모든 시장변수에 적용된다.

따라서 시장의 움직임을 이해하기 위해서는 발표자료에 대한 '시장의 기대'가 무엇인지를 알고 있어야 한다. 요즘 시장에는 다양한 리서치기관, 증권분석가, 경제전문가, 전문예측가들이 이러한 정보를 끊임없이 창출하고 수집해서 언론 또는 인터넷 등에 알리고 있기 때문에 시장의 예상치를 입수하는 데 큰 어려움이 없다. 물론 이러한 시장의 예상치보다 실제 발표내용이 좋을지 나쁠지를 아는 것은 별개의 문제이다.

9-3-4 EVA 및 MVA와 주가

가치중시경영(Value Based Management: VBM)이란 기업가치, 즉 기업의 미래현금흐름의 현가의 합을 극대화하려는 전략을 의미한다. 기업의 가치는 언제 창조되고 언제 파괴되는가? 기업의 이익이 많이 나면 기업의 가치는 창조되는 것인가? 기업의 이익이 아무리 많이 나더라도 리스크를 너무 많이 부담하여 이익을 낸 것이라면 이때 기업의 가치가 증가하지 않는다. 왜냐하면 리스크에 대한 부담을 코스트로 환산해서 이익에서 차감하면 실질적으로 부가가치가

(-)가 될 수 있기 때문이다. 또한 기업의 이익이 아무리 많이 나더라도 투하한 자본이 지나치게 많으면 투하한 자본에 대한 코스트를 감안할 때 실질적으로는 부가가치가 (-)가 될 수도 있다. 이익극대화를 기업의 목표로 삼았을 때 이러한 점들이 간과될 수 있음을 경영자들은 주지하여야 한다. 이와 같은 관점에서 출발하는 것이 가치중시경영(VBM)이고 이러한 관점을 실용화시킨 개념이 바로 경제적 부가가치, 즉 EVA(Economic Value Added)이다.

EVA는 기업이 영업에서 창출한 세후 영업이익(Net Operating Profit After Tax: NOPAT)으로부터 위에서 설명한 리스크 대가와 투하자본 대가를 차감한 값이다. 이때 리스크 대가와 투하자본에 대한 대가를 합한 금액은 자본비용금액이라 하며 가중평균자본비용(Weighted Average Cost of Capital: WACC)[16]과 투하된 자본량(Invested Capital: IC)을 곱한 금액이다.

$$\begin{aligned} \text{EVA} &= \text{세후 영업이익} - \text{자본비용금액} \\ &= \text{세후 영업이익} - (\text{WACC} \times \text{IC}) \end{aligned} \qquad \textbf{9-11}$$

《식 9-11》에서 볼 수 있는 바와 같이 경제적 부가가치가 창출되기 위해서는 다시 말해 EVA가 (+)가 되기 위해서는 영업이익이 (+)면 되는 것이 아니라 영업이익이 자본비용금액을 초과하여야 한다. 이를 그림으로 설명하면 〈그림 9-10〉과 같다.

세후 영업이익은 세후 영업이익을 투하된 자본량으로 나눈 다음 다시 투하된 자본량으로 곱해도 되기 때문에 《식 9-11》을 다음과 같이 표현할 수 있다. 이때 세후 영업이익을 투하된 자본량으로 나눈 것을 투하자본수익률, 즉 ROIC(Return On Invested Capital)이라 한다.

$$\begin{aligned} \text{EVA} &= (\text{세후 영업이익}/\text{IC} - \text{WACC}) \times \text{IC} \\ &= \underbrace{(\text{ROIC} - \text{WACC})}_{\text{질적 측면}} \times \underbrace{\text{IC}}_{\text{양적 측면}} \end{aligned} \qquad \textbf{9-12}$$

《식 9-12》에서 볼 수 있는 바와 같이 경제적 부가가치는 투하자본수익률(ROIC)이 가중평균자본비용(WACC)[17]을 초과하여야 창출되며 이익이 나더라도 자본비용을 초과하지 못하면 부가가치는 파괴된다. 따라서 자본비용을 넘느냐 못 넘느냐가 실질적인 부가가치 창출의

〈그림 9-10〉 EVA의 의미

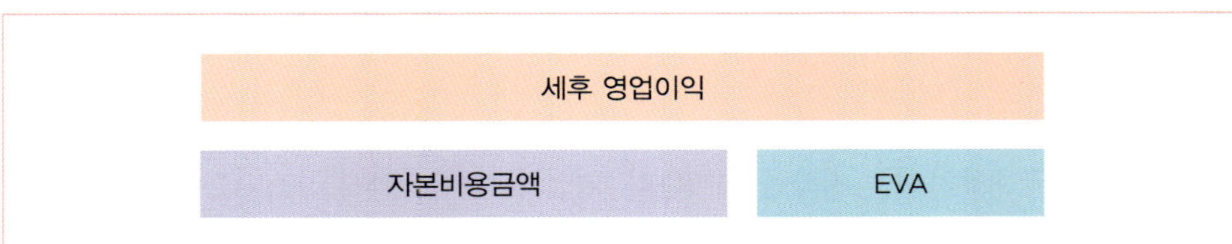

16〉 가중평균자본비용은 퍼센트(%)로 표시된다.

17〉 가중평균자본비용을 줄여서 자본비용으로 부르기로 한다.

관건이라 할 수 있으며 자본비용을 기업이 넘어서야 할 장애율(hurdle rate)이라고도 부른다. 만약 ROIC가 WACC를 초과하지 못하는 상태에서 급속히 성장하는 기업이 있다면 어떻게 될까? 그 기업은 성장하는 만큼 손해라고 할 수 있다. 질적 측면이 충족되지 않은 상태에서 양적 측면을 강조하다 보면 오히려 EVA는 점점 더 (-)가 될 뿐이다. 단순히 매출극대화를 추구하는 전략의 문제는 여기에서도 드러난다.

자본비용은 타인자본비용은 물론 자기자본비용도 포함한다. 결국 손익계산서상의 당기순이익은 타인자본비용만을 차감하는 반면 EVA는 자기자본비용까지도 함께 차감하게 된다. 자본비용은 앞에서도 설명한 바와 같이 실제로 기업이 지불하는 실제 코스트라기보다는 해당 자본이 부담하는 리스크에 대한 대가, 즉 자본을 제공한 투자자들이 요구하는 요구수익률(required return) 또는 기회비용(opportunity cost)의 개념으로 이해해야 한다. 따라서 각 자본제공자의 요구수익률을 정확히 맞춘 기업의 경우에는 EVA가 0이 되며 신규 부가가치를 창출하였다고 볼 수 없다. 이는 〈그림 9-11〉에 잘 나타나 있다.

당연히 자기자본을 제공한 주주들이 더 큰 위험을 부담하기 때문에 자기자본비용(cost of equity capital)이 타인자본을 제공한 채권자의 비용인 타인자본비용(cost of debt capital)보다 높아야 한다. 자기자본비용을 배당금으로 생각하는 경향이 있는데 배당금만을 바라고 투자하는 주주는 없다. 따라서 경영자들은 주가상승이라는 부분도 주주들이 요구하는 자본비용의 일부로 인식하여야 하며 단기적인 이익을 내는 것뿐만 아니라 장기적인 성장을 도모해야 하는 이유가 여기에 있다고도 볼 수 있다. 요즘 기업들이 현금배당뿐만 아니라 자사주 취득을 많이 하는 이유도 이와 관련된다.

EVA를 개발한 스턴 스튜어트사(Stern Stewart)의 보고결과 및 Uyemura, Kantor and Pettit(1996)의 연구결과에 의하면 EVA와 주가와의 상관관계는 40%에 이르지만 순이익과 주가와의 상관관계는 8%에 지나지 않는다고 한다. EVA가 순이익에 비해서 5배나 주가 설명력을 갖는다는 것이다.

그런데 EVA는 기업가치와 어떤 관계를 갖는가? 기업가치는 기업이 창출하는 미래의 모

〈그림 9-11〉 EVA: 주주의 초과이익

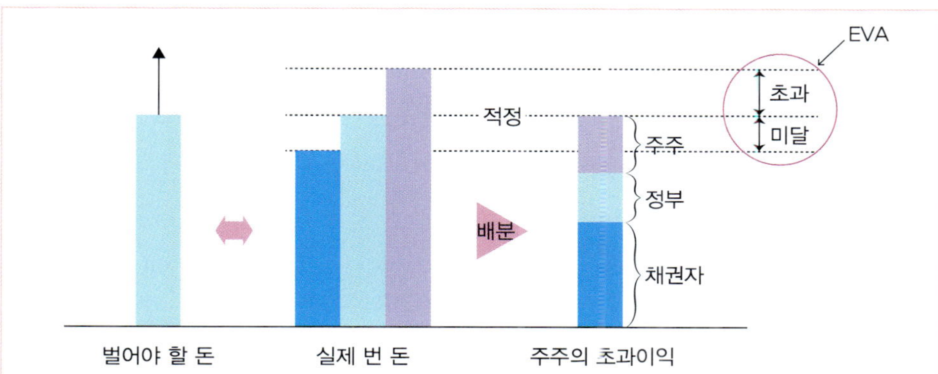

든 현금흐름을 할인하여 더한 값이라고 했는데 미래의 모든 EVA를 할인하여 더하면 기업가치가 될까? 아니다. 왜냐하면 EVA는 〈그림 9-11〉에서 보는 바와 같이 자본비용금액을 초과하는 초과이익의 개념이기 때문에 연도별 EVA를 할인해서 모두 합한 것은 기업가치가 아니라 연도별 자본비용금액을 할인해서 모두 합한 것을 기업가치에서 차감한 것이 된다. 모든 연도별 EVA를 할인해서 합한 것을 시장부가가치(Market Value Added: MVA)라고 하며, 모든 연도별 자본비용금액을 할인해서 합한 값은 최초 투하자본금액이 된다. 따라서 기업가치는 MVA와 최초 투하자본금액을 합친 것이 된다.

$$\text{기업가치} = \text{MVA} + \text{최초 투하자본금액} \qquad \textbf{9-13}$$
$$= \sum_{t=1}^{\infty} \frac{EVA_t}{(1+r)^t} + \text{최초 투하자본금액}$$

주식가치는 기업가치에서 부채금액을 차감한 것이므로 MVA와 최초 투하자본금액을 더한 것에서 부채금액을 차감한 것과 같다. 이렇게 구한 금액을 발행한 주식수로 나눠주면 주가가 되므로 주가는 MVA와 밀접한 관련성을 보일 것을 쉽게 짐작할 수 있다.

9-3-5 총주주수익률의 파라독스

주주가 얻는 총수익률(Total Shareholder Return: TSR)은 배당수익률(dividend yield)[18]과 주가상승률을 더한 것인데, 만약 PER가 일정하다면 주가상승률만큼 주당 이익도 상승해야 하므로 주주의 총수익률은 배당수익률과 주당 이익성장률의 합으로 표시할 수 있다. 또한 만일 배당지급률(또는 배당성향)이 일정하다면 배당금이 이익과 동일한 비율로 상승할 것이므로 주주의 총수익률은 배당수익률과 배당금 성장률의 합으로 표시할 수도 있다. 이를 정리하면 다음과 같다.

총주주수익률(TSR) = 배당수익률 + 주가상승률 **9-14**
총주주수익률(TSR) = 배당수익률 + 이익성장률 (만약 PER가 일정)
총주주수익률(TSR) = 배당수익률 + 배당성장률 (만약 배당지급률이 일정)

〈그림 9-12〉에서 볼 수 있는 바와 같이 월마트(Wal-Mart)는 시어즈(Sears)보다 성장성도 높고 수익성도 높다. 당연히 월마트의 MVA나 TSR이 시어즈의 MVA나 TSR보다 높아야 하는 것 아닌가? 그러나 〈그림 9-13〉을 보면 시장가치를 투하자본으로 나눈 Market-to-Capital 비율[19]은 월마트가 시어즈보다 높으나 TSR은 월마트가 시어즈보다 낮은 일종의 TSR

18〉 배당수익률은 배당금을 주가로 나눈 것이고, 배당률은 배당금을 보통주 액면가인 5천 원으로 나눈 것이다. 배당지급률은 당기순이익 중에서 배당금으로 지출된 비중을 말하는 것으로 배당성향이라고도 한다.

19〉 Market-to-Capital 비율은 시장가치를 투하자본으로 나눈 것이고 MVA는 시장가치에서 투하자본을 차감한 것이므로 기본적으로 같은 정보를 사용한다.

〈그림 9-12〉 월마트와 시어즈의 재무성과 비교

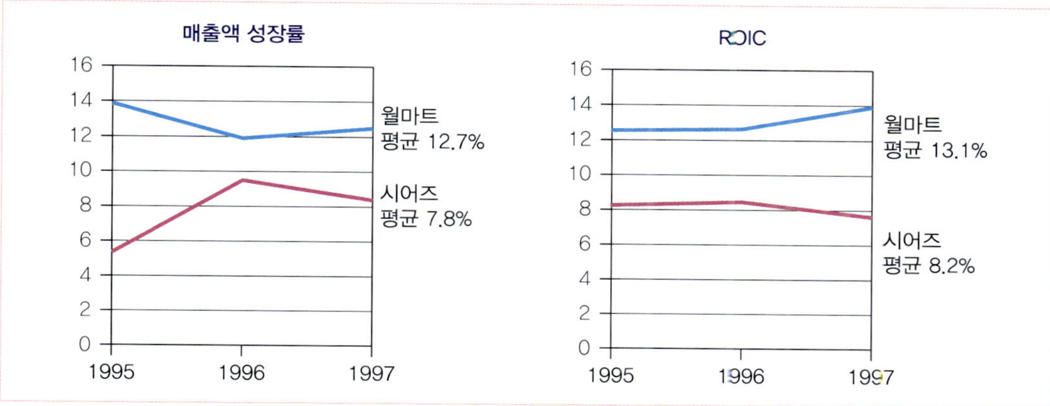

자료: Annual report, McKinsey analysis.

〈그림 9-13〉 주요 소매업체의 TSR과 Market-to-Capital 비율

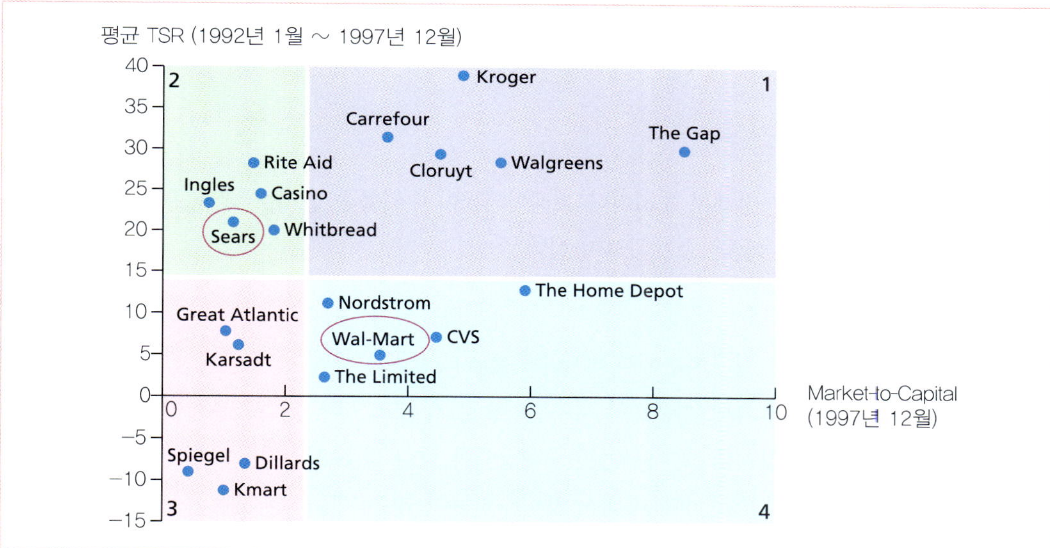

자료: Global Vantage: Annual report, McKinsey analysis.

Paradox를 보이고 있다. 왜 그럴까? TSR은 수익성과 성장성 '수준(level)'보다는 실적과 기대의 '차이(surprise)'에 의해 변하기 때문이다. 이는 〈그림 9-14〉에 잘 나타나 있다. 분명 월마트의 투자수익률과 매출액성장률이 시어즈보다 높지만 시장의 기대치보다는 낮았고 시어즈는 시장 기대치에 부응하는 실적을 보이고 있었다.

월마트의 수익성과 성장성 수준이 높은 것은 이미 월마트의 높은 주가 수준에 반영되어 있다. 그러나 주식수익률이 높으려면(주가가 많이 오르려면) 예상보다 높은 실적이 나올 때 가능하다. 이것은 주식투자에서 성공하기 위해서 투자자들이 알아야 할 매우 중요

〈그림 9-14〉 월마트와 시어즈의 시장 기대치와 실적 비교

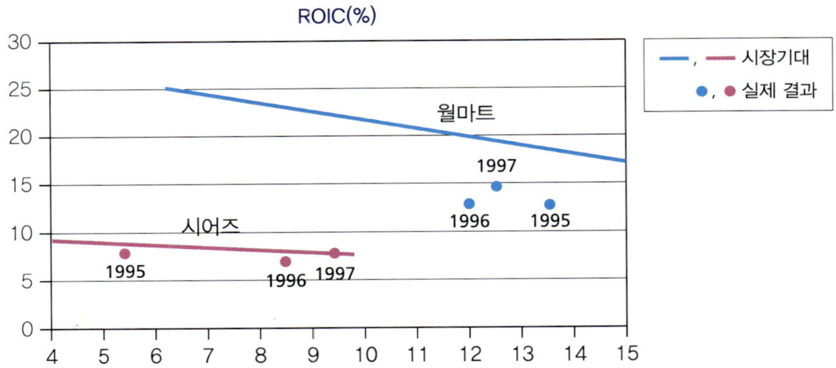

자료: Global Vantage: Annual report, McKinsey analysis.

한 포인트이다. 즉 높은 TSR을 올리려면 수익성이나 성장성이 절대적으로 높은 주식보다는 상대적으로 시장 예상 대비 높게 나올 주식을 골라야 함을 의미한다.

9-3-6 중요 투자전략

이번 절에서는 시장에서 투자자나 트레이더들이 수익률을 올리는 데 유용하다고 믿고 자주 사용하는 전략들을 소개하고자 한다.

다우 10전략

다우 10전략이란 다우지수에서 배당수익률(dividend yield) 상위 10개 업체의 주식을 사는 전략으로 지금까지 가장 성공적인 투자전략으로 꼽히고 있다. 기업들은 일반적으로 현금배당액을 줄이지 않는데 그 이유는 현금배당액을 줄일 경우 시장에서는 매우 부정적인 시그널로 받아들이기 때문이다. 따라서 배당수익률이 높은 기업들은 보통 주가가 떨어진 인기가 없는 주식들인 경우가 많은데,[20] 이러한 이유로 다우 10주식들은 종종 '다우의 개(dogs of the Dow)'라고 불린다.

1970년부터 1997년까지 다우 10전략의 연간 복리수익률을 다우지수와 S&P 500지수의 수익률과 비교한 시겔(Siegel)의 연구결과에 따르면, 다우 10전략은 18.0%, 다우지수는 13.8%, 그리고 S&P 500지수는 12.8%로 다우 10전략이 성공적이었음을 보인다. 그러나 더욱 흥미로운 것은 다우 10전략의 위험성을 나타내는 표준편차(15.8%) 역시 다우지수(16.2%)나 S&P 500지수(16.2%)보다 작다는 것이다.

그렇다면 다우 10전략이 이처럼 성공할 수 있었던 이유는 무엇일까? 첫째, 생존이 가

20〉 배당수익률은 배당을 주가로 나눈 것이므로 배당이 줄지 않고 배당수익률이 높으려면 주가가 떨어져야 한다.

능한 우월한 기업집단만을 대상으로 하기 때문이다. 다우 10전략은 기본적으로 다우지수에 편입된 회사들만을 대상으로 하기 때문에 생존의 가능성이 가장 높은 우량기업들이다. 이들 중 주가가 많이 떨어져 있는 기업들에 투자하는 것이기 때문에 그만큼 성공가능성이 크다고 할 수 있다.

둘째, 고배당주식에 투자하기 때문이다. 고배당주식이 저배당주식보다 높은 수익률을 낸다는 것은 이미 여러 연구에서 입증된 바 있다. 예를 들어, 셔니스(Shaughness)의 연구에 의하면 1951년부터 1994년까지 시가총액이 최소 10억 달러에 이르는 기업들 중에서 배당수익률이 가장 높은 50개 기업이 다른 기업들보다 연간 수익률이 1.7%포인트 더 높다고 한다.

역투자전략

8장 시장이례현상에서 '주가과민반응가설(overreaction hypothesis)'에 대해 배웠다. 주가과잉반응가설에 의하면 대부분의 투자자가 주가가 높을 때는 지나치게 낙관적인 반면, 주가가 낮을 때는 지나치게 비관적이라는 것이다. 즉 주가가 오를 때는 적정가치 이상으로 오르고, 주가가 내릴 때는 적정가치 이하로 떨어지게 된다는 것이다. 따라서 주가가 지나치게 오를 때(또는 시장이 지나치게 낙관적일 때) 팔고, 주가가 지나치게 내릴 때(또는 시장이 지나치게 비관적일 때) 사는 역투자전략(contrarian strategy)이 장기투자자들에게 높은 수익률을 제공한다는 것이다.

그러나 실제로 이 전략을 수행하는 데 있어서 어려움은 지금이 과연 과열국면인가를 판단하는 것이다. 다시 말해, 해당 기업의 적정주가가 어느 정도인가를 알아야 한다는 것이다. 거시경제나 기업상황이 이전과는 달라졌을 수도 있고(이전의 잣대로는 평가하기 곤란하다) 또 국면에 대한 견해도 다를 수 있는 상황(사이클의 크기나 시점에 대해 잘 알 수 없다)에서 시장과 역으로 행동한다는 것은 매우 큰 모험이 아닐 수 없다. 따라서 본 투자전략은 '가치투자전략'과 같이 충분히 저평가되었다고 생각되는 주식(실제로 더 빠질 수도 있지만)을 사고, 충분히 고평가되었다고 생각되는 주식(실제로 더 오를 수도 있지만)을 팔고 기다리는 워런 버핏(Warren Buffet)과 같은 장기투자자들에게 적합한 전략이라 할 수 있다.

모멘텀전략

우리는 시장에서 "되는 주식이 된다"라는 말을 자주 듣는다. 오르는 주식이 계속 오르고 내리는 주식은 계속 내린다는 말이다. 실제로 인기 있는 종목이나 업종은 연일 오르고 소외된 종목이나 업종은 지나칠 정도로 냉대를 받는다. 이런 상황에서는 시장에 순응해서 오르는 주식을 사고 내리는 주식을 파는 이른바 모멘텀전략이 투자자들에게 높은 수익률을 제공한다는 것이다.

물론 모멘텀전략(momentum strategy)은 시장이 오른다고 하는 종목을 사고, 시장이 팔라는 종목을 팔면서 시장의 분위기에 편승하기 때문에 쉽게 수익률을 올릴 수 있다. 그러나 시장이 과열되거나 과냉될 때 본 투자전략은 큰 손실을 볼 수 있다는 맹점을 지닌다. 시장이 과열된 상태에서 주식을 급히 샀을 때 상투가 될 가능성이 크며, 시장이 얼어붙는 상태에서 주식을 급히 팔았을 때 바닥일 수도 있기 때문이다. 따라서 모멘텀전략은 부화뇌동하기를 잘하는 투자자들은 반드시 피해야 할 전략이고, 사면 빠지고 팔면 오르는 일이 반복될 수도 있으니 조심해야 한다.

스타일투자전략

스타일투자전략(style investment strategy), 즉 펀드매니저가 소형주와 대형주 또는 가치주와 성장주를 돌아가며 투자하는 방식은 증권업계에서 대유행이다. 소형주와 대형주의 구분은 자본금의 크기(시가총액)에 따른 것이다. 또한 가치주는 저PBR이면서 저PER인 주식을 말하고, 성장주는 고PBR이면서 고PER인 주식을 말한다. 과거 미국자료를 이용한 시겔의 분석에 의하면, 소형주가 대형주보다 수익률이 높고, 가치주가 성장주보다 수익률이 높다는 것을 알 수 있다.

그러나 이러한 결과는 1975년부터 1983년까지의 기간을 분석에 포함하였느냐 포함하지 않았느냐에 따라 큰 차이를 보이고, 또 소형주와 가치주의 높은 수익률이 주로 1월에 발생한다는 것을 볼 때 많은 주의를 요한다고 할 수 있다. 즉 단순히 스타일별 과거수익률의 결과만을 믿고 투자하는 것은 매우 위험하며 결코 미래 수익률을 대변하지 않는다는 것이다. 또한 유행에 맞추어 적절한 투자스타일을 발견한다는 것은 어려울 뿐만 아니라 위험하기도 하다.

우리는 증권업계에서 많이 활용하고 있는 몇 가지 투자전략에 대해 알아보았다. 물론 각 투자전략은 나름대로 의미도 있고 경우에 따라서는 높은 수익률을 제공할 수도 있다. 그러나 각 투자전략에는 또한 각각의 맹점이 있으며 과거의 높은 수익률이 미래의 높은 수익률을 보장하지는 않는다는 사실을 명심하여야 한다. 또한 타이밍전략 등 단기투자전략의 경우에는 항상 높은 위험성과 잦은 거래로 인한 높은 거래비용을 수반한다는 점도 중요하다.

증권시장에서 성공하기 위해서는 증시의 불확실성 또는 변동성을 두려워해야 할 존재가 아니라 즐겨야 할 대상 또는 동반자라고 생각해야 한다. 단기적인 위험 때문에 중도에 투자를 포기하면 주식이 가져다주는 장기적인 성공을 누릴 수 없다. 마지막으로 증권투자에 있어서 '장기투자'와 '분산투자'의 중요성은 아무리 강조해도 지나치지 않을 것이다. 확실히 말할 수 있는 것은 10년 이상의 장기 주식투자는 채권투자보다도 위험이 작으면서 확실히 높은 수익률을 거둘 수 있다는 것과 모든 특성의 주식들을 적절히 분산투자할 경우 최상의 결과를 얻을 수 있다는 것이다.

연습문제

1. 금리와 주가는 일반적으로 어떤 관계를 가지고 있는가? 이에 대해 답을 하고 그 이유를 간단히 설명하시오.
2. 투자자들은 중앙은행이 신용조건을 완화할 때 주식보유를 늘리고 중앙은행이 긴축정책을 택할 경우에는 주식보유를 줄이는 전략을 구사하여 수익률을 높일 수 있다는 견해에 대해 논평해보시오.
3. 물가상승은 주가의 하락을 가져온다는 견해에 대해 논평해보시오.
4. PER를 추정하기 위한 방법들을 설명하시오.
5. 최근 정부는 금리수준을 낮추면서 동시에 경기를 진작시키려고 노력하고 있다. 어떠한 재정정책과 통화정책의 조합이 이를 달성할 수 있을까?
6. 두 국가의 제조업 평균재무비율을 보고 답하시오.

구분	한국	일본
(A) 매출액 영업이익률(%)	7.8	4.6
(B) 매출액 경상이익률(%)	2.5	3.9
(C) 금융비용/매출액(%)	5.3	2.2

(1) 위의 (A) (B) 두 비율을 상호비교하고 그 차이가 나는 이유를 설명하시오.

(2) 한국의 낮은 매출액경상이익률을 높이기 위한 방안들을 정책당국, 기업의 입장에서 각각 제시하시오.

(3) 이러한 비율의 국제비교시 주의해야 할 점들을 설명하시오.

7. 다음 3개국의 투자지표를 보고 물음에 답하시오.

구분	한국	미국	일본
PER(배)	9.0	14.6	47.1
배당수익률(%)	3.7	3.3	0.7

(1) 미국 투자자 입장에서 한국주식시장 투자 여부를 PER 및 배당수익률지표를 이용하여 논리적으로 평가하시오.

(2) 만약 한국에서 금리가 지금보다 크게 내린다면 PER수준에 각각 어떤 변화가 예상되는가? 이러한 변화 시 다른 조건은 일정하다고 가정하시오.

(3) 일본의 PER가 높은 이유를 설명하시오.

8. A사는 최근 매년 주당 $4의 배당금을 지불하고, 연간소득은 주당 $8이다. 주주의 요구수익률은 11%이고, 배당은 연간 6%씩 무기한으로 성장할 것으로 예상된다. A사의 주가수익비율(PER)을 구하시오.
9. B사는 소득의 40%를 배당으로 지급하고, 매년 평균 15%의 자기자본순이익률(ROE)을 가진다. 주주의 요구수익률이 12%일 때, B사의 수익은 매년 몇 퍼센트의 성장을 기대하는가? 이 주식의 적정 주가수익비율은 얼마인가? 또한 B사 주식의 수익률 부분에서 자본이득이 차지하는 부분은 얼마인가?

10. 일정성장 배당할인모형은 기업평가 및 주식의 장기수익률 측정에 사용된다. 현재 주가가 $20이고, 배당의 예상성장률이 8%이며, 내년도 예상배당금은 $0.6라 하자.

(1) 일정성장 배당할인모형을 사용하여 장기 기대수익률을 구하시오.

(2) 일정성장 배당할인모형을 투자분석에 적용시킬 때 나타나는 한계점을 세 가지만 간략히 서술하시오.

11. 미래기업은 내년도 1주당 예상이익이 1,000원이고 유보율은 60%로 예상되고 있다. 이 기업의 재투자수익률은 15%이며, 주주들의 요구수익률은 12%라 할 때 이 기업의 주가는 대략 얼마가 적정한가?

12. 증권업계는 올해 Duo사와 시장수익률에 대해서 다음과 같이 예측하고 있다. ROE=9%, beta=1.25, EPS=$3, 유보율=66.7%, 시장수익률=14%, T-bill수익률=6%. 연간 배당금은 방금 지불되었다고 가정한다.

(1) Duo사 주가의 내재가치를 구하시오.

(2) P/E 비율을 구하시오.

(3) 성장기회의 현재가치를 구하시오.

(4) 만약 이 회사가 유보율을 로 줄인다는 정보를 입수했다고 하자. 이 경우 이 회사의 내재가치는 얼마이고, 어떤 조치를 취해야 할까?

13. 핀텍(주)은 주당 $1의 배당금을 방금 지불했다. 향후 3년간 배당금은 25%씩 증가할 것으로 예상되며 그 이후에는 5%로 줄어들 것으로 예상하고 있다. 적절한 시장자본화율은 20%로 예상된다.

(1) 이 기업의 내재가치는 얼마로 예상되는가?

(2) 만약 시장가치와 내재가치가 같다면 이 기업의 기대 배당수익률은 얼마인가?

(3) 1년 후 이 기업의 주가는 얼마로 예상되는가?

(4) 이때 예상되는 자본이득은 위에서 예상한 배당수익률 및 시장자본화율과 서로 일치하는가?

14. 노전기업 주식에 대한 시장자본화율은 12%이다. 이 기업의 ROE는 13%이고 예상 EPS는 4,000원이다. 이 기업의 유보율이 50%라면 이 기업의 P/E 승수는 얼마인가?

15. 전노기업은 내후년부터 성숙기에 접어들 것으로 예상되고 있다. 따라서 내년과 내후년의 배당은 1주당 800원, 1,000원으로 예상되고, 그 이후에는 10%의 성장률을 가지고 증가할 것으로 전망된다. 무위험이자율은 6%이고, 시장포트폴리오에 대한 기대수익률은 15%이다. 전노기업의 베타계수는 1.5로 추정되었다. 현재 전노기업의 내재가치는 얼마로 예상되는가?

16. X기업은 올해 말에 주당 $1.5의 배당을 지급하였는데, 내년 말에는 주당 $2의 배당을 지급하려고 하고 그 이후로는 매년 5%씩 배당을 증가시키려고 한다. 만약 투자자들의 이 기업에 대한 요구수익률이 12%라면 이 기업의 적정주가는 얼마인가?

17. A주식의 차기 배당금(D)은 2,000원이고 연간 성장률이 10%로 일정하리라고 예상하고 있다. 한편 무위험이자율은 8%, 시장포트폴리오의 기대수익률과 분산은 각각 18%, 0.02이고, A주식과 시장포트폴리오의 공분산은 0.03이다. A주식의 요구수익률은 얼마

인가? 또한 A주식의 내재가치는 얼마인가?

18. 레오주식회사에 대한 2017년도 자료를 참조하여 해당 질문에 답하시오.

당기순이익: 10억 원, 자본금(장부가치): 50억 원, EPS=2만 원, 주당배당금=1만 원

(1) 해당 기업의 주가를 Gordon모형을 적용하여 구하시오. 이때 투자가들의 요구수익률은 15%로 가정한다.

(2) 이 기업의 PER값과 PBR값을 구하시오.

19. FCF에 대응되는 할인율은?

① 가중평균자본비용 ② 자기자본비용
③ 세전타인자본 비용 ④ 세후타인자본 비용

20. 2008년 FCF가 100억 원으로 산출된 기업의 FCF는 향후 5년 동안 연간 5% 증가할 것으로 예상되며, 그 이후로는 영원히 2%로 성장할 것으로 예상된다. 2008년 자료에 의하면 무위험이자율=5%, 시장수익률=13%, 해당 기업의 베타=2, 해당 기업 채권수익률=7%, 해당 기업의 부채비율(D/E)=1, 발행주식수=100만 주라고 하자. 이 기업의 법인세율을 30%라 할 때 가중평균자본비용(WACC)을 계산하시오.

21. FCF방법을 이용하여 이 회사의 주당가치를 산정하시오. 할인율은 20번 문제에서 계산한 WACC을 사용하시오.

22. 위 기업의 주가가 3만 원 수준에서 거래되고 있는 것을 발견했다면 당신이 어떻게 하는 것이 합리적인가?

23. 다음 용어들을 간단히 설명하시오.

(1) 다우이론 (2) 주가 파동이론
(3) 골든 크로스와 데드 크로스 (4) 이격도
(5) OBV지표 (6) 단주이론
(7) 등락선 (8) 점수도표
(9) 봉도표 (10) 필터기법

24. 1930년대의 미국경제의 대공황에 따른 증권시장의 대폭락을 예측하였다고 하여 유명해진 이론은 무엇인가?

① 다우이론 ② 엘리오트 파동이론
③ 랜덤워크 이론 ④ 시장심리이론

25. (　　　)일 이동평균선이 가장 많이 사용된다.

26. 다음과 같은 경우 신뢰도 지수는 상승하고 있는가, 아니면 하락하고 있는가?

구분	금년	내년
최고 등급의 회사채수익률	8%	9%
중간 등급의 회사채수익률	9%	10%

27. 상대적 강도를 이용한 투자전략을 설명하시오.

28. 기술적 분석과 효율적 시장 가설의 관계를 설명하시오.

29. 기술적 분석의 유용성과 한계를 논하시오.

30. "고용 23만9천 명 증가, 실업률 6년 최저수준인 5.3%, 시간당 임금 9% 상승, 30년간의 최고 증가기록"이라는 발표에 오전 주가는 하락하였으나 오후 들어 다른 특별한 뉴스가 없음에도 불구하고 상승으로 돌아서면서 마쳤다고 하자. 이와 같은 주식시장의 움직임에 대해 논리적으로 설명해보시오.

31. 높은 경제성장률이 주가 변화에 영향을 미치는 세 가지 경로를 설명하시오.

32. EVA와 관련된 다음 질문에 답하시오.

    (1) 2018년도 A기업의 WACC=10%, 세후영업이익=100억 원, 투하자본금액=400억 원이라 하자. 이 기업의 2018년도 EVA를 구하시오.

    (2) B기업은 내년부터 영원히 매년 100억 원씩 EVA를 기록할 것으로 예상되고 있다. WACC는 영원히 10%로 고정된다고 하자. 최초 투하자본금액은 1,000억 원이다. 이 기업은 현재 부채가 500억 원, 총발행주식수는 1,000만 주이다. 이 기업의 MVA는 얼마로 예상되며 1주당 주가는 얼마로 예상되는가?

33. 3개국의 EVA를 보고 물음에 답하시오.

구분	한국	미국	일본
상장기업 평균 EVA(백만 달러)	−12.7	423.3	130.7

    (1) 상장기업 평균 EVA(경제적 부가가치) 자료에서 한국기업의 경우 (−) EVA를 나타내었다. 그 이유를 추정하여 설명하시오.

    (2) 한국기업의 EVA를 높이기 위한 기업의 전략을 들어보시오.

    (3) 이러한 국제비교에서 달러표시 EVA를 이용할 때 주의해야 할 점과 국제비교에서 일반적으로 유의해야 할 사항들을 설명하시오.

34. "기업은 성장하지 않으면 아무런 소용이 없다. 무조건 성장해야 한다"라는 주장에 대해 EVA관점에서 반론을 제시해보시오.

35. Wal-Mart는 Sears보다 성장성과 수익성이 모두 높은데 총주주수익률(TSR)이 Sears보다 낮게 기록되었다. 그 이유는 TSR이 수익성과 성장성의 (　　　)보다는 실적과 기대의 (　　　)에 의해서 변하기 때문이다. 괄호를 채우시오.

36. 다우 10전략이 성공할 수 있었던 이유 두 가지는 무엇인가?

37. 역투자전략과 모멘텀전략은 주가의 상승 및 하락 시 서로 반대의 행동을 요구한다. 각 행동의 정당성과 문제점을 논하시오.

38. 가치주와 성장주를 정의해보시오.

39. 주식은 너무 위험하기 때문에 건전한 투자라기보다는 투기에 가깝다라는 말을 들었다고 하자. 투자론을 공부한 사람으로서 무엇이라고 답변해야 할까?

40. 이번 장을 공부한 후 성공적인 주식투자를 위해서 가장 중요한 원칙 두 가지만 꼽으라면 무엇을 꼽을 수 있을까?

CFA 기출문제

1. In the dividend discount model, all of the following factors influence an investor's required rate of return EXCEPT:

   A. the real risk-free rate. B. the risk premium for stocks.
   C. the return on assets. D. the expected inflation rate

2. An analyst estimates the earnings per share and price-to-earnings ration for a stock market series to be $43.50 and 26 times, respectively. The dividend payout ratio for the series is 65 percent. The value of the stock market series is closest to:

   A. 396 B. 735 C. 1131 D. 1899

3. An analyst gathered the following information about a stock market index:

Required rate of return	16%
Expected dividend payout ratio	30%
Expected return on equity investment	20%

   The expected price/earning(P/E) ratio of index is closest to:

   A. 3.5 B. 7.0 C. 15.0 D. 35.0

4. A basic assumption of technical analysis in contrast to fundamental analysis is that:

   A. financial statements provide information crucial in valuing a stock.
   B. a stock's market price will approach its intrinsic value over time.
   C. aggregate supply of and demand for goods and services are key determinants of stock value.
   D. security prices move in patterns, which repeat over long periods.

5. Which one of the following would be a bearish signal to a smart money technical analyst?

   A. The debit balances in brokerage accounts increase.
   B. The T-Bill Eurodollar yield spread narrows.
   C. The yield differential between high-quality and low-quality bonds increase.
   D. The ratio of short sales by specialists to total short sales becomes abnormally low.

6. Which one of the following series is not included in the index of leading economic indicators?

   A. New building permits B. Net business formation
   C. Stock prices D. Inventories on hand

7. Christie Johnson, CFA, has been assigned to analyze Sundanci using constant dividend growth P/E ratio model. Johnson assumes that Sundanci s earnings and dividends will grow at a constant rate of 13%. Identify within the context of the constant dividend growth model, how each of the following factors would affect the P/E ratio. 1) Risk(beta) of Sundanci, 2) Estimated growth rate of earnings and dividends, 3) Market risk premium.

CPA 기출문제

1. 한국기업은 1년 후부터 매년 20,000원씩의 주당 순이익을 예상하며 주당 순이익 전부를 배당으로 지급하고 있다. 한국기업은 매년 순이익의 40%를 투자할 것으로 고려하고 있으며 이때 자기자본순이익률이 13%가 될 것으로 예상한다. 한국기업이 순이익 전부를 배당으로 지급하는 대신에 40%를 투자한다면 주가가 얼마나 변화하겠는가? 한국기업 주식의 적정 수익률은 13%이다. △P는 가격변화이다.

   ① △P≤-2,000원 ② -2,000원<△P<0원
   ③ △P=0원 ④ 0원<△P<2,000원
   ⑤ △P≥2,000원

2. (주)한국의 발행주식수는 100,000주이고 배당성향이 30%이며 자기자본이익률이 10%이다. (주)한국의 주식베타값은 1.2이고 올해 초 주당배당금으로 2,000원을 지불하였다. 또한 무위험이자율이 5%이고 시장포트폴리오의 기대수익률이 15%이라고 한다. 이러한 현상이 지속된다고 가정할 때, (주)한국의 2년말 시점의 주가는 약 얼마가 되는가?

   ① 20,000원 ② 21,400원
   ③ 22,898원 ④ 24,500원
   ⑤ 26,216원

3. (주)고구려의 자기자본비용은 14%이며 방금 배당을 지급하였다. 이 주식의 배당은 앞으로 계속 8%의 성장률을 보일 것으로 예측되고 있으며, (주)고구려의 현재 주가는 50,000원이다. 다음 중 옳은 것은?

   ① 배당수익률이 8%이다.
   ② 배당수익률이 7%이다.
   ③ 방금 지급된 주당 배당금은 3,000원이다.
   ④ 1년 후 예상되는 주가는 54,000원이다.
   ⑤ 1년 후 예상되는 주가는 57,000원이다.

CHAPTER 10

채권평가와 채권투자전략

채권은 기업, 정부나 공공기관이 투자자들로부터 자금을 차입하면서 원금과 이자의 지급조건을 명확하게 하기 위하여 발행하는 유가증권이다. 주식과 비교해보면 채권은 자본의 성격이나 소유자의 권리 및 증권의 존속 기간 등에 있어서 차이점이 많다. 최근에는 전환사채(CB), 신주인수권부사채(BW) 등 주식과 채권이 혼합된 증권의 발행이 증가하고 있고 금융공학이 발달함에 따라 주식과 채권이 상호 접근하는 경향을 보이고 있다.

10-1절에서는 채권의 특성과 종류를 설명하고 채권평가모형과 채권수익률을 살펴본다. 10-2절에서는 채권의 이자율위험을 설명하고 소극적 채권투자전략과 적극적 채권투자전략을 살펴본다.

10-1 채권 가격과 수익률

10-1-1 채권의 특성과 종류

채권의 특성

채권은 기업, 정부, 공공기관이 투자자들로부터 자금을 차입하면서 원금과 이자의 지급조건을 명확하게 하기 위하여 발행하는 유가증권으로서 일종의 차용증서이다. 채권의 본질로서 다음과 같은 점들을 들 수 있다.

- 채권은 채권 발행자의 수익 발생 여부와 관계없이 미리 정해진 이자를 지급해야 한다.
- 채권은 원리금의 상환 기간이 발행 시점에서 정해져 있는 기한부 증권이다. 채권은 만기가 중요하며, 같은 채권이라도 만기까지의 기간에 따라 수익률이 달라진다.
- 채권은 발행 시에 이자와 상환금액이 확정되어 있는 고정금리채권이 대부분이다.
- 채권은 대부분 장기증권이며 유통시장에서 쉽게 현금화할 수 있는 유동성이 높은 증권이다.

〈표 10-1〉 채권과 주식의 비교

구분	주식	채권
자본의 성격	자기자본	타인자본
소유자의 지위	주주	채권자
소유자의 권리	• 의결권과 경영참가권을 소유 • 배당금 • 잔여재산분배권	• 의결권과 경영참가권 없음 • 확정이자 • 주식에 우선하는 잔여재산분배권
증권의 존속 기간	만기가 없는 영구 증권	만기가 있는 시한부 증권
원금 상환	원금 상환이 없는 대신에 배당을 지급	만기 시 원금을 상환
위험	상대적으로 큰 위험	상대적으로 작은 위험

다음으로 채권과 주식을 비교하여 보자. 〈표 10-1〉에서 보는 바와 같이 채권과 주식은 자본의 성격이나 소유자의 권리 및 증권의 존속 기간 등에 있어서 차이점이 많다. 그러나 최근에는 전환사채(CB), 신주인수권부사채(BW) 등 주식과 채권이 혼합된 증권과 무의결권주식 등 사채와 유사한 주식의 발행이 증가하고 금융공학이 발달함에 따라 주식과 채권이 상호 접근하는 경향을 보이고 있다.

채권의 종류

채권은 발행 주체, 이자 지급 방법, 보증 유무 및 이자율의 변동 유무 등에 따라 다음과 같이 다양하게 분류할 수 있다.

발행 주체에 따른 분류 채권은 발행 주체에 따라 국채, 지방채, 특수채, 회사채로 구분할 수 있다. 흔히 국채와 지방채 및 특수채를 국공채라고도 한다.

이자 지급 방법에 따른 분류 채권은 이자 지급 방법에 따라 이표채, 순수할인채 및 복리채로 나눈다.

〈표 10-2〉 발행 주체에 따른 채권 분류

구분	의의	종류
국채 (government bond)	국가가 발행하는 채권	국민주택채권, 양곡기금채권, 국채관리기금채권, 재정증권 등
지방채 (municipal bond)	지방자치단체가 발행하는 채권	도시철도공채, 지역개발공채, 도로공채, 상수도공채 등
특수채 (specific laws bond)	특별한 법률에 의해서 설립된 기관이 발행하는 채권	한국전력공사채권, 토지개발채권, 도로공사채권, 수자원공사채권 등
금융채 (financial bond)	금융기관이 발행하는 채권	통화안정증권, 산업금융채권, 주택금융채권, 중소기업금융채권 등
회사채 (corporate bond)	주식회사가 발행하는 채권	보증사채, 담보부사채, 전환사채(CB), 신주인수권부사채(BW) 등

〈표 10-3〉 이자 지급 방법에 따른 채권 분류

구분	의의	종류
이표채(coupon bond)	일정 기간마다 이자가 지급되는 채권	대부분의 회사채
순수할인채 (pure discount bond)	할인 발행되어 만기에 액면금액을 지급받는 채권	통화안정증권, 산업금융채권, 재정증권 등
복리채 (compounding bond)	액면금액에 발행된 후 만기에 이자와 원금을 일시에 지급하는 채권	국민주택채권, 지역개발채권 등

보증 유무에 따른 분류 채권은 보증 유무에 따라 보증채와 무보증채로 구분할 수 있다.

지급이자율 변동 여부에 따른 분류 채권은 지급이자율의 변동 여부에 따라 확정금리채권(straight bond)과 변동금리채권(floating rate bond)으로 나눌 수 있다.

국제채 국제채(international bond)는 외국에서 유통되거나 외화로 표시되어 있는 채권으로서 국내채에 비교되는 개념이다. 국제채에는 발행하는 통화가 소속된 나라에서 채권을 발행하는 외국채(foreign bond)와 발행하는 통화가 소속된 나라 밖에서 채권을 발행하는 유로채(Euro bond)가 있다. 예를 들어, 미국 비거주자가 미국달러르 채권을 발행하고자 하는 경우, 미국에서 발행하여 미국 투자자에 판매하는 것을 외국채라고 하며, 미국 이외의 다른 나라에서 발행하여 전 세계의 투자자에게 판매하는 것을 유로채라고 부른다. 국제채에는 양키본드, 사무라이본드, 아리랑본드 등이 있다.

- 양키본드: 양키본드(Yankee bond)는 미국 금융시장에서 발행되는 달러표시채권을 가리킨다. 양키본드는 대부분 확정금리로 발행되는데 대개 미국 재무성증권 금리를 기준으로 일정한 가산금리를 더하여 발행금리가 결정된다. 발행기간이 대개 5~10년의 장기이므로 장기시설자금의 조달에 유리하다. 1992년에 한국전력과 삼성전자가 양키본드를

〈표 10-4〉 보증 유무에 따른 채권 분류

구분	의의	종류
보증사채	금융기관 등 보증기관이 원리금의 지급을 보증하는 채권	정부보증채, 일반보증채
무보증사채	발행자의 신용도에 의해서 보증없이 발행되는 채권	무보증회사채, 금융채권 등

〈표 10-5〉 이자율 변동 여부에 따른 채권 분류

구분	의의	종류
확정금리채권 (straight bond)	만기상환일까지 금리가 고정되어 있는 채권	국공채와 대부분의 회사채
변동금리채권 (floating rate bond)	이자율이 기준금리에 연동되어 지급 기간마다 재조정되는 채권	산업금융채 등 일부 금융채와 일부 회사채

발행한 바 있다.

- 사무라이본드: 일본시장에서 발행되는 엔화표시 국제채를 사무라이본드(Samurai bond)라고 부른다. 이 채권은 발행조건이 까다롭고 발행기업의 안정성이 중시되어 AA급 이상의 신용평가가 있어야 한다. 따라서 주로 외국의 지방정부나 국제금융기관, AA등급 이상의 우량기업들이 발행해왔다. 금리는 일본국채금리를 기준으로 정해지며 기간은 5년 이상의 장기채가 대부분이다. 우리나라에서는 부산시, 대구시 등의 지방자치단체와 한국산업은행 등 금융기관이 엔화차입을 위해 발행해오다 1993년 11월 국내기업으로서는 포항제철이 처음으로 발행하였다.
- 아리랑본드: 아리랑본드(Arirang bond)는 외국의 차입자가 한국시장에서 원화표시로 발행하는 외국채를 말한다. 아리랑본드는 1995년 9월 처음으로 아시아개발은행(ADB)이 아시아개발기금(Asian Development Fund: ADF)의 자금납입을 위해 1억 달러를 발행한 데 이어 1997년 4월에 세계은행(IBRD)도 발행한 바 있다.

10-1-2 채권의 가격결정

채권평가모형

채권평가모형에 의한 채권의 이론적 가치는 채권의 소유자에게 발생하는 미래 현금흐름, 즉 이자와 원금의 현재가치의 합으로 정의된다. 이표채와 순수할인채의 가치평가를 살펴보자.

이표채의 평가 이표채(coupon bond)는 만기까지 액면금리(coupon rate)만큼의 이자를 정기적으로 지급하고 만기일에 액면금액(face value)을 상환하게 된다. 즉 이표채의 소유자에게 발생하는 현금흐름은 매 기간 지급되는 이자와 만기에 지급되는 액면금액의 합으로서 이들의 현재가치의 합을 채권의 이론적 가치 또는 내재가치(intrinsic value)라 하며 다음과 같이 나타낼 수 있다.

$$B_0 = \frac{I_1}{(1+y)} + \frac{I_2}{(1+y)^2} + \cdots + \frac{I_n + F}{(1+y)^n} = \sum_{t=1}^{n} \frac{I_t}{(1+y)^t} + \frac{F}{(1+y)^n} \tag{10-1}$$

여기서 B_0 : 채권의 현재가치

I_t : t기의 액면이자 = 액면금액(F) × 액면금리

F : 채권의 액면금액

n : 채권의 만기까지의 기간

y : 채권수익률

예제 10-1 A회사는 액면금액이 1,000만 원, 액면금리가 10%, 그리고 만기까지의 기간이 3년인 회사채를 발행하였다. 만약 채권수익률을 10%라고 할 경우 이 회사채의 현재 가치는 얼마인가?

풀이

《식 10-1》을 이용하여 A 회사채의 현재가치를 구하면 다음과 같이 1,000만 원이 된다.

$$B_0 = \frac{100}{(1+0.1)} + \frac{100}{(1+0.1)^2} + \frac{100+1,000}{(1+0.1)^3} = 1,000(\text{만 원})$$

이 경우 회사채 현재가치는 액면금액과 같게 되는데 이는 채권수익률이 액면금리와 같기 때문이다.

《식 10-1》에서 보듯이 채권가치를 결정하는 요인은 액면이자(I_t), 채권의 액면금액(F), 채권의 만기까지의 기간(n), 그리고 채권수익률(y)임을 알 수 있다. 이와 같은 채권가치의 결정 요인들 중에서 채권의 액면이자, 액면금액과 만기까지의 기간은 발행 시점에서 결정된다. 그러나 시장이자율에 따라 채권수익률이 변화함에 따라 채권가격은 변화하게 된다. 따라서 효과적인 채권가치의 분석을 위해서는 채권수익률에 대한 명확한 이해가 필요하다.

순수할인채의 평가 순수할인채(pure discount bond)는 만기까지 이자 지급이 전혀 없지만 만기에 액면금액을 한꺼번에 지급하는 채권으로서 순수할인채의 현재가치는 다음과 같이 구할 수 있다. 즉 만기까지의 기간이 n인 순수할인채의 현재가치(B_0)는 만기에 받는 액면금액(F)을 채권수익률(y)로 할인한 값이 된다.

$$B_0 = \frac{F}{(1+r)^n} \quad \textbf{10-2}$$

예제 10-2 순수할인채인 산업금융채권의 만기가 5년이며 액면금액이 5천만 원이고, 채권수익률이 10%라고 할 경우 산업금융채권의 현재가치는 얼마인가?

풀이

산업금융채권은 순순할인채로서 《식 10-2》를 이용하여 현재가치를 구하면 다음과 같이 약 3,104.6만 원이 된다.

$$B_0 = \frac{5,000}{(1+0.1)^5} \fallingdotseq 3,104.6(\text{만 원})$$

채권의 가격결정 요소

채권가격은 장래에 발생하는 현금흐름, 즉 이자와 원금을 채권수익률로 할인한 현재가치의 합이다. 장래에 지급받는 원금 및 이자는 채권의 발행 시점에서 결정되기 때문에 채권가격은 주로 채권수익률에 의해 결정된다. 채권수익률은 일반적으로 금리수준에 의해 결정되지만 채권수익률의 변동이 채권가격에 미치는 효과는 다르다. 이와 같이 채권가격을 변동시키는 요인으로는 채권수익률, 만기까지의 기간, 액면금리(coupon rate) 등이 있다.

채권수익률 채권수익률이 높아질수록 채권가격은 낮아진다. 즉 채권가격과 채권수익률은 서로 반대 방향으로 변화한다. 예를 들어, 액면금액이 1,000달러, 액면금리가 8%이며 반 년마다 이자를 지급하는 회사채가 있다고 하자. 〈표 10-6〉에서 보듯이 만기가 일정할 때, 채권수익률이 높아지면 채권가격은 낮아진다. 예를 들어, 채권수익률이10%이고 만기까지의 기간이 1년인 채권가격을 구해보자(반년마다 이자 지급 경우).

$$B_0 = \frac{40}{1+\left(\frac{0.10}{2}\right)} + \frac{1040}{1+\left(\frac{0.10}{2}\right)^2} = 981.41$$

나머지도 같은 방식으로 구해진다.

만기까지의 기간 일반적으로 일정한 액면금리에서 채권수익률의 수준이 변하는 경우에는 만기까지의 기간이 길수록 채권수익률의 변화에 더 큰 영향을 받는다. 즉 장기채권이 단기채권보다 채권의 가격변동률이 크다. 〈표 10-6〉에서 보면 채권수익률이 변하는 경우 만기 30년의 장기채권의 가격변동이 단기채권의 가격변동보다 더 크다는 것을 알 수 있다.

또한 동일한 폭의 채권수익률 변동에 따른 채권가격의 변화율은 만기까지의 기간에 비례하여 증가한다. 〈표 10-6〉에서 보면 예를 들어 채권수익률이 8%에서 2% 상승할 경우 만기가 1년에서 10년, 20년 그리고 30년으로 길어질수록 가격하락폭이 증가한다는 것을 알 수 있으며, 반대로 2% 하락할 경우 역시 만기가 길어질수록 가격상승폭이 증가한다는 것을 알 수 있다.

〈표 10-6〉 채권수익률의 변화에 따른 채권가격의 변화

(8% 액면금리, 반년마다 이자지급) (단위: $)

만기까지의 기간	채권수익률				
	4%	6%	8%	10%	12%
1년	1,038.83	1,019.13	1,000.00	981.41	963.33
10년	1,327.03	1,148.77	1,000.00	875.35	770.60
20년	1,547.11	1,231.15	1,000.00	828.41	699.07
30년	1,695.22	1,276.76	1,000.00	810.71	676.77

〈그림 10-1〉 만기와 채권수익률 및 채권가격

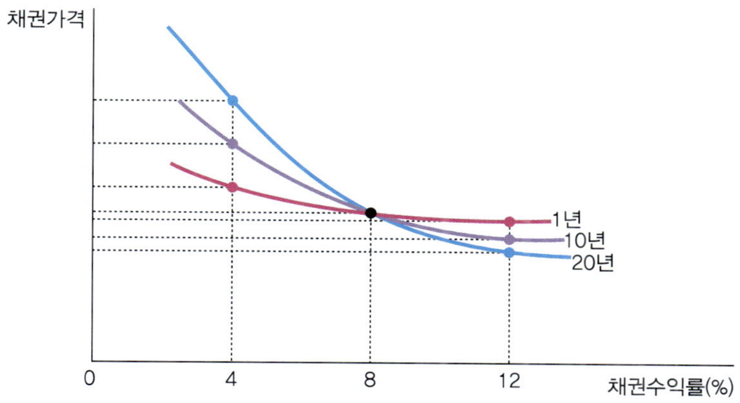

액면금리 만기까지의 기간이 일정할 때 채권수익률 수준이 변화하면 액면금리가 낮을수록 금리변화에 더 민감하다. 즉 액면금리가 낮은 채권일수록 채권의 가격변동은 크고, 반대로 액면금리가 높을수록 채권의 가격변동은 작다. 그러나 복리채는 액면금리에 관계없이 채권수익률 변동폭이 일정하면 채권가격변동률도 항상 일정한 것으로 나타난다.

이상에서 일정한 채권수익률의 변동이 수익률의 수준, 만기까지의 기간 및 액면금리에 따라 채권가격에 어떤 영향을 미치는가를 살펴보았다. 채권투자를 효율적으로 하기 위해서는 채권수익률을 예측하여 채권포트폴리오를 조정하여야 한다. 예를 들어, 채권수익률의 상승이 예상될 때에는 복리채보다는 이표채를, 또 이표채 중에서도 표면금리가 높고 만기까지의 기간이 짧은 채권을 매입하고, 반대로 채권수익률의 하락이 예상될 때에는 복리채 중에서도 표면금리가 낮고 만기까지의 기간이 긴 채권을 매입하여 투자수익을 높일 수 있다.

10-1-3 채권수익률과 기간구조

채권수익률

채권수익률의 의의 채권수익률이란 채권으로부터 얻을 수 있는 현금흐름의 현재가치와 채권의 시장가격을 일치시켜 주는 할인율을 의미한다. 흔히 채권시장에서 수익률은 만기수익률(yield to maturity: YTM)을 의미하는데 채권시장에서는 이 만기수익률로 매매되기 때문에 유통수익률이라고도 한다.

채권의 만기수익률은 다음의 식에서 구할 수 있다.

$$
\begin{aligned}
B_0 &= \frac{I_1}{(1+y)} + \frac{I_2}{(1+y)^2} + \cdots + \frac{I_n + F}{(1+y)^n} \\
&= \sum_{t=1}^{n} \frac{I_t}{(1+y)^t} + \frac{F}{(1+y)^n}
\end{aligned}
\qquad \textbf{10-3}
$$

여기서 B_0 : 채권의 현재가치
I_t : t기의 액면이자
F : 채권의 액면금액
n : 채권의 만기까지의 기간
y : 채권수익률(YTM)

그런데 만기가 긴 채권일 경우 YTM을 구하는 것은 그리 간단하지 않다. 만기까지의 기간이 n인 채권의 YTM을 구하는 것은 n차 방정식의 근을 구하는 것이 되기 때문이다. 실무계에서는 다음과 같은 간이법을 이용하여 YTM을 간편하게 구하고 있다.

$$y = \frac{I_1 + (F - P_0) / n}{(P_0 + F) / 2} \quad \textbf{10-4}$$

한편, 《식 10-3》에서 보는 바와 같이 채권수익률과 채권가격은 반비례(−)의 관계에 있다. 즉 채권수익률이 상승하면 채권가격은 하락하고 채권수익률이 하락하면 채권가격은 상승한다.

예를 들어, 채권수익률과 채권가격과의 관계를 살펴보자. 만기까지의 기간이 3년, 액면금액이 500만 원이며 액면금리가 10%이고 채권수익률이 10%라고 할 경우, 이 회사채의 현재가격은 다음에서 보듯이 500만 원이 된다.

$$B_0 = \frac{50}{(1+0.1)} + \frac{50}{(1+0.1)^2} + \frac{50+500}{(1+0.1)^3} = 500\text{만 원}$$

만약 이 회사채의 다른 조건은 같고 채권수익률이 8%로 하락할 경우, 이 회사채의 현재가격은 다음과 같이 약 525.8만 원으로 높아진다.

$$B_0 = \frac{50}{(1+0.08)} + \frac{50}{(1+0.08)^2} + \frac{50+500}{(1+0.08)^3} ≒ 525.8\text{만 원}$$

또한 이 회사채의 다른 조건은 같고 채권수익률이 12%로 상승할 경우, 이 회사채의 현재가격은 하락하여 다음에서처럼 약 476.0만 원이 된다.

$$B_0 = \frac{50}{(1+0.12)} + \frac{50}{(1+0.12)^2} + \frac{50+500}{(1+0.12)^3} ≒ 476.0\text{만 원}$$

이와 같이 채권의 다른 조건이 일정하다 하더라도 채권수익률이 달라지면 채권가격은 달라짐을 알 수 있다. 이를 정리하면 다음과 같다.

- 채권수익률과 액면금리가 같을 경우 채권의 시장가격은 액면가격과 같다. 이를 액면발행(issued at par)이라고 한다.

- 채권수익률이 액면금리보다 낮을 경우 채권의 시장가격은 액면가격보다 높다. 이를 할증발행(issued at premium)이라고 한다.
- 채권수익률이 액면금리보다 높을 경우 채권의 시장가격은 액면가격보다 낮다. 이를 할인발행(issued at discount)이라고 한다.

채권이 발행된 후에는 채권의 유통시장에서 거래되는데, 채권가격은 만기수익률(YTM)과 반비례하여 움직인다. 즉 만기수익률이 상승하면 채권가격은 하락하고 반대로 만기수익률이 하락하면 채권가격은 상승한다. 채권투자자는 투자 결정에 있어서 채권의 내재가치를 알아야 시장가격과 비교하여 채권이 고평가되었는가 또는 저평가되었는가를 판단할 수 있다.

채권수익률의 종류

발행수익률 발행수익률이란 발행시장에서 채권이 발행되어 처음 매출될 때 매출가액으로 매입하는 경우 이 매입가격으로 산출된 채권수익률이다.

예제 10-3 액면금리가 8.96%이고 만기에 상환될 액면금액이 100만 원인 3년 만기 산업금융채권의 발행수익률은 얼마인가?

풀이

순수할인채인 이 산업금융채권의 매출가액, 즉 매입가격은 $100-8.96\times3=73.12$(만 원)이다. 따라서 발행수익률은 $\sqrt[3]{\frac{100}{73.12}}-1=0.11$ 혹은 11%이다.

만기수익률 만기수익률(yield to maturity: YTM)이란 채권으로부터 얻을 수 있는 이자와 원금의 현재가치와 채권의 시장가격을 일치시켜 주는 할인율을 의미한다. 채권시장에서는 이 만기수익률로 매매되기 때문에 흔히 유통수익률이라고도 한다. 만기수익률은 앞의 《식 10-3》 또는 《식 10-4》를 이용하여 구할 수 있다.

예제 10-4 만기까지의 기간이 3년, 액면금리는 10%, 액면금액이 1,000만 원인 회사채를 950만 원에 매입하였다. 이 회사채의 만기수익률은 얼마인가? 그리고 간이식을 이용하여 만기수익률을 구하시오.

풀이

만기수익률을 구하면 다음과 같다.

$$950=\frac{100}{(1+y)}+\frac{100}{(1+y)^2}+\frac{100+1,000}{(1+y)^3}$$

위의 방정식을 풀어보면 만기수익률 r=0.12 혹은 12%가 된다.

다음으로 간이식을 이용하여 만기수익률을 구하면 다음과 같다.

$$y = \frac{I+(F-P_0)/3}{(P_0+F)/2} + \frac{100+(1{,}000-950)/3}{(950+1{,}000)/2} = 0.12 \text{ 혹은 } 12\%$$

경상수익률 경상수익률(current yield)은 채권의 매입가격에 대한 연간 액면이자금액의 비율로서 자본이득이나 손실이 반영되지 않는 수익률이다. 경상수익률은 단순수익률 또는 직접수익률이라고도 한다.

$$\text{경상수익률} = \frac{\text{연간액면이자금액}}{\text{채권의 매입가격}}$$

예제 10-5 액면금액 100만 원이며 액면금리가 연 8%인 3년만기 금융채를 85만 원에 매입하였다면 이 채권의 경상수익률은 얼마인가?

풀이

$$\text{경상수익률} = \frac{100 \times 0.08}{85} = 0.094 \text{ 혹은 } 9.4\%$$

연평균수익률 연평균수익률은 만기까지의 기간이 1년 이상인 채권에서 만기까지의 총수익을 매입가격으로 나눈 후 단순히 해당 연수로 나눈 단순평균수익률을 말한다. 따라서 복리로 계산되는 상품의 경우 투자기간이 길수록 수익률이 높아지게 되어 수익률이 실제보다 과장되어 나타나며, 실효수익률과 다른 평균수익률이다.

$$\text{연평균수익률} = \frac{(\text{만기까지의 총수익} - \text{매입가격}) / \text{매입가격}}{\text{기간(년)}}$$

예제 10-6 만기까지 기간이 2년인 채권을 100만 원에 매입하였다. 만약 만기까지의 실현총수익이 110만 원이라고 할 경우 이 회사채의 연평균수익률은 얼마인가?

풀이

$$\text{연평균수익률} = \frac{(110-100)/100}{2} = 0.05 \text{ 혹은 } 5\%$$

실효수익률 실효수익률(effective yield)은 일정한 투자기간 중에 실제로 실현된 이자수입, 이자의 재투자수입, 자본수익의 합계인 실현총수익에 대한 매입가격의 비율이다. 연평균수익률의 결점을 보완하는 적절한 수익률 표시 방법으로 기간 중 발생하는 수익을 연복리방식으로 환산하여 계산한다.

$$\text{실효수익률} = \sqrt[\text{년}]{\text{실현총수익/매입가격}} - 1$$

예제 10-7 앞의 〈예제 11-6〉에서와 동일한 채권의 경우 실효수익률은 얼마인가? 그리고 연평균수익률과 비교하시오.

풀이

$$\text{실효수익률} = \sqrt[2]{110/100} - 1 = 0.049 \text{ 혹은 } 4.9\%.$$

따라서 이 채권의 연평균수익률은 실효수익률보다 0.1% 높게 평가된 것을 알 수 있다.

세전수익률과 세후수익률 세전수익률이란 일정 기간의 채권투자로 얻은 수익에서 이자에 대한 세금을 공제하기 전의 수익률을 말하며, 세후수익률이란 이자에 대한 세금을 공제한 후의 수익률을 말한다.

예제 10-8 A채권의 세전수익률이 10%이고 이자소득세율이 22%인 경우의 A채권의 세후수익률은 얼마인가?

풀이

$$\text{세후수익률} = 10 \times (1 - 0.22) = 7.8\%$$

이자율의 기간구조

이자율 개념

단기이자율과 현물이자율 매 기간에 적용되는 이자율을 단기이자율(short rate)이라 하는데 현재 단기이자율은 알 수 있지만 2기간 또는 3기간 등에 적용될 미래의 단기이자율은 미래의 불확실성으로 인해 현재 시점에서는 확실히 알 수 없다. 또한 이자율에는 현물이자율(spot rate)이라는 것이 있는데 이는 순수할인채 또는 무이표채(zero coupon bond)의 현재 시점에서의 만기수익률(yield-to-maturity)을 말한다. 이제 〈그림 10-2〉에서 보듯이 1기간(년)의 단기이자율을 2%라고 하고, 2기간(년)의 단기이자율을 3%라고 하자. 2기간의 단기이자율은 현재 시점에서 알 수 없지만 여기에서는 일단 안다고 가정해보자. 그러면 1년 만기

〈그림 10-2〉 단기이자율과 현물이자율의 관계(2기간 경우)

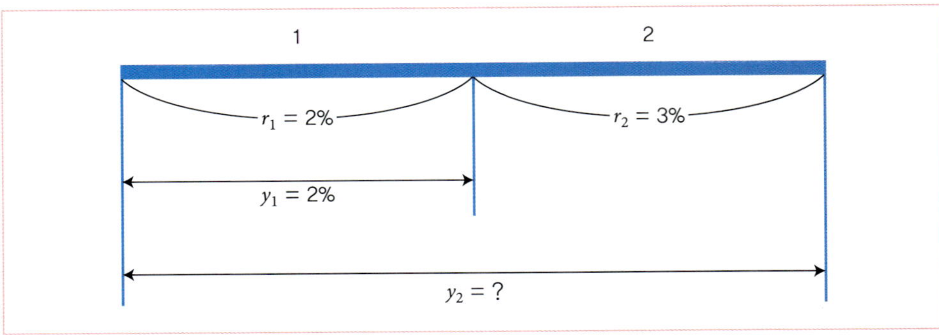

무이표채의 만기수익률(y_1)은 1년 단기이자율과 같아야 하므로 2%이다. 그런데 2년 만기 무이표채의 만기수익률(y_2)은 얼마가 되어야 할까?

만약 무이표채의 액면가를 1,000만원이라 하면, 2년 만기 무이표채의 현재가치는 다음과 같이 두 가지 방식으로 표현된다.

$$B_0 = \frac{1{,}000\text{만 원}}{(1+y_2)^2} = \frac{1{,}000\text{만 원}}{(1+r_1)(1+r_2)} \tag{10-5}$$

따라서 다음 식이 성립되어야 한다.

$$(1+y_2)^2 = (1+r_1)(1+r_2) \tag{10-6}$$

이제 위에 주어진 정보를 《식 10-6》에 대입하면

$$(1+y_2)^2 = (1+0.02)(1+0.03) \Rightarrow y_2 = \sqrt{(1.02)(1.03)} - 1 = 0.025$$

즉, y_2는 2.5%가 된다. 이와 같이 구한 y_2는 2년간 투자 시 현물이자율(two year spot rate)이라 한다.

만약 3기간(년)에 해당하는 단기이자율을 3.5%라 할 때 3년 만기 무이표채의 만기수익률 즉 3년간 투자 시 현물이자율은 얼마가 될까?

《식 10-6》을 3기간으로 확장하면 다음과 같다.

$$(1+y_3)^3 = (1+r_1)(1+r_2)(1+r_3) \tag{10-7}$$

이에 주어진 숫자를 대입하면 $(1+y_3)^3 = (1+0.02)(1+0.03)(1+0.035)$ 이므로

$$y_3 = \sqrt[3]{(1.02)(1.03)(1.035)} - 1 = 0.0283$$

즉, y_3=2.83%가 된다.

이제 각 만기별에 따른 무이표채의 만기수익률을 그림으로 나타내면 〈그림 10-4〉와 같

〈그림 10-3〉 단기이자율과 현물이자율의 관계(3기간 경우)

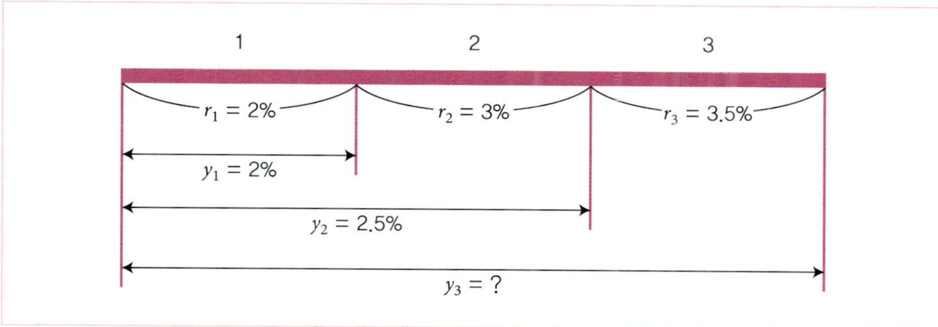

〈그림 10-4〉 본문 예제의 수익률곡선

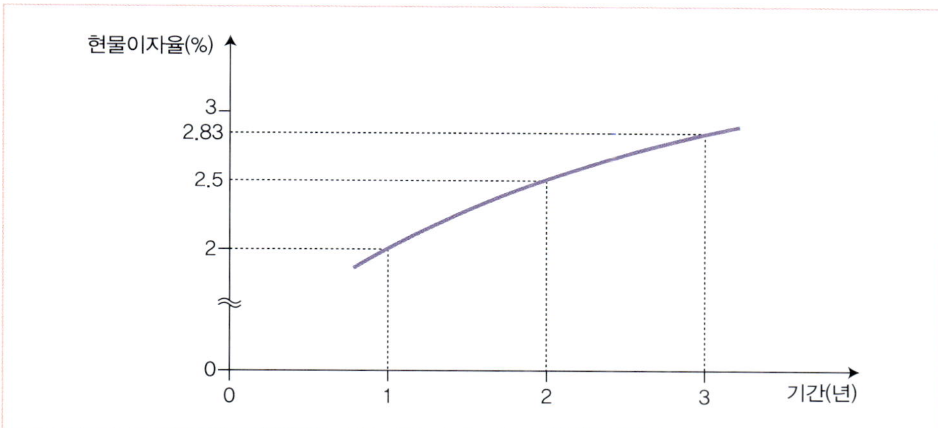

은데, 이 곡선을 수익률곡선(yield curve)이라고 한다.

〈그림 10-4〉에서 1년 현물이자율은 2%, 2년 현물이자율은 2.5%, 3년 현물이자율은 2.83%가 된다. 앞에서도 설명하였듯이 3년 현물이자율은 3년간 적용될 평균이자율의 개념으로서 1년째 단기이자율, 2년째 단기이자율과 3년째 단기이자율의 평균이자율이다. 현물이자율은 채권의 미래 현금흐름을 현재 시점의 가치로 평가하기 위한 할인율로 사용된다.

미래 단기이자율과 선도이자율 지금까지 우리는 미래의 매 기간에 적용될 이자율, 즉 미래 단기이자율을 확실히 안다고 가정했다. 그러나 현실에서는 미래 단기이자율을 정확히 알 수 없고 단지 예상할 수 있을 뿐이다. 그런데 만약 서로 다른 만기를 가진 무이표채들이 존재한다면, 이들로부터 미래 단기이자율을 추론할 수 있는데 이렇게 구한 미래 단기이자율을 선도이자율(forward rate)이라 한다. 예를 들어, y_2=2.5%이고 y_1=2%라고 한다면 2년째 단기이자율에 대한 선도이자율(f_2)은 정의상 《식 10-8》을 만족하여야 한다.

$$(1 + y_2)^2 = (1 + y_1)(1 + f_2) \quad \textbf{10-8}$$

따라서 $f_2 = \frac{(1+y_2)^2}{(1+y_1)} - 1 = \frac{1.025^2}{1.02} - 1 = 0.03$, 즉 3%가 된다.

미래이자율에 대한 불확실성이 없다면 이와 같이 구한 선도이자율은 해당 기간의 단기이자율과 같다. 즉 두 번째 연도의 단기이자율 r_2=3%이다. 이는 〈그림 10-2〉에서 우리가 가정한 단기이자율과 같다. 그러나 미래이자율에 불확실성이 존재하는 경우에는 선도이자율이 해당 기간의 단기이자율과 반드시 같지는 않으며 또한 해당 기간의 미래이자율에 대한 기대치 $E(r_2)$와도 항상 같다고 할 수 없다.

그러면 선도이자율과 미래 단기이자율과의 관계는 어떻게 되는 것일까? 이에 대한 답을 얻기 위해 단기투자자와 장기투자자로 나눠서 살펴보자. 위의 예에서처럼 r_1=y_1=2%, y_2=2.5%, 그리고 $E(r_2)$=3%라고 가정한다. 먼저 1년간만 채권투자를 원하는 단기투자자가 있는데, 이 단기투자자는 다음과 같은 두 가지 옵션을 고려한다고 해보자.

- 1안: 1년 만기 무이표채를 산다.
- 2안: 2년 만기 무이표채를 사서 1년 후에 판다.

첫 번째 옵션을 선택하는 경우 투자자는 2%의 '무위험수익률'을 얻는다. 그러나 두 번째 옵션을 선택하는 경우 투자자는 951.8만 원(=1,000만 원/$(1.025)^2$)에 사서, 1년 후 970.9만 원(=1000만 원/1.03)에 팔 것으로 예상되므로, 1년간 2%(={970.9/951.8}−1)의 '기대수익률'을 얻는다.

이때 단기투자자가 두 번째 옵션에 관심을 갖기 위해서는 2% 이상의 '기대수익률'을 얻을 수 있어야만 한다. 그렇지 않다면 모든 단기투자자는 첫 번째 2%의 무위험투자를 원할 것이다. 따라서 2% 이상의 기대수익률이 나오기 위해서는 사는 2년 만기 무이표채의 가격이 951.8만 원보다 저렴해야 한다. 예를 들어, 2년 만기 무이표채의 가격이 940만 원이라 해보자. 그러면 《식 10-5》에 의해 y_2는 2.5%보다 커짐을 알 수 있다.

$$940 = \frac{1{,}000}{(1+y_2)^2} \quad \Leftrightarrow \quad y_2 = \sqrt{\frac{1{,}000}{940}} - 1 = 0.0314$$

그러면 《식 10-8》에 의해 2년째에 해당하는 선도이자율(f_2)은 4.3%임을 알 수 있다.

$$1 + f_2 = \frac{(1+y_2)^2}{(1+y_1)} = \frac{1.0314^2}{1.02} = 1.043$$

이와 같이 채권투자에 따른 위험이 있을 때 단기투자자들은 2년 만기 무이표채에 대해 0.64%(=3.14%−2.5%)의 리스크 프리미엄을 요구하고, 그에 따라 선도이자율(4.3%)도 예상이자율($E(r_2)$=3%)보다 커지게 된다. 결론적으로 단기투자자들이 시장을 지배할 경우 선도이자율은 미래 단기이자율보다 커야 함을 알 수 있다. 이때 선도이자율과 미래 단기이자율의 차이를 유동성프리미엄(liquidity premium)이라 한다.

이제 2년 동안 채권투자를 하는 장기투자자의 경우를 살펴보도록 하자. 이때도 역시 $r_1=y_1=2\%$, $y_2=2.5\%$라고 가정한다. 장기투자자는 다음과 같은 두 가지 옵션을 고려한다고 해보자.

- 1안: 2년 만기 무이표채를 산다.
- 2안: 1년 만기 무이표채에 투자한 후 1년 후 다시 당시 이자율로 1년 더 투자한다.

첫 번째 옵션을 선택하는 경우 투자자는 연 2.5%의 수익률에 고정시킬 수 있다. 그러나 두 번째 옵션을 선택하는 경우 투자자는 $1.02\times[1+E(r_2)$ 를 예상할 수 있다. 두 번째 옵션이 투자자들에게 투자안으로 의미가 있기 위해서는 다음의 관계를 만족하여야 한다. 그렇지 않으면 아무도 두 번째 옵션에 관심을 갖지 않을 것이기 때문이다.

$$(1.02)[1+E(r_2)] > 1.025^2$$

따라서 이 경우 $E(r_2)>(3\%=f_2)$가 되어야 한다.[1] 결국 장기투자자들이 시장을 지배하는 경우 선도이자율은 미래 단기이자율보다 오히려 작아야 함을 의미한다.

이자율 기간구조 이론 일정 시점에서 다른 조건이 일정할 때 채권의 만기까지의 기간이 달라짐에 따라 채권수익률은 달라진다. 이자율의 기간구조(term structure of interest rate)는 채권의 만기까지의 기간과 채권수익률 사이의 관계를 말하며 흔히 수익률곡선(yield curve)으로 표시된다. 이자율의 기간구조를 설명하는 이론으로는 다음과 같은 불편기대이론, 유동성프리미엄이론 및 시장분할이론을 들 수 있다.

불편기대이론 불편기대이론(unbiased expectation theory)이란 장기채권의 수익률은 미래 기대되는 단기채권수익률, 즉 기대현물이자율의 기하평균[2]에 의하여 결정된다는 이론으로서 Fisher와 Lutz에 의해 제시되었다. 즉 수익률곡선의 형태가 미래의 단기이자율에 대한 투자자들의 기대에 의하여 결정된다는 것이다.

예를 들어, 시장의 투자자들이 미래 이자율이 상승하리라고 예상할 경우 수익률곡선은 오른쪽으로 올라갈 것이고(rising slope), 반대로 미래의 이자율이 하락할 것을 예상할 경우 수익률곡선은 오른쪽으로 내려간다(falling slope)는 것이다.

만기 n년의 장기채권수익률을 y_n이라 하고, 그 기간 중의 예상되는 단기채권수익률을 각각 $E(r_1), E(r_2), \cdots, E(r_n)$이라고 할 때, 불편기대이론에 의하면 다음과 같이 나타낼 수 있다.

---

1) $1+E(r_2) > \dfrac{1.025^2}{1.02} \Rightarrow E(r_2) > \left(\dfrac{1.025^2}{1.02} - 1 = 0.03 = f_2\right)$

2) 기하평균수익률(geometric mean rate of return)은 매 기간 발생하는 수익을 매 기간 수익률로 재투자한다는 가정에서 계산된다. 매 기간 수익률을 $r_1, r_2, \cdots r_n$이라고 하면, 기하평균수익률 R_n은 다음과 같이 계산된다.

$$R_n = \sqrt[n]{(1+r_1)(1+r_2)\cdots(1+r_n)} - 1$$

$$(1+y_n)^n = [1 + E(r_1)][1 + E(r_2)] \cdots [1 + E(r_n)] \qquad \textbf{10-9}$$

불편기대가설에 의하면 채권의 만기수익률이 미래 단기이자율에 대한 투자자들의 예상을 그대로 반영한다는 이론이다. 이 이론의 의하면, 수익률곡선이 우상향의 형태를 가지기 위해서는 투자자들이 이자율의 상승을 예상해야만 한다. 예를 들어, r_1=2%, $E(r_2)$=2%, $E(r_3)$=2%라고 해보자.

$$(1+y_1) = (1+0.02) \quad \Rightarrow \quad y_1 = 2\%$$
$$(1+y_2)^2 = (1+0.02)(1+0.02) \quad \Rightarrow \quad y_2 = 2\%$$
$$(1+y_3)^3 = (1+0.02)(1+0.02)(1+0.02) \quad \Rightarrow \quad y_3 = 2\%$$

위에서 보는 바와 같이 미래 단기이자율이 모두 동일하면 만기수익률도 모두 동일하다. 다시 말해, 미래 이자율에 대한 예상치가 상승할 때만 수익률곡선이 우상향으로 증가하게 된다. 또한 《식 10-9》에서 볼 수 있는 바와 같이 불편기대가설에 의하면 선도이자율은 미래 단기이자율과 같다.

예제 10-9 미래 예상되는 단기채권수익률이 다음과 같을 경우 불편기대이론에 의하여 1년, 2년, 3년만기 채권수익률을 각각 구하시오.

$$E(r_1) = 7\%, E(r_2) = 8\%, E(r_3) = 9\%$$

풀이

《식 10-9》를 이용하여 1년만기 채권수익률(y_1), 2년만기 채권수익률(y_2), 3년만기 채권수익률(y_3)을 각각 구하면 다음과 같다.

$$(1+y_1)^1 = (1+0.07) \quad \text{여기서 } y_1 = 0.07 \text{ 혹은 } 7\%$$
$$(1+y_2)^2 = (1+0.07)(1+0.08) \quad \text{여기서 } y_2 = 0.075 \text{ 혹은 } 7.5\%$$
$$(1+y_3)^3 = (1+0.07)(1+0.08)(1+0.09) \quad \text{여기서 } y_3 = 0.08 \text{ 혹은 } 8\%$$

미래 예상 단기채권수익률이 상승함에 따라 수익률곡선은 우상향의 형태를 갖게 된다.

유동성프리미엄이론 일반적으로 투자자들은 단기채권을 선호하고 만약 장기채권을 보유하게 되면 더 높은 기대수익률을 원한다는 이론이다. 즉 투자자들이 장기채권을 보유하는데 따른 유동성의 저하에 대하여 위험보상을 요구하는데 이를 유동성프리미엄(liquidity premium)이라 한다.

Hicks가 제시한 유동성프리미엄이론에서는 장기채권수익률은 기대현물이자율에 유동성프리미엄을 더한 값의 기하평균과 같다는 것이다. 그리고 그는 채권의 유동성프리미엄은 채권의 만기까지의 기간이 길수록 체감적으로 증가한다고 설명한다.

여기서 매 기간의 유동성프리미엄을 $L_1, L_2, \cdots, L_n$이라고 하면 만기까지의 기간이 n인 장기채권수익률 y_n은 다음과 같이 표시될 수 있다.

$$(1+y_n)^n = [1+E(r_1)+L_1]\,[1+E(r_2)+L_2]\cdots\{1+E(r_n)+L_n] \qquad \textbf{10-10}$$

이를 다른 측면에서 설명하면 투자자들은 유동성이 큰 채권을 선호하기 때문에 유동성이 작은 채권이 거래되려면 유동성프리미엄이 지급되어야 한다는 것이다. 즉 '장기채권이자율 = 단기채권이자율 + 유동성프리미엄'이라는 것이다. 다라서 미래 단기금리가 일정한 것으로 예상되는 경우에도 수익률곡선은 유동성프리미엄을 반영하여 오른쪽으로 증가하는(upward) 모습이 가능하다는 것이다.

예를 들어, r_1=2%, $E(r_2)$=2%, $E(r_3)$=2%, L_2=L_3=1%라고 해보자.

$$(1+y_1) = (1+0.02) \quad \Rightarrow \quad y_1 = 2\%$$
$$(1+y_2)^2 = (1+0.02)(1+0.02+0.01) \quad \Rightarrow \quad y_2 = 2.5\%$$
$$(1+y_3)^3 = (1+0.02)(1+0.02+0.01)(1+0.02+0.01) \quad \Rightarrow \quad y_3 = 2.67\%$$

위에서 보는 바와 같이 미래 단기이자율이 일정하다 할지라도 유동성프리미엄이 존재한다면 만기수익률이 증가하는 모습을 보인다. 한편, 《식 10-10》에서 볼 수 있는 바와 같이 유동성프리미엄이론에 의하면 선도이자율은 미래 단기이자율에 유동성프리미엄을 더한 것과 같게 된다.

시장분할이론 앞의 두 이론은 장기채권과 단기채권이 서로 대체재(substitute)임을 전제로 한다. 두 가지의 투자가능성을 두고 더 높은 수익을 추구하는 과정에서 수익률곡선이 형성된다는 것이다.

시장분할이론(market segmentation theory)은 장단기채권시장이 분리되어 있다고 전제하고 단기채권과 장기채권의 수익률이 각각 분할된 시장에서 독립적인 수요와 공급에 의하여 결정된다는 이론이다. 즉 장단기 채권수익률 간의 연계를 부정하며, 채권시장은 투자자들의 만기에 대한 선호에 따라 몇 개의 하위시장(submarket)으로 분할될 수 있고 각각의 시장에서 독립적으로 채권수익률이 결정된다는 것이다.

예를 들면, 연금과 기금, 생명보험회사와 같이 장기투자가 필요한 기관투자가들은 장기채권을 선호하게 되며, 단기금융업을 하는 기관투자가들은 단기채권을 더 선호함으로써 〈그림 10-5〉에서 볼 수 있듯이 채권시장은 각각 분리된 시장에서 수요와 공급에 따라 채권수익률의 기간구조가 결정된다는 설명이다.

수익률곡선은 〈그림 10-6〉에서 보는 바와 같이 다양한 형태를 취한다. 보통은 우상향

〈그림 10-5〉 시장분할이론

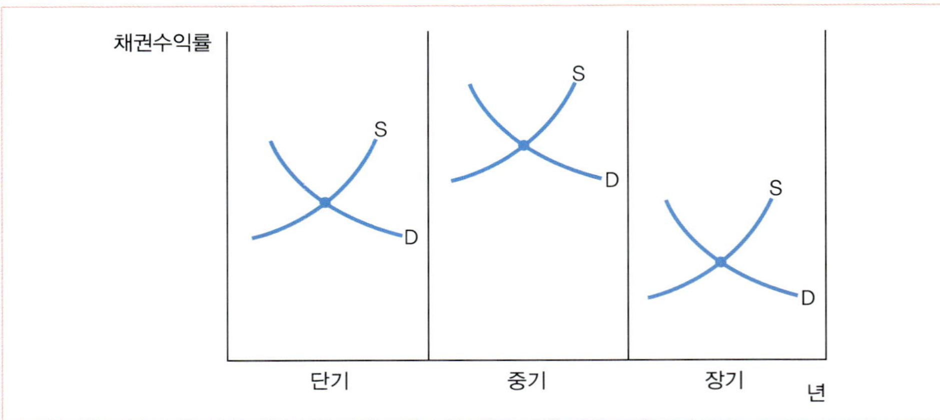

〈그림 10-6〉 수익률곡선의 다양한 형태

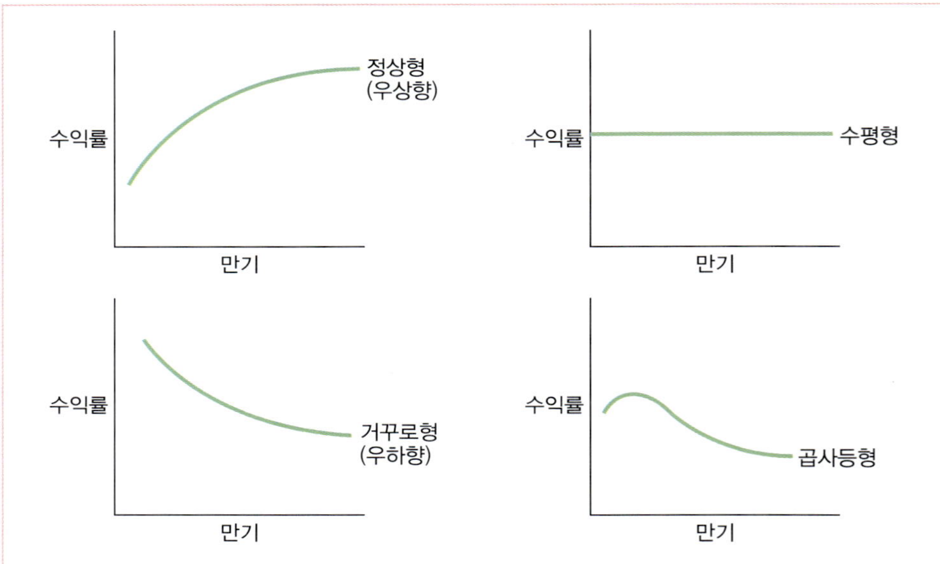

형태를 보이는데 이는 단기채권의 수익률이 장기채권 수익률보다 낮음을 의미한다. 그러나 수익률곡선의 형태는 시간에 따라 변하는데 그 이유는 수익률곡선이 향후 경제전망에 따른 이자율의 변화 예상치를 반영하고 있기 때문이다.

10-1-4 채권수익률의 위험구조

수익률 스프레드

약정수익률과 실현수익률 채권은 원래 이자와 원금이 발행 시점에서 명시되어 있는 확정수익채권이지만 이자나 원금이 항상 계약대로 지급되는 것은 아니다. 채권발행 주체의

〈그림 10-7〉 채무불이행위험과 채권수익률

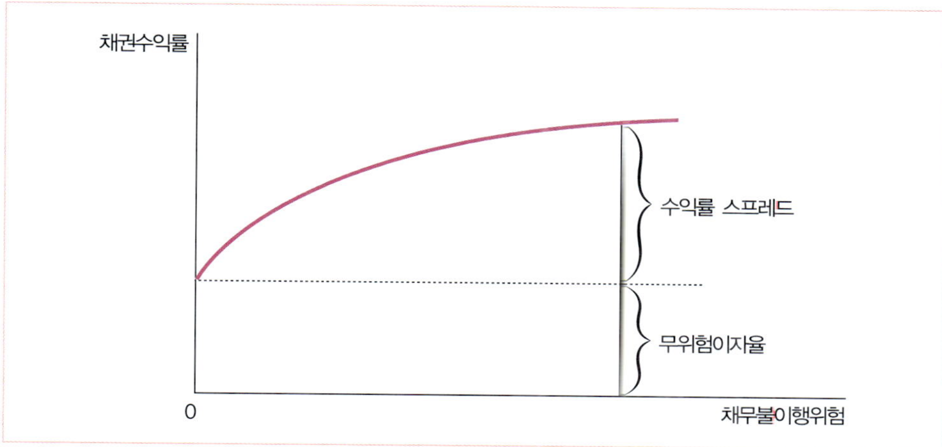

경영위험이나 재무위험에 따라 원리금을 지급할 수 없게 될 수도 있다.

채권수익률의 위험구조(risk structure of bond yield)란 채권의 채무불이행위험(default risk)에 따른 채권수익률의 변화를 말한다. 채권수익률은 〈그림 10-7〉에서 보듯이 채무불이행위험이 커질수록 증가한다.

약정수익률(promised yield)은 발행 당시 약속한 수익률, 즉 약속된 이자 및 원금을 모두 지급받을 경우의 수익률로서 이자 및 원금의 현재가치의 합과 채권의 시장가격을 같게 해 주는 할인율과 같다.

실현수익률(realized yield)은 이자 및 원금 등의 현금이 실제로 지급됨으로써 궁극적으로 실현되는 수익률이다. 원리금 지급에 대한 채무불이행이 있을 때에는 실현수익률은 약정수익률보다 작게 된다. 따라서 실현수익률은 약정수익률보다 같거나 작게 된다.

기대수익률(expected yield to maturity)은 채권의 채무불이행위험을 고려하여 계산한 수익률로서 예상되는 실현수익률에다 각각의 발생확률을 곱하여 더한 값이다.

수익률 스프레드 채권수익률과 무위험이자율과의 차이를 수익률 스프레드(yield spread)라고 하며, 총위험프리미엄(total risk premium)이라고도 한다.

$$\text{수익률 스프레드} = \text{채권 약정수익률} - \text{무위험이자율}$$

수익률 스프레드를 구성하는 총위험프리미엄은 채무불이행위험프리미엄(default premium)과 위험프리미엄(risk premium)으로 나눌 수 있다. 채무불이행위험프리미엄은 채권 약정수익률(promised yield)과 기대수익률(expected yield)과의 차이로서 원리금지급의 불능 가능성에 대한 위험이다. 위험프리미엄은 기대수익의 불확실성에 따르는 위험으로서 기대수익률과 무위험이자율과의 차이를 말한다.

〈그림 10-8〉 위험채권의 만기수익률

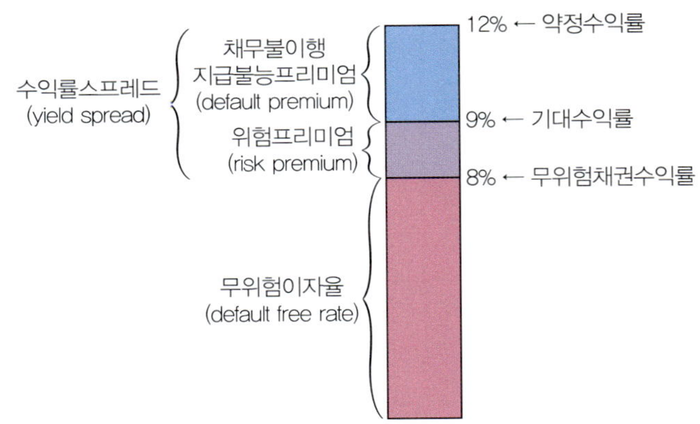

총위험프리미엄 = 채무불이행위험프리미엄 + 위험프리미엄
채무불이행위험프리미엄 = 채권 약정수익률 − 기대수익률
위험프리미엄 = 기대수익률 − 무위험이자율

예제 10-10 어떤 채권의 약정수익률이 12%이며 기대수익률은 9%라고 하자. 무위험이자율을 8%라고 가정할 때 이 채권의 위험프리미엄, 채무불이행위험프리미엄과 수익률 스프레드는 각각 얼마인가?

풀이

위험프리미엄: 9% − 8% = 1%
채무불이행위험프리미엄: 12% − 9% = 3%
수익률스프레드: 12% − 8% = 4%

채권등급평가

채권등급평가의 의의 및 기능 전문신용평가회사는 채권발행기업의 원리금 상환능력과 채무불이행위험을 측정하여 이를 일정한 기호로 등급화하여 제공하는데 이를 채권등급평가(bond rating)라고 한다. 회사채나 기업어음 등을 발행하는 기업은 채무상환능력을 판정받음으로써 발행금리나 발행규모 등에 있어서 그에 상응한 대우를 시장에서 받기 위해 채권등급평가를 의뢰하게 된다.

전문신용평가기관에 의한 채권등급의 중요한 기능은 다음과 같다.[3]

3) G. Foster (1978), *Financial Statement Analysis*, 2nd ed., Prentice-Hall.

첫째, 채권발행자의 원리금 상환능력을 알 수 있는 우수한 정보원이다. 둘째, 기관투자가들의 투기적인 고위험 투자를 억제하기 위한 지표로 이용될 수 있다. 은행이나 보험회사, 연금기금 등의 기관투자가의 신중한 자산운용을 유도하기 위해 각국 금융감독당국은 기관투자가들의 투자대상 채권을 일정한 등급, 이를테면 BBB 등급 이상에 한정시키고 있다.

채권등급평가의 평가요소 미국의 경우 채권의 등급대상은 특정 개별 채권의 채무불이행위험도이기 때문에 동일기업이 발행한 회사채라도 서로 다른 신용등급을 부여한다. 영국의 경우에는 발행기업의 전반적 신용상태의 평가와 유가증권평가의 결과를 동시에 공시하고 있다.

우리나라의 경우 회사채 신용평가가 발행적격선정의 기능까지 겸하고 있기 때문에 발행기업의 전반적 신용상태를 평가대상으로 하고 있다. 일본에서도 신용평가가 발행적격의 선정이라는 측면에서 발행기업에 대한 전반적인 평가의 경향이 강하다.

S&P의 채권등급평가요소 세계 4대 평가기관으로는 Moody's, Standard & Poor's, Fitch IBCA와 Duff & Phelps 등이 있다. Moody's사의 채권평가는 발행기업의 경영실적이나 재무위험의 정도에 따라 Aaa에서 C까지 9개 등급으로 나누어지며, S&P의 채권평가는 AAA에서 E까지 11개 등급으로 나눈다. S&P사에서 채권등급평가에서 고려하는 주요 평가요소 및 평가항목은 〈그림 10-9〉와 같다.

〈그림 10-9〉에서 보듯이 S&P사와 같은 전문신용평가기관은 기업의 채무상환능력을 재무위험과 비재무적 위험으로 나누어 평가한다. 재무위험은 기업의 수익성, 안정성 및 자본구조, 유동성 및 현금흐름, 재무적 탄력성 및 자금조달능력 등의 측면에서 분석하며, 비재무적 위험은 산업위험, 산업 내 지위 및 경쟁력, 영업효율성 그리고 경영자 및 경영관리능

〈그림 10-9〉 S&P의 채권등급 평가요소

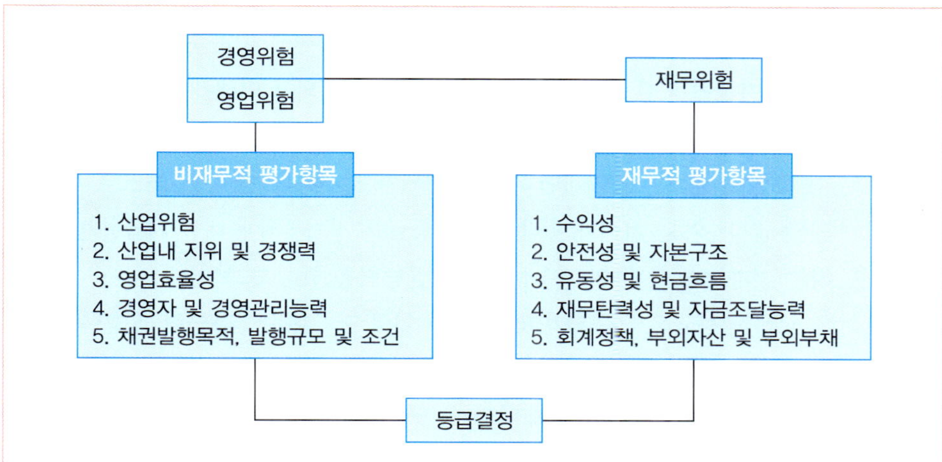

〈표 10-7〉 채권등급과 채권수익률

채권등급	도산의 위험	1955~1964 평균수익률	1965~1975 평균수익률	1955~1975 평균수익률
T-bond	전혀 없음	3.76%	5.82%	4.82%
AAA회사채	매우 적음	4.13	7.06	5.61
AA회사채	적음	4.25	7.29	5.78
A회사채	보통	4.42	7.51	5.98
BBB회사채	높음	4.93	8.06	6.49

자료: Standard & Poor's Trade & Securities Statistics, 1976.

력 등을 분석·평가한다.

채권등급과 채권수익률 채권수익률은 그 채권의 채무불이행위험이 증가함에 따라 높아진다. 즉 일반적으로 고위험채권에 투자하는 투자가들은 저위험채권에 투자하는 투자가들보다 더 높은 수익률을 요구한다. 따라서 채권의 등급이 높아질수록 일반적으로 채권의 수익률은 낮아진다. 이러한 채권등급과 채권수익률의 관계는 〈표 10-7〉에서 살펴볼 수 있다.

우리나라의 채권등급평가제도 우리나라의 채권등급평가는 기업어음등급과 회사채등급으로 구분된다. 1980년대부터 기업어음(CP)에 대한 신용평가제도가 도입됨에 따라 한국신용평가(주), 나이스신용평가(주), 한국기업평가(주)가 업무를 하고 있다. 단기금융회사가 매출하는 무담보어음은 두 개 이상의 지정평가기관에 의하여 신용평가를 받고 그 신용평가등급 중 최저의 등급이 B급 이상인 어음이어야 한다.

회사채에 대하여는 1988년 7월부터 해외에서 회사채를 발행할 경우 일정 등급 이상의 업체에 대해서만 발행적격성을 부여하였으나 보증사채의 관행 때문에 신용평가에 대한 수요가 크지 않았다. 그 후 1989년 7월부터 무보증회사채의 발행요건이 완화되고 신용평가가 의무화됨에 따라 무보증사채의 발행이 증가하면서 평가수요가 증대하고 있다. 전문신용평가기관에 의한 채권등급평가의 결과는 공시되어 이해관계자의 의사결정에 이용하도록 하고 있다.

CP등급평가는 CP가 1년 미만에 만기가 도래하는 단기채권이므로 장기채권인 회사채의 등급평가와는 차이가 있다. 회사채등급은 장기부채에 대한 지급불능위험을 주로 고려하는 것과는 달리 CP의 경우는 단기지급능력을 주로 고려한다.

CP신용등급은 신용평가회사별로 기업의 단기채무 상환능력 및 안정성의 정도를 현시점에서의 상대적인 우열도에 따라 평가하여 A1부터 D까지 6단계로 나누고, A2에서 B까지 등급 내에서의 상대적 위치에 따라 + 또는 − 부호가 첨부될 수 있다.

〈표 10-8〉 회사채등급평가기준의 비교

투자적격 여부	한국신용평가	등급의 내용	S&P 등급	Moody's 등급
투자 적격 채권	AAA	원리금 지급능력이 최고 수준.	AAA	Aaa
	AA	원리금 지급확실성이 매우 높으나 AAA채권에 비해 다소 열등함.	AA± AA AA−	Aa1 Aa2 Aa3
	A	원리금 지급확실성이 높지만 장래 경제여건 및 환경악화에 따라 다소 영향을 받기 쉬운 면이 있음.	A± A A−	A1 A2 A3
	BBB	원리금 지급확실성은 인정되지만 장래 경제여건 및 환경악화에 따라 지급능력이 저하될 가능성이 있음.	BBB± BBB BBB−	Baa1 Baa2 Baa3
정크 본드	BB	원리금 지급능력에는 당장 문제가 없으나 장래의 안정성은 보장할 수 없는 투기적인 면이 있음.	BB± BB BB−	Ba2 Ba3 Ba4
	B	원리금 지급능력에 문제가 있고 투기적인 면이 강함.	B± B B−	B1 B2 B3
	CCC	채무불이행이 발생할 위험이 크고 투기적임.	CCC	Caa
	CC	채무불이행이 발생할 위험이 매우 크고 극히 투기적임.	CC	Ca
	C	현재 이자지급이 연기되고 있고 채무불이행의 위험성이 매우 높음.	C	C
	D	원금 또는 이자가 지급불능상태에 있음.	D	

자료: 한국신용평가(주), S&P's Bond Guide, Moody's Bond Record.

〈표 10-8〉은 한국신용평가(주)가 사용하는 회사채등급평가기준을 S&P사와 Moody's사가 사용하는 채권등급평가기준과 비교한 자료이다.

한편, 우리나라에서는 채권발행기업들이 여러 신용평가기관 중 가장 유리한 신용평가회사를 고르는 이른바 '등급 쇼핑'으로 문제가 되고 있다. 이와 관련된 최근 기사를 다음 쪽에서 소개한다.

고수익채권

고수익채권의 의의와 유형 고수익채권(high-yield bond)이란 벤처기업이나 부실기업과 같이 위험이 높고 신용등급이 낮은 기업이 발행하는 고위험-고수익(high-risk, high-return)채권을 의미한다. 고수익채권은 흔히 정크본드(junk bond)라고 불리는데, 미국의 경우 S&P사로부터 BB± 이하, Moody's사로부터 Ba1 이하의 신용등급을 받은 기업이 발행하는 채권을 의미하며 우리나라의 경우는 BB 이하 신용등급을 받은 기업이 발행하는 채권을 의미한다.

고수익채권의 유형은 다음과 같다.

첫째, 벤처기업 등과 같이 원래 위험이 높아서 신용등급이 투자부적격으로 분류된 기업이 발행한 고수익채권(original issue)이 있다. 둘째, 최초 발행시에는 투자적격채권이었으나

금감원 "신종 '신용등급 쇼핑' 횡행 … 평가등급 통보 후 계약 철회 제한할 것"

금융감독원은 8일 일부 증권 발행회사가 여러 신용평가회사(이하 신평사)와 신용평가계약을 체결한 후 특정 신평사가 제시하는 신용등급이 다른 신평사의 제시등급보다 낮은 경우 해당 신평사와의 신용평가 계약만을 해지하는 등의 신종 '등급쇼핑' 사례가 다수 발견됐다며 재발 방지를 위해 이 같은 내용의 제도개선을 추진하고 있다고 밝혔다.

등급쇼핑이란 증권 발행회사가 여러 곳의 신평사 중 유리한 등급을 부여하거나 부여할 것 같은 신평사로부터 선택적으로 평가를 받는 행위를 일컫는다.
이번에 발견된 사례들은 등급쇼핑 방지를 위한 신용평가 규제를 회피하기 위해 여러 곳의 신평사와 평가계약을 체결한 후 불리한 평가를 내린 신평사와의 계약만을 해지하거나 신용등급을 공시하지 않도록 요청하는 경우였다.

또 유효한 등급이 있는 상태에서 추가로 신용평가를 요청하고 기존의 등급보다 유리한 등급이 나올 경우 기존 등급을 철회하는 경우도 있었다.

금감원 관계자는 "평가계약 체결 전에 좋은 신용등급을 선택하는 종전의 등급쇼핑은 현행 법규상 금지돼 있으나, 신종 등급쇼핑은 평가계약 체결 후에 계약해지, 미공시 전환, 신용등급 철회 등을 통해 이뤄지고 있다"고 지적했다.

이럴 경우 신평사가 계약해지 등의 우려로 인해 발행회사로부터 독립된 정확한 평가의견을 부여하지 못할 개연성이 크다. 또 발행회사의 의사에 따라 신용등급의 공시여부가 결정되기 때문에 시장에 차별화된 평가의견 제공이 제한된다.

특히 채권의 발행금리가 가장 낮은 신용등급에 대한 채권평가회사들의 평균금리를 감안해 결정되는 점을 고려할 때 발행회사가 의도적으로 낮은 신용등급을 배제시킴으로써 발행금리 산정과정을 왜곡할 가능성이 있다.

금감원은 신종 등급쇼핑을 차단하기 위해 증권신고서에 평가계약 체결·철회 내역 등을 상세하게 기재하도록 해 시장 규율을 유도하고 등급쇼핑 유인을 차단하기로 했다. 특히 발행회사가 평가등급을 통보받은 후에는 계약 철회, 신용등급 미공시 전환을 제한하기로 했다.

금감원 관계자는 "평가계약의 취소·철회, 평가등급의 공시, 미공시 전환 내역을 정기적으로 제출받아 새로운 유형의 등급쇼핑 여부를 점검하겠다"고 밝혔다.

자료: 조선비즈, 2018년 5월 8일자.

채권발행 이후 기업이 부실화되어 투자부적격으로 신용등급이 떨어진 고수익채권(fallen angel) 유형이다. 셋째, 매수대상 기업의 자산을 담보로 부채를 발행하여 기업을 인수하는 M&A 방식을 의미하는 LBO(leveraged buyouts)를 행할 때 발행되는 고수익채권이다.

한편, 우리나라에서는 1999년 10월 하이일드펀드(정크본드펀드)의 판매를 허용하였는데 투기등급채권인 정크본드에 주로 투자하는 고위험-고수익펀드로서 대우사태로 거래가 중단된 신용등급 BB± 이하 투기등급 채권시장의 활성화를 위한 것이었다. 주식형 수익증권과 뮤추얼펀드 형태로 판매되며 1년 이상의 단위형, 폐쇄형으로 만기 전에는 환매가 불가능하다. 하이일드펀드는 투기등급채권을 주로 편입해 투자위험성이 크기 때문에 투자자들의 적극적인 참여를 유도하기 위해 공모주 우선청약권이나 비과세 또는 부분과세 혜택이 주어진다.

고수익채권의 기능 고수익채권시장이 활성화될 경우 구조조정 대상기업이 자금조달을 원활하게 할 수 있다. 일반적으로 고수익채권에는 수의상환옵션(call option)이 첨가되어 있어서 발행기업의 신용도가 상승할 경우에는 고수익채권을 상환하고 낮은 금리의 자금을 사용할 수 있다. 또한 벤처기업의 자금조달을 가능하게 한다. 벤처기업은 성공 시에는 성장속도가 빠르지만 성공 가능성이 낮은 경우가 많고 고정자산을 담보로 자금을 조달하기가 곤란하다. 무보증채권인 고수익채권시장이 활성화되면 벤처기업의 자금조달을 원활하게 할 수 있다.

고수익채권은 투자자들에게 다양한 투자기회를 제공한다. 즉 고위험-고수익을 추구하는 투자자에게 투자기회를 제공한다. 미국의 경우 대부분의 실증연구는 고수익채권이 위험 대비 초과수익을 보인다는 결과를 보인다.

10-2 채권투자전략

10-2-1 채권의 이자율위험

이자율위험

주식의 가격이 변하듯이 채권가격도 변한다. 특히, 이자율이 변하면 채권가격이 변하는데 이자율과 채권가격은 반비례의 관계에 있다. 이와 같이 이자율이 변함에 따라 채권투자에 따르는 수익이 변동하는 위험을 이자율위험(interest rate risk)이라고 한다.

이자율위험은 가격위험(price risk)과 재투자위험(reinvestment risk)으로 나눌 수 있다. 가격위험은 이자율이 변함에 따라 채권가격이 변동하는 위험을 말한다. 즉 이자율이 상승하면 채권가격은 하락하고 이자율이 하락하면 채권가격은 상승하게 된다. 재투자위험은 이표채의 경우 각 기간 지급받는 이자를 재투자할 때 이자율이 변동함에 따라 재투자수익이 달라지는 위험을 말한다. 즉 이자율이 상승하면 재투자수익은 상승하고 이자율이 하락하면 재투자수익은 하락하게 된다. 이와 같이 이자율이 변함에 따라 채권투자수익률은 가격위험과 재투자위험으로 투자시점에서 예상했던 것과는 달라지게 된다.

듀레이션

듀레이션의 정의 듀레이션(duration)이란 채권에 있어서 각 기간의 현금흐름의 현재가치가 채권가격에서 차지하는 비중으로 가중평균한 만기(weighted average maturity)라 할 수 있다. 즉 각 기간값에 매 기간 현금흐름의 현재가치를 곱한 값의 합을 채권가격으로 나눈 값이다. Macaulay 듀레이션을 계산하는 식은 다음과 같다.

$$D = \frac{1\times\frac{C_1}{(1+r)} + 2\times\frac{C_2}{(1+r)^2} + \cdots + n\times\frac{C_r + F}{(1+r)^n}}{\frac{C_1}{(1+r)} + \frac{C_2}{(1+r)^2} + \frac{C_n + F}{(1+r)^n}} \qquad \textbf{10-11}$$

$$= \frac{1\times\frac{C_1}{(1+r)} + 2\times\frac{C_2}{(1+r)^2} + \cdots + n\times\frac{C_r + F}{(1+r)^n}}{P_0}$$

여기서 D : 듀레이션(Macaulay)

C_t : t시점의 액면이자

r : 만기수익률

F : 액면금액

n : 만기

P_0 : 채권가격

예제 10-11 A기업의 회사채는 액면금리가 10%, 만기수익률이 12%, 그리고 액면금액이 1,000만 원이며 만기는 3년이다. 이자는 일 년에 1회 지급한다고 할 경우 A기업 회사채의 현재가격(P_0)을 구한 다음 이를 이용하여 이 회사채의 듀레이션을 구하시오.

풀이

이 회사채의 액면이자는 매년 100만 원(1,000만 원×0.1)이 지급된다. A기업 회사채의 현재가격(P_0)과 듀레이션(D)은 다음과 같이 계산된다.

$$P_0 = \frac{C_1}{(1+r)} + \frac{C_2}{(1+r)^2} + \frac{C_3+F}{(1+r)^3}$$

$$= \frac{100}{(1+0.12)} + \frac{100}{(1+0.12)^2} + \frac{100+1{,}000}{(1+0.12)^3} \fallingdotseq 952.0(\text{만 원})$$

$$D = \frac{1\times\frac{C_1}{(1+r)} + 2\times\frac{C_2}{(1+r)^2} + \cdots + n\times\frac{C_n+F}{(1+r)^n}}{P_0}$$

$$= \frac{1\times\frac{100}{(1+0.12)} + 2\times\frac{100}{(1+0.12)^2} + 3\times\frac{100+1{,}000}{(1+0.12)^3}}{952.0} = 2.73(\text{년})$$

듀레이션의 특성 듀레이션은 다음과 같은 특성을 갖고 있다.

- 이표채의 듀레이션은 만기보다 작으며, 순수할인채의 듀레이션은 만기와 같다. 순수할인채는 만기에 일시에 현금유입이 발생하기 때문에 순수할인채의 듀레이션과 만기는 같다.
- 액면이자율이 낮을수록 듀레이션이 길어진다. 이는 액면이자율이 낮을수록 원금이 회수되는 데 걸리는 평균기간이 더 길어지기 때문이다.
- 만기가 길수록 듀레이션은 커진다.
- 이표채의 경우 만기수익률이 낮을수록 듀레이션은 길어진다. 즉 이표채의 경우 만기수익률이 낮을수록 늦은 현금흐름의 현재가치가 커지므로 이에 대한 가중치가 증가하게

되어 결국 듀레이션은 길어지게 된다.

- 이자율이 r인 영구채권(level perpetuity)의 듀레이션은 $(1+r)/r$이다.
- 만기수익률이 동일한 채권의 경우 가산법칙(additivity rule)이 성립한다. 즉 채권포트폴리오의 듀레이션은 포트폴리오를 구성하는 개별 채권의 듀레이션을 구성비율로 가중평균한 값이다. 만약 n개의 개별 채권으로 구성된 채권포트폴리오의 듀레이션(D_p)은 개별 채권 듀레이션(D_i)을 투자비중(w_i)으로 가중평균한 값으로 다음과 같이 나타낼 수 있다.

$$D_p = \sum_{t=1}^{n} w_i \cdot D_i \qquad \textbf{10-12}$$

〈그림 10-10〉은 액면이자율이 서로 다른 채권들의 듀레이션과 만기의 관계를 나타낸 것으로 할인채의 듀레이션은 45도의 대각선에 표시되어 할인채의 듀레이션이 만기와 같다는 것을 의미한다. 이표채의 경우에는 만기가 길어짐에 따라 듀레이션이 커지나 증가율은 체감하는 것을 보여준다.

〈그림 10-10〉 듀레이션과 만기의 관계

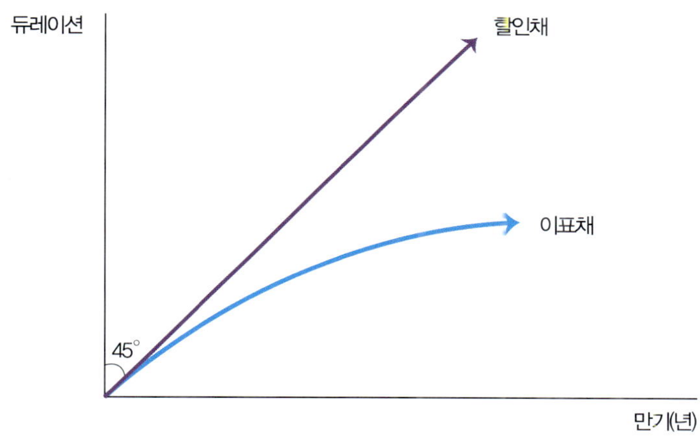

예제 10-12 영구채권의 이자율이 8%라고 할 경우, 이 영구채권의 듀레이션은 얼마인가?

풀이

이자율이 r인 영구채권의 듀레이션은 $(1+r)/r$이므로, $(1+0.08)/0.08=13.5$(년)이다.

예제 10-13 K투자신탁의 공사채형 수익증권은 다음 네 가지 채권으로 구성되어 있다. 이 공사채형 수익증권의 듀레이션을 구하시오.

공사채 종류	듀레이션(년)	투자비중(%)
A	10	10
B	5	20
C	3	50
D	2	20

풀이

$D_p = \sum_{t=1}^{n} w_i \cdot D_i = 10\times0.1 + 5\times0.2 + 3\times0.5 + 2\times0.2 = 3.9$(년)이 된다.

이자율변동에 따른 채권가격의 변화 이자율이 변화하면 채권가격이 변하는데 이를 측정하는 지표로 이자율탄력성(interest rate elasticity)이 있다. 이자율탄력성이란 이자율변화율에 대한 채권가격의 변화율을 말한다.

Macaulay는 듀레이션 개념을 이용하여 채권가격의 이자율탄력성을 측정하였는데 그 과정을 살펴보자. 채권의 현재가격은 다음과 같이 나타낼 수 있다.

$$P_0 = \frac{C}{(1+r)} + \frac{C}{(1+r)^2} + \cdots + \frac{C+F}{(1+r)^n} \qquad \textbf{10-13}$$

이자율탄력성을 구하기 위하여 P_0를 r로 1차미분해서 정리하면 다음과 같은 식을 구할 수 있다.

$$\frac{\Delta P_0}{P_0} = -D \times \frac{\Delta r}{(1+r)} \qquad \textbf{10-14}$$

$$\text{또는 } \Delta P_0 = -D \times \frac{\Delta r}{(1+r)} \times P_0 \qquad \textbf{10-15}$$

앞의 관계식에서 볼 때 이자율이 변할 경우 듀레이션이 큰 채권일수록 가격변화율이 높다는 것을 알 수 있다.

예제 10-14 A채권의 현재가치가 1,000만 원이고, 듀레이션이 2.67년이며 현재 시장이자율이 10%인데 앞으로 12%대로 상승한다면 A채권의 가격변화는 얼마인가?

풀이

《식 10-15》를 이용하여 다음과 같이 구한다.

$$\Delta P_0 = -D \times \frac{\Delta r}{(1+r)} \times P_0 = -2.67 \times \left[\frac{0.02}{(1+0.1)}\right] \times 1{,}000 \fallingdotseq -48.5(\text{만 원})$$

즉, 시장이자율이 2% 상승하면 A채권의 가격은 48.5만 원 정도 하락하게 된다.

예제 10-15 〈예제 10-14〉에서 다른 조건은 일정하고 시장이자율이 현재의 10%에서 앞으로 8%로 하락한다면 A채권의 가격변화는 얼마인가?

풀이

《식 10-15》를 이용하여 다음과 같이 구한다.

$$\Delta P_0 = -D \times \frac{\Delta r}{(1+r)} \times P_0 = -2.67 \times \left[\frac{-0.02}{(1+0.1)}\right] \times 1{,}000 \fallingdotseq 48.5(\text{만 원})$$

즉, 시장이자율이 2% 하락하면 A채권의 가격은 48.5만 원 정도 상승하게 된다.

이와 같이 듀레이션의 개념은 채권투자전략에서 매우 중요한데 이는 다음과 같은 기능을 갖고 있기 때문이다.

- 듀레이션은 채권의 유효만기(effective maturity)를 나타낸다. 즉 듀레이션은 채권의 이자와 원금이 지급되는 기간의 가중평균을 의미한다.
- 듀레이션은 이자율위험으로부터 포트폴리오를 면역시키는 도구이다.
- 듀레이션을 이용하여 이자율변화에 따라 채권가격이 변하는 정도를 나타내는 이자율 탄력성을 쉽게 측정할 수 있다.

10-2-2 소극적 채권투자전략

소극적 채권투자전략이란 채권가격이 적정하게 결정되어 있다는 믿음하에서, 미래의 예측 불가능한 이자율변동위험에만 대응하려는 전략이다. 소극적 채권투자전략에는 채권지수펀드를 구성하는 전략과 면역전략이 있다. 채권지수펀드전략이란 여러 종류의 채권을 가지고 포트폴리오를 구성함으로써 위험을 줄이려는 전략이다. 또한 면역전략(immunization strategy)이란 순자산가치(net worth)를 이자율변동으로부터 전혀 영향받지 않도록 하는 전략이다. 이러한 기법을 이용한 이자율위험관리를 살펴보자.

채권지수펀드전략

채권지수펀드(bond index fund)전략이란 채권투자에 있어서 여러 종목의 채권들, 특히 채권지수 종목을 대상으로 채권포트폴리오를 구성하여 투자함으로써 위험을 줄이고자 하는 전략이다. 미국에서 널리 사용되는 채권지수로는 리먼 브러더스 채권지수(Lehman Brothers Aggregate Index), 살로먼 브러더스 투자채권지수(Salomon Brothers Investment Grade Bond Index), 메릴린치 시장지수(Merril Lynch Market Index) 등이 있다. 우리나라에서는 한국거래소의 채권지수와 삼성채권지수가 있다.

그런데 개인투자자들은 투자자금에도 제약이 있고 채권지수를 구성하는 종목수도 너무 많기 때문에 관리비용도 많이 소요되므로 동일한 채권포트폴리오를 구성하는 것은 현실적으로 어렵다. 대신에 특정 채권지수의 수익률과 같게 되거나 같이 움직이는 채권포트폴리오를 구성한다. 이를 위하여 채권지수를 구성하는 종목들을 몇 가지 기준에 의하여 구분한 다음 각 부분을 대표하는 종목으로 채권지수펀드와 유사한 모방포트폴리오를 구성할 수 있다.

연구에 의하면 채권포트폴리오를 구성하는 종목수가 많아질수록 포트폴리오의 총위험이 줄어든다고 한다.[4] 이는 주식으로 구성된 포트폴리오의 종목수가 증가할수록 포트폴리오의 총위험이 줄어드는 것과 마찬가지 원리이다.

면역전략

순자산가치 면역전략 순자산가치 면역전략(net worth immunization strategy)이란 이자율위험을 없애기 위하여 순자산가치를 일정하게 유지할 목적으로 자산과 부채의 듀레이션을 일치시키는 것을 말한다. 예를 들어, 은행의 경우 예금과 같은 부채는 대개 만기가 짧고 변동금리를 지급하며, 대출과 같은 은행의 자산은 만기가 길고 고정금리를 받게 된다. 이 경우 이자율이 상승하면 자산가치가 부채가치보다 큰 폭으로 하락하여 순자산가치가 하락하게 된다.

이 경우 부채의 듀레이션을 늘리고 자산의 듀레이션을 줄여서 양자의 듀레이션을 일치시키면 위험회피가 가능하게 된다. 흔히 금융기관의 자산부채종합관리(asset liability management: ALM)에서 다루는 기법 중에 갭관리(gap management)가 있는데 이는 자산과 부채의 평균만기의 차이를 조절한다. 은행의 부채와 자산의 규모는 거의 비슷하므로 평균만기기간을 같게 하면, 이자율의 변화는 자산과 부채가치 변화에 비슷한 영향을 주게 되어 순자산가치는 영향을 받지 않게 된다는 설명이다. 이를 위하여 갭관리기법에서는 자산과 부채의 듀레이션갭(duration gap)을 0이 되게 하는 포트폴리오를 구성함으로써 순자산가치 면역을 가능하게 한다.

목표기간 면역전략 목표기간 면역전략(target date immunization strategy)이란 목표기간, 즉 부채의 듀레이션과 같은 듀레이션을 가진 채권에 투자함으로써 이자율위험을 줄이려는 전략이다. 즉 듀레이션을 이용하여 채권포트폴리오의 미래가치가 이자율변동의 영향을 받지 않고 목표로 하는 금액에 도달하도록 하는 투자전략으로서 재투자수익위험과 가격위험(채권매매손익)을 정확하게 상쇄하는 전략이다.

예를 들어, 국민연금의 경우 미래의 특정 시점에 지급해야 할 채무를 확보할 필요가 있다. 즉 미래의 특정 시점의 기금(accumulated fund)가치가 시장이자율의 변동으로부터 영향을 받지 않도록 하기 위하여 목표시기, 즉 연금지급시기와 일치하는 듀레이션을 갖는 자산과

4) Boardman, C. and R. McEnally (1979), "Aspects of Corporate Bond Portfolio Diversification," *Journal of Financial Research*, 2(1).

부채를 구성함으로써 이자율위험을 제거할 수 있다. 즉 투자기간이 듀레이션과 일치할 경우 이자율변동에 따른 채권매매손익(price risk)과 재투자수익(reinvestment risk)은 서로 상쇄되기 때문이다. 예를 들어, 이자율이 상승할 경우 발생하는 채권매매손실은 재투자수익의 증가로 상쇄된다는 것이다.

예제 10-16 A보험회사는 5년만기이며 8%의 복리이자를 지급하는 저축성상품 $10,000를 판매하였다. 이 보험회사가 5년 후 지급해야 할 저축성상품에 대비하기 위하여, 즉 5년 동안 시장이자율의 변동으로 인한 위험을 피하기 위해서는 A보험회사는 어떻게 자산을 운용해야 할까?

풀이

5년 후 보험회사가 지급해야 할 금액은 $10,000×$(1.08)^5$=$14,693가 된다. A보험회사는 목표투자기간 5년과 동일한 듀레이션을 지닌 채권에 투자함으로써 이자율위험을 없애려 한다고 하자. 액면이자율이 8%, 만기는 6년, 듀레이션은 5년, 액면금액이 $10,000인 채권에 투자했을 때 5년 후 채권가치를 구해보자. 이때 시장이자율이 7%, 8%, 9%인 경우를 가정하여 각각 계산해보면 다음과 같다.[4]

시장이자율이 8%로 불변일 경우

지급시기(년말)	5년 후 이자수입의 가치	
1	800×$(1.08)^4$=	1,088.39
2	800×$(1.08)^3$=	1,007.77
3	800×$(1.08)^2$=	933.12
4	800×$(1.08)^1$=	864.00
5	800×$(1.08)^0$=	800.00
채권매각가격	10,800/1.08 =	10,000.00
5년 후 채권가치		$14,693.28

시장이자율이 7%로 하락할 경우

지급시기(년말)	5년 후 이자수입의 가치	
1	800×$(1.07)^4$=	1,048.64
2	800×$(1.07)^3$=	980.03
3	800×$(1.07)^2$=	915.92
4	800×$(1.07)^1$=	856.00
5	800×$(1.07)^0$=	800.00
채권매각가격	10,800/1.07 =	10,093.46
5년 후 채권가치		$14,694.05

5) Bodie, Z., A. Kane, and A. Marcus (2012), *Essentials of Investments*, 9th edition, McGrqw-Hill/Irwin.

시장이자율이 9%로 상승할 경우

지급시기(년말)	5년 후 이자수입의 가치	
1	$800 \times (1.09)^4 =$	1,129.27
2	$800 \times (1.09)^3 =$	1,036.02
3	$800 \times (1.09)^2 =$	950.48
4	$800 \times (1.09)^1 =$	872.00
5	$800 \times (1.09)^0 =$	800.00
채권매각가격	10,800/1.09 =	9,908.26
5년 후 채권가치		$14,696.02

앞에서 볼 수 있듯이 시장이자율이 7%로 하락하거나 9%로 상승할 경우에도 5년 후 채권가치는 거의 불변으로 보험회사가 지급해야 할 금액과 거의 일치한다. 즉 투자한 채권의 듀레이션을 목표투자기간과 같게 할 경우, 이자율위험으로부터 면역화가 됨을 알 수 있다.

한편, 듀레이션 개념을 이용하여 이자율위험을 제거하는 채권면역전략은 실제 적용할 경우 다음과 같은 한계점이 있다.

첫째, 채권면역전략에서 일단 채권포트폴리오의 투자기간과 듀레이션을 일치시킨다 하더라도 이자율이 변동하여 개별 채권의 듀레이션이 변화하면 포트폴리오의 동적 재구성(dynamic rebalancing)이 필요하다. 또한 이자율변동이 없다 해도 시간이 지남에 따라 듀레이션도 변화하는데 자산과 부채의 듀레이션 변화속도가 다른 경우에도 계속해서 포트폴리오를 동적 재구성해야 한다. 포트폴리오의 재구성이 이루어지지 않으면 자산과 부채의 듀레이션이 일치하지 않아 완전 면역이 되지 않는다.

둘째, 채권면역전략에서는 채권의 채무불이행위험이 없으며 중도에 상환하는 수의상환위험도 없다고 가정하는데 이는 실제 투자에서 채권투자자가 부담하는 위험들이다.

셋째, 채권면역전략에서는 수익률곡선이 수평이고 단기채권과 장기채권 수익률이 같은 크기로 변화한다고 가정하는데 이는 비현실적인 가정이다.

현금흐름 대응전략 현금흐름 대응전략(cash flow matching & dedication strategy)이란 미래 현금지출과 같은 크기의 현금흐름이 동일한 시기에 얻어지도록 채권포트폴리오를 구성하는 것을 말한다. 예를 들어, 1년 후에 1,100만 원이 필요하다면 일 년 후에 만기가 되면서 원금과 이자를 포함하여 1,100만 원이 되는 복리채권에 투자하는 것이다.

그러나 현금흐름 대응전략은 채무불이행위험이나 수의상환위험은 제거할 수 없으며, 인플레이션의 영향을 받게 된다.

10-2-3 적극적 채권투자전략

적극적 채권투자전략은 채권시장이 완전하게 효율적이지 않다고 보고 저평가된 채권을 매입하는 것으로서 다음과 같은 전략을 들 수 있다.

채권스왑전략

채권스왑(bond swaps)은 상황의 변화에 따라 보유하고 있는 채권을 다른 채권으로 교환하여 더 높은 수익률을 올리려는 것이다. 즉 과대평가된 채권을 과소평가된 채권으로 교환하는 것이다.

대체스왑 대체스왑(substitution swap)은 발행금리, 만기 등에서 거의 동일한 조건을 갖고 있는 두 채권이 서로 다른 가격으로 거래되고 있는 경우에 비싼 채권을 매각하고 싼 채권을 매입하는 것을 말한다. 일반적으로 대체스왑은 동종채권 간의 스왑이라고도 한다.

시장 간 스프레드 스왑 시장 간 스프레드 스왑(intermarket spread swap)은 채권시장에서 비정상적 스프레드가 일시적으로 형성되어 있을 때 유리한 채권으로 교체하는 것으로 일명 이종채권 간의 스왑이라고도 한다. 예를 들어, 무보증사채와 보증사채의 스프레드가 비정상적으로 커서 앞으로 줄어들 것으로 예상되면, 보증사채를 팔고 무보증사채를 매입하는 경우이다.

이자율예상스왑 이자율예상스왑(rate anticipation swap)은 서로 다른 만기를 갖는 채권 간 스왑으로서 미래 이자율이 상승 또는 하락할 것으로 예측될 때 유리한 다른 채권으로 교체매매하는 것이다. 만약 이자율이 하락할 것으로 예상되면 이자율 하락에 따른 자본이득을 얻기 위하여 단기채권은 매각하고 장기채권으로 포트폴리오를 구성한다. 반대로 이자율이 상승할 것이라고 예상된다면 이자율 상승에 따른 자본손실을 줄이기 위하여 장기채권을 팔고 단기채권을 매입하는 전략이다.

수익률제고스왑 수익률제고스왑(pure yield pickup swap)이란 수익률을 극대화하기 위하여 만기수익률이 낮은 채권을 매도하고 만기수익률이 높은 채권을 매입하는 것이다.

질적스왑 질적스왑(quality swap)은 경기변동에 따른 스프레드 변동을 예상하고 행하는 스왑거래이다. 예를 들어, 만약 경기가 불황으로 바뀔 것으로 예상되고 이자율도 하락할 것으로 예상될 경우 듀레이션이 긴 장기채권을 매입할 수 있다. 또한 경기가 불황에서 호황으로 바뀔 것으로 예상될 경우 기업의 도산위험이 상대적으로 낮아지기 때문에 수익률이 낮은 고등급채권(high grade bond)을 팔고 수익률이 높은 저등급채권(low grade bond)을 매입함으로써 수익률을 올릴 수 있다.

세금스왑 채권투자자들에게는 납세 후 수익률이 실질적으로 중요한데, 투자자 개인의 소득수준에 따라 결정되는 소득세율에 따라 과세채권(taxable bond)과 비과세채권(tax-exempt bond)을 교체하는 전략을 세금스왑(tax swap)이라고 한다. 예를 들어, 소득세율이 높은 고소득 투자자는 과세채권을 비과세채권으로 교체함으로써 세후수익률을 높일 수 있다.

목표투자기간분석

목표투자기간분석(horizon analysis)은 수익률곡선을 이용하여 투자기간 말의 미래 이자율을 예측하여 높은 수익률을 올리려는 방법이다. 즉 채권의 특정 보유기간을 정하고 수익률곡선을 이용하여 그 목표투자기간 말의 수익률을 예측한다. 이를 이용하여 그 시점에서의 채권가격을 계산한 다음 매매차익과 이자의 재투자수익을 가지고 채권 보유기간 수익률을 계산한다. 이러한 분석을 여러 채권에 적용하여 가장 높은 보유기간 수익률이 예상되는 채권을 선택하는 방법이다.

수익률곡선타기전략

수익률곡선타기전략(riding yield curve strategy)은 우상향하는 수익률곡선을 이용하여 채권의 잔존기간이 짧아지면서 수익률 하락으로 인한 채권매매이익을 얻으려는 전략으로서 목표투자기간분석의 한 종류라 할 수 있다. 만일 현재의 우상향 수익률곡선이 투자기간 내에도 그대로 유지될 것으로 예상된다고 하자. 시간이 경과하여 채권 잔존기간이 짧아짐에 따라 채권수익률은 낮아지게 되어 채권가격은 올라가게 된다. 채권을 매도하면 채권매매이익을 얻게 된다.

〈그림 10-11〉은 우상향하는 채권수익률곡선을 나타낸 것인데 2년 후에도 우상향하는 동일한 수익률곡선이 예상된다고 하자. 우상향하는 수익률곡선에서는 채권의 잔존기간이 짧아질수록 수익률은 낮아지고 채권가격은 올라가게 된다. 만약 투자자가 만기가 4년인 채권을 수익률이 10%일 때 매입할 경우 2년 후에는 수익률이 9%로 낮아진다. 이때 투자자

〈그림 10-11〉 수익률 곡선타기전략

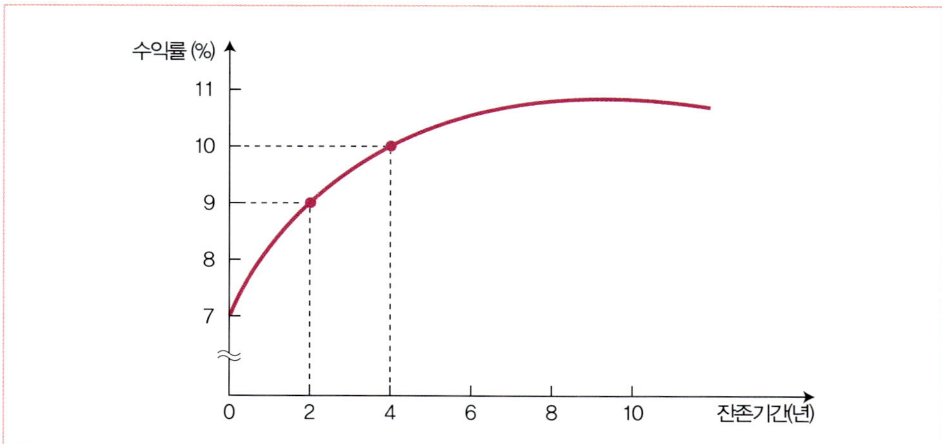

는 2년간의 이자소득과 아울러 잔존기간이 짧아지면서 수익률의 하락으로 인한 채권매매이익을 얻게 된다.

이러한 채권매매이익은 우상향하는 수익률곡선의 기울기가 가파를수록 커지게 되는데 이러한 수익률곡선에서는 잔존기간이 짧아질 때 수익률이 낮아지는 정도가 커지기 때문이다. 만약 수익률곡선이 예측과는 달리 우상향하는 형태가 아닐 경우 채권매매손실을 입게 된다.

상황적응 면역전략

상황적응 면역전략(contingent immunization)은 적극적 투자전략과 소극적 투자전략을 동시에 수행하는 방법으로서 최소허용 포트폴리오수익률(minimum acceptable portfolio return)[6] 이상에서는 적극적인 투자전략을 운용하다가 이 수준에 이르면 소극적인 투자전략인 면역전략으로 수정하는 전략이다.

상황적응 면역전략을 예를 들어 살펴보자.[7] K펀드매니저는 현재 10억 원 규모의 채권포트폴리오를 목표투자기간 2년으로 운용하고 있다. 그는 투자기간 2년 말에 최소허용 포트폴리오수익률이 10%, 즉 2년 말 11억 원의 채권포트폴리오가치를 목표로 한다.

만약 시장이자율이 10%라고 할 경우 현재 9.09억 원을 소극적으로 투자하면 2년 후에 9.09억 원$\times(1.10)^2=11$억 원이 된다. 따라서 현재의 채권포트폴리오가치 10억 원은 최소한 목표가치(trigger point)를 상회하고 있기 때문에 일부를 보다 적극적인 채권투자로 운용할 수 있다. 이를 좀 더 일반화시켜 보자. 시장이자율을 r, 투자잔여기간을 T라고 하면, 최소한의 목표가치에 이르기 위해 현재 필요한 채권투자금액은 11억 원$/(1+r)^T$이 된다. 예를 들어, 만약 다른 조건은 일정하고 이자율이 12%로 상승할 경우, 최소한의 목표가치에 이르기 위해 현재 필요한 채권투자금액은 11억 원$/(1+0.12)^2=$약 8.77억 원이 된다.

상황적응 면역전략에 의하면 만약 채권포트폴리오의 가치가 최소한의 목표가치에 이르게 되면 적극적 투자를 소극적 투자로 바꾸어야 한다. 다음 〈그림 10-12〉의 (a)에서 포트폴리오가치가 t^*시점에서 최소한의 목표가치에 이르게 되면 적극적 채권투자로부터 소극적 채권투자로 전환하여 목표가치 11억 원을 유지하게 된다. 〈그림 10-12〉의 (b)는 채권포트폴리오가치가 투자기간 동안 계속하여 최소한의 목표가치 이상에서 유지되는 경우이다.

6) 이를 달성하기 위한 포트폴리오의 최소한의 목표가치를 trigger point라고 한다.

7) Bodie, Z., A. Kane, and A. Marcus (2012), *Essentials of Investments*, 9th edition, McGrqw-Hill/Irwin.

〈그림 10-12〉 상황적응 면역전략

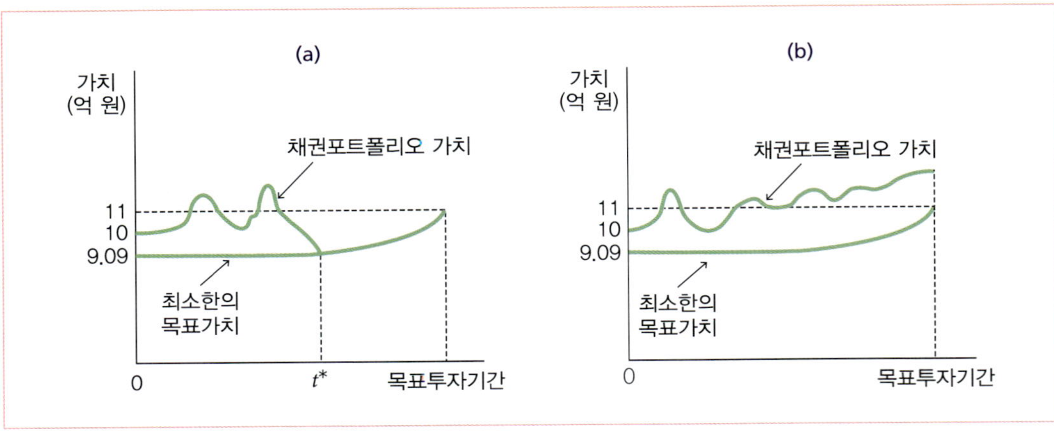

연습문제

1. 다음 용어들을 간단히 설명하시오.

   (1) 전환사채(CB)
   (2) 신주인수권부사채(BW)
   (3) 국제채
   (4) 양키본드
   (5) 채권등급평가
   (6) 정크본드
   (7) LBO
   (8) 수의상환옵션
   (9) 채권시가평가제
   (10) 후순위채권

2. 고수익채권의 기능은 무엇인가?

3. 다음 질문에 답하시오.

   (1) 반 년마다 이자를 지급하는 8% 표면이자율의 T-bond가 있다. 이 채권의 실효연간 이자율(effec-tive annual interest rate)은 얼마인가?

   (2) 현재의 수익률곡선(yield curve)은 우상향으로 증가하고 있다. 이를 불편기대가설과 유동성프리미엄가설로 설명하시오.

4. "만기수익률 곡선(yield curve)이 우상향으로 상승하는 형태를 띠고 있다면 투자자들은 단기이자율이 오를 것으로 예상할 수 있다"는 의견에 대해 논평하시오.

5. A는 액면가가 $1,000인 3년만기 채권을 보유하고 있다. 이 채권의 연 이자 지급액은 $75이고, 현재 채권가격은 $975.48이다. 적정 할인율이 10%일 때, 이 채권을 계속 보유하는 것과 매도하는 것 중 어느 것이 유리한가?

6. 어떤 브로커는 김군에게 액면가가 $10,000이고 이표율이 8%인 10년만기 채권을 구입할 것을 조언했다. 적정 할인율이 9%이고, 첫 이자 지급은 1년 후 오늘에 행해진다. 만일 그 채권이 현재 $8,560에 거래되고 있다면, 김군은 브로커의 조언에 따르는 것이 유리한가?

7. 금융기관은 5년 동안의 채권수익률을 다음과 같이 예측하고 있다.

$$r_1=5\%,\ r_2=5.4\%,\ r_3=5.7\%,\ r_4=5.9\%,\ r_5=6.0\%$$

   (1) 각 연도의 할인율은 얼마인가?

   (2) 각 연도의 선도이자율(forward interest rate)은 얼마인가?

   (3) 다음과 같은 T-note의 현가를 계산하시오(%로 계산).

      ① 5%, 5년만기 채권

      ② 10%, 5년만기 채권

   (4) 위 채권들의 만기수익률을 구하시오(근사치 계산).

   (5) 5%채권의 만기수익률과 10%채권의 만기수익률의 크기를 비교하고 왜 그런지 그 이유를 설명하시오.

   (6) 불편기대가설이 맞다면 4년 후 현물이자율은 얼마로 예상되는가?

   (7) 자료에서 보는 바와 같이 현재의 수익률곡선(yield curve)은 우상향으로 증가하고 있다. 이때 다음 문장에 대해 어떻게 생각하는가? "현재의 이자율기간구조는 기업 입장에서 볼 때 단기부채를 선호하게 만들기 때문에 새로운 장기부채 발행을 피하여

야 한다."

8. 1년만기 순수할인채(또는 무이표채)는 현재 $934.58에 거래되고 있고, 만기가 2년이고 표면이자율이 5%인 채권은 $946.93에 거래가 되고 있다(각 채권의 액면가는 $1,000).

(1) 각 채권의 만기수익률(yield-to-maturity)은 각각 얼마인가?

(2) 2년만기 순수할인채의 만기수익률은 얼마인가?

(3) 1년 후 선도이자율(forward interest rate)은 얼마인가?

(4) 만기수익률과 실현복리수익률의 차이점을 설명하시오.

9. 다음 질문에 답하시오.

(1) 경상수익률(current yield)이 9%이고 만기수익률(yield to maturity)이 10%인 채권이 있다. 이 채권은 액면가보다 높게 팔릴까 아니면 낮게 팔릴까? 간단히 설명하시오.

(2) 액면가가 $10만인 3개월만기 T-Bill이 현재 $97,645에 팔리고 있다면 이 채권의 연간 실효수익률(effective annual interest rate)은 얼마인가?

(3) 액면가가 $1,000인 10년만기 무이표채가 현재 $385.54에 팔리고 있다. 1년 후 이 채권의 과세소득은 얼마나 될까?

(4) 쿠폰과 만기가 동일한 두 채권이 있다. 한 채권은 105에 임의상환할 수 있고 다른 채권은 110에 임의상환할 수 있다면 어느 채권의 YTM이 더 높을까? 간단히 설명하시오.

10. 액면가가 $1,000이고 이표율이 8%이며 위험정도가 엇비슷하게 나타난 두 채권이 있다. 한 채권은 만기가 5년이고, 다른 채권은 만기가 10년이다. 적정 할인율은 두 채권 모두 8%이다. 만일 할인율이 2% 상승한다면, 두 채권의 가격변화율은 각각 얼마인가?

11. 박군은 액면가가 $1,000인 채권을 매입하였다. 채권의 만기는 5년이고 이표율은 10%이다. 2년 후에 가격이 $1,200로 조정되었는데, 이미 연리 지급은 두 번 행해졌다. 박군은 액면가 $1,000이던 채권을 매도함으로써 발생한 수익을 가지고 재투자를 하였는데, 이때의 만기는 3년이고, 이표율은 7%이다. 5년 동안 박군의 실제 만기수익률은 얼마인가?

12. 다음 질문에 답하시오.

(1) 금리위험의 두 가지 요소를 간단히 설명하시오.

(2) 채권면역화란 무엇이며, 채권관리자들이 왜 포트포리오를 면역화하려고 하는지 그 이유를 설명하시오.

(3) 듀레이션일치전략이 만기일치전략보다 나은 이유는 무엇인가?

(4) 이때 무이표채를 어떻게 사용할 수 있는가? 또 무이표채가 왜 적합한가?

13. 표면이자율이 8%이고 반 년마다 이자를 지급하며 만기가 1년인 액면가 $1,000짜리 회사채가 있다. 현재 이 채권의 유통수익률(yield-to-maturity)이 6%라 할 때 이 채권의 가격은 얼마인가? 이 채권의 듀레이션은 얼마인가? 또한 이 채권의 유통수익률이 6%에서 6.5%로 상승한다면 이 채권의 가격은 얼마나 변할까?

14. 이군은 아래와 같은 듀레이션과 구성비율을 가진 네 개의 채권을 보유하고 있다. 이군의 채권 포트폴리오의 듀레이션은 얼마인가?

	듀레이션	구성비율
A.	4.5년	0.20
B.	3.0	0.25
C.	3.5	0.25
D.	2.8	0.30

15. 현재 시장이자율은 10%이고 채권액면가는 100만 원일 때 다음 질문에 답하시오.

(1) 3년만기 무이표채와 2년만기 8% 이표채로 이루어진 포트폴리오의 듀레이션은 얼마인가?

(2) 향후 1년간 시장이자율이 1%포인트 상승한다면 (1)번 포트폴리오 가치는 얼마나 변할까?

16. 만기가 2년 후이고, 표면이자율이 15%인 1년마다 이자를 지급하는 채권이 있다. 이 채권의 현재 만기수익률은 10%이고 액면가는 100만 원이라 하자.

(1) 이 채권의 듀레이션은 얼마인가?

(2) 향후 1년간 시장이자율이 1%포인트 하락한다면 (1)번 채권가치는 얼마나 변할까?

17. 채권투자에 있어서 대표적 위험은 시장이자율이 변동하는데 따르는 채권가격의 변동위험이다. 투자신탁회사의 공사채형 수익증권 펀드매니저 박씨는 이러한 위험을 줄일 수 있는 방안들을 고민하고 있다.

(1) 채권면역전략(bond immunization strategy)을 이용한 전략을 구체적으로 설명하시오.

(2) 위 (1)번에 제시된 전략 외에 채권가격변동위험을 줄일 수 있는 또 다른 방어적 전략 및 공격적 전략들을 제시하시오.

18. 포트폴리오 관리자 A씨는 $100만의 펀드를 운영하고 있다. 이 펀드의 목표 듀레이션은 10년인데, 둘 다 현재 5%의 만기수익률을 갖는 5년만기 무이표채와 영구채로 구성하려고 한다.

(1) 각 채권을 얼마씩 펀드에 포함시킬 것인가?

(2) 1년 후에는 투자비율이 어떻게 변할까?

19. 갑돌 씨는 삼신연금의 관리를 맡고 있는 펀드매니저이다. 그는 영속적으로 매년 10억 원씩 연금을 지불하여야 한다. 현재 시장이자율은 8%이다. 이러한 상황에서 갑돌 씨는 금리변화에 대해 위의 의무를 면역화시키려고 하고 있다.

(1) 만약 이를 무이표채(순수 할인채)를 통하여 이루려고 한다면, 만기와 액면가가 얼마인 무이표채를 사야만 하는가?

(2) 만약 이자율이 1년 후 9%로 상승했다면 계속 면역화시키기 위해 갑돌 씨는 어떻게 해야 할까?

(3) 거래비용이 증가할 경우 위의 전략 대신에 갑돌 씨가 고려할 수 있는 전략은?

20. A은행은 만기가 1년이고 금리가 10%이며 반기마다 이자를 지급하는 대출자산을 가지고 있고 이의 시장가치는 1,000억 원으로 추산된다. 한편 A은행은 CD로 자금을 조달하고 있는데 만기가 3개월이고 금리는 8%로서 만기시 원리금을 일괄지급한다. CD의

시장가치는 800억 원이고 시장금리는 현재 9%이다.

(1) 대출자산과 CD의 듀레이션을 구하시오.

(2) 현재 시장금리가 1% 상승한다면 대출자산의 가치는 어떻게 될까?

21. 오군은 채권 포트폴리오의 면역화를 통해 채무부담을 상쇄시키려고 한다. 오군은 채무기간과 완전히 일치하는 듀레이션을 가진 채권을 매입할 것인지("bullet" 전략), 아니면 채무기간과 엇비슷한 듀레이션을 가진 채권을 매입할 것인지("barbell" 전략)를 검토하고 있다. 여기서 왜 "bullet" 전략이 보다 덜 위험한 전략인지 그 이유를 설명해보시오. 또한 "barbell" 전략이 지닌 불리한 조건은 무엇인지 설명하시오.

CFA 기출문제

1. A company issues the following bonds on June 1, 1990:

	Series A	Series B
Par value	$100 million	$100 million
Rating	AA	AA
Marutiry	June 1, 2010	June 1, 2010
Call date	June 1, 1998	Non–callable
Call price	100	—

If both bonds have the same market liquidity, the yield-to-maturity and volatility risk, respectively, on the Series A bond compared to the Series B bond would be:

A. lower, lower.
B. lower, higher.
C. higher, lower.
D. higher, higher.

2. An analyst made the following statement: We should purchase Treasury notes because they are risk-free. Default risk is essentially non-existent. Is the analyst's statement correct with respect to:

	Risk–free	Default Risk
A.	No	No
B.	No	Yes
C.	Yes	No
D.	Yes	Yes

3. Consider a five-year bond with a 10 percent coupon that has a present yield-to-maturity of 8 percent. If interest rates remain constant, one year from now the price of this bond will be:

A. higher.
B. lower.
C. the same.
D. cannot be determined.

4. The price volatility of a variable rate note may be reduced by:
   A. eliminating any put features.
   B. resetting the coupon rate more frequently
   C. reducing the size of the issue.
   D. downgrading the quality rating.
5. An 8%, 15-year bond has a yield-to-maturity of 10% and a modified duration of 8.05 years. If market yield changes by 25 basis points, how much of the change in the bond s price will be due to duration?
   A. 1.85%　　B. 2.01%　　C. 3.27%　　D. 6.44%

CPA 기출문제

1. 채권에 대한 다음 설명 중 옳은 것은?
   ① 이자율 기간구조상에서 만기가 긴 채권의 만기수익률은 만기가 짧은 채권의 만기수익률보다 항상 높다.
   ② 다른 조건이 동일하다면, 유동성위험이 큰 채권의 만기수익률은 유동성위험이 낮은 채권의 만기수익률보다 낮다.
   ③ 만기가 긴 채권의 듀레이션(duration)이 만기가 짧은 채권의 듀레이션보다 클 수도 있고 작을 수도 있다.
   ④ 다른 조건이 동일하다면, 수의상환조건이 있는 채권의 만기수익률은 수의상환조건이 없는 채권의 만기수익률보다 낮다.
   ⑤ 일반적으로 채권의 가격위험은 채권의 만기와 관련이 없다.
2. 이표이자를 1년마다 한 번씩 지급하는 채권이 있다. 이 채권의 만기수익률은 연 10%이며, 이 채권의 듀레이션을 구한 결과 4.5년으로 나타났다. 이 채권의 만기수익률이 0.1% 포인트 상승한다면, 채권가격 변화율은 근사치로 얼마이겠는가? 단, 채권가격의 비례적인 변화율과 만기수익률의 변화와의 관계식을 이용해야 한다.
   ① −0.4286%　　② −0.4091%
   ③ −0.2953%　　④ −0.2143%
   ⑤ −0.2045%
3. 투자자 K씨는 액면가 100,000원, 표면이자율 연 20%(이자는 매년 말 1회 지급), 만기 2년인 채권의 매입을 검토하고 있다. 1년간의 현물이자율과 그 후 1년간의 선도이자율은 모두 15%로 알려져 있다. 채권가격과 이자율 사이의 볼록성(convexity) 관계는 무시하기로 한다. 이 채권투자에 따르는 이자율위험을 제거하기 위해 투자기간을 얼마로 해야 하는가?
   ① 1.57년　　② 1.66년
   ③ 1.75년　　④ 1.84년
   ⑤ 1.93년

4. 채권투자에 관한 설명 중 가장 옳은 것은?

① 채권수익률 하락이 예상되면 장기채와 쿠폰금리(액면이자율)가 높은 채권에 대한 투자를 증가시킨다.

② 채권수익률 기간구조이론 중 불편기대가설이 성립하는 경우 정부발행 5년 만기 할인채에 투자하는 장기투자전략과 정부 발행 1년만기 할인채에 5년 동안 반복 투자하는 롤오버전략(roll over strategy)의 사후적인 투자성과는 같다.

③ 만기가 동일한 채권에서 채권수익률 상승으로 인한 가격 하락폭보다 같은 크기의 수익률 하락으로 인한 가격 상승폭이 더 크다.

④ 이표채의 듀레이션은 만기에 정비례하고, 만기가 같은 경우에는 쿠폰금리가 높은 채권의 듀레이션이 짧다.

⑤ 수익률곡선타기전략(riding yield curve)은 수익률곡선이 상향 이동하는 경우에만 효과적인 전략이다.

PART

5 파생증권과 리스크관리

CHAPTERs

파생상품이란 주식, 채권, 옥수수, 원유 등과 같은 기초자산의 가격변동에 따라 가격이 결정되는 상품이라 할 수 있다. 파생상품에는 선도, 선물, 옵션 스왑 등이 있다. MM이론을 주장한 Merton Miller은 "지난 20년간 최고의 금융혁신은 파생상품이다"라고 한 바 있다.

최초의 선물거래소는 1848년에 설립된 미국의 시카고상품거래소(CBOT)인데 현재도 시카고는 세계 파생상품시장의 중심지라고 할 수 있다. 19세기 중반 시카고는 오대호 운하의 개통으로 밀, 옥수수 등의 집산지가 되어 곡물거래가 활발하였다. 하지만 그 당시 곡물이나 축산물의 출하기에는 과잉공급에 따라 가격이 폭락함으로써 미국농민의 고통은 연례행사로 반복되었다. 또한 시카고는 겨울철에 운하가 얼게 되면 운송수단이나 보관시설이 부족하여 판로를 잃은 곡물가격은 폭락하였고, 봄에 해빙이 되어 운송이 재개되면 곡물가격은 재고부족으로 폭등하였다. 이렇게 매년 반복되는 어려움을 해결하기 위해 미리 가격을 정해서 사고파는 선물거래를 시카고에 도입하였다. 이에 따라 밀, 옥수수와 같은 원료가 필요한 기업은 미리 매입함으로써 가격이 크게 상승하는 것에 대비하고, 농부들은 미리 정해진 가격으로 농산물을 팔아서 수확한 후의 가격하락에 따른 손해를 줄일 수 있게 되었다. 선물거래는 처음에는 곡물을 대상으로 거래되었으나 금속 그리고 축산물과 에너지 등으로 확대되었고 거래도 지속적으로 활성화되었다. 1970년대 이후에는 금융파생상품이 도입되어 현재 활발하게 거래되고 있다.

5부에서는 이러한 파생상품을 살펴본다. 먼저 11장에서 옵션의 의의 및 종류를 설명하고 옵션의 가치결정 및 투자전략과 우리나라의 옵션시장을 살펴본다. 또한 옵션의 평가를 위한 주요 모형을 살펴본 다음 이의 활용을 다룬다. 12장에서는 선물의 의의와 선물시장의 발전과정과 선물거래의 종류를 살펴본다. 아울러 선물시장의 거래구조도 살펴본다. 그리고 선물의 가격결정을 설명한 다음 주요 선물투자전략을 살펴본다. 마지막으로 13장에서는 리스크관리에 대하여 설명한다.

CHAPTER 11

옵션과 옵션시장

최초의 옵션거래는 17세기경 네덜란드에서 시작되었는데 튤립재배가 유행하면서 작황에 따라 가격변동폭이 커지게 되자 튤립을 기초자산으로 하는 옵션이 등장하였다. 그 후 네덜란드, 영국, 그리고 미국 등에서 옵션은 장외시장에서 거래되었다. 1973년에 최초의 조직화된 옵션시장인 시카고옵션거래소(Chicago Board of Options Exchange: CBOE)가 개설된 이래 옵션거래량은 급격하게 증가하였다. 주식을 기초자산으로 하는 옵션을 비롯하여 주가지수, 외환이나 금리 등을 기초자산으로 하는 옵션이 활발하게 거래되고 있다.

본 장에서는 옵션의 의의와 종류를 살펴보고, 옵션의 가치 그리고 옵션투자전략을 설명한다. 또한 옵션의 평가에 대하여 살펴본다.

11-1 옵션의 의의 및 옵션시장

11-1-1 옵션의 의의 및 종류

옵션의 의의

옵션이란 미래의 일정기한 내에 미리 정한 가격으로 주식, 외환, 주가지수 등의 특정 자산을 사거나 팔 수 있는 권리이다. 여기에서 일정기한을 만기일(maturity date), 미리 정한 가격을 행사가격(exercise price), 특정 자산을 기초자산(underlying asset)이라고 한다. 옵션매도자(option seller)는 옵션매수자(option buyer)로부터 프리미엄(premium)을 받는 대신 기초자산을 매수 또는 매도할 수 있는 옵션매수자의 권리행사에 대하여 계약이행의 의무를 지닌다. 반면에 옵션매수자는 프리미엄을 지급하는 대신 시세와 행사가격을 고려하여 유리할 경우 옵션을 행사할 권리를 갖는다. 옵션매수자는 불리할 경우에는 권리를 행사하지 않아도 된다. 여기서 프리미엄이란 기초자산을 매수 또는 매도할 수 있는 권리확보의 대가로 옵션매수자가 옵션매도자에게 지불하는 금액으로서 옵션의 시장가격(option price)이다.

옵션의 종류

콜옵션과 풋옵션 옵션의 종류에는 콜옵션(call option)과 풋옵션(put option)이 있다. 콜옵션은 정해진 가격으로 일정 시점에 기초자산을 살 수 있는 권리를 나타내며, 풋옵션은 정해진 가격으로 일정 시점에 기초자산을 팔 수 있는 권리이다.

만약 장차 시장가격이 상승할 것으로 예상해서 미리 정한 가격에 주식을 매입할 권리, 즉 콜옵션을 사두었는데 만기일에 가서 주가가 상승하지 않았다면 매입할 권리를 포기하면 된다. 이같이 만기일에 가서 상황에 따라 미리 약속한 거래에 대한 행사 여부를 선택할 수 있는 것이 옵션이다.

예를 들어, IBM 보통주 1주를 2개월 후에 $110에 살 수 있는 옵션이 있다 하자. 이 경우 IBM 보통주는 이러한 옵션의 기초자산이 되고 2개월은 옵션의 만기가 되며, $110가 행사가격이 되는 콜옵션이 된다. 이 콜옵션이 현재 $4에 거래된다면 $4는 옵션가격, 즉 옵션 프리미엄이다. 2개월 후 만약 IBM 보통주가 주당 $125라면, 이 콜옵션을 매입한 사람은 IBM 보통주를 살 수 있는 권리를 행사하여 주당 $15의 이익(프리미엄을 고려할 경우에는 $11)을 얻게 된다. 그러나 만약 IBM 보통주가 주당 $110 미만이라면 콜옵션 매입자는 콜옵션을 행사하지 않게 된다.

유럽형 옵션과 미국형 옵션 유럽형 옵션(European option)은 오직 만기일에만 권리를 행사할 수 있는 옵션이며, 미국형 옵션(American option)은 만기일 이전에는 언제든지 권리를 행사할 수 있는 옵션이다. 미국형 옵션은 옵션매입자에게 더 많은 재량권을 주기 때문에 일반적으로 유럽형 옵션보다 더 높은 옵션가격이 형성된다. 그러나 아시안 옵션(Asian option)은 유럽형 옵션처럼 만기일에만 권리를 행사할 수 있으나 행사가격이 정해져 있지 않고 계약기간 동안 기초자산가격의 산술평균이나 가중평균이 행사가격으로 이용되는 옵션이다.

주식 이외의 옵션 옵션에서 사고파는 대상이 되는 기초자산은 주식, 채권 및 외환뿐만 아니라 파생상품도 가능하다. 옵션은 기초자산에 따라 주식옵션(stock option) 이외에도 주가지수옵션, 외환옵션, 금리옵션 그리고 선물옵션으로 나눌 수 있다.

주가지수옵션(stock index option)은 주가지수를 대상으로 일정 시점에 약정된 가격으로 사거나 팔 수 있는 권리를 매매하는 파생금융상품이다. 주가지수옵션은 1983년 CBOE에서 최초로 도입된 후 현재는 세계의 많은 거래소에서 거래되고 있는데 주로 기관투자가의 위험헤지의 수단으로 이용되고 있어 매우 거래가 활발하다. 우리나라의 주가지수옵션에 대한 자세한 내용은 11-4절에서 설명하고 있다.

외환옵션(foreign currency option)은 일정기한 내에 달러나 파운드 등 특정 외환을 미리 정한 환율로 사고팔 수 있는 권리를 말한다. 외환옵션은 1982년 필라델피아 증권거래소(PHLX)에서 처음 도입된 후 현재는 시카고옵션거래소(CBOE), 시카고상업거래소(CME) 등 세계의 여러 거래소에서 거래되고 있다.

외환옵션거래에 있어서 옵션매입자는 현물환율이 약정환율보다 상승할 경우 약정환율로 옵션을 행사하여 손실을 방지하며 현물환율이 약정환율보다 하락할 경우에는 옵션의 행사를 포기한다. 예를 들어, 6개월 후인 6월 말에 1달러를 1,100원에 살 수 있는 권리인 콜옵션을 매수한 경우, 6월 말 달러환율이 1달러당 1,100원 이상일 경우 이 권리를 행사하여 이익을 얻게 되며, 반대의 경우에는 행사를 하지 않게 된다.

금리옵션(interest rate option)이란 미국국채(T-bond나 T-note, T-bill), 회사채, 양도성정기예금증서(CD) 등 금리상품의 수익률을 대상으로 하는 옵션이다. 1982년 CBOE에서 처음 도입된 후 CME 등 세계의 여러 거래소에서 거래되고 있다.

선물옵션(option on futures)은 선물계약을 옵션의 기초자산으로 하는 계약이다. 현재 선물거래소에 상장되어 있는 대부분의 선물계약에 대한 선물옵션거래가 이루어지고 있다. 선물옵션은 1982년 미국에서 도입된 후 거래량이 계속 증가하고 있다.

예를 들어, 금리선물옵션은 선물거래소에 상장된 금융자산을 일정 기간 후 일정수익률로 매입 또는 매도할 수 있는 권리이다. 장외거래의 금리 관련 옵션 중 금리상한계약이란 매 이자기간별로 차입금에 대한 지급이자율이 약정한 이자율(cap rate)보다 높을 경우 초과분을 옵션매도자가 옵션매입자에게 지급하기로 하는 계약이다.

11-1-2 옵션시장 및 거래

옵션이 거래되는 시장에는 장외시장과 장내시장이 있는데, 옵션의 경우에는 장내시장이 주 시장이다. 옵션 장외시장의 경우에는 행사가격, 만기일, 기타 조건 등 거래당사자들의 요구를 반영하여 고객 맞춤형 상품의 설계와 거래가 가능하다. 우리나라에서 크게 문제가 되었던 키코(KIKO) 통화옵션상품은 환율에 따라 녹인과 녹아웃 옵션을 내재시켜 '제로코스트'[1]로 설계된 일종의 장외상품이라 할 수 있다. 장외옵션상품을 개발하는 비용이 많이 들기 때문에 대부분의 옵션거래는 장내시장을 통해 이루어진다.

거래소 또는 장내시장을 통해 거래가 이루어지는 옵션계약은 만기일과 행사가격 등을 표준화한다. 표준화를 함으로써 모든 옵션거래자는 제한된 옵션에 대해 거래를 하게 되지만 균일한 옵션에 대해 거래를 할 수 있으므로 거래량과 유동성이 증가하게 된다.

미국의 경우 최근까지 대부분의 옵션거래가 1973년에 개장한 시카고옵션거래소(Chicago Board Options Exchange: CBOE)에서 이루어졌지만, 2003년 뉴욕에 개장한 전자거래소인 국제증권거래소(International Securities Exchange: ISE)가 미국 최대의 옵션시장으로 부상하였다. 유럽의 경우에는 옵션거래가 전자거래소에서 모두 이루어지고 있다.

우리나라 거래소 옵션시장에는 KOSPI 200 옵션, 미니코스피 200 옵션, 주식옵션 및 미

1〉 기업과 은행 간의 법정 공방을 통해 나중에 밝혀진 바에 의하면 실제적으로 키코옵션상품은 제로코스트가 아니라 은행의 마진과 각종 비용이 키코 옵션가격에 내재되어 있었다고 한다.

국달러옵션 등 4개 상품이 상장되어 있다. 국내 파생상품시장을 대표하는 상품이자 세계적인 상품이 된 KOSPI 200 옵션은 1997년 7월 7일 상장된 첫 해에 일평균 거래량이 31,890계약(거래대금 22억 원)에 불과하였으나, 2011년에는 일평균 거래량이 14,805,090계약(464배)으로 급속히 성장하였는데, 이후 정부의 파생상품 규제강화로 급락세를 보이고 있다.

〈그림 11-1〉은 한국거래소(www.krx.co.kr)에서 제공하는 삼성전자 주식에 대한 콜옵션과 풋옵션의 2018년 5월 29일 시장자료이다. 삼성전자 주식의 당일 종가는 51,300원이다. 삼성전자 주식에 대한 옵션의 만기일은 6월 두 번째 목요일인 것을 대상으로 하였다. 옵션의 행사가격은 1,000원 단위로 증가하며 6개의 행사가격을 표시한다. 주가의 변화에 따라 주가가 표시된 옵션들의 행사가격 범위를 많이 벗어나는 경우 적절한 행사가격을 갖는 옵션들로 대체된다. 이렇게 함으로써 언제나 내가격 옵션과 외가격 옵션이 표시되도록 한다.

〈그림 11-1〉은 각 행사가격별로 콜옵션과 풋옵션의 현재가, 전일가격, 거래량, 미결제약정수 등을 보여준다. 만기일은 같지만 행사가격이 다른 콜옵션의 가격을 비교해보면, 행사가격이 높을수록 콜옵션의 가격이 낮아지는 것을 볼 수 있다. 이는 당연한 것인데 왜냐하면 정해진 가격에 살 수 있는 권리가 콜옵션인데 살 수 있는 가격이 높으면 그만큼 가치가 떨어짐을 보이는 것이다. 따라서 행사가격이 51,000원인 2018년 6월에 만기가 되는 콜옵션의 가격은 1,440원이지만, 행사가격이 53,000원인 같은 만기의 콜옵션 가격은 640원밖에 되지 않는 것이다. 그러나 풋옵션의 경우에는 반대의 현상이 벌어진다. 다시 말해, 행사가격이 커질수록 풋옵션의 가치는 커진다. 행사가격이 53,000원인 6월 만기 풋옵션의 가격은 2,250원인 반

〈그림 11-1〉 삼성전자에 대한 콜옵션과 풋옵션의 시장 정보의 예

2018-5-29 삼성전자 종가:51,300 콜옵션 거래량:계약 미결제:계약

만기일	행사가격	현재가	전일가격	시가	고가	저가	거래량	미결제
201806	51,000	1,440.00	810.00	1,920.00	2,100.00	1,440.00	565	1,690
201806	52,000	970.00	690.00	1,400.00	1,600.00	970.00	854	1,622
201806	53,000	640.00	480.00	1,020.00	1,020.00	600.00	1,311	2,251
201806	54,000	380.00	350.00	560.00	620.00	370.00	1,053	3,824
201806	55,000	200.00	180.00	330.00	380.00	200.00	2,071	6,520
201806	56,000	100.00	130.00	200.00	200.00	100.00	721	2,735

2018-5-29 삼성전자 종가:51,300 풋옵션 거래량:계약 미결제:계약

만기일	행사가격	현재가	전일가격	시가	고가	저가	거래량	미결제
201806	48,000	250.00	100.00	200.00	250.00	200.00	2,059	8,095
201806	49,000	410.00	180.00	270.00	410.00	270.00	1,318	1,549
201806	50,000	720.00	270.00	510.00	740.00	460.00	2,115	20,231
201806	51,000	1,000.00	340.00	810.00	1,060.00	720.00	592	1,016
201806	52,000	1,560.00	480.00	1,180.00	1,660.00	1,060.00	1,186	10,330
201806	53,000	2,250.00	730.00	1,700.00	2,300.00	1,560.00	483	379

자료: 거래소.

면, 행사가격이 51,000원인 6월 만기 풋옵션의 가격은 1,000원에 지나지 않는다.

거래량은 콜옵션 계약과 풋옵션 계약의 거래량을 의미하며, 각 계약은 삼성전자 주식 10주를 기본 거래단위로 한다. 예를 들어, 행사가격이 53,000원인 2018년 6월 만기 콜옵션 1계약의 거래가격은 1,440원×10주인 14,400원이 된다. 미결제약정수량은 매수 또는 매도된 옵션의 계약이 만기일 이전 특정일(위의 예에서는 2018년 5월 29일 현재)에 반대매매로 청산되지 않고 남아 있는 계약수량을 의미한다. 예를 들어, 행사가격이 50,000원인 2018년 6월 만기 풋옵션 계약으로서 아직 청산되지 않고 있는 미결제약정수는 20,231 계약임을 알 수 있다. 옵션의 미결제약정수가 많다는 것은 옵션을 통해 단기 시세차익을 노리는 예측거래자보다 실수요로 옵션을 거래하는 투자자가 더 많다는 뜻이다.

옵션거래의 결제이행을 담보하기 위해 옵션의 경우에도 선물처럼 증거금제도(margin system)가 있다. 하지만 선물과 달리 옵션의 경우에는 일일정산제도는 없다. 옵션거래에 있어서 매수자의 경우에는 증거금을 납부할 의무가 없으며 오직 매도자의 경우에만 증거금을 납부하여야 한다. 왜냐하면 매수자는 프리미엄을 내고 권리를 확보한 것이기 때문에 결제이행의 의무가 없는 반면, 매도자는 프리미엄을 받고 권리를 팔기 때문에 그에 따른 책임(의무)이 발생하기 때문이다. 따라서, 옵션거래에 있어 쌍방간에 계약대로 권리와 의무가 이루어지도록 하기 위해서는 중립적이고 신뢰성있는 기관이 중간에서 청산소(clearing house)의 역할을 수행할 필요가 있다. 우리나라의 경우에는 한국거래소가 이러한 역할을 담당하고 있으며, 미국의 경우에는 옵션청산소(Option Clearing Corporation: OCC)가 이를 담당하고 있다.

11-1-3 옵션의 가치

옵션가격의 결정요인

유럽형 콜옵션 및 풋옵션의 가격결정에 영향을 미치는 요인들과 옵션가격과의 관계는 다음과 같다.

기초주식의 가격 기초주식의 가격은 옵션의 가치를 결정하는 중요한 요인이다. 기초주식의 가격이 높을수록 행사가격을 상회하여 이익을 낼 가능성이 커지므로 콜옵션의 가격은 높아진다. 반면에 기초주식의 가격이 높을수록 행사가격을 하회하여 이익을 낼 가능성이 작아지므로 풋옵션의 가격은 낮아진다.

행사가격 행사가격이 낮을수록 콜옵션의 가격은 높아지는데 이는 행사가격이 낮을수록 만기일에 시장가격이 행사가격을 상회하여 이익을 낼 가능성이 커지기 때문이다. 반면에 행사가격이 낮을수록 풋옵션의 가격은 낮아지는데 이는 행사가격이 낮을수록 만기일에 행사가격이 시장가격을 하회하여 행사 시 이익을 낼 가능성이 작아지기 때문이다.

기초주식의 가격변동성 기초주식의 가격변동성이 클수록 콜옵션과 풋옵션의 가치는 모두 커진다. 콜옵션의 경우 기초주식의 가격변동성이 크다는 것은 기초주식의 가격이 행사가격보다 높아질 가능성이 커지게 되어 이익을 낼 가능성이 커진다는 것을 뜻한다. 기초주식의 가격변동이 커질수록 기초주식의 가격이 행사가격보다 낮아질 가능성도 커지지만 이 경우에는 행사를 하지 않게 된다. 풋옵션의 경우 기초주식의 가격변동성이 크다는 것은 기초주식의 가격이 행사가격보다 낮아질 가능성이 커지게 되어 이익을 낼 가능성이 커진다는 것을 뜻한다.

만기까지의 기간 옵션의 만기까지의 기간이 길어질수록 장래 기초주식의 가격이 행사가격보다 유리하게 형성될 가능성이 커지게 되므로 콜옵션과 풋옵션의 가격은 모두 높아진다.

무위험이자율 무위험이자율이 커질수록 행사가격의 현재가치는 더욱 감소하게 되어 실제적인 행사가격의 인하효과를 가져오게 된다. 따라서 무위험이자율이 상승할 경우 콜옵션가격은 상승하게 되고 풋옵션가격은 하락하게 된다.

기초주식의 현금배당률 배당금을 지급하게 되면 주식보유자는 그 배당금을 받게 되지만 옵션보유자는 그렇지 않다. 배당락일에 기초주식은 배당금액만큼 가격이 하락하게 되므로, 배당금이 클수록 콜옵션의 가치는 작아지며 풋옵션의 가치는 커진다.

이상의 관계를 종합하여 보자. 기초주식의 가격을 S_T, 행사가격을 X, 기초 주식의 변동성(수익률의 분산)을 σ^2, 만기일을 T, 그리고 무위험이자율을 r_f, 현금배당률을 d라고 하면 유럽형 콜옵션의 가격 c는 다음과 같은 함수로 표시할 수 있다.

$$c = f(\overset{+}{S_T}, \overset{-}{X}, \overset{+}{\sigma^2}, \overset{+}{T}, \overset{+}{r_f}, \overset{-}{d}) \qquad \textbf{11-1}$$

한편 유럽형 풋옵션의 가격 p는 다음과 같은 함수로 표시할 수 있다.

$$p = f(\overset{-}{S_T}, \overset{+}{X}, \overset{+}{\sigma^2}, \overset{+}{T}, \overset{-}{r_f}, \overset{+}{d}) \qquad \textbf{11-2}$$

이를 요약하면 〈표 11-1〉과 같다.

〈표 11-1〉 옵션가격의 결정요인

요인	가격에 미치는 효과		요인	가격에 미치는 효과	
	콜옵션	풋옵션		콜옵션	풋옵션
기초주식의 가격	+	−	만기까지의 기간	+	+
행사가격	−	+	무위험이자율	+	−
가격변동성	+	+	현금배당률	−	+

〈표 11-2〉 옵션의 내재가치

구분	콜옵션	풋옵션	내재가치
내가격옵션(IMT)	기초주식 시장가격 > 행사가격	기초주식 시장가격 < 행사가격	+
등가격옵션(AMT)	기초주식 시장가격 = 행사가격	기초주식 시장가격 = 행사가격	0
외가격옵션(OMT)	기초주식 시장가격 < 행사가격	기초주식 시장가격 > 행사가격	−

옵션의 가치

옵션을 매입할 때 지불하는 옵션의 시장가격, 즉 프리미엄은 내재가치(intrinsic value)와 시간가치(time value)의 합이다. 옵션의 내재가치는 옵션매수자가 권리를 행사함으로써 얻을 수 있는 이익이다. 즉 콜옵션의 경우 옵션의 행사가격이 기초자산의 시장가격보다 낮을 때, 풋옵션의 경우에는 행사가격이 시장가격보다 높을 때 내재가치를 갖게 된다. 그리고 콜옵션의 경우 옵션매수자 입장에서 기초자산의 시장가격이 행사가격보다 낮게 형성되어 있을 때 권리행사를 포기하는 것이 유리하므로 내재가치는 최소한 0 이상이 된다.

옵션의 프리미엄은 옵션의 내재적 가치보다 높은 것이 일반적이다. 이때 옵션의 프리미엄과 내재가치와의 차이를 옵션의 시간가치(time value)라고 하는데, 옵션매도자가 부담하는 위험에 대한 대가이다.

한편 옵션을 행사했을 때 이익이 남는 경우를 내가격옵션(in-the-money: ITM)이라고 하는데, 콜옵션의 경우에는 행사가격이 기초자산의 시장가격보다 낮은 경우를 말하며, 풋옵션인 경우에는 행사가격이 기초자산의 시장가격보다 높은 경우를 말한다. 그리고 ITM옵션 중 시장가격과 행사가격의 차이가 크게 벌어진 경우를 과내가격옵션(deep ITM)이라고 한다.

반대로 옵션을 행사했을 때 손해가 생기는 경우를 외가격옵션(out of-the-money: OTM)이라고 하는데, 콜옵션의 경우 시장가격이 행사가격보다 낮을 때, 풋옵션의 경우에는 시장가격이 행사가격보다 높을 때이다. 그리고 OTM옵션 중 시장가격과 행사가격의 차이가 크게 벌어진 경우를 과외가격옵션(deep OTM)이라고 한다. 옵션의 행사가격과 시장가격이 같은 경우, 즉 이익도 손해도 없는 경우를 등가격옵션(at-the-money: ATM)이라고 한다.

콜옵션의 손익구조

콜옵션을 매입할 경우 만기일에 기초주식의 시장가격이 미리 정한 행사가격보다 높으면 옵션을 행사함으로써 그 차액만큼의 이익을 볼 수 있다. 반면에 만기일에 시장가격이 행사가격보다 낮을 경우 콜옵션매수자는 옵션행사를 포기하게 된다. 만기일의 시장가격을 S_T, 행사가격을 X라고 할 때, 콜옵션의 가치 c는 다음 식으로 나타낼 수 있다.

$$c = \max[S_T - X, 0] \qquad \textbf{11-3}$$

즉, $S_T - X$가 0보다 크면 $S_T - X$가 콜옵션의 가치가 되고, $S_T - X$가 0보다 작으면 0이 콜옵

〈그림 11-2〉 콜옵션의 손익구조

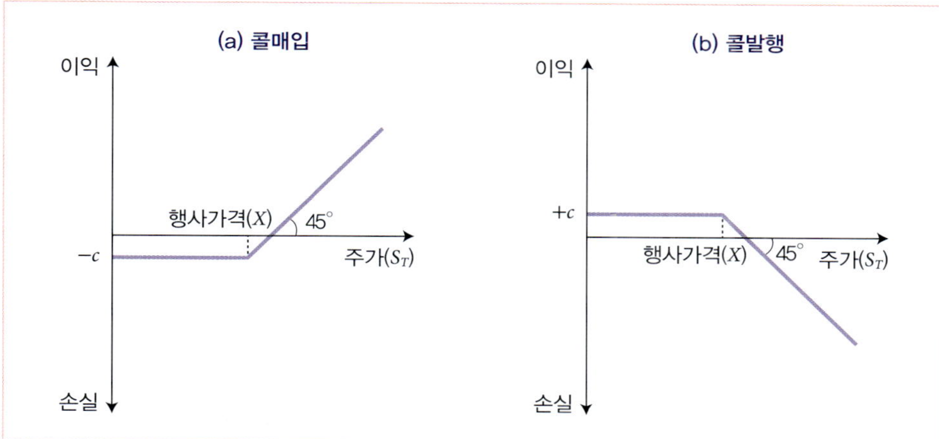

션의 가치가 된다.[2]

시장가격이 행사가격을 초과하는 영역이 콜옵션매수자에게는 권리행사영역이 되고 콜옵션매도자에게는 의무이행영역이 된다.[3] 콜옵션매수자에게는 시장가격이 상승할 경우 이익은 무한대가 되지만 하락할 경우 콜옵션 권리행사를 포기함으로써 프리미엄만큼 한정된 손실만 보게 된다. 콜옵션매도자는 매수자와 대칭적인 손익구조를 갖게 되며 시장가격이 하락할 경우 프리미엄만큼의 이익이 확보되지만 상승할 경우는 손실이 무한대가 된다.

풋옵션의 손익구조

풋옵션을 매입할 경우 만기일에 기초주식의 시장가격이 행사가격보다 낮으면 시장가격보다 높은 행사가격에 기초주식을 파는 것이 유리하므로 권리를 행사하게 된다. 반면에 만기일에 시장가격이 행사가격보다 높을 경우 풋옵션매수자는 옵션행사를 포기하게 된다. 만기일의 시장가격을 S_T, 행사가격을 X라고 할 때, 풋옵션의 가치 p는 다음 식으로 나타낼 수 있다

$$p = \max\,[X - S_T,\ 0] \qquad \textbf{11-4}$$

즉, $X - S_T$가 0보다 크면 $X - S_T$가 풋옵션의 가치가 되고, $X - S_T$가 0보다 작으면 0이 풋옵션의 가치가 된다.[4]

시장가격이 행사가격을 미달하는 영역이 풋옵션매수자의 권리행사영역이 되며, 풋옵션

2) 콜옵션을 살 때 콜옵션매도자에게 프리미엄을 이미 지불하였기 때문에 콜옵션 행사 시 실제이익은 '(시장가격−행사가격)−프리미엄'이 된다.

3) 콜옵션매도자는 콜옵션발행자라고도 한다.

4) 풋옵션을 살 때 풋옵션 매도자에게 프리미엄을 이미 지불하였기 때문에 풋옵션 행사 시 실제이익은 '(행사가격−시장가격)−프리미엄'이 된다.

〈그림 11-3〉 풋옵션의 손익구조

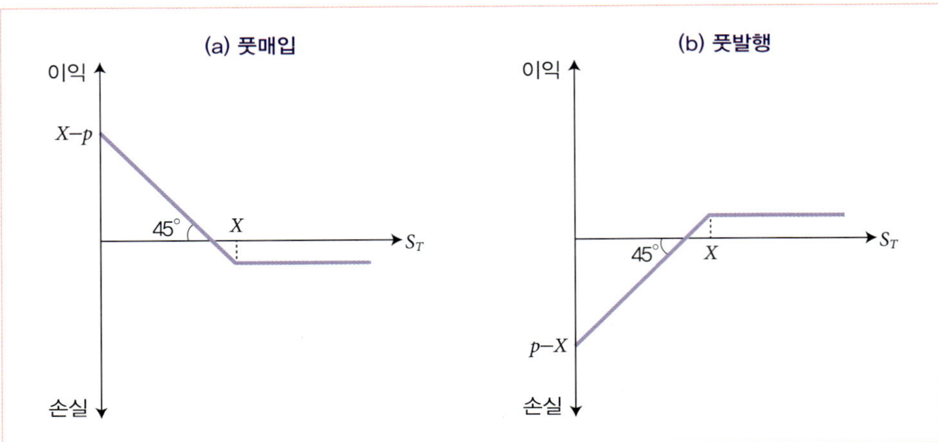

매도자에게는 의무이행영역이 된다.[5] 반대로 시장가격이 행사가격을 초과하는 영역이 풋옵션매수자에게는 권리포기영역이 되고 풋옵션매도자에게는 의무소멸영역이 된다. 그리고 풋옵션을 매도한 입장에서는 풋옵션매입자의 권리행사 시 행사가격으로 기초주식을 매수해야 하므로 시장가격이 하락할수록 손실이 증가한다.

11-1-4 옵션투자전략

옵션시장에서 투자자들은 주식과 옵션을 적절히 결합하면 미래의 투자수익이 변동할 가능성, 즉 위험을 없앨 수 있다. 옵션을 주식과 결합하거나 또는 다른 형태의 옵션과 결합함으로써 자신이 원하는 형태의 이익을 실현시킬 수 있다. 다음에서 보호적 콜, 스프레드 및 스트래들 등을 살펴보자.

보호적 콜

보호적 콜(covered call)은 기초주식 1주를 매입함과 동시에 그 주식에 대하여 콜옵션을 발행하여 매도하는 것을 말한다. 상대방, 즉 콜옵션매입자가 콜옵션을 행사할 때 팔 수 있는 기초주식을 갖고 있기 때문에 방비 콜이라고도 한다. 만약 기초주식을 갖지 않고 콜옵션을 발행할 경우 무방비 콜(uncovered call 혹은 naked call)이라고 불린다.

〈그림 11-4〉는 보호적 콜의 손익그래프이다. 그림 (c)에서 만기일의 행사시점에서 주가 S_T가 행사가격(X)보다 낮으면 보호적 콜가치는 S_T가 되고, 주가가 행사가격보다 높으면 포트폴리오 가치는 S_0+C_0가 된다. 보호적 콜은 미국에서 기관투자가들에게 유행하는데 이는 기관투자가의 주식투자 패턴을 반영하여 그들이 보유한 주식에 대하여 보호적 콜을 설

5) 풋옵션매도자는 풋옵션발행자라고도 한다.

〈그림 11-4〉 보호적 콜

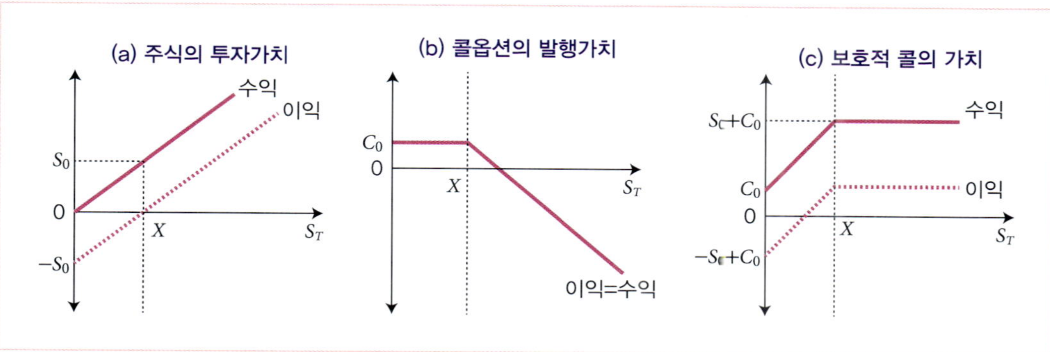

정함으로써 일정한 액수(S_0+C_0)만큼 오르면 무조건 매도하는 기관투자가의 전략과도 일치하게 운용할 수 있기 때문이다.

스프레드

스프레드(spread)는 같은 주식에 대하여 발행되나 행사가격이나 만기일이 서로 다른 두 개 이상의 옵션의 결합이다. 즉 콜옵션 또는 풋옵션을 매입하면서 동시에 행사가격 또는 만기일이 다른 동일한 옵션을 매도하는 전략이다. 스프레드는 옵션의 종류에 따라 콜스프레드와 풋스프레드로 구분하고, 그 방법에 따라 수평스프레드 수직스프레드 및 대각스프레드로 구분한다.

수평스프레드(horizontal spread)는 서로 다른 만기를 갖는 옵션 간에 이루어지는 스프레드이다. 수평스프레드는 비교적 가격변동이 적은 상황에서 시간가치 잠식효과의 차이를 이용하여 적은 이익을 남기는 데 활용된다.

서로 다른 행사가격을 갖는 옵션 간에 이루어질 경우를 수직스프레드(vertical spread)라 한다. 이 중에서 약세스프레드(bear spread)는 매입옵션의 행사가격이 매도옵션의 행사가격보다 높은 경우를 말하며, 반대로 낮은 경우를 강세스프레드(bull spread)라고 한다. 약세스프레드는 약세시장에서 기초주식 가격의 하락을 예상하였을 때 높은 행사가격의 콜옵션 또는 풋옵션을 매수하고 그보다 낮은 행사가격의 동종 콜옵션 또는 풋옵션을 매도하는 투자기법이다. 한편 강세스프레드는 강세시장에서 앞으로 기초주식의 가격이 상승할 것을 예상하고 행하는 전략으로서, 콜옵션을 이용하는 경우 낮은 행사가격의 콜옵션을 매수하고 동종의 높은 행사가격의 콜옵션을 매도하는 것이다.

행사가격과 만기가 모두 다른 옵션 간에 이루어질 경우는 대각스프레드(diagonal spread)라고 한다. 대각스프레드는 수직스프레드와 수평스프레드의 효과를 복합하여 시간가치 잠식효과와 가격변동 방향에 대한 예상이익을 동시에 추구하는 전략이다. 서로 다른 행사가격과 만기가 다른 두 옵션을 동시에 매입 또는 매도한다.

〈그림 11-5〉 강세스프레드와 약세스프레드

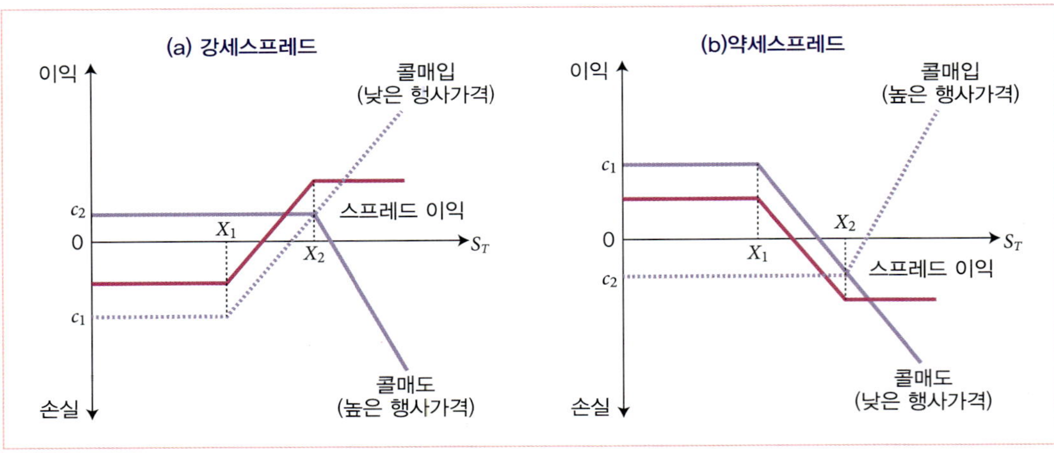

스트래들

스트래들(straddle)이란 동일한 행사가격 및 만기를 가지는 풋옵션과 콜옵션을 동시에 매입 또는 매도하는 것이다. 〈그림 11-6〉에서 볼 수 있듯이 매입스트래들은 콜과 풋옵션을 모두 보유하게 되므로 기초주식 가격이 크게 상승하거나 하락할 경우에 이익을 보게 된다. 실제로 지급하는 옵션 프리미엄으로 인해 가격변동이 상당히 커야만 이익이 생긴다. 따라서 매입스트래들은 기초주식 가격의 방향성과는 무관하게 변동성이 클 것으로 예상되는 경우 취할 수 있는 전략이다.

반대로 변동성의 감소가 예측되면 매도스트래들을 구사할 수 있다. 매도스트래들은 기초주식의 가격이 일정한 범위 내에서 움직일 것으로 예상할 경우에 사용한다. 즉 〈그림 11-6〉에서 보듯이 기초주식의 가격이 행사가격을 중심으로 크게 변화하지 않을 경우에는 이익이 나지만, 급등 또는 급락할 경우에 큰 손실이 발생할 수 있다.

〈그림 11-6〉 스트래들

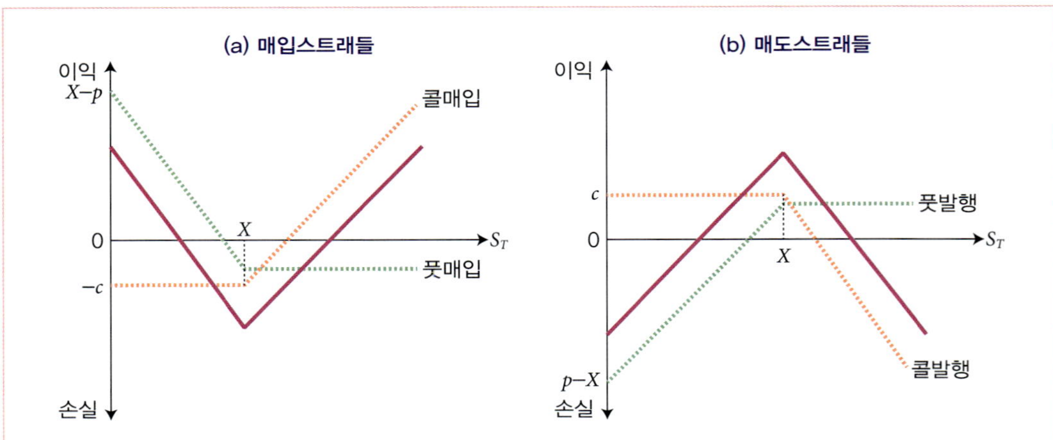

기타 옵션

스트립과 스트랩 스트립(strip)과 스트랩(strap)은 스트래들 전략의 변형이다. 스트립은 만기일과 행사가격이 동일한 콜옵션 1단위와 풋옵션 2단위를 결합하는 것이다. 스트립의 손익그래프는 〈그림 11-7〉 (a)와 같다. 스트립은 주가의 변동이 심할 것으로 예상하되 하락이 더 심할 것으로 예상할 때 더 유용한 전략이다.

스트랩은 콜옵션 2단위와 풋옵션 1단위를 결합하는 것으로서 주가의 변동이 심할 것으로 예상하되 상승이 더 심할 것으로 예상할 때 더 유용한 전략이다. 스트랩의 손익그래프는 〈그림 11-7〉 (b)와 같다.

〈그림 11-7〉 스트립과 스트랩

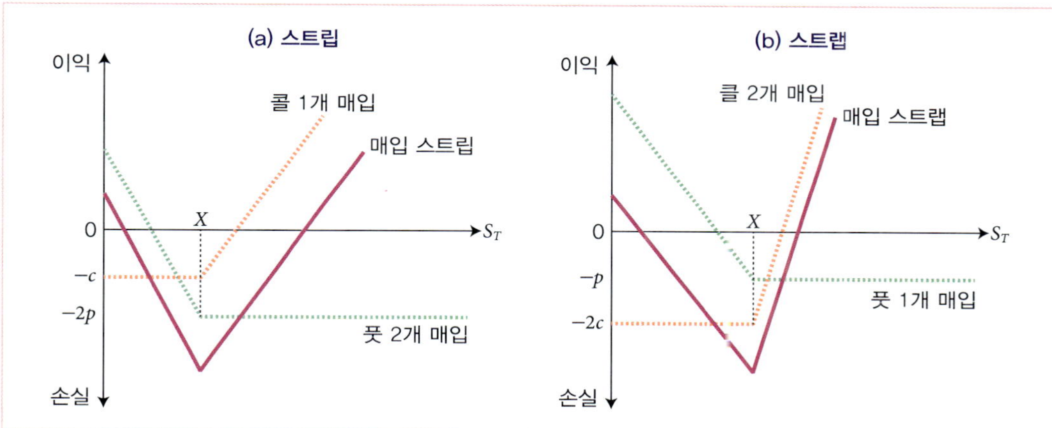

〈그림 11-8〉 스트랭글

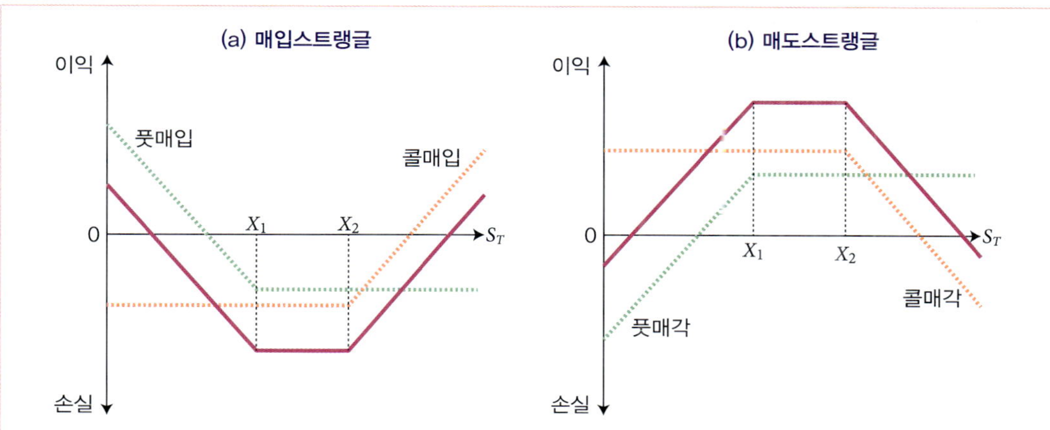

스트랭글 스트랭글(strangle)은 만기일이 같고 권리행사가격이 다른 콜과 풋을 매입 또는 매도하는 전략이다. 매입스트랭글은 낮은 행사가격의 풋옵션과 동시에 높은 행사가격의

베어링사의 파산과 스트래들

200년 이상의 역사를 자랑하던 영국의 베어링사(Baring)가 파산하여 1995년 네덜란드의 ING에 단돈 1파운드에 구제합병당하였다. 이 사건은 한 직원의 실수에 의하여 세계 유수의 금융회사가 파산했는데, 문제의 발단은 베어링사가 싱가포르에 설립한 자회사인 베어링 선물회사의 닉 리슨이라는 딜러의 거래 실수에서 시작되었다. 리슨은 초기에 발생한 선물거래의 손실을 계속 감추다가 이를 만회하기 위하여 Nikkei 225지수의 스트래들을 매도하였다.

스트래들은 이미 설명한 바와 같이 동일한 행사가격을 갖는 콜옵션과 풋옵션을 1개씩을 합친 것으로, 매도스트래들의 수익구조는 〈그림 11-6〉과 같이 주가가 행사가격을 중심으로 크게 변화하지 않을 경우에는 이익이 나지만, 주가가 급등 또는 급락할 경우에는 막대한 손실이 발생할 수 있다. 즉 매도스트래들은 주가가 일정한 범위 내에서 움직일 것으로 예상할 경우에 사용한다.

그러나 리슨의 예측과는 달리 Nikkei 225지수는 크게 하락하여 큰 손실이 발생하였으나 이 역시 내부통제제도의 부실로 들어나지 않고 다시 감추어졌다. 더구나 1995년 1월에 일본에서는 고베지진이 발생하면서 Nikkei 225지수는 다시 하락함으로써 리슨의 손실은 더욱 불어나게 되었다. 그 후에도 리슨은 스트래들을 추가로 매도하고 주가지수선물을 대량으로 매입하였는데 결국 Nikkei 225지수는 하락을 거듭한 결과 막대한 손실이 누적되어 결국 베어링사의 파산과 리슨의 체포로 결말이 나게 되었다.

자료: 오세경·김진호·이건호 (1999), 위험관리론, 경문사.

콜옵션을 매입하는 것이고, 매도하는 것은 매도스트랭글이다. 이 전략은 주가가 행사가격과 프리미엄 합계의 범위를 넘어서 움직였을 때 매입스트랭글의 경우 이익은 무한대가 되고 손실은 두 개의 프리미엄의 합계에 한정된다. 매도스트랭글의 이익은 두 개의 프리미엄의 합계에 한정되나 손실은 무한대가 된다. 따라서 스트랭글은 스트래들의 경우와 거의 같은 주가 전망을 할 때 사용되는 전략이지만 가격변동이 보다 크거나 또는 보다 작을 경우에 유용한 전략이다.

11-2 옵션의 평가

본 절에서는 옵션의 평가를 다룬다. 옵션의 적정가격을 구하는 방법에는 시간에 따른 기초자산가격의 움직임에 대해 가정을 하고 만기에서의 옵션 기대가치를 추정하는 블랙-숄즈(Black & Scholes)모형과, 옵션매도 시 무위험 헤지포트폴리오를 구성하여 프리미엄을 계산하는 이항모형(binomial model)의 두 가지가 있다.

11-2-1 이항옵션 가격결정모형

옵션가격은 만기일에 있어서 기초주식의 가격에 따라 달라진다. 만기일에 기초주식의 주가변동이 이항분포(binomial distribution)를 따른다고 가정하자. 예를 들어, 현재 20,000원인 주가가 만기일에 24,000원(상승비율 u=1.2)으로 상승하거나 13,400원(하락비율 d=0.67)으로 하락할 두 가지 가능성이 있다고 하자. 행사가격(X)이 20,000원이라고 할 때 콜옵션의 기말 가치는 얼마가 되는지 알아보자. 만기일에 주가가 상승할 경우의 콜옵션가치(C_u)는 4,000원이 되고 주가가 하락할 경우의 콜옵션가치(C_d)는 0이 된다.

시점 0	시점 1	
S(20,000원)	$u \cdot S$ = 24,000원	**11-5**
	$d \cdot S$ = 13,400원	
C	$C_u = \max[0, u \cdot S - X]$ = 4,000원	**11-6**
	$C_d = \max[0, d \cdot S - X]$ = 0원	

한편 이러한 콜옵션의 이론적 가치는 주식과 콜옵션으로 무위험 헤지포트폴리오(risk-free hedge portfolio)를 구성할 때 그 수익률이 무위험 이자율과 같게 된다는 균형조건으로부터 구할 수 있다.

즉, 1개의 주식을 매입하고 그 주식에 대하여 m개의 콜옵션을 매도할 경우 구성되는 무위험 헤지포트폴리오의 현재 투자가치는 $S-m \cdot C$ 가 되며 만기일의 수익은 다음과 같다.

시점 0	시점 1	
$S-m \cdot C$	$u \cdot S-m \cdot C_u$	**11-7**
	$d \cdot S-m \cdot C_d$	

여기서 무위험포트폴리오의 만기일의 가치는 주가변동에 관계없이 동일하므로 다음과 같은 관계가 성립한다.

$$u \cdot S-m \cdot C_u = d \cdot S-m \cdot C_d \qquad \textbf{11-8}$$

이 관계식에서 무위험포트폴리오를 구성하기 위하여 발행하여야 할 콜옵션의 수 m을 구할 수 있다.

$$m = \frac{S(u-d)}{C_u - C_d} = \frac{20{,}000(1.2-0.67)}{4{,}000-0} = 2.65 \qquad \textbf{11-9}$$

즉 1개의 주식을 매입하고 2.65개의 콜옵션을 매도함으로써 무위험 헤지포트폴리오를 구성할 수 있으며, 이 포트폴리오의 만기일에서의 가치는 다음과 같이 13,400원으로서 동일하게 된다. 여기서 무위험 헤지포트폴리오의 현재가치에다가 (1+무위험이자율)을 곱하면 미래가치를 구할 수 있다. 즉

$$(20{,}000 - 2.65C)(1+r_f) = 13{,}400 \qquad \textbf{11-10}$$

이다. 무위험이자율을 10%라고 하면 《식 11-10》에서 콜옵션가치 C를 다음과 같이 구할 수

〈표 11-3〉 무위험 헤지포트폴리오의 가치

(단위: 원)

무위험 헤지포트폴리오	현재가치	만기일 가치	
		주가상승의 경우	주가하락의 경우
주식매입	20,000	24,000	13,400
콜옵션 매도(2.65개)	$-2.65C$	$-2.65 \times 4{,}000$	0
전체 가치	$20{,}000-2.65C$	13,400	13,400

있다.

$$20{,}000 - 2.65C = 13{,}400 / 1.1$$

여기서 $C=2{,}950$(원)이 된다.

다음으로 2기간을 가정할 경우 옵션평가모형은 주가변동이 만기일까지 이항분포가 두 번 발생한다고 가정하여 콜옵션가치를 구할 수 있다.[6]

이러한 이항옵션평가모형에서는 적정 옵션가격의 계산에 있어서 주가의 상승, 또는 하락의 확률이 불필요할 뿐만 아니라 비교적 사용하기도 쉽다. 또한 모형에 제약적 가정이 적어 다양한 경우에 확장이 가능하다. 다만 기초주식가격의 다양한 변화 가능성을 고려할 때 향후 가격흐름에 두 가지 가능성만 있다고 가정함이 비현실적이라는 문제점을 지적할 수 있다. 그러나 이 가정은 쉽게 확장될 수 있어 모형구성에 제약적인 요인으로 작용하지 않는다.

11-1-2 블랙-숄즈 옵션가격결정모형

블랙-숄즈(Black and Scholes)는 1973년 「Journal of Political Economy」에 게재된 논문을 통하여 옵션의 가격결정모형을 제시하였다.[7]

앞에서의 이항옵션가격결정모형에서는 주가의 변동이 불연속적이며(discrete) 주가변동을 두 가지 경우로만 국한하였다. 블랙-숄즈는 이러한 제한을 완화하기 위하여 주가의 변동을 브라운 운동(Brownian motion)으로 가정하고 연속적인 옵션평가모형을 도출하였다. 그들이 제시한 옵션가격결정식을 '블랙-숄즈 공식'이라고 하며, 유럽식 콜옵션의 가격은 다음과 같다.

$$C = S \cdot N(d_1) - X \cdot e^{-rT} N(d_2) \quad \textbf{11-11}$$

6〉 동일한 방법으로 2기간 모형을 T기간으로 확장시킬 수 있으며 주가변동 횟수를 무한히 증가시키면 연속모형(continuous model)으로 바뀌게 되어 블랙-숄즈모형의 기초가 되는데 이에 대한 자세한 설명은 생략하기로 한다.

7〉 Black, Fischer and Myron Scholes (1973), "The Pricing of Option and Corporate Liabilities," *Journal of Political Economy*, 81(May/June), pp.637-659.

$$\text{여기서 } d_1 = \frac{\ln(S/X) + (r+\frac{1}{2}\sigma^2)T}{\sigma\sqrt{T}}$$

$$d_2 = \frac{\ln(S/X) + (r-\frac{1}{2}\sigma^2)T}{\sigma\sqrt{T}} = d_1 - \sigma\sqrt{T}$$

C : 콜옵션 가격

S : 현재 기초주식의 가격(underlying asset price)

X : 행사가격(exercise or striking price)

r : 무위험이자율(riskless rate of return)

σ : 기초주식 수익률의 표준편차(volatility)

T : 만기까지의 기간(maturity)

$N(d_1)$: 표준정규분포(standard normal distribution)에서 d_1값보다 작을 확률

예제 11-1 다음과 같은 상황에서 블랙-숄즈 옵션가격결정모형을 이용하여 콜옵션의 가격을 구해보자. 현재 주가(S)=\$50, 행사가격(X)=\$45, 무위험이자율(r)=연 6%, 만기(T)=3개월, 분산(σ^2)=연 20%라고 가정하자.

풀이

우선 주어진 자료를 이용하여 d_1과 d_2를 구한다.

$$d_1 = \frac{\ln(50/45) + (0.06+\frac{1}{2}\times 0.2)0.25}{\sqrt{0.2}\sqrt{0.25}} = 0.65$$

$$d_2 = d_1 - \sigma\sqrt{T} = 0.65 - \sqrt{0.2}\sqrt{0.25} = 0.426$$

다음으로 표준정규분포표를 이용하여 $N(d_1)$과 $N(d_2)$를 구한다.

$$N(d_1) = 0.742, \quad N(d_2) = 0.665$$

마지막으로 이들 값을 블랙-숄즈공식에 대입하여 콜옵션 가치(C)를 구한다.

$$C = S \cdot N(d_1) - X \cdot e^{-rT}N(d_2) = \$50\times 0.742 - \$45\times e^{(-0.06)(0.25)}\times 0.665 = \$7.62$$

블랙-숄즈의 공식을 요소별로 살펴보자. 《식 11-11》의 콜옵션의 이론적 가치, 즉 콜옵션 프리미엄은 두 부분으로 나눌 수 있다. 첫째 항 '$S \cdot N(d_1)$'은 옵션이 행사된다고 가정할 때 기초주식 가격의 현가를 의미한다. 둘째 항 '$X \cdot e^{-rT}N(d_2)$'은 행사가격의 현가에 콜옵션이 내가격(in-the-money) 상태로 마감될 확률인 $N(d_2)$를 곱한 것이다. 즉 블랙-숄즈 공식의 첫 부분은 콜옵션 행사 시에 받을 금액의 현가를 의미하고, 둘째 부분은 콜옵션 행사 시에 지

불하여야 하는 금액을 의미한다.

11-2-3 풋-콜 패리티

앞의 모형은 콜옵션 가치를 결정하는 식이다. 그렇다면 풋옵션의 가치는 어떤 식에 따라 결정되는가? 콜옵션 가치와 풋옵션 가치 사이에는 일정한 관계식이 성립하는데, 이를 풋-콜 패리티(put-call parity)라고 한다. 이 관계식을 이용하면 풋옵션 가치를 도출해낼 수 있다. 풋-콜 패리티를 도출하기 위해서 다음과 같은 거래를 가정해보자.

주식과 콜옵션 및 풋옵션을 결합하면 무위험포트폴리오를 구성할 수 있다. 즉 특정 주식을 매입하고 이 주식을 기초자산으로 하는 풋옵션을 추가로 매입한 후 다시 이 주식에 대한 콜옵션을 발행하였다고 하자. 두 옵션의 만기일과 행사가격은 같다고 가정하고 이 경우의 포트폴리오의 행사시점에서의 투자수익을 살펴보자.

행사가격을 X, 만기일의 주가를 S_T라고 하면 위 포트폴리오의 수익은 다음과 같다.

- $S_T > X$, 즉 만기일 주가가 행사가격보다 높을 경우

주식의 가치	S_T
콜옵션 가치(행사함)	$-(S_T-X)$[8]
풋옵션 가치(행사 안함)	0
전체 포트폴리오 가치	X

- $S_T < X$, 즉 만기일 주가가 행사가격보다 낮을 경우

주식의 가치	S_T
콜옵션 가치(행사 안함)	0
풋옵션 가치(행사함)	$X-S_T$
전체 포트폴리오 가치	X

위와 같은 포트폴리오를 구성할 경우 주가가 어떻게 변화하더라도 동일한 수익 X를 얻게 되는 무위험포트폴리오(risk-free portfolio)가 됨을 알 수 있다.

이 포트폴리오의 만기일의 수익 X의 현재가치는 무위험이자율 r_f를 이용하여 할인하여 구할 수 있다. 여기서 주식의 현재가격을 S_0, 콜옵션 현재가격을 C, 풋옵션 현재가치를 P라고 할 경우 이 무위험포트폴리오에의 투자금액은 'S_0+P-C'가 된다. 따라서 현재시점에서 무위험포트폴리오의 투자금액과 이 포트폴리오의 현재가치를 같다고 하면 다음과 같은 관계식이 성립된다.

$$S_0 + P - C = \frac{X}{1+r_f} \qquad \textbf{11-12}$$

8) 만기일 주가가 행사가격보다 높을 경우 콜옵션 매입자는 행사하므로 'S_T-X'의 수익이 발생하며, 발행자에게는 '$-(S_T-X)$'의 현금흐름이 발생한다.

또는

$$C - P = S_0 - \frac{X}{1 + r_f} \qquad \textbf{11-13}$$

이를 풋-콜 패리티(put-call parity)라 하는데 풋옵션가치와 콜옵션가치의 관계를 나타내는 식이다. 한편 풋-콜 패리티를 연속적인 형태(continuous compounding formula)로 표시하면 《식 11-14》와 같다.

$$C - P = S_0 - X \cdot e^{-r_f T} \qquad \textbf{11-14}$$

예제 11-2 풋-콜 패리티 개념을 예를 들어 살펴보자. IBM 주식과 콜옵션 및 풋옵션을 결합하는 포트폴리오를 구성한다고 가정하자. 즉 IBM 주식 1주를 매입하고 이 주식을 기초주식으로 하는 풋옵션 1개를 매입한 후 다시 이 IBM 주식에 대한 콜옵션 1개를 발행하였다고 하자. IBM 보통주를 기초주식으로 하는 콜옵션과 풋옵션의 행사가격은 $90, 만기는 3개월로서 각각 같다. 만약 만기일의 IBM 주가가 $95라고 할 경우, 만기일에 있어서의 이 포트폴리오의 가치는 얼마가 될까? 반대로 주가가 하락하여 $85일 경우 이 포트폴리오의 가치는 얼마일까?

풀이

다음 표에서 보듯이 IBM 주가가 $95일 경우에나 $85일 경우 모두, 이 포트폴리오의 가치는 항상 $90가 된다. 즉 만기일의 IBM 주가가 어떠하더라도 이 포트폴리오의 가치는 행사가격과 동일한 가치 $90를 유지하게 된다. 즉 이 포트폴리오는 무위험포트폴리오가 된다.

풋–콜 패리티의 예

구분	만기일 주가가 행사가격보다 높을 경우 ($95>$90)	만기일 주가가 행사가격보다 높을 경우 ($85<$90)
주식의 가치	$95	$85
콜옵션 매도	$-(S_T-X) = -(95-90) = -\$5$	0(행사 안 함)
풋옵션 매입	0(행사 안 함)	$X-S_T = 90-85 = \$5$
전체 포트폴리오 가치	$90	$90

11-2-4 포트폴리오 보험

포트폴리오 보험(portfolio insurance)은 포트폴리오의 투자가치가 일정수준 아래로 밑돌지 않도록 옵션이나 선물 또는 기타의 투자수단을 이용하는 헤지기법이다. 포트폴리오 보험에는 방어적 풋(protective put), 합성 풋옵션(synthetic put option) 등이 있다.

방어적 풋

방어적 풋이란 포트폴리오의 보유자가 시장지수를 기초자산으로 하는 풋옵션을 매입하

〈그림 11-9〉 방어적 풋

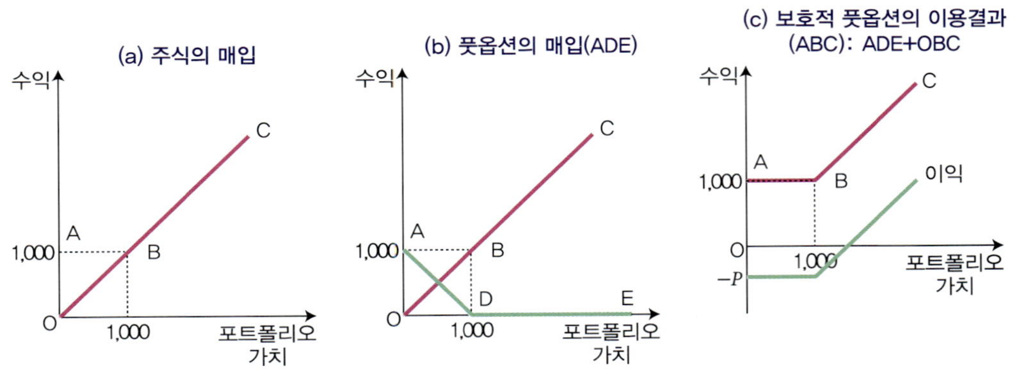

는 전략으로서 현재 보유 중인 주식의 가치하락이 우려될 때 유용한 전략이다. 방어적 풋은 주가가 어떻게 변화하든지 포트폴리오의 가치를 풋옵션 행사가격만큼 보장받게 된다. 만약 주가가 행사가격 이하로 떨어지더라도 행사가격으로 팔 수 있기 때문이다. 따라서 방어적 풋은 주가가 떨어질 경우에도 손실을 일정수준에 묶어 둘 수 있는 보험효과를 갖기 때문에 이 원리를 이용한 것이 포트폴리오 보험이다. 이를 〈그림 11-9〉에서 살펴보자.

〈그림 11-9〉 (a)에서 직선 OBC는 현재 기관투자가 A가 보유하고 있는 포트폴리오의 가치를 나타내는데 주가변화에 따라 매입가격 1,000만 원보다 상승하기도 하고 하락하기도 한다. 이러한 포트폴리오의 가치변화, 특히 가격하락에 대비하기 위하여 기관투자가 A는 행사가격을 1,000만 원으로 하는 지수풋옵션을 매입한다고 하자. 〈그림 11-9〉 (b)에서 지수풋옵션의 기말가치는 ADE로 표시된다. 이 경우 포트폴리오 가치와 지수풋옵션가치의 합은 〈그림 11-9〉 (c)에서 보듯이 ABC로 표시된다. 즉 주가가 하락할 경우에는 풋옵션을 행사함으로써 AB수준의 가치를 유지할 수 있고, 주가가 상승할 경우에는 주가상승에 따른 이득을 얻게 된다.

이러한 방어적 풋옵션은 포트폴리오 구성종목과 시장지수종목이 다르기 때문에 완전하게 가치하락을 보호하지는 못한다.

합성 풋옵션

합성 풋옵션(synthetic put option)은 투자자금을 주식과 무위험채권에 분산투자하여 주가변화에 따라 투자비율을 조정하는 가상의 풋옵션이다. 기본적으로 풋-콜 패리티에 근거하여 주식과 무위험증권에의 투자비율을 조정해줌으로써 옵션과 동일한 효과를 갖게 된다는 것이다.

합성 풋옵션에서는 주식과 무위험증권으로 포트폴리오를 구성하여, 주가가 하락하면 주식을 팔고 무위험채권을 매입함으로써 포트폴리오의 손실을 줄일 수 있는데, 무위험증권 보유에 따른 이자소득은 하나의 쿠션역할을 하게 된다. 반대로 주가가 상승할 경우에는 무위험증권을 팔고 주식을 다시 매입함으로써 주가상승에 따른 이득을 얻을 수 있게 된다.

11-2-5 유사옵션증권

전환사채

전환사채(convertible bond: CB)란 사채권자가 만기 이내에 사채를 미리 정해진 일정한 수의 주식으로 전환할 수 있는 권리가 부여된 회사채이다. 전환사채는 그 소유자가 만기 이내에 전환권을 행사하면 주식이 되고 전환권을 행사하지 않으면 회사채로 남는다.

전환사채의 가치는 일반회사채(straight bond) 가치와 전환권 가치의 합으로 나타낼 수 있는데 전환권은 일종의 콜옵션이다. 예를 들어, 액면가가 100,000원인 전환사채를 보통주 20주로 전환할 수 있을 경우, 전환비율(conversion ratio)은 20이며, 전환가격(conversion price)은 5,000원이 된다. 전환가치는 전환비율에 보통주가격을 곱한 것과 같게 된다.

전환프리미엄은 회사채 가치에서 전환가치를 뺀 값이다. 전환사채의 액면가격이 100,000원이며 전환사채 가격이 130,000원이고 보통주 20주로 전환할 수 있는 경우, 보통주가격이 6,000원이라 하자. 이 경우 전환가치는 120,000원(6,000×20)이며 전환프리미엄은 10,000원(130,000－120,000)이 된다.

신주인수권부사채

신주인수권부사채(bond with warrants: BW)는 신주인수권을 지니고 있는 회사채로서 신주인수권(warrants)은 신주를 미리 정해진 조건으로 살 수 있는 권리이다. 신주인수권부사채의 가치는 일반 회사채 가치와 신주인수권 가치의 합으로 나타낼 수 있는데 신주인수권은 일종의 콜옵션이다. 신주인수권(warrants)은 채권과 분리되어 매매가 가능한데 이를 분리형 신주인수권이라 한다.

수의상환사채

수의상환사채(callable bond)는 회사채 발행기업이 일정한 기간이 지난 후 만기일 이전에 미리 정해진 가격으로 회사채를 재매입할 수 있는 권리가 부여된 회사채를 말한다. 수의상환사채의 발행은 기업이 회사채를 발행하는 동시에 이 회사채 매입자로부터 콜옵션을 매입한 것으로 볼 수 있다. 대부분의 전환사채는 수의상환채권의 형태를 지닌다. 회사채 발행회사가 수의상환옵션을 행사할 경우 일반적으로 전환사채 보유자들은 일정 기간 내에 주식으로 전환할 수 있는 옵션을 행사할 수 있다.

지급보증

Merton(1977)은 지급보증(guarantees)의 가치평가 및 예금보험의 가치평가에 옵션평가모형을 이용하였다. 즉 지급보증이나 예금보험은 풋옵션의 일종이라는 것이다. 만약 지급보증이 있는 경우 상환만기일에 부채사용 기업의 자산가치(A)가 상환채무액(B)보다 클 경우에는 기업에 의해 부채는 지급되므로 보증가치는 0이 된다. 그러나 만약 A<B이면 채권자는 보증기관으로부터 B금액만큼 대신 지급받게 되며, 보증기관은 보증금액과 기업의 잔여자산가치와의 차이(B－A)만큼 손해를 보게 된다. 따라서 상환만기일에서의 지급보증가치, $G(0)$는 다음과 같이 표시된다.

$$G(0) = \max\,[0,\ B - A] \qquad \textbf{11-15}$$

여기서 지급보증의 구조는 풋옵션구조와 동일함을 볼 수 있는데, 채무상환을 보증함으로써 보증기관은 채무기업이 상환만기일에 기업자산을 B금액으로 보증기관에 팔 수 있는 권리를 부여하는 것이다.

이러한 지급보증 평가모형이 예금보험의 가치평가에도 이용될 수 있는데 지급보증 평가구조에서의 채무기업과 채무금액은 예금보험 가입은행과 보험예금액으로 각각 비교될 수 있다. 즉 예금보험공사에 대하여 예금만기일에 은행자산을 보험예금액으로 팔 수 있는 권리를 보유하는 풋옵션으로 볼 수 있다.

스톡옵션

스톡옵션(stock option)이란 회사가 임직원에게 일정 기간 내에 자기회사 주식을 사전에 약정된 가격으로 일정 수량까지 매수할 수 있는 권리를 제공하는 것으로 일종의 장기 인센티브제도이다. 주가가 상승하면 옵션을 행사하여 주식을 매수하게 되고 주가상승에 의한 수익은 스톡옵션을 행사한 사람이 갖게 된다. 즉 기업의 실적이 좋아질수록 주가는 상승하므로 스톡옵션을 가진 임직원들은 열심히 일할 인센티브를 갖게 된다. 일반적으로 기업은 임직원에게 스톡옵션을 부여할 때 주식을 지급하는 것이 아니라 주식을 살 수 있는 권리를 부여하므로 현금유출을 수반하지 않아 유리하다.

스톡옵션을 도입하는 목적은 능력 있고 공헌도가 높은 임직원에 대하여 상여금 성격의 인센티브를 제공하기 위해서이다. 스톡옵션제도를 도입하면 다음과 같은 여러 가지 효과를 기대할 수 있다.

- 최소의 비용으로 유능한 인재를 확보할 수 있으며 기업의 임직원에 대한 인센티브를 강화함으로써 의욕을 제고시킬 수 있다.
- 기업으로서는 인건비 비용부담이 없는 데다 임직원의 잠재 주주화를 통하여 주인의식을 고취시키고 주주의 이익에 대한 관심을 높이게 할 수 있는 등의 효과가 있다.
- 기업의 소유분산을 가속화시켜 기업소유구조가 전문경영인 중심으로 바뀔 수 있는 계기를 마련할 수 있다.

스톡옵션은 옵션제공과 행사 시의 과세여부와 주식의 유형, 제공대상과 수단 등에 따라 크게 투자형, 보상형 및 전체가치형의 세 가지로 분류한다.

- 투자형(investment) 스톡옵션은 옵션행사 시에 일정한 자기자금을 투자하는 유형이다.
- 보상형(appreciation) 스톡옵션은 옵션을 행사할 때의 시장가격이 행사가격보다 높을 경우 그 차액만큼을 회사가 주식이나 현금 또는 주식과 현금을 혼합하여 지급하는 유형이다.
- 전체가치형(full value) 스톡옵션은 회사의 전체가치나 스톡옵션을 받은 임직원의 업적에 연계하여 조건부로 제공하는 유형이다.

연습문제

1. 다음 용어들을 간단히 설명하시오.
   (1) 옵션 프리미엄 (2) 미국형 옵션
   (3) 선물옵션 (4) 시간가치
   (5) 과내가격옵션 (6) 스트래들
   (7) 스트랭글 (8) 미결제약정수량
   (9) 행사가격 (10) 스프레드
2. 만약 만기 시 모토롤라 주식의 가격이 $55라면, 행사가격이 $50인 10월만기 모토롤라 콜을 산 투자자의 손익은 어떻게 될까?
3. 풋을 발행했을 때에 대해 답변하시오.
   (1) 발행한 사람의 수익은 주가에 따라 어떻게 될까?
   (2) 이익은 어떻게 될까?
   (3) 수익과 이익의 그림을 그리시오.
4. 수의상환사채는 일반사채에 대한 covered call 전략과 어떻게 다른가?
5. 풋옵션의 가치는 기업의 배당지급정책에 의해 어떤 영향을 받는가?
6. 스트립(2개 풋+1개 콜)을 매입하였을 때의 payoff 그림을 도시하고, 그 식을 서술하시오.
7. "옵션은 zero-sum game이다." 이 설명은 옳은가 아니면 그른가? 그리고 그 이유는 무엇인가?
8. 옵션가격을 결정하는 요소에는 무엇이 있는가?
9. 매도스트랭글 전략은 어떤 경우에 사용될까?
10. 주가지수 옵션거래 시 증거금에 대해 설명하시오.
11. 스톡옵션제도를 도입했을 때 기대되는 효과를 설명하시오.
12. 스톡옵션의 유형에는 어떤 것들이 있는가?
13. 현재 주가=$100, 콜 프리미엄(1년만기, X=$95)=$15, 풋 프리미엄(1년만기, X=$95)=$5, 연간 무위험이자율=10%일 때 다음 질문에 답하시오.
    (1) Put-Call Parity가 성립하는지를 보이시오.
    (2) 어떤 차익거래(arbitage)전략이 가능한가?
    (3) (2)번의 전략으로 인한 현재와 1년 후 수익을 구하시오.
14. 다음 질문에 답하시오.
    (1) 이을순 씨는 퇴직금 받은 것으로 주식을 사려고 하는데 주식투자원금이 어느 수준 이하로 빠지는 것은 원치 않는다. 여러분이 만약 펀드매니저라면 어떤 투자전략을 추천하겠는가? 이로 인한 수익도표(payoff graph)를 도시하라(모든 옵션이 가능하다고 가정한다).
    (2) 어떤 주식이 현재 10,000원에 팔리고 있고, 일 년 후에는 15,000원으로 오르거나 7,000원으로 하락할 것으로 예상된다. 행사가격이 12,000원인 이 주식에 대한 콜옵

션의 내재가치는 얼마인가? 이자율은 10%이다.

(3) Put-Call Parity에 의하면 위의 주식에 대한 풋옵션의 가격은 얼마인가?

(4) 행사가격이 $70인 콜옵션이 현재 $6에 팔리고 있고 0.6의 헤지비율을 가지고 있다. 만일 주가가 현재 $74라면 콜의 탄력도는 얼마인가?

(5) 주식 400주와 이 주식에 대한 콜 300계약으로 이루어진 포트폴리오가 있다. 이 콜의 델타값이 0.6이라 한다면 주가가 $1 하락할 때 이 포트폴리오의 가치는 얼마나 변할까?

15. 합성 보호적 풋(synthetic protective put)을 설명하시오.

16. Black-Scholes모형에서 콜옵션의 델타 또는 헤지비율은 무엇인가?

17. 콜옵션이 보다 많이 과내가격상태가 되면 헤지비율은 더 오를까 아니면 내릴까?

18. 다음과 같은 자료를 이용하여 콜 옵션의 가치를 계산해 보시오.

$$S_0=\$100,\ X=\$95,\ r=10\%,\ T=0.25년,\ 표준편차=0.5$$

19. 만약 8번 문제에서 표준편차가 0.6이라면 콜옵션의 가치는 얼마가 될까? 어떤 경우에 옵션이 더 가치가 있는가?

20. 만약 현재 주가가 $122라면, 헤지비율이 −0.4이고 행사가격이 $120이며 현재 $4에 팔리고 있는 풋옵션의 탄력도는 얼마인가?

CFA 기출문제

1. If a stock is selling for $25, the exercise price of a put option on that stock is $20, and the time to expiration of the option is 90 days, the minimum and maximum prices for the put today are:

A. $0 and $5 B. $0 and $20 C. $5 and $20 D. $5 and $25

2. Which of the following statements describing option is FALSE?

A. A put option gives its holder the right to sell an asset for a specified price on or before the option's expiration date.

B. A call option will be exercised only if the market value of the underlying asset is more than the exercise price.

C. A put option's profit increases when the value of the underlying asset increases.

D. A put option will be exercised only if the market value of the underlying asset is less than the exercise price.

3. An at-the-money protective put position (comprised of owning the stock and buying a put):

A. protects against loss at any stock price below the strike price of the put.

B. has limited profit potential when the stock price rises.

C. returns any increase in the stock's value, dollar for dollar, less the cost of the put.

D. provides a pattern of returns similar to a stop loss order at the current stock price.

4. The following diagram shows the value of a put option at expiration:

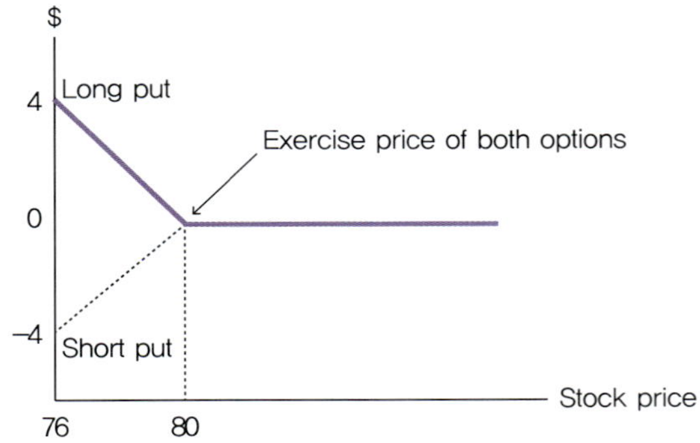

Ignoring transaction costs, which of the following statements about the value of the put option at expiration is TRUE?

A. The value of the short position in the put is $4 if the stock price is $76.

B. The value of the long position in the put is -$4 if the stock price is $76.

C. The long put has value when the stock price is below the $80 exercise price.

D. The value of the short position in the put is zero for stock prices equaling or exceeding $76.

CPA 기출문제

1. 배당을 지급하지 않는 A기업의 주가는 현재 10,000원이다. 투자자는 1년 동안 10,000원을 예금하는 경우 만기에 11,000원을 확정적으로 받게 되며, 예금금리와 동일한 금리로 자금을 차입할 수 있다. 여기서 콜옵션과 풋옵션은 A기업 주식에 대한 만기 1년의 유럽형(European) 옵션을 의미하며, 행사가격은 11,000원으로 동일하다. 콜옵션 가격이 3,000원이라면 다음 중 옳은 것은?

① 풋옵션 가격이 2,000원이라면, 콜옵션 하나를 매수하고 풋옵션 하나를 매도함으로써 1년 후 1,100원의 무위험차익을 얻을 수 있다.

② 콜옵션 2개를 매수하고 A기업 주식 1주를 공매도(short selling)함과 동시에 10,000원을 예금하는 경우, 만기에 주가가 2,500원으로 하락하거나 12,500원으로 상승하면 이익이 발생한다.

③ A기업의 주식에 대한 만기 1년 선도계약의 선도가격이 10,500원이고 풋옵션 가격이 2,500원이라면 무위험차익거래(arbitrage) 기회는 존재하지 않는다.

④ 무위험차익거래 기회가 존재하지 않는 경우, 풋옵션 1개를 매수함과 동시에 10,000원을 차입하여 A기업 주식 한 주를 매수함으로써 A기업 주식에 대한 만기 1년의 미국형(American) 콜옵션을 매수하는 것과 같은 효과를 얻을 수 있다.

⑤ 콜옵션과 풋옵션에 대한 행사가격이 A기업 주식에 대한 1년만기 선도계약의 선도가격과 같다면, 무위험차익거래 기회가 존재하지 않기 위해서는 콜 가격은 풋 가격보다 높아야 한다.

2. 기초자산의 현재가격이 100원이고, 행사가격 110원, 잔존기간 1년인 유럽형 콜옵션이 있다. 기초자산의 가격은 10원 단위로 변화한다. 만기일의 기초자산가격의 확률분포가

다음 그림과 같고 무위험이자율이 연 10%라고 할 때, 이 옵션의 현재이론가격은 얼마인가? (소수점 아래 셋째자리에서 반올림 할 것)

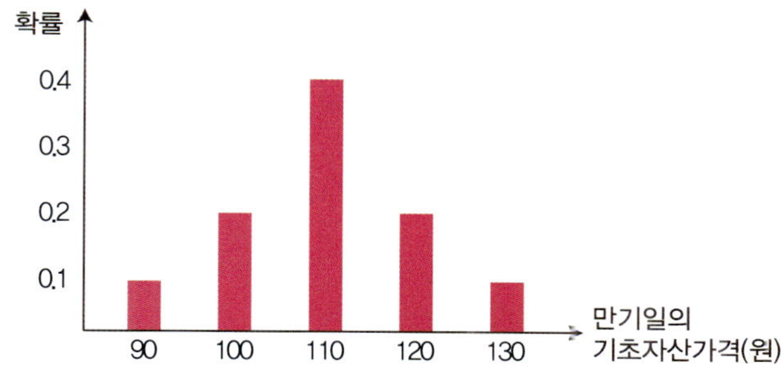

① 0.00　② 1.82　③ 2.73　④ 3.64　⑤ 4.00

3. 어느 투자자가 행사가격이 25,000원인 콜옵션을 개당 4,000원에 2개 매입하였고, 행사가격이 40,000원인 콜옵션을 2,500원에 1개 발행하였다. 옵션만기일에 기초주식가격이 50,000원이라고 할 때, 이러한 투자전략의 만기가치와 투자자의 만기손익을 각각 구하시오. (단, 옵션의 기초주식과 만기는 동일하며 거래비용은 무시하라)

	투자전략의 만기가치	투자자의 만기손익
①	15,000원	13,500원
②	25,000원	23,500원
③	30,000원	27,000원
④	35,000원	30,000원
⑤	40,000원	34,500원

CHAPTER 12

선물과 선물시장

선물계약(futures contracts)이나 선도계약(forward contracts)은 미래 정해진 기일에 해당 기초자산을 팔거나 사도록 명시한다는 점에서 앞에서 설명한 옵션과 비슷한 성질을 갖는다고 할 수 있다. 그러나 이들이 옵션과 다른 점은 옵션의 경우에는 해당되는 거래가 불리한 경우 옵션보유자는 행사하지 않아도 상관이 없으나, 선물이나 선도계약의 경우에는 정해진 거래를 반드시 수행하여야 할 의무가 있다는 것이다.

선물이나 선도계약은 해당 자산에 대해 자금이 지불되지 않는다는 점에서 투자라고 볼 수 없다. 이것은 단지 미래에 약정된 조건으로 거래하겠다는 오늘의 약속이다. 그러나 이러한 미래 약정계약은 미래에 대한 투자를 헤징(hedging)하는 매우 중요한 수단이 되기 때문에 중요하다.

이번 장에서는 선물시장이 어떻게 작동되고 거래구조가 어떻게 되어 있는지를 살펴보기로 하고, 선물계약이 위험을 없애려고 하는 헤저(hedger)나 위험을 추가적으로 부담함으로써 보다 많은 이익을 추구하는 투기자(speculator) 모두에게 얼마나 유용한 투자수단이 되는지를 살펴본다. 아울러 선물시장의 발전과정과 주가지수, 외환, 채권 및 금리 등에 대해 만들어진 특정 금융선물계약들을 살펴보고자 한다.

12-1 선물의 의의 및 선물시장

12-1-1 선물계약과 선도계약의 의미

선물계약과 선도계약이 어떻게 작동되고 이들 계약이 얼마나 경제활동에 유용한지를 설명하기 위해 다음과 같은 예를 들어보자. 강원도에서 채소를 재배하는 농부의 경우에는 수입의 대부분을 수확기에 형성될 채소시세에 의존하고 있다. 마찬가지로 채소를 사다가 소비자들에게 파는 서울의 채소가게도 양질의 채소를 적기에 싼 가격으로 확보하는 것이 수입에 결정적인 영향을 미치게 된다.

이러한 경우 수확기에 채소시세와 상관없이 현재 정해진 가격으로 수확기에 채소를 인수도하기로 약정하는 선도계약을 맺는다면, 양당사자는 이러한 종류의 위험을 회피할 수 있게 된다. 약정 시 양 당사자는 돈을 주고받을 필요는 없다. 단지 약정서를 교환할 뿐이다. 서로 합의한 품질의 채소를 정해진 날짜에 약정한 가격으로 농부는 인도하고 채소가게 주인은 인수하면 되는 것이다. 따라서 선도계약은 농부나 채소가게 주인으로 하여금 미래 채소가격의 변화로 인해 마음 졸이지 않고 본업에 충실할 수 있도록 해준다. 우리 농촌에서 유행하고 있는 소위 '밭떼기'라고 하는 것이 바로 선도계약의 일종이라 할 수 있다.

선물계약(futures contracts)은 이러한 선도계약을 정형화하고 표준화한 것이라 할 수 있다. 선물계약의 경우에는 중앙화된 선물거래소에서 거래할 수 있기 때문에 매수자와 매도자들이 직접 이해관계가 일치하는 거래상대방을 찾기 위해 노력할 필요가 없다. 선물거래소는 또한 거래될 계약의 유형을 표준화함으로써 융통성은 줄어들지만 거래의 유동성을 높인다. 표준화의 대상은 계약규모, 상품등급, 계약인도일 등이다. 선도계약의 경우에는 인도일까지 아무런 대금의 교환이 없지만 선물계약의 경우에는 매일매일 계약상의 손실과 이득의 정산(일일정산)을 요구한다.

선물계약의 경우에는 계약의 표준화와 거래의 깊이로 인해 브로커를 통해 쉽게 청산될 수 있지만 선도계약의 경우에는 계약당사자와 개인적으로 재교섭해야만 한다. 선물계약의 경우에는 선물거래소가 계약의 이행을 보장하기 때문에 거래상대방에 대한 신용체크의 필요성이 없는데, 대신 각 거래당사자는 계약이행을 위한 마진(margin)이라고 불리는 증거금을 납부하여야 한다. 그러나 선도계약의 경우에는 이러한 보장장치가 없기 때문에 거래상대방의 신용상태에 대해 매우 신경을 써야 한다. 마지막으로 선물계약의 경우에는 실제 기초

돼지선물계약과 MBA 졸업생이야기

MBA를 마친 새로운 신규직원이 증권회사에 취직을 했다. 이 증권회사의 한 고객은 생돼지에 대한 선물계약을 매입하였는데 거래 마지막날에 포지션을 정리하라는 주문을 남겼다. 이 주문은 신입사원에게 할당이 되었다. 해당 포지션이 매입포지션(long position)이라고 얘기를 들은 신입사원은 선물거래소에 매도주문이 아닌 매입주문을 내게 되었다.

이 잘못된 주문으로 말미암아 증권회사는 생돼지에 대한 매입선물계약 둘을 보유하게 되었다. 다음날 실수가 밝혀질 무렵 본계약에 대한 거래는 중단되었고, 증권회사는 인수도에 대한 내용을 자세히 살펴보았다. 계약내용을 보면 매도자가 인도한다는 내용을 통보하고 거래소가 증권회사에 인도를 할당할 때까지는 기다리는 것 외에는 다른 방도가 없는 것이었다. 증권회사는 결국 화요일날 2,000마일이 떨어진 지역에 가서 생돼지들을 인수해야 한다는 사실을 알게 되었고 실수를 한 MBA에게 그 일을 맡겼다.

그 MBA는 매주 화요일마다 그 지역에서 돼지 경매가 있음을 알았고, 매도포지션을 취한 사람들은 바로 거기에서 돼지를 사서 바로 인도한다는 것을 알았다. 그러나 불행히도 돼지들은 그 다음주 화요일까지 경매시장에서 매도할 수가 없었다. 따라서 그 MBA는 돼지들을 가두고 먹이를 줄 곳을 찾아야 했다.

자료: J. Hull, Option, Futures and Other Derivative Securities, Instructors Manual, 1993에서 발췌함.

〈표 12-1〉 선물계약과 선도계약의 차이

구분	선도계약	선물계약
시장조직	정형화된 시장 없음(일종의 장외시장)	거래소시장
거래조건	개별적, 비표준화	표준화
정산 여부	정산 없음	일일정산
인도 여부	보통 상품의 인도가 이루어짐	상품의 인도가 거의 없음
보증 여부	보증 없음	청산소 보증

자산의 인수도가 거의 이루어지지 않는 반면에 선도계약의 경우에는 실물의 인수도가 이루어진다. 지금까지 설명한 선물계약과 선도계약의 차이점을 요약하면 〈표 12-1〉과 같다.

12-1-2 선물시장의 발전과정과 종류

선물시장의 발전과정

선물시장은 옥수수, 밀, 콩, 커피와 같은 농산물과 구리, 금, 은과 같은 금속 및 원유와 같은 에너지 등 상품선물(commodity futures)을 중심으로 발전되어 왔다. 1948년에 개설된 시카고상품거래소(CBOT)가 최초의 근대화된 선물시장이라 할 수 있으며 곡물선물을 중심으로 거래가 시작되었다. 그러나 1972년 시카고상업거래소(CME)가 설립되어 국제통화시장(IMM)이 개설되고 통화선물거래가 시작되자 금융자산에 대한 선물상품, 즉 금융선물(financial futures)의 시대가 열리게 되었다.

1975년 CBOT에서 금리선물의 거래가 시작되었고, 1982년에는 캔자스시티상품거래소에서 주가지수선물의 거래가 시작되었다. 금융선물의 경우 역사가 얼마되지 않았지만 주식과 채권시장에 일대 혁신을 가져오고 거래가 급속히 증가하면서 지금은 선물거래의 주종을 이루고 있다.

선물거래의 종류

앞에서 선물거래는 상품을 대상으로 하는 상품선물과 금융자산을 대상으로 하는 금융선물로 구분된다고 하였다. 상품선물거래는 농축산물을 대상으로 하는 것과 금속을 대상으로 하는 것, 또한 에너지를 대상으로 하는 것 등으로 구분된다. 또한 금융선물거래는 주가지수를 대상으로 하는 주가지수선물거래와 통화를 기초자산으로 하는 통화선물 그리고 금리상품을 기초자산으로 하는 금리선물 등 세 가지로 구분된다. 이를 요약하면 〈그림 12-1〉과 같다.

현재 선물시장의 주종을 이루는 금융선물에 대해 좀 더 자세히 알아보도록 하자.

주가지수선물(stock index futures) 특정 상품의 인수도를 요구하는 대부분의 선물계약과는 달리 주가지수선물계약은 계약만기일에 계약크기에 따라 주어지는 승수와 주가지수를

〈그림 12-1〉 선물거래의 종류

상품선물거래

농축산물
옥수수, 콩, 두유, 밀, 보리, 커피, 코코아, 솜, 오렌지주스, 설탕, 쌀, 목재, 소, 돼지

금속
알루미늄, 금,은, 동, 플라티늄, 금선물(한국)

에너지
원유, 벙커시유, 천연가스, 프로판

금융선물거래

주가지수선물
S&P500, NYSE지수, Value Line지수, Nikke225지수, KOSPI200지수(한국)

통화선물
영국파운드, 캐나다달러, 스위스프랑, 일본엔, EU통화유로, 미국달러선물(한국)

금리선물
T-bill, T-note, T-bond, CD, LIBOR, 유로달러, CD금리선물(한국), 국고채선물(한국)

곱한 금액만큼 현금으로 결제함으로써 청산된다. 미국의 경우 여러 가지 주가지수선물계약이 있지만 가장 활발히 거래되고 있는 주가지수선물은 S&P 500선물계약인데, S&P 500선물계약의 경우 승수가 $500이기 때문에 $500에 주가지수를 곱하여 금액을 계산하게 된다. 예를 들어, S&P 500주가지수선물이 470에서 475로 상승하였을 때 S&P 500선물계약 1단위를 매입한 사람의 이익은 $500×(475−470)=$2,500가 된다.

대부분의 주가지수선물의 경우에는 특정 주가지수에 대해 만들어지기 때문에 해당 주가지수에 대해 헤지를 한다거나 투기를 할 수 있게 해준다. 예를 들어, NYSE주가지수선물의 경우에는 NYSE주가지수에 대한 헤징과 투기가 가능하도록 해준다.

외환선물(foreign exchange futures) 여러 국가 사이에 환율은 시시각각으로 변할 뿐만 아니라 변화의 크기도 매우 크다. 우리나라의 경우에는 IMF외환위기를 통해서 환율변동위험의 큰 폐해를 보게 되었고, 또한 환위험관리의 중요성을 뼈저리게 느끼게 되었다. 이러한 환위험관리의 중요 수단이 되는 것이 외환선물이라 할 수 있는데, 외환선물에는 거래소에서 거래되는 통화선물(currency futures)과 외환선도시장의 상품인 선물환(forward currency)의 두 가지가 있다.

예를 들어, 만약 A기업이 60일 후에 $100만의 대금을 미국 거래선으로부터 수취한다고 하면 A기업은 달러 선도시장에서 오늘의 원/달러 선도환율로 달러를 매도함으로써 원/달러 환율위험으로부터 벗어날 수 있는 것이다.

선물환시장은 선도시장이기 때문에 정형화된 시장이라기보다는 비정형화된 시장이라 할 수 있다. 이 시장은 고객들이 현재 정해진 환율로 미래에 해당 외환을 사거나 팔 선도계약을 체결하도록 도와주는 은행과 브로커들의 단순한 네트워크라 할 수 있다. 선물환시장은 은행들이 주축을 이루고 있기 때문에 거래 불이행의 위험이 상대적으로 적으며 고객

들의 다양한 욕구를 만족시킬 수 있기 때문에 통화선물시장보다 오히려 거래가 더 활발하다고 할 수 있다.

금리선물(interest rate futures) 미국의 경우 1970년대 후반과 1980년대 들어 금리의 변동성이 급격히 커지자 확정금리부상품에 투자한 투자자들은 금리위험을 없앨 수 있는 수단이 필요하게 되었다. 한 예로 미국의 저축대부조합(savings and loans institutions)은 주택저당대출 위주이었기 때문에 상당히 장기적인 고정금리 대출을 하고 있었는데 그 당시 미국 금리의 급격한 상승으로 대규모 자본손실이 발생하게 되고 많은 기관이 파산하게 되는 금융위기를 겪게 되었다. 금리선물계약은 이러한 금리의 변동위험으로부터 은행들을 보호할 수 있기 때문에 이 이후 금리선물거래가 매우 활발히 이루어지게 되었다.

현재 세계적으로 활발히 거래되고 있는 주요 금리선물계약은 유로달러, T-bill, T-note, T-bond에 대한 계약들인데, 이들은 다양한 만기를 제공하기 때문에 다양한 만기상품에 대한 헤지를 가능하게 해준다.

예를 들어, T-bond를 보유하고 있는 은행이 금리상승위험에 직면해 있다고 하자. 즉 금리의 상승 시 T-bond의 가격은 상당히 하락할 위험에 처해 있다고 하자. 이 경우 T-bond에 대한 선물계약을 매도함으로써 금리위험을 없앨 수가 있다. 만약 예상대로 금리가 상승한다면 T-bond의 가격은 하락하지만(현물에서 손실발생), 선물계약에서는 이미 하락하기 전 가격으로 매도를 하였기 때문에 선물에서 이익이 발생하여 현물에서의 손실을 보전할 수 있게 되는 것이다.

12-1-3 선물거래 및 제도

선물가격과 인수도가격

선물계약은 계약만기일(maturity date 또는 delivery date)에 인수도하기로 한 가격, 즉 인수도가격(delivery price)에 해당 기초자산을 인수도할 것을 약속하는 계약이다. 이러한 선물계약에 대한 가격을 선물가격(futures price)이라고 하는데, 계약 당시 선물가격과 인수도가격은 당연히 같다. 그러나 시간이 지남에 따라 선물가격은 변하지만 인수도가격은 한 번 정해지면 변하지 않는다. 즉 선물가격은 해당 상품에 대한 선물시장과 현물시장의 가격변동에 따라 변하게 되는데, 인수도가격은 선물계약의 정의상 만기시까지 변하지 않는 가격이다. 그리고 해당 상품의 가격을 현물가격(spot price)이라고 한다.

앞의 채소의 경우를 예를 들어 설명하면, 배추 한 단의 현재 가격이 10,000원이라면 배추의 현물가격은 10,000원이다. 그런데 채소가게 주인이 한 달 뒤에 배추값이 많이 오를 것으로 기대하기 때문에 배추 한 단을 11,000원에 인수하기로 하였다면 인수도가격은 11,000원이 되고 인수도가격은 배추값이 오르든 내리든 상관없이 한 달 동안 변하지 않는다. 그리고 계약시점의 배추 한 단에 대한 선물가격도 11,000원이다. 그런데 하루라도 시간이 흐르면 배추의 현물가격이 변하고 또 한 달 뒤 배추시세에 대한 전망도 바뀔 것이기 때문에 하루 뒤 선물가격은 변하게 된다.

매수포지션(long position)을 취한 계약자는 인수도일에 해당 자산을 사야 할 의무가 있게 되며, 매도포지션(short position)을 취한 계약자는 인수도일에 해당 자산을 매도할 의무가 있게 된다. 앞에서도 설명하였듯이 선물계약 당시에는 대금의 수수가 이루어지지 않으며 만기일에 가서 상품의 인수도와 함께 대금의 수수가 이루어진다. 그런데 금융선물계약의 경우에는 인수도할 상품이 없는데 이때에는 거래가 어떻게 마무리될까? 이때에는 상품을 인수도하는 것이 아니라 단지 인수도하기로 한 가격과 현물가격의 차이만을 결제하면 되는 것이다.

예를 들어, 주가지수선물이 110포인트일 때 매수하였는데(물론 거래당사자는 110포인트에 매도하였을 것이다), 만기일에 115포인트가 되었다면 차이인 5포인트에 해당하는 금액을 서로 수수하면 거래가 종료되는 것이다.

매수포지션을 취한 당사자가 만기 시 얻게 되는 이익은 해당 기초자산의 현물가격에서 인수도가격을 차감한 것이 되며, 매도포지션을 취한 당사자가 만기 시 얻게 되는 이익은 반대로 인수도가격에서 현물가격을 차감한 것이 된다. 예를 들어, 만기 시 배추 한 단의 가격이 폭등해서 13,000원이 되었다고 하자. 이때 채소가게 주인은 한 단에 13,000원짜리 배추를 11,000원에 사기로 선도계약을 맺어놨기 때문에 배추 한 단당 2,000원(13,000 − 11,000)의 이익을 보게 되고, 농부의 경우에는 반대로 13,000원짜리를 11,000원에 인도하여야 하기 때문에 −2,000원(11,000 − 13,000)의 이익, 즉 2,000원의 손실을 보게 된다. 이를 식으로 표현하면 다음과 같다.

$$\text{만기 시 매수포지션의 이익} = S_T - K$$
$$\text{만기 시 매도포지션의 이익} = K - S_T$$

여기서 S_T : 만기 시 현물가격
K : 인수도가격

위의 식과 설명에서 볼 수 있는 바와 같이 매수포지션의 이익과 매도포지션의 이익은 서로 상쇄됨을 알 수 있는데, 매수포지션의 이익은 매도포지션의 손실이 되고 매수포지션의 손실은 매도포지션의 이익이 된다. 그렇기 때문에 선물계약을 제로섬 게임(zero-sum game)이라 한다.

위의 예에서 반드시 짚고 넘어가야 할 중요한 점이 하나 있다. 농부의 입장에서 볼 때 공연히 배추에 대한 선도계약을 맺음으로 해서 손해만 본 것이 아닌가라는 생각을 가진 사람이 있을 것이다. 물론 농부의 입장에서 선도계약을 맺지 않았더라면 배추 한 단에 13,000원씩 팔 수 있었을 것이다. 그런데 이것은 결과적인 것이지 사전적으로 확실히 알 수 있었던 것은 아니었다는 것을 명심해야 한다. 즉 만약 배추값이 떨어져서 10,000원이 되었다고 해보자. 이 경우에는 오히려 농부가 배추 한 단당 1,000원(11,000 – 10,000)의 이익을 보게 되고, 채소가게 주인은 1,000원의 손실을 보게 될 것이다.

선물계약을 체결함으로써 손실을 본 사람은 선물계약의 체결을 후회해서는 안 되며, 이미 원하는 가격에 고정시킨(헤지한) 목적을 달성하였으므로 만족해야 한다. 배추값이 오르더라도 확실히 얼마나 오를지 모르는 상황에서는 한 단당 11,000원에 계약을 체결한 것이 잘못이었다고는 할 수 없다.

〈그림 12-2〉는 한국거래소(www.krx.co.kr)에서 제공하는 2018년 5월 30일의 KOSPI 200 선물거래의 가격, 거래량 및 미결제약정수에 대한 시장 정보이다. KOSPI 200 선물의 결제월은 3월, 6월, 9월, 12월인데, 〈그림 12-2〉에서는 기준일이 2018년 5월 30일이므로 최근월물인 6월물부터 표시하여 7개의 만기월이 표시되어 있다. 2018년 6월물의 현재가는 308.70 포인트로 전일 대비 7.35 포인트 하락했음을 보여주고 있다. KOSPI 200 선물은 1 포인트당 50만원을 곱하기 때문에 2018년 6월물 KOSPI 200 선물 1 계약의 해당 일자의 가치는 308.7 ×50만원=1억 5,435만원이 된다. 5월 30일에 거래된 2018년 6월물의 하루 거래량은 280,393 계약이며, 9월물은 2,910 계약, 12월물은 140 계약이 거래되었으며 최근월물에 거래가 집중되어 있음을 보여준다. 아직 1년 이상 만기가 남아 있는 원월물의 경우에는 거래가 없음을 알 수 있다. 아직 청산되지 않고 있는 미결제약정수의 경우에도 대부분 최근월물에 몰려 있음을 보여준다.

선물시장 거래구조

청산소 선물거래는 일반 주식거래보다 복잡한데, 선물거래에 있어서 청산소(clearing house)는 매우 중요한 역할을 수행한다. 두 거래당사자가 선물계약을 체결하면, 선물청산소는 즉시 개입하여 두 거래당사자 간의 직접적인 계약관계를 분리시킨다. 선물청산소는 매입포지션 보유자에 대해서는 매도포지션을 취하고 매도포지션 보유자에 대해서는 매입포지션을

〈그림 12-2〉 KOSPI 200 선물에 대한 시장 정보의 예

2018–5–30 KOSPI 200 선물 (단위: 원, 계약)

만기월	현재가	대비	시가	고가	저가	거래량	미결제
201806	308.70	–7.35	314.80	315.00	307.55	280,393	262,405
201809	309.00	–7.45	315.35	315.35	307.90	2,910	27,276
201812	310.15	–6.85	315.50	315.70	308.40	140	40,555
201903	307.00	–6.95	312.80	312.80	305.55	71	1,832
201906	316.05	0.00	0.00	0.00	0.00	0	12,163
201912	317.90	0.00	0.00	0.00	0.00	0	10,476
202012	317.80	0.00	0.00	0.00	0.00	0	3,557

자료: 거래소.

〈그림 12-3〉 청산소의 역할

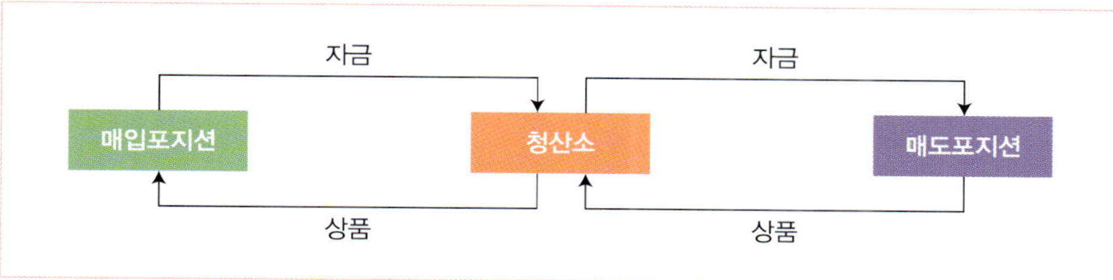

취함으로써, 개인과 개인 간의 직접적인 계약관계를 분리시켜 각 개인과 선물청산소 간의 계약관계로 대체시킨다.

예를 들면, 갑과 을 두 거래자 간의 금선물계약에서 갑거래자가 매입포지션을 취하고 을거래자가 매도포지션을 취한다고 하자. 이 거래자 사이에 선물계약이 체결되면 선물청산소가 개입하여 갑거래자에 대해서는 매도포지션을 취하고, 을거래자에 대해서는 매입포지션을 취하여 두 거래자의 계약관계를 분리시킨다. 그러나 선물청산소의 입장에서는 매입포지션과 매도포지션 양자를 동시에 취하게 되므로 순포지션은 항상 0이 된다.

선물청산소는 이러한 개인과의 계약관계를 통하여 미청산상태에 있는 모든 선물포지션의 손익을 매일 정산할 수 있다. 예컨대, 갑거래자의 포지션에 당일 이익이 발생하면 선물청산소는 갑거래자에게 이익금을 지불하고, 손실이 발생하면 갑거래자로부터 손실금을 지급받는다. 이러한 선물손익은 전일과 당일 결제가격의 차이로 정산된다. 그리고 선물청산소가 취한 매도포지션의 수는 매입포지션의 수와 동일하기 때문에, 이익을 낸 포지션 보유자에게 지급하는 금액과 손실을 낸 포지션 보유자로부터 지급받는 금액은 동일하게 된다.

일일정산 선물포지션에 대한 의무를 매일 정산하는 것을 일일정산(marking-to-market)이라 하는데, 선물거래로 인해 발생하는 이익과 손실을 매일 거래계좌에 반영되도록 함으로써 계약불이행의 위험을 없애는 것이라 할 수 있다.

선물거래를 위해서는 먼저 증거금계정(margin account)을 개설하여야 한다. 증거금(margin)은 선물계약의 의무를 거래당사자가 이행할 수 있도록 보장하는 현금 또는 국고채와 같은 거의 현금에 준하는 증권으로 구성된 안전계좌라 할 수 있다. 그런데 선물거래의 경우에는 옵션과는 달리 양 당사자 모두 손실을 입을 가능성이 있으므로 양쪽 모두에게 증거금이 요청된다.

증거금에는 여러 가지 종류가 있다. 선물거래의 시작을 위해 납부해야 하는 개시증거금(initial margin)이 있는데, 개시증거금은 미국의 경우 계약금액의 5%로 되어 있으나 우리나라의 경우에는 계약금액의 15%, 최초 1,000만 원으로 되어 있다. 또한 거래를 위해서는 반드시 유지해야 할 증거금수준이 있는데 이를 유지증거금(maintenance margin)이라 한다.

유지증거금은 개시증거금의 75% 수준인데 우리나라의 경우에는 계약금액의 10%로 되어 있다. 증거금 잔고가 유지증거금 수준 이하로 빠질 때에는 다시 개시증거금 수준으로 올려 놓아야 하는데 이를 증거금요청(margin call)이라 하고, 이때 추가로 입금되는 금액을 변동증거금(variation margin)이라 한다. 증거금요청 시 거래자가 이에 응하지 못할 경우 증권회사는 반대매매를 통해 필요한 증거금 수준을 확보하게 된다. 이러한 과정을 통해서 청산소는 안전한 거래를 보장할 수 있고 거래당사자들은 안심하고 거래를 할 수 있는 것이다.

예제 12-1 증거금계산과 일일정산의 예

20××년 5월 3일 6월물 종가 109.50에 주가지수선물 2계약을 매입(long)했다고 하자. 이때 선물계약금액, 개시증거금, 유지증거금은 얼마가 되고, 일일정산은 어떻게 될까?

풀이

우리나라 선물계약금액은 선물주가지수 1포인트당 50만 원이므로 선물계약금액은 109.50×50만 원×2계약해서 1억 950만 원이 된다. 개시증거금은 선물계약금액의 15%이고 유지증거금은 선물계약금액의 10%이므로 개시증거금은 16,425천원(1억950만 원×15%)이 되고, 유지증거금은 10,950천원(1억 950만 원×10%)이 된다. 이제 5월 3일 거래개시일부터 5월 21일 거래일까지 선물주가지수가 다음과 같이 변했다고 했을 때 일일정산이 어떻게 되는지를 살펴보기로 하자.

일자	선물가격	일일정산	증거금
5월 3일	109.50	0	16,425천 원
5월 4일	110.00	(110−109.5)×2×50만 원 = 50만 원	16,925천 원
5월 5일	109.00	(109−110)×2×50만 원 = −100만 원	15,925천 원
⋮	⋮	⋮	⋮
5월 19일	104.80	⋮	⋮
5월 20일	104.50	(104.5−104.8)×2×50만 원 = −30만 원	11,425천 원
5월 21일	104.00	(104−104.5)×2×50만 원 = −50만 원	10,925천 원

5월 4일 선물가격이 0.5포인트 상승하여 50만 원의 이익이 발생하고 매입포지션을 취한 거래당사자의 증거금계정에는 50만 원이 플러스된다. 그런데 다음 날에는 선물가격이 1포인트 하락하였기 때문에 100만 원의 손실이 발생했고 증거금 계정에서 100만 원이 차감된다. 이런 식으로 매일매일 선물가격의 움직임에 따라 증거금계정의 가감이 이루어지는데, 5월 21일 증거금수준(10,925천 원)이 유지증거금수준(10,950천 원) 밑으로 떨어졌기 때문에 이 거래당사자는 증거금요청(margin call)을 받게 된 것이다.

5월 3일부터 5월 21일까지 일일정산을 모두 합하면 −650만 원(10,925천 원 − 16,425천 원)이 되는데 이것은 결국 일일정산의 합이 최종이익금액 또는 최종손실금액임을 알 수 있다.

인도일 수렴현상 동일한 상품이 두 시장(선물시장과 현물시장)에서 거래가 형성될 때 두 시장가격 간에는 당연히 밀접한 관계가 있을 것이다. 특히, 선물계약의 만기일이 다가올수록 두 가격은 근접할 것이다. 왜냐하면 선물계약이 만기되면 결국 그것은 현물과 같아지기 때문이다. 이와 같이 선물계약의 만기 시 선물가격과 현물가격이 수렴하는 현상을 인도일 수렴현상(convergence property)이라 한다.

이를 좀 더 자세히 살펴보기 위해 인도월에 선물가격이 현물가격보다 높다고 해보자. 선물계약이 곧 만기가 되면 현물과 같아지기 때문에 사람들은 비싼 선물계약을 매도하고 싼 현물을 매입한 다음 선물매입자에게 구입한 현물을 인도하면 차익을 벌 수 있다는 말이 된다. 이러한 기회를 시장거래자들은 놓치지 않을 것이기 때문에 선물가격은 하락하고 현물가격은 상승하게 되고 두 가격은 수렴하게 된다.

또한 반대로 인도월에 선물가격이 현물가격보다 낮다고 해보자. 현물을 사려고 하는 사람들은 현물을 구입하는 대신 곧 만기가 되는 상대적으로 싼 선물을 매입할 것이다. 이러한 과정에서 선물가격은 오르게 되고 따라서 만기 시에는 선물가격과 현물가격은 수렴하게 된다.

12-2 선물의 평가

본 절에서는 먼저 선물가격결정을 살펴본다. 다음으로 투기거래, 헤지거래 그리고 차익거래와 같은 선물투자전략을 알아본다. 이어서 선물가격과 기대미래현물가격과의 관계를 살펴본다.

12-2-1 선물가격결정

미래 일정 시점에 자산을 취득하는 방법에는 적어도 두 가지가 있다. 하나는 현재 해당 자산을 취득하여 그 시점까지 보유하는 것이고, 또 다른 방법은 원하는 시점에 해당 자산을 취득할 수 있는 선물포지션을 매입하는 것이다. 이들 두 가지 방법은 결국 동일한 자산을 취득하게 만드는 전략이고 따라서 두 전략의 비용도 동일하리라고 예상할 수 있다. 이와 같이 자산을 취득하여 보관하는 비용과 선물가격 사이에는 어떤 일정한 관계가 존재한다.

이와 같은 사항을 보다 구체적으로 고려하기 위해 배당금을 지급하지 않는 주식에 대한 선물계약을 고려해보자. 다음과 같은 두 전략은 T시점에 주식을 보유하게 만드는 전략들이다.

- 전략 A: 현재 주가 S_t에 주식을 사고 T시점까지 보유한다.
- 전략 B: 주식에 대한 선물계약을 매입하고 계약만기 시에 선물가격을 지급할 수 있도록 현재(t시점) 그에 상응하는 돈을 투자한다.

전략 B는 미래 선물가격 지불액의 현가만큼을 국고채와 같은 무위험 증권에 현재 투자할 것을 필요로 한다. 즉 $\frac{F_t}{(1+r_f)^{T-t}}$만큼의 현재시점의 투자가 필요하다. 두 전략의 현금흐름을 비교해보면 다음과 같다.

구분		최초 현금흐름	만기 시 현금흐름
전략 A	주식매입	$-S_t$	S_T
전략 B	선물매입	0	$S_T - F_t$
	무위험자산에 투자	$-\frac{F_t}{(1+r_f)^{T-t}}$	F_t
	합계	$-\frac{F_t}{(1+r_f)^{T-t}}$	S_T

전략 A의 최초 현금흐름은 음(-)으로 표시되어 있는데 그 이유는 현재시점의 주가인 S_t로 주식을 매입하기 위해 현금흐름이 유출되기 때문이다. 매입한 주식은 T시점에 S_T가 된다. 전략 B는 선물계약의 만기 시에 지불할 가격인 F_t의 현가만큼을 무위험자산에 투자함을 의미하는데, 이 투자금액은 만기 시에 F_t가 된다. 만기 시에 S_T인 주식을 F_t를 지불하고 살 수 있기 때문에 T시점에서의 선물이익은 $S_T - F_t$가 된다.

위에서 보는 바와 같이 전략 A와 B는 만기 시에 동일한 현금흐름(S_T)을 가지기 때문에 현재시점에서도 동일한 현금흐름 또는 투자금액을 가져야 한다. 즉

$$S_t = \frac{F_t}{(1+r_f)^{T-t}} \quad \text{또는} \quad F_t = S_t(1+r_f)^{T-t} \qquad \textbf{12-1}$$

가 된다. 이 식은 현재 주가와 그 주식에 대한 선물가격 간의 관계를 표시하는 식이다. 이 경우 이자는 주식을 현재시점으로부터 만기 시까지 보유할 때 발생하는 비용(cost of carrying the stock)으로 볼 수 있으며, 주식에 투자하지 않고 국고채에 투자함으로써 받게 되는 무위험이자율을 기회비용으로 볼 수 있다.

예제 12-2 선물가격결정

현재 한 주당 $40에 팔리고 있는 주식이 있다고 하자. 월간 무위험이자율이 1%라고 한다면, 이 주식에 대한 6개월만기 선물계약의 현재 가격은 얼마가 될까?

풀이

《식 12-1》에 의하면 $F_t = \$40(1+0.01)^6 = \$42.46$가 된다. 또한 만약 선물계약이 12개월의 만기를 갖는다면 선물가격은 $F_t = \$40(1+0.01)^{12} = \$45.07$가 된다.

만약 《식 12-1》이 성립하지 않으면 어떻게 될까? 이런 경우 투자자들은 차익거래이익(arbitrage profit)을 볼 수 있다. [예제 12-2]에서 시장에서의 선물가격이 \$43로 우리가 구한 선물가격 \$42.46보다 높다고 해보자. 이와 같은 상황은 《식 12-1》에서 좌변이 우변보다 크다는 말이 된다. 따라서 투자자들은 상대적으로 비싼 선물계약을 매도하고 상대적으로 싼 현물, 즉 주식을 매입함으로써 다음과 같은 차익거래이익을 볼 수 있다.

투자 결정	최초 현금흐름	만기 시 현금흐름
\$43에 선물계약 매도	0	$+\$43-S_T$
\$40에 주식 매입	−\$40	S_T
\$40를 차입[1]	+\$40	$-40(1.01)^6=-\$42.46$
합계	0	\$0.54

위에서 보듯이 최초 투자금액은 0이고, 만기 시에는 당시 주가가 얼마냐에 관계없이 항상 \$0.54(\$43 − \$42.46)의 양의 이익이 발생함을 알 수 있다. 선물계약과 현물에서의 이익과 손실이 서로 정확히 상쇄되기 때문에 이러한 포트폴리오는 완전 헤징된 상태라 할 수 있다.

이와 같이 선물가격과 현물가격 사이에 괴리가 생겨 차익거래이익기회가 발생하면 투자자들은 이를 간과할 리가 없고 모든 사람은 비싼 선물을 매도하고 싼 주식을 매입하려고 할 것이다. 이에 따라 선물가격은 하락하고 주식가격은 상승하여 《식 12-1》이 성립할 때까지 움직이게 된다. 반대로 시장의 선물가격이 식에서 주어지는 값보다 낮은 경우에는 반대포지션의 포트폴리오로 차익거래이익을 얻을 수 있기 때문에 그러한 기회는 오래 존재할 수 없고 식에서 의미하는 관계식으로 돌아가게 된다.

이러한 선물가격과 현물가격 간의 관계식을 현물-선물균형이론(spot-futures parity theorem) 또는 보유비용관계식(cost-of-carry relationship)이라 한다. 이를 보유비용관계식이라 하는 이유는 선물시장에서 상품을 나중에 살 때의 비용과 지금 당장 현물시장에서 상품을 사서 보관할 때의 비용과의 상대적 차이에 의하여 선물가격이 결정되기 때문이다.

우리는 지금까지 배당이 없는 주식의 경우 선물가격과 현물가격 간의 관계식을 논의했는데 배당이 있는 경우로 쉽게 확장할 수 있다. 만약 주식이 배당수익률(dividend yield) d로 배당을 지급한다면 순보유비용(net cost of carry)은 r_f-d가 될 것이다. 주식을 보유함으로써 상실하게 되는 기회비용 r_f는 주식으로부터의 배당 d로 상쇄되어 실질적인 순기회비용은 r_f-d가 된다. 따라서 배당을 지급하는 경우의 현물-선물 균형관계식은 다음과 같이 된다.

$$F_t = S_t(1+r_f-d)^{T-t} \quad \textbf{12-2}$$

1) 여기에서 \$40를 차입하는 이유는 차익거래(arbitrage)를 이루기 위해서이다. 차익거래는 무투자, 무위험 상황에서 이익이 발생하는 경우를 의미하므로 주식을 매입하기 위해서는 차입하는 것을 가정한다.

12-2-2 선물투자전략

선물시장에 참여하는 투자자들은 크게 세 부류로서 그 하나는 앞 절에서 살펴본 바와 같이 현물가격과 선물가격 간의 가격괴리를 이용하여 차익거래이익을 추구하는 차익거래자(arbitrageur)가 있고, 다른 하나는 선물시장을 이용하여 위험을 회피하려고 하는 헤저(hedger)가 있으며, 마지막으로 선물가격의 변화로부터 이익을 얻고자 하는 투기자(speculator)가 있다.

투기거래

만약 선물가격이 오를 것으로 예상한다면 투기자들은 선물계약을 매입함으로써 이익을 보려고 할 것이고, 만약 선물가격이 하락할 것으로 예상한다면 선물계약을 매도함으로써 이익을 보려고 할 것이다. 그런데 여기서 선물가격이 오를 때 선물계약을 매입할 수도 있지만 현물을 직접 살 수도 있는 것이 아닌가?

물론 가능하다. 그러나 두 가지 이유 때문에 투기자들은 현물보다 선물을 더 많이 이용하게 된다. 첫째, 현물의 경우에는 거래비용(transaction costs) 면에서 선물의 경우보다 불리하기 때문에 선물거래를 많이 이용하는 것이고, 둘째는 선물거래가 제공하는 레버리지효과 때문이다. 선물의 경우에는 증거금만 납부하면 되기 때문에 레버리지가 매우 크다. 예를 들어, 증거금이 20%라 한다면 5배의 레버리지효과를 볼 수 있기 때문에 투기자들은 선물거래를 선호하게 된다.

예제 12-3 T-bond 선물을 이용한 투기전략

시카고선물거래소에서 거래되고 있는 T-bond 선물계약은 액면가가 $10만인 미재무성채권을 인도할 것을 요구한다. 신문지상에 공시된 선물가격이 113-26[2]이라 하면 기초 채권의 시장가격은 액면가의 113.8125%이고 따라서 $113,812.50가 된다. 그러므로 T-bond 선물가격이 1%포인트 상승할 때마다(예를 들어, 114-26으로 오를 때) 선물매입포지션은 $1,000의 이익을 보게 되고, 선물매도포지션은 반대로 $1,000의 손실을 보게 된다. 따라서 만약 채권가격이 상승할 것으로 예상되는 경우라면 T-bond 선물계약을 매입하는 투기전략을 구사할 수 있다.

그러나 예측이 빗나가 채권가격이 하락하는 경우에는 큰 손실을 볼 수 있음을 명심해야 한다. 이 경우 한 선물계약당 선물가격의 하락폭 곱하기 $1,000만큼의 손실을 입게 된다. 이와 같이 투기자들은 선물가격의 움직임 방향에 대하여 베팅하는 것으로 볼 수 있다.

2〉 미재무성채권의 가격은 소수점 이하가 32를 기준으로 하기 때문에 113-26은 113과 26/32%를 의미한다.

베이시스를 이용한 투기전략 베이시스(basis)는 선물가격과 현물가격의 차이, 즉 $F_t - S_t$를 의미한다.[3] 앞에서 살펴본 바와 같이 선물의 만기 시에는 인도일 수렴현상(convergence property)에 의해서 선물가격과 현물가격이 같아지기 때문에 베이시스는 0(영)이 된다. 그러나 만기 전에는 선물가격과 현물가격은 큰 차이를 보일 수 있다.

우리는 앞에서 만기 시에는 베이시스가 0이 되기 때문에 현물포지션과 선물포지션의 손익이 서로 상쇄되어 헤지가 가능함을 살펴보았다. 그러나 만약 만기 이전에 두 포지션을 청산하여야 한다면 베이시스가 0이 안 되기 때문에 우리는 위험에 직면하게 되는데, 이때 발생하는 위험을 베이시스위험(basis risk)이라고 한다.

투기자들은 선물가격이나 현물가격의 움직임 자체에 대해서 투기할 수도 있지만 이러한 베이시스의 움직임, 즉 두 가격 사이의 차이변화에 대해서도 투기할 수 있다. 현물을 매입하고 동시에 선물을 매도하는 포지션을 취할 경우 베이시스가 좁혀질 때 이익이 나고, 반대로 현물을 매도하고 동시에 선물을 매입하는 포지션을 취할 경우에는 베이시스가 넓어질 때 이익이 나게 된다. 이제 예제를 통해 이를 살펴보자.

예제 12-4 베이시스에 대한 투기전략

금 100온스를 보유하는 동시에 금선물계약 하나를 매도한 투자자가 있다고 하자. 금 1온스의 현재가격은 \$400이고 선물가격은 1온스당 \$416라고 하면 현재 베이시스는 \$16이다. 하루 후 현물가격은 \$405로 증가하고 선물가격은 \$417로 증가할 것으로 기대된다면 하루 후 베이시스는 \$12로 전일 대비 \$4 감소할 것이다. 이런 경우 투자자는 현물포지션에서 \$5 이익이 발생하고 선물포지션에서는 \$1 손해를 보게 되어 전체적으로 \$4의 이익을 보게 된다. 바로 베이시스의 감소분인 \$4만큼 이익을 보게 되는 것이다.

풀이

구분	$t=0$	$t=1$	차이
F_t	416	417	+1
S_t	400	405	+5
베이시스	16	12	−4

베이시스에 대한 투기전략은 한 가지 포지션(예를 들어, 현물)에 대해서는 매수포지션을 취하고, 다른 한 가지 포지션(선물)에 대해서는 매도포지션을 취함으로써 일단 헤지의 모습을 띠게 된다. 그러나 베이시스위험으로 말미암아 완전히 헤지가 되는 것은 아니고 다

3) 베이시스는 경우에 따라 달리 정의된다. 본 책과 같이 선물가격에서 현물가격을 차감한 것을 보통 베이시스로 정의하지만, 다른 책에서는 현물가격에서 선물가격을 뺀 것을 베이시스로 정의하기도 한다.

만 베이시스가 커질 것이냐 아니면 축소될 것이냐에 대해서 베팅을 하는 전략이라 할 수 있다. 만약 베이시스가 커질 것으로 예상되면 선물을 매입하고 현물을 매도하는 전략을 구사하고, 반대로 축소될 것으로 예상되는 경우에는 선물을 매도하고 현물을 매입하는 전략을 구사하게 된다.

스프레드를 이용한 투기전략 스프레드(spread)는 만기가 다른 선물가격의 차이를 의미하는데, 만약 t_1시점의 선물가격을 F_{t1}이라 하고 t_2시점의 선물가격을 F_{t2}라고 한다면 스프레드는 $F_{t2}-F_{t1}$이 된다. 스프레드 포지션은 하나의 만기를 갖는 선물을 매입하고 동시에 같은 상품에 대한 다른 만기선물을 매도한 포지션을 의미한다. 스프레드 포지션은 매입한 선물가격의 상승폭이 매도한 선물가격의 상승폭보다 크거나, 또는 매입한 선물가격의 하락폭이 매도한 선물가격의 하락폭보다 작을 때 이익이 발생한다.

베이시스를 이용한 투기전략과 마찬가지로 스프레드를 이용한 투기전략의 경우에도 선물가격의 일반적인 움직임보다는 가격 간의 상대적인 움직임 차이에 대해 베팅을 하는 것이라고 할 수 있다.

예제 12-5 스프레드를 이용한 투기전략

만기가 9월인 선물을 매입하고 만기가 6월인 선물을 매도한 투자자가 있다고 하자. 만약 한 달 동안에 9월물의 가격이 \$5 상승하고 6월물의 가격이 \$4 상승한다면 이 투자자는 \$1(=\$5−\$4)의 이익을 시현할 수 있다.

헤징거래

헤저들은 투기자들과는 달리 가격의 움직임에 대해서 그들 포트폴리오가 영향을 받지 않도록 하기 위해 선물시장을 이용한다. 예를 들어, 주식포트폴리오를 보유하고 있는 펀드매니저의 경우 주가의 움직임에 대해 헤지하기 위해서는 주가지수선물계약을 매도하게 된다. 즉 주가지수가 하락하는 경우에는 보유하고 있는 주식포트폴리오에서는 손실이 발생하지만, 매도한 주가지수선물에서 이익이 발생하기 때문에 전체적으로는 이익을 안정시킬 수 있다. 그리고 반대로 주가지수가 상승하는 경우에도 마찬가지 원리에 의해 이익이 안정될 수 있다.

예제 12-6 T-bond 선물을 이용한 헤징전략

액면가가 \$10만인 채권 200주를 보유하고 있는 기관투자가가 있다고 하자. 이 기관투자가는 계약당 \$10만의 채권을 대상으로 하는 T-bond 선물 200 계약을 매도함으로써 채권포트폴리오 포지션을 헤지할 수 있다. 이를 확인하기 위해 3월인도 선물가격이 $113(액면가 $1,000당)라고 하고, 3월달 만기 시의 T-bond 가격은 $112, $113, $114 중 하나가 된다고 해보자. 이때 위 투자자의 만기 시 전체 포트폴리오의 가치가 어떻게 되는지를 살펴보면 다음과 같다.

구분	만기 시 T-bond의 가격(액면가 $1,000당)		
	$112	$113	$114
채권포트폴리오	$22.4백 만	$22.6백 만	$22.8백 만
선물이익 또는 손실	$0.2백 만	0	–$0.2백 만
전체 포트폴리오	$22.6백 만	$22.6백 만	$22.6백 만

풀이

표에서 볼 수 있는 바와 같이 이 기관투자가는 채권가격이 얼마가 되느냐에 관계없이 항상 $22.6백만의 가치를 유지할 수 있음을 알 수 있다. 이것은 채권가격의 상승 시에는 채권포트폴리오에서는 가치의 증대가 일어나지만 채권선물 매도포지션에서는 선물손실이 발생하고, 반대로 채권가격의 하락 시에는 채권포트폴리오에서는 가치감소가 일어나지만 선물매도포지션에서는 선물이익이 발생하여 서로 상쇄되어 나타나기 때문이다.

예를 들어, 채권가격이 $112로 하락하는 경우를 보면, 채권포트폴리오의 가치는 $22.4백만($112,000×200주)이 되고 채권선물 매도포지션의 이익은 ($113,000-$112,000)×200 = $0.2백만이 된다. 이는 채권선물 매도계약 시 채권 1주당 $113,000에 매도하기로 약정하였기 때문에(선물가격 = $113,000), 채권가격이 $112,000로 떨어지면 1계약당 $1,000의 이익이 발생하게 된다.

이와 같이 헤저의 경우에는 투기자의 경우와 달리 미래 채권가격의 움직임에 대해서 신경쓸 필요가 없게 된다.

[예제 12-6]을 일반화하면 다음과 같이 말할 수 있다. 만약 채권포지션의 가치가 선물계약의 만기 시 P_T라고 한다면 선물포지션에서의 이익이나 손실은 $F_t - P_T$이기 때문에 전체 포지션의 가치는 만기 시 채권가격에 관계없이 항상 F_t임을 알 수 있다.

예제 12-7 선물환을 이용한 환위험헤징

20××년 1월 4일 A은행은 B기업에게 DM(Deutch Mark) 2,500만을 1년간 LIBOR+2%의 금리로 대출하였는데, 1년 후 원금을 DM으로 상환받기로 하였다. 그런데 A은행은 DM가치가 하락할 것으로 예상하고 있는데 환위험을 제거하기 위해서 A은행은 어떻게 하여야 할까?

풀이

20××년 12월 말 받기로 되어 있는 DM의 가치가 하락할 것으로 예상되기 때문에 지금 DM에 대한 선물환을 매도하는 것이 유리하다. 따라서 20××년 12월 만기가 되는 DM대 US$ 간의 선물환을 DM 2,500만 전액에 대해 매도한다.

20××년 1월 4일	20××년 말
현물환율 = US$ 0.4/DM	현물환율 = ?
1년 선물환율 = US$ 0.3828/DM	선물환율 = ?

20××년 1월 4일 당시 현물환율과 선물환율이 위와 같고, 12개월 후의 현물환율은 모르지만 다음과 같이 세 가지 중 하나가 된다고 해보자. 즉 현재의 현물환율과 똑같은 수준을 갖는 경우, 현재의 선물환율과 같은 값을 갖는 경우, 그리고 예상보다 더 떨어지는 경우 등 세 가지 경우를 상정해보자.

1년 후의 현물환율	선물환거래손익	대출원리금의 가치변화	순손익
US$ 0.4/DM	($43만)	0	($43만)
US$ 0.3828/DM	0	($43만)	($43만)
US$ 0.36/DM	$57만	($100만)	($43만)

위에서 보는 바와 같이 현물환율이 어떻게 되든 순손익에는 변화가 없음을 알 수 있다. 예를 들어, 1년 후 현물환율이 1DM에 0.4US$로 된 경우 대출원리금에는 변화가 없을 것이고 선물환에서는 −$43만[(0.3828−0.4)×DM2,500만]이 발생하게 되어 전체적으로 $43만의 손실이 발생하게 된다. 또한 예상대로 DM의 가치가 하락한 세 번째의 경우를 보면, 선물환에서 $57만[(0.3828−0.36)×DM2,500만]의 이익이 발생하고 대출원리금에서는 −$100만[(0.36−0.4)×DM2,500만]가 발생하여 결국 전체적으로 $43만의 손실이 발생하게 된다.

결국 A은행은 선물환을 매도함으로써 DM2,500만 가치를 $957만에 고정시킬 수 있음을 알 수 있으며 여기서 $43만의 손실은 헤지비용이라고 할 수 있다.

그런데 보유하고 있는 현물과 동일한 상품에 대한 선물이 없는 경우에는 어떻게 헤징할 수 있을까? 이런 경우에는 보유하고 있는 현물과 가장 상관관계가 높은 상품에 대한 선물을 이용하여 헤징할 수 있다. 예를 들어, 보리를 보유하고 있는 농부의 경우 보리가격의 움직임에 대해 헤징를 하고자 하는데 보리에 대한 선물상품이 없다고 하자. 만약 보리와 쌀의 상관관계가 높고 쌀에 대한 선물상품이 존재한다면 쌀선물을 매도함으로써 헤징 목적을 달성할 수 있다는 것이다. 이와 같이 다른 상품에 대한 선물을 사용하여 헤징하는 것을 교차헤지(cross-hedge)라고 한다.

한편, 헤징거래를 할 경우 현물포지션 1단위당 선물계약의 크기를 얼마로 해야 할까? 완전한 헤징을 달성하기 위한 현물노출크기 1단위당 선물계약의 크기를 나타내는 최적 헤징비율은 다음과 같이 주어진다.

$$b = \rho \frac{\sigma_s}{\sigma_f}$$

여기서 σ_s : 현물가격의 변동성

σ_f : 선물가격의 변동성

ρ : 두 자산 간의 상관계수

예제 12-8 최적 헤지비율

갑회사는 1개월 후에 100만 갤런의 연료가 필요하다. 이 연료의 3개월간 가격 표준편차는 0.032이다. 이 회사는 연료선물을 이용하여 헤지하는 방법을 선택하였다. 3개월간 선물가격의 표준편차는 0.04이고 선물가격과 현물가격 간의 상관계수는 0.8이다. 이 회사는 선물계약을 몇 계약 매입하여야 할까?

풀이

최적 헤지비율 $= 0.8 \times \frac{0.032}{0.040} = 0.64$인데, 연료 선물계약의 단위는 42,000갤런이므로 이 회사는 $0.64 \times \frac{1,000,000}{42,000} = 15.2$계약을 매입해야 한다.

차익거래

현물가격과 선물가격 사이에는 일정한 관계(spot-futures parity relationship)가 있음을 이미 살펴보았는데, 어떤 이유로 두 가격 사이의 관계식이 성립하지 않는다면 차익거래(arbitrage)의 기회가 존재하게 된다. 차익거래란 무위험(no risk), 무투자(no investment)의 상태에서 이익(positive profit)이 발생하는 거래를 의미하는데 다음의 예제를 통해서 살펴보자.

예제 12-9 주가지수 차익거래

만약 KOSPI 200 주가지수선물의 실제 가격이 104이고 이론가격이 103이라고 해보자. 이런 경우 고평가된 KOSPI 200 주가지수선물을 매도하고 무위험이자율(예를 들어, 5%)로 차입하여 KOSPI 200 지수를 매입하면 50만 원의 차익거래이익이 발생한다.[4]

4) 현물-선물패리티이론에 의하면 실제 가격과 이론가격이 같아야 하는데 이 예제에서는 실제 가격이 이론가격보다 큰 상태이므로 고평가된 선물을 팔고 저평가된 현물을 사는 것이다.

거래내용	현재	만기(T)
① 5%의 이자율로 4,905만 원(=50만 원 ×103/1.05)을 빌린다.[5]	+4,905만 원	−5,150만 원(=4,905×1.05)
② 이 돈으로 KOSPI를 98.1(=103/1.05)에 산다.	−4,905만 원	+KOSPI$_T$×50만 원
③ 선물지수를 104에 매도한다.	0	5,200만 원(=104×50만 원) − KOSPI$_T$×50만 원
거래이익	0	+50만 원

[예제 12-9]에서 볼 수 있는 바와 같이 이와 같은 투자전략은 전혀 자기 돈의 투자 없이(무투자), 또한 주가지수의 움직임에 관계없이(무위험) 항상 50만 원의 이익이 발생함을 알 수 있다. 그러나 실제 시장에서 이러한 차익거래기회가 발견된다면 수많은 투자자가 이러한 투자전략을 구사할 것이기 때문에 이러한 기회는 순식간에 사라지게 된다. 즉 많은 사람이 주가지수선물을 매도하고 주가지수현물을 매수하게 되면 선물의 가격은 하락하고 현물의 가격은 상승하게 되어 현물가격과 선물가격 간의 균형관계로 돌아가게 된다.

주가지수선물(index futures)이 유행하게 된 이유는 지수선물이 주식 보유를 대신하기 때문이다. 지수선물은 실제로 많은 수의 주식을 사거나 팔지 않고 시장 전체 움직임에 참여할 수 있도록 해주는데, 이러한 이유로 선물포지션을 현물포지션의 합성소유(synthetic holding of market position)라고도 한다. 시장포트폴리오를 직접 보유하는 것 대신에 주가지수선물에 대한 매수포지션(long position)을 취하면 동일한 효과를 얻을 수 있는데, 이와 같이 지수선물을 이용할 때 유리한 점은 거래비용(transaction cost)이 상당히 절약된다는 것이다.

시장의 전망에 따라 수백 개의 종목을 사거나 파는 시장예측거래자(market timer)의 경우에는 거래비용이 상당히 많이 발생할 것인데, 지수선물을 이용할 경우에는 선물포지션을 매도하거나 매입하면 되므로 거래비용이 훨씬 저렴할 수밖에 없다.

실제 선물가격이 패리티가격(이론가격)과 괴리를 보일 때에는 차익거래의 기회가 존재한다고 앞에서 설명하였다. 거래행위 중에서 가장 눈여겨 볼 만한 발전은 지수차익거래(index arbitrage)의 도래이다. 지수차익거래는 실제 지수선물가격과 지수이론가격 사이에 차이를 이용한 전략으로서 선물가격이 고평가된 경우에는 지수선물을 매도하고 저평가된 주식들을 매입하고, 반대로 선물가격이 저평가된 경우에는 지수선물을 매입하고 고평가된 주식들을 매도함으로써 차익을 볼 수 있다는 것이다.

그러나 실제적으로 이러한 차익거래전략을 수행하기 위해서는 어려움이 있는데, 수백 개의 주식을 동시에 사고파는 것은 거래비용이 많이 발생할 뿐만 아니라 시간도 많이 소

5) 이론가격은 현물가격×(1+무위험이자율)이므로 현물가격은 이론가격÷(1+무위험이자율)이 되어야 하고 따라서 저평가된 현물은 103÷(1.05)=98.1에 사게 된다.

요될 수 있기 때문이다. 차익거래를 성공적으로 수행하기 위해서는 순간적으로 동시에 수백 개의 주식들을 거래할 수 있어야만 한다. 이를 위하여 개발된 거래프로그램을 super DOT(designated order turnaround) system이라 하는데, 이를 이용하여 전체 주식 포트폴리오를 동시에 사거나 파는 거래방식을 프로그램매매(program trading)라 한다.

12-2-3 선물가격과 기대미래현물가격의 관계

선물가격(F_0)은 미래 일정 시점의 현물가격에 대한 하나의 예측치라고 할 수 있다. 즉 선물가격은 선물시장에서 바라본 현물가격에 대한 전망이라고 할 수 있다. 그러면 이러한 선물가격과 미래현물가격에 대한 기대치 $E(S_t)$와는 어떤 관계가 있을까?

기대가설(expectation hypothesis)

선물가격과 미래현물가격에 대한 기대값이 같다는 이론이다.

$$F_0 = E(S_t)$$

이러한 견해는 현물가격을 알 수 없는 상태에서 선물가격에 요구되는 위험프리미엄을 무시한 것이기 때문에 불확실성이 없는 상태에서의 시장균형이론이라고 할 수 있다.

정상회귀(normal backwardation)

이 이론은 현물시장의 위험프리미엄으로 인해 선물가격이 미래현물가격에 대한 기대값보다 낮은 상태에서 형성된다는 견해이다.

$$F_0 < E(S_t)$$

선물가격은 계약기간 동안 미래현물가격에 대한 기대값보다 낮게 형성되어 계속 오르다가 만기에 이르러 현물가격과 같아지게 된다는 견해로서 Keynes에 의해 주장되었다.

콘탱고(contango)

이 이론은 선물가격이 미래현물가격에 대한 기대값보다 높게 형성되어야 한다는 견해이다.

$$F_0 > E(S_t)$$

선물을 매입하여 위험을 헤지하려고 하는 헤저들은 선물가격을 미래현물가격의 기대값보다 높은 가격으로 지불할 용의가 있을 것이고, 투기자들이 매도포지션(short position)을 취함으로 부담하는 위험에 대한 보상차원에서도 선물가격이 미래현물가격에 대한 기대값보다 높아야 한다는 견해이다.

이를 종합하면 〈그림 12-4〉와 같다. 미국의 실제 시장자료를 보면 선물계약의 종류에

〈그림 12-4〉 선물가격과 기대미래 현물가격과의 관계

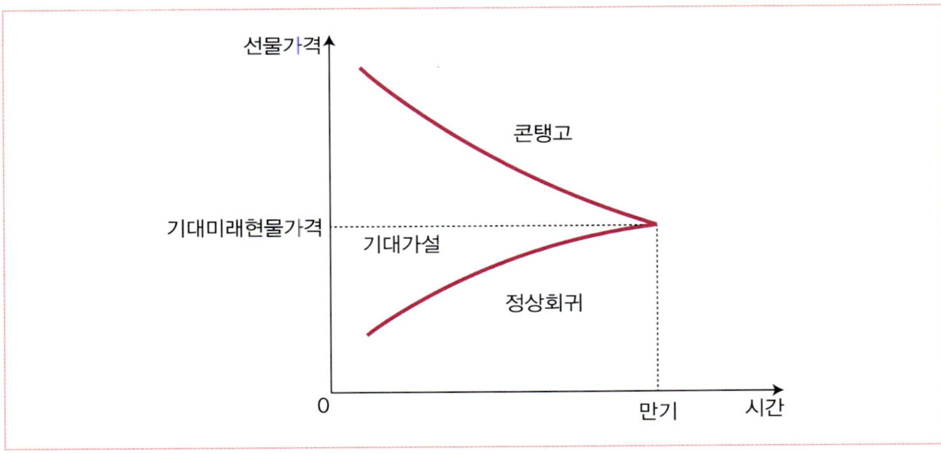

따라 혼합된 결과를 보이는 것으로 나타나고 있으나 정상회귀의 경우가 좀 더 많은 것으로 알려져 있다.

연습문제

1. 다음 용어들을 간단히 설명하시오.
   (1) 베이시스 (2) 증거금
   (3) 일일정산 (4) 미청산계약
   (5) 지수차익거래(index arbitrage) (6) 프로그램 트레이딩
   (7) 포트폴리오 보험 (8) 서킷 브레이커
   (9) 인도일 수렴현상 (10) 헤징
2. 선물계약을 매수한 사람의 경우 이익을 만기 시 자산가격의 함수로 표시하시오. 한편, 선물계약 대신에 실제 자산을 매수한 사람의 경우 이익을 똑같이 표시하시오.
3. 해당 자산을 직접 매수하는 것보다 그 자산에 대한 선물계약을 매수하는 이유는 무엇인가?
4. 청산소의 경우 일일정산으로부터 발생하는 순유입과 지출은 어떻게 되는가?
5. 선물거래와 선도거래의 차이점을 설명하시오.
6. 현재 우리나라에 개설된 선물시장은 무엇이 있으며, 또한 각 시장에서 거래되는 상품의 종류는 무엇이 있는가?
7. 주가지수선물 1계약을 100에 매도하였다. 이때 개시증거금은 3천만 원이라 하고, 유지증거금은 2천만 원이라 하자. 선물가격이 상승할 때와 하락할 때를 각각 가정하여 일일정산과정을 설명하시오.
8. 주식형 펀드를 운영하는 펀드매니저 김씨는 KOSPI 200 주가지수선물을 이용하여 주가변화에 대해 헤지하려고 한다. 이때 헤지하는 과정을 설명하고 완전한 헤지가 불가능한 이유를 설명하시오.
9. $F_t > S_t(1+r_f)^{T-t}$ (F_t : 선물가격, S_t : 현물가격, r_f : 무위험이자율, T : 만기)라 하자. 이때 어떤 차익거래가 가능한가?
10. 베이시스위험(basis risk)에 대해 간단히 설명하시오.
11. 2008년 12월 1일 종가 53.50에 12월물 주가지수선물을 2계약을 매도한 후 12월 8일 49.50에 포지션을 정리했을 때 얼마의 손익이 발생하는가?
12. KOSPI지수가 100이고 정확히 6개월 후에 만기가 되는 KOSPI선물지수가 110이라 하자. 무위험이자율이 10%일 때 어떤 차익거래가 가능한가?
13. 현재 KOSPI지수가 100이고 1년 후에 만기가 되는 KOSPI선물지수는 현재 105에 거래가 되고 있다 하자. 배당을 무시하고 무위험이자율이 10%일 때 어떤 차익거래전략이 가능한지 보이시오(현재시점과 만기시점의 position변화를 보일 것).
14. 3개월의 투자기간을 가진 투자자는 앞으로 주가가 상승할 것을 예상하여 주가지수선물을 이용한 투기를 고려하고 있다. 그러나 만약의 사태에 대비하여 시장 내 스프레드 전략을 구사하려고 한다. 3월 10일 현재 선물지수 9월물을 매입하고 12월물을 매도할 때 3개월 후인 6월 10일에 가서 주가가 상승한 경우와 주가가 하락한 경우를 가정하여 투자성과를 비교하시오.

	9월물가격	12월물가격
3월 10일	150	170

15. 만기가 T이고 t만큼 경과된 선물계약이 있다. 이 선물계약의 인수도가격을 K라 하고 t 시점의 선물가격과 현물가격을 각각 F_t, S_t라 할 때 처음부터 t시점까지 이 선물계약에 대해 long position을 취하고 있는 사람의 이익은 얼마가 될까?

CFA 기출문제

1. Futures contracts differ from forward contracts in the following ways:

   I. Futures contracts are standardized.
   II. For futures, performance of each party is guaranteed by clearinghouse.
   III. Futures contracts require a daily settling of any gains or losses.

   A. I and II only　　B. I and III only
   C. II and III only　　D. I, II, and III

2. A silver futures contract requires the seller to deliver 5,000 Troy ounces of silver. An investor sells one July silver futures contract at a price of $8 per ounce, posting a $2,025 initial margin. If the required maintenance margin is $1,500, the price per ounce at which the investor would first receive a maintenance margin call is closest to:

   A. $5.92　　B. $7.89　　C. $8.11　　D. $10.80

3. Joan Tam, CFA, believes she identified an arbitrage opportunity for a commodity as indicated by the information given in the following exhibit.

Commodity Price and Interest Rate Information	
Spot price for commodity	$120
Furures price for commodity expirin in 1 year	$125
Interest rate for one year	8%

   a. Describe the transactions necessary to take advantage of this specific arbitrage opportunity.
   b. Calculate the arbitrage profit.

CPA 기출문제

1. 선물을 이용한 다음의 헤지거래 중 가장 잘못된 것은?

   ① 1개월 후에 자금을 차입하려고 하는 기업이 금리선물을 매입하였다.
   ② 인덱스펀드(index fund)를 보유한 투자자가 주가지수선물을 매도하였다.

③ 2개월 후에 상대국통화로 수출대금을 수취하게 되는 수출업자가 상대국통화선물을 매도하였다.

④ 3개월 후에 채권을 매입하려고 하는 투자자가 금리선물을 매입하였다.

⑤ 보유현물과 동일하지 않으나 정(+)의 상관계수가 큰 선물을 매도하였다.

2 미국 달러와 원화 환율에 대한 90일 만기 선도환율이 현재 국내외환시장과 뉴욕외환시장에서 각각 1,250원/$과 0.00077$/원에 형성되었다고 하자. 두 시장에서 동시에 거래할 수 있는 국내은행의 외환딜러라면 어떤 차익거래(arbitrage transaction)를 해야 하는가?

① 한국시장에서 달러매도, 뉴욕시장에서 원화매도 선물환 체결

② 한국시장에서 달러매입, 뉴욕시장에서 원화매도 선물환 체결

③ 한국시장에서 달러매도, 뉴욕시장에서 원화매입 선물환 체결

④ 한국시장에서 달러매입, 뉴욕시장에서 원화매입 선물환 체결

⑤ 차익거래의 기회가 없다.

3. 펀드매니저 K는 1,000억 원 규모의 주식포트폴리오에 대해 1년간 관리하는 임무를 부여받았다. 현재 이 주식포트폴리오의 베타는 1.5이다. K는 향후 약세장을 예상하고 주가지수선물을 이용하여 이 주식포트폴리오의 베타를 1.0으로 줄이려고 한다. 1년만기를 갖는 주가지수선물의 현재지수가 80.0 포인트(1포인트당 50만 원)라고 할 때, 어떻게 해야 하는가?

① 1,250계약 매입 ② 1,250계약 매도 ③ 2,500계약 매입

④ 2,500계약 매도 ⑤ 3,750계약 매입

4. 현재 KOSPI 200 지수는 75.00포인트이고, 만기 3개월물 KOSPI 200 선물지수는 76.00포인트에 거래되고 있다. KOSPI 200 지수를 구성하는 주식들의 평균배당수익률은 연 4%이고, 무위험이자율은 8%이다. 이런 시장상황에서 지수차익거래가 가능한가? 가능하다면 차익거래의 결과 어떠한 변화가 예상되는가? (차익거래와 관련된 모든 거래비용은 무시하기로 한다.)

① 차익거래가 불가능하다.

② 차익거래에 의해 KOSPI 200 지수와 3개월물 KOSPI 200선물가격이 상승한다.

③ 차익거래에 의해 KOSPI 200 지수가 상승하고, 3개월물 KOSPI 200선물가격이 하락한다.

④ 차익거래에 의해 KOSPI 200 지수와 3개월물 KOSPI 200선물가격이 하락한다.

⑤ 차익거래에 의해 KOSPI 200 지수가 하락하고, 3개월물 KOSPI 200선물가격이 상승한다.

CHAPTER 13

리스크관리

2006년부터 시작된 서브프라임모기지사태로 인해 우리나라를 비롯한 전 세계 경제는 침체의 수렁으로 빠져들었다. 1997년에 IMF 금융위기를 겪은 바 있는 우리로서는 10년 만에 또 다시 위기를 맞이하게 된 것이다. 서브프라임모기지사태나 우리나라 IMF 금융위기나 모두 금융기관과 기업들이 제대로 리스크관리를 하지 못했기 때문에 발생한 사건들이다. 이러한 사건들 뒤에는 언제나 '탐욕'과 '무지'라는 두 얼굴이 자리하고 있다. 리스크를 알면서도 탐욕에 눈이 어두워 심하게 베팅을 하거나 리스크에 대해 잘모르면서(또는 무시하고) 수익만을 추구하기 때문이다. 사람들의 이러한 투기행위에 파생상품이 많이 사용되면서 파생상품에 대한 두려움과 오해가 많이 생기고 있다. 사실 파생상품은 '양날을 가진 검'으로서 사용하는 사람이 어떤 목적으로 사용하느냐에 따라서 그 역할이 달라질 뿐이다. 파생상품을 헤징목적으로 사용한다면 문제될 것이 전혀 없다. 이번 장에서는 파생상품을 사용해서 어떻게 리스크관리를 할 수 있는지 여러 가지 예제를 통해 살펴보도록 하자.

13-1 가격변동성의 증대

1970년대 초 이후 모든 종류의 재화 및 서비스의 가격변동성(price volatility)이 크게 증대되었다. 1970년대 초까지 환율체제는 브레튼우즈(Bretton Woods) 체제에 의해 고정환율제이었으나 변동환율제로 이행되면서 환율변동성이 크게 증대되게 되었다. 1979년까지 미국의 연방은행은 금리를 안정화시키기 위해 시장개입을 적극적으로 하였으나 이 정책을 포기하면서 금리변동성 또한 급격히 증가하게 되었다(그림 13-1 참조). 뿐만 아니라 1970년대 이후 석유를 비롯한 많은 상품의 가격변동성이 증가하였다. 우리나라의 경우에도 IMF 금융위기 이후 모든 재무변수의 가격변동성이 급격히 커지게 되었다. 〈그림 13-2〉는 원/달러 환율 변동성의 급격한 변화를 보여주고 있다.

우리나라의 IMF 금융위기도 재무위험으로 인해 발생한 사건이다. 우리나라 종금사들

〈그림 13-1〉 미국 금리 변동성의 증대(월변화율)

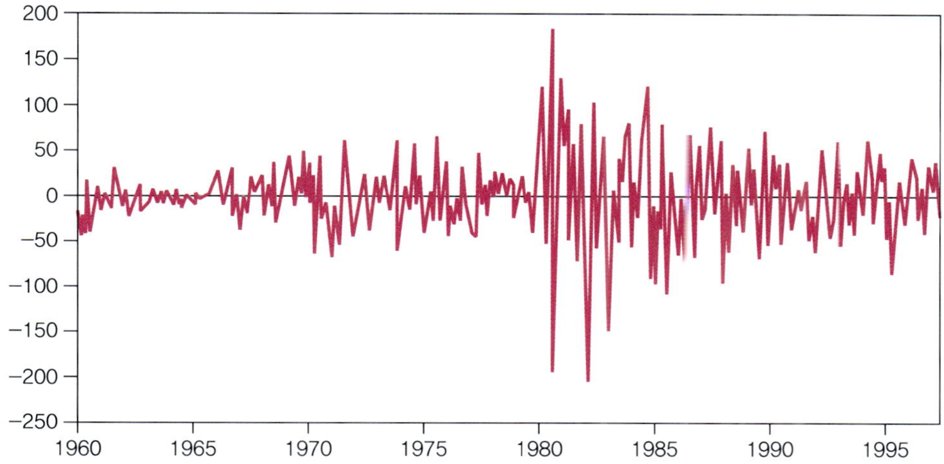

자료: Charles W. Smithson, *Managing Financial Risk: A Guide to Derivative Products, Financial Engineering and Value Maximization*, 3rd ed.(New York: The McGraw-Hill Companies, 1998.)

〈그림 13-2〉 우리나라 환율 변동성의 증대(일 변화율)

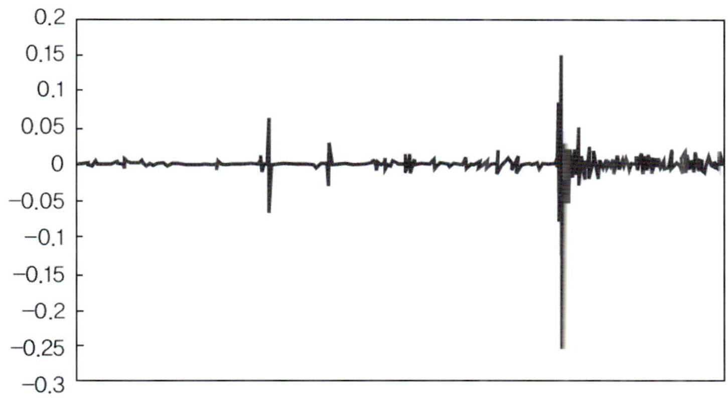

자료 : 1980년 2월 27일–2003년 12월 31일 일별 원/달러 환율변화율.

의 투자실패로 인한 부실을 간파한 일본의 금융기관들은 종금사에 대한 그들의 대출을 더 이상 연장해주지 않으면서 금융위기가 시작되었다. 그러나 근본적으로는 그 이전부터 많은 기업이 과다한 부채와 함께 사업이 부실화되고 구조조정에 실패하면서 은행들 또한 부실화되었기 때문에 금융위기를 당하게 된 것이다. 이와 같이 가격의 변동성이 심화되고 이로 인한 여러 가지 사건이 터지면서 재무위험을 관리해야 할 필요성이 생기게 된 것이다.

13-2 재무위험의 관리

13-2-1 중앙집권적인 관리

기업은 여러 가지 재무위험에 노출되기 때문에 전체 위험을 통합해서 관리하여야 한다. 다시 말해, 여러 위험은 포트폴리오 효과에 의해 서로 상쇄되기 때문에 각 위험을 개별적으로 보기보다는 포트폴리오 차원에서 살펴보아야 한다. 예를 들어, 어떤 위험은 개별적으로 볼 때에는 위험이 크게 나타나나 전체 포트폴리오 차원에서 볼 때에는 별로 문제가 되지 않는 경우도 있다. 또한 리스크관리는 공짜로 이루어지는 것이 아닌 만큼 리스크관리로 인한 이익과 함께 비용도 고려하여야 한다.

13-2-2 재무위험의 식별

앞에서 지난 수십년 간 가격의 변동성이 크게 증가한 것을 살펴보았다. 이러한 재무위험이 모든 기업에게 똑같은 고민거리를 가져다주는 것은 물론 아니다. 해당 기업의 영업 및 재무상태에 따라 다르다는 것이다. 예를 들어, 부채비율이 낮은 기업들은 부채비율이 높은 기업들에 비해 금리 변동성에 대해 별로 신경을 쓸 필요가 없을 것이다. 같은 맥락으로 외국과의 교역이 별로 없는 기업들은 환율의 변동에 대해 별로 신경을 쓰지 않을 것이다.

재무위험을 효율적으로 관리하기 위해서 재무담당자는 먼저 기업의 가치에 가장 큰 영향을 주는 가격변동 유형을 식별해야만 한다. 어떤 위험은 쉽게 식별이 되는 것도 있지만 어떤 경우에는 그렇지 않은 경우도 있다. 예를 들어, 금리가 상승할 때 목재회사에 어떤 영향을 미치는지를 살펴보자. 먼저 금리의 상승은 목재회사의 자금조달비용의 상승을 가져

미국 저축대부조합의 파산(ALM 시대의 도래)

재무위험의 영향을 가장 잘 볼 수 있는 예는 1980년대 초 미국의 저축대부조합재앙(Savings and Loans Disaster)이다. 저축대부조합은 우리나라의 상호저축은행 정도의 소규모 은행으로서 단기예금을 수취해서 주택저당 장기고정금리로 운용하던 기관이었다.

금리변동성이 증대되기 전 단기이자율은 거의 모든 경우에 장기이자율보다 낮았기 때문에 저축대부조합은 낮은 금리로 조달해서 높은 금리로 대출하여 금리스프레드를 벌 수 있었다. 그러나 금리의 변동성이 커지자 단기이자율이 장기이자율을 상회하는 경우가 자주 일어나게 되었고 그들의 조달비용은 급격히 증가하게 되었다.

또한 자금운용은 장기고정금리로 되어 있었기 때문에 시장금리에 맞춰 올릴 수 없었고, 결국 높은 조달금리로 인한 부담과 이를 만회하려고 시도했던 위험한 대출들의 부실화로 인해 수백 개의 저축대부조합이 문을 닫게 된 사건이다.

이 사건을 계기로 금리위험관리의 중요성이 인식되게 되었고 자산과 부채를 종합적으로 관리하는 자산부채종합관리(Asset Liability Management: ALM)의 시대로 접어들게 되었다.

올 것이다. 또 한편 금리의 상승은 일반적으로 부동산 수요의 감소를 가져오기 때문에 목재에 대한 수요의 감소도 가져올 것이다. 결국 이 경우 금리의 상승은 목재회사의 자금조달비용 상승과 함께 매출액 감소를 초래하게 되는 것이다.

어떤 기업의 재무위험에 대한 노출(risk exposure)을 식별하고 측정하는 데 쓰이는 도구로서 위험구조(risk profile)라는 것이 있다. 위험구조는 가격변화에 대한 기업가치 또는 이익의 변화를 나타내는 그림을 말하는 것으로서 다양한 위험의 상대적인 영향도를 파악하기 위한 유용한 분석도구이다.[1, 2]

위험구조를 설명하기 위해 대규모의 자금을 은행에서 변동금리로 차입한 기업을 예로 들어보자. 이 기업의 경우 금리가 하락하면 차입비용이 줄어들어 기업가치가 증가하나, 금리가 상승하면 차입비용이 증가하여 기업가치가 감소한다. 이를 도시한 것이 이 기업의 금리에 대한 위험구조이고 〈그림 13-3〉 (a)와 같다. 이러한 위험구조를 대출을 한 은행의 입장에서 표현하면 〈그림 13-3〉 (b)와 같고, 이에서 알 수 있듯이 위험구조는 매수자(차입자)의 입장이냐 또는 매도자(대출자)의 입장이냐에 따라 반대로 표시된다.

〈그림 13-3〉 위험구조

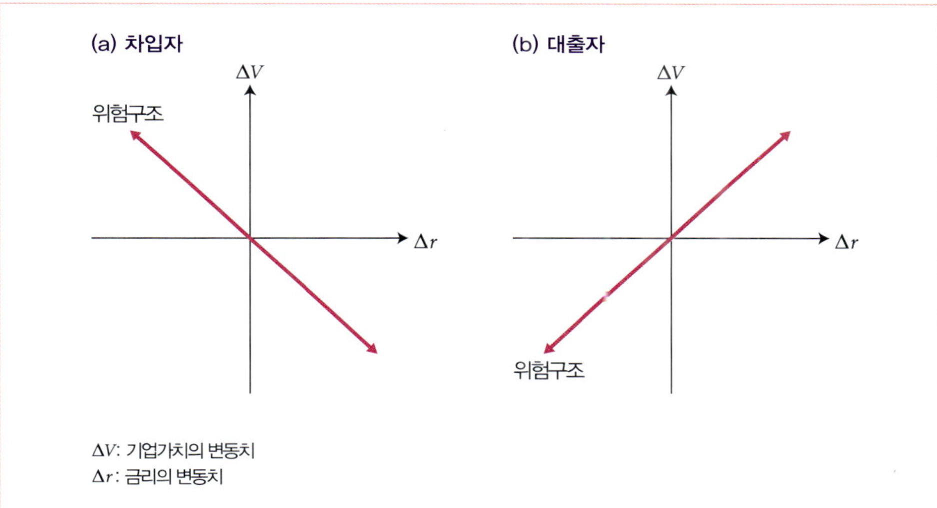

1〉 결국 위험구조는 민감도분석(sensitivity analysis)과 유사한 개념이다.

2〉 실제 기업이나 금융기관들은 가격변동위험의 측정도구로서 Value at Risk(VaR)를 사용한다. VaR는 평사시 특정 보유기간 동안 일정한 신뢰수준하에서 입을 수 있는 최대손실예상액을 의미한다. 예를 들어'채권포트폴리오의 2주 VaR가 99% 신뢰수준에서 1,000만 달러'라고 하는 것은 신뢰수준 99%에서 2주 동안 금리의 변화로 인해 채권포트폴리오가 입을 수 있는 최대 손실금액이 1,000만 달러라고 하는 뜻이다. 이에 대한 자세한 내용은 『오세경 교수의 리스크관리론』(한경사, 2015)를 참고하기 바란다.

13-2-3 위험노출의 축소

헤징(hedging)은 가격변동에 대한 기업의 노출을 줄이는 것을 말한다. 위험노출을 축소한다는 것은 위험구조의 기울기를 평평하게 만드는 것을 의미한다(그림 13-4 참조). 기울기가 평평해지면 같은 가격변동에 대해서도 기업가치의 변동이 작아지기 때문이다. 완벽한 헤징(perfect hedging)을 통해 위험구조의 기울기를 수평으로 만들면 위험이 완전히 제거된다.

또한 헤징은 이익 또는 현금흐름의 변동성의 축소를 의미한다. 이는 〈그림 13-5〉에서 볼 수 있는 바와 같이 넓게 퍼진 이익이나 현금흐름의 분포를 축소시키는 것으로 볼 수 있다. 헤징은 가격이 불리하게 움직였을 때 이익이나 현금흐름의 변동폭을 줄여 부도 위험을 줄여주는 역할을 하고 있음을 그림에서 확인할 수 있다. 그런데 여기서 우리가 한 가지 꼭 명심해야 할 사항은 헤징에는 비용이 따른다는 것이다. 다시 말해 가격이 유리하게 움직였을 때 크게 볼 수 있는 이익도 아울러 축소시킨다는 것이다. 그렇기 때문에 보통의 경우

〈그림 13-4〉 위험구조와 헤징의 관계

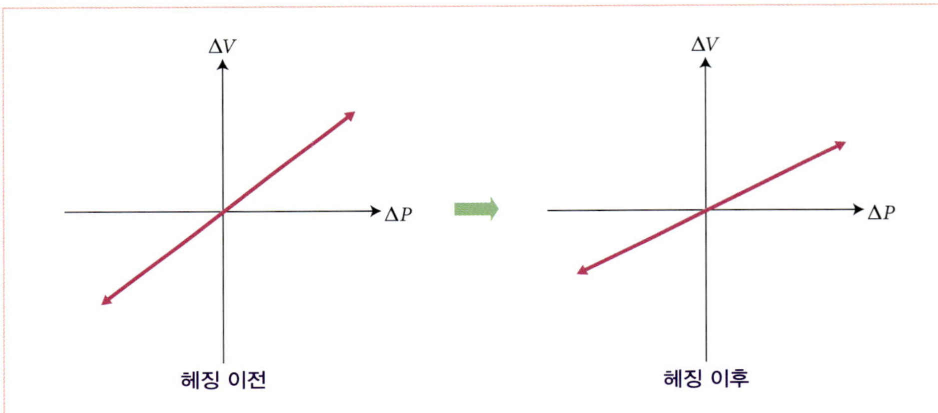

〈그림 13-5〉 헤징 효과

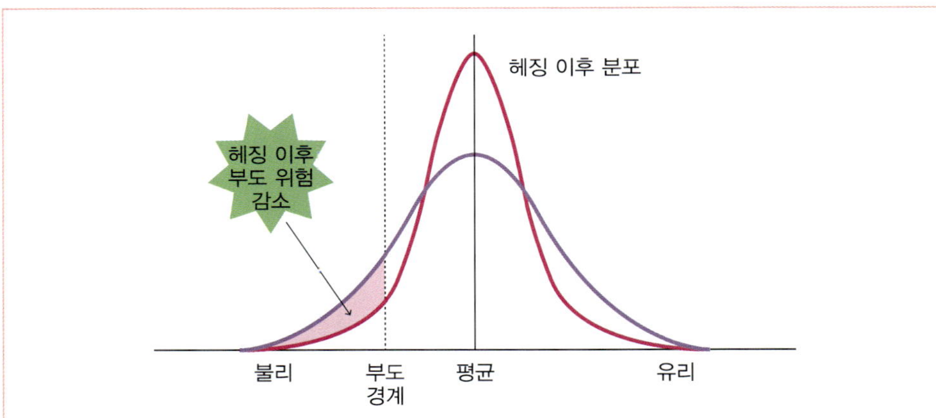

헤징에 대한 잘못된 인식

우리나라의 일부 기업에서는 헤징을 이익창출의 수단으로 사용하는 경우를 보고 깜짝 놀란 적이 있다. 수출기업의 경우 원/달러 환율의 하락은 치명적이다. 따라서 원/달러 환율에 대한 헤징을 하게 되는 것인데, 어떤 수출기업의 경우에는 높은 수준의 원/달러 환율(예를 들어 1,200원/$)에 헤징을 한 후 예상대로 원/달러 환율이 하락해서(예를 들어 1,100원/$) 달러당 100원의 이익을 내었다고 좋아하는 것이었다. 이는 사실 헤징이 아니라 투기를 하고 있는 셈이다.

만약 환율이 예상대로 움직이지 않고 반대로(예를 들어 1,300원/$) 되었으면 어떻게 되었을까? 헤징을 했기 때문에 오히려 달러 당 100원의 손실이 났을 것이다. 이 경우에 그 수출기업의 헤징담당자는 문책을 당할 수도 있다는 것이다. 이는 우리나라 기업 최고경영자의 헤징에 대한 무지를 단적으로 나타내는 예이다.

헤징은 가격변동으로 인해 이익을 보려고 하는 것이 아니다. 원/달러 환율이 내릴지 오를지 잘 모르는 상황에서 환율을 고정시켜 놓고 본업에 충실하려고 하는 것이다. 헤징으로 인해 이익이 났다고 해서 좋아할 일도 아니고 또 헤징으로 인해 손실이 발생했다고 해서 문책할 일은 더더구나 아니다.

헤징을 통해 위험을 100% 제거하지는 않는다.

13-2-4 단기위험노출과 장기위험노출

가격변동에 단기적인 부분과 장기적인 부분이 있다는 것을 이해하는 것은 재무위험관리에 도움을 준다. 단기적인 재무위험은 보통 거래 관련 노출(transactions exposure)이라 하며, 단기간에 불확실한 가격에 사거나 팔아야 할 때 발생하는데 이를 관리할 수 있는 방법은 다양하다. 장기적인 재무위험은 경제적 노출(economic exposure)이라 하며, 가격의 영구적인 변화나 경제의 기저 변화로 발생한다. 이는 헤지하기 어렵고 영구적인 기업환경 변화에 대한 기업의 적응력이 요구되는 부분이다.

결론적으로 기업은 재무위험관리를 통해서 두 가지를 달성할 수 있다고 하겠다. 첫째, 기업은 헤징을 하지 않았을 때 직면하게 되는 골치 아픈 단기 가격변동을 피할 수 있고, 둘째 헤징을 통해서 시장여건의 근본적인 변화에 적응할 수 있는 약간의 여유시간을 벌 수 있다는 것이다.

13-2-5 파생증권과 금융공학의 활용

기업이나 금융기관들은 리스크관리를 위해서 파생증권(derivative securities)을 많이 사용한다. 파생증권은 주식이나 채권, 외환, 상품 등의 자산가격으로부터 가치가 파생되는 금융증권이다. 예를 들어, 주식옵션은 옵션보유자에게 주식이라는 재무자산을 사거나 팔 수 있는 권리를 제공하기 때문에 주식옵션은 파생증권이라 불린다.

금융공학(financial engineering)은 특정한 헤징목표를 달성하기 위해서 새로운 파생증권을

파생증권: 효자인가, 원수인가?

파생증권은 보통 양날을 가진 검(double-edged sword)이라 한다. 다시 말해 잘 사용하면 도움이 되지만 잘못 사용하면 오히려 피를 볼 수 있는 상품이라는 것이다.

파생증권은 보통 위험을 헤지하는 수단으로 사용된다. 그러나 투기목적으로도 사용이 얼마든지 가능하다. 파생증권이 위험하다고 하는 것은 바로 투기목적으로 사용할 때의 일이다. 특히 파생증권은 레버리지 효과가 크기 때문에 매우 위험한 투자수단이 될 수 있다.

우리나라 선물옵션시장은 세계 1위의 거래량을 자랑한다. 또한 단일 옵션종목의 1일 계약량이 1000만 계약을 돌파했다고 야단이다. 그러나 이러한 엄청난 거래 및 계약 이면에는 개인들의 무분별한 투기와 한탕주의가 만연해 있는 것을 간과할 수 없다. 최근에는 교비를 이용해 옵션투자가 나섰다가 낭패를 본 대학이 나올 정도이다.

우리나라도 저금리의 시대에 돌입한 상황에서 파생증권의 활성화는 어찌 보면 시대의 흐름이라 할 수 있을 것이다. 그러나 파생증권의 원래 목적은 헤징을 위한 것이지 투기를 위한 것은 아니라는 사실과 비이성적인 투기가 아닌 합리적 투자가 하루 빨리 정착되어야 한다.

만들어내거나 또는 기존의 파생증권들을 결합하는 작업을 말한다. 가격이 안정적인 세상에서는 금융공학의 필요성이 별로 없었으나 앞에서 언급한 바와 같이 가격의 변동성이 크게 증대된 1970년대 이후로 금융공학은 매우 빠르게 발전하는 재무분야가 되었다.

13-3 파생증권을 이용한 헤징

13-3-1 선도계약을 이용한 헤징

선도계약 매수자는 인수하기로 한 가격을 고정시켜 놓은 상태이기 때문에 가격 상승 시 이익을 보고, 선도계약 매도자는 인도하기로 한 가격을 고정시켜 놓았기 때문에 가격 하락 시 이익을 본다. 이때 한쪽의 이익은 거래상대방의 손실을 의미하기 때문에 선도계약은 제로섬 게임(zero-sum game)이라 한다.

선도계약(forward contract)이 재무위험을 헤징하는 데 어떻게 사용되는지를 이해하기 위해서는 선도계약으로 인한 손익구조(payoff profile)를 알아야 한다. 손익구조는 예기치 못한 가격변동으로 인해 생기는 계약상의 이익과 손실을 보여주는 그림을 말한다. 예를 들어, 오일에 대한 선도계약을 고려해보자. 앞에서 설명한 바와 같이 오일 선도계약 매수자는 미래에 정해진 양의 오일을 정해진 가격에 인수하여야 하고, 오일 선도계약 매도자는 정해진 양의 오일을 정해진 가격에 인도하여야 한다. 매수자의 입장에서는 오일 가격이 상승할수록 이익이 나고 하락할수록 손실이 나는 손익구조를 보이며, 매도자의 입장에서는 반대의 손익구조를 보인다. 각 포지션의 손익구조를 도시하면 〈그림 13-6〉과 같다.

선도계약이 헤징에 어떻게 사용되는지 보기 위해 오일을 사용해서 전력을 생산하는 전력

〈그림 13-6〉 선도계약의 손익구조

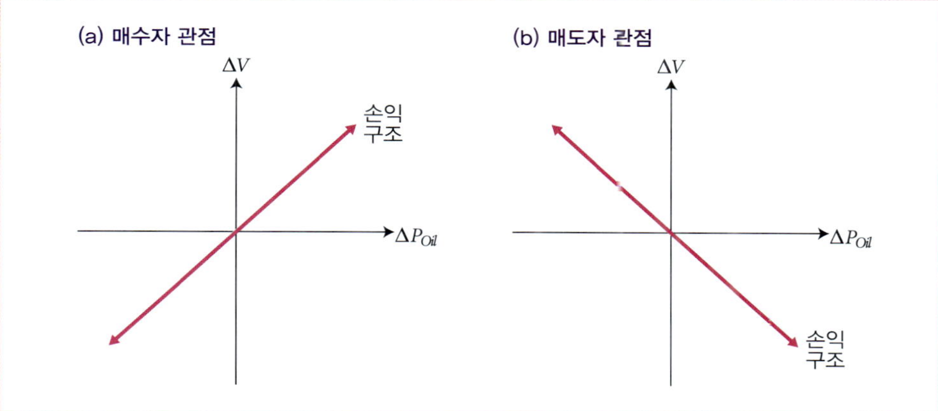

회사를 예로 들어보자. 전력요금은 정부에 의해 규제를 받기 때문에 오일가격의 갑작스런 상승은 재무위험의 원천이 된다고 하자. 이 회사의 위험구조를 도시하면 〈그림 13-7〉과 같다.

그런데 〈그림 13-6〉에서 볼 수 있는 것과 같이 오일에 대한 선도계약을 매입한 경우의 손익구조는 이 기업의 위험구조와 정확히 반대임을 알 수 있다. 즉 이 전력회사는 오일에 대한 선도계약을 매입함으로써 오일 가격의 변동에 따른 위험을 제거할 수 있다. 이를 그림으로 도시하면 〈그림 13-8〉과 같다. 이 그림에서 우리는 이 기업의 오일가격 움직임에 대한 노출이 영(0)이 됨을 알 수 있다. 만약 오일가격이 상승하면 선도계약으로부터의 이익이 비용상승을 커버하게 되고, 오일가격이 하락하면 비용하락으로부터의 이익이 선도계약에서의 손실을 상쇄하게 된다.

아울러 이 예제로부터 우리는 다음과 같은 재무위험관리의 기본적인 접근법을 배우게 된다. 먼저 위험구조(risk profile)를 이용해서 재무위험에 대한 기업의 위험노출을 식별한 다음, 반대의 손익구조(payoff profile)를 갖는 재무상품(예를 들어 선도계약 등)을 찾는 것이다.

〈그림 13-7〉 전력회사의 위험구조

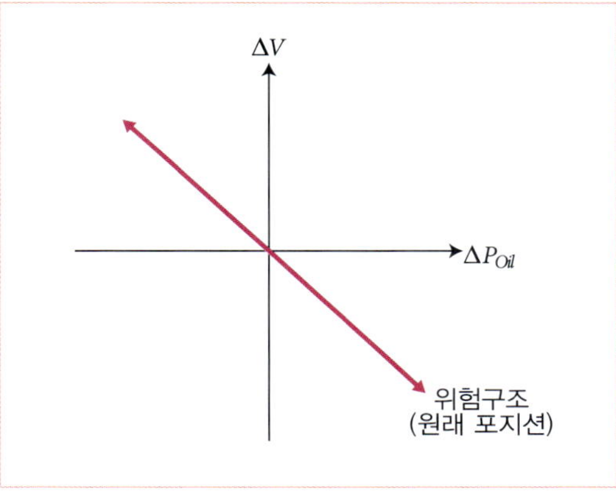

〈그림 13-8〉 선도계약을 이용한 헤징

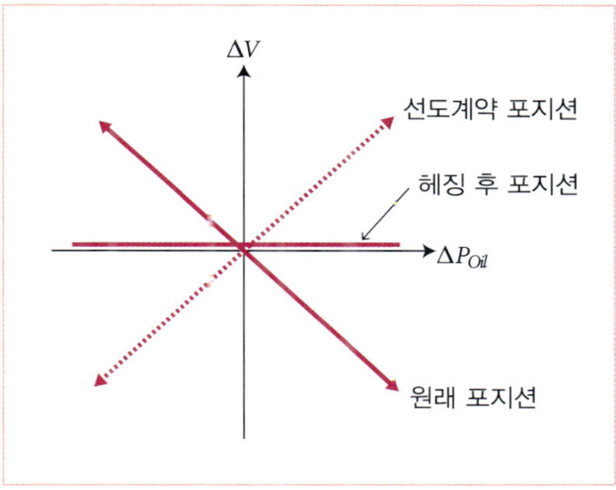

역외선물환거래(Non-Deliverable Forward: NDF)

일반적인 선도거래는 만기일에 약정한 선도가격으로 자산을 인도하고 현금을 수취하는 구조로 되어 있다. 즉 실물인수도(physical delivery)가 이루어진다. 그런데 NDF거래는 이를 약간 바꾸어 만기일에 실물인수도는 이루어지지 않고 만기시점의 현물가격과 선도가격의 차액만을 결제하도록 만든 선도거래이다.

외국인들은 원화대상 NDF거래를 통해서 우리나라 외환시장을 거치지 않고 원/달러 환율에 대한 헤징 또는 투기가 가능하도록 만들었다. 예를 들어, A외국기업은 100억 원에 대해 선도가격(1/1,200 달러/원)에 90일 후 만기가 되는 NDF를 매수하고 B외국기업은 이를 매도하였다고 하자. 90일 후 서울외환시장에서 원화가치가 상승하여 1/1,000달러/원이 되었다고 하면, 원화 NDF 매수자인 A외국기업은 이익을 보고 B외국기업은 손해를 보게 되는데 이들이 결제할 금액은 166만 6,000달러가 된다.

$$\text{결제할 금액} = 100\text{억 원} \times (1/1{,}000 - 1/1{,}200)\text{달러/원} = 166\text{만 } 6{,}000\text{달러}$$

금리선도계약(Forward Rate Agreement: FRA)

금리선도계약은 미래 일정 시점에 조달할 자금이나 운용할 자금에 대해 적용될 금리를 미리 고정시켜 놓는 선도계약을 말한다. FRA계약도 앞서 살펴본 NDF계약과 마찬가지로 양 당사자 간에 자금의 인수도는 실제로 일어나지 않고 만기시점의 실현금리와 사전에 확정한 계약금리(선도금리)간의 차액만을 결제하는 방식이다.

FRA매수자는 미래에 필요한 자금의 금리를 지금 고정시키려고 하는 입장으로서 미래 자금차입자로 보면 된다. 미래 자금차입자의 입장에서는 향후 금리의 상승이 염려되므로 FRA매수를 통해 금리를 고정시키려고 하는 것이다. 따라서 FRA매수자의 손익구조(payoff profile)는 미래 금리상승 시 이익이 나고 금리하락 시에 손실이 난다. 반대로 FRA매도자는 미래 자금대출을 미리 고정된 금리로 하려는 입장으로서 미래 자금제공자로 보면 된다. 미래 자금제공자의 입장에서는 향후 금리하락이 문제가 되므로 FRA매도를 통해 고정된 금리를 확보하는 것이다. 따라서 FRA매도자의 손익구조는 미래 금리상승 시 손실이 나고 금리하락 시 이익이 난다.

예를 들어, A기업이 B은행으로부터 100억 원에 대해 선도금리 4%에 3×9 FRA계약을 매수하였다고 하자. 3×9 FRA계약은 3개월 후부터 6개월 동안의 금리에 대한 선도계약이라는 뜻이다. 만약 3개월 후 실현금리가 5%가 되었다고 한다면, A기업은 B은행으로부터 100억 원×(5%−4%)=1억 원을 지급받게 되고 결과적으로 6개월간 차입금리는 예정대로 4%가 된다.

FRA의 손익구조

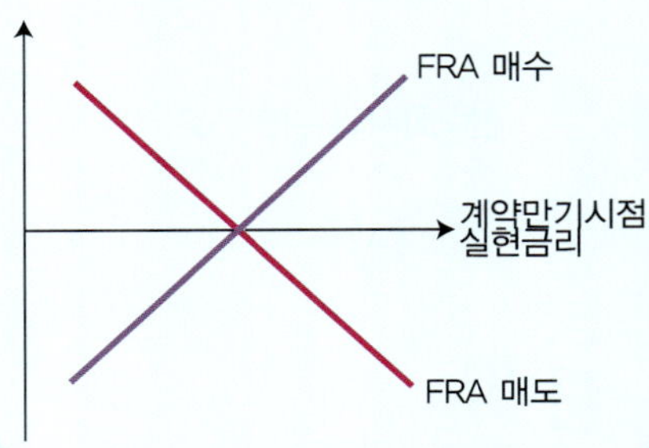

13-3-2 선물계약을 이용한 헤징

선물계약(futures contract)을 통한 헤징은 개념적으로 선도계약을 통한 헤징과 동일하고, 선물

유로달러선물을 이용한 금리위험헤지

단기금리선물은 1년 미만의 금리상품을 대상으로 하는 선물거래인데 이 중 가장 거래가 활발한 상품은 3개월만기 유로달러선물이다. 유로달러선물은 선물만기시점에 발표될 90일 만기 유로달러 정기예금에 대한 금리(즉, 리보금리)를 대상으로 하고 있어 달러표시 단기금리 및 변동금리부 자산부채 관리에 매우 유용하다. 유로달러선물의 거래가격은 IMM(International Money Market) 방식으로 표시되기 때문에 '100−금리'로 나타내며 금리가 상승하면 가격이 하락하고 금리가 하락하면 가격이 상승한다.

3개월 후에 달러자금이 입금될 예정인 기업이 있다 하자. 이 달러자금은 6개월 후에 이루어질 투자에 사용할 예정이기 때문에 3개월간은 여유자금으로 운용할 예정이다. 그런데 이 자금이 입금되는 시점의 리보금리가 하락할 것으로 예상되기 때문에 이 기업은 유로달러선물을 매입(매입헤지)해서 현재 리보금리로 고정시키려고 한다.

예를 통해 구체적으로 살펴보자. 2008년 9월 현재 2008년 12월 만기 유로달러선물의 가격이 95.00(리보선물금리=5.00%)이고 3개월 리보금리가 4.90%라 하자. 이 기업은 매입헤지(95.00에 매수포지션을 취함)를 통해서 운용금리를 4.90%에 고정시키려고 한다. 3개월 후 자금이 유입되었을 때 예상대로 시장금리가 하락하여 3개월 리보금리가 4.65%가 되고 12월 만기 선물가격은 95.25(리보선물금리=4.75%)가 되었다고 하자. 그러면 운용금리는 4.65%밖에 안 되지만 선물계약에서 0.25%(=95.25−95.00)의 이익이 발생하여 도합 4.90%의 목표 운용금리를 달성하게 된다.

계약에 대한 손익구조(payoff profile)는 선도계약에 대한 손익구조와 같다. 선물계약을 통한 헤징에 있어서의 유일한 차이점은 일일정산으로 인해 발생하는 매일매일의 손익을 정산할 수 있는 위탁계좌를 보유하여야 한다는 것이다.

비록 선물시장에는 다양한 선물계약이 존재하지만, 특정 기업이 필요로 하는 정확한 헤징수단을 발견할 수 없는 경우가 발생한다. 선물계약은 조직화된 시장에서 거래되는 상품으로서 표준화시켜서 거래를 시키기 때문이다.[3] 이럴 때에는 헤징하려는 자산과 동일하지는 않지만 가장 유사한 자산에 대한 선물계약을 이용하여 헤지할 수밖에 없다. 예를 들어, 어떤 기업이 CP로 자금을 조달하였는데 CP금리가 상승할 것으로 예상되어 금리선물계약을 통해 헤지를 하려고 한다고 하자. 그런데 선물시장에는 CP금리에 대한 선물은 없고 리보금리에 대한 선물만 있다고 하자. 이럴 경우 이 기업은 리보금리에 대한 선물계약을 매도함으로써 금리상승위험에 대비할 수 있는데, 이러한 식의 헤징을 교차헤징(cross hedging)이라 한다.

또 한편, 특정 기업이 헤징하려고 하는 기간과 같은 만기를 갖는 상품이 선물시장에 존재하지 않을 수도 있다. 특히 헤징하려고 하는 기간은 긴데 시장에 존재하는 선물계약들은 만기가 짧을 경우 단기 선물을 계속 이연하여서(roll over) 헤징하는 방법을 취하게 된다. 그러나 현물자산과 선물계약 사이에 기간불일치와 자산불일치는 베이시스위험(basis risk)을 발생시킨다.

3) 금선물을 예로 든다면, 기초자산은 순도 99.99% 이상의 금괴를 대상으로 하며 거래단위는 1kg 등으로 정해져 있다.

메텔게젤샤프트사: 선물을 이용한 잘못된 헤징

메텔게젤샤프트사(Metallgesellschaft)(이하 Mg) 사례는 선물을 통한 헤징 시 베이시스위험과 증거금 요청이 얼마나 무서운지를 보여주는 흥미로운 사례이다. 독일의 Mg사는 미국에 처녀 진출하면서 야심찬 마케팅계획을 세웠다. 즉 매월 180만 배럴의 원유를 10년간 고정된 가격으로 미국고객들에게 제공하겠다는 것이었다. Mg사는 장기로 확보한 물량이 있기는 하지만 공급계획에 턱없이 부족했고 따라서 현물시장에서 부족분을 시서로 매입하여야 하는 상황이 되었다. 이는 Mg사가 유가 상승 시 상당한 위험에 노출되는 상황에 직면하게 됨을 의미하며 따라서 Mg사 경영층은 원유선물을 매입함으로써 이를 헤지하려고 하였다. 이러한 Mg사의 위험구조와 손익구조를 도시하면 우측과 같다.

Mg사의 위험구조와 손익구조

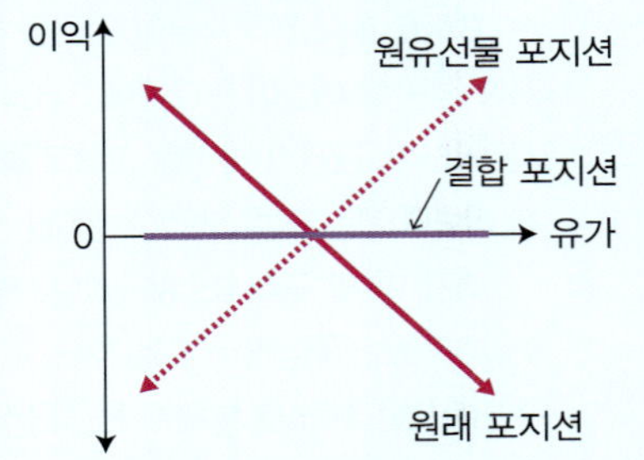

그런데 문제는 Mg사의 원래포지션에 해당하는 장기간의 선물이 시장에 존재하지 않는다는 것이었다. 따라서 헤지담당자는 3개월마다 단기 원유선물계약을 반복적으로 매입하는 이연헤지전략(rolling hedge strategy)을 사용하기로 하였다. 비록 Mg사는 100% 헤징을 하였다 하더라도 단기 원유선물가격과 장기 원유가격이 똑같이 움직이는 것이 아니기 때문에 베이시스위험에 직면하게 되었고 실제로 헤징이 제대로 이루어지지 않았다. 그러나 더욱 큰 화근은 원유가격이 $20에서 $15로 하락하면서 $10억의 증거금요청이 들어온 것이었다. 원유가격의 하락으로 원래 현물포지션에서는 이익이 나게 되어 있었고 선물포지션에서는 손실이 발생하게 되어 있었는데, 현물에서의 이익은 장기간에 걸쳐 고루 발생하는 구조였고 10년간 물량 전체에 대한 선물포지션을 매입하였기 때문에 선물에서의 손실은 일순간에 발생하는 구조였다. 그리고 선물에서의 손실은 즉각적으로 증거금요청으로 이어졌기 때문에 Mg사는 유동성위기에 처하게 된 것이다.

결국 독일 본사는 장기 원유선도계약에서의 이익은 무시한 채 헤징거래에서의 손실로 인한 증거금을 문제 삼아 계약을 중도에 청산함으로써 $13억에 이르는 엄청난 손실을 보게 되었다. 그 결과 헤징을 설계하고 실행한 담당자는 물론, 계약을 중도에 청산함으로써 손실을 실현시킨 최고경영자도 결국 물러나게 되었다. 공격적인 마케팅계획을 세우고 이로 인해 발생하는 재무위험을 헤지하려고 한 의도는 좋았으나, 선물계약을 통한 헤징 시 발생할 수 있는 베이시스위험과 증거금 부족 시 발생할 수 있는 유동성위험에 대한 인식 및 이해부족으로 발생한 사건이다.

13-3-3 스왑을 이용한 헤징

금리스왑을 통한 헤징

금리스왑이 조달비용의 감소와 금리위험관리에 어떻게 활용될 수 있는지를 다음의 예를 통해 살펴보자(표 13-1 참조). A기업은 우대금리+1%의 변동금리나 10%의 고정금리로 빌릴 수 있고, B기업은 우대금리+2%의 변동금리나 9.5%의 고정금리로 빌릴 수 있다고 하자. 이 경우 A기업은 변동금리부시장에서 상대적으로 유리하고 B기업은 고정금리부시장에서 상대적으로 유리하지만, A기업은 고정금리부자산이 많기 때문에 고정금리부 대출을 원하

〈표 13-1〉 자금차입조건의 비교

구분	A기업	B기업	스프레드
변동금리시장	우대금리+1%	우대금리+2%	1%포인트
고정금리시장	10%	9.5%	0.5%포인트

고 B기업은 변동금리부자산이 많기 때문에 변동금리부 대출을 원한다고 하자. 즉 두 기업은 유리한 조건의 차입과 동시에 금리리스크도 함께 관리하려고 하고 있다. 이 경우 금리스왑은 두 기업에게 바람직한 해결책이 된다.

〈그림 13-9〉에서처럼 A기업은 시장에서 우대금리+1%로 차입한 다음 스왑딜러와 다음과 같은 스왑계약을 맺는다. 즉 스왑딜러로부터 우대금리+1%의 금리를 받고 일정한 고정금리, 예를 들어 9.75%를 지급하기로 한다. 이렇게 함으로써 A기업은 실질적으로 9.75%의 고정금리에 차입한 셈이 된다. B기업은 시장에서 9.5%에 차입한 다음, 스왑딜러로부터 9.5%의 고정금리를 받고 대신 변동금리, 예를 들어 우대금리+1.5%를 지급하기로 하는 스왑계약을 맺는다고 하자. 이 경우 B기업은 실질적으로 우대금리+1.5%의 변동금리부 차입을 한 셈이 된다.

이러한 금리스왑을 통해서 A기업은 금리리스크를 줄일 수 있을 뿐만 아니라 차입비용도 0.25%(=10%−9.75%) 줄일 수 있고, B기업도 금리리스크를 줄이는 동시에 차입비용도 0.5%(=(우대+2%)−(우대+1.5%)) 줄일 수 있다. 스왑딜러는 A기업으로부터 9.75%를 받아 B기업에게 9.5%를 지급하므로 0.25%의 수수료를 얻게 되고, B기업으로부터 우대금리+1.5%를 받아 A기업에게 우대금리+1%를 지급하므로 0.5%의 수수료를 얻어, 도합 0.75%의 스왑수수료를 얻게 된다. 스왑딜러의 장부(book)는 이 거래로 인해 자산과 부채가 완벽한 균형을 이루기 때문에 추가적인 금리리스크에 대한 부담이 전혀 없다.

통화스왑을 통한 헤징

통화스왑이 조달비용의 감소와 환리스크관리에 어떻게 활용될 수 있는지 다음 예를 통해 살펴보자. 국내기업은 미국에 자회사를 가지고 있는데 자회사의 확장을 계획 중이라고 하

〈그림 13-9〉 금리스왑의 예시

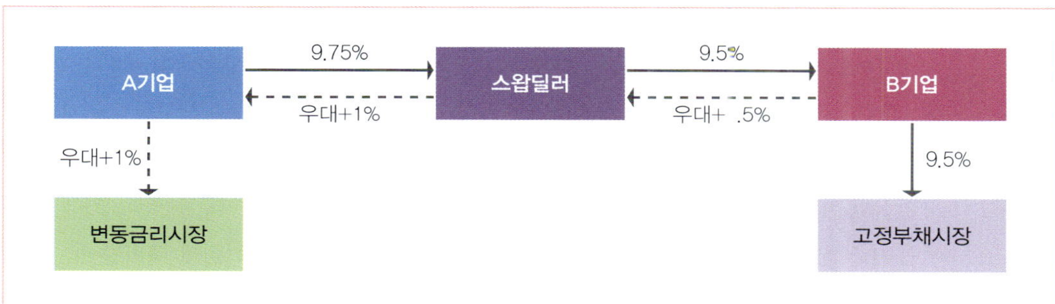

자. 자회사의 현금흐름은 주로 미국달러이기 때문에 미국달러로 차입함으로써 저절로 원/달러 환율 변동에 대해 헤징이 되도록 만들고 싶다. 그러나 이 국내기업은 국내에서는 잘 알려졌지만 미국에서는 잘 알려지지 않은 기업이기 때문에 미국보다는 국내에서 차입할 경우 좋은 조건으로 빌릴 수 있는 상황이다.

동시에 미국기업 중 원화 자금조달을 필요로 하는 기업이 있다고 하자. 이 기업은 미국달러로는 싸게 빌릴 수 있지만 원화로는 그렇지 못한 상황이다. 두 기업은 좋은 조건으로 차입할 수는 있지만 각자가 원하는 통화로는 불가능한 비슷한 문제에 봉착해 있음을 알 수 있다. 이때 통화스왑이 해결책이 된다.

두 기업은 미래의 정해진 날짜에 고정비율로 미국달러와 원화를 교환하기로 합의하기만 하면 된다. 그러면 각 기업은 자신에게 유리한 조건으로 각자 차입한 다음 교환함으로써 각자가 원하는 통화를 확보하게 된다. 즉 국내기업은 국내시장에서 원화를 차입하고 미국기업은 미국시장에서 달러를 차입해서 합의된 비율(정한 환율)로 서로 교환하면 국내기업은 달러를, 미국기업은 원화를 유리한 조건으로 확보할 수 있다는 것이다. 또한 국내기업의 미국 자회사는 달러수입에 대해 달러비용을 발생시킴으로써 환리스크에 대한 노출을 줄일 수 있게 된다.

13-3-4 옵션을 이용한 헤징

옵션을 통한 금리리스크의 헤징

금리리스크를 헤징하기 위해 옵션을 사용하는 것은 업계의 오랜 관행이며, 이에는 선물거래소시장에서 거래되는 금리선물옵션과 장외시장에서 거래되는 금리옵션이 있다. 금리선물옵션(option on interest rate futures)은 금리선물계약을 기초자산으로 하는 옵션으로서 옵션을 행사하면 두 가지가 발생하게 되는데, 첫째 기초자산의 현재가격과 행사가격의 차이만큼 현금흐름이 생기고, 둘째 금리선물계약의 포지션을 추가로 취득하게 된다. 선물의 유동성이 확보되는 경우 현물보다 선물을 기초자산으로 옵션을 상장하는 것이 나을 수 있는데, 선물을 기초자산으로 하는 경우 옵션 행사 시 현물을 인수도해야 하는 번거로움을 피할 수 있기 때문이다.

금리옵션(option on interest rate)은 금리 또는 채권수익률을 기초자산으로 하는 옵션을 말한다. 예를 들어, 변동금리부 부채를 많이 사용하고 있는 기업은 금리상승 위험에 노출되어 있는데, 해당 금리에 대한 콜옵션 또는 금리캡(interest rate cap)을 매수함으로써 금리상승에 대비할 수 있다. 즉 금리가 일정 수준 이상 상승할 경우 금리캡을 행사함으로써 실제 금리와 캡금리의 차이만큼 보전받게 되므로 금리상승에 대비가 된다. 반대로 변동금리부 자산을 많이 보유하고 있는 기업은 금리하락 위험에 직면하게 되는데, 해당 금리에 대한 풋옵션 또는 금리플로어(interest rate floor)를 매수함으로써 금리하락 위험에 대비할 수 있다.

옵션을 이용한 변칙자금조달

IMF 금융위기 이전 우리 정부는 인플레이션을 잡기 위해 종종 은행창구지도를 통해 통화관리를 직접 하던 시절이 있었다. 통화긴축으로 인해 자금난이 극심하던 때 통화옵션을 이용한 변칙적인 자금조달이 이루어져 당국을 당혹스럽게 만든 사건이 발생하였다.

앞에서 살펴보았듯이 달러풋 통화옵션은 달러를 미리 정해진 환율 즉, 행사가격에 매도할 수 있는 권리이다. 원/달러환율이 800원/$인 상황에서 3개월 후에 1달러를 1만 원에 팔 수 있는(엄청나게 유리한) 달러풋 통화옵션을 발행하면 실질적으로 자금을 빌리는 효과를 볼 수 있다. 이 옵션의 경우 옵션매수자가 당장 행사할 경우 달러당 9,200원의 이익을 볼 수 있는데 이 옵션계약을 액면 50만 달러로 계약할 경우 대략 45억의 이익이 난다. 따라서 기업은 이 옵션을 은행에 매도함으로써 엄청난 옵션 프리미엄을 받고(자금차입), 3개월 후 은행은 풋옵션을 행사함으로써 이자와 함께 다시 자금을 회수하게 되는 것이다.

결국 이 사건은 은행감독원에 알려져서 변칙 통화옵션거래로 지극이 되었고, 이후 외환관리규정에 다른 거래와 연결되지 않은 옵션매도포지션의 금지조항이 신설되는 계기가 되었다.

자료: 윤창현 (2004), 파생금융상품론 경문사. 저자 재구성.

또 한편, 옵션의 구입비용을 줄이면서 금리상승 위험에 대비하기 위해 금리컬러(interest rate collar)라는 상품을 구입하기도 하는데, 이는 금리플로어를 매도하는 동시에 금리캡을 매수하는 것을 말한다. 이는 금리플로어의 매도로부터 받는 프리미엄을 사용하여 금리캡을 사는 것으로서, 결국 금리하락으로부터 얻게 되는 조달비용 하락 부분을 포기하고 금리상승 시의 위험에 대한 보호를 취득한 것으로 해석할 수 있다. 따라서 컬러를 매수한 경우 지급금리는 플로어와 캡 사이에 있게 된다.

옵션을 통한 환리스크의 헤징

환리스크의 헤징을 위해서는 통화선물옵션(option on currency futures)이나 통화옵션(currency option)을 사용할 수 있다. 외국통화에 대한 풋옵션을 매수함으로써 외국통화의 가치가 국내통화대비 하락할 때는 보호하고 상승할 때는 이익을 볼 수 있다. 예를 들어, 원/달러 환율의 하락이 예상되는 경우 달러에 대한 풋옵션을 매수함으로써[4] 원/달러 하락에 따른 손실을 방지할 수 있다. 현재 환율이 1,050원/달러이고 6개월 후 1,000원/달러가 예상된다고 하자. 대미수출기업의 입장에서 환리스크로 인한 손실을 없애고자 행사가격 1,030원/달러에 달러 풋옵션을 매수하였다고 하자. 만약 6개월 후 950원/달러가 되었다고 한다면 풋옵션의 행사로 1달러당 950원이 아닌 1,030원에 매도할 수 있기 때문에 1달러당 80원의 이익이 발생하게 되어 원래포지션에서의 손실을 커버할 수 있게 된다.

4) 달러풋옵션을 매수하면 정해진 원/달러 환율(행사가격)로 원화를 팔고 달러를 살 수 있다는 말이다.

다이아몬드 펀드 실패: 과욕과 무지의 산물

이 사례는 파생상품 거래의 위험성과 리스크관리의 중요성을 일깨워주는 중요한 사례이다. 그러나 소송 중인 사건을 처리하는 과정에서 SK그룹이 보여준 JP Morgan과의 불리한 합의, 이면계약체결, 계열사 동원 등 일련의 편법처리는 더욱 큰 시사점을 우리에게 던져준다. '호미로 막을 것을 가래로 막는다'는 속담을 생각나게 만드는 안타까운 사건이다.

이 사건은 세계화를 부르짖으면서 외화를 빌려다가 해외에 투자하는 것이 유행처럼 번지던 1996년 하반기에 JP Morgan(이하 JP)이 한국기업들에게 달콤한 파생상품을 소개하면서 시작되었다. JP는 한국기업들에게 Total Return Swap(TRS)이라는 것을 소개하였는데, TRS는 기본적으로 증권과 현금을 교환하는 거래이다. JP와 다이아몬드 펀드(Diamond Fund)(이하 DF) 사이에 체결된 TRS를 설명하면 우측 그림과 같다. 즉 계약체결 시점에 DF는 자신의 주식을 발행해서 JP에게 주고 그 대가로 5,300만 달러를 빌린다. 만기시점에 가서 JP는 DF의 주식가격이 얼마든 관계없이 주식을 DF에게 돌려주고 5,300만 달러×(1−3%−α−β)를 돌려 받음으로써 계약이 종료된다. 만약 α와 β가 영이라고 한다면 DF는 결국 3%를 깎아주는 마이너스펀딩을 한 것이 된다.

JP와 DF 간에 체결된 TRS 구조

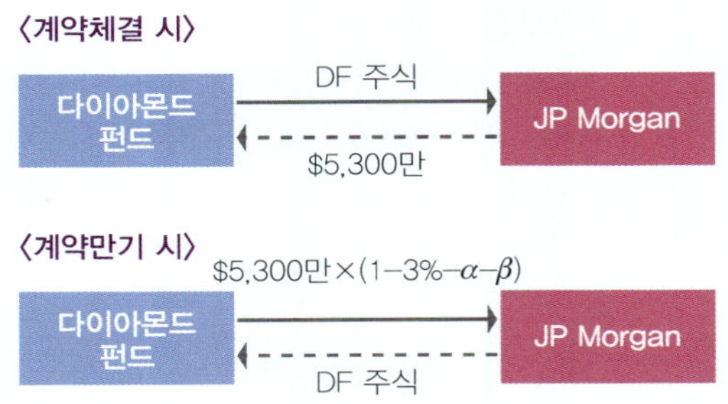

DF는 SK증권이 200억 원, 한남투신이 50억 원, LG금속이 50억 원을 출자하여 1997년 2월에 말레이시아 라부안이라는 조세회피지역(tax haven)에 설립한 역외펀드이다. DF는 이들이 출자한 자금과 JP와의 TRS계약을 통해서 차입한 자금을 합쳐서 $8,650만을 인도네시아 루피아화에 연동된 채권에 투자하였다. 그런데 이 채권은 말이 채권이지 사실상은 루피아화에 대한 환투기에 가까운 상품이었고 결국 동남아 외환위기로 루피아화가 폭락하면서 약 $7,700만를 손해보게 되었다.

위의 TRS거래구조를 보면 만기 시에 DF가 JP에게 α와 β를 지급하고 대신 3%를 받는 구조로 되어 있는 것을 알 수 있다. α와 β는 과연무엇인가? JP의 음흉한 속셈은 바로 여기에 있었던 것으로 추측된다. 당시 JP는 바트화 채권에 대한 대규모 투자를 하고 있었던 것으로 알려지고 있는데 태국의 경상수지 적자로 더 이상 고정환율제의 유지가 어려운 것을 감지하고 있었다. 그러나 태국국채 포지션을 정리할 시기를 놓친 JP는 헤징의 원리를 이용해서, 다시 말해 바트화에 대한 선물을 매도함으로써 이를 해결하려고 하였다. α는 바로 바트화에 대한 선물매수 포지션으로 설계가 된 것이다. 만기시 바트화가 절하되면 α는 음이 되기 때문에 DF가 JP에게 상환해야 하는 금액이 커지게 된다.

β를 보면 JP의 치밀함을 확인할 수 있다. β는 엔화에 대한 풋옵션을 매입한 포지션과 같은데, 만기 시 엔화가 절하되면 β가 양이 되어 DF에게 유리한 구조로 되어 있다. 이는 과거 십수년간 바트화와 엔화의 관계가 유지되고 있다는 사실에 근거해서 바트화가 절하되면 엔화도 절하될 것이고, 결국 α가 음이 되면 β가 양이 되도록 설계되었기 때문에 안심해도 된다고 설득한 것이다.

그러나 실제로는 동남아 외환위기가 발생하면서 그동안 엔화에 연동(peg)되어 있던 바트화는 폭락하고 엔화는 별로 절하되지 않으면서 엔화 풋옵션에서는 $127만의 이익을 냈지만 바트선물환에서 $1억 3,000만의 손실이 발생하였기 때문에 엔풋옵션으로 바트선물환의 위험을 커버할 수 있다는 JP의 주장은 허구임이 증명된 것이다. 여기에서 우리는 리스크관리 차원에서 중요한 교훈을 하나 확인하게 된다. 즉 과거의 상황만을 근거로 해서 관리하는 것은 진정한 의미의 리스크관리가 아니라는 것이다. 십수년간의 엔-바트화 관계가 하루 아침에 깨질지 누가 알 수 있었겠는가마는 실제로 관계가 붕괴되는 상황이 발생했기 때문이다. 다시 말해 리스크관리는 반드시 극단적인 상황(extreme events)을 염두에 두고 하여야 함을 알 수 있다.

SK증권은 계약이 종료된 1998년 2월 DF와 Advanced Fund 두 군데에 대한 투자손실로 $3억 5,000만을 입게 되자 JP를 서울민사지방법원에 제소하였고 이에 맞서 JP는 SK증권을 뉴욕법원에 제소하였다. 그러나 소송이 제기된 이후에도 꾸준히 물밑 접촉이 이루지지면서 화해를 통해 문제를 해결하기로 하고 1999년 9월경 이면계약을 체결하였고 이의 중요내용은 다음과 같다. SK증권은 TRS 손해액수 전체를 갚되 대략 절반은 현금으로, 절반은 SK증권 주식으로 갚는다는 것이었다. 그런데 여기서 또 문제가 발생하였는데 JP가 인수한 SK증권 주식을 일정 기간 후 SK글로벌(상장회사)의 2개 해외 현지법인이 일정한 가격으로 되사주기로(일종의 풋옵션을 발행한 것) 보장계약을 맺은 것이었다. 2002년 10월 JP는 옵션을 행사하여 마지막 이익까지 챙긴 후 완전히 거래를 끝냈다.

그러나 SK그룹은 이로 끝난 것이 아니었다. 모인터넷신문의 보도로 이런 사실이 알려지면서 시민단체는 SK글로벌 경영진을 배임혐의로 검찰에 고발하였다. SK증권의 채무를 SK글로벌이 책임진 것은 명백한 배임행위였기 때문에 SK글로벌의 핵심경영진이 1심에서 징역 3년을 선고받게 되었다.

또 한편, 똑같은 사건으로 끝까지 소송을 진행시켜 일부 승소를 이끌어낸 대한생명의 결과를 보면 SK증권의 처리과정은 더욱 안타까움을 더한다. 뉴욕법원은 2003년 7월 1일자로 계약위반이라는 대한생명의 주장을 일부 받아들이는 내용의 판결로 90,487,500달러의 손실액 중 26,456,946달러를 환불하라고 한 것이다. 또한 Bankers Trust Company(BTC)와 Proctor and Gamble사 사이의 스왑거래에 따른 손실 조정(83% 탕감), BTC와 Gibson Greetings사 사이의 스왑거래에 따른 손실 조정(73% 탕감)을 보아도 아쉬움이 크게 남는다.

파생상품은 그 성격상 분쟁이 자주 발생한다. 상품의 구조가 복잡해 이 상품을 판매하는 전문가의 말만 믿고 투자했다가 고객들이 거액의 손해를 입게 되기 때문이다. 파생상품은 헤징을 위한 수단으로 사용하여야 하며, 다른 목적으로 사용할 경우에는 확실히 알고 철저한 리스크관리와 함께 사용하여야 한다.

13-3-5 VaR와 조건부 VaR

VaR의 정의

VaR(Value-at-Risk)는 포트폴리오 전체 위험을 단 하나의 수치로 요약하는 위험측정방법이다. VaR는 "우리 회사는 앞으로 T기간 동안 V원 이상 잃지 않을 것이라고 X% 확신한다."와 같은 방식으로 표현된다. 여기에서 변수 V가 VaR금액이다. VaR를 정의하기 위해서는 두 개의 모수가 필요한데 하나는 향후 바라보는 기간 또는 보유기간이고 다른 하나는 신뢰수준이다. 이는 포트폴리오의 실제 위험량에 관계없이 이들 모수값을 어떻게 가정하느냐에 따라 VaR가 달라진다는 것을 의미한다.

VaR는 T기간 동안 발생하는 포트폴리오의 가치변화에 대한 이익이나 손실의 확률분포로부터 계산될 수 있다. 손실은 이익에 음의 부호를 붙인 것으로 생각하면 된다. 〈그림 13-

〈그림 13-10〉 이익분포로부터의 VaR계산

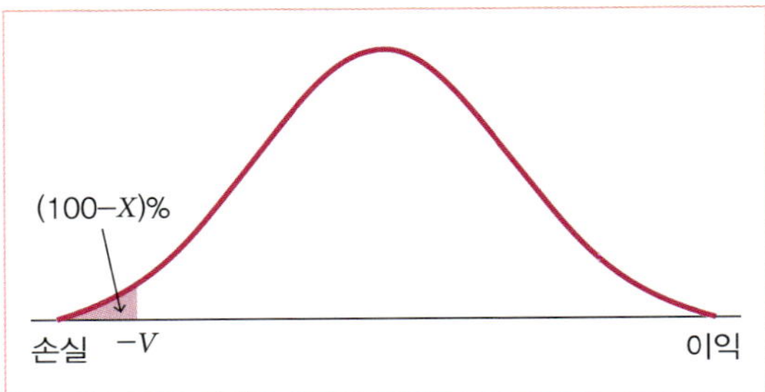

10〉에서 보듯이 이익분포가 사용될 때 VaR는 분포의 '100−X'번째 백분위수에 해당하는 손실금액이 된다. 예를 들어, T가 10일이고 X가 99%라 하자. 이때 VaR는 향후 10일 동안 포트폴리오의 가치에 대한 이익분포의 왼쪽 끝에서부터 1%에 해당하는 이익값에 음의 부호를 붙인 값이다. 즉 〈그림 13-10〉에서 VaR는 V원이다.

ΔV를 포트폴리오의 가치변동이라 하고 α를 신뢰수준에 따른 유의수준이라 할 때 VaR는 다음과 같이 나타낼 수 있다.

$$P[\Delta V > -\text{VaR}] = 1 - \alpha \quad \textbf{13-1}$$

VaR와 표준정규분포

$X \sim N(\mu, \sigma^2)$인 확률변수 X에 대해 또 다른 확률변수 Z를 $Z=(X-\mu)/\sigma$라고 정의하면 $Z \sim N(0, 1)$이고 $N(0,1)$을 표준정규분포(standard normal distribution)라고 한다. 정규분포는 평균과 표준편차의 값에 따라 분포의 모양이 달라지므로 정규분포를 갖는 확률변수를 표준화(평균을 빼주고 표준편차로 나눔)함으로써 항상 평균이 0이고 표준편차가 1인 표준정규분포로 만드는 것이 편리하게 된다. 표준정규분포의 경우에는 〈그림 13-11〉에서 보는 바와 같이 X값이 어떤 범위에 있을 확률을 쉽게 구할 수 있다.

〈그림 13-11〉에서 볼 수 있는 바와 같이 X값이 평균을 중심으로 $\pm 1\sigma$ 사이에 있을 확률은 68%, $\pm 2\sigma$ 사이에 있을 확률은 95%, $\pm 3\sigma$ 사이에 있을 확률은 99.7%임을 알 수 있다. 〈그림 13-11〉은 이익이 0을 중심으로 $\pm 1\sigma$, $\pm 2\sigma$, $\pm 3\sigma$ 사이에 위치할 확률을 알려준다. VaR의 경우에는 〈그림 13-12〉에서처럼 이익이 VaR에 미달할 확률(오차율) 또는 이익이

〈그림 13-11〉 표준정규분포

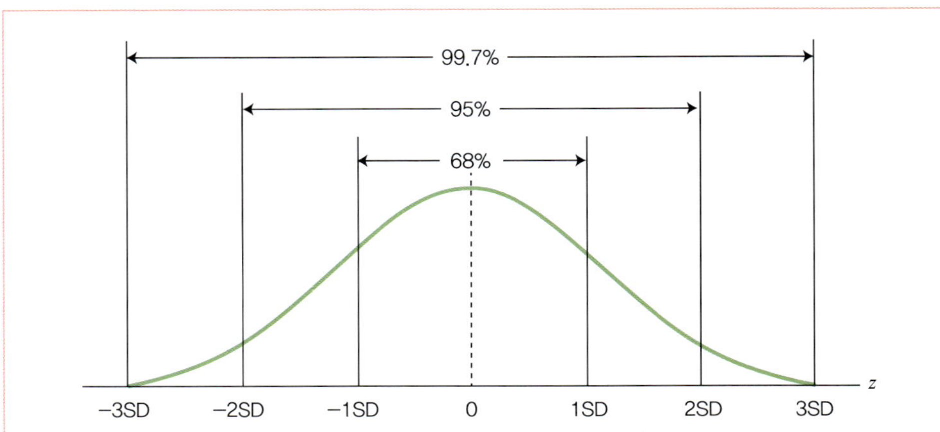

주) SD는 표준편차(standard deviation)을 의미한다.

〈그림 13-12〉 표준정규분포의 절사율과 신뢰구간

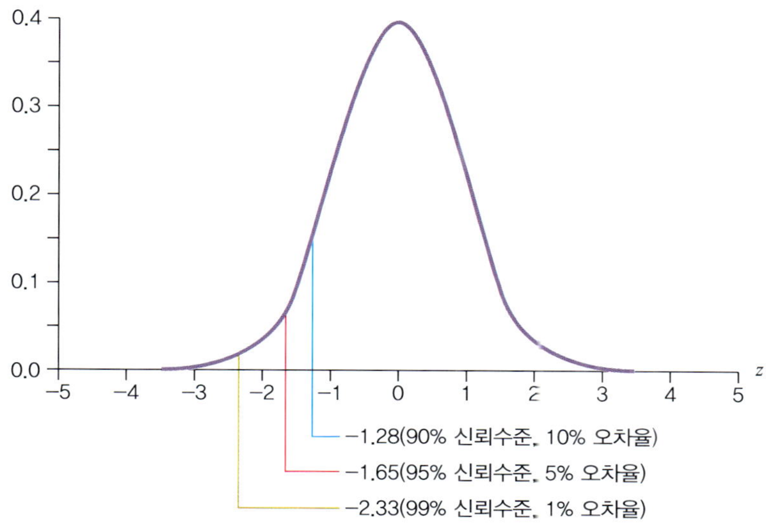

자료: RiskMetrics(1996).

VaR를 초과할 확률(신뢰수준)로 표시되기 때문에 〈그림 13-12〉의 신뢰수준에 따른 절사율을 사용하여야 한다.

예제 13-1 향후 1년간 포트폴리오의 가치변동에 따른 이익(X)은 평균이 10억 원, 표준편차는 5억 원의 정규분포를 따른다고 하자. 이때 신뢰수준 99%의 1년 VaR를 구하시오.

풀이

〈그림 13-12〉를 이용하기 위해 우선 이익변수를 표준화하면 $z=(X-10)/5$가 된다. 99% 신뢰수준이므로 이에 해당하는 z값은 −2.33임을 알 수 있다.

$$Pr\left(\frac{X-10}{5} \leq -2.33\right) = 1\%$$

$$Pr(X \leq 10-2.33\times5) = 1\%$$

10−2.33×5=−1.65억 원이므로 99% VaR는 1.65억 원이 된다.

조건부 VaR

VaR는 "상황이 얼마나 나빠질 수 있는가?"라는 질문에 대한 답을 주기 때문에 경영자는 물론 감독당국에게도 중요한 리스크 척도이다. 그러나 VaR가 포트폴리오 운용자에 의해

취해지는 리스크를 규제하는 시도로 쓰인다면 이는 바람직하지 못한 결과를 초래할 수 있다. 예를 들어, 보자. A은행은 주식 운용자에게 1일 99% VaR를 100억 원으로 목표를 부여할 경우, 운용자는 손실이 100억 원 이내일 확률을 99.1%로 하고 0.9%의 확률로 1,000억 원의 손실이 날 수 있는 포트폴리오를 구성함으로써 VaR 한도를 만족시키면서 엄청난 베팅을 할 수 있다. 이는 VaR의 한계를 나타내는 예이다.

이러한 VaR의 한계를 보완하기 위해 조건부 VaR(Conditional VaR) 또는 기대 대량손실(Expected Shortfall: ES)을 함께 고려하여야 한다. 조건부 VaR는 "실제로 상황이 악화된다면 얼마의 손실이 기대되는가?"를 묻는다. 조건부 VaR는 실제 손실이 VaR를 초과한 상황에서의 기대손실을 의미한다. 〈그림 13-13〉의 보라색 부분(꼬리 분포)의 기댓값을 의미한다.

〈그림 13-13〉 조건부 VaR의 의미

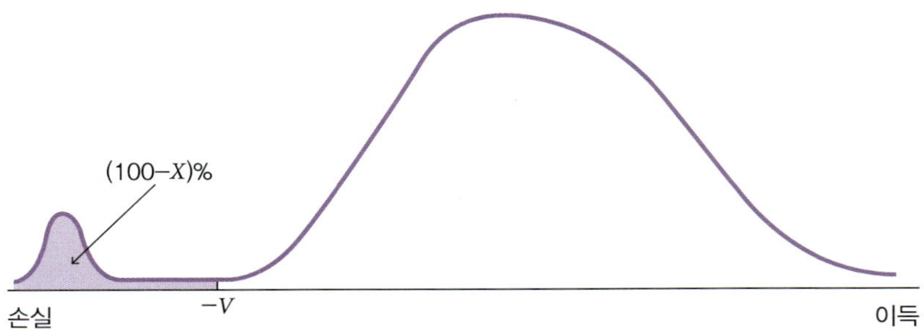

> **예제 13-2** 1년간 100억 원의 손실이 날 확률이 2%이고 10억 원의 손실이 날 가능성이 98%인 프로젝트가 있다고 하자. 프로젝트의 1년 97.5% VaR는 10억 원이다. 프로젝트의 조건부 VaR는 얼마일까?
>
> **풀이**
>
> 97.5%를 초과하는 꼬리분포 2.5%에서 100억 원은 2%를 차지하고 10억 원은 0.5%를 차지하므로 꼬리분포에서의 조건부 VaR는 다음과 같이 계산된다.
>
> $$\text{조건부 VaR} = 100\times\frac{2}{2.5} + 10\times\frac{0.5}{2.5} = 80 + 2 = 82\text{억 원}$$

13-3-6 키코 사태

2002년 1,360원대를 보이던 환율은 지속적으로 하락하여 2006년에는 드디어 1,000원대가 깨지는 상황에서 당시 수출기업들은 환율하락에 초비상이 걸려 있었다. 당시 우리나라 수출기업들이 환헤지 수단으로 사용할 수 있는 것은 선물환 거래였는데, 현물환율과 선물환율의 차이가 없어지거나 역전되면서 은행들은 기업들에게 선물환 거래를 적극적으로 권유하기가 어려워지자 키코라는 장외옵션상품을 개발하여 기업들에게 적극 권유하기 시작하였다. 2007년 중반까지만 해도 원/달러 환율이 하락하는 것을 대세로 여기던 상황에서 키코는 수출기업들에게 매우 매력적으로 상품으로 보였는데, 왜냐하면 다른 환헤지 상품과는 달리 키코는 수수료가 없는 '제로코스트' 상품으로 소개되었기 때문이다. 이로 인해 천개가 넘는 수출기업이 키코 상품에 가입하는 러쉬가 이루어졌다. 그러나 2008년 미국의 서브프라임모기지사태로 인해 원/달러 환율이 치솟는 바람에 키코 상품에 가입한 많은 수출기업이 초토화되는 일이 발생하였는데 이를 키코 사태라고 한다. 2012년 국정 감사 시 7개 은행이 금융감독원에게 제출한 자료의 의하면 2009년 말 기준으로 키코 상품으로 인한 피해기업이 776개 사로 집계되었으며, 2009년 김광림 의원이 국회에 제출한 자료에 의하면 키코 상품으로 인한 피해액이 3조 원을 넘는 것으로 보고되었다.

도대체 키코라는 상품이 어떤 상품이길래 이와 같이 큰 문제를 일으킬 수 있을까? 환헤지를 원하는 수출기업들에게 판매된 상품인데 환헤지는 커녕 왜 이렇게 큰 손실을 기업들에게 입혔을까? 이에 대해 살펴보도록 하자. 키코 사태를 이해하기 위해서는 당연히 키코 상품의 구조를 먼저 이해하여야 한다. 키코 상품은 옵션을 서로 교환하는 구조로 되어 있다. 즉 키코계약에 가입한 기업은 은행에게 원달러 환율을 기초자산으로 하는 콜옵션을 매도하고 그 대가로 은행으로부터 풋옵션을 매수하는 계약구조이다(그림 13-14 참조).

〈그림 13-14〉 키코계약의 구조: 콜옵션과 풋옵션의 교환

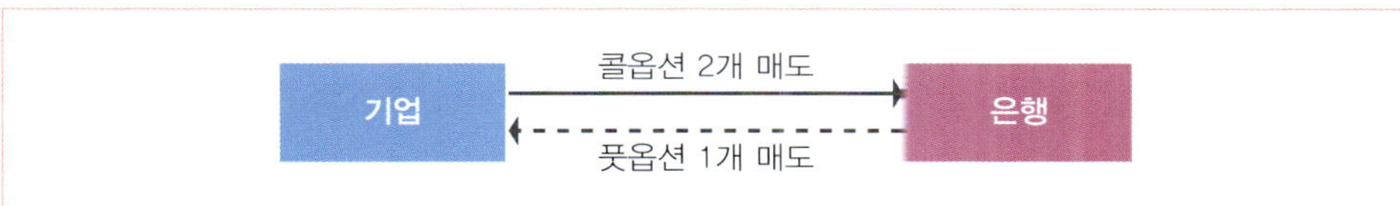

키코(kiko)라는 이름에서 알 수 있듯이, 콜옵션과 풋옵션의 교환구조에 넉인과 넉아웃(knock-in, knock-out) 조건이 첨부되어 있는 것이 특징이다. 넉인은 원달러 환율이 미리 정한 값을 초과하면 그때부터 은행이 보유한 콜옵션이 작동하기 시작한다는 의미이고, 넉아웃은 원달러 환율이 미리 정한 값 밑으로 하락하면 그때부터 기업이 보유한 풋옵션이 더 이상 작동하지 않는다는 의미이다.

이러한 구조를 가지고 있는 키코계약의 손익구조를 도시하면 〈그림 13-15〉와 같다. 이는 2007년 11월 29일 A기업과 신한은행 사이에 체결된 키코계약를 대상으로 하여 기업입장에서 손익구조를 도시한 것이다.[5]

5〉 키코계약을 은행의 입장에서 도시하면 제로섬 게임이기 때문에 x축을 중심으로 위 아래가 바뀐 그림이 된다.

〈그림 13-15〉 키코계약의 손익구조(기업측 입장)

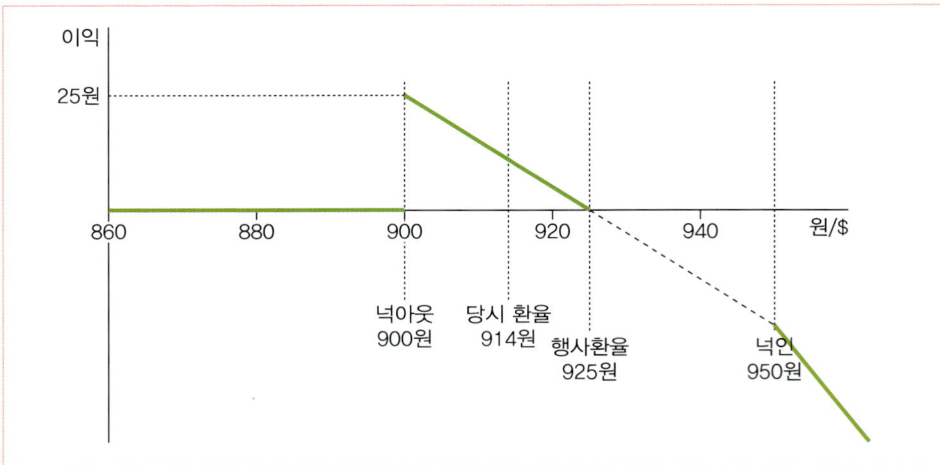

주) 2007.11.29. A기업과 신한은행 사이에 체결된 키코계약.

자료: 키코사태의 진실을 찾다, 오세경·박선종 공저, 북마크, 2013.

〈그림 13-15〉의 경우 키코상품은 환율의 일정범위(900원~925원)에서는 이익이 발생하여 환헤지가 이루어지나, 넉아웃환율(900원) 이하로 환율이 하락하면 헤지의 효력이 없어지고, 심지어 넉인환율(950원) 이상으로 환율이 상승하면 콜옵션 계약금액의 2배를 정해진 낮은 환율로 은행에 매도해야 하기 때문에(은행이 기업으로부터 매수한 콜옵션을 행사하기 때문) 큰 손실이 발생하여 환헤지가 되지 않는 구조이다. 이는 근본적으로 중소기업들이 환헤지에 이용하기에 부적합한 구조의 상품임을 쉽게 알 수 있다.[6]

이제 수출기업의 원래 포지션(리스크 구조)과 위의 키코계약으로 인한 포지션(수익구조)을 결합하여 보면 〈그림 13-16〉과 같다. 〈그림 13-16〉은 기업이 매도한 콜수량이 매수한 풋수량의 2배인 상황(2배수 구조)에서, 키코계약에서 생기는 환차손과 수출대금에서 생기는 환차익 두 개를 결합한 포지션을 함께 표시한 그림이다. 그림에서 음영 부분은 키코계약으로 인해 기업이 얻는 이익(파란색 부분)과 키코계약으로 인해 포기해야 하는 이익은 물론 추가로 부담해야 하는 손실(붉은색 부분)을 나타낸다. 제한된 환율구간의 이익을 위해서 엄청난 환위험을 부담해야 하는 구조임을 나타낸다. 즉 만약 환율이 넉인 환율인 950원을 넘어선다면 수출로부터 달러를 벌어들인다고 해도 수출기업에게는 재앙이 되는 상황이 발생하게 된다. 실제로 글로벌 금융위기가 터진 2008년 환율은 급등하였고 수백 개의 수출중소기업이 키코상품으로 엄청난 손실을 입게 된 것이다.

기업들이 키코계약에 가입할 당시의 상황에서는 넉인환율 이상으로 환율이 상승할 가

---

6) 그러나 법원의 판결을 보면, 키코상품을 '부분적 환헤지 상품'이라고 하여 마치 키코상품이 환헤지가 되는 것처럼 오도하고 있다. 좁은 구간에서만 헤지가 되고 대부분의 구간에서는 헤지가 안 되는 상품은 기본적으로 환헤지 상품이라 할 수 없다.

〈그림 13-16〉 수출대금 감안 시 키코계약을 체결한 기업의 손익구조

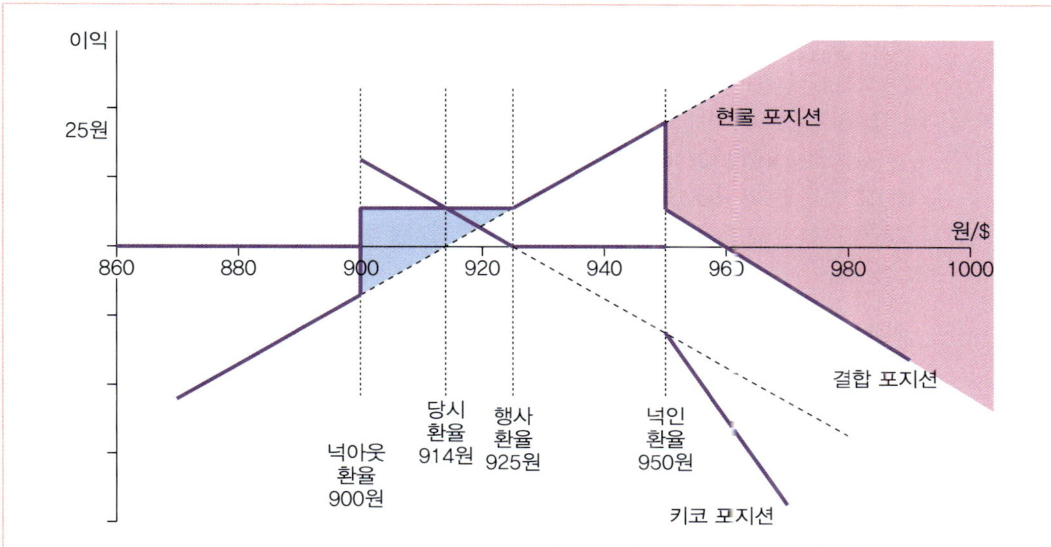

자료: 오세경·박선종 (2013), 키코사태의 진실을 찾다, 북마크.

능성이 거의 없었고 또 설사 그럴 가능성이 있다고 하더라도 그를 알고 기업들이 가입했다면 키코계약에 문제가 없다고 할 수 있을까? 물론 위와 같은 구조를 충분히 이해하고 상품에 가입하였다면 가입한 기업의 책임이라고 할 수 있겠지만 당시 수출중소기업들의 경영자나 직원들이 위와 같은 위험한 구조를 충분히 이해했다고 보는 것은 무리가 아닐 수 없다. 뿐만 아니라 환리스크를 헤지하려는 기업들에게 아무리 발생 가능성이 낮다고 하더라도 한번 발생하면 기업의 존폐에 영향을 줄 정도의 엄청난 손실이 발생할 수도 있는 상품을 설계해서 적극적으로 마케팅한다는 것은 전문가로서 은행들이 할 일은 아니라고 생각된다. 오히려 기업들이 위와 같은 상품에 가입하는 것을 말렸어야 하지 않았을까?[7]

2008년 키코상품으로 피해를 입은 220여 개의 기업이 민사소송을 제기하였는데 1심에서 165개 기업이 패소하자 2010년 150여 개 기업이 서울고등법원에 항소하였다. 그러나 1심과 크게 다르지 않은 결과로 나타났다. 또한 2013년 9월 대법원도 은행 쪽의 손을 들어줌으로써 키코와 관련된 5년간의 법정다툼이 사실상 은행 승소로 마무리되었으나, 2017년 새로운 정부가 들어서면서 키코와 관련된 민사 및 형사 소송 모두에서 여러 가지 의혹이 제기되고 있는 상황이다.

7〉 실제 국내 K은행은 키코상품에 문제가 있다고 보고 기업들에게 판매하지 않은 것으로 알려져 있다.

키코 사건 판결의 재조명

지난 6월 20일 국회 간담회를 통하여, '키코(Kiko: Knock in Knock out)(중소기업이 극히 제한된 기대이익을 대가로 무제한의 위험에 처하게 된 파생금융상품) 사건'의 피해기업들과 투자자들이 검찰의 재수사를 촉구하고 나서면서 사건의 실체가 재조명되고 있다.

한국기업회생지원협회에 따르면 초기 '키코 피해기업 공동대책위원회'에 가입한 기업은 1000개를 넘었고, 피해 규모는 최소 3조 원 수준이며 도산과 상장폐지 등으로 소송에 참여하지 못한 기업까지 보태면 10조 원 규모로 추산하고 있다. 피해규모도 크지만 피해 당사자가 한국 경제와 함께 견실하게 성장해온 수출 중소기업들이 대부분이라는 점에서 키코 사건은 우리 경제에 큰 상처를 입혔다.

키코 사건의 본질

키코 사건의 본질에 대하여는 은행의 사기행각에서 비롯된 것이라는 기업 측의 입장과 기업의 투기에 기인한 것이라는 은행의 입장이 첨예하게 대립하였다. IMF 자료에 따르면, 키코와 유사한 형태의 파생상품에 기인한 거대손실 사례는 한국, 일본, 중국, 인도, 스리랑카, 말레이시아, 홍콩, 인도네시아 등 아시아지역 뿐만 아니라, 브라질, 멕시코 등 중남미 지역과 폴란드 등 유럽 지역에서도 발생하였다.

각국에서 사회적으로 문제가 된 주요 쟁점은 어김없이 은행의 '사기' 여부였다. 키코와 동일한 구조의 파생상품은 미국이나 이탈리아 등 선진국뿐만 아니라, 인도 같은 아시아 국가에서도 일찌감치 사기로 결론이 났다. 그런데 한국에서는 아직까지 검찰이 기소조차 제대로 못해본 상태에서 민사소송에서 사기가 아니라는 이례적인 판단이 내려진 것이다.

우리 대법원은 2013년 9월 26일 4건의 키코 사건 전원합의체판결(세신정밀, 삼코, 수산중공업, 모나미)에서 키코 상품의 본질에 관하여 헤지(Hedge)(위험회피) 부적합성을 인정하지 않았을 뿐만 아니라, 사기 또는 착오로 인한 취소 등 기업 측이 주장한 무효 또는 취소 사유를 모두 인정하지 않았다. 따라서 사실상 대법원이 비교적 구체적으로 판단한 것은 적합성 원칙과 설명의무에 집중되었다.

키코 사태의 본질은 '사기적 판매행위' 인데, 우리 대법원이 이를 밝히지 못한 점은 진실 규명과 사법 정의 차원에서 재고의 여지가 있어 보인다. 은행에게만 일방적으로 유리한 투기 상품을 기업의 헤지 상품으로 호도하다 보니, 사기나 착오의 문제가 대법원에서는 깊게 다루어지지도 못하였다는 점 또한 상당히 아쉬운 부분이다.

은행측이 사기라는 주장의 근거

키코 소송에서 은행은 키코 상품을 일종의 보험상품(헤지상품)으로 판매하였다고 주장하고, 기업도 환율변동에 대한 보험상품으로 알고 계약을 체결하였다고 주장하며, 각급 법원도 단 한건의 예외도 없이 보험상품이라고 인정하고 있다. 그렇다면 보험계약자인 기업이 거액의 손해를 입었다는 사실을 어떻게 설명할 수 있는가? 일반인의 상식으로 보험계약자가 보험계약으로 인하여 거액의 손해를 입는다는 것은 상상할 수 없는 일이다.

기업 주장의 요점은 거액의 손실 자체가 키코상품은 보험상품이 아닌 투자상품이라는 것을 스스로 증명하는 것이며, 따라서 은행이 투자상품을 보험상품으로 가장하여 판매한 것은 '사기'라는 것이다. 키코 법정에서 한 재판관이 은행측에게 물었다. "카지노에서도 6 : 4 비율 정도의 승률은 지켜지고 있는데, 키코사태는 12 : 0으로 중소기업이 완전히 잃고 있는데 이 정도면 사기 아닌가요?" 이에 관한 대법원 민사판결의 입장은 키코가 '헤지상품'이라는 것이다.

대법원 판단의 근본적 오류

대법원 판단의 근본적 오류는 '헤지거래를 하려는 당사자가 현물의 가격변동과 관련하여 특별한 전망이나 목적으로 가지고 있는 경우에는 특정 구간에서만 위험회피가 되는 헤지거래도 다른 거래조건들과 함께 고려하여 선택할 수 있다. 그러므로 전체 구간에서 위험회피가 되지 않는다는 이유만으로 구조적으로 헤지에 부적합하다고 단정할 수는 없다'는 내용에서 발견된다. 여기서 대법원은 키코상품이 가격변동의 일부 구간에서라도 헤지기능이 있으므로 헤지상품으로 인정할 수 있다고 판단하고 있다. 그러나 이러한 판단은 수많은 기업이 위험을 회피하기 위해서 키코 계약을 체결했다가, 도리어 거대손실로 도산했다는 모순적인 사실을 외면하고 있는 것이다.

가격변동위험은 일부 구간에만 머무는 것이 아니라 가격변동의 전체 구간에 걸쳐서 존재하는 것이기 때문에, 위험의 제거 내지 감소 여부는 전체 구간을 대상으로 판단하여야 한다. 즉 실제로 헤지의 효과는 가격변동위험의 일부 구간에만 작용하는 것은 무의미가 하고, 전체 구간에서 작용하여야만 의미가 있는 것이다.

기실, 헤지하고자 하는 위험이 일부 구간에만 존재하는 작은 위험이라면 굳이 보험을 가입해야할 이유가 있는가? 이러한 키코상품의 근본적인 문제에도 불구하고, 대법원은 일부 구간에서 헤지가 가능하다는 이유를 들어 이를 '부분 헤지(partial hedge)'로 포섭하며, 헤지 거래로 판단하고 있어 상품의 본질을 호도하고 있다. 대법원의 판단 대로 키코가 부분 헤지 상품이었다면, 위험을 부분적으로 밖에 회피할 수 없는 한계가 있을지언정, 그 상품의 구입으로 인한 거대 손실이 발생할 까닭은 없다.

감기보험과 암보험

대법원은, 키코가 발생 가능성이 낮은 위험은 기업이 스스로 감수하고, 발생가능성이 높은 위험에 한정하여 헤지가 가능하도록 설계된 상품이라고 판단하고 있다. 위험의 헤지 여부 판단에 있어서는 발생가능성도 중요하지만, 위험의 크기가 중요한데, 대법원은 위험의 크기에 대하여는 침묵하고 있다. 즉 발생가능성이 아무리 높더라도 위험의 크기가 작다면 헤지의 필요성이 없다고 할 수 있는 것이다.

예컨대, 감기는 발생가능성이 높지만 위험의 크기가 작기 때문에 감기보험을 별도로 가입하지 않는 것과 마찬가지이다. 대법원의 판단을 비유하자면, 키코계약에서 기업은 발생가능성이 높지만 작은 위험인 '감기의 위험'만 보험계약을 체결하기로 하고, 발생가능성이 낮지만 큰 위험인 '암의 위험'은 무보험으로 스스로 감수하기로 했다는 것이다.

키코상품은 왜 더 이상 판매가 안 되는가?

키코상품이 대법원의 판단대로 이색적이기는 하지만 정상적인 범위에 드는 헤지상품일까? 키코상품 자체는 아무 문제가 없는 것일까? 만약 문제가 없는 상품이라면 은행은 유사한 상품을 계속 기업들에게 판매할 수 있어야 하는데, 키코상품의 판매가 중단된 사실은 어떻게 이해해야 할까? 부분적으로는 키코를 통하여 환헤지를 하던 많은 수출기업들이 막대한 손실을 경험함으로써 얻은 학습효과로서, 키코와 유사한 구조의 상품이 환율헤지라는 목적에 적합하지 않은 경우가 발생하는 것을 직접 체득하였기 때문일 것으로 설명될 수 있을 것이다. 위험을 회피하기 위해서 보험계약을 체결했는데, 거대손실로 기업이 도산했다는 모순적인 사실을 외면하는 대법원의 판단을 평균적인 소박한 시민의 상식으로 공감할 수 있을까?

요컨대, 키코상품은 전체 구간을 통해 헤지가 가능하지 않은 상품으로서 본질적으로 헤지상품이 될 수 없었다. 백 번 양보하여 이 상품의 본질을 모르고 감기보험인 줄 모르고 들었다가 대신 암의 위험을 감수하게 되면서, 결국 수많은 견실한 수출 중소기업이 도산에 이르게 된 사실을 직시해야 한다.

피해 중소기업들에게 상품을 판매한 은행들로부터 적절한 손해배상의 길을 가로막아버린 대법원 판결의 오류가 지금이라도 바로잡히길 바라며, 나아가 검찰 조사를 통해 키코상품 판매에 있어서 은행의 사기성에 대한 재조사가 이루어져야 할 것이다.

자료: 오마이뉴스, 2017년 7월 12일자.

연습문제

1. 다음 용어들을 간단히 설명하시오.
   (1) 위험구조 (2) 손익구조
   (3) 금융공학 (4) 교차헤징
   (5) 베이시스위험 (6) NDF
   (7) ALM (8) VaR
2. "헤징을 하지 않고 그대로 있으면(open position), 재무변수의 움직임에 따라 크게 이익을 볼 수도 있고 크게 손실을 볼 수 있기 때문에 결국 마찬가지다"라는 주장에 대해 헤징을 해야 하는 이유를 어떻게 설명할 수 있을까? (힌트: 분포를 사용하여 헤징효과를 설명)
3. "파생증권은 위험하기 때문에 사용하면 안 된다"라는 견해에 대해서 반박해보시오.
4. 금리스왑과 통화스왑의 차이점은 무엇인가?
5. JP Morgan과 Diamond가 체결했던 Total Return Swap에 대해 간단히 설명하시오.
6. S전자는 다음달에 FRN(Floating Rate Note)을 발행하려고 하는데 LIBOR의 상승에 대비하여 헤징을 미리 하려고 한다. 이때 생각할 수 있는 헤징전략은?
7. Basis Risk의 발생원인 두 가지는 무엇인가?
8. 미국 저축대부조합(S&L)사건이 일어나게 된 원인을 대차대조표를 가지고 설명하고 risk profile을 도시하시오. 또한 이 사건으로 인해 리스크관리에 있어 어떠한 변화가 일어났는가?
9. Metallgesellschaft가 헤징에 실패한 이유를 간단히 설명하시오.
10. 다이아몬드펀드의 실패원인으로 볼 수 없는 것은?
    ① 태국바트화 선물환구조의 비대칭성
    ② TRS(Total Return Swap)구조에 대한 이해 부족
    ③ 인도네시아 루피아 연동 채권에 대한 환투기
    ④ JP Morgan이라는 거래상대방의 문제
11. 원화가치가 달러에 대해 절상될 것으로 예상되는 상황에서 적절치 않은 헤징전략은?
    ① $에 대한 풋을 매수한다 ② 원화에 대한 콜을 매수한다
    ③ 원/$ 선물환을 매수한다 ④ 원/$ 선물환을 매도한다
12. VaR와 관련된 다음 설명 중 옳지 않은 것은?
    ① 정상적 상황(평상시)의 최대손실폭을 의미
    ② 단기거래에 수반되는 위험을 관리
    ③ Basel에 의해서 제안됨
    ④ 시가주의와 관련
13. 리스크를 전사적 차원에서 관리해야 하는 이유로 가장 적절치 않은 것은?
    ① 경영활동의 불확실성 증가 ② 포트폴리오 효과
    ③ 다양한 리스크의 존재 ④ 핵심리스크의 중점관리를 위해

CFA 기출문제

1. Futures contracts and options contracts can be used to modify risk. Identify the fundamental distinction between a futures contract and an option contract, and briefly explain the difference in the manner that futures and options modify portfolio risk.

CPA 기출문제

1. (주)한국의 외화자금 수급에 대한 예측에 의하면 1년 후인 2006년 3월에 5억엔 상당의 엔화 수입자금에 대한 결제와 500만불 상당의 달러화 수출자금에 대한 결제가 동시에 이루어진다. 다음과 같은 정보가 주어져 있을 때 (주)한국이 환위험을 헤지(hedge)하기 위하여 택할 수 있는 방법으로 가장 적절한 것은? (단, 수수료는 무시하시오.)

   달러화 이자율 : 연 3%
   엔화 이자율 : 연 1%
   엔/달러 현물환율 : ¥101.98/$
   1년 엔/달러 선물환율 : ¥100/$
   1년 만기 행사가격 ¥100/$의 달러화 풋옵션: ¥0.86
   1년 만기 행사가격 ¥100/$의 달러화 콜옵션: ¥0.84

   ① 엔/달러 선물시장에서 500만불 상당의 달러 선물환을 매입한다.
   ② 달러 자금 시장에서 1년 후 500만불을 상환하기로 하고 달러를 차입하여 엔/달러 현물시장에서 엔화로 교환한 후 엔화 자금 시장에 1년간 예치한다.
   ③ 엔/달러 현물시장에서 500만불 상당의 달러 현물환을 매입한다.
   ④ 달러화 풋옵션과 달러화 콜옵션을 동시에 매입한다.
   ⑤ 달러화 풋옵션을 매도한다.

2. 기업 A, B는 국제금융시장에서 각각 다음과 같은 조건으로 자금을 차입할 수 있다. 은행이 기업 A와 B 사이에서 스왑을 중계하고자 한다. 은행이 기업 A에게 변동금리를 지급하고 고정금리를 수취하는 스왑계약을 체결하며, 기업 B와는 그 반대의 스왑계약을 체결한다. 본 스왑으로 인한 은행의 총마진은 0.2%이며, 스왑이득은 두 기업에게 동일하다. 만약 은행이 기업 A에게 LIBOR+1%를 지급한다면 기업 A는 은행에게 얼마의 고정금리를 지급해야 하는가?

구분	유로본드 시장	유로달러 시장
기업 A	8%	LIBOR + 1%
기업 B	9%	LIBOR + 3%

① 8%　② 7.8%　③ 7.6%　④ 7.4%　⑤ 7.2%

PART 6 성과평가, 펀드 및 국제투자

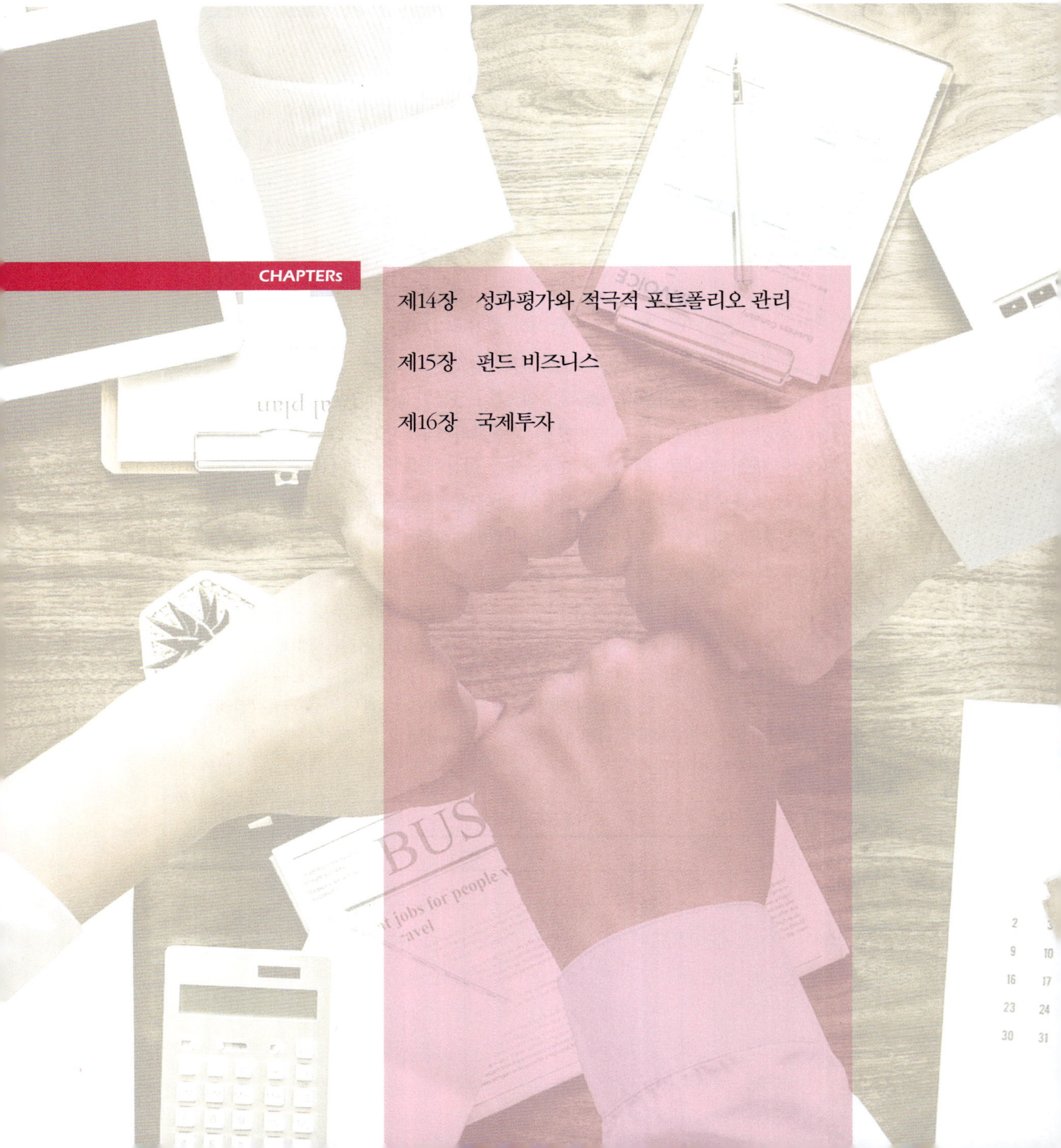

CHAPTERs

월스트리트에서 오랫동안 회자되는 이야기가 있다. 대형 주식펀드를 운용하는 두 명의 매니저가 국립공원에 캠핑을 갔다. 텐트를 세우고, 첫 번째 매니저가 두 번째 매니저에게 공원관리자로부터 흑곰이 이 캠프장 주변에 있으니 조심하라는 말을 들었다고 말해준다. 두 번째 매니저는 웃으면서, "별로 걱정하지 않아요. 전 굉장히 빨리 달릴 수 있거든요."라고 말했다. 그러자 첫 번째 매니저가 고개를 저으며 말하길, "당신은 흑곰보다 빨리 달릴 수 없어요. 흑곰은 먹이를 잡을 때 1시간에 25마일을 달린다고 알려져 있어요." 두 번째 매니저는 이에 다음과 같이 대답했다. "물론 저도 그 곰보다 빨리 달릴 수 없다는 걸 알아요. 하지만 가장 중요한 것은 제가 당신보다는 빨리 달린다는 거죠!"

이는 시겔(Siegel) 교수의 책에 나오는 이야기이다. 경쟁적인 자금시장에서의 수익은 절대수익이 아니라 벤치마크에 대한 상대수익으로 측정되는 것을 비유적으로 말해주고 있다. 6부에서는 바로 이러한 펀드매니저나 포트폴리오 관리자의 성과평가 이슈를 다루고, 이어서 이들이 관리하고 있는 펀드에 대해서 자세히 살펴볼 것이다. 아울러 2007년 국내에서 해외펀드 투자 열풍이 분 지 10년 만에 국내 투자자들의 해외펀드 투자액이 사상 처음으로 100조 원을 돌파했다. 저금리·저성장 시대를 맞아 더 이상 예금이나 국내 주식에만 투자해 만족할 만한 수익을 얻기 힘들어지자 투자자들이 해외로 눈을 돌린 것이다. 그러나 덩치에 비해 해외펀드의 투자성과는 저조하며, 해외투자의 경우에는 펀드 성과와 함께 환율 리스크에 대한 철저한 관리가 필요하다. 이러한 주제는 16장 국제투자에서 자세히 다룰 것이다.

CHAPTER 14

성과평가와 적극적 포트폴리오 관리

앞에서 기대수익률의 예측치를 리스크의 함수로 도출하였는데, 이번 장에서는 리스크가 주어졌을 때 포트폴리오 관리자의 성과를 어떻게 평가할 수 있느냐 하는 문제를 다루기로 한다. 그런데 리스크의 척도로서 어떤 것이 가장 적절한지 분명치 않고 또한 리스크 수준도 포트폴리오 구성에 따라 변할 수 있기 때문에 리스크를 조정한 평균수익률을 구하는 것이 그리 쉬운 일은 아니다.

먼저 단일기간의 수익률을 다기간으로 변환시키는 것을 살펴보고, 여러 해의 수익률을 평균화하는 방법에 대해 살펴볼 것이다. 그런 다음 리스크를 조정하는 방법론에 대해 살펴볼 것인데 이들을 실제 현실세계에서 사용하는 데 있어서 발생하는 문제점들을 아울러 살펴볼 것이다. 또한 업계에서 사용하는 포트폴리오 평가과정에 대해서도 살펴볼 것인데, 전체 투자결과가 포트폴리오 관리자의 자산배분 결정과 증권선택 결정으로 어떻게 분해되는지에 대해 배울 것이다.

우리는 앞에서 효율적 시장 가설을 상당 폭 수용한 것이 사실이나 그렇다고 해서 적극적 포트폴리오 관리의 유용성을 전적으로 부인하는 것은 아니다. 이번 장에서 적극적 포트폴리오 관리의 목적을 살펴보고, 거시경제의 흐름에 전적으로 의존하는 마켓타이밍(market timing) 전략과 미시경제적 예측을 포함하는 증권선택(security selection) 전략에 대해서 공부할 것이다.

14-1 다기간 투자수익률의 측정

4장에서 배웠듯이 투자기간이 단일기간(one period)일 경우에는 투자수익률은 보유기간수익률(holding period return)이다. 보유기간수익률은 투자기간 동안 최초에 투자된 금액으로부터 얼마만큼의 수익이 발생하였는가를 측정하는 것이다. 예를 들어, 연초에 50만 원을 투자하여 삼성전자 1주를 매수였는데 일 년 후 주가가 올라 70만 원이 되었고 또 중간에 배당을 5만 원을 받았다고 했을 때, 보유기간수익률은 다음과 같다.

$$\frac{\text{총수익}}{\text{초기투자금액}} = \frac{\text{자본이득} + \text{배당}}{\text{50만 원}} = \frac{\text{20만 원} + \text{5간 원}}{\text{50만 원}} = 0.5 \text{ 또는 } 50\%$$

그런데 1년 후 70만 원에 삼성전자를 1주 더 매수하여 원래 1주와 함께 일 년간 더 투자하였고 2년 말에 삼성전자주가는 80만 원이 되었다고 해보자. 2년째에 받은 배당금도 주당 5만 원으로 전체 보유주식수가 2주이므로 10만 원이다. 이런 경우 2년 동안의 연평균 수익률은 몇 %가 될까?

14-1-1 시간가중수익률과 금액가중수익률

시간가중수익률(time-weighted rate of return)은 각 연도의 수익률을 구해서 단순평균하여 구하는 방법인데, 각 기간에 보유 중인 주식수의 차이를 무시한다. 앞의 예에서 보면 첫 일 년간 수익률은 50%임을 이미 구하였다. 2년째 수익률은 비록 삼성전자 주식 2주를 보유하고 있지만 1주처럼 생각해서 70만 원을 투자해 10만 원의 자본이득과 5만 원의 배당이 발생한 것으로 보기 때문에 21.4%(=(10만 원+5만 원)/70만 원)가 된다. 따라서 시간가중 연평균수익률은 50%와 21.4%의 평균인 35.7%(=(50%+21.4%)/2)가 된다.

이 방법은 매 기간 주식에 투자된 액수의 차이를 고려하지 않기 때문에 일정목표기간 동안 투자금액이나 투자시점을 마음대로 조절할 수 없는 펀드매니저(예를 들면, 연기금관리자)의 성과측정지표로 적합하다고 할 수 있다.

한편, 금액가중수익률(dollar-weighted rate of return)은 투자가 시작되는 시점으로부터 최후 현금흐름이 발생하는 시점까지를 하나의 기간으로 간주하여 수익률을 구하는데, 해당되는 기간 동안 현금유출의 현가와 현금유입의 현가를 같게 만드는 수익률을 의미한다. 이런 의미에서 금액가중수익률은 투자의 내부수익률(internal rate of return on investment)이라고도 한다. 이제 앞의 예를 이용하여 금액가중수익률을 구해보자.

$$\text{50만 원} + \frac{\text{70만 원}}{1+r} = \frac{\text{5만 원}}{1+r} + \frac{\text{160만 원} + \text{10만 원}}{(1+r)^2} \qquad \textbf{14-1}$$

《식 14-1》의 좌변은 총투자금액의 현가를 의미하고 우변은 총수익의 현가를 의미한다. 이제 이 식을 r에 대해서 풀면[1] $r = 30.5\%$가 되고 이를 금액가중수익률이라 한다. 위의 예에서 볼 수 있듯이 2년째 발생하는 큰 현금흐름이 수익률에 보다 큰 영향을 주기 때문에 '금액가중'이라는 말이 붙은 것이다. 이 예제에서 금액가중수익률이 시간가중수익률보다 작게 나온 이유는 보다 큰 가중치가 부여된 두 번째 해의 주가상승이 첫 번째에 비해 상대적으로 저조했기 때문이다.

금액가중수익률은 투자금액을 중심으로 성과를 측정하는 데 유용하다. 성과가 좋을 때

1〉 이를 풀기 위해서는 엑셀 프로그램의 재무함수 중 IRR함수를 이용하면 된다.

에 더 많은 돈을 주식에 투자한 경우 더 많은 투자수익을 올린다는 관점에서 볼 때 시간가중수익률보다 금액가중수익률의 개념이 더 맞는다고 할 수 있다. 특히, 호황이 예상되면 더 많은 투자를 하고 침체가 예상되면 투자를 적게 하는 관점에서도 마찬가지라 할 수 있다.

14-1-2 산술평균 대 기하평균

우리는 앞에서 시간가중수익률을 구할 때 연간 수익률의 산술평균(arithmetic mean)을 통하여 연평균수익률을 구하였다. 즉 첫 번째 해의 연수익률 50%와 두 번째 해의 연수익률 21.4%를 단순평균하여 35.7%를 구하였다. 그런데 여러 해의 수익률을 평균내는 방법에는 기하평균(geometric mean)으로 구하는 것도 있는데, 기하평균법은 첫 해의 수익률이 두 번째 해의 수익률로 재투자되는 것이기 때문에 복리계산(compounding)을 해야 한다는 것이다. 앞의 예에서 기하평균수익률 r_G를 구하면 다음과 같다.

$$(1 + r_G)^2 = (1.5)(1.214) \quad \Rightarrow \quad r_G = 0.349$$

따라서 r_G=34.9%가 되는데 이는 산술평균으로 구한 값인 35.7%보다 작음을 알 수 있다. 기하평균값은 산술평균값보다 항상 작은데 이는 다음 예에서 보면 분명해진다. 첫 해에 100%의 수익률을 내고 두 번째 해에는 −50%의 수익률이 난다고 해보자. 이 경우 산술평균값은 25%(=(100%+(−50%))/2)가 되고 기하평균값은 0%($=\sqrt{(1+1)(1-0.5)}-1$)가 되는데, 기하평균의 경우 두 번째 해의 50% 수익률 감소가 산술평균보다 더 큰 영향을 미치기 때문에 기하평균값이 산술평균값보다 작아짐을 알 수 있다.

그런데 위와 같은 경우 과연 어느 수익률의 개념이 보다 적절한 것일까? 위의 예를 금액으로 환산해서 생각하면 자명해진다. 위의 예에서 100만 원으로 시작하였다고 해보자. 첫 해에 100%의 수익률을 냈으므로 200만 원이 되었을 것이다. 두 번째 해에는 −50%의 수익률을 기록하였으므로 다시 100만 원으로 감소하였을 것이다. 종합하면 100만 원을 투자해서 다시 100만 원이 되었으므로 2년간의 수익률은 0%라고 보는 것이 옳을 것이다.

14-2 위험조정수익률(Risk-Adjusted Return)

포트폴리오 성과평가에 있어서 가장 어려운 점은 포트폴리오 수익률을 위험에 대해서 어떻게 조정해줄 것이냐 하는 것이다. 4장에서 이미 배웠듯이 수익률만을 단순히 비교하는 것은 올바른 방법이 아니다. 위험이 크면 당연히 높은 수익률을 올릴 수 있기 때문에 수익률이 높다고 해서 반드시 그 포트폴리오의 성과가 뛰어난 것이라고 단정지을 수 없는 것이다. 따라서 포트폴리오 간의 성과평가를 위해서는 위험을 적절히 조정한 수익률을 구하여야 한다.

평균과 분산을 이용한 위험조정 성과평가방법들은 CAPM과 동시에 개발되었다. 트레이놀(Treynor, 1966), 샤프(Sharpe, 1966) 및 젠센(Jensen, 1969)은 포트폴리오 관리자들의 성과평가를 위해서 CAPM을 사용할 수 있음을 발견하고 다음과 같은 성과평가방법들을 고안하였다. 이제 각 방법을 비교하기 위하여 다음과 같은 예를 들어보자. 이때 모든 숫자는 5년간을 표본기간으로 한다.

〈표 14-1〉 포트폴리오의 성과평가를 위한 기초자료의 예

구 분	포트폴리오 P	시장인덱스 M	무위험이자율
평균수익률	35%	28%	6%
베타	1.2	1.0	
표준편차	42%	30%	
추적오차	18%	0	

14-2-1 성과평가방법의 비교

Sharpe 측정치: $\frac{\bar{r}_p - \bar{r}_f}{\sigma_p}$

Sharpe 측정치는 표본기간 동안의 포트폴리오 평균 초과수익률을 그 기간 동안의 표준편차로 나눈 것이다. 즉 Sharpe 측정치는 포트폴리오의 총위험 한 단위 추가에 대해 얼마만큼의 수익률이 증가하는가를 측정하는 것이다. 이는 4장에서 배운 위험보상비율(reward-to-variability ratio)과 같다. 위의 예에 적용하면 포트폴리오 P에 대한 Sharpe 측정치는 (35−6)/42 =0.69가 되고, 시장인덱스에 대한 Sharpe 측정치는 (28−6)/30=0.73이 되어 Sharpe 성과평가방법에 의하면 본 포트폴리오 P는 시장보다 성과가 못하다고 할 수 있다.

Treynor 측정치: $\frac{\bar{r}_p - \bar{r}_f}{\beta_p}$

Sharpe 측정치와 마찬가지로 Treynor 측정치도 위험 한 단위의 추가 부담에 대해서 평균 초과수익률을 측정하는데, 이 경우에는 총위험보다는 베타위험을 사용하는 것이 다르다. 앞 예제의 경우 포트폴리오 P의 Treynor 측정치는 (35−6)/1.2=24.2이고, 시장인덱스의 Treynor 측정치는 (28−6)/1.0=22.0이기 때문에 Treynor 성과평가방법에 의하면 포트폴리오 P의 성과가 시장보다 우수하다고 할 수 있다. 이 결과는 앞의 Sharpe 측정치를 사용한 경우의 결과와 반대이다.

Jensen 측정치: $\alpha_p = \bar{r}_p - [\bar{r}_f + \beta_p(\bar{r}_m - \bar{r}_f)]$

Jensen 측정치는 CAPM에 의해 예측되는 수익률을 초과하는 포트폴리오의 평균수익률을 의미하는데, 이는 포트폴리오의 α값이라고도 한다. 앞의 예에서 포트폴리오 P의 α값은 35 −[6+1.2(28−6)]=2.6%임을 알 수 있고, 시장인덱스의 α값은 0%이므로 Jensen 성과평가방

법에 의하면 포트폴리오 P의 성과가 시장보다 우수하다고 할 수 있다.

정보비율: $\dfrac{\alpha_P}{\sigma(e_P)}$

정보비율은 포트폴리오의 α를 포트폴리오의 비체계적 위험으로 나눈 값으로서 업계에서는 추적오차라 부른다. 이는 원칙적으로 시장 인덱스 포트폴리오를 보유함으로써 제거될 수 있는 위험 즉 비체계적 위험을 한 단위 부담할 경우 얻을 수 있는 비정상수익률을 의미한다. 포트폴리오 P의 정보비율은 0.14(=2.6%/18%)이고 시장인덱스의 정보비율은 0이므로 정보비율 성과평가에 의하면 포트폴리오 P가 더 우수하다고 할 수 있다. 정보비율은 헤지펀드(hedge fund)와 같이 적극적으로 운용되는 펀드의 성과평가에 보다 적합하다.

이상에서 살펴본 바와 같이 각 성과측정방법은 항상 동일한 결과를 제공하지 않는다. 이와 같이 다른 위험조정방법에 따라 성과평가가 달라지기 때문에 상황에 따라 적절한 위험조정방법을 선택하여야 한다. 예를 들어, 모든 펀드자산을 관리하는 데 단 한 사람의 투자관리인을 두려고 하는 연금이 있다고 해보자. 이와 같은 경우에는 여러 명의 투자관리인 사이에 분산투자가 이루어질 수 없기 때문에 투자관리인의 포트폴리오는 총위험에 직면하게 된다. 따라서 총위험 대비 성과평가를 측정하는 Sharpe 측정치가 이 경우에는 적합하다고 할 수 있다.

반대로 매우 큰 연금이 있어 여러 명의 투자관리인을 두려고 하고 각 투자관리인에게 자산 중 일정부분씩 나누어주려고 한다고 해보자. 이와 같은 경우에는 이미 여러 투자관리인 사이에 포트폴리오의 분산이 이루어지므로 개별위험(firm-specific risk)은 문제가 되지 않는다. 다시 말해, 체계적 위험만을 고려하면 되기 때문에 이런 경우에는 Treynor 측정치나 Jensen 측정치를 사용하는 것이 적합하다고 할 수 있다.

여기서 또 우리는 Treynor 측정치와 Jensen 측정치 중에 어느 것을 사용하여야 하는가라는 질문에 봉착하게 된다. 두 측정치를 비교하기 위해서 〈그림 14-1〉을 고려해보자. 이 그림에서 보는 바와 같이 포트폴리오 P는 포트폴리오 Q에 비해 낮은 α값(2% 대 3%)을 갖는 반면에 높은 Treynor 측정치(큰 기울기)를 갖는다. 만약 포트폴리오의 베타값으로 0.9를 목표로 삼는다면 당연히 포트폴리오 P가 선호될 것이므로(P를 지나는 직선의 기울기가 Q를 지나는 직선의 기울기보다 크다) Treynor 측정치가 더 적합하다고 할 수 있다. 또한 포트폴리오의 베타값으로 1.6을 목표로 하는 경우에도 포트폴리오 Q보다는 T_P 선상에 있는 점이 더 높은 기울기를 가지므로 그 점이 선호되는데, 그 점은 포트폴리오 P와 무위험자산을 결합하여 구할 수 있다. 즉 Treynor 측정치가 Jensen 측정치보다 포트폴리오 성과평가에 더 적합하다고 할 수 있다.

〈그림 14-1〉 Treynor 측정치와 Jensen 측정치의 비교

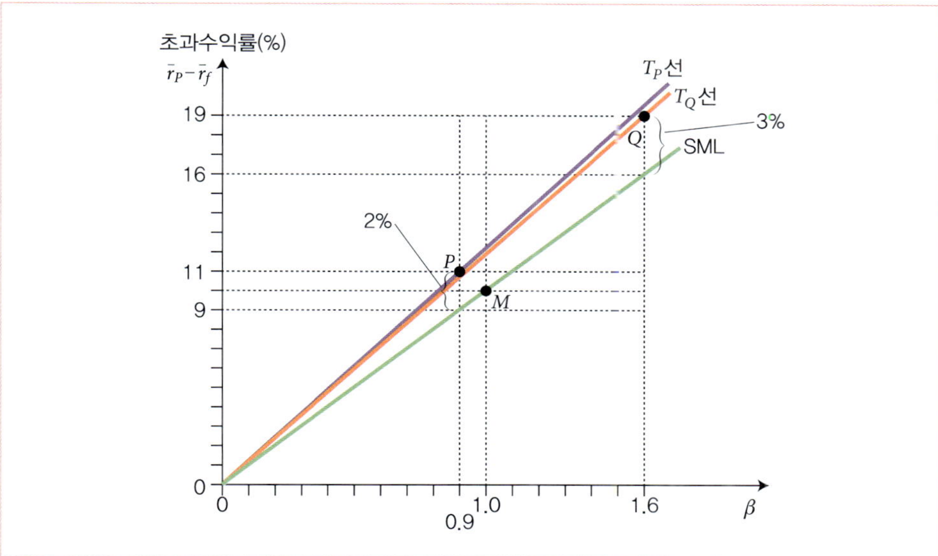

14-2-2 M^2 척도

샤프비율의 경우 초과수익률을 표준편차로 나눈 값이기 때문에 샤프비율 값의 의미를 해석하는 것이 어려울 수 있다. 예를 들어, 만약 샤프비율이 0.69인 포트폴리오 P가 있고 시장인덱스의 샤프비율이 0.73이라 할 때, 해당 포트폴리오가 시장인덱스보다 성과가 저조함은 쉽게 알 수 있다. 그런데 두 샤프비율 값의 차이인 0.04가 과연 경제적으로 의미 있는 숫자라 할 수 있는가? 만일 이 값이 수익률이라면 해석이 가능하겠지만 수익률을 표준편차로 나눠준 값이기 때문에 그 해석이 어렵다.

이러한 문제를 해결하기 위해 고안된 성과측정척도가 M^2이다.[2] M^2을 계산하는 것은 포트폴리오 P를 무위험자산과 결합하여 시장인덱스인 KOSPI와 같은 표준편차를 갖도록 만들 수 있다는 점에 착안한다. 만약 P가 인덱스에 비해 1.5배의 표준편차를 갖는다면, P에 2/3를 투자하고 무위험자산에 1/3을 투자하는 새로운 포트폴리오 P^*를 구성함으로써 인덱스와 같은 표준편차를 갖게 만들 수 있다. 이제 시장 인덱스와 포트폴리오 P^*의 표준편차가 같기 때문에 단순히 수익률을 비교함으로써 두 포트폴리오의 성과를 논할 수 있다.

$$M^2 = r_{p^*} - r_M \qquad \textbf{14-2}$$

2) 이는 노벨경제학상을 수상한 Franco Modigliani와 그의 손녀인 Leah Modigliani가 공동으로 제안하였기 때문에 붙여진 이름이다. 즉 Modigliani-제곱이라 할 수 있다.

예제 14-1 〈표 14-1〉의 정보를 사용하여 포트폴리오 P의 M^2를 구하시오.

풀이

우선 포트폴리오 P와 무위험자산을 결합하여 시장인덱스 M과 같은 표준편차를 갖는 포트폴리오 P^*를 구해보자. 포트폴리오 P의 표준편차가 42%이고 시장인덱스 M의 표준편차가 30%이므로, 포트폴리오 P에 대한 투자비중은 30/42=0.714, 무위험자산에 대한 투자비중은 12/42=0.286이 되어야 한다. 그러면 포트폴리오 P^*의 수익률은 (0.714×35%+0.286×6%)=26.7%가 된다. 이를 《식 14-2》에 대입하면 M^2를 구할 수 있다.

$$M^2 = 26.7\% - 28\% = -1.3\%$$

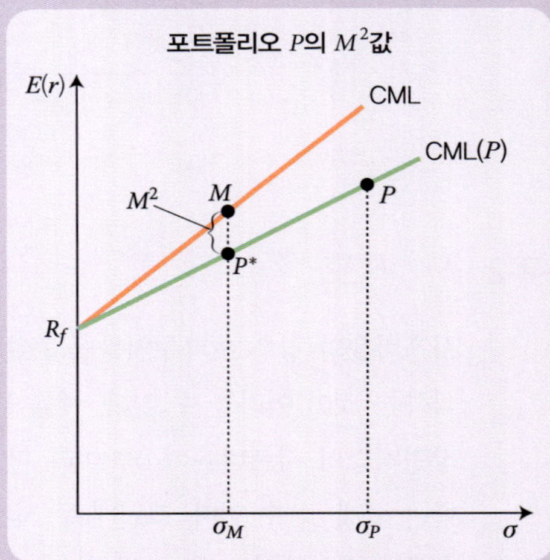

이를 그림으로 표시하면 우측과 같다. 포트폴리오 P를 무위험자산과 결합하면 자본배분선(P)를 따라 왼쪽으로 움직이는 것을 의미하는데, 시장인덱스 M과 표준편차가 같아질 때까지 즉 P^*에서 멈춘다. M^2는 M과 P^* 간의 수익률 차이이므로 그림에서 두 점 사이의 수직선의 거리가 된다. 그림에서 확인할 수 있듯이, P는 음(−)의 M^2값을 갖는데, 이는 P의 자본배분선이 자본시장선보다 기울기가 낮기 때문이다. 다시 말해 P의 샤프비율이 M의 샤프비율보다 작기 때문에 음의 M^2값을 보인다.

14-2-3 전통적 성과평가방법의 문제점

세 가지 측정방법은 모두 CAPM에 근거하고 있기 때문에 CAPM의 전제가 되는 가정이 틀리면 이 측정치에 근거한 포트폴리오의 우열순위 또한 틀리게 된다. 예를 들어, CAPM의 가정 중 동일한 이자율로 차입하거나 대출할 수 있다는 가정은 현실적으로 불가능한데, 만약 투자자들이 무위험자산보다 높은 금리로 차입한다고 하면 자본시장선은 직선이 아닌 곡선의 형태로 바뀌게 되기 때문에 Sharpe 측정치는 오류를 유발한다. 즉 위험이 작은 포트폴리오의 기울기는 크기 때문에 성과가 좋은 듯이 보이게 되고, 위험이 큰 포트폴리오의 경우에는 낮은 기울기를 갖기 때문에 성과가 나쁜 것처럼 보이게 된다.

또한 CAPM의 가정이 맞다고 하더라도 CAPM의 측정이 잘못될 경우 잘못된 성과평가가 이루어진다. 즉 실제 증권시장선과 예측된 증권시장선이 다르다면 당연히 Jensen의 α

값이 달라질 것이고, 또한 Treynor 측정치도 달라지게 된다.

아울러 무위험자산수익률의 선택과 그 측정에 따라 성과평가가 달라지게 된다. 일반적으로 미국에서는 재무성 단기국채(T-bill)나 장기국채(T-bond)를 무위험자산으로 사용하는데 이견이 없고 이에 대한 일관된 자료가 있으므로 별 문제가 없으나, 우리나라의 경우에는 국고채를 무위험자산으로 사용할 수 있다고 하더라도 존재기간이 매우 짧은 문제가 있으며 또한 단기국채가 존재하지 않으므로 단기 무위험수익률 산정에 어려움이 많다.

마지막으로 대단히 정교한 투자성과평가방법으로 포트폴리오의 성과를 평가했다 하더라도 여전히 그 성과가 투자관리자의 실력 때문인지 아니면 단순한 운 때문인지를 구분하기가 쉽지 않다는 것이다. 증권시장의 부침이 매우 심할 경우 펀드매니저의 운용능력을 논하는 것 자체가 무의미할 수도 있다.

14-2-4 RAROC

금융기관 특히 은행의 경우에는 위험에 대한 대비를 자본금을 가지고 하기 때문에 자본금 대비 위험조정수익률을 계산하게 된다. 예를 들어, BIS의 8% 규제도 전체 위험자산 대비 자본금의 비중이 8%를 넘어야 한다고 지정하는 것이다. 다라서 금융기관의 경우에는 직면하고 있는 모든 위험을 커버하기 위해서 어느 정도의 자본금이 필요하고, 이렇게 산출된 자본금을 활용하여 어느 정도의 수익을 달성했는지를 보려고 하기 때문에 다음과 같은 위험조정수익률의 개념을 사용한다.

$$RAROC = \frac{\text{순수익} - \text{예상손실}}{\text{경제적 자본량}}$$

여기서 경제적 자본량(economic capital)은 예상손실을 초과하는 예상외손실에 대비하기 위해 필요한 자본량으로서 〈그림 14-2〉에서 보는 바와 같다.

〈그림 14-2〉 경제적 자본량의 계산

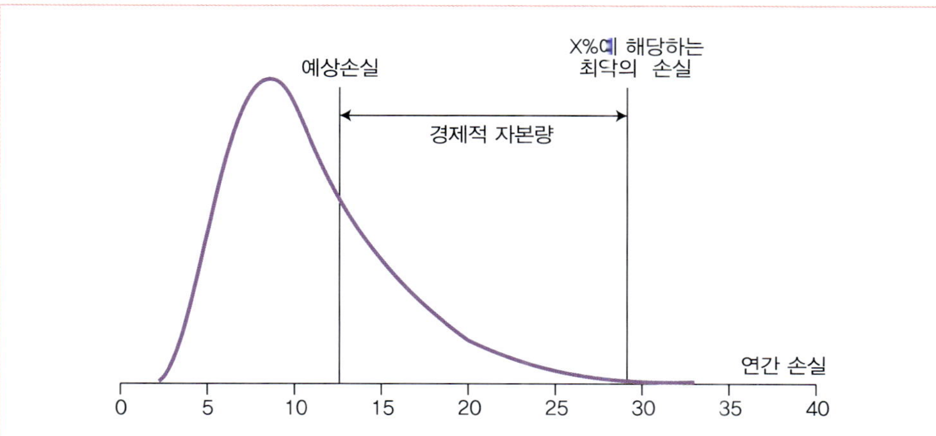

RAROC(Risk-Adjusted Return On Capital)에 의하면 위험이 크면 클수록 많은 자본금이 필요하고 따라서 동일한 RAROC을 달성하기 위해서는 보다 많은 이익을 창출하여야 한다는 것을 의미한다. 예를 들어, 은행 내에 주식에 투자하는 펀드매니저가 있고 채권을 운용하는 펀드매니저가 있다고 해보자. 주식의 경우 채권에 비해 위험이 크기 때문에 주식운용자에게 상대적으로 많은 자본금을 배정하게 된다.

그런데 은행에 있어 자본금은 가장 코스트가 높은 자산이기 때문에 많은 자본금을 할당받은 주식운용자의 경우 당연히 보다 많은 이익을 낼 것으로 기대될 것이다. 그런데 만약 주식운용자가 채권운용자와 동일한 이익을 냈다면 당연히 주식운용자의 RAROC은 채권운용자의 RAROC보다 못할 것이고 성과가 저조한 것으로 나타나게 된다.

예제 14-2 다음 표와 같은 주식과 회사채에 대한 예를 사용하여 RAROC을 산출해보고 이를 이용한 성과평가방법을 살펴보자.

구분	주식	회사채
투자자산규모	1억 원	1억 원
수익	1천만 원	1천만 원
자산수익률	10%	10%
위험도	20%	8%
자본할당액*(위험조정자본)	2천만 원	8백만 원
위험조정자본수익률**(RAROC)	50%	125%

*자본할당액=투자자산규모/위험도
**위험조정자본수익률=수익/자본할당액

자료: 한국은행(1996), 금융환경 변화와 은행의 위험관리.

풀이

위의 표는 Bankers Trust의 위험조정자본수익률 산정방법을 원용한 것이다. Bankers Trust에서는 과거 3년에 걸친 주중 가격변동의 표준편차를 변동폭(volatility)으로 정의하고 위험도를 다음과 같이 산출하였다.

$$\text{위험도} = 2.33 \times \text{주중변동폭}(\%) \times \sqrt{52} \times (1-\text{세율})$$

여기서 '2.33×주중변동폭'은 수익률이 정규분포를 보인다는 가정하에 가격변동의 신뢰수준이 99%임을 나타낸다. 한편, $\sqrt{52}$는 주중변동폭을 연율로 환산하기 위한 것이다. 자본할당액은 투자자산규모에 위험도를 곱한 값으로 나타낸 것이며 이것이 곧 경제적자본량이라고 할 수 있다. 다음은 수익을 경제적자본량으로 나누어 위험조정자본수익률을 계산한다.

위의 표를 보면 주식과 회사채에 투자한 금액과 얻은 수익은 각각 1억 원과 1천만 원으로 동일하지만 위험조정자본수익률은 50%와 125%로 큰 차이를 보임을 알 수 있다. 이는 주식의 위험도가 20%인 데 비해, 회사채의 위험도는 8%로 낮은 만큼 경제적 자본량이 회사채의 경우 작게 할당된 데 따른 것이다. 이렇게 계산된 위험조정수익률은 부서별 또는 딜러별 투자한도 설정이나 이들에 대한 평가에 유용하게 쓸 수 있다. 이 경우 주식운용자는 채권운용자와 똑같은 수익을 냈지만, 훨씬 많은 위험을 부담하여 달성하였기 때문에 채권운용자에 비해 결코 잘했다고 볼 수 없다. 이것은 RAROC의 크기로 나타나 채권운용자의 경우 주식운용자에 비해 2.5배의 RAROC을 보인다.

14-3 성과분리방법(Performance Attribution Procedures)

실무업계에서는 위험조정수익률에 초점을 맞추는 것 대신에 어떤 의사결정이 보다 나은 성과나 혹은 못한 성과를 가져왔는지를 확인하는 것에 많은 관심이 있다. 보다 나은 성과는 적절한 시점에(right timing), 옳은 증권을 선택할 수 있는 능력(right security selection)에 있음은 모두가 알고 있는 사실이다.

포트폴리오의 성과는 자산배분(asset allocation), 산업선정(industry or sector selection) 및 증권선택(security selection)에 달려 있다고 할 수 있는데, 자산배분은 주식, 채권, 단기 금융상품, 부동산 등에 대한 배분을 의미하고, 산업선정은 각 상품 내에서(예를 들면, 주식) 어떤 산업에 투자할 것인지를 결정하는 것이며, 증권선택은 각 산업 내에 있는 종목(예를 들면, 자동차 산업 내 주식) 중 어떤 종목에 투자할 것인가를 결정하는 것이다. 이제 다음 예를 통해서 성과를 어떻게 분리해서 볼 수 있는지를 살펴보기로 하자.

먼저 포트폴리오의 성과를 비교하기 위한 비교기준(benchmark)을 정하여야 하는데, 이는 적극적이 아닌 수동적 포트폴리오이어야 한다. 수동적 포트폴리오란 자산배분이 시장의 여건을 고려하지 않은 상태에서 다만 투자자의 위험에 대한 성향만을 반영하여 결정된 것을 의미하며, KOSPI지수라든가 채권지수 등 지수(index)에 투자하는 것을 의미한다.[3]

〈표 14-2〉에 벤치마크 포트폴리오의 구성비율과 수익률 및 적극적 포트폴리오의 구성비율과 수익률이 비교되어 있다. 수동적 벤치마크 포트폴리오의 구성비율은 주식에 60%, 채권에 30%, 단기 금융상품에 10% 등으로 주어졌으며, 수익률은 3.97%로 주어졌다. 적극적 포트폴리오의 구성비율은 주식 70%, 채권 7%, 단기 금융상품 23%로 주어졌는데 이는 주식시장에 대한 좋은 전망을 반영하여 주식의 비중을 늘리고 채권의 비중을 줄였음을

3) 만약 자산배분에 있어서 주식시장이 좋을 것으로 예상하여 주식에 대한 투자비중을 높이는 것은 수동적 자산배분이 아니다. 수동적 자산배분은 시장에 대한 전망에 관계없이 투자자의 위험회피성향을 반영하여 결정되는 것이다. 물론 수동적 자산배분의 경우라도 위험회피성향이 큰 투자자의 경우 주식에 대한 투자비중이 낮아질 것은 당연하다. 또한 수동적 투자의 경우에는 주식이나 채권에 대한 투자에 있어서도 종목선정을 해서 투자하는 것이 아니라 전체 주가지수나 채권지수에 투자하는 것을 의미한다.

〈표 14-2〉 적극적 포트폴리오와 벤치마크 포트폴리오의 성과비교

구성요소	벤치마크 비중	벤치마크 월간 수익률(%)	구성요소	적극적 포트폴리오 비중	적극적 포트폴리오 월간 수익률(%)
주가지수	0.6	5.81	주식 포트폴리오	0.7	7.28
채권지수	0.3	1.45	채권 포트폴리오	0.07	1.89
단기상품	0.1	0.48	단기상품	0.23	0.48
벤치마크 수익률 = 0.6×5.81 + 0.3×1.35 + 0.1×0.48 = 3.97%			적극적 포트폴리오 수익률 = 0.7×7.28 + 0.07×1.89 + 0.23×0.48 = 5.34%		
적극적 포트폴리오 초과 수익률 = 5.34% − 3.97% = 1.37%					

의미한다. 아울러 적극적 포트폴리오의 수익률은 5.34%로 주어져 벤치마크 포트폴리오 수익률보다 1.37%포인트 초과한 것으로 나타났다.

적극적 포트폴리오와 벤치마크 포트폴리오 간의 수익률 차이 1.37% 중 자산배분으로 인한 효과는 얼마나 될까? 〈표 14-3〉은 이에 대한 답을 보여주고 있는데, 벤치마크 수익률이 자산배분으로 인해 얼마나 변하는지를 보여준다.[4] 각 구성요소별로 자산배분 효과를 구한 다음 합산하여 전체 포트폴리오의 자산배분 효과를 구해보자. 예를 들어, 주가지수는 벤치마크 포트폴리오에 비해 1.84%(=5.81%−3.97%)가 높았는데 이 중 주식투자비중의 차이(0.6→0.7)로 인한 효과는 0.184%(=1.84%×0.1)가 된다. 마찬가지로 채권지수는 벤치마크 포트폴리오에 비해 −2.52%(=1.45%−3.97%)가 낮은데 이 중 채권투자비중의 차이(0.3→0.07)로 인한 효과는 0.580%[=(−2.52%)×(−0.23)]가 된다. 또한 단기상품은 벤치마크 포트폴리오에 비해 −3.49%(=0.48%−3.97%)가 낮은데 이 중 단기 금융상품의 비중차이(0.1→0.23)로 인한 효과는 −0.454%[=(−3.49%)×0.13]로 나타났다. 따라서 자산배분의 차이로 인한 두 포트폴리오의 성과차이는 0.31%(=0.184%+0.580%−0.454%)이다.

〈표 14-4〉는 시장 내에서의 업종선정과 종목선정에 의해서 초과된 수익률을 구하는 것을 보여준다. 예를 들어, 주식시장 내에서 어떤 업종을 선택하고 또한 해당 업종 내에서 어떤 주식종목을 선택하였는가가 1.03%의 초과수익률을 설명하고, 채권시장 내에서 어떤 업종을 선택하고 또 해당 업종 내에서 어떤 채권종목을 선택하였는가가 0.03%의 초과수익률을 달성했음을 보여주고 있다. 주식의 경우를 보면, 적극적 포트폴리오의 수익률이 7.28%이고 벤치마크 수익률이 5.81%이므로 초과성과는 1.47%(=7.28%−5.81%)이다. 이때 적극적 포트폴리오의 주식비중이 70%이므로 주식의 기여도는 1.03%(=1.47%×0.7)가 된다. 같은 식으로 채권에 대해 계산하면 채권의 기여도는 0.03%이므로 업종 및 종목선택의 기여도는 1.06%임을 알 수 있다. 아울러 업종선정과 종목선정으로 인해 초과된 수익률 1.06%에 자산배분으로 인한 초과수익률 0.31%를 더하면 전체 초과수익률 1.37%과 같게 됨을

4) 이때 벤치마크 수익률(3.97%)을 기준으로 비교하여야만 자산배분으로 인한 효과를 구할 수 있다.

〈표 14-3〉 성과분리(자산배분의 기여도)

시장	실제 비중 (1)	벤치마크 비중 (2)	초과비중 (3)	지수수익률–벤치마크(%) (4)	성과에 대한 기여(%) (5) = (3) × (4)
주식	0.7	0.6	0.10	1.84	0.184
채권	0.07	0.3	–0.23	–2.52	0.580
단기상품	0.23	0.1	0.13	–3.49	–0.454
자산배분의 기여도					0.310

자료: Bodie, Kane and Markus(1995), Essentials of Investments, 2nd Ed., Irwin.

〈표 14-4〉 성과분리(업종선택과 종목선택의 기여도)

시장	포트폴리오 성과(%) (1)	인덱스 성과(%) (2)	초과성과(%) (3)	포트폴리오 가중치 (4)	기여도(%) (5) = (3) × (4)
주식	7.28	5.81	1.47	0.70	1.029
채권	1.89	1.45	0.44	0.07	0.031
산업 및 종목 선택의 기여도					1.06

주) (1)의 포트폴리오 성과는 새로 주어진 것이고, (2)의 인덱스 성과는 〈표 14-2〉에 주어진 것이다.

자료: Bodie, Kane and Markus(1995), Essentials of Investments, 2nd Ed., Irwin.

〈표 14-5〉 주식시장 내에서 업종선택으로 인한 성과의 차이

업종	포트폴리오의 월초 가중치 (1)	S&P 500의 월초 가중치 (2)	가중치 차이 (3) = (1) – (2)	업종 수익률 (4)	(4) –S&P 500* 수익률(5)	기여도(%) (6) = (3) × (5)
기초재료	1.96	8.3	–6.34	6.4	0.9	–0.057
자본재	1.87	7.8	–5.93	3.7	–1.8	0.011
소비재	8.47	12.5	–4.03	8.4	2.9	–0.012
내구재	40.40	20.4	19.97	9.4	3.9	0.078
기술	1.95	10.9	–8.95	–0.1	–5.6	0.050
주식시장 내 업종선택 차이의 성과기여도						1.21
전체 포트폴리오에서 업종선택의 기여도(=(6)×0.7)						0.85%

*S&P 500 월 수익률은 5.5%로 주어짐.

자료: Bodie, Kane and Markus(1995), Essentials of Investments, 2nd Ed., Irwin.

알 수 있다.

마지막으로 주식시장 내에서 업종선택과 종목선택으로 인한 초과수익률 1.03% 중 업종선택으로 인한 초과수익률은 얼마이고 종목선택으로 인한 초과수익률은 얼마인지를 살펴보아야 하는데, 이를 보여주는 것이 〈표 14-5〉이다. 이 표는 주식시장의 경우에 대해서만 업종선택이 초과수익률에 얼마나 기여했는지를 예시하고 있다. 〈표 14-5〉를 보면, 먼저 적극적 포트폴리오의 업종별 비중과 벤치마크 포트폴리오의 업종별 차이를 구한 다음, 이에

적극적 포트폴리오의 업종별 수익률과 벤치마크 포트폴리오의 업종별 수익률의 차이를 각각 곱하여 업종별 기여도를 구한다. 그런 다음 개별 업종별 기여도를 모두 더하여 주식시장 내 업종선택 기여도를 구한 결과가 1.21%이다. 따라서 적극적 포트폴리오에서 주식 업종선택으로 인한 초과수익률은 0.85%(=1.21%×0.7)이고, 주식 종목선택으로 인한 초과수익률이 0.18%(=1.03%−0.85%)임을 알 수 있으며, 이 경우 주식 초과수익률 달성에 종목선택보다는 업종선택의 기여도가 큰 것을 알 수 있다.

14-4 모닝스타의 스타평가

미국의 모닝스타(Morningstar, Inc.)는 펀드에 대한 정보를 비롯하여 투자에 도움이 되는 정보를 제공하는 회사인데 당사가 제공하는 스타평가(Star Rating) 또는 리스크 조정평가(Risk Adjusted Rating: RAR)는 펀드의 성과를 측정하는 도구로서 많이 사용되는 것 중의 하나이다. 우리나라에도 모닝스타코리아(모닝스타.co.kr)로 진출하고 있다.

모닝스타 스타평가는 샤프지수와 마찬가지로 위험조정수익을 측정하는 수단인데, 각 펀드를 모닝스타코리아에서 선정한 동료그룹(peer group)과 비교하여 평가한다. 각 펀드의 동료그룹은 평균 PER값, PBR값, 시가총액과 같은 포트폴리오의 특성과 펀드의 투자대상(주식형, 채권형, 혼합형 등)에 따라 선택된다.

모닝스타는 가장 최악의 성과를 기록한 해의 펀드성과에 근거하여 계산되는 리스크와 펀드수익률을 사용해서 모닝스타 위험조정수익률(Morning Star Risk Adjusted Return: MRAR)을 측정한다. 같은 스타일 그룹에 속하는 동종 펀드들을 MRAR에 따라 서열을 매긴 다음, 상위 10% 안에 드는 펀드에는 5개의 별을 주고, 그 다음 22.5%는 별 4개, 35%는 별 3개, 22.5%는 별 2개, 나머지 10%에는 별 1개만을 부여한다. 즉 모닝스타 등급분포는 〈그림 14-3〉과 같이 주어진다.

모닝스타 스타평가는 펀드를 선택하는 과정에서 하나의 시발점으로 사용할 수 있다. 4~5개의 별을 획득한 펀드는 지난 12개월간 안정적인 위험조정수익률을 기록한 것으로 볼

〈그림 14-3〉 모닝스타 등급분포

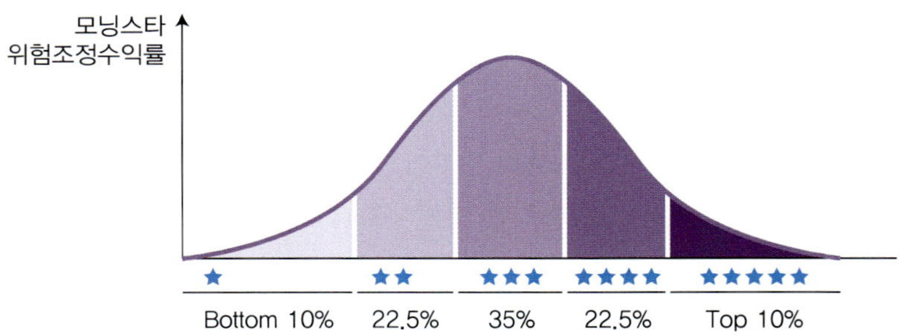

수 있고 투자할 만한 가치가 충분히 있다고 할 수 있다. 그렇지만 펀드에 대한 조사를 여기서 끝내서는 안 되고, 펀드매니저나 운용팀, 비용구조, 포트폴리오, 약세시장과 강세시장에서의 동종 펀드와의 실적 등을 비교해야 한다.

또한, 평가는 미래에 대한 성과지표가 아니라는 점을 상기해야 한다. 더구나 펀드는 현재의 평가등급이 낮더라도 장기간에 걸쳐서 안정적인 결과를 보일 수 있기 때문에 현재의 평가만으로 미래를 단정짓는 것은 위험하다. 이런 한계점에도 불구하고, 모닝스타 스타평가는 투자자들이 자신에게 적합한 펀드를 선택하는 데 좋은 참고자료가 될 수 있다.

14-5 적극적 포트폴리오 관리

14-5-1 적극적 포트폴리오 관리의 의의

적극적인 포트폴리오 관리자의 성과를 어떻게 측정할 수 있는지를 알게 되었으므로 적극적 포트폴리오 관리가 과연 의미 있는 투자전략인지를 살펴볼 때가 되었다. 7장에서 시장이 효율적이 되기 위해서는 저평가된 증권(mispriced securities)을 찾으려는 적극적 투자자가 시장에 많이 존재해야 한다고 하였다. 초과수익률을 좇는 이와 같은 적극적 투자자들의 치열한 경쟁으로 인해 증권가격은 그들의 내재가치 또는 공정가치(fair value)에 근접할 수 있고 시장은 효율적으로 될 수 있기 때문이다.

그런데 과연 적극적 투자전략은 수동적 투자전략(passive investment strategies)을 이길 수 있을까? 만약 어떤 증권분석가도 수동적 투자전략을 이길 수 없다고 해보자. 그러면 아무도 비싼 증권분석에 대해 대가를 지불하려고 하지 않을 것이기 때문에 적극적 투자전략을 구사하는 모든 펀드는 고갈되어 사라질 것이다. 이렇게 되면 더 이상 증권가격은 정확한 내재가치를 반영할 수 없기 때문에 오히려 이익을 볼 수 있는 기회를 제공하여 적극적 관리자들을 다시 시장으로 불러들이게 될 것이다. 따라서 시장에는 언제나 수동적 투자전략을 이기는 적극적 투자전략이 존재할 수 있는 것이다.

또한 실제적으로도 시장에는 Warren Buffet이나 Peter Lynch와 같이 시장을 지속적으로 이기는 투자자들이 분명 존재하고 있고, 8장에서 배웠듯이 초과수익률을 지속적으로 제공하는 시장이례현상들이 존재하기 때문에 적극적 포트폴리오 관리의 역할은 분명 있다고 할 수 있다. 다시 말해, 시장이 효율적이라 할지라도 적극적 포트폴리오 관리는 분명 투자자들에게 매력적인 분야가 아닐 수 없다는 것이다.

심지어 극단적으로 자본시장이 완벽한 효율적인 상태(perfectly efficient)라고 가정하더라도 시장에는 수동적인 투자전략만이 존재할 수가 없다. 만약 시장이 완벽한 효율적인 상태라면 개별증권을 분석해서 선택한다는 것은 의미가 없을 것이고, 단순히 시장 인덱스 포트폴리오와 무위험자산에 배분하여 투자하는 수동적 투자전략을 따르는 것이 최상이 될 것이다. 그러나 이런 상황에서도 시장 인덱스 포트폴리오와 무위험자산 사이에 어떻게 자산을 배분할 것인지 하는 문제는 남아 있게 되고 이에 대한 분석이 필요하다. 이는 4장에서도 배웠듯이 결국 시장 인덱스의 기대수익률과 표준편차에 대한 예측을 필요로 하기 때문에 투자자들이 순수한 소극적 전략으로부터 쉽게 벗어나게 만든다.

적극적 포트폴리오 관리는 분명 매력적인 투자전략이다. 왜냐하면 성공 시 잠재적 이익이 매우 크기 때문이다. 그렇기 때문에 포트폴리오 관리자들 간의 경쟁이 치열해지고 증권의 시장가격은 거의 효율적인 수준에 이르게 된다. 이는 역설적으로 증권가격이 효율적인 수준에 머물기 위해서는 (비록 어렵기는 하지만) 적극적 포트폴리오 관리로 인해 상당한 이익이 발생해야 한다는 말이 된다. 만약 이익이 없다면 많은 사람이 투자관리업을 떠날 것이고 증권가격은 효율적인 수준으로부터 오히려 멀어지게 될 것이다.

14-5-2 적극적 포트폴리오의 성과평가

전문적으로 운영되는 포트폴리오의 성과는 다음과 같은 샤프척도로 측정되며, 가장 유능한 포트폴리오 관리자는 가장 높은 샤프비율을 지속적으로 달성하는, 즉 실제적인 예측능력을 보유한 사람이라 할 수 있다.

$$S_P = \frac{E(r_P) - r_f}{\sigma_P}$$

앞에서도 살펴본 바와 같이 샤프척도는 고객의 전 재산(entire wealth)을 해당 전문운용역이 관리할 때 적합한 성과척도라 할 수 있는데, 고객이 포트폴리오 선택에 있어서 추가적인 제약을 가한다면 성과평가문제는 더욱 복잡해진다.

헤지펀드(hedge funds)와 같이 일시적으로 저평가되거나 고평가된 종목에 의해 창출되는 기회에 집중하고자 하는 적극적 펀드의 경우에는 포트폴리오의 기대수익률과 총위험 간의 바람직한 상충관계를 이끌어내려고 하는 샤프비율이 성과평가 척도로 적합하지 않다. 이러한 펀드들은 알파를 추구하는 전략을 구사하고(α-driven), 분산효과를 염두에 두고 만들어진 전통적 핵심 포트폴리오에 약간의 첨가 부분으로 생각되기 때문에 이들 펀드의 성과평가는 다음 식에서 보는 바와 같이 정보비율에 근거하여야 하고, 헤지펀드 H를 포함한 전체 포트폴리오 P^*의 성과는 기준 포트폴리오 M의 성과 대비 헤지펀드의 정보비율만큼 증가한다.

$$S_{P^*}{}^2 = S_M{}^2 + \left(\frac{\alpha_H}{\sigma(e_H)}\right)^2$$

14-5-3 적극적 포트폴리오 관리전략

적극적 포트폴리오 관리전략에는 마켓타이밍, 자산배분 및 증권선택의 세 가지가 있다.

마켓타이밍(market timing)이란 주식시장을 전망하여 주식이 무위험자산보다 성과가 우수할 것으로 예상되는 경우 주식에 대한 투자비중을 증가시키는 전략을 의미한다. 결국 이는 주식시장이 향후 상승할 것인지 하락할 것인지를 예측하는 능력에 의존하는 전략이라 할 수 있다. 자산배분(asset allocation)은 전체 자산을 여러 자산 증류별(class)로, 즉 자산 스타일별(style)로 어떻게 배분할 것인지를 결정하는 것을 말한다. 이는 스타일분석(style analysis)이라고도 하며, 여러 연구에 의해 잘 알려진 바와 같이 펀드 수익률의 97% 정도가 자산배분만으로 설명될 수 있기 때문에 그 중요성이 크다고 할 수 있다. 한편, 증권선택(security selection)은 저평가된 종목, 즉 양(+)의 알파를 갖는 종목을 발굴하는 전략이다. 물론 이러한 몇 개의 종목에 집중투자하는 것은 분산투자 시 제거할 수 있는 개별 종목 리스크에 노출되기 때문에, 적극적 자산운용자는 증권선택의 이점과 함께 비용을 고려하여야 할 것이다.

마켓타이밍 전략

앞에서 배운 리스크와 수익률 간의 상충관계(risk-return trade-off)에 의하면 어떤 투자전략의 수익률이 높은 것은 그만큼 해당 전략의 리스크가 크기 대문이라고 하였다. 그렇다면 마켓타이밍 전략의 높은 수익률도 해당 전략의 리스크가 크기 때문인가?

완벽한 타이밍 전략(perfect-timing strategy)을 예로 들어보자. 완벽한 타이밍 전략은 정의상 무위험자산이나 시장수익률보다 나쁠 수 없는 전략이다. 왜냐하면 완벽한 타이밍 전략은 무위험자산과 시장에 대해 전망해서 유리한 곳에 투자할 수 있는 완벽한 능력을 가정하기 때문이다. 따라서 마켓타이밍 전략의 높은 수익률은 리스크에 대한 대가라기보다는 우월한 분석(superior analysis)의 결과로 보아야 맞다.

〈그림 14-4〉 완벽한 마켓타이밍 전략의 투자수익

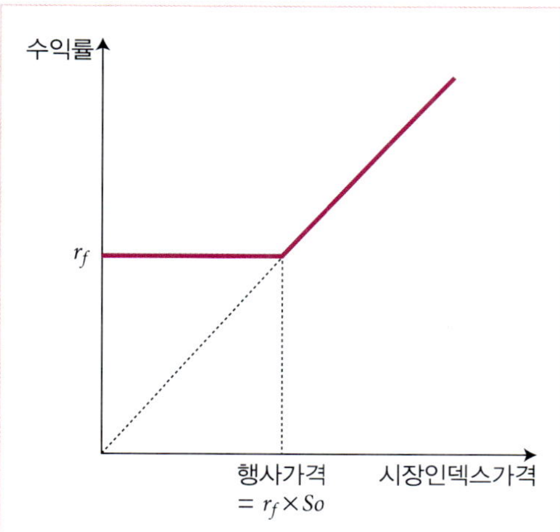

또 한 가지 재미있는 것은 '완벽한 타이밍 전략'이 시장 인덱스에 대한 콜옵션을 보유한 투자자 전략과 같다는 것이다. '완벽한 타이밍 전략'의 수익률을 그림으로 나타내면 〈그림 14-4〉와 같은데, 이는 무위험이자율과 현재 시장 인덱스 가격을 곱한 가격을 행사가격으로 하는 시장 인덱스에 대한 콜옵션의 투자수익 그림과 동일함을 알 수 있다. 따라서 마켓타이밍 능력의 가치는 콜옵션의 가치평가모형을 통해서 간접적으로 구할 수 있다는 것을 알 수 있다.

스타일분석 전략

이제 노벨경제학상을 수상한 Sharpe의 스타일분석(style analysis)에 대해 살펴보자. 앞에서도 언급하였듯이 자산배분(asset allocation)만으로 펀드 수익률의 97% 정도를 설명할 수 있다고

〈표 14-6〉 마젤란펀드에 대한 Sharpe의 스타일 포트폴리오

자산 클래스	회귀계수(%)	자산 클래스	회귀계수(%)
T-bill	0	중형주	31
중기채	0	소형주	18
장기채	0	외국주식	0
회사채	0	유럽주식	4
모기지	0	일본주식	0
가치주	0	전체	100.0
성장주	47	R^2	97.3

자료: William Sharpe (1992), "Asset Allocation Management Style and Performance Evaluation," *Journal of Portfolio Management*, 겨울호, pp.7–19.

하였는데, 이러한 발견은 스타일분석에 대한 업계의 관심을 끌기에 충분하였다.

Sharpe는 12개의 자산 클래스, 즉 스타일 포트폴리오를 만들어 각 자산 클래스를 대표하는 인덱스와 펀드 수익률 간의 관계식을 도출하였다. 이때 각 인덱스에 대한 회귀식의 계수는 해당 자산 클래스(스타일)에 대한 암묵적 배분을 측정하는 것으로 해석할 수 있다. 펀드는 공매도 포지션이 금지되므로 제약조건으로 회귀계수가 0보다 작을 수 없다는 것을 부과하였고 또한 전체 회귀계수의 합이 1이 되도록 하였다. 이 회귀식의 R^2은 수익률 변동성 중 자산배분으로 인해 설명되는 부분으로 해석할 수 있다.

이 접근방법을 살펴보기 위해 1985년 1월부터 1989년 12월까지 피델리티의 마젤란펀드의 월별 수익률에 대해 연구한 Sharpe의 연구결과를 보자. 〈표 14-6〉에서 볼 수 있는 바와 같이 12개의 자산 클래스를 고려하였는데 그중 4개만이 양의 회귀계수를 보여 4개의 스타일 포트폴리오만이 펀드 수익률을 잘 설명한다고 할 수 있으며, 4개의 스타일 포트폴리오가 펀드 수익률의 97.3%를 설명함을 발견하였다. 자산배분에 의해서 설명되지 않는 수익률 변동 부분은 자산 클래스 내 증권선택(security selection within asset classes)으로 인한 것이라 할 수 있는데 마젤란펀드의 경우에는 이 부분이 2.7%(=100%−97.3%)밖에 되지 않는다.

스타일 분석은 투자관리 업계에 있어 매우 유행하였는데 Sharpe의 방법론을 위시로 다양한 유사방법론이 등장하였다. 많은 포트폴리오 관리자들은 웹사이트를 활용해서 투자자들이 자신의 스타일과 주식선택 성과를 식별할 수 있도록 돕고 있다.

증권선택 전략

이제 마지막으로 증권선택모형으로서 트레이놀-블랙모형(Treynor-Black Model)을 보도록 하자. 증권분석가들이 개별증권에 대해서 열심히 연구하여 저평가된 증권, 즉 알파값이 양(+)인 증권을 여러 개 발견하였다고 하자. 그런데 이러한 종목들에 집중투자하는 것은 분산투자하여 얻을 수 있었던 분산투자효과를 없애고 개별 종목 리스크에 대한 노출을 증가시킬

것이기 때문에 함부로 행할 수 있는 것은 아니다.

Jack Treynor과 Fischer Black(1973)은 이와 같은 증권분석을 행하는 적극적 포트폴리오 관리자들을 위해서 증권시장이 완벽하지는 않더라도 거의 효율적이라는(nearly efficient) 가정하에서 다음과 같은 포트폴리오 구성방법을 제안하였다. 첫째, 그들의 모형은 먼저 마켓타이밍 예측치가 반영된 인덱스 모형으로부터 출발한다. 둘째, 증권분석가들은 이용 가능한 모든 증권 중에서 일부를 면밀히 분석하여 저평가된 종목들을 발굴한다. 셋째, 이렇게 구한 적극적 포트폴리오와 인덱스 포트폴리오를 혼합하여 분산효과를 극대화하면서 샤프비율을 최대화하는 새로운 최적의 위험 포트폴리오를 구한다는 것이다.

이 방법에 의해 발굴된 개별 종목 k의 수익률은 다음 식과 같이 표시될 수 있으며, 각각의 증권에 대해 α_k, β_k, $\sigma(e_k)^2$의 세 가지 모수를 추정해야만 한다. 이에 더해 인덱스 포트폴리오의 평균과 분산을 알면 적극적 포트폴리오와 소극적 포트폴리오로 이루어진 투자가능집합(investment opportunity set)을 만들 수 있다.

$$r_k = r_f + \beta_k(r_m - r_f) + e_k + \alpha_k$$

여기서 α_k: 증권의 저평가로 인해 기대되는 초과수익률

e_k : 평균이 영(0)인 개별 종목요인

이를 〈그림 14-5〉를 사용해서 다시 한 번 살펴보도록 하자. 포트폴리오 M은 모든 증권이 공정하게 가격이 매겨졌다고 할 때 모든 증권으로 구성된 시장 포트폴리오, 즉 인덱스 포트폴리오를 의미한다. 인덱스 포트폴리오의 기대수익률과 표준편차에 이미 마켓타이밍 전략이 반영되어 있다고 가정한다. 다시 말해, 향후 시장에 대한 낙관적인 전망과 비관적인 전망 등이 인덱스 포트폴리오에 대한 투자비율에 이미 반영되었다는 것이다.

이제 증권분석가들이 시장에서 저평가된 종목들을 발굴하여 적극적 포트폴리오인 A

〈그림 14-5〉 적극적 포트폴리오와 수동적 포트플리오의 결합

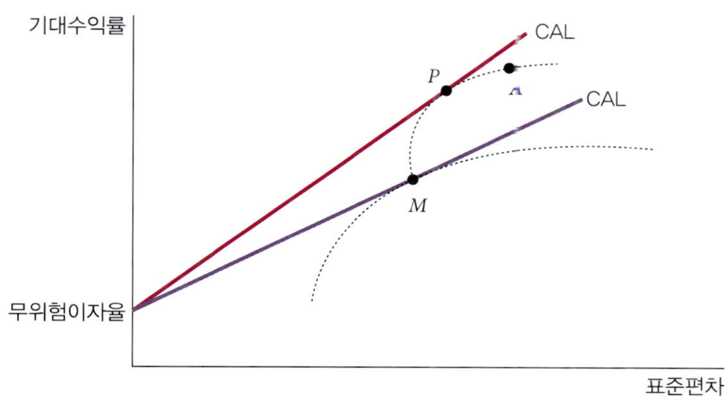

를 발견하였다고 하자. A는 당연히 M보다 표준편차가 크고(비체계적위험을 포함) 기대수익률도 높기(알파값이 0보다 큼) 때문에 M의 우상향에 위치하게 된다. 다시 말해, 우월한 분석을 할 수 있는 투자자의 입장에서는 인덱스 포트폴리오가 더 이상 효율적인 포트폴리오가 아닌 것이다. 적극적 포트폴리오인 A는 수동적 포트폴리오인 M과 상관관계가 1이 아니기 때문에 A와 M을 결합하면 분산효과가 발생하고 따라서 A와 M을 결합한 새로운 효율적 경계선(new efficient frontier)이 생성된다.

이 새로운 효율적 경계선과 접하는 자본배분선(CAL)이 샤프비율을 최대화하는 접선이고 이때 접점 P가 적극적 투자전략을 구사할 경우 우리가 얻게 되는 새로운 최적의 위험 포트폴리오(new optimal risky portfolio)이다. 결국 적극적 포트폴리오 관리의 성공 정도 또는 기여도는 M에 의해서 주어지는 샤프비율보다 P에 의해서 주어지는 샤프비율이 얼마나 더 큰 가에 달려 있다. 트레이놀-블랙모형에서 개별증권의 포트폴리오 내 비중은 개별증권의 알파값/잔차분산, 즉 평가비율(appraisal ratio)에 비례하는데, 평가비율은 적극적 포트폴리오 전략으로 인해 증가하는 수익률과 리스크를 대비시킨 비율이므로 이에 근거하여 개별증권비중을 정하는 것은 합리적이다.[5]

14-6 전설적 펀드매니저

지금까지 포트폴리오의 성과를 어떻게 측정하고 어떻게 평가하며 또 투자성과를 높이기 위한 적극적 포트폴리오 관리전략에 대해서 살펴보았다. 이번 절에서는 포트폴리오를 실제로 운용하여 남들보다 월등한 성과를 높인 펀드매니저들에 대해 살펴보고자 한다. 전설적 펀드매니저들의 성공 투자전략을 통하여 포트폴리오 운영의 많은 노우하우와 실전적 교훈을 얻을 수 있다.

14-6-1 워런 버핏[6]

워런 버핏(Warren Buffet)의 Berkshire Hatheway사는 1999년에만 48.3%의 투자수익률을 올렸고, 1965년 이래 연평균 수익률은 24.7%에 달한다. 2.9년마다 돈이 두 배로 늘어났다. 1965년 Berkshire 초창기 때 맡긴 1만 달러가 지금은 6,500만 달러가 됐다는 식의 얘기가 월가에서는 신화처럼 떠돈다.

버핏은 주식투자로만 돈을 벌었다. 그리고 이 투자에서 미 증시가 폭락했던 1973~1974년에도 4~5%의 수익률을 올리는 등 한 해도 S&P 500 지수증가율(연평균 12.9%)에 뒤진 적이 없다. 매년 3월 초 발표되는 70쪽짜리 Berkshire사의 영업보고서는 버핏의 투자방향

5) 알파값을 잔차의 표준편차로 나눈 값을 정보비율이라 하고, 알파값을 잔차의 분산으로 나눈 값을 평가비율이라 한다.
6) 조선일보, "월가를 움직이는 10인", 2000년 5월 21일자.

을 알려는 월가의 필독 서류이다.

버핏의 투자 '비법'은 의외로 간단하다. 장기간(15~20년)에 걸쳐 평균 이상의 수익률을 거둘만한 몇 개 기업만을 엄선해서 대량 투자한 뒤에는 단기적인 시장의 요동에도 꿈쩍하지 않는, 이른바 '집중투자(focus investing)' 방식이다. Berkshire는 이 방식으로 1999년말 현재 아메리칸 익스프레스(11%), 코카콜라(8%), 월트디즈니(3%), 질레트(면도기 및 건전지 제조업체)(9%), 워싱턴포스트(17%), 웰스 파고은행(8%)에 투자했고, 이는 전체 주식투자분의 86.2%에 달한다. 주식을 장기 보유하니 매일매일의 주가변동에는 관심이 없다. 372억 달러(1999년 말)의 주식투자를 관리하는 직원은 모두 12명이고 사무실에는 그 흔한 주가단말기도 없다.

버핏은 "주가가 아니라 그 기업을 보라"고 말한다. 사업내용이 이해하기 쉽고 장기적인 전망이 호의적인가, 경영진이 합리적이고 솔직한가 등을 보고 내재가치(intrinsic value)를 구한 다음, 이러한 내재가치보다 현재의 주가가 싸면 사라는 것이다. 버핏의 성공전략은 한 마디로 엄격한 가치투자분석인 것이다. 예컨대, "앞으로도 남자들은 계속 수염이 자랄 것이고(질레트 투자이유), 사람들은 콜라를 마신다(코카콜라 투자이유)"는 것이다. 반대로 인터넷 관련 주식들은 사지 않는다. 그는 작년 5월 워싱턴대학(시애틀 소재) 강연에서 "내가 그 사업을 이해하지 못하기 때문"이라고 밝혔다. 남들이 더 경쟁력이 있고, 자신으로선 사업전망을 쉽게 예측하지 못하는 분야는 투자하지 않는다는 것이다.

버핏의 '집중투자' 방식은 월가에서는 별로 인기가 없다. 버핏은 결코 모방될 수 없는, 극히 의외의 케이스라고 생각하기 때문이다. 하지만 그의 움직임은 월가의 최대 관심사항이다. 1999년 2월 그가 대량으로 은매입(세계 생산량의 20%)에 나선 것이 밝혀졌을 때와 6월 미 최대 재보험사 '제너럴 리'를 220억 달러에 사들였을 때, 월가에서는 그의 심중을 헤아리려는 분석이 쏟아졌다. 1997년 샌포드 와일 트래블러스 회장이 살로먼 브러더스를 사

워런 버핏의 투자기법

투자기법

1단계: 단기적인 주가 움직임은 무시한다.
2단계: 경기전망같은 것은 신경쓰지 않는다.
3단계: 기업을 매입하듯이 주식을 매입한다.
4단계: 포트폴리오를 관리한다

버핏이 검토하는 항목

사업요소: 회사의 활동은 단순하고 이해하기 쉬운가? 오랜 역사를 가지고 있는가? 향후 전망은 밝은가?
경영요소: 경영자가 합리적인가? 경영자가 솔직한가? 경영자에게 업계의 관행에 도전할 용기가 있는가?
재무요소: 자기자본수익률은 적절한가? 주주이익은 얼마나 되는가? 매출액수익률은 적절한가? 이익잉여금은 적절히 투자되고 있는가?
시장요소: 내재가치는 얼마나 되는가? 내재가치보다 낮은 가격에 매입할 수 있는가?

자료: 로버트 해그스트롬 저, 김중근 역 (1995), 워런 버핏의 완벽 투자기법, 세종서적.

들이고, 1995년 디즈니사가 ABC 방송을 인수할 때도 이를 승낙한 사람은 각각 최대 주주였던 버핏이었다. 월가를 향해 Berkshire 측은 "우리 투자방식이 옳은 게 증명됐는데, 왜 많은 학교와 금융기관에서는 틀린 이론을 고집하느냐"고 되묻는다.

14-6-2 뱅가드그룹의 존 보글[7]

업계의 양대 펀드 패밀리(수십 개 펀드 운영사)는 보스턴의 피델리티사(Fidelity Investments)와 펜실베이니아주 밸리 포지의 뱅가드그룹(Vanguard Group)이다. 전자는 1999년말 기금총액이 7,527억 달러로, 전 세계 최대의 펀드 회사이다. 그런데 미 뮤추얼펀드업계에는 2000년 초 격변이 일어났다. 각 펀드의 1999년도 유입자금을 집계한 결과를 보면 2위인 뱅가드(펀드 규모 4,400억 달러)가 489억 달러로, 피델리티(113억 달러)를 크게 앞질렀던 것이다. 1980년대 펀드업계의 상징이었던 피터 린치(피델리티사의 주력 펀드 마젤란 펀드매니저)의 은퇴 이후 자금이탈을 겪고 있는 피델리티가 계속 무너지는 중임을 보여주는 수치였다.

이 피델리티 대추격전의 총사령관은 뱅가드의 선임 회장(Senior Chairman) 존 보글(John Bogle)이다. 사실 그는 프랑스 해군을 격파한 영국 넬슨제독의 기함 이름을 딴 뱅가드 펀드를 지난 1976년 소개한 이래 미국 펀드업계로부터는 계속 이단아 또는 골칫거리로 취급을 받았다. 그 이유는 독자적인 판단으로 적극 투자하는 펀드가 주류인 미국 펀드업계에서 뱅가드는 최초로 주식시장 지수를 좇아 투자하는 인덱스 펀드를 취급하였기 때문이다. 하지만 지난 10년간 증시활황을 타고 총329%의 수익률을 거두면서 매년 30% 이상의 신규자금이 몰려 90여 개의 펀드를 설립하기까지 급성장했다.

보글은 "주가는 그때그때 모든 시장정보를 반영해 형성되므로, 독자적으로 주가를 예측해 미리 매매하려는 것은 무모하다"고 말한다. 또한 몇 년간은 반짝할지 모르나 극소수를 제외하고는 S&P 500 지수 등으로 대변되는 시장을 장기간 계속 이기는 것은 불가능하다는 주장이다. 당연히 그의 뱅가드 500 인덱스 펀드(3월 말 780억 달러)는 시장인 S&P 500지수를 그대로 모방해 투자한다. 실제로 S&P 500지수가 6.8% 성장한 2000년 1분기 중 미국 내 적극적인 투자펀드의 평균 투자수익률은 1.15%이었으나, 이 기간 뱅가드 500 인덱스 펀드수익률은 6.92%를 기록하였다. "시장을 이기려 하지 말고 그 흐름을 타라"는 것이 그의 주문이다. 그런데도 여전히 적극 투자를 고집하는 대다수 펀드를 놓고 보글은 "희망이 경험을 이기는 상황"이라고 말했다.

보글의 이단성은 지난 20여 년간 뮤추얼펀드사들의 높은 경비에 대해 퍼부은 그의 집중 성토에서도 드러난다. 1999년 한 해 적극적인 투자펀드들은 전체 기금의 1.56%를 잦은 주식거래 비용, 투자연구비, 펀드관리비 등의 명목으로 부과한 반면, 뱅가드 그룹의 경비비율은 0.36%에 지나지 않았다. 지수대로 장기투자하는 탓에 불필요한 비용이 대폭 준 것이

7) 조선일보, "월가를 움직이는 10인", 2000년 5월 21일자.

고, 투자가로서는 그만큼 이익이다. 뱅가드는 광고도 거의 안하는데, "최대한의 이익을 투자가에게 돌린다"는 보글의 철학 때문이다.

14-6-3 조지 소로스[8]

조지 소로스(George Soros)의 이름 앞에는 '20세기의 마이더스', '현대의 연금술사', '월스트리트의 검은 황제', '유대 금융마피아 대부', '영국은행을 굴복시킨 사내' 등 화려한 닉네임이 항상 붙는다. 그는 20세기 말의 신종 금융상품인 '헤지펀드'로 일확천금을 벌어들였다. 국제금융계에서 소로스의 대명사로 통하는 것이 바로 헤지펀드이다. 국제금융계에서 막강한 영향력(약 1조 5,000억 달러)을 행사하는 전 세계 헤지펀드 중 절반 이상을 소로스의 퀀텀그룹이 개발해냈다. 소로스는 '헤지펀드의 제왕'이라 할 수 있다.

퀀텀펀드의 어떤 특징이 성공을 가져오게 했는가를 살펴보면 레버리지(leverage)를 이용한 다소 특이한 구조에 기인하고 있다고 할 수 있다. 이를 좀 더 구체적으로 설명하면 다음과 같다. 먼저 큰 흐름에 맞춰 펀드 포지션을 취한다. 이를 거시적 투자(macro investing)라 한다. 그 다음에는 그 흐름 안에서 주식을 고른 뒤 다양한 차원에서 움직인다. 그들의 납입자본을 토대로 3차원의 구조를 세운다. 그 구조는 기본자산, 즉 증권의 담보가치에 의해

조지 소로스의 독특한 투자스타일

1. 특정한 스타일이 없다는 것이다. 즉 상황에 맞도록 끊임없이 스타일을 바꿔나가는 것이 그의 특기이다. 한 마디로 정해진 규칙에 따라 움직이지 않고 게임의 규칙 안에서 변화를 추구하는 형이다.
2. 그는 가설을 가지고 일한다. 먼저 예상되는 일련의 사건에 대해 명제를 만든다. 그리고 나서 실제 일어난 사건과 그 명제를 비교한다. 이 같은 분석을 거쳐 그가 세운 가설을 평가하는 기준을 정립한다. 여기에는 직관의 요소가 들어가기도 하지만 나름대로 이론틀을 가지고 있기 때문에 직관이 대단한 역할을 하지 않는다.
3. 그는 불균형(disequilibrium) 상태를 찾아 그 상태에서 어떤 신호가 전달되면 움직인다. 때문에 이론과 직감 두 가지가 합해진 상태에서 결정을 내린다고 할 수 있다. 분석능력은 다소 부족한 편이지만 대신 불안정성을 잘 파악한다고 할 수 있다. 불안정성에 대한 감각은 늘 깨어 있도록 만들어 언제라도 실수를 바로 잡게 된다. 이를 추상적 차원에서 보면 그의 오류가능성에 대한 믿음은 곧 정교한 철학적 기초가 되었다.
4. 그는 다른 사람뿐 아니라 자기 자신의 결함까지도 찾아내는 비관적인 사람이다. 비판적인 사고를 가지고 대체로 처음의 명제를 완전히 배제하지 않고 대신 변화된 상황에 맞도록 명제를 조심스럽게 수정한다.
5. 상황이 잘못되는 시점은 통증을 느끼게 되어 재빠르게 문제를 찾아내게 된다. 그야말로 동물적 감각에 크게 의존하는 편이라 할 수 있다.

8) http://my.netian.com/~belle96/조지소로스.htm

'환 투기꾼' 조지 소로스를 위한 변명

소로스는 1930년 헝가리 부다페스트에서 유대인으로 출생했다. 그는 14세 때 아우슈비츠 가스실로 끌려갈 뻔하는 위기를 겪은 적도 있다. 그는 제2차 세계대전 때 영국으로 피신했다가 전쟁이 끝난 뒤 헝가리로 돌아왔지만 다시 구소련 군정을 피해 영국으로 떠났다. 영국에서 그의 생활은 비참했다. 밤에는 웨이터 생활을 했고 쓰레기통을 뒤져 끼니를 때우기도 했다. 그는 그렇게 해서 모은 돈으로 런던 정경대학(LSE)에 입학했다. 여기서 그는 당시 그 대학의 교수로 있던 세계적인 석학 칼 포퍼를 만나 큰 영향을 받게 된다. 그렇다고 해서 소로스가 포퍼의 강의를 직접 들은 것도 아니고 자주 만난 것도 아니었다. 딱 두 번 만난 사이었다고 한다.

그래도 포퍼는 소로스의 영웅이었으며 지금도 그러하다. 소로스가 1979년에 설립한 '열린 사회 재단'도 포퍼의 저서인 「열린 사회와 그 적들」에서 따온 것이며, 자신이 세운 회사에 '퀀텀 펀드(Quantum fund)'라는 이름을 붙인 것도 바로 포퍼와 무관하지 않다. 퀀텀은 양자(量子)를 의미하는데, 이는 칼 포퍼가 철학적 도구로 애용하던 양자역학에서 빌려온 것이다.

소로스의 투자이론을 가리켜 'Reflexivity이론'이라고 한다. 이 이론은 관찰하는 행위 자체가 관찰당하는 쪽에 영향을 준다는 포퍼의 이론을 원용한 것으로서 소로스의 말을 빌리면 이런 것이다. "투자가가 경제상황과 국제정세 등을 관찰하고 전망하는 행위만으로도 시장심리에 영향을 주어 가격 자체를 변화시키게 마련이다. 하물며 실제 투자가 시작되면 시장가격은 매분 매초 변화하며, 동시에 가격변화가 투자자의 전망 자체를 변화시킨다."

소로스는 "수요와 공급이 보이지 않는 손에 의해 스스로 균형을 찾는다"는 고전적 시장이론은 "사람을 현혹시키는 사이비 이론"이라고 단언한다. 이 같은 이론은 "시장에 참여하는 투자가나 생산자, 소비자가 한결같이 완벽한 지식을 갖고 있다"는 전제에서 출발하는 건데, 현실 세계에서 투자가는 결코 전지하지 못하며 편향된 선입관에 따라 움직인다는 것이다. 그에 의하면 관찰자는 관찰대상에게 영향을 주고 그런 영향을 받아 변화된 관찰대상은 반대로 관찰자에게 영향을 준다고 지적하면서, 이런 역동적이며 변증법적인 상호 침투관계, 즉 'Reflexivity'가 바로 현실 투자 세계를 작동시키는 기본 법칙이라는 것이다.

자료: http://blue.nownuri.net/~personak/html/9902/990206.htm

지탱된다. 1천 달러를 들여 최소 5만 달러 어치의 장기채권을 매입할 수 있다. 또한 주식이나 채권을 공매도 한다. 다시 말해, 실제 증권을 소유하지 않으면서 그 계약내용만 매매하는 것이다. 요약하자면 우선 레버리지를 이용하고 여러 군데에 분산투자를 하고 외환을 비롯한 여러 파생금융상품을 취급한다. 그리고 장단기 전략을 혼용하는 방식으로 운영되고 있다.

14-6-4 피터 린치[9]

1980년대 미 최대 뮤추얼펀드 회사인 피델리티의 펀드매니저로 명성을 날린 피터 린치(Peter Lynch)는 1990년 은퇴를 선언했다. '린치의 법칙'[10]이라는 말을 유행시킬 정도로 전설적인 기록을 수없이 뿌린 '투자의 달인' 린치는 "그동안 소홀했던 가정을 돌보고 건강하게 살

9) 피터 린치 저, 한국신용평가 역 (1995), 피터린치 월가의 영웅, 국일증권연구소.

10) 린치가 새로운 일을 시작하면 장세는 하락한다는 투자속담으로, 유명 펀드매니저나 기업분석가의 경우 그의 예측 또는 행동에 따라 투자자들이 민감하게 반응하게 되어 하나의 패턴으로 여겨지는 경우를 의미한다.

피터 린치가 제시한, 투자에 대한 어리석은 생각 11가지

1. 떨어질 만큼 떨어졌기 때문에 더 이상 떨어질 리가 없다.
2. 바닥시세로 잡을 수 있다.
3. 이미 오를 만큼 올랐는데 어떻게 더 오를 수 있겠는가?
4. 고작 3달러짜리 주식인데 손해봐야 얼마를 보겠어?
5. 언젠가는 결국 회복된다.
6. 어두운 밤이 지나면 새벽이 온다.
7. 10달러까지 회복되면 팔겠다.
8. 걱정할게 없어, 안정주는 가격변동이 심하지 않으니까!
9. 무언가 터지기를 기다리기에는 너무 지겹다.
10. 그 주식을 샀더라면 떼돈을 벌었을 텐데!
11. 이번에는 놓쳤지만 다음 번에는 꼭 잡고야 말겠다.

기 위해서"라는 사임이유를 밝히고 최고 전성기에 미련없이 월가를 떠났다. 그가 재직하는 동안 피델리티 자산은 2,200만 달러에서 130억 달러로, 주주는 1만 명에서 110만 명으로 늘어났다. 펜실베니아대 와튼경영대학원 출신인 린치는 일주일에 80시간 일하며 한 달에 40개 회사를 방문하는 '일벌레'로도 유명했다.

린치가 자신의 저서에서 한 첫 마디는 "전문가보다 오히려 아마추어 투자자가 유리하다"는 말이다. 그에 의하면 "보통 사람이라도 두뇌의 3% 정도를 늘 투자를 위해 사용한다면 월스트리트의 전문가보다 주식투자를 잘 할 수 있거나, 적어도 그만큼은 해낼 수 있다"는 것이다. 그는 그 이유로 세 가지를 들고 있다.

첫째, 전문가가 틀릴 수도 있고(그는 전문가란 사람들이 열 번 중에 네 번의 경우에는 대단히 어리석은 판단을 하고 있다고 한다), 둘째 전문가가 옳다고 하더라도 언제 어떤 주식에 대해 생각을 바꿔 팔아 버릴지 알 수 없고, 셋째 당신이 가진 정보의 원천이 보다 우월할 수도 있고 또 그런 정보가 당신 주변 도처에 널려 있기 때문이다. 개인도 생활주변에서 수시로 접할 수 있는 정보들을 전문가와 같이 투자에 적극 활용할 수 있다는 것이다.

피터 린치의 성공전략을 보면 일상생활 가운데 기업에 대한 정보를 발견하고 또 실제 기업을 방문하여 끊임없이 그를 확인한 데에서부터 찾을 수 있다고 생각한다. 그도 말했듯이 "나의 성과의 적지 않은 부분은 내가 어쩌다 찾아내서 스스로 조사를 한 무명 또는 비인기 주식들의 덕분이다. 어떤 투자자라도 이러한 전략을 채택하면 상당한 혜택을 보리라고 확신한다."

수학자들의 문화가 돈 버는 비결

제임스 사이먼스(James Simons)가 많은 사람에게 알려지게 된 건 2007년이다. 한 해 연봉으로 28억 달러(약 3조 원)을 받으면서 화제가 된 것이다. 이는 미국 금융계뿐만 아니라 전세계 펀드매니저 중에서도 단연 1등이었다. 이뿐만 아니라 하버드대 수학과 교수 출신이라는 독특한 이력도 눈길을 끌었다. 또한 그의 투자 전략이 수학을 기반으로 하고 있다고 알려지자 금융계에서 수학에 대한 관심도 높아졌다. 그렇다면 그는 어떻게 이렇게나 많은 돈을 벌 수 있었을까?

"각 분야 최고 과학자들이 모여 서로 협력한 것이 성공의 비결 같아요. 제가 세운 펀드 회사인 르네상스 테크놀로지의 직원들은 일주일에 한 번 모여 서로가 하는 일을 모두 공유해요. 만약 어떤 팀이 투자 성공률이 높은 수학 모델을 만들면 바로 시스템에 적용해요. 누구나 이 모델을 이용할 수 있게 하는 거죠. 연봉도 몇 년 간의 실적을 바탕으로 줘요. 몇 년 동안 잘 해왔는데, 한 해 실적이 안 좋다고 연봉을 깎으면 직원의 사기가 많이 떨어져요. 이건 회사에도 안 좋은 영향을 끼치죠. 또 다른 사람의 성공이 나에게 도움이 될 수 있도록 회사 이익의 일부를 직원들에게 나눠 줘요. 그래야 서로 협력하기 때문이에요.

마지막으로 컴퓨터의 명령을 무시하지 않는다는 거예요. 우리는 주식 시장의 움직임을 수학 모델로 나타낸 뒤 프로그램화 하고, 이를 근거로 컴퓨터가 직접 투자를 하게 해요. 즉 데이터를 바탕으로 한 수학적인 분석만을 토대로 의사결정을 하는 거죠."

사이먼스가 만든 이런 기업 문화는 수학자들의 문화와 꼭 닮았다. 문제를 해결하기 위해 수학자들이 모여 토론하는 것은 수학계의 오래된 연구 방식이다. 아이디어 교환을 통해 발전하는 수학의 속성 때문이다. 사이먼스는 이런 수학자들의 문화를 업무에 도입해 좋은 성과를 낼 수 있는 시스템을 만든 셈이다. 좋은 시스템 덕분인지 사이먼스가 설립한 르네상스 테크놀로지는 최근 15년 간 두 달을 제외하고는 돈을 잃어 본 적이 없을 정도로 승승장구 하고 있다. 대표 펀드인 메달리온 펀드는 1988년 출범 이후 30년 간 연평균 30%에 달하는 높은 수익률을 기록했다.

촉망받는 수학자, 끊임없이 새로운 일에 도전하다!

사실 제임스 사이먼스는 24살의 어린 나이에 하버드 수학과 교수가 됐을 정도로 촉망받는 수학자였다. 그런데 4년 만에 때려치우고 돌연 암호해독관으로 변신했다. 새로운 일에 도전하고 싶은 욕구가 샘솟았던 것이다.

그는 1964년부터 4년 간 미국 국가안보국(NSA)에서 일했다. NSA는 우리나라의 국정원과 같은 곳으로, 그는 이곳에서 우연히 금융 관련 암호해독 업무를 하면서 금융계에 쓰이는 수학 모델을 처음 배우게 된다. 이 이전까지는 수학 모델이 뭔지도 몰랐다고 하니, 새로운 일에 대한 도전이 그를 세계 최고 펀드매니저의 길로 인도한 셈이다.

그는 4년간 암호해독관으로 일한 뒤 다시 뉴욕주립대 스토니브룩 수학 교수로 돌아왔다. 그리고 이때 중국 출신 미국 수학자 천성선과 함께 연구하며 1974년 '천–사이먼스 이론'을 발표한다.

"천–사이먼스 이론이 이론물리학에 널리 쓰이고 있다고 하는데, 연구 당시에는 이렇게 될 줄 전혀 몰랐어요. 전 물리학에 대해 하나도 모르거든요. 사실 이 이론이 발표되고 10년이 흐른 뒤에야 물리학에 적용되기 시작했어요. 더 놀라운 것은 현재 이 이론이 전류를 6배에서 10배나 빠르게 흐르게 하고, 컴퓨터의 속도를 높이는 등 실생활에서도 유용하게 사용될 수 있다는 거예요."

기하학과 양자역학을 잇는 새로운 이론인 천–사이먼스 이론을 발표하며 승승장구하던 사이먼스는 1978년 또다시 교수직을 버리고 금융계에 진출했다.

"전 대단한 모험가는 아니지만 새로운 일을 시도하는 걸 매우 좋아해요. 사실 38살 때 종신직인 교수직을 버리고 금융인이 된다고 했을 때, 제 아버지는 저한테 미쳤다고 했어요. 금융계에서 나이 마흔이면 은퇴를 고려할 때인데 그때 시작하겠다고 했으니까요. 아마 제 아들이 이런 결정을 한다고 했어도 못하게 말렸을 거예요."

미니 인터뷰 – 수학동아 독자기자가 물었다!

어린 시절에는 어떤 학생이었나요? 그리고 장래희망은 무엇이었나요?

유치원 시절에는 아주 소극적인 어린이였어요. 부끄러움을 많이 타서 친구들과 말 한 마디 제대로 나누지 못할 정도였죠. 그때 제 유일한 놀이는 나무에 올라가서 사람들이 무슨 일을 하는지 쳐다보는 거였어요. 하지만 다행히 초등학생이 된 이후 친구들도 많이 사귀고 성격도 활발해졌어요.

수학 외에는 좋아하는 것이 별로 없었어요. 그래서 줄곧 수학자가 되기를 꿈꿨죠. 한치의 망설임도 없이 수학과에 진학했던 것 같아요. 이후 미분기하학을 연구한 이유는 대학교 2학년 때 처음 배웠는데, '내가 연구해야 할 분야가 바로 이거다!'라는 생각이 들었기 때문이에요. 수학의 그 어떤 분야보다도 재미있었거든요.

삶을 되돌아봤을 때 아쉬운 점이 있나요?

제가 한 일에 대해서는 전혀 후회하지 않아요. 다만 수학공부를 더 열심히 할 걸 그랬다는 아쉬움이 남아요. 2006년 필즈상 수상자 테렌스 타오는 다양한 분야에서 두각을 나타내고 있어요. 그는 해석학을 전공했지만 필즈상을 수상한 업적은 정수론이에요. 최근에는 수리물리학 연구도 하고 있는 걸로 알아요. 저도 그처럼 다양한 수학연구를 했으면 좋았을 것 같아요. 지금도 늦지 않았겠죠? 그래서 틈틈이 수학연구를 하고 있답니다.

제임스 사이먼스에게 수학이란 어떤 의미인가요?

사실 전 두 아들을 잃고 매우 힘든 시간을 보냈어요. 다섯 명의 자녀를 뒀지만 장남인 폴은 1996년 자동차 사고로 죽었고, 차남인 닉은 2003년 인도네시아 발리에서 익사했거든요. 밥을 먹을 때도 샤워를 할 때도 아들 생각을 떨쳐버릴 수가 없었어요. 그때 절 치유해준 것이 수학이에요. 수학을 할 때면 아들 잃은 슬픔에서 벗어날 수가 있었어요.

사이먼스는 현재 수학의 발전을 위해 아낌없는 지원을 하고 있다. 뉴욕주립대 스토니브룩 수학과에 1800억 원이 넘는 돈을 발전기금으로 내놓았고, 개발도상국의 수학자를 돕는 일도 하고 있다.

세계 100대 부자의 사무실이라고 하면 눈이 휘둥그레질 정도로 화려할 것 같다. 하지만 직접 찾아가 본 사이먼스의 사무실은 가구라고는 책상과 소파, 수학책이 꽂혀 있는 책꽂이가 전부일 만큼 소박했다. 사이먼스는 부자에 대한 선입견을 단번에 날려버릴 만큼 친절하고 멋진 수학자였다.

출처: 수학동아, 2014년 04호.

최근 각광받고 있는 시스템 트레이딩

1990년 천 달러를 시작으로 버핏과 사이먼스의 연평균 수익률로 계산해보면 사이먼스의 메달리온펀드가 워런 버핏보다 더 높은 수익률을 올렸던 것을 알 수 있다.

두 인물은 모두 투자의 귀재라고 생각되지만, 투자 방법에 있어서 약간의 차이가 있다. 버핏은 저평가 가치주를 통해서 수익을 올린 반면, 사이먼스는 수학적 모델을 이용해 시장의 움직임을 컴퓨터 프로그램화하고 이를 근거로 수익을 냈다.

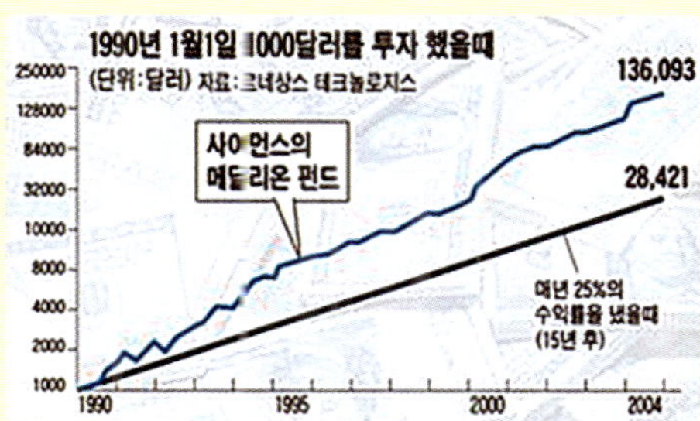

최근 강남을 중심으로 고액 자산가들 사이에서는

버핏의 저평가 우량주투자방법보다는 사이먼스의 시스템 트레이딩 기법과 유사한 시스템 트레이딩 투자가 확산되고 있다. 주식 투자가 하락장 혹은 횡보장이 연속되면서 주식 투자로 수익을 내기 어려워지자 대안투자의 대상으로 시스템 트레이딩이 주목을 받는 것이다.

IT 기술의 눈부신 발전 덕분에 고성능 컴퓨터의 급속한 보급 및 확산에 따른 결과로 기존의 거래방법을 탈피한 새로운 거래 수법이 속속 등장하고 있는데, 그 중심에 자리 잡고 있는 것이 시스템 트레이딩(System Trading)이다.

시스템 트레이딩이란 자신의 자의적 판단이나 편견을 배제하고 일정한 매매규칙을 사용해 일관성 있게 매매를 수행함으로써 투자수익률을 높이는 매매방법을 말한다.

이것은 과거에 수작업으로 작도한 그래프 분석 기법들을 자동화시킬 뿐만 아니라 좀 더 다양한 거래기법의 개발과 검증, 분석이 단시간 내에 가능해짐에 따라 주가의 분석 방법이 주먹구구식이 아닌 점차 과학적으로 바뀌고 있음을 증명할 수 있는 것이다.

기존에 사람이 손으로 하는 트레이딩에 비해서 컴퓨터를 활용하는 시스템 트레이딩의 장점은 여러 가지가 있다. 우선, 투자 실패의 가장 큰 원인인 인간의 탐욕과 공포를 배제할 수 있다는 점을 꼽을 수 있다. 투자심리를 조절하지 못하여 투자에서 실패한 경우가 얼마나 많았던가? 하지만 컴퓨터는 모든 심리를 배재한 채, 프로그래밍 되어 있는 대로 실행할 뿐이다.

그리고 가장 큰 장점은 수익(return)과 위험(risk)의 계량분석이 가능하다는 것이다. 예를 들어, 2억 원을 투자하려는 투자자가 2000만원 이상의 원금 손해를 보는 것을 원치 않는다고 한다면 전략 설계 시 프로그래밍을 해두면 된다.

또한, 매매기법의 검증이 가능하다. 이것은 시스템 트레이딩에서 시뮬레이션(simulation)이라고 부르는 것으로, 트레이더의 감에 의존하여 막연히 '될 것 같은' 기법을 쓰는 것이 아니라 과거 시장은 물론 주가를 임의로 생성해서 기법의 유효성을 판단하여 '되는' 기법을 쓰는 것이다.

투자원칙을 일관적으로 지키면서, 동시에 다수의 시장에 투자가 가능하기 때문에 투자를 확장할 때도 기존의 거래 방식보다는 훨씬 유리하다고 볼 수 있다.

마지막으로 시스템 트레이딩을 구사하기 유리한 것은 파생상품인데, 파생상품의 특성상 기존의 전통적인 투자자산(예: 주식)과 상관관계가 낮아 포트폴리오 편입에 유리하다. 게다가 양방향 수익을 노려봄으로써 절대수익을 추구할 수 있다는 매력도 가지고 있다.

위와 같은 장점들 덕분에 시스템 트레이딩은 세계 유수의 Hedge Fund들이 채택하는 주요 전략이다. 선진 금융 기법을 자랑하는 미국의 사례를 보면, 선물운용사에선 10번 중에 7번 이상을 시스템 트레이딩을 통해 거래하는 경우가 전체의 67%를 차지하고 있다는 통계가 있다.

또한, 시스템 트레이딩으로 큰 수익을 올려 무려 3조 원이 넘는 연봉을 받았던 짐 사이먼스 대표가 이끄는 르네상스 테크놀로지가 대표적인 사례이며 최고 수익률을 내는 펀드 상위 30개 중 10개는 100% 시스템 트레이딩만으로 운영되고 있다고 한다.

투자에 있어서 가장 중요한 것은 수익을 창출하는 것이다. 버핏이 저평가 가치주에 대한 장기투자자라면, 사이먼스는 순간의 움직임을 포착하여 배팅하는 초단타 트레이더다.

둘 다 연평균 비슷한 수익률을 올렸지만, 분명히 수익을 창출하는 방법은 다른 구조이기 때문에 현재 우리에게 적합한 투자방법은 어떤 것인지에 대한 부분은 생각해볼 문제다.

자료: 의협신문 (http://www.doctorsnews.co.kr).

연습문제

1. 우리나라에도 최근 투자신탁회사의 수익증권펀드의 경우 담당 펀드매니저를 실명화하고 그 수익률을 대외적으로 공표하고 있다. 그런데 각 펀드의 투자실적을 평가할 때는 수익률지표만을 기준으로 우열을 평가하고 있다.
   (1) 위와 같은 수익률지표만을 기준으로 하여 펀드의 트자실적을 평가하는 방법을 비판하시오.
   (2) 개선된 투자성과평가방법들을 제시하시오.
2. 연도별로 수익률이 다음과 같이 주어졌을 때 산술평균수익률과 기하평균수익률을 각각 구하시오.

연도	수익률
1997	30%
1998	−10%

3. 연도별로 수익률이 다음과 같이 주어졌을 때 산술평균수익률과 기하평균수익률을 구하시오.

연도	수익률
1994	30%
1995	10%
1996	18%
1997	0%
1998	−8%

4. 동아(주)의 주가와 배당금은 다음과 같다. 1997년에 3주 매입, 1998년에 2주 매입, 1999년에 1주 매도, 2000년에 4주를 매도하였다고 하자.

연도	주가	배당금
1997	20,000	600
1998	21,000	600
1999	19,000	600
2000	20,000	600

   (1) 4년간 시간가중수익률은 몇 %인가?
   (2) 4년간 금액가중수익률은 몇 %인가?
5. 특정 표본기간 동안에 다음과 같은 자료가 주어졌다고 하자.

구분	포트폴리오 P	시장 M
평균수익률	35%	28%
베타	1.2	1.0
표준편차	42%	30%

(1) 포트폴리오 *P*와 시장 *M*에 대해서 Sharpe, Jensen, Treynor지수를 산출하시오. 이 기간 동안의 무위험이자율은 6%라 가정한다.

(2) 포트폴리오 *P*는 어떤 성과평가지수에 의해 시장 M보다 성과가 좋은 것으로 나타나는가?

6. 본문의 성과분리방법 예제를 참조하여 다음 질문에 답하시오.

(1) 벤치마크 포트폴리오의 비중이 주식 70%, 채권 25%, 현금 5%로 바뀌었다고 해보자. 이 경우 펀드매니저의 자산배분선택 의사결정의 수익률에 대한 기여도는 어떻게 되는가?

(2) 만약 S&P 500 수익률이 5%라고 해보자. 이 경우 펀드매니저의 증권선택 의사결정의 수익률에 대한 기여도는 얼마인가?

7. 전통적 성과평가방법의 문제점들을 열거해보시오.

8. 워런 버핏, 조지 소로스, 피터 린치, 제임스 사이몬스의 투자전략을 비교하시오.

9. 전설적 펀드매니저들은 지속적으로 시장보다 더 많은 수익률을 올린 것으로 나타났는데, 이를 효율적 시장 가설과 연관하여 설명하시오.

CFA 기출문제

1. A two-year investment of $2,000 results in a return of $150 at the end of the first year and a return of $150 at the end of the second year, in addition to the return of the original investment. The internal rate of return on the investment is:

A. 6.4% B. 7.5% C. 15.0% D. None of the above

2. A plan sponsor with a portfolio manager who invests in small-cap, high-growth stocks should have the plan sponsor's performance measured against which one of the following?

A. S&P 500 Index B. Wilshire 5000 index

C. Dow Jones Industrial Average D. Russell 2000 index

CHAPTER 15

펀드 비즈니스

우리는 펀드의 시대에 살고 있다고 해도 과언이 아니다. 많은 사람이 펀드를 재산증식의 주요 수단으로 생각하고 있고 또 실제 펀드에 가입하고 있다. 국내주식에 투자하는 펀드는 물론이고 중국이나 베트남 주식 등에 투자하는 해외펀드에도 많은 사람이 투자하고 있다. 또 주식펀드뿐만 아니라 에너지에 투자하는 에너지펀드, 부동산에 투자하는 부동산펀드 등 다양한 펀드가 쏟아져 나오고 있다. 이러한 펀드 중에 대표적인 것이 뮤추얼펀드인데, 이는 금융구조가 발전하면서 새로운 간접투자수단으로서 전 세계적으로 각광을 받게 되었다. 우리나라에도 1998년에 도입된 이후 펀드의 판매가 시작되자마자 돌풍을 일으켰으며 주식 간접투자시대를 열게 되었다. 이번 장에서는 이러한 펀드와 뮤추얼펀드 및 랩어카운트 등에 대해서 자세히 살펴보기로 한다.

15-1 펀드 개관

많은 사람이 펀드에 대해 얘기하고, 신문이나 방송 등에도 펀드라는 용어가 자주 등장하고 있는데, 과연 '펀드'란 무엇인가? 펀드는 여러 사람으로부터 자금을 모아서 투자전문가를 통해 다양한 분야에 투자하는 일종의 투자방식이다. 펀드가 투자·운용하는 분야는 주식, 채권, 파생상품, 부동산, 골동품, 에너지 등 금융자산과 실물자산을 망라한다. 즉 펀드가 투자대상으로 하는 자산은 원칙적으로 제한이 없다고 할 수 있다. 펀드는 투자자가 직접 운용하는 직접투자방식이 아니라 투자전문가를 통해 간접적으로 투자하는 방식이기 때문에 간접투자라고 한다.

펀드에서 자금을 모으는 역할은 은행, 증권회사, 보험회사 등의 판매회사가 담당하며, 모은 자금을 어디에, 어떻게 또 얼마나 투자할 것인가를 결정하는 역할은 자산운용회사[1]가 담당한다. 자산운용회사는 자금의 운용에 대한 지시를 수탁회사에 내리며, 수탁회사는

1) 자산운용회사는 미국의 투자회사(investment companies)에 해당한다고 할 수 있다.

〈그림 15-1〉 판매사, 운용사, 수탁사의 관계

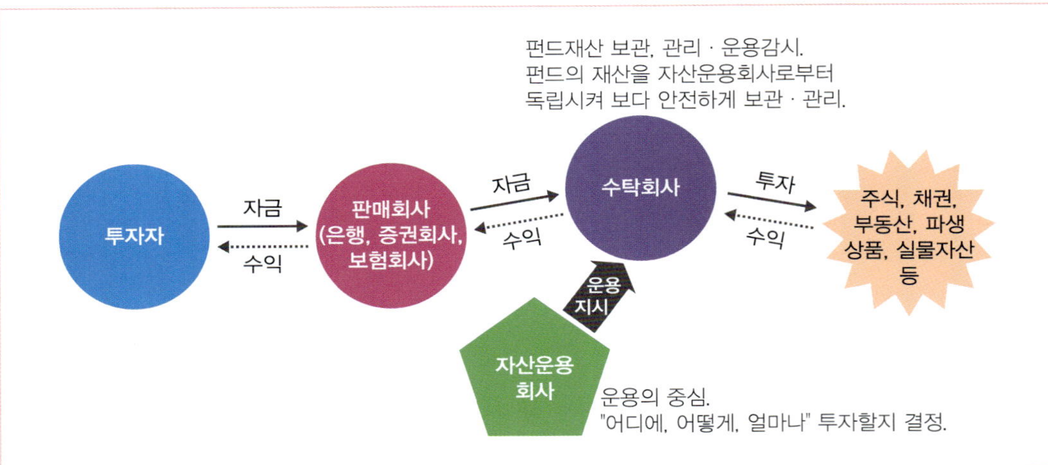

펀드 재산을 보관·관리·운용감시하는 역할을 수행한다. 펀드와 관련된 기관들의 이와 같은 관계를 그림으로 나타내면 〈그림 15-1〉과 같다.

펀드를 통해서 이루어지는 간접투자방식에는 투자신탁구조와 투자회사구조 두 가지가 있다. 투자신탁구조는 자금을 모은 자산운용회사가 자산을 위탁하는 위탁자(trustor)가 되고, 위탁받은 자산을 관리하는 금융기관이 수탁자(trustee)의 역할을 수행하며, 자금을 댄 투자자들이 수익자(beneficiary)가 되는 계약형태의 구조이다. 이때 투자자들은 수익을 분배받을 수 있는 권리의 표시로서 수익증권을 받게 된다. 또 다른 간접투자방식의 하나인 투자회사구조는 자금이 모이면 펀드 자체를 주식회사의 형태로 만들어 투자자에게 주주의 성격을 부여하는 방식인데 이를 뮤추얼펀드(mutual fund)라고 한다.

우리나라에서는 과거 자산운용회사가 증권투자신탁업법에 따라 약관을 만들어 허가를 받은 경우에만 자금을 모을 수 있었고 계약형태의 투자신탁에 의한 수익증권만으로 간접투자가 이루어졌다. 그러나 금융구조가 발전하면서 회사형태의 새로운 간접투자수단인 뮤추얼펀드가 1998년부터 우리나라에도 도입되었다. 이에 따라 이 둘을 모두 통합하여 관리할 수 있는 새로운 개념이 필요하게 되어 간접투자기구라는 개념과 함께 수익증권과 뮤추얼펀드를 포함하는 개념으로 간접투자를 법적 개념으로 사용하게 된 것이다.

수익증권은 다수의 고객으로부터 모은 돈을 펀드매니저라고 하는 전문가가 고객을 대신해서 주식이나 채권 등에 운용해서 그 남긴 수익을 맡긴 금액과 기간에 따라 고객에서 되돌려주는 형태의 저축수단으로서 계약형 투자신탁이라 한다. 뮤추얼펀드도 이러한 수익증권과 비슷한 투자신탁상품으로 이해할 수 있지만, 내용적으로 보면 수익증권과 뮤추얼펀드는 다른 점이 많다.

첫째, 뮤추얼펀드는 그 자체가 유가증권에 투자하는 것을 전업으로 하는 상법상의 주

〈표 15-1〉 계약형과 회사형 투자신탁의 비교

구분	계약형 투자신탁	회사형 투자신탁
설립형태	신탁약관에 의한 신탁계약(법인격 없는 펀드형태)	펀드 자체가 법인격을 가진 주식회사
발행유가증권	수익증권	주식
투자자의 법적 지위	수익자(투신사는 선량한 관리자로서 투자자의 이익 극대화 추구)	주주(투자자가 주총 등을 통하여 사적 이익극대화 추구)
설립규제	설립요건 엄격	설립이 계약형에 비해 용이
통제제도	감독기관이 감독	주주에 의한 자율적 규제
수익배분	운용실적에서 신탁보수 및 비용공제 후 잔액 배분	배당형태의 배분

식회사이기 때문에 회사형 투자신탁이라 한다. 뮤추얼펀드에 투자하는 것은 증권투자를 전문으로 하는 뮤추얼펀드라는 회사의 주주가 되는 것과 같고 이때 투자수익은 결산기 때 배당의 형태로 돌려받게 된다.

둘째, 수익증권의 경우에는 일반적으로 원금에 최소수익률을 보장해주는 경우가 많지만 뮤추얼펀드의 경우에는 주주로 참여하는 형태이기 때문에 투자원금에 대한 별도의 보장은 있을 수 없다. 대신에 주주로서 펀드운용을 감시하고 원하면 운용자를 바꿀 수 있는 주주권을 행사할 수 있다. 계약형 투자신탁과 회사형 투자신탁을 비교 정리하면 〈표 15-1〉과 같다.

미국에서는 자산운용회사를 투자회사(investment companies)라고 부르는데, 이를 단위투자신탁(unit investment trusts)과 운용투자회사(managed investment companies)로 구분한다. 단위투자신탁의 경우 포트폴리오가 운용되지 않고 고정되어 있는 반면, 운용투자회사의 경우 포트폴리오를 지속적으로 사고팔면서 운용한다. 또한 운용투자회사는 폐쇄형(closed-end)과 개방형(open-end)으로 구분하는데 개방형 운용투자회사를 특별히 뮤추얼펀드라고 부른다.

이러한 펀드가 갑자기 우리나라에서 각광을 받게 된 것은 무슨 이유일까?

첫째, 펀드는 투자전문가들이 운용하기에 개인이 투자하는 것보다 수익률을 더 높일 수 있기 때문이다. 특히 개인투자자들은 전문성이 부족할 뿐만 아니라 투자대상을 직접 분석할 시간과 정보가 부족하기 때문에 펀드에 가입하는 것이 유리하다. 둘째, 펀드는 적은 돈으로 분산투자할 수 있기 때문이다. 주식에 직접 투자할 경우에는 적은 돈으로 한두 종목밖에는 살 수가 없지만 펀드에 가입 시 적은 돈으로 수십 종목의 주식, 채권 등에 분산투자할 수 있다. 셋째, 펀드의 경우 개인이 투자하기 힘든 해외주식, 채권, 부동산, 실물자산 등에 쉽게 투자할 수 있기 때문이다. 넷째, 뮤추얼펀드라는 간접투자기구를 만들 수 있는 법적 기반이 갖춰짐으로써 펀드의 판매가 가능해졌기 때문이다.

우리는 "500만 원을 투자해서 A전자 주식을 1주당 50만 원에 10주를 샀다"라는 식으로 얘기한다. 펀드의 경우에는 어떻게 얘기할까? "500만 원을 투자해서 주식형 펀드 기준가

1,351원에 370만 좌를 샀다"라고 얘기할 것이다. 즉 주식을 세는 단위는 주(株, shares)이지만 펀드를 세는 단위는 좌(座, units)이고, 또한 주식의 가격은 주가(株價)라고 하지만 펀드의 가격은 기준가(基準價)라고 한다. 기준가는 일반적으로 1,000좌당 가격으로 표시되는데, 예를 들어 현재 펀드의 기준가가 1,351원이라 하면 1,000좌를 매입하기 위해 1,351원을 지불해야 한다는 뜻이다. 따라서 500만 원을 펀드에 투자한다면 '500만 원/1,351원×1,000=370만 좌'를 구입하는 것이 된다. 이를 식으로 나타내면 다음과 같다.

$$\text{기준가} = \frac{\text{펀드의 총자산금액}}{\text{총좌수}} \times 1,000$$

기준가는 매일 변하며 기준가에 따라 펀드금액은 다음과 같이 평가된다.

$$\text{평가금액} = \frac{\text{총보유좌수} \times \text{현재기준가}}{1,000}$$

따라서 펀드에 가입한 후 현재 기준가가 1,400원으로 상승하였다면 펀드의 평가금액은 '370만좌×1,400원/1,000=518만 원'으로 계산된다.

모든 투자에 있어서와 마찬가지로 펀드투자에 있어서도 목표투자, 분산투자, 장기투자의 3원칙을 지키는 것이 중요하다. 목표수익률이 없으면 목표 없는 항해와 같다. 목표수익률이 있어야 투자규모, 투자기간, 투자전략 등이 결정될 수 있다. 목표수익률이 일단 정해지면 정해진 목표수익률을 달성하되 리스크를 최소화하는 방향으로 나가야 한다. 따라서 한 종류의 펀드에만 투자하는 것보다 성격이 다른 펀드(대상분산)에, 여러 시기에 걸쳐(시점분산) 적절히 나누어 투자함으로써 투자위험을 줄인다. 마지막으로 펀드투자는 장기투자가 되어야 한다. 일시적인 경기하락 위험을 극복하고 경제성장의 과실을 보기 위해서는 장기적인 관점에서 투자를 해야 한다. 펀드 기준가의 상승과 하락에 따라 자금을 넣고 빼는 것을 반복하는 것은 결국 수수료만 증가시킬 뿐 투자성과에 도움이 안 된다.

주식을 사고팔 때도 수수료를 내듯이 펀드에 투자할 때도 수수료를 부담한다. 수수료에는 펀드를 살 때 판매회사에게 지급하는 판매수수료와 일찍(보통 90일 이내) 해지하는 것에 대한 벌금으로 납부하는 환매수수료의 두 종류가 있다. 또한 판매수수료도 펀드에 가입 시 바로 원금에서 수수료를 떼는 선취수수료가 있고 환매 시 부과하는 후취수수료가 있다. 선취수수료형은 보통 원금의 1%를 부과하는데 미리 원금에서 제하고 운용하는 만큼 유지보수가 적어진다. 장기투자를 목적으로 한다면 선취수수료형이 후취수수료형보다 유리하다고 할 수 있는데, 장기투자의 경우 원금과 이익 모두에 대해 수수료를 부과하는 후취수수료형이 불리해지기 때문이다. 그런데 펀드의 경우에는 수수료 이외에 판매보수, 운용보수, 수탁보수, 일반사무관리보수 등 판매회사, 자산운용회사, 수탁회사, 일반사무회사 등이 제공하는 서비스에 대한 대가로서 보수 또한 지급해야 한다. 이제 이를 정리하면 〈표 15-2〉와 같다.

〈표 15-2〉 펀드 서비스 종류와 비용

회사	서비스	비용
판매회사	투자상담·계좌개설	판매수수료
	계좌관리	판매보수
자산운용회사	펀드운용	운용보수
수탁회사	펀드자산 보관·관리	수탁보수
일반사무회사	펀드 관련 사무	일반사무관리보수

15-2 펀드의 종류

앞 절에서 펀드 중의 대표적인 펀드라 할 수 있는 뮤추얼펀드에 대해 간단히 살펴보았다. 뮤추얼펀드에 대해서는 뒤에서 더 자세히 알아보고, 여기어서는 먼저 투자대상에 따른 펀드의 분류방식을 살펴본 후, 다른 중요 펀드들에 대해서 간단히 설명하기로 한다.

15-2-1 투자대상에 따른 펀드의 분류

펀드가 투자하는 대상이 어디냐에 따라 증권형과 기타형으로 구분할 수 있다. 증권형은 주식, 채권, MMF 등에 투자하는 펀드를 말하며, 기타형은 파생상품, 실물자산, 부동산 등에 투자하는 펀드를 말한다. 주식형 펀드는 또한 위험도에 따라 배당형, 가치형, 성장형, 중소형주 등으로 분류된다.

증권형 펀드

- 주식형: 주식에 60% 이상 투자
  - 배당형: 배당을 많이 주는 주식에 주로 투자
  - 가치형: 저평가된 주식에 주로 투자
  - 성장형: 신기술, 신제품 등으로 급속히 성장할 것으로 예상되는 기업에 투자
  - 중소형주: 성장가능성이 높은 중소형주식에 집중 투자
- 혼합형: 주식과 채권에 혼합 투자
- 채권형: 채권에 60% 이상 투자하며 주식에는 투자하지 않음
- MMF: 채권 및 단기 금융상품에 투자

기타형 펀드

- 파생상품펀드: 선물, 옵션 등 파생상품에 10% 이상 투자
- 부동산펀드: 부동산에 투자
- 실물펀드: 선박, 석유, 금 등 실물자산에 투자
- 특별자산펀드: 수익권 및 출자지분에 투자

〈그림 15-2〉 증권형 펀드의 위험과 수익률 구조

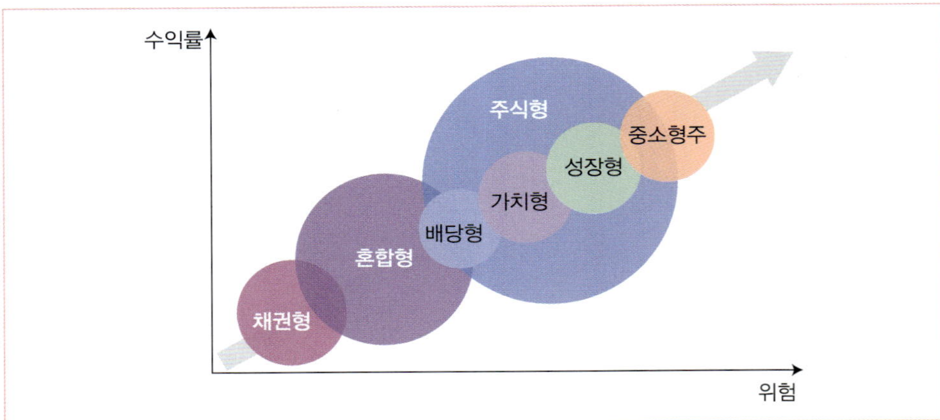

15-2-2 다른 중요 펀드

연기금펀드

연기금은 연금(pension)과 기금(fund)을 합친 말로서 연금제도[2]에 의해 모인 자금과 특정 공공사업을 위해 정부가 조성한 자금으로 이루어진 펀드가 연기금펀드이다. 장기투자를 목적으로 하는 연기금의 성격상 수익률의 단기 극대화보다는 장기적으로 안정성 위주의 투자를 한다. 미국계 펀드 Calpers의 규모가 가장 크며 우리나라에서는 국민연금이 가장 크다. 연기금펀드의 설립형태는 일반적으로 개방형이며, 최소한 5년 이상을 염두에 주고 투자종목 및 규모를 설정한다.

사모주식펀드

사모주식펀드(Private Equity Fund: PEF)는 사모방식으로 소수의 거액투자자들로부터 자금을 모집하여 장기간에 걸쳐 기업인수 등의 목적으로 주식을 취득하여 고수익을 추구하는 펀드를 말한다.

우리나라에서는 2004년 간접투자자산운용업감독규정 및 시행세칙이 개정되어 시행되면서 도입되었으며 '사모투자전문회사'란 이름으로 불리고 있다. 우리나라 '사모투자전문회사'의 특징은 무한책임사원(GP)과 유한책임사원(LP)으로 구성되는 상법상의 합자회사 형태[3]라는 것과 국내 다른 펀드들과는 달리 펀드 필요 시 차입이 허용된다는 것이다. 또한 기존의 CRC, CRV, 사모M&A펀드 등의 경우 이를 규정한 산업발전법의 특성상 금융기관을 인수대상에 포함시키는 데 한계가 있었으며 자본금 요건 등을 고려할 때 대형사 인수에 난점

2〉 연금제도란 노후의 소득보장을 위해 근로기간에 기여금을 내고 일정한 연령에 도달하면 급여를 받는 제도를 말한다.

3〉 합자회사에서 무한책임사원은 General Partner(GP)라 불리며 펀드의 운영을 담당하기 때문에 무한책임을 지지만, 투자자들은 투자한 자금에 대해서만 책임을 지기 때문에 유한책임사원, 즉 Limited Partner(LP)라 한다.

이 있었으나 PEF는 펀드규모가 크기 때문에 구조조정 대상에 구애를 받지 않는다.

사모주식펀드는 사모방식으로 소수의 거액투자자들로부터 자금을 모집하여 관리보수 이외에 높은 성과보수체제로 운영된다는 점에서는 헤지펀드와 유사하나, 펀드의 주목적이 경영권 참여를 통해 사업구조나 지배구조 개선 등의 방법으로 기업가치를 높이는 데 있다는 점이 헤지펀드와 다르다고 할 수 있다. 그래서 사모주식펀드는 Buyout Fund, M&A Fund, 또는 Restructuring Fund 등의 이름으로 불리기도 하고, 또한 차입을 통한 기업인수도 많이 이루어지기 때문에 LBO Fund[4]라고도 한다.

헤지펀드

일반적으로 소수의 거액 투자자들로부터 자금조달을 하여 외환, 주식, 채권, 파생상품 등에 단기적·집중적 매매를 통해 고수익을 실현하는 투기성 자금이다. 자금을 투자자들로부터 모아서 펀드매니저에 의해 운영한다는 면에서는 뮤추얼펀드와 같다고 할 수 있으나, 헤지펀드는 뮤추얼펀드와는 달리 사적 파트너십 형태(private partnership)로 설립되기 때문에 증권규제기관의 규제를 받지 않는다는 차이점이 있다.

헤지펀드는 투자자들에게 최초 몇 년 동안은 투자자금을 회수하지 않겠다는 잠금기간 조항(lock-ups)에 동의할 것을 요청하는데 그 이유는 환매에 대한 염려 없이 수익성이 높은 비유동성자산에 투자하기 위함이다. 또한 헤지펀드는 운용에 있어서 규제기관의 규제를 거의 받지 않기 때문에 뮤추얼펀드가 쓸 수 없는 투자전략, 예를 들어 파생증권, 공매도, 레버리지의 사용과 같은 다양한 투자전략을 구사할 수 있다.

헤지펀드는 또한 보상체계에 있어서도 뮤추얼펀드와는 다르다. 보통 뮤추얼펀드의 경우에는 자산의 1~1.5%에 해당하는 관리보수를 징수하지만 헤지펀드의 경우에는 이러한 관리보수 이외에 투자이익의 20~30% 정도를 성과보수로 요구한다. 또한 뮤추얼펀드의 경우에는 펀드매니저가 개인적으로 펀드에 투자할 수 없는 반면, 헤지펀드의 경우에는 오히려 펀드매니저들의 개인적인 투자를 펀드에 하게 함으로써 펀드매니저와 투자자들 간의 이해상충문제를 해결하려고 하고 있다.

헤지펀드의 일반적인 투자전략은 증권가격에 있어서의 일시적인 불균형을 이용하는 것이다. 예를 들어, 만약 삼성전자 회사채의 수익률이 국채에 비해 비정상적으로 높다고 판단되는 경우, 삼성전자 회사채를 매입하고 동시에 국채를 공매도하는 전략을 구사하는 것이다. 이때 눈여겨 볼 점은 헤지펀드가 전체 채권시장의 움직임에 베팅하는 것이 아니라는 것이다. 오히려 하나의 채권은 매입하고 다른 채권은 공매도함으로써 이자율 위험에 대해서는 헤지하면서 두 채권 간의 상대적 가치변화(relative valuation)에 베팅하는 것을 알 수 있다. 이러한 투자전략의 기본 아이디어는 수익률 스프레드가 정상적인 수준으로 수렴한다

4) LBO는 Leveraged Buy-Out으로서 인수대상기업(target firm)의 자산을 담보로 하여 차입을 일으켜 인수자금을 마련하는 방법이다.

면 금리변화에 관계없이 이익을 낼 수 있다는 것이다. 이러한 관점에서 헤지펀드는 '시장중립(market neutral)' 전략을 추구하며 '헤지펀드'라는 이름도 이로부터 유래되었다.

물론 헤지펀드의 포지션이 시장중립이라고 해서 위험이 낮다고 볼 수 있는 것은 아니다. 실제로 헤지펀드는 시장의 두 부문 사이의 가격차이 변화에 대해 투기를 하고 있기 때문이다. 아울러 헤지펀드는 통상적으로 레버리지를 통해서 매우 큰 포지션을 취하기 때문에 큰 손해를 볼 수 있다. 실제로 노벨경제학상을 수상한 숄즈(Myron Scholes) 교수와 멀튼(Robert Merton) 교수가 만든 헤지펀드인 Long Term Capital Management(LTCM)는 주로 위에서 설명한 투자전략을 구사하였음에도 불구하고 1998년 러시아 모라토리엄 사태 등으로 인해 파산하여 세계금융시장에 큰 악영향을 끼쳤다.

벌쳐펀드

벌쳐펀드(vulture fund)는 펀드운용자가 판단하여 현재는 부실상태이나 회복가능하다고 판단

'AI 광풍'에 퀀트 헤지펀드 대박 … "AUM 1조달러 눈앞"

전 세계적으로 퀀트 헤지펀드 산업의 운용자산(AUM) 규모가 1조달러를 눈앞에 두고 있는 것으로 나타났다. 인공지능(AI) 기술이 발달하면서 컴퓨터 프로그램과 알고리듬을 기반으로 투자하는 퀀트 헤지펀드에 대한 신뢰가 강해졌기 때문이라고 영국 파이낸셜타임스(FT)는 8일(현지시각) 분석했다.

금융정보 제공업체 HFR에 따르면 퀀트 헤지펀드가 운용하는 자산 규모는 지난해 10월 기준으로 9천4백억 달러를 돌파했다. 이는 지난 2010년과 비교할 때 갑절로 늘어난 수치다.

FT는 "인공지능을 기반으로 한 자동화 및 알고리듬 투자전략이 폭발적으로 관심을 끌면서 퀀트 헤지펀드 산업계도 부흥기를 맞게 됐다"며 "전통적인 헤지펀드들도 이제는 퀀트 투자전략을 도입하기 위해 데이터 과학자와 프로그래머를 채용하고 있는 상황"이라고 전했다.

프랑스계 퀀트 헤지펀드 CFM의 필리페 조르댕 회장은 "지난 10여 년 동안 알고리듬으로 운용되는 퀀트 투자의 결과에 대해 대중은 신뢰하지 못하는 분위기였다"며 "기존에 회의적이고 무관심하던 사람들은 이제 인공지능 팬이 됐다"고 진단했다.

퀀트 헤지펀드인 투시그마의 성장세는 이 같은 분위기를 극적으로 드러낸다.

뉴욕에 기반을 둔 투시그마는 전통적인 헤지펀드 전략을 고수하던 2011년만 해도 운용자산이 60억 달러에 불과했지만 불과 6년 만인 지난해 500억 달러 이상으로 늘어났다. 이는 퀀트 헤지펀드계의 대표주자 르네상스 테크놀로지와 맞먹는 규모다.

CFM의 운용자산도 지난해에만 두 배 가까이 급증하며 110억 달러를 기록했고 인력 규모도 지난해 연초 160명에서 연말에는 200명 이상으로 늘어났다.

조르댕 회장은 "향후 5년 동안 인력 규모가 두 배 이상으로 늘어날 것으로 본다"며 컴퓨터 과학자의 영입 경쟁이 갈수록 격해질 것이라고 예상했다.

퀀트 헤지펀드에 대해 어떻게 정의하느냐에 따라 산업 규모를 산정하는 방식도 크게 달라진다. 특히 최근에는 전통적인 헤지펀드와 뮤추얼펀드조차 컴퓨터에 기반을 둔 투자회사라고 스스로 재포장하고 나서면서 경계는 더욱 불분명해졌다.

모건스탠리는 정교한 알고리듬의 헤지펀드부터 신규 상품을 출시한 상장지수펀드(ETF)까지 포함한 결과 퀀트 헤지펀드 업계는 지난 6년 동안 연평균 15% 성장해왔으며 약 1조5천억 달러를 운용하고 있다고 추산했다.

바클레이즈의 경우 퀀트 헤지펀드와 헤지펀드 그룹 내 퀀트 부문의 운용자산만 종합해 업계 규모는 5천억 달러라고 지난해 여름 추정했다.

자료: 연합인포맥스, 2018년 1월 9일자.

되는 정크본드 수준의 채권이나, 부실기업, 주식들에 집중적으로 투자하여 미래의 고수익을 겨냥하는 모험자본 성격의 펀드이다. 설립형태는 폐쇄형이 주종을 이루고 있다.

부동산투자회사

부동산투자회사(Real Estate Investment Trusts: REITs)는 부동산투자에 특화된 회사로서 증권을 발행해 투자가로부터 모집한 자금으로 부동산을 매입, 임대를 통한 수익과 매각으로 인해 발생하는 이익의 약 90% 이상을 배당으로 투자가에게 분배하는 일종의 부동산투자펀드이다. 일반인들이 소액의 자금으로 부동산에 투자하려면 현실적으로 어려운데 REITs에 가입하면 얼마든지 가능하다. REITs는 부동산시장과 자본시장을 연계시켜 부동산투자를 위한 자금조달을 원활히 할 수 있기 때문에 부동산경제발전에 기여한다고 할 수 있다.

재간접펀드

재간접펀드(fund of funds)는 말 그대로 다른 펀드에 투자하는 펀드이다. 그러기에 母펀드와 子펀드라는 개념이 생기게 된다. 이런 구조를 가지는 이유는 모펀드가 어떤 제한적인 이유로 더 이상 투자자를 받아들일 수 없다거나, 자펀드의 개설목적이 아예 모펀드를 추종하기 위한 것이라거나, 해외투자 등 투자대상의 직접투자가 어려움이 있을 수 있기 때문이다. 다만 모펀드와 완전 독립적인 또 하나의 펀드이므로 이중으로 보수가 지출된다는 점, 투자대상을 직접 다룰 수 없다는 점 등이 단점으로 보일 수 있으나, 실적이나 투자성향이 검증된 우량펀드의 혜택을 볼 수도 있고, 모펀드를 여러 개 두는 경우 엄브렐러펀드(umbrella fund)의 기능을 가질 수도 있다는 장점이 있다.

적립식펀드

적립식펀드는 정기적금처럼 일정시기마다 일정 금액을 지속적으로 투자하는 펀드를 말한다. 이는 목돈이 없어도 투자가 가능하며, 한 번에 큰 돈을 투자하는 것보다 위험을 회피할 수 있다는 장점이 있다. 한꺼번에 목돈을 거치하는 거치식펀드에 비해 위험을 줄일 수 있는 것은 비용평균화 효과(cost averaging effect) 때문이다. 이는 펀드나 주식이 비싼 경우에는 적게 사고, 싼 경우에는 많이 사서 펀드나 주식의 평균 구매 가격을 낮춰 위험에 대한 방어력을 높이는 것이다.

인덱스펀드

인덱스펀드(index fund)는 시장 구성종목과 동일한 종목으로 펀드를 구성해 장기적인 시장수익률을 추종하는 펀드이다. 우리나라에서는 주로 KOSPI 또는 KOSPI 200 지수에 연동되도록 구성하고 있다. 즉 KOSPI 200 지수에 연동되도록 구성된 펀드라면 KOSPI 200 지수를 결정하는 종목의 대표주로 포트폴리오를 구성하는 방식이다.

인덱스펀드는 실제 미국을 비롯한 선진국의 경우 장기 시장수익률이 개별펀드 수익률을 상회하고 있어 전체 펀드 중 30~40%가 인덱스펀드로 구성되어 있다. 인덱스펀드의 장점은 여러 가지가 있다. 포트폴리오 구성의 특성상 종목선택을 위한 별도의 리서치 조직이 필요하지 않고 종목교체의 필요성도 상대적으로 적어 운용비용이 매우 저렴하고 타 펀드에 비해 수수료나 보수가 적다. 1976년초 최초로 인덱스펀드가 설정된 이후 크게 성장하여 2016년 말 기준 미국 시장 전체 주식형 뮤추얼펀드 중 인덱스펀드가 차지하는 비중은 26%에 이르고 있다.[5, 6]

상장지수펀드

펀드를 직접 가입하기에 번거로움을 느끼는 투자자는 인덱스펀드의 한 종류인 상장지수펀드(Exchange Traded Fund: ETF)를 매수해 인덱스펀드와 유사한 효과를 누릴 수 있다. ETF는 주식시장에 상장되어 일반 주식처럼 거래되기 때문에 거래가 용이하고 운용보수도 저렴할 뿐만 아니라 매매 시 부과되는 거래세도 면제되기 때문에 저렴한 비용으로 시장상승률만큼의 수익률을 기대할 수 있다. 게다가 ETF는 분기마다 배당금을 현금으로 지급받기 때문에 시장평균 배당금 수준의 수익을 올릴 수 있는 것도 큰 장점이다. 1993년 미국에서 최초로 도입된 ETF는 2016년 말 기준 미국 시장 전체 주식형 뮤추얼펀드 중 13%를 차지할 정도로 성장하였다.[7]

상장지수펀드(ETF) 오늘부터 거래

적은 돈으로도 거래소 우량주들에 분산투자하는 효과를 거둘 수 있는 상장지수펀드(Exchange Trade Funds: ETF)가 14일부터 증권거래소에서 거래를 시작한다. 상장지수펀드는 주가지수의 움직임에 따라서 수익률이 함께 움직이는 이른바 인덱스펀드(index fund)의 일종이다. 인덱스펀드는 이미 증권사나 은행창구에서 시판 중이어서 새로울 것이 없다. 하지만 ETF는 다른 인덱스펀드와 달리 주식시장에서 쉽게 사고팔 수 있다는 점에 매력이 있다. 누구나 증권사에 주식투자용 계좌(위탁계좌)만 있으면 곧바로 ETF투자에 나설 수 있다. 물론 ETF는 기존 인덱스펀드의 장점을 고루 갖추고 있다. 즉 ETF에 투자하면 KOSPI 200 지수와 KOSPI 50 지수에 편입되는 여러 종목(200개 혹은 50개)을 한꺼번에 사는 분산투자효과가 있다.

이번에 상장되는 ETF는 KODEX200(코드번호 069500), KOSEF200(069660), KODEX50 (069600), KOSEF50(069550) 등 4개이다. 종목별 기준가격은 KODEX200과 KOSEF200이 7,390원, KODEX50이 5,480원, KOSEF50은 5,470원이며, 상장 첫 날 시초가는 기준가격을 기준으로 상하 15% 이내에서 주문을 받아 결정된다.

자유로운 매매가 장점

ETF는 매매에 제약이 따르는 기존 인덱스펀드와 달리 주식처럼 언제든지 사고팔 수 있다. 물론 주가의 추가하락이 예상될 경우 재빨리 손절매에 나설 수도 있다. 키움닷컴증권 조재호 연구원은 "ETF는 펀드임에도 불구하고 얼마든지 데이트레이딩(당일매매)을 할 수 있다"고 말했다. 기존 인덱스펀드의 경우 가입이나 환매 때 다음날 종가를 기준으로 가격이 결정되지만, ETF는 실시간(리얼타임)으로 사고팔 수 있기 때문이다. 따라서 기존 인덱스펀드는 환매(펀드자금 인출)하는 시점에 정

5) Credit Suisse (2017), Investment Company Institute, Simfund.

6) Moody's는 2024년에 미국 인덱스펀드가 미국 적극적 운용 펀드 규모를 추월할 것으로 전망하고 있다.

7) Credit Suisse (2017), Investment Company Institute, Simfund.

확한 수익률을 알 수 없지만, ETF는 매도시점에 실시간으로 수익률이 확정된다.

거래비용도 낮아

ETF는 거래비용도 일반 인덱스펀드보다 적다. 개인투자자들은 ETF를 사고팔 때 증권사에 매매수수료만 내면 된다. 일반주식과 달리 매도 때 정부에 내는 거래세(거래금액의 0.3%)를 물지 않아도 된다. 기존 인덱스펀드의 경우 1~3%의 운용·판매수수료 외에도, 만기일 전 환매할 경우에는 이익금의 70% 이상을 펀드에 되돌려주는 환매수수료를 내야 한다.

선물투자와 차익거래까지 가능

그동안 적지 않은 투자자들이 주가지수선물 투자를 원하면서도 증거금 부담 때문에 투자를 못해왔다. 하지만 ETF 상장으로 인해 소액투자자들이 적은 금액으로도 선물에 투자하는 효과를 거둘 수 있을 것으로 보인다. 특히 개인투자자들도 ETF를 활용하면 그동안 기관투자가들의 전유물이었던 차익거래를 할 수 있다. 차익거래란 선물과 현물주식의 가격차이를 이용, 선물과 현물 중 값이 싼 쪽을 사들이고 값이 비싼 쪽을 팔아 위험부담을 지지 않고 일정한 차익을 올리는 거래기법이다.

그동안 개인투자자들은 주가지수선물에 포함되는 주식들(KOSPI 200의 경우 200개)을 한꺼번에 살 수 없다는 현실적인 제약 때문에 차익거래를 할 수 없었다. 하지만 현물주식 대신 ETF를 이용한다면 개인투자자들도 차익거래를 할 수 있다.

자료: 조선일보, 2002년 0월 14일자.

15-3 뮤추얼펀드

뮤추얼펀드(mutual fund)는 유가증권 투자를 목적으로 설립된 회사형 투자신탁으로서, 주식을 발행하여 투자자로부터 자금을 모집한 후 그 자금으로 유가증권에 투자·운용하고 그 운용수익을 투자자(주주)에게 이익배당 형태로 분배하는 회사를 말한다. 우리나라에서는 '증권투자회사'라고 칭하며 설립근거는 간접투자자산운용업법이다. 뮤추얼펀드는 주식회사의 형식을 갖추고 있으나 서류상의 회사(paper company)로서 실체가 없고 실제 뮤추얼펀드의 운용은 자산운용회사가 한다.

15-3-1 뮤추얼펀드의 역사

1890년대 중반 벨기에와 영국에서 폐쇄형(closed-end type) 투자신탁회사가 설립된 것이 시초이며, 미국에서는 1924년 영국의 폐쇄형 펀드를 본받아 최초의 Massachusetts Investment Fund가 설립된 이래 개방형(open-end type) 투자회사가 출현하게 되었다. 1940년 미국에서 투자회사법의 제정으로 뮤추얼펀드의 운영을 규율할 수 있게 되었고 이는 뮤추얼펀드가 본격적으로 활동할 수 있는 초석이 되었다.

1970년대에 들어 규제회피[8]를 위한 금융혁신의 일환으로 단기금융형 펀드(money market mutual funds)가 등장하면서 본격적으로 증가하기 시작하였고, 1980년대에는 금리하락세, 세금우대 연금상품의 등장, 수수료 인하 등에 힘입어 채권형 펀드를 중심으로 성장하였으며,

8) 당시 예금금융기관은 금리, 지급준비금, 예금보험료 등의 규제를 받은 반면, 뮤추얼펀드는 규제가 거의 없어 수익성 및 유동성이 상대적으로 유리하였다.

1990년대에는 주식시장의 호황으로 주식형 펀드를 중심으로 급증하였다. 이와 같은 높은 증가세에 힘입어 1980년대 중반 은행자산의 20% 정도에 불과하던 미국 뮤추얼펀드의 자산규모는 2000년에 들어서 은행자산규모를 능가하게 되었다.

미국 뮤추얼펀드가 급성장하게 된 이유는 무엇일까? 첫째, 증권시장의 활황,[9] 둘째, 각종 연금기관의 뮤추얼펀드에 대한 적극적 참여, 셋째, 은행계 뮤추얼펀드의 창구판매로 투자가 기반확대, 넷째, 철저한 투자가 보호를 위한 법적 기반강화 등이며, 이러한 요인을 바탕으로 과감한 규제완화, 왕성한 상품개발 노력 등이 미국 뮤추얼펀드를 급성장시킨 배경으로 설명된다.

그러나 가장 중요한 것은 뮤추얼펀드의 운용수익률이 다른 상품들에 비해 높았기 때문에 성장이 가능했던 것이다. 미국 투자자들의 75%는 뮤추얼펀드를 선택할 때 수익률을 최우선 판단기준으로 삼는다. 월가의 신화적인 펀드매니저 Peter Lynch가 운영한 Fidelity 사의 Magellan Fund는 1977년부터 1990년까지 무려 660배가 성장하여 연평균 64%의 성장을 달성한 셈인데, 이는 Magellan Fund의 수익률이 13년간 시장지수수익률(S&P 500 수익률)보다 10%포인트 이상 높았기 때문이다. 또한 Templeton사가 지난 1954년에 판매한 Growth Fund는 1998년 3월 말 현재 물가상승률을 차감하고 47,000%의 수익률을 올려 연평균 15%의 높은 수익률을 올렸다.

높은 수익률뿐만 아니라 높은 투명성도 뮤추얼펀드 시장이 성장하는 데 매우 중요한 요소이었음을 빼놓을 수 없다. 7천 개가 넘는 뮤추얼펀드 간의 경쟁은 운용의 투명성을 높여주었다. 주주들에게 정기적으로 투자종목, 투자지역, 편입비율 등을 알려줄 뿐만 아니라, 주주들에게 사업설명서를 발송하여 운용의 투명성을 높이고 있는 것이다.

우리나라에서는 IMF 외환위기라는 경제난국에 즈음하여 외자유치의 필요성과 우리나라 신탁제도의 국제화를 도모하고 금융제도 개혁추세에 따라 회사형 투자신탁제도를 도입하기로 하여 1998년 9월 간접투자자산운용업법을 제정하고 이와 함께 뮤추얼펀드를 도입하였다. 기업과 금융기관의 구조조정에 막대한 자금이 들어가야 했고 이를 민간부문에서도 끌어들일 필요가 있었으며, 특히 부실이 문제가 된 투신사를 정리하는데도 뮤추얼펀드가 유력한 방안으로 추진되었다.

국내의 실제 뮤추얼펀드 1호는 한강구조조정기금을 비롯한 1조 6,000억 원의 4개 구조조정기금이다. 그러나 구조조정기금은 금융기관을 상대로 자금을 모았기 때문에 일반투자자들과는 거리가 있었다. 민간 차원의 뮤추얼펀드 1호는 미래에셋의 박현주펀드이며, 이 펀드는 판매를 시작하자마자 수천억 원이 단번에 팔려 뮤추얼펀드의 돌풍을 일으켰고 이는 1999년 들어 현대증권의 바이코리아 열풍으로 이어지며 주식 간접투자상품 시대를 활짝 열었다.

---

9) 이는 또한 뮤추얼펀드의 성정과 서로 상승적인 효과를 발휘한다.

15-3-2 뮤추얼펀드의 장단점

뮤추얼펀드가 가지고 있는 여러 가지 장점으로 인해 선진국에서는 투자자들이 직접 주식이나 채권에 투자하는 것보다 뮤추얼펀드에 가입하여 간접적으로 투자하는 것이 일반화되어 있다. 뮤추얼펀드가 가지는 장점으로는 크게 다음의 네 가지를 들 수 있다.

- 펀드운용에 있어서의 투명성 제공: 투자설명서를 통한 자산운용방안을 철저히 공개하고 감독이사수를 운영이사수보다 많게 법으로 규정하고 업무집행을 감사한다. 그리고 매월 영업보고서를 작성하고 공시한다. 회계법인에 재직 중인 공인회계사를 외부감사로 정하여 상시감사를 한다.
- 주주로서의 권한 강화 및 분산투자 기회 제공: 여러 투자자로부터 자금을 모아 투자하기 때문에 소액주주로서는 불가능한 여러 주식에 대한 분산투자가 가능하고 주주권의 행사가 가능하다.
- 전문성 있는 펀드운용으로 우월한 투자성과 기회 제공: 전문적인 증권분석 및 포트폴리오 관리를 통한 보다 나은 투자성과를 기대할 수 있다.
- 거래수수료 절약: 대량매매를 하기 때문에 거래수수료를 줄일 수 있다.

그러나 뮤추얼펀드는 다음과 같은 단점도 가지고 있다.

- 실적 수익률의 변화 가능성: 일정한 수익률을 목표치로 제시할 수 있을 뿐 확정적으로 보장해주지는 못한다. 예금자보호대상에서 제외된다.
- 높은 수수료 부담: 자산운용, 보관, 판매, 일반수탁수수료 등 각종 수수료를 부담해야 하고, 일부 뮤추얼펀드의 경우 수익률이 일정수준을 초과할 때 초과수익분에 대해 성과보수를 부담해야 한다.
- 펀드매니저에 의한 시장교란의 가능성: 대형 펀드매니저의 경우 시장에서의 우월적 지위를 사용해서 시장을 교란시킬 가능성이 있다.

15-3-3 뮤추얼펀드의 종류

환매가능 여부에 따른 분류

뮤추얼펀드는 환매가능 여부에 따라 개방형과 폐쇄형으로 구분된다. 개방형(open-end type) 뮤추얼펀드는 투자자가 해당 주식의 판매회사에 환매를 청구하면 순자산가치(NAV)[10]에 의거해 즉시 현금으로 바꿀 수 있는 뮤추얼펀드를 말한다. 수요에 따라 계속적으로 신규주식을 발행할 수 있으며, 주식의 발행과 환매에 따라서 회사자본금이 증가하고 감소한다.

10〉 NAV는 Net Asset Value의 약어로서 우리말로는 순자산가치라고 한다. 말 그대로 펀드의 자산에서 부채를 차감한 가치로서 펀드의 내재가치라고 할 수 있다. 이에 대해서는 뒤에서 자세히 다룰 것이다.

〈표 15-3〉 개방형과 폐쇄형 뮤추얼펀드의 비교

구분	개방형	폐쇄형
자금모집	상시 펀두주식 판매	일정 기간에 한정된 펀드주식 판매
환매	상시 순자산가치에 의거 환매 가능	중도환매 불가(증권거래소 상장 또는 코스닥시장 등록시 매매 가능)
운용의 안정성	불안정적	안정적
투자수익 실현	펀드주식의 환매(매입/매도 시 순자산가치 차이)	펀드주식의 매각을 통한 이익 실현(매입가격과 매도가격 차이)

미국의 뮤추얼펀드가 이에 속한다.

폐쇄형(closed-end type) 뮤추얼펀드란 일단 펀드가 구성되면 만기일까지(통상 1년) 추가로 투자하거나 환매할 수 없는 펀드를 말한다. 일단 뮤추얼펀드에 출자하면 펀드 자체가 없어질 때까지 투자한 원금을 회수할 수 없다는 뜻이다. 물론 그전에 정기적으로 이익금을 투자자들에게 배당형식으로 되돌려 주게 된다. 그리고 발행주식은 유동성확보를 위하여 거래소나 장외시장에 상장시킨다. 회사의 주식가격은 수요와 공급에 의해서 결정되고 추가설정은 증자를 통해서만 가능하다. 영국의 투자신탁(investment trusts)이 대표적인 상품이다.

운용대상에 따른 분류

뮤추얼펀드는 운용대상에 따라 보통주에만 투자하는 주식형(stock funds), 회사채 및 국채에만 투자하는 채권수익형(bond and income funds), 단기금융시장의 CD나 CP, 단기국채에 투자하는 자금시장형(money market funds)으로 구분된다. 자금시장형 펀드는 운용기간이 1년 이내이기 때문에 단기펀드로 분류되고, 주식형 펀드와 채권수익형 펀드는 장기형으로 분류된다. 이들 각 펀드들을 본래의 투자목적, 과세여부, 투자대상 등에 따라 분류하면 〈표 15-4〉와 같이 21가지 유형으로 분류할 수 있다.

15-3-4 뮤추얼펀드의 조직과 운영

뮤추얼펀드는 수많은 법률과 규정을 지켜야만 하는 고도로 규정된 금융 실체이다. 사실상 뮤추얼펀드는 자체의 고용인이 없으며, 다수의 독립된 회사 혹은 관련 회사들과의 계약에 의해서 외부에서 관리 운용된다.

이사

일반회사처럼 뮤추얼펀드의 이사는 뮤추얼펀드의 관리에 대하여 감독을 책임지고 있으며, 법인으로 설립된 뮤추얼펀드의 경우 이사회가 이를 담당하고 있다. 이사는 선량한 관리자(prudent person)로서의 의무를 수행하며 현명한 판단, 관리절차의 확립, 감독기능의 수행, 투자자문사 주간사회사 기타 펀드에 서비스를 제공하는 관계회사에 대한 평가 등의 역할을

〈표 15-4〉 운용 대상에 따른 뮤추얼펀드의 종류

종류		특성
주식형	공격적 성장형 펀드	단기적 수익추구보다는 어려운 기업 등에 투자하여 최대의 자본성장 추구, 리스크 높음
	성장형 펀드	배당수익보다는 자본성장에 초점
	성장 및 수익형 펀드	장기적인 자본성장 및 현재의 수익 중시
	귀금속/금형펀드	금과 귀금속에 관련된 증권에 투자, 자본성장 중시
	국제펀드	미국 이외의 기업주식에 투자
	글로벌펀드	미국을 포함한 전 세계적으로 거래되는 증권에 투자
	소득형 펀드	배당수익률이 좋은 기업의 주식에 투자
채권 수익형	변동포트폴리오펀드	주식, 채권, MMF 등에 투자비율을 변경하며 투자
	균형펀드	투자자의 원본 유지, 현재 수익, 장기성장 등을 균형 있게 고려하며 투자
	수익형-혼합형 펀드	주식과 채권을 포함하여 고수익을 창출하는 증권에 투자
	수익형-채권형 펀드	현재의 고수익 추구, 회사채와 정부채에 투자
	미국정부수익형 펀드	T-bond, 미국정부보증, MBS 등 다양한 정부증권에 투자
	GNMA(Ginnie Mae)펀드	미국 모기지협회(GNMA)가 보증하는 저당증권에 투자
	글로벌채권형 투자펀드	미국을 포함하여 전 세계 기업과 정부채권에 투자
	회사채펀드	대부분을 회사채에 투자
	High-Yield채 펀드	신용등급이 낮은 회사채에 투자, 리스크 높으
	국가지방채펀드 – 장기	지방정부 재원을 위해 주정부나 지방정부가 발행하는 채권에 투자
	주정부채펀드 – 장기	단독 주정부가 발행하는 채권에 투자
MMF형	과세형 MMF	순자산가치의 유지 추구, CP나 CD 등 단기 우량증권에 투자, 평균만기는 90일 이내
	비과세 MMF – 연방정부	리스크의 최소화와 연방정부비과세 추구, 상대적으로 단기 지방채에 투자
	비과세 MMF – 주정부	연방정부세와 주정부 주민세의 비과세 추구, 상대적으로 단기 지방채에 투자

수행한다. 우리나라 이사는 운영이사와 감독이사로 구분되어 주주총회에서 선임하게 되어 있으며, 또 회사의 업무를 감독할 감독이사의 수는 운영이사의 수를 초과하도록 규정되어 있다.

주주

다른 회사의 주주들과 마찬가지로 자금을 투자한 투자자들은 주주로서의 의결권을 보유하고 있다. 대부분의 뮤추얼펀드가 연례주주총회를 갖지는 않지만, 회사법에 의하여 특별주주총회를 소집할 수 있다. 투자회사법상 특별주주총회의 의결이 필요한 경우는 다음과 같다. 펀드의 투자자문사 계약기간의 변경, 이사의 선출, 펀드의 투자목적이나 투자정책상의 중대한 변경을 하고자 하는 때이다.

〈그림 15-3〉 우리나라 뮤추얼펀드의 조직과 운영

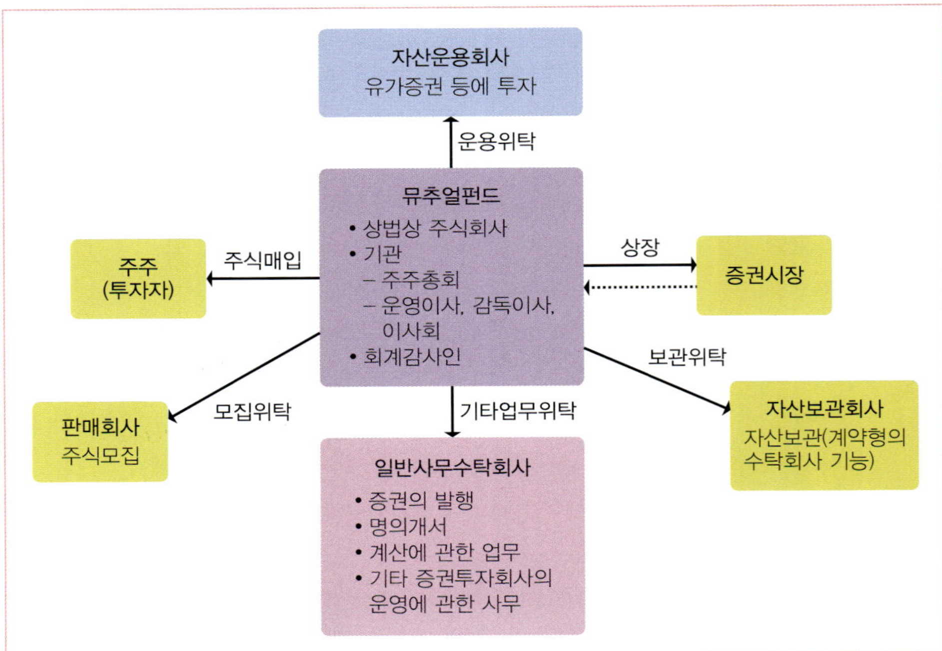

투자자문사

투자자문사(investment advisor)는 펀드의 투자설명서(prospectus)나 기타 관련 서류에 기재된 펀드의 투자목적과 정책에 따라 투자·운용 및 그와 관련된 매매 등을 최선을 다하여 수행하여야 할 책임이 있다. 이러한 투자자문사의 역할은 펀드와의 서면계약에 의하며, 대부분의 자문계약은 자문회사가 펀드 연평균 순자산가치의 일정비율을 보수로 매년 지급받도록 이루어져 있다. 경우에 따라서는 투자자문법에 규정된 기준에 의거하여 운용성과에 연동된 자문보수를 받는 계약도 있다. 우리나라의 '간접투자자산운용업법'에서는 자산운용회사(asset management company)로 불린다.

관리자(회사)

펀드관리 서비스는 펀드 관련 회사(management company, administrator)(주로 투자자문사임)나 제3의 조직에 의하여 제공된다. 펀드관리란 펀드에 서비스를 제공하는 여타 회사의 이행을 총괄하고 펀드의 운용에 관한 정부의 여건을 준수하도록 하는 것을 포함한다. 펀드관리회사는 건물임차료, 장비 및 설비비용, 인건비, 시설비 등을 지불하며 총체적 회계서비스를 제공하고 내부감독 및 통제업무를 확립·수행한다. 우리나라의 경우 관리자는 일반사무수탁회사란 용어로 쓰이고 있으며 주로 은행이 이 역할을 담당한다.

원 인수회사

원 인수회사(principal underwriter)는 대중에게 직접 또는 다른 독립된 브로커·딜러를 통하여 펀드의 주식을 매도하는 역할을 수행한다. 대부분의 뮤추얼펀드가 신탁재산의 순자산가치로 지속적인 신주발행을 하고 있으며 이러한 신주는 펀드가 지명한 원 인수인의 역할을 수행하는 별도의 조직을 통하여 판매되는 것이 일반적이다. 우리나라의 '간접투자자산운용업법'에서는 이 용어가 판매회사(distributor)로 사용되고 있으며, 은행, 증권사, 보험사 등이 활동하고 있다.

보호예탁인

뮤추얼펀드는 보유자산을 독립적으로 유지·보관하여 투자자의 이익을 보호하여야 한다. 이를 위하여 뮤추얼펀드는 보호예탁인(custodian)으로 대부분 은행을 이용하고 있으며, 뮤추얼펀드와의 은행보관계약은 은행의 일반보관계약보다 정교하고 세밀하게 이루어진다. 우리나라의 '간접투자자산운용업법'에서는 자산보관회사로 이 용어를 대체사용하고 있으며, 신탁업법에 의한 신탁회사 또는 신탁업을 영위하는 금융기관이 이에 해당한다.

계좌이체 대리인

계좌이체 대리인(transfer agent)은 뮤추얼펀드 매입과 환매주문처리 및 투자자 계정관리, 주식등록, 명의개서를 담당하는 사람이며, 우리나라에서는 이 일을 일반사무수탁회사가 행하도록 되어 있다.

판매 및 유통망

투자자들은 은행, 증권회사, 보험회사 또는 뮤추얼펀드 자체 등 다양한 채널을 통해 뮤추얼펀드의 주식을 매입할 수 있다. 펀드의 주식은 주로 다음 두 가지의 방법에 의해서 투자자들에게 판매되고 있다.

- 먼저 판매원을 통한 판매로서 펀드의 판매회사 또는 독립적인 증권회사들에 의해 고용된 판매원을 통해 판매하는 경우로서 이러한 증권사의 등록된 판매원은 적극적 판촉행위와 투자자에 대한 지속적 조언 및 투자정보를 제공한다.
- 또 다른 경우는 투자자의 직접구매로서 투자자가 신문이나 잡지의 광고를 참조하여 뮤추얼펀드 또는 판매회사를 통하여 직접 구매하는 방식이다. 이러한 경우에는 일반적으로 투자와 관련하여 아무런 자문도 받지 못한다.

15-3-5 뮤추얼펀드의 주식가격 결정과 비용체계

뮤추얼펀드의 주식가격 결정

뮤추얼펀드의 순자산가치의 평가방법에는 시장에서 거래되는 유가증권가격을 이용하는 시장가치평가법(market valuation)과 시장에서 가격을 얻을 수 없는 경우 투자회사 이사회의 신의성실의 원칙에 입각한 공정가치평가법(fair valuation)이 있다. 주식을 제외한 많은 유가증권은 거래가 빈번하게 일어나지 않기 때문에 뮤추얼펀드의 순자산가치결정에 주요 관심사가 되는 것은 공정가치평가법이라고 할 수 있다.

뮤추얼펀드 이사회는 법적으로 순자산가치의 결정에 책임을 진다. 그러나 현실적으로 명목상의 회사인 뮤추얼펀드의 이사회 자체가 순자산가치의 결정을 위한 업무를 수행할 수는 없으므로 제3의 평가전문기관에 의뢰하여 시가평가에 의한 순자산가치 결정을 하고 있다. 펀드의 주당 순자산가치(Net Asset Value: NAV)는 《식 15-1》과 같이 펀드 내 자산의 시장가치에서 부채를 차감한 금액을 총발행주식수로 나눈 것이다.

$$NAV = \frac{MVA - L}{N_S} \qquad \textbf{15-1}$$

여기서 MVA : 펀드 내 자산의 시장가치

L : 부채금액

N_S : 펀드의 발행주식수

펀드의 가격, 즉 고객이 매입하는 가격은 주당 NAV에 판매수수료가 부가되어 결정된다. 이때 판매수수료가 없으면 주식가격과 NAV가 같게 된다. 이러한 모든 계산과 확인은 일반사무수탁회사(transfer agent)에 의해 이루어진다.

폐쇄형 펀드의 경우 순자산가치로부터 가격이 많이 벗어나는 현상이 발생하는데 이는 일종의 수수께끼(puzzle)라고 아니 할 수 없다. 예를 들어, 순자산가치보다 낮은 가격으로 팔리고 있는 폐쇄형 펀드가 있다고 하자. 만약 포트폴리오에 있는 모든 자산을 판다면 펀드는 순자산가치와 같은 수익을 얻을 것이다. 따라서 펀드의 시장가격과 펀드 순자산가치의 차이는 펀드 투자자들에게 부(wealth)의 증가를 의미한다. 이러한 명백한 이익의 기회가 존재함에도 불구하고 상당한 규모의 할인이 오랜 기간 동안 지속되기 때문에 수수께끼가 아닐 수 없다.

폐쇄형 펀드와는 달리 개방형 펀드의 가격은 순자산가치 이하로 떨어질 수 없다. 그 이유는 개방형 펀드는 순자산가치에 언제든지 주식을 상환할 준비가 되어 있기 때문이다. 그러나 만약 펀드가 판매수수료인 load를 부과한다면 공모가격은 순자산가치보다 높을 것이다.

뮤추얼펀드의 비용체계

뮤추얼펀드를 매입하여 보유하는 데는 비용이 소요되는데 이러한 비용에는 두 가지 형태가 있다. 하나는 펀드주식의 매입, 환매, 교체와 관련되어 요구되는 거래수수료로서 이와 같은 거래가 있으면 투자자의 계정에 직접적으로 부과된다. 또 하나는 사무실유지, 인력충원, 장비유지 등과 같이 펀드를 운용하는 데 요구되는 수수료로서 투자자의 계정에서 직접 차감하지 않고 이익을 주주들에게 분배하기 전에 펀드자산에서 차감하는 운영수수료가 있다. 표준적인 뮤추얼펀드의 수수료 체계를 살펴보면 다음과 같다.

펀드 거래비용에 해당하는 거래수수료

- 판매수수료(front-end load): 뮤추얼펀드의 매입 시에 부과되는 수수료로 판매수수료의 크기에 따라 high-load fund, middle-load fund, low-load fund 등으로 분류되며, 판매수수료가 면제된 경우를 no-load fund라고 한다.
- 배당 재투자 판매수수료(sales charge on reinvested distributions): 배당받은 금액으로 그 펀드에 다시 투자할 경우에 부과되는 수수료를 말한다. 대부분의 펀드는 이 수수료를 부과하지 않고 있다.
- 환매에 대한 이연판매수수료(back-end load or contingent deferred sales charge: CDSC): 우리나라 계약형 투자신탁의 환매수수료에 해당하는 것으로 환매 시 지불하여야 한다. 만약 펀드 주식매입 후 1년 내에 환매한다면 최고 6%까지 back-end load를 지불한다. 이 수수료는 시간이 지남에 따라 감소하여 충분한 기간이 경과한 후에 해약하는 경우에는 부과되지 않는다.
- 환매수수료(redemption fee): 우리나라 계약형에서의 환매수수료와는 개념이 약간 다르며 모든 펀드에 부과되지는 않는다. 보통 환매액에 비례하는 금액을 수수료로 하며, 지불된 환매수수료는 펀드로 전입된다.
- 교체수수료(exchange fee): 교체수수료는 동일 펀드군 내에서 자금을 어느 한 펀드에서 다른 펀드로 이전시킬 때 지불하는 수수료이다.
- 계정유지수수료(account maintenance fee): 계정 내의 유지금액이 일정액 이하로 떨어질 때 부과되는 수수료이다.

운용수수료

- 관리수수료(management fee): 펀드운용에 대한 관리비나 펀드매니저 자문비용 등으로서 자산운용회사에 부과된다. 이 비용은 총운영자산의 일정비율로서 대개 1년에 펀드재산의 0.5~1% 정도가 된다.
- 12b-1 수수료(12b-1 fee): 미국 증권관리위원회(SEC) 규정 12b-1에 근거한 수수료로서 펀드의 판매와 마케팅 등에 소요되는 비용으로 펀드재산으로부터 차감된다. 이 비용은 연평균 펀드 순자산가치의 1%를 초과하지 못한다.

〈표 15-5〉 미국의 뮤추얼펀드 수수료 예(Dreyfus 고급 성장 및 소득 펀드)

구분	Class A	Class B	Class C	Class T
Front-end Load	0~5.75%	0	0	0~4%
Back-end Load	0	0~4%	0~1%	0
12b-1 fees	0.25%	1.0	1.0	0.5%
비용비율	1.25%	1.19%	1.14%	1.10%

자료: Bodie, Kane and Markus (2005), Essentials of Investments, 6th Ed, p.107

- 기타비용(other expenses): 펀드서비스에 요구되는 비용으로 무료전화서비스, 고객서비스, 전산화된 계정서비스, 기록유지관리, 법률적인 비용, 우편, 선전비용 등을 포함한다.

15-3-6 뮤추얼펀드의 투자성과

앞에서 뮤추얼펀드의 장점 중 하나는 포트폴리오의 관리를 전문가들에게 맡길 수 있기 때문에 높은 투자성과를 기대할 수 있다는 것이라고 하였다. 또 피터 린치(Peter Lynch)나 존 템플턴(John Templeton)과 같이 다년간 시장보다 높은 수익률을 제공하는 펀드매니저들이 있었기 때문에 뮤추얼펀드 산업은 성장할 수 있었다고 하였다. 과연 뮤추얼펀드 산업 전체의 투자성과는 투자자들의 기대에 부응하고 있는 것인가?

뮤추얼펀드의 투자성과를 평가하기 위해서는 비교할 기준(benchmark)이 문제가 된다. 주식펀드 수익률을 MMF펀드 수익률과 단순히 비교할 수는 없을 것이다. 주식펀드의 경우에는 해당 펀드가 부담하는 리스크 대비 적절한 수익률을 내고 있는지를 살펴야 한다. 다시 말해, 주식 뮤추얼펀드의 투자성과를 정확히 평가하기 위해서는 그의 성과와 비교할 적절한 벤치마크를 무엇으로 정하느냐가 관건이 된다.

포트폴리오의 리스크를 정확히 평가하여 그에 상응하는 벤치마크를 설정하는 것은 매우 어려운 작업이다. 따라서 먼저 종합주가지수와 같은 단순한 벤치마크를 사용하여 주식 뮤추얼펀드의 투자성과를 살펴본 다음, 이어서 주식 뮤추얼펀드의 리스크를 조정한 벤치마크 수익률 대비 투자성과를 살펴보기로 하자.

미국의 경우 주식펀드매니저의 성과비교를 위한 벤치마크로서 윌셔 5000 지수 수익률을 사용한다. 윌셔 5000 지수는 NYSE, Nasdaq, Amex 주식시장에서 거래되는 6000 종목 이상으로 이루어진 종합주가지수로서 미국 주식시장의 성과를 가장 잘 나타내주는 대표지수라 할 수 있다. 윌셔 5000 지수를 벤치마크로 사용해서, 펀드매니저들에 의해 적극적으로 관리되는 뮤추얼펀드의 성과가 종합주가지수를 따라 수동적으로 운용되는 포트폴리오의 성과와 비교할 때 얼마나 차이가 있는가라는 질문에 답할 수 있다.

〈그림 15-4〉에서 볼 수 있듯이 대부분의 펀드매니저의 투자성과는 실망스러운 것으로 나타나고 있다. 〈그림 15-4〉는 연도별로 윌셔 5000 지수보다 성과가 열등한 뮤추얼펀드의 비중을 보여주는데, 열등했던 연도가 훨씬 더 많음을 보여준다. 실제로 1971년 이후 2003년까지 윌셔 5000지수의 연복리수익률은 11.56%로서 뮤추얼펀드의 평균 수익률 9.53%보다 2.03%나 더 높다. 물론 실제 뮤추얼펀드의 경우에는 거래비용과 수수료로 인해 수익률이 낮아진 반면, 윌셔 지수수익률의 경우에는 아무런 비용 없이 배당을 재투자한다는 가정으로 수익률이 약간 높아진 것은 사실을 인정한다고 하더라도 2.03%의 수익률 차이는 너무 크다고 할 수 있다.

지금까지는 리스크에 대해 조정하지 않은 총수익률을 가지고 뮤추얼펀드의 성과와 벤치마크 성과를 비교해보았다. 이제 체계적 리스크(systematic risk)에 대해 조정한 수익률, 즉

〈그림 15-4〉 윌셔 5000 지수 수익률보다 낮은 수익률을 기록한 뮤추얼펀드의 연도별 비중(1972~2003)

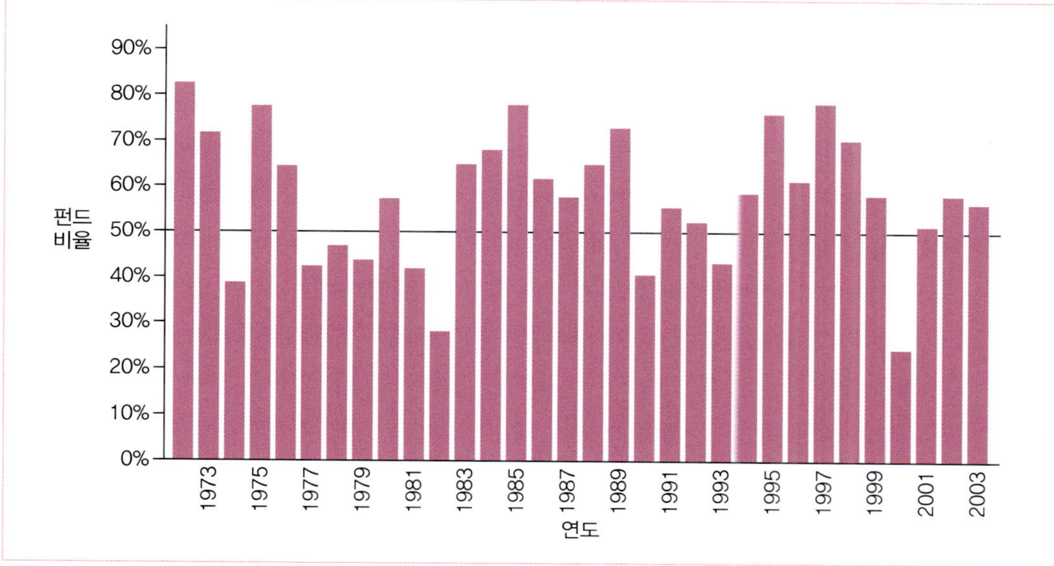

자료: Bodie, Kane and Markus (2005), *Essentials of Investments*, 6th Ed., McGraw–Hill, p.115.

알파(alpha)를 가지고 뮤추얼펀드의 투자성과를 보도록 하자

Malkiel(1995)은 1972년과 1991년 사이에 많은 수의 뮤추얼펀드 표본을 사용해서 위험조정수익률 알파를 계산하였는데, 〈그림 15-5〉에서 볼 수 있듯이 알파의 분포가 거의 정규분포에 가까운 모습을 보임을 알 수 있다. 또한 분포의 평균값은 약간 음의 값을 보이지만 통계적으로 영과 다르지 않음을 보인다. 이는 조사된 뮤추얼펀드들이 평균적으로 위험을

〈그림 15-5〉 개별 뮤추얼펀드의 알파값(1972~1991)

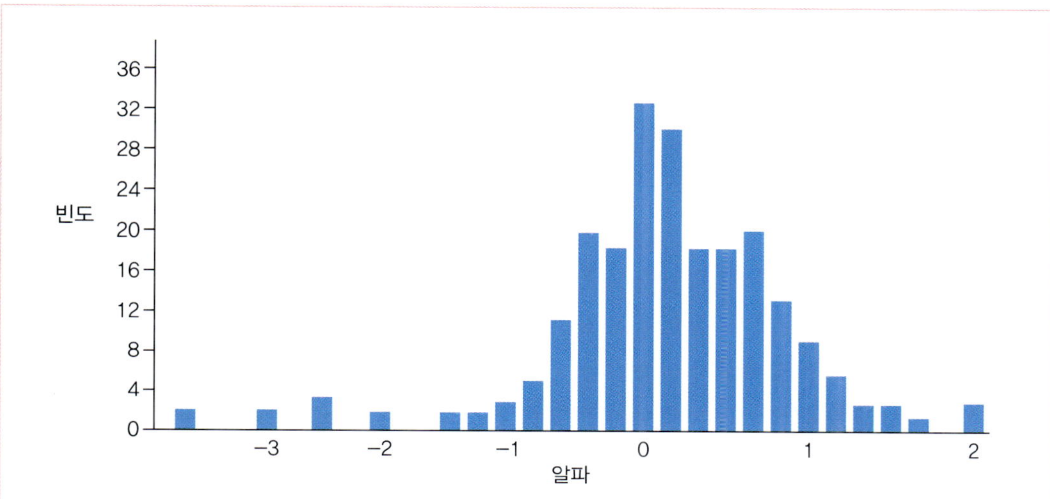

자료: Bodie, Kane and Markus (2005), *Essentials of Investments*, 6th Ed., McGraw–Hill, p.265.

조정한 기준에서 볼 때 시장수익률(S&P 500)을 초과하는 수익률을 내지 못한 것을 의미하는 결과이다.

Carhart(1997)는 뮤추얼펀드의 매니저들 사이에 일관적인 상대적 성과차이가 있음을 발견하였는데 이는 총수익률 때문이기보다는 오히려 펀드비용과 거래비용의 차이 때문이라고 하였다. 이것은 효율적 시장에서 일관성 있게 우수한 성과를 내는 펀드는 있을 수 없지만 일관성 있게 열등한 성과를 내는 펀드는 있을 수 있음을 의미한다. 즉 반복적인 펀드의 열등한 성과는 일관성 있게 주식을 잘못 선정해서 그런 것이 아니라 비용과 주식 회전율이 다른 펀드에 비해 일관성 있게 높기 때문이라는 것이다.

지금까지 뮤추얼펀드 투자성과에 대한 연구결과를 종합해보면, 첫째, 뮤추얼펀드가 인덱스 수익률 이상을 지속적으로 달성하기는 매우 어렵다는 것이고, 둘째, 뮤추얼펀드에서 부과하는 각종 비용과 수수료가 너무 크다는 것이고, 셋째, 뮤추얼펀드 중에는 분명 극소수이기는 하지만 지속적으로 우수한 성과를 내는 슈퍼스타들이 있다는 것이다. 또한 뮤추얼펀드의 성과를 비교하는 지표로 샤프지수(Sharpe ratio)를 사용할 수 있다고 앞 장에서 살펴보았다.

15-4 랩어카운트

랩어카운트(wrap account)란 증권사 등이 투자자에게 가장 적합한 포트폴리오에 관한 상담결과에 따라 자산을 운용하거나, 이에 부수되는 주문 집행, 결제 등의 업무를 일괄처리해주고, 잔고평가금액에 근거한 일정비율의 수수료를 받는 자산종합관리계좌를 말한다. 즉 랩어카운트는 고객이 맡긴 고객 자산을 증권사가 알아서 주식, 채권, 펀드 등에 투자를 대행해주는 계좌를 말한다. 우리나라에서는 랩어카운트란 자격시험을 통과한 금융자산관리사(Financial Planner: FP)가 주식, 채권, 펀드 등에 대한 투자상담과 이에 부수되는 업무를 일괄처리해주는 맞춤형 금융상품을 의미한다.

랩어카운트는 1975년 미국의 Hutton 증권사[11]에서 처음으로 선을 보인 제도로서 일종의 증권사 상품판매와 투신사 자산운용이 혼합된 형태라고 할 수 있다. 투자를 일임받은 증권사는 주식 상황에 따라 주식투자 비율 및 투자종목을 임의로 결정·조정하며 수많은 파생상품에 선별 투자하게 되고, 여기서 수수료를 제외한 투자수익을 고객에게 돌려주게 된다. 랩어카운트의 영업전략은 매매거래 위주의 영업에서 고객과의 관계중심형으로의 전환을 의미하며, 랩어카운트의 도입으로 고객과의 관계도 이해상충관계에서 공동의 이익을 추구하는 관계로 발전하게 되었다.

자산운용서비스 내역으로는 투자자문서비스, 증권의 매매·보관, 운용보고서와 잔고보

11) 당시는 Smith Barney로 합병되었으며 Smith Barney는 Citi Group으로 합병되었다.

고서의 송부, 담당 매니저에 의한 투자계정의 평가 및 투자성과에 대한 자문, 고객의 질의에 대한 응답 등이 포함되고, 이에 대한 수수료로는 결제비용 및 보고서 송부비용, 자금관리인보수, 자산배분모형 구축·관리 및 리서치비용, 투자자문사 운용보수 등이 있다.

15-4-1 출현배경 및 성장요인

랩어카운트의 출현배경으로는 증권산업 자체 내의 변화와 사회경제적 변화를 들 수 있다.

첫째, 증권산업 내의 변화를 보면, 할인증권사(discount broker)가 등장하고 사이버거래가 활성화되면서 위탁수수료가 급격히 감소하게 되고, 1980년대 직접투자에 따른 문제를 해결하기 위해 인기를 끌었던 뮤추얼펀드가 이제는 투자자의 혼란을 야기하는 수준에 달함으로써 효율적인 투자지침에 대한 필요성이 증가하였기 때문이다.

둘째, 사회경제적인 측면으로서 미국 경제의 지속적인 성장으로 개인의 금융자산 규모가 증가한데다, 1980년대 말부터 지속된 저금리로 인해 은행권 자금이 뮤추얼펀드 등 증권업계로 몰리면서, 효율적이고 전문적인 자산관리가 필요해지고 고객의 개별 요구에 부응한 일임매매형태의 자산운용서비스가 인기를 끌게 되었다.

이외에 랩어카운트가 성장하게 된 요인들을 살펴보면, ① 거래비용이 저렴하고[12] 다양한 부가서비스로 거래의 편의성도 제공되었고, ② 개별 투자자의 투자목적, 투자성향 등에 맞춤자산관리로 투자전문가를 고용한 것과 유사한 고객맞춤형 금융서비스를 제공받을 수 있으며, ③ 지속적으로 고객계좌의 투자성과를 측정 및 감시하고, 투자성과 및 투자전략 변경의 필요 유무를 판단해 고객에게 통보해줄 뿐만 아니라, ④ 장기적으로 증권시장의 변동과 무관한 수입원 확보가 가능해짐에 따라 증권사와 고객 간의 이해상충문제도 해결될 수 있었기 때문이다.

15-4-2 랩어카운트의 유형

랩어카운트 상품은 자산운용방식과 투자대상에 따라 대체로 두 가지로 나뉜다. 하나는 컨설턴트랩(consultant wrap)이다. 증권사 영업사원이 고객설문서를 통해 고객의 정보를 파악한 다음, 적절한 투자전략 및 포트폴리오를 구성해 사전에 증권사와 계약을 맺고, 투자일임이 가능한 투자자문사를 추천하면 해당 투자자문사가 고객의 자산을 운용하는 방식이다. 1998년 미국 메릴린치사에 의해 개발되었다. 여기서 증권사는 투자자산을 관리 보관하고 주문을 집행하며 운용한 후에 거래내역 및 평가를 통보한다.

다른 하나는 펀드랩(mutual fund wrap)이다. 증권사 직원이 고객 상담 후에 고객의 상황에 맞게 적합한 포트폴리오 및 투자전략에 따라 뮤추얼펀드나 수익증권을 추천하면 고객은

12〉 랩어카운트는 주식거래 시 매매건별로 수수료를 내는 것이 아니라 증권사에 맡겨둔 자산의 규모에 따라 일정비율의 수수료를 낸다.

이 중 일부를 선택하는 방식이다. 1989년 피델리티사에 의해 최초로 개발된 후 1990년부터 본격적으로 판매되기 시작하였다.

미국의 경우에도 컨설턴트형의 랩어카운트상품이 전체 랩어카운트 시장의 약 70%를 점유하고 있다. 투자자문사가 자산운용을 담당하는 컨설턴트형 상품은 투자대상이 다양하며 자산운용전문자격을 가진 전문가가 운용하기 때문에 투자자들로부터 큰 호응을 얻고 있다. 새로운 투자대상이 계속 출시됨에 따라 컨설턴트랩의 투자대상도 더욱 다양해지고 있다. 콜론 등 단기 금융상품에만 투자하는 랩, 공모주식에 투자하는 랩, 외화증권에 투자하는 랩 등의 출시에 이어, 최근 ELW에 대한 투자자들의 관심과 인기가 지속되자 ELW에 자산의 일부(5~15%)를 투자하고 나머지 자산은 안정적 수익 발생 자산에 투자하여 고수익을 추구하는 ELW랩도 출시되고 있다.

15-4-3 랩어카운트의 장단점

랩 서비스의 도입은 증권회사와 영업사원뿐만 아니라 자문사와 운용회사, 나아가서 고객들에게까지 많은 영향을 미친다. 각 당사자들에게 있어서 랩어카운트의 장점과 단점을 정리하면 〈표 15-6〉과 같다.

기존의 금융상품과 달리 랩어카운트는 여러 측면에서 진일보한 새로운 형태의 금융상품임에는 틀림이 없다. 투자자를 배려한 맞춤형 상품이고 무엇보다도 거래비용이 저렴하다는데 큰 매력이 있다. 투자전문가의 조언과 자산운용으로 보다 효율적이고 안전하게 자산을 관리할 수 있다는 점이 큰 장점이다. 랩어카운트 상품은 앞으로 금융시장에서 주목받는 금융상품 중의 하나로 성장할 수 있을 것으로 예상된다.

15-4-4 랩어카운트 투자 시 유의사항

투자자가 랩어카운트에 투자하기 위해서는 직접 증권회사 영업점에 내방하여 금융자산관리사(FP)와 면담을 통하여 설문지를 작성한 후 계좌신청서류를 작성하고 투자금액을 납입하여야 한다. 투자금액은 랩어카운트 상품마다 다르지만 거치식의 경우 최소 1,000만 원 이상이 보통이고 적립식이라면 최소 월 10~100만 원이 보통이다. 계좌를 개설하고 투자금액을 납입하면 증권회사는 투자자문사를 선정하여 자산의 운용을 맡기고, 자산운용에 대한 실사 및 컴플라이언스 체크를 시행한다.

투자자입장에서 랩어카운트 상품을 투자할 때에는 다음과 같은 몇 가지 사항에 유의해야 한다.

- 자산운용의 목적과 기간, 투자 예상수익률 등에 따라 최적의 포트폴리오를 구성하기 위해서 증권사의 영업점에서 제공하는 상담과 고객 설문서 작성에 성실하게 응해야 한다. 증권사는 정확한 설문과 상담을 바탕으로 자사의 자산배분모델을 통해 효율적인

〈표 15-6〉 랩어카운트의 장단점

구분	장점	단점
증권회사	• 자산규모를 베이스로 운영수수료를 부과함으로써 증권회사의 전략과 일치 • 안정적인 수익기반 • 이익상충 적음(고객의 신뢰획득 가능) • 고객과 관계 긴밀화, 장기화 • 투자상담사의 독립성 약화 • 투자상담사의 소속의식 강화	• 투자사담사의 재교육 등 랩 계정에 대응하기 위한 체제구축 필요 • 수수료 수입총액이 감소할 가능성 존재
투자상담사	• 이익상충 가능성 없음(고객설득에 크게 기여)	• 증권회사에 대한 독립성 약화 • 고객에 대한 영향력이 상대적으로 약화 • 거래기준 시보다 보수 감소
고객	• 이익상충 가능성 적음 • 비교적 소액으로 전문가의 서비스 가능 • 주문형 상품으로 고객수요 부응 • 거래 많아도 단일수수료 • 투자상담에 대한 의존 탈피	• 주가하락 시 상대적으로 수수료 부담 증가 • 일괄수수료로 불필요한 서비스대가 지불
투자자문업자	• 고객저변 확대 • 수수료에 관계없는 신축적 운용 가능 • 일부 사무비용 절감	• 운용보수 감소 • 시장상황에 관계없이 수수료 이상의 운용성적 요구 부담

포트폴리오를 고객에게 권유할 수 있기 때문이다.

- 컨설턴트형이나 뮤추얼펀드형 모두 운용회사의 운용능력이 중요하다. 반드시 투신운용사나 투자자문사의 업력과 인력구조 등을 살펴보아야 한다.
- 거래 및 성과보고를 면밀히 살펴보고 투자환경 및 투자실적 등을 참고로 새로운 투자전략 및 투자자문회사 변경 등을 고려하는 데 자료로 삼아야 한다.

랩어카운트, 100조 시대… "자산관리를 부탁해"

1만 개가 넘는 펀드를 자신의 성향과 시장 상황에 맞게 골라 투자하는 게 쉬운 일은 아니다. 이런 경우 랩어카운트에 관심을 가져볼 만하다. 랩어카운트는 2000년대 초반 도입 당시 최소 가입금액 1억 원 수준으로 고객자산가들의 전유물로 여겨졌으나, 최근에는 적립식으로 10만~100만 원, 임의식으로 최소 1,000만~3,000만 원만 있으면 가입이 가능하다.

금융투자협회에 따르면 지난 5월 말 증권사의 일임형 랩어카운트의 잔고가 104조 3,212억 원으로 역대 최고 수준을 기록했다. 5년만에 2배로 급증한 것이다.

랩어카운트는 전문가가 대신 자산을 운용해준다는 측면에서 펀드와 유사하다. 다만 펀드가 불특정다수의 사람이 함께 타고 정해진 노선으로만 가는 '버스'라면, 랩어카운트는 한 고객의 요구에 맞춰 목적지까지 신속하게 가는 '택시'로 비유될 수 있다.

최근 몇 년간 금리가 1%대까지 떨어지고 금융위기 등을 겪으며 시장 불확실성이 높아지자 정해진 노선으로만 돌아가는 버스 즉 펀드에 답답함을 느낀 투자자들이 랩어카운트라는 택시로 몰려들었다.

랩어카운트는 주식이나 투자상품의 매매 횟수에 상관없이 연 1~2%대의 보수를 내면 투자자 성향에 맞게 자산 운용과 배분이 가능하고, 주문집행, 투자결과 등도 보고받을 수 있다.

자료: 머니투데이, 2017년 8월 5일자 기사 내용 중 발췌.

연습문제

1. 2003년 증권투자신탁업법과 증권투자회사법을 통하여 제정한 법률은 무엇인가?
2. 펀드를 통해 이루어지는 간접투자방식에는 (   )구조와 (   )구조의 두 가지가 있다.
3. 우리나라의 뮤추얼펀드와 미국의 뮤추얼펀드를 비교 설명하시오.
4. 수익증권과 뮤추얼펀드의 차이점은 무엇인가?
5. 개방형 뮤추얼펀드와 폐쇄형 뮤추얼펀드의 차이점은 무엇인가?
6. 펀드와 관련된 다음 질문에 답하시오.
   (1) 현재 기준가가 1,100원인 펀드에 1,000만 원을 투자했다고 하자. 이 경우 몇 좌를 구입하게 되는가?
   (2) 펀드에 가입한 후 기준가가 1,000원이 되었다고 하자. 이 경우 펀드의 평가금액은 얼마가 될까?
7. 우리나라의 경우 선진국에 비해 전체 펀드 보수가 높은 편인데 왜 그런가?
8. 주식형 펀드와 채권형 펀드의 경우 주식과 채권에 각각 몇 % 이상 투자될 때 그렇게 분류되는가?
9. PEF fund는 주로 어떤 목적을 갖고 만들어지는가?
10. 헤지펀드가 주로 사용하는 시장중립전략을 설명하시오.
11. 인덱스펀드와 상장지수펀드의 차이점은 무엇인가?
12. 우리나라 증권형 펀드를 세부 유형별로 구분하면 주식형, (   )형, (   )형, 채권형의 순서로 그 비중이 높다.
13. 뮤추얼펀드의 장단점을 설명하시오.
14. 뮤추얼펀드에서 증권의 발행, 명의개서, 환매주문처리 등을 담당하는 회사를 무엇이라 하는가?
15. 폐쇄형 뮤추얼펀드의 수수께끼(puzzle)란 무엇인가?
16. 뮤추얼펀드의 비용체계는 크게 둘로 나눌 수 있는데, 이에 대해 간단히 설명하시오.
17. 다음 중 개방형 뮤추얼펀드에 대한 설명으로서 부적당한 것은?
   ① 주주들은 NAV값으로 주식을 환매할 수 있다.
   ② 그들은 투자자들에게 잘 분산된 포트폴리오를 제공한다.
   ③ 그들은 투자자들에게 보장수익률을 제공한다.
   ④ ②번과 ③번이다.
18. 뮤추얼펀드의 투자성과에 대한 연구결과를 종합하면 세 가지로 요약된다. 그들을 간단히 설명하시오.
19. 미국의 경우 뮤추얼펀드가 성장하게 된 배경과 랩어카운트가 성장하게 된 배경을 설명하시오.

20. 랩어카운트의 유형에는 어떤 것들이 있는가?

21. 투자자(고객)의 입장에서 볼 때 랩어카운트의 장단점은 무엇인가?

CFA 기출문제

1. Do funds that are likely to trade at substantial discounts form their net asset values include:

	exchange traded funds	closed-end funds
A.	No	No
B.	No	Yes
C.	Yes	No
D.	Yes	Yes

CPA 기출문제

1. 시장가치 1억 원 규모의 펀드 A를 운용하고 있는 펀드매니저는 펀드의 위험을 표준편차로 추정하려 한다. 과거 5년간 펀드 A와 KOSPI의 월간 수익률 평균은 각각 1.8%, 1.4%였다. KOSPI 수익률 표준편차는 1.6%, 펀드 A 수익률과 KOSPI 수익률의 상관계수는 0.835로 나타났다. 이어 펀드 A와 KOSPI 월간 수익률을 이용한 회귀분석 결과는 다음과 같다. 이때 펀드 A의 표준편차는 얼마인가?

구분	계수	표준오차	t 통계량	P-값
상수	−0.178	0.635	−0.281	0.779
KOSPI	1.670	0.098	16.901	5.62E−32

① 2.8% ② 3.2% ③ 3.6% ④ 3.9% ⑤ 4.2%

CHAPTER 16

국제투자

일반적으로 국내 증권의 수익률은 국내 시장의 공통된 요인들에 의해 영향을 받으므로 국내 증권 수익률 상호 간의 상관계수는 보통 높게 나타난다. 그러나 국내증권 수익률과 외국증권 수익률의 상관계수는 나라마다 투자여건과 시장상황이 다르기 때문에 일반적으로 낮게 나타난다. 따라서 국내증권과 낮은 상관관계를 나타내는 외국증권을 투자 포트폴리오에 포함시켜 국제분산투자를 하면, 국내증권만을 대상으로 하는 포트폴리오의 위험보다 낮아지게 된다.

국제분산투자도 포트폴리오 분산투자, 증권분석 그리고 증권선택 등에 있어서 국내투자와 유사한 내용을 다룬다고 할 수 있다. 그러나 국제분산투자에서는 국내투자와는 달리 환율리스크나 정치적 리스크, 그리고 국가별 고유한 규제, 국제자본의 이동규제, 회계관행의 차이 등이 있다.

본 장에서는 국제분산투자의 의의와 효과를 설명하고 선진증권시장 및 신흥증권시장의 특성과, 세계증시의 동조화현상을 살펴본 다음, 국제분산투자의 수익률과 위험을 설명한다. 국제분산투자의 위험요소로 환리스크 및 국가리스크도 살펴본다. 또한 소극적 투자전략과 적극적 투자전략을 비교 설명한 다음 국제분산투자의 제약과 비용을 살펴본다.

16-1 국제분산투자의 의의와 효과

16-1-1 국제분산투자의 의의

증권가격의 변동에는 시장공통의 요인과 아울러 개별증권 고유의 요인이 작용한다. 그런데 개별증권 고유의 요인은 증권가격이 서로 다른 움직임을 갖도록 하지만 시장공통 요인은 같은 시장 내에 있는 증권가격이 서로 같은 방향으로 움직이게 한다. 국내증권의 수익률은 국내시장의 공통된 요인들에 의해 영향을 받으므로 국내증권 수익률 상호 간의 상관계수는 일반적으로 높게 나타난다. 그러나 국내 증권과 낮은 상관관계를 나타내는 외국증권을 포트폴리오에 포함시켜 국제분산투자(international diversification)를 하면, 국내 증권만을 대상으로 하는 포트폴리오의 위험보다 낮아지게 된다. 이는 국제분산투자를 통하여 개별 국가 특유의 요인이 서로 상쇄되므로 국내 증권만의 분산투자를 통하여 제거가 불가능했던 체계적 위험을 추가적으로 분산하는 것이 가능해지기 때문이다. 또한 투자대상 국가의 수가 증가할수록 상관관계가 낮은 외국 증권들에 투자하기가 쉬워지므로 포트폴리오의 위험은 더욱 줄어들 수 있다.

16-1-2 국제분산투자의 효과

〈그림 16-1〉은 1961~1975년 기간 동안의 자료를 대상으로 한 Solnik(1974)의 연구결과인데, 국제분산투자는 미국 국내주식 분산투자의 표준편차가 27%에서 11.7% 수준, 즉 절반으로 감소하였음을 보여준다.[1]

Solnik의 연구에 의하면 미국 국내주식에만 투자한 경우 투자종목수를 아무리 증가시켜도 포트폴리오 위험은 총위험의 27%가 남게 된다. 이는 총위험 중에서 차지하는 체계적 위험인 셈이다. 그러나 미국과 유럽주식 등 글로벌주식으로 포트폴리오를 구성하여 종목수를 증가할 경우 포트폴리오 위험은 총위험의 11.7%만 남게 됨으로써 체계적 위험의 크기가 줄어든 것을 보여주었다.

즉, 국내주식투자에서는 회피가 불가능했던 체계적 위험의 일부가 국제분산투자를 통하여 제거된 것을 알 수 있다. 이와 같은 국제분산투자효과가 발생하는 이유는 동일 국가

〈그림 16-1〉 국제분산 투자효과

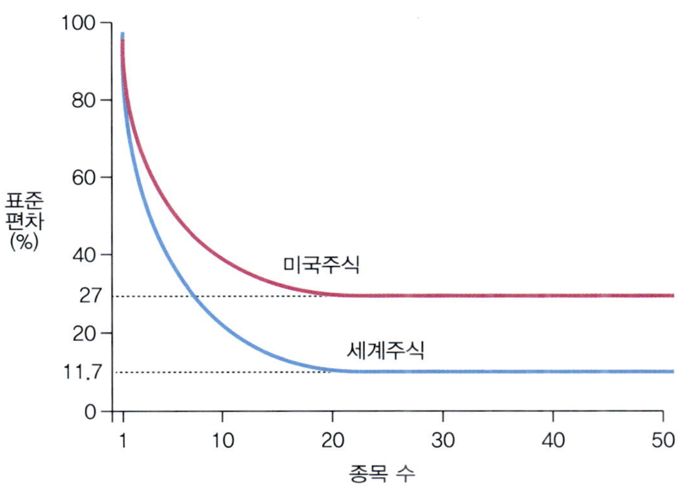

자료 : Bodie, Kane, Marcus, and Jane (2014), *Investments*, Asia Global ed., McGraw Hill.

1〉 Solnik, B. (1974), "Why Not Diversify Internationally Rather than Domestically," *Financial Analysts Journal*, 30(4).

내의 주식수익률 사이의 상관관계보다 다른 나라의 주식수익률 간 상관관계가 일반적으로 낮기 때문에, 국제분산투자를 통하여 국내투자에서는 제거가 불가능했던 일부 위험을 줄일 수 있었기 때문이다.

한편 〈그림 16-1〉에서 볼 수 있는 바와 같이 포트폴리오 위험 중에는 국제분산투자를 통해서도 제거할 수 없는 위험이 여전히 남는다. 이는 세계경제의 상호의존성이 증가하고 있어 각국 증권시장이 서로 비슷한 움직임을 보이므로 각국 증권시장 간의 상관관계가 여전히 높아 국제분산투자를 통해서도 더 이상의 완전한 분산효과를 얻을 수 없기 때문이다.

〈표 16-1〉은 2001~2005년 기간 중 주요국의 주식 및 채권수익률의 상관관계를 나타내고 있다. 동기간 중 주요국 사이의 주식수익률의 상관계수는 0.45에서 0.96 사이로서 비교적 높은 상관관계를 보여준다. 예를 들어, 미국 주식투자자의 경우 상관계수가 높은 독일(0.85), 프랑스(0.84)나 영국(0.83)의 주식투자보다는 상관계수가 낮은 일본(0.45) 주식에 투자하는 것이 위험을 줄이는 분산효과가 상대적으로 크다고 할 수 있다. 일본의 주식투자자일 경우에는 미국(0.45), 독일(0.48), 영국(0.48), 프랑스(0.53)의 주식수익률과의 상관관계가 상대적으로 낮기 때문에 이들 국가 주식에 국제분산투자할 경우 위험을 줄이는 분산효과가 상대적으로 크다. 이 5개국의 채권수익률 간의 상관계수는 0.17에서 0.88 사이를 나타내고 있으나 각국의 주식수익률과 채권수익률 간의 상관관계는 모두 음의 상관계수를 나타냄으로써 이들 국가의 주식과 채권으로써 국제포트폴리오를 구성할 경우 분산효과가 더 크다.

〈표 16-1〉 주요국 주식 및 채권수익률의 상관관계

		주식					채권				
		미국	독일	영국	일본	프랑스	미국	독일	영국	일본	프랑스
주식	미국	1.00									
	독일	0.85	1.00								
	영국	0.83	0.88	1.00							
	일본	0.45	0.48	0.48	1.00						
	프랑스	0.84	0.96	0.91	0.53	1.00					
채권	미국	−0.23	−0.40	−0.22	−0.21	−0.34	1.00				
	독일	−0.16	−0.18	−0.07	−0.16	−0.14	0.77	1.00			
	영국	−0.15	−0.21	−0.11	−0.26	−0.21	0.76	0.88	1.00		
	일본	−0.04	−0.13	−0.04	−0.33	−0.14	0.28	0.17	0.18	1.00	
	프랑스	−0.18	−0.22	−0.10	−0.17	−0.18	0.80	1.00	0.88	0.19	1.00

주) 2001~2005년 월별수익률을 사용한 자료임.

자료: Bodie, Kane, Marcus, and Hill (2013), *Investment*, 7th ed., McGraw, 일부 발췌.

〈표 16-2〉 미국주가수익률과 주요국 주가수익률과의 상관계수

구분	표본기간			
	2000~2009	1996~2000	1991~1995	1970~1989
세계	0.97	0.92	0.64	0.86
스웨덴	0.80	0.60	0.42	0.38
독일	0.84	0.66	0.33	0.33
프랑스	0.85	0.63	0.43	0.42
영국	0.87	0.77	0.56	0.49
네덜란드	0.84	0.63	0.50	0.56
호주	0.79	0.64	0.36	0.48
캐나다	0.83	0.79	0.49	0.72
스페인	0.80	0.59	0.51	0.25
홍콩	0.65	0.63	0.33	0.29
이탈리아	0.77	0.44	0.12	0.22
스위스	0.81	0.56	0.43	0.49
덴마크	0.79	0.56	0.36	0.33
노르웨이	0.76	0.58	0.50	0.44
벨기에	0.75	0.49	0.54	0.41
일본	0.66	0.54	0.23	0.27
오스트리아	0.71	0.53	0.19	0.12

자료: Bodie, Kane, Marcus, and Jane (2014), *Investments*, Asia Global ed., McGraw Hill.

〈표 16-2〉는 1970년에서 2009년 기간 중에 미국 주식수익률과 주요 선진시장 주식수익률 간의 상관관계가 대개의 경우 증가하고 있음을 보여준다.[2] 특히 2000~2009년 기간 중 미국주가수익률과 주요 선진국 주가수익률과의 상관계수는 대부분 높은 것으로 나타나고 있다. 이와 같이 전반적으로 이들 국가 주가수익률 간의 상관관계가 증가하고 있는 사실은 국제분산투자를 통한 위험을 줄이는 분산효과가 상대적으로 줄어들고 있다고 할 수 있는데 그간 진행되고 있는 글로벌 주식시장의 동조화현상과 시장통합현상의 일단을 보여준다고 하겠다.

16-1-3 선진증권시장과 신흥증권시장

〈표 16-3〉은 세계은행 정의에 따라 세계증권시장을 선진증권시장과 신흥증권시장으로 구분하고 2011년 말의 증시 시가총액 순으로 나열한 표이다. 〈표 16-3〉을 살펴보면 2011년 말

2〉 Harvey, Campbell R. (1991), "The World Price of Covariance Risk," *Journal of Finance*, 46(1).

〈표 16-3〉 주요 선진증권시장과 신흥증권시장의 비교

구분		시가총액(10억 달러)		시가총액 비중(%)		연간 성장률(%) (2000~2011)	GDP (2010년)	1인당 GDP	시가총액/GDP(%)
		2000년	2011년	2000년	2011년				
전 세계		27,473	38,200	100	100	2.8	63,124	9,228	68
선진시장	미국	12,900	13,917	47.0	36.4	0.6	14,587	47,199	98
	일본	3,140	3,289	11.4	8.6	0.4	5,459	42,831	69
	영국	2,566	2,794	9.3	7.3	0.7	2,249	36,144	133
	캐나다	615	1,581	2.2	4.1	8.2	1,577	46,236	114
	프랑스	1,278	1,455	4.7	3.8	1.1	2,560	39,460	70
	홍콩	564	1,369	2.1	3.6	7.7	225	31,758	701
	독일	1,061	1,177	3.9	3.1	0.9	3,281	40,152	43
	스위스	783	1,062	2.9	2.8	2.6	528	67,464	224
	호주	349	1,039	1.3	2.7	9.5	925	42,131	132
	한국	123	763	0.4	2.0	16.4	1,015	20,757	86
	스페인	331	546	1.2	1.4	4.2	1,407	30,542	44
	이탈리아	716	460	2.6	1.2	−3.6	2,051	33,917	28
	스웨덴	274	440	1.0	1.2	4.0	459	48,936	118
	네덜란드	680	376	2.5	1.0	−4.8	779	46,915	60
	멕시코	112	372	0.4	1.0	10.5	1,035	9,123	39
	노르웨이	52	238	0.2	0.6	13.5	413	84,538	61
	칠레	44	229	0.2	0.6	14.7	213	12,431	136
	벨기에	159	216	0.6	0.6	2.6	469	43,144	54
	덴마크	99	176	0.4	0.5	4.9	310	55,891	67
	터키	50	164	0.2	0.4	10.4	734	10,094	34
	핀란드	280	139	1.0	0.4	−5.7	239	44,512	86
	이스라엘	46	119	0.2	0.3	8.3	217	28,504	80
	폴란드	27	112	0.1	0.3	12.5	469	12,293	34
	오스트리아	28	85	0.1	0.2	9.8	379	45,209	33
	아일랜드	82	65	0.3	0.2	−1.9	211	47,170	30
	포르투갈	64	59	0.2	0.2	−0.6	229	21,505	35
	체코	12	39	0.0	0.1	10.4	192	18,245	23
	뉴질랜드	20	35	0.1	0.1	5.0	136	31,067	35
	룩셈부르크	28	34	0.1	0.1	1.7	53	105,438	79
	그리스	72	29	0.3	0.1	−7.1	301	26,600	31
	헝가리	12	19	0.0	0.0	4.1	129	12,852	22
	슬로바니아	2	6	0.0	0.0	11.2	47	22,851	18

〈이어짐〉

〈표 16-3〉 주요 선진증권시장과 신흥증권시장의 비교 〈계속〉

구분		시가총액(10억 달러)		시가총액 비중(%)		연간 성장률(%) (2000~2011)	GDP (2010년)	1인당 GDP	시가총액/GDP(%)
		2000년	2011년	2000년	2011년				
신흥시장	브라질	180	1,056	0.7	2.8	15.9	2,088	10,710	66
	인도	107	868	0.4	2.3	19.0	1,727	1,475	69
	러시아	19	694	0.1	1.8	34.9	1,480	10,440	58
	중국	13	499	0.0	1.3	35.2	5,927	4,428	11
	대만	177	455	0.6	1.2	8.2	430	18,300	134
	싱가포르	136	428	0.5	1.1	10.1	209	41,122	241
	남아프리카	104	405	0.4	1.1	12.0	364	7,275	134
	말레이시아	83	330	0.3	0.9	12.1	238	8,373	135
	인도네시아	21	301	0.1	0.8	24.8	707	2,946	41
	태국	23	219	0.1	0.6	20.7	319	4,608	70
	콜롬비아	4	191	0.0	0.5	37.3	288	6,225	70
	필리핀	20	141	0.1	0.4	17.6	200	2,140	67
	페루	5	77	0.0	0.2	25.9	157	5,401	64
	아르헨티나	24	36	0.1	0.1	3.6	369	9,124	15
	파키스탄	5	26	0.0	0.1	15.2	177	1,019	17
	스리랑카	1	14	0.0	0.0	27.5	50	2,375	31
	루마니아	0	14	0.0	0.0	36.9	162	7,538	9
	베네수엘라	6	6	0.0	0.0	–0.2	392	13,590	3
	키프로스	9	3	0.0	0.0	–9.7	23	28,779	28
	불가리아	0	2	0.0	0.0	29.6	48	6,325	4

자료: Bodie, Kane, and Markus (2013), *Essential of Investments*, Global ed., McGraw-Hill.

세계증권시장의 시가총액은 38조2천 억 달러로서 선진증권시장이 약 85%를 차지하였는데 2000년 말의 선진증권시장 비중은 96.2%로서 선진증권시장의 비중은 점차 감소하고 있으며 신흥증권시장은 점차 증가하고 있음을 알 수 있다 한편 미국 증권시장은 2011년 기준으로 전 세계 주식시장의 36.4%를 차지하고 있어 여전히 세계 최강의 시장이며, 일본시장은 8.6%, 영국시장은 7.3%를 차지하고 있다. 한국증권시장은 선진증권시장에 포함되어 있는데 2011년 시가총액 기준으로 세계증권시장의 2.0%를 차지하고 있다.

다음으로 신흥증권시장의 2000~2011년 주식시장 시가총액 연간 증가율 측면에서는 중국(35.2%)과 러시아(34.9%)가 큰 증가율을 보이고 있다. 중국의 경우 GDP대 주식시가총액 비중이 11%에 불과하나 남아프리카는 134%로 큰 편차를 보인다. 2011년 말 신흥증권시장 전체의 GDP가 세계GDP에서 차지하는 비중은 24%에 이른다.

16-1-4 세계증시의 동조화

1990년대 후반 이후 각국 주식시장은 긴밀한 영향을 주고받으면서 각국의 주가가 비슷한 방향으로 움직이는 경우가 많아졌는데 이 같은 현상을 동조화(coupling)라고 한다.[3] 우리나라 주식시장에 투자하는 사람들은 매일 아침 우리 주식시장이 개장되기 전에 먼저 그 전날의 미국시장 상황을 확인하고, 개장된 다음에는 중국 주식시장 상황을 주시한다. 이는 경험적으로 한국 주식시장이 미국과 중국의 주식시장과 밀접하게 움직인다는 것을 알기 때문이다.

1장에서 이미 살펴보았듯이 주가의 동조화현상은 한국 주식시장에만 국한된 것이 아니고 전 세계적으로 비슷하게 나타나고 있다. 우리나라의 종합주가지수는 미국의 S&P 500 지수나 다우지수를 따라 움직이고 코스닥 주가는 나스닥시장의 주가흐름을 뒤쫓고 있는 것으로 나타났다. 국내 주식시장이 미국 주식시장과 동조화현상을 보이는데 대해 증시전문가들은 미국 중심의 세계 경제구조, 인터넷 등 정보통신기술의 확산을 이유로 들고 있다. 미국 주식시장이 세계시장에서 차지하는 영향력이 큰데다 미국 주식시장이 가장 늦게 개장함으로써 가장 최신 정보를 반영하기 때문인 것으로 보인다.

아울러 정보통신기술의 발달로 정보의 확산속도가 빨라져 미국 주식시장의 움직임이 세계 주식시장의 움직임에 직접적인 영향을 주고 있다는 설명이다. 또한 세계 주식시장에서 미국계 자금이 가장 큰 비중을 차지하고 있어서 미국 주가가 약세를 보일 경우 그대로 세계 주요 주식시장에 전달된다는 설명이다.

세계 주식시장이 미국 주식시장에 따라 움직이면 주가뿐만 아니라 환율이나 물가 등 거시지표까지 영향을 받게 된다. 예를 들어, 국내 주식시장에서 외국인이 순매수하면 주가는 오르는 대신 환율은 하락하고, 외국인이 순매도를 하면 주가는 떨어지고 환율은 상승하는 현상이 나타나는 것이다. 주가의 동조화현상은 단순히 지수에서만 나타나는 것이 아니다. 비슷한 업종과 성격의 종목들 간에도 주가의 동조화현상이 발견되고 있다.

앞에서 이미 살펴본 바와 같이 2000~2009년 중 미국주가수익률과 주요 선진국 주가수익률과의 상관계수는 대부분 높은 것으로 나타나고 전반적으로 증가하고 있는 사실은 글로벌 주식시장의 동조화현상의 일단을 보여준다고 하겠다. 그런데 이러한 주가의 동조화현상이 전 세계적으로 진행되면 투자위험의 감소를 목적으로 하는 국제분산투자의 효과는 줄어들게 된다.

3) 이와는 달리 각국 주식시장이 차별적으로 움직이는 현상을 탈동조화(decoupling)라고 한다.

16-2 국제분산투자의 수익률과 위험

16-2-1 국제분산투자의 수익률과 위험

국제분산투자 시에는 환율변동에 따라 투자성과가 달라진다. 국내 투자자들이 얻는 수익률과 외국 투자자들이 얻는 수익률은 환율의 변동으로 인하여 다르게 된다. 환율변동이 증권투자수익률에 미치는 영향을 살펴보자.

국제분산투자의 수익률

여기서 환율의 영향에 따라 국내 투자자의 수익률과 외국 투자자의 수익률이 어떻게 달라지는지를 살펴보자. 만약 한국 투자자와 미국 투자자가 각각 미국 주식시장에서 거래되는 미국주식에 투자한다고 하고 세금 및 수수료는 없다고 가정하자. 미국주식의 매입시점에서 달러표시 미국주가를 SP_0, 1기간 후의 미국주가를 SP_1, 그리고 달러표시 주당배당을 d_1이라고 할 경우 미국 투자자의 수익률 R_d는 다음과 같이 계산된다.

$$R_d = \frac{SP_1 - SP_0 + d_1}{SP_0} \quad \textbf{16-1}$$

이와는 달리 한국 투자자의 미국주식 투자수익률은 달러 환율변동을 반영해야 한다. 현재의 원-달러 환율을 EX_0, 1기간 후의 원-달러 환율을 EX_1이라고 하면 1기간 후 한국 투자자의 미국주식 투자수익률 R_a는 다음과 같이 표시된다.

$$R_a = \frac{SP_1 \times EX_1 - SP_0 \times EX_0 + d_1 \times EX_1}{SP_0 \times EX_0} \quad \textbf{16-2}$$

한국 투자자가 달러에 투자한 경우의 수익률을 계산해보자. 한국 투자자가 현재 미국달러를 매입한 다음 1기간 후에 매각한다면 달러 투자수익률 R_c는 《식 16-3》과 같이 표시된다.

$$R_c = \frac{EX_1 - EX_0}{EX_0} \quad \textbf{16-3}$$

여기서 《식 16-1》, 《식 16-2》, 《식 16-3》을 결합하여 정리하면 다음과 같은 R_a, R_d 그리고 R_c 사이의 관계식이 도출된다.

$$1 + R_a = (1+R_d)(1+R_c)$$

이를 정리하면

$$R_a = R_d + R_c + R_d \cdot R_c \quad \textbf{16-4}$$

그런데 《식 16-4》에서 $R_d \cdot R_c$의 크기는 대개의 경우 비교적 작은 값이기 때문에 《식 16-4》는 다음과 같이 표시할 수 있다.

$$R_a \fallingdotseq R_d + R_c \quad \textbf{16-5}$$

《식 16-5》에서 볼 수 있듯이 일반적으로 국내투자자가 외국주식에 투자할 경우의 수익률은 외국 주식투자수익률과 외환에 대한 투자수익률의 합으로 계산된다.

예제 17-1 한국 투자자와 미국의 투자자가 각각 뉴욕증권거래소(NYSE)에서 거래되는 미국주식을 매입한다고 하고 세금 및 수수료는 없다고 가정하자. 현재 미국주식매입가격은 100달러인데 1년 후에 120달러가 예상된다. 그리고 배당은 없다. 현재 주식매입시점에서 환율은 1$: 1,000원이며 1년 후의 환율을 1$: 1,100원이라고 가정하자.

(1) 미국 투자자의 주식투자수익률은 몇 %인가?

(2) 한국 투자자의 주식투자수익률은 몇 %인가?

풀이

(1) 이 예제에서 $SP_0 = \$100$, $SP_1 = \$120$, 그리고 무배당, 즉 $d_1 = 0$이 되므로, 미국 투자자의 주식투자수익률은 《식 16-1》과 같이 $R_d = (120-100+0)/100 = 0.2$, 즉 20%가 된다.

(2) 미국 투자자와는 달리 한국 투자자의 미국주식 투자수익률은 달러환율영향을 반영해야 한다. 현재 주식매입시점에서 1달러에 대한 환율이 1,000원이므로 한국 투자자의 주식투자금액은 100,000원(1,000원×100)이 된다. 1년 후의 원-달러 환율이 1,100원이므로 1년 후 매입주식의 투자가치($SP_1 \cdot EX_1$)는 120×1,100 = 132,000원이 된다. 이에 한국 투자자는 미국주식에 투자하여 《식 16-2》에 따라서 (132,000−100,000+0)/100,000 = 0.32 혹은 32%의 수익률을 갖게 된다. 한국 투자자가 현재 미국달러를 매입한 다음 1년 후에 매각한다면 달러 투자수익률(R_c)은 《식 16-3》에 따라 $R_c = (1{,}100-1000)/1000 = 0.1$ 혹은 10%가 된다.

한편, 한국 투자자의 미국주식 투자수익률(R_a)은 《식 16-4》를 이용해도 다음과 같이 구할 수 있다.

$$R_a = 0.2 + 0.1 + (0.2 \times 0.1) = 0.32 \quad \text{또는} \quad 32\%$$

다음으로 《식 16-5》에 의하면 외국증권에의 기대수익률 $E(R_a)$는 투자대상국 증권의 기대수익률 $E(R_d)$와 기대환율변동률 $E(R_c)$의 합으로 계산할 수 있다.

$$E(R_a) = E(R_d) + E(R_c) \qquad \textbf{16-6}$$

국제분산투자의 위험

여기서 《식 16-5》를 이용하여 국내투자자가 외국증권에 투자할 때 갖는 투자수익률에 따르는 위험을 계산해보자. 앞에서와 같이 한국 투자자와 미국의 투자자가 각각 뉴욕증권거래소(NYSE)에서 거래되는 미국주식에 투자한다고 하고 세금 및 수수료는 없다고 가정하자.

한국 투자자가 미국주식에 투자할 때 갖는 위험을 σ_a^2이라고 하자. 《식 16-5》를 이용하면 한국 투자자가 갖는 미국주식 투자위험(σ_a^2)은 다음과 같이 세 가지 부분으로 구성됨을 알 수 있다.

$$\sigma_a^2 = \sigma_d^2 + \sigma_c^2 + 2\rho_{dc}\sigma_d\sigma_c \qquad \textbf{16-7}$$

《식 16-7》에서 σ_d^2는 미국 투자자들이 갖는 위험, 즉 미국주식수익률의 변동률이며, σ_c^2는 대미 달러환율 변동률로서 한국 투자자가 미국주식에 투자한 자금을 원화로 교환할 때 발생하는 위험이고, ρ_{dc}는 미국주식 수익률과 달러환율간의 상관계수이다. 여기서 세 번째 항 $\rho_{dc}\sigma_d\sigma_c$는 미국주식 수익률과 환율변동률의 공분산, 즉 σ_{dc}으로 대체할 수 있다.

16-2-2 국제분산투자의 위험요소

환리스크

국제분산투자에 있어서 외국주식에 투자할 경우 국내투자자는 투자주식 수익률 변동에 따르는 위험과 아울러 외국주식 투자수익을 자국화폐로 교환할 때 발생하는 위험을 갖게 된다. 즉 외국주식을 매입할 때의 환율과 외국주식 투자수익을 국내화폐로 교환할 때의 환율이 변동함에 따른 위험, 즉 환리스크(foreign exchange risk)를 동시에 고려해야 한다. 특히 국가위험이 증가함에 따라 발생하는 급격한 환율변동은 무시할 수 없다.

국제분산투자와 관련된 이와 같은 환리스크를 헤징할 수 있는 방법은 다음과 같다. 첫째 방법은 통화관련 파생금융상품을 활용하는 것이다. 즉 외국투자자는 주요 선물거래소에서 거래되고 있는 통화선물(currency futures)과 통화옵션(currency options) 및 통화선물옵션(currency futures options)을 활용하여 국제분산투자에 따른 환리스크를 줄일 수 있다.[4]

둘째, 장외거래인 통화선도거래(currency forward transaction)를 이용하여 환리스크를 헤징할 수 있는데 이는 외화자산의 환율변동위험을 줄이기 위하여 거래당사자 사이에 외환을 장래의 일정시기에 미리 약정한 환율에 의하여 매매하기로 약정하고 만기일에 가서 약정된 환율로 외환을 매매하는 거래이다. 이는 통화스왑(currency swap)과 관련되는데 장래 특정 시점 또는 일정 기간 동안의 환율변동위험을 회피하기 위해 보유한 금융자산의 통화를 다른 통화로 변경하는 방법이다.

셋째, 국제분산투자의 대상국가 수를 단순히 증가시킴으로써 환율변동위험을 헤지할 수 있다. 즉 여러 국가에 분산투자를 하여 국제포트폴리오에 포함되는 나라 수를 증가시킬수록 국제분산투자에 따르는 환리스크는 줄어든다. 이는 투자대상 국가들의 환율변동률이 완전히 상관되어 있지는 않기 때문에, 보다 많은 수의 국가에 국제분산투자를 하면 할수록 통화 사이의 환율변동이 서로 상쇄되는 효과를 통하여 환율변동위험을 상당부분 줄일 수 있기 때문이다. 그런데 단순히 투자국가 수를 늘이는 것은 단순분산투자(naive diversification)에 따르는 비용 즉 국제분산투자와 관련한 정보비용과 거래비용 및 관리비용도

4) 본 교재 13장의 헤징거래부분에서 환리스크의 헤징에 관련된 설명을 볼 수 있다.

증가하는 등의 단점이 있다.

국가리스크

국제분산투자에서는 나라마다 정치적 경제적 상황이 다르기 때문에 국내투자와는 다른 어려움이 있게 된다. 국제분산투자에 있어서는 외국자산에 대하여 국내 자산과 같은 수준의 투자정보를 획득하는 것도 어렵고 비용이 많이 든다. 아울러 투자국가의 정치상황의 변화 및 경제정책의 변화는 증권투자자에게 많은 위험부담을 준다. 국가리스크(country risk)[5]은 외국정부에 의한 투자자산의 몰수나, 자본유출 금지조치 그리고 외국화폐를 국내화폐로 교환하는 데 있어서의 제약 등에 따라 발생하는 위험인데 정치적 리스크(political risk)로 불리기도 한다.

투자대상국의 정치적 리스크의 분석에는 PRS(Political Risk Service)의 국가별 정치위험 분석자료[6]를 이용할 수 있다. PRS는 국가별 위험을 0에서 100까지의 종합위험등급(composite risk rating)으로 표시하고 순위를 매긴다. 종합위험등급은 정치적 위험, 재무위험 및 경제적 위험 등 세 가지 위험의 평균인데 이들 위험의 평가를 위해 PRS가 사용하는 주요 변수들은 〈표 16-4〉와 같다.

〈표 16-4〉 PRS의 정치적 위험 구성 변수

정치적 위험 변수	재무위험 변수	경제적 위험 변수
• 정부의 안정성 • 사회경제적 상황 • 내적 갈등, 외적 갈등 정도 • 부정부패 • 군부의 정치개입 • 종교적 긴장상태 여부 • 법과 질서 준수 • 종족분쟁 • 관료조직의 질	• GDP 대비 외채비율 • GDP 대비 외채보상비율(debt service ratio) • 수출 대비 경상계정비율 • 환율 안정성	• 1인당 GDP • 실질 GDP 성장률 • 연간 인플레이션율 • GDP 대비 예산비율 • GDP 대비 경상계정잔액비율

자료: The PRS Group, Inc. (2011), *International Country Risk Guide*.

16-3 국제분산투자전략과 국제분산투자의 문제점

16-3-1 국제분산투자전략

국제분산투자의 경우에도 국내증권시장에서의 투자전략과 마찬가지로 공격적 투자전략과 소극적 투자전략으로 구분할 수 있다. 국제분산투자 결정을 하고 최적의 국제투자포트폴

5) 국가리스크는 원래 투자대상국에 예기치 않은 사태가 발생함으로써 현지 정부나 기업의 해외차입금을 지급하는 데 영향을 미칠 수 있는 가능성을 말한다. 투자대상국에 제공된 투자나 차관에 대한 정치적, 사회적 및 경제적 상황에서 발생하는 채권 회수상의 위험도, 즉 채무불이행에 노출되는 위험으로 정의될 수 있다.

6) Political Risk Service, International Country Risk Guide.

리오를 구성하는 것은 고도의 전문성을 요구하는 일로서 많은 양의 투자정보와 경험을 필요로 한다. 대개의 경우 투자가들은 직접 국제투자를 하기보다는 국제투자펀드 등을 통하여 간접투자를 하게 된다. 공격적 투자전략과 소극적 투자전략에 대해 살펴보자.

공격적 투자전략

국제분산투자의 공격적 투자전략에서는 투자대상국의 주가 및 환율 등을 예측하여 보다 높은 초과수익을 얻으려는 포트폴리오를 구성한다. 공격적 국제분산투자전략에서 중요한 결정은 어떤 국가의 어떤 증권에 얼마나 투자할 것인가의 투자대상에 대한 배분의 결정, 즉 자산배분(asset allocation) 결정이다. 이에 따라 먼저 국제분산투자의 목표수익과 위험수준을 결정해야 한다. 다음으로는 국제분산투자의 대상지역이나 대상국가를 선택하는 단계이다. 투자자가 여러 국가 중에서 투자대상국을 선택하는 국가선택(country selection)은 세계시장에서 더 나은 성과를 나타내는 주식시장을 선택하는 것인데 투자성과에 공헌한 정도를 측정한다.

다음은 통화선택(currency selection)으로, 투자자의 기준통화에 대한 환율변동이 포트폴리오 전체성과에 기여하는 정도를 측정한다. 마지막으로 투자대상 국가 내에서 특정 투자종목을 선정하는 주식선택(stock selection)을 통하여 자산배분과 포트폴리오를 구성하는 것이다.

소극적 투자전략

국제분산투자에 있어서 소극적 투자전략에서는 벤치마크 국제지수 수준의 수익률의 달성을 목표로 한다. 이러한 소극적 투자전략은 국제투자시장이 효율적이라면 어떠한 정보를 이용하여 투자하더라도 초과투자수익의 달성이 어렵다고 보는 입장이다. 이에 따라 소극적 투자전략에서는 벤치마크 국제지수의 포트폴리오 구성과 유사하게 포트폴리오를 구성함으로써 벤치마크 국제지수 수익률 수준의 수익률을 달성하려 한다.

따라서 국제분산투자에 있어서 벤치마크 지수의 시장평균수준 수익률의 소극적 투자성과를 기대할 수 있는 방법은 국제지수펀드(international index fund)에 투자하는 것이다. 널리 이용되고 있는 국제지수로는 MSCI(Morgan Stanley Capital International)지수 등 다음과 같은 것이 있다.

- 세계 전체시장: MSCI World Index, FTSE All World
- 선진시장: MSCI EAFE 지수(Europe, Australia, Far East Index), FTSE World Developed, Citigroup Primary Markets
- 신흥시장: MSCI Emerging Market Index, IFC Investable
- 중남미시장: IFC Latin America

〈표 16-5〉에서는 주요 벤치마크 국제지수의 대상시장, 표본주식수, 표본국가수, 국가별 목표표본 시가총액 비중 및 최초 편제시점을 보여주고 있다.

〈표 16-5〉 주요 벤치마크 국제주가지수

국제지수	대상시장	표본주식 수	표본국가 수	국가별 목표표본 시가총액비중(%)	최초 편제 시점
MSCI All country World Index*	선진시장 및 신흥시장	1,799	48	85	1988.1
MSCI World*	선진시장	1,101	22	85	1970.1
MSCI DAFE	선진시장	1,021	21	85	1970.1
FISE All World*	선진시장 및 신흥시장	1,815	48	85~90	1994.1
FTSE World Developed*	선진시장	1,294	21	85~90	1994.1
Citigroup Broad Market Index Global*	선진시장 및 신흥시장	4,875	49	95	1989.7
Citigroup Primary Markets Index–Europe Pacific	선진시장	663	21	95	1989.7
Citigroup Global 1200*	선진시장 및 신흥시장**	700	30	70	1989.10
Dow Jones Global	선진시장 및 신흥시장**	2,200	33	70	1992.1

*미국시장은 제외된 지수임.
**developed and advanced emerging markets.
자료: Schoenfeld, S. and R. Ginis (2002), International Equity Indexes, Northern Trust Global Investments.

한편 소극적 투자전략에서 벤치마크 국제지수의 포트폴리오를 그대로 모방하는 것은 높은 거래비용이 발생하기 때문에 벤치마크지수 수익률에 근접하는 지수화(indexing)를 하면서도 거래비용을 줄일 수 있는 방법이 필요하다. 이러한 방법으로는 첫째, 벤치마크 국제지수 구성종목 중에서 대표적인 증권으로 표본을 구성하는 방법이 있고, 둘째는 시뮬레이션을 통하여 벤치마크 국제지수 수익률에 근접하는 포트폴리오를 구성하는 방법을 이용할 수 있다. 다음으로는 금융공학적 방법을 통해서 파생금융상품의 결합을 통해서 국제지수 현물증권의 포지션과 유사한 포지션을 구성하는 방법이 있다.

16-3-2 국제분산투자의 제약과 비용

국제적 분산투자는 이론적으로 투자자에게 위험감소를 통한 분산효과를 준다. 그러나 실제로는 국제분산투자를 행하는 데 현실적인 제약과 비용을 갖는다. 일반적으로 국제분산투자가 충분히 이루어지지 않는데 따르는 제약과 비용들은 다음과 같다.

첫째, 국제분산투자에는 정치적 리스크(political risk)가 따르는데 투자국가의 정치상황의 불안정한 변화는 투자자에게 높은 위험부담을 준다. 예를 들어, 투자한 외국기업이 국유화된다든지, 급진적인 외국정부에 의하여 자본유출을 금지하는 조치가 생기는 경우이다. 해외로의 자본이동에 대한 규제가 있는 나라의 경우 유동성위험 또한 증가한다.

둘째, 국제분산투자에는 환리스크(foreign exchange risk) 또한 발생한다. 환리스크는 투자대상국의 환율이 변화할 때 이에 따른 위험이며, 특히 당국이 환율을 통제하는 국가의 증권시장에 투자하였을 때는 환율의 변화를 예상하기 어려우며, 급격한 환율변화의 가능성은 투자위험을 증가시키는 요인이 된다.

셋째, 국제분산투자의 경우 일반적으로 국내투자보다 높은 비용이 발생한다. 먼저 국제분산투자에 따른 정보수집비용이 높고, 투자 수수료도 높다. 아울러 투자대상국 증권에 관한 정확한 투자정보는 구하기가 어렵다. 국제분산투자의 경우 문화적 차이가 있고 시장구조가 다르고 복수통화(multicurrency)로 거래되기 때문에 거래비용이 높다. 또한 투자대상국가마다 투자정보의 회계처리방법과 보고양식이 다르고 거래절차와 정보공시방법 등이 상이하므로 유용한 투자정보를 구하는 것은 쉽지 않다. 또 국제분산투자는 국제투자 관

해외주식 직접 투자 3년간 3배 이상 늘어

작년 79억1000만 달러 국민연금도 비중 늘려

국내 투자자들의 해외주식시장 투자가 3년간 세 배 이상 늘어난 것으로 나타났다. 국내 주식시장이 박스권에서 맴돌면서 수익률에 한계를 느낀 투자자가 상대적으로 상승률이 높은 해외로 눈을 돌린 것이다. 규모가 커진 국민연금도 분산투자를 위해 해외 투자 비중을 점차 늘리고 있다.

3일 한국예탁결제원에 따르면 지난해 국내 투자자의 해외주식 직접투자 규모는 전년 대비 40.5% 증가한 79억1000만 달러로 나타났다. 지난 2011년(24억9000만 달러)과 비교해서는 3배 이상 늘어난 것이다.

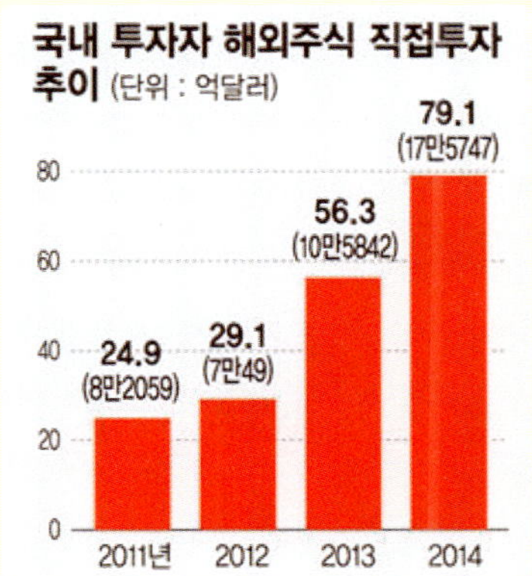

( ) 안은 건수. 자료: 한국예탁결제원.

같은 기간 국민연금의 해외주식 투자 규모도 19조7000억 원에서 56조6000억 원으로 3배 가까이 늘어났다. 국민연금은 지난 2011년 전체 기금의 5.7%를 해외주식에 투자했지만 지난해 12.1%까지 비중을 늘렸다.

이는 전 세계 시장에서 저금리·저성장 기조가 지속되면서 박스권에 갇힌 국내보다는 해외 주식시장이 상대적으로 주목받고 있기 때문으로 풀이된다. 국민연금도 수익률을 높이고 위험을 분산하기 위해 해외주식에 대한 투자 비중을 늘리고 있다는 설명이다. 실제로 지난 2013년 말 2011.34에 문을 닫았던 KOSPI는 지난해 말 1915.59로 4.8% 가량 떨어졌다. 지난해 주요선진국 20개(G20) 국가의 평균 주가지수 상승률은 8.8%를 기록했지만 KOSPI와 코스닥을 더한 국내지수는 4.2% 하락하면서 전체 국가 중 19위를 기록했다. 최근 3년간 KOSPI가 1900~2050 사이를 맴돌면서 G20 내 주가지수 상승률도 지난 2011년 7위에서 2012년 13위, 2013년 14위 등으로 점차 밀려났다.

국민연금도 지난해 국내에서보다 해외에서 더 양호한 수익을 거뒀다. 국내 주식투자에 83조9000억 원을 투자한 국민연금은 5.4%의 손실을 본 반면 해외에서는 56조6000억 원을 투자해 8.9%의 이익을 봤다. 채권투자와 대체투자도 국내보다 해외 투자의 수익률이 더 높았다.

이에 국민연금은 지난해 말 국내 주식시장 투자 집중에 따른 리스크와 자산 유동화를 고려한 분산투자를 위해 향후 5년간 해외투자를 확대하겠다고 밝히기도 했다. 이 안에 따르면 국민연금은 오는 2019년까지 해외주식 투자 비중을 15% 이상으로 끌어올린다는 계획이다.

자본시장연구원 태희 선임연구원은 "새로운 투자시장으로 해외 주식시장이 주목받으면서 투자 규모가 최근 몇 년간 빠른 성장세를 보이고 국민연금도 투자 비중을 지속적으로 확대하고 있다"며 "해외주식 투자 증가세는 당분간 이어질 것"으로 내다봤다.

자료: 파이낸셜 뉴스, 2015년 3월 3일자.

련 데이터베이스 사용료와 자료수집비용 그리고 연구조사비용 및 통신비용이 국내투자에 비해서 높다. 특히 시장효율성이 낮은 외국시장에서는 거래수수료가 높고, 더구나 시장규모가 크지 않다면 대량거래를 하고자 할 때 필요한 시점에서 적절한 가격으로 거래하기가 어렵다.

넷째, 국제분산투자의 경우 더 많은 규제가 따른다. 예를 들어, 신흥증권시장에서, 종목당 외국인 주식투자비중이 제한되어 있다든지, 기관투자가에게 있어서 외국주식 투자비중에 한도가 있는 경우이다.

다섯째, 국제분산투자의 경우 시장효율성과 관련된 문제가 있다. 신흥시장에서 예컨대 발행주식수나 거래량이 적다든지, 주식매각대금의 국외유출에 제한이 있는 경우에 유동성문제가 발생할 수 있다. 또한 주가조작이나 내부자거래의 위험이 있거나 기업지배구조의 문제가 있는 신흥증권시장의 경우 국제분산투자의 제약이 된다.

연습문제

1. 다음 용어들을 간단히 설명하시오.

(1) 국제분산투자
(2) 신흥증권시장
(3) 선진증권시장
(4) 동조화현상
(5) 소극적 국제투자전략
(6) 적극적 국제투자전략
(7) 국제지수펀드(international index fund)
(8) 정치리스크
(9) 환리스크
(10) 국가리스크(country risk)

2. 국제분산투자의 제약과 비용을 설명하시오.

3. 국제분산투자의 위험감소효과를 설명하시오.

4. 소극적 국제투자전략의 내용을 설명하시오.

5. 선진증권시장과 신흥증권시장의 특성을 비교 설명하시오.

6. 적극적 국제투자전략의 내용을 설명하시오.

7. 국제분산투자에 있어서 벤치마크 지수로 이용되고 있는 국제지수는 어떤 것이 있는가?

8. 국제분산투자의 위험요소를 설명하시오.

9. 한국 투자자가 미재무성 채권(T-bond)에 1억 원을 투자하였는데 미국달러로 연 8%의 이자를 지급받는다고 하자. 다음의 경우 한국 투자자의 수익률을 각각 구하시오.

(1) 현재 환율은 달러당 1,000원이며 1년 후 환율이 1,050원이 될 경우

(2) 현재 환율은 달러당 1,000원이며 1년 후 환율이 950원이 될 경우

10. 다음 자료를 이용하여 물음에 답하시오. 단, 환리스크는 헤지하지 않고, 세금 및 수수료도 없다. 그리고 연초에 투자하여 연말에 회수하는 것으로 가정한다.

(a) 연초 한국주가: 100,000원, 연말 한국주가: 110,000원

(b) 연초 미국주가: 100달러, 연말 미국주가: 110달러

(c) 연초 환율: 1,000원/$, 연말 환율: 1,100원/$

(1) 연초에 (b)의 미국주식에 투자한 한국 투자자와 (a)의 한국주식에 투자한 미국 투자자의 투자수익률을 각각 구하시오.

(2) 미국 주식수익률의 표준편차가 20%, 환율변동률의 표준편차가 15%, 그리고 미국 주식수익률과 환율변동률 간의 상관계수가 0.2라고 할 경우, 한국 투자자가 미국 주식에 투자할 경우의 투자위험(σ_f)은 얼마인가?

CFA 기출문제

1. You are US investor considering purchase of one of the following securities. Assume that the currency risk of the Canadian government bond will be hedged and the 6-month discount on Canadian dollar forward contracts is −0.75% versus the US dollar.

Bond	Maturity	Coupon	Price
US government	6 month	6.5%	100.0
Canadian Government	6 month	7.5%	100.0

Calculate the expected change required in the Canadian government bond which would result in the two bonds having equal total returns in US dollars over a 6-month horizon. Assume that the yield on the US bond is expected to remain unchanged.

CPA 기출문제

1. 한국의 90일만기 국채의 만기수익률은 연 5%이며 180일만기 국채의 만기수익률은 연 6%이다. 미국의 90일만기 국채의 만기수익률은 연 5%이며 180일 만기 국채의 만기수익률은 연 5.5%이다. 이자율평가설(interest rate parity theory)이 성립한다고 가정하면 다음 중 가장 옳은 것은?

① 현물환율과 90일 선물환율이 동일하다.

② 현물환율과 180일 선물환율이 동일하다.

③ 90일 선물환율과 180일 선물환율이 동일하다.

④ 주어진 정보로는 현물환율과 선물환율의 크기를 비교할 수 없다.

⑤ 한국 국채의 수익률곡선은 우하향 모양을 띠게 된다.

ㄴ

ㄷ

|찾아보기|

|찾아보기|

ㅇ

ㅈ

ㅊ

ㅋ

A

B

C

D

K

L

M

U

V

W

Y

Z

etc.

저자 소개

오세경 skoh@konkuk.ac.kr

건국대학교 경영학과 교수

서울대학교에서 경영학 학사를, 한국과학기술원(KAIST)에서 경영과학 석사를 받았고 미국 University of Pennsylvania (the Wharton School)에서 재무 전공으로 경영학 박사(Ph. D.) 학위를 받았다.

한국금융연구원에서 연구위원으로 근무하였으며, 미국 California State College at San Marcos 방문교수(2002~2004)를 역임하였고, 건국대학교 경영대학 학장 및 경영전문대학원 원장, 한국재무학회, 한국지급결제학회, 한국파생상품학회 회장을 역임하였다.

주요 관심 분야는 투자론, 기업재무론, 위험관리론이며, 최근 핀테크 관련 연구를 진행 중이다.

김대호 dhkim@konkuk.ac.kr

건국대학교 경영대학 명예교수

서울대학교에서 경영학 학사 및 석사를 받았으며 미국 Pennsylvania State University에서 재무 전공으로 경영학 박사(Ph. D.) 학위를 받았다.

건국대학교에서 경영대학 학장 및 경영대학원 원장을 역임하였고 한국재무관리학회 부회장 및 회장을 역임하였다.

주요 관심 분야는 투자론 및 금융기관경영이다.